张 鹏 ● 著

知识产权强国建设基本理论研究

从核心体系到关键命题

知识产权出版社

全国百佳图书出版单位

—北京—

图书在版编目（CIP）数据

知识产权强国建设基本理论研究：从核心体系到关键命题／张鹏著 . —北京：
知识产权出版社，2023.9
ISBN 978 - 7 - 5130 - 8582 - 3

Ⅰ. ①知… Ⅱ. ①张… Ⅲ. ①知识产权—建设—研究—中国 Ⅳ. ①D923.404

中国版本图书馆 CIP 数据核字（2022）第 258234 号

责任编辑：秦金萍　　　　　　　　　　责任校对：潘凤越
封面设计：杰意飞扬·张悦　　　　　　责任印制：刘译文

知识产权强国建设基本理论研究：从核心体系到关键命题
张　鹏　著

出版发行：知识产权出版社 有限责任公司		网　　址：http：//www.ipph.cn		
社　　址：北京市海淀区气象路 50 号院		邮　　编：100081		
责编电话：010 - 82000860 转 8367		责编邮箱：1195021383@ qq. com		
发行电话：010 - 82000860 转 8101/8102		发行传真：010 - 82000893/82005070/82000270		
印　　刷：北京九州迅驰传媒文化有限公司		经　　销：新华书店、各大网上书店及相关专业书店		
开　　本：720mm×1000mm　1/16		印　　张：34.75		
版　　次：2023 年 9 月第 1 版		印　　次：2023 年 9 月第 1 次印刷		
字　　数：566 千字		定　　价：198.00 元		

ISBN 978 - 7 - 5130 - 8582 - 3

本书是重庆市软科学研究项目
"重庆市知识产权领域营商环境优化策略及实施路径研究"
之阶段性成果

序

    2021 年 9 月 22 日，中共中央、国务院颁布施行《知识产权强国建设纲要（2021—2035 年）》，这是知识产权事业发展和国家现代化建设的一件大事。该纲要立足国情，对标国际，以强化知识产权保护为政策导向，从治理现代化的视角全面谋划中国知识产权中长期发展。以建设现代化知识产权制度体系为核心，通过保护体系、市场运行机制、公共服务体系、人文社会环境和参与全球治理等方面建设，全面推进中国知识产权战略发展。同时，该纲要以八大重点建设工程为抓手，以点带面，推进知识产权事业一步一步上台阶，力图建设一个富有中国特色、世界一流的知识产权强国，支撑中国特色社会主义现代化国家建设。从文本意义上讲，该纲要至少影响中国知识产权界未来 15 年的发展。但显然，它的影响力绝对不会止于知识产权界，更不会止于未来 15 年，它将对中国知识产权事业、对中国现代化国家建设，产生极其深远的影响。可以毫不夸张地说，《知识产权强国建设纲要（2021—2035 年）》既开启了一个知识产权融合经济社会发展的新时代，也开启了一个知识产权理论创新的时代。这个时代，不仅意味着我国未来知识产权事业发展将以该纲要为重要的遵循，而且意味着中国特色知识产权理论体系将逐步发展和完善，中国理论、中国智慧也将为全球知识产权治理体系建设做出自己的贡献。

    我和张鹏博士相识于国家知识产权战略实施工作，相知于"知识产权强国建设"议题的探讨。与张鹏博士相识之际，他任国家知识产权局保护协调司战略协调处副处长，联系于我主持的、北京大学与国家知识产权局合作设立的国家知识产权战略实施研究基地。我们在基地活动中，经常组织开展知识产权强国建设的基础研究和应用研究。在这些学术研究活动中，我们交流甚多，也相谈甚欢。通过与张鹏博士的交流，我也深深地感受到他对国家知识产权强国建设这一宏大历史命题的挚爱与努力。在《知识产权强国建设纲要（2021—2035 年)》出台后，张鹏博士的专著《知识产权强国建设基本理论研究：从核心体系到关键命题》出版，应该说正当其时。这部著作以广阔的视野和深刻的洞察力，对知识产权强国建设的思路形成进行回顾，对相关理论进行分析，对相关政策举措进行解释，从思路到理论再到实践，全面阐释了这一国家战略。我认为，他的这部著作对理解《知识产权强国建设纲要（2021—2035 年)》的主要思路具有重要参考意义，对研究知识产权强国建设的理论问题具有重要的参考价值。

　　这部著作有以下三个特点。一是系统性。书中全面分析了《知识产权强国建设纲要（2021—2035 年)》的各项任务举措、重大工程与关键政策，从历史纵深、理论思路和实践逻辑等多个维度进行系统研究。二是深入性。这部著作并没有停留在政策文本的文字表述层面，更多地从国情背景和理论构成角度加以论证，相关内容扎实深入。三是实践性。本书系统分析知识产权强国建设的实践，力图在中国特色知识产权理论体系方面有所探索，形成具有中国特色的解决方案。在我看来，本书资料丰富，论述合理，分析中肯，观念透彻，研究方法得当，是研究知识产权强国建设的难得佳作。我也期待，在此基础之上，知识产权学界能够产生更多、更深入的研究成果，为知识产权强国建设的实践提供更广泛的理论支撑。

　　是为序。

易健明

北京大学国际知识产权研究中心主任

2023 年 4 月 18 日

前言

改革开放，成就中国知识产权大国地位；创新发展，引领中国知识产权强国建设。在新中国，现代知识产权制度在改革开放的历史大潮中孕育而生，不断成长壮大。2008年，国务院颁布《国家知识产权战略纲要》，将知识产权战略提升为国家战略并全面实施推进，我国知识产权保护意识大幅提升，企业知识产权运用能力不断提高，以专利权、商标权为代表的知识产权数量达到了世界第一，成为名副其实的知识产权大国。调查显示，随着国家知识产权战略的深入实施，社会公众知识产权意识持续提升，超过六成的公众认为知识产权与自己的生活紧密相关，九成以上的公众表示了解知识产权相关知识，对各类型知识产权内容认知率均有不同程度的提升，特别是专利权、商标权、著作权的知识产权认知率达到90%以上；对国家知识产权战略的了解程度的答复提升，达到85%以上；超过九成的公众对盗版持反对态度；近八成的公众愿意接受知识产权的相关培训。① 可以说，国家知识产权战略实施10余年，是政府、企业、高校和科研院所、广大民众"认识知识产权"的过程。

党的十八大以来，随着创新驱动发展战略的实施，知识产权制度成为激励创新的基本保障。尤其是，习近平主席在博鳌亚洲论坛2018年年会开幕式上的主旨演讲中指出，加强知识产权保护"是完善产权保护制度最重要的内容，也是提高中国经济竞争力最大的激励"。② 习近平总书记在第十九届中央

① 《国家知识产权战略纲要》实施十年评估工作组编写：《〈国家知识产权战略纲要〉实施十年评估报告》，知识产权出版社2019年版，第81－82页。

② 习近平：《开放共创繁荣　创新引领未来——在博鳌亚洲论坛2018年年会开幕式上的主旨演讲》，载《党政干部参考》2018年第8期。

政治局第二十五次集体学习时强调，知识产权保护工作关系国家治理体系和治理能力现代化，关系高质量发展，关系人民生活幸福，关系国家对外开放大局，关系国家安全，将知识产权工作提升到前所未有的战略高度。① 习近平总书记关于知识产权保护工作的重要论述，是习近平法治思想的重要组成部分，也是知识产权强国建设的理论出发点和基本遵循。习近平总书记要求："要抓紧制定建设知识产权强国战略，研究制定'十四五'时期国家知识产权保护和运用规划，明确目标、任务、举措和实施蓝图。要坚持以我为主、人民利益至上、公正合理保护，既严格保护知识产权，又防范个人和企业权利过度扩张，确保公共利益和激励创新兼得。要加强关键领域自主知识产权创造和储备，部署一批重大改革举措、重要政策、重点工程。"②

2021年9月，中共中央、国务院发布《知识产权强国建设纲要（2021—2035年）》，这标志着以习近平同志为核心的党中央面向知识产权事业未来15年发展作出的重大顶层设计、新时代建设知识产权强国的宏伟蓝图的形成，是未来一段时间内知识产权制度建设和知识产权事业发展的整体安排，是一个具有战略目标指引、实施路径规划和战略任务部署的纲领性文件，③在我国知识产权事业发展史上具有重大里程碑意义。④ 知识产权强国建设的思想源起于科教兴国战略，发展于国家知识产权战略，成型于收获知识产权大国地位、"把我国建设成为知识产权创造、运用、保护和管理水平较高的国家"目标基本实现之时。加快建设知识产权强国是在习近平总书记关于知识产权工作重要指示论述指导下形成的知识产权事业发展的总纲领、总蓝图和总设计，知识产权强国建设开启了我们从"认识知识产权"迈向"驾驭知识产权"的事业发展新时期。应当说，知识产权强国建设进入实施的这一阶段，将是我们实现从"认识知识产权"到"驾驭知识产权"转变的历史阶

---

① 参见习近平：《全面加强知识产权保护工作 激发创新活力推动构建新发展格局》，载《求是》2021年第3期。
② 同注①。
③ 《国家知识产权战略纲要》实施十年评估工作组编写：《〈国家知识产权战略纲要〉实施十年评估报告》，知识产权出版社2019年版，第339页。
④ 申长雨：《新时代知识产权强国建设的宏伟蓝图》，载《人民日报》2021年9月23日，第10版。

段，是我们实现从国家知识产权战略到知识产权强国建设质的飞跃的重要时期。其中，"认识知识产权"，是指认识知识产权制度的本质，建立起与国际接轨的、符合国际通行规则的知识产权制度，将知识产权制度付诸实践；"驾驭知识产权"，是指在认识知识产权制度本质的基础上，总结我国知识产权制度运行实践，凝练我国知识产权制度作用机理，对知识产权制度价值观提出新的见解，将知识产权制度娴熟运用于创新发展的总体生态之中，充分发挥知识产权制度激励创新的基本保障作用。

在这一历史阶段和重要时期，特别是党的二十大报告明确提出"全面建成社会主义现代化强国、实现第二个百年奋斗目标，以中国式现代化全面推进中华民族伟大复兴"战略目标的历史时期，迫切需要对知识产权强国建设的基础理论加以系统构建，为新时代走好中国特色知识产权发展之路提供理论指引，为知识产权强国建设实施提供理论支撑。本书从知识产权强国建设的思想形成与理论构成、中国特色知识产权制度基础理论研究、知识产权保护体系与市场化运行机制、知识产权管理服务与人文社会环境建设、全球知识产权治理体系合作网络研究、知识产权强国建设实施框架体系研究等方面，对知识产权强国建设基本理论进行分析。

目 录

CONTENTS

第一章　知识产权强国建设的思想形成与理论构成

　　知识产权强国建设的思想源起于科教兴国战略，发展于国家知识产权战略，成型于收获知识产权大国地位、"把我国建设成为知识产权创造、运用、保护和管理水平较高的国家"目标基本实现之时。新中国知识产权制度探索的"初心"在于激励创造、促进发展，新中国知识产权制度探索的"基因"在于充分发挥知识产权保护激励创造、知识产权实施促进发展的政策工具作用。改革开放以来，我们秉持上述激励创造、促进发展的初心，实现知识产权制度激励创新创造、促进技术引进与技术实施的制度价值。党的十八大以来，知识产权工作继续沿着激励创造、促进发展的初心，凝聚出知识产权保护与知识产权运用两大重点，从战略高度加以全面部署，逐步从"公开换取垄断"等功利主义价值观转变为平衡协同的系统发展观。加快建设知识产权强国，是在习近平总书记关于知识产权工作重要论述指导下形成的知识产权事业发展的总纲领、总蓝图和总设计，知识产权强国建设开启了我们从"认识知识产权"迈向"驾驭知识产权"的事业发展新时期。

　　一方面，知识产权强国梦是中华民族伟大复兴中国梦的组成部分和具体落实。实现中华民族伟大复兴是中华民族近代以来最伟大的梦想。中华民族伟大复兴中国梦，是我国未来发展的总体战略愿景，是国家富强、民族振兴和人民幸福的梦，是历史的、现实的和未来的梦，是实际的、真切的发展愿景，需要在各个领域、各个部分加以支撑和落实。提升知识产权综合实力，运用知识产权构筑我国核心竞争力，是中华民族伟大复兴中国梦的重要要求。推动知识产权事业科学发展，实现知识产权强国梦，是中华民族伟大复兴中国梦的组成部分和具体落实。当前处于知识经济发展的新时期，新一轮产业革命和科技革命历史性交汇，知识财产成为财产存在和价值流转的主要样态，迫切需要进行无形财产权领域的新一轮产权改革，释放新的改革红利。而且，这也是跨越中等收入陷阱的重要手段。① 知识产权强国建设，恰恰是知识经济时代无形财产权改革的基础和关键。

另一方面，建设知识产权强国是实现创新驱动发展的核心举措。创新发展到今天，已经形成包括制度创新和知识创新两大部分的科学体系。② 其中，知识创新最主要的部分是科技创新和文化创新，两者构成了整个经济社会发展的动力和源泉。知识产权制度是促进知识创新的主要制度创新，是连接科学文化和经济发展的主要桥梁，在法律制度体系中作为保护创新和激励创新的根本制度发挥着作用，知识产权法是创新之法、产业之法。由于知识产权制度就是为创新活动和创新成果的产权化、商品化、市场化和产业化提供保障的基本制度规范，因此运用知识产权制度，建设知识产权强国，是实现创新驱动发展的核心举措。

知识产权强国建设理论的构成是，围绕知识产权强国建设"一个总体目标"，实施知识产权国内发展战略和国际合作战略"两大战略内容"，包含中国特色知识产权制度系统、知识产权运行系统和知识产权保障系统"三大主体系统"，通过知识产权保护机制等"四大落实机制"加以落实，依靠一流专利商标审查机构建设工程等"五大建设工程"具体实施。上述内容需要进一步加以深入研究，为新时代继续走好中国特色知识产权发展之路提供理论指引。知识产权强国建设进入实施阶段，需要围绕"知识产权强国建设实施框架体系建设"这一实施方向开展研究，深入分析两大实施方法，构建三大实施体系，协调好四大实施关系。这构成了知识产权强国建设实践证成的基本内容，需要将知识产权强国建设基本道路、知识产权强国建设基础理论与支撑知识产权强国建设的中国特色知识产权制度辩证统一到知识产权强国建设实施的伟大历史实践中。

---

① 参见王亚华等：《知识产权强国建设的现实国情研究》，载《知识产权》2015 年第 12 期。

② 参见［美］约瑟夫·阿洛伊斯·熊彼特：《经济发展理论：对利润、资本、信贷、利息和经济周期的探究》，叶华译，中国社会科学出版社 2009 年版，第 17 页。

这其中，知识产权强国建设基础理论的研究需要全面加强，为知识产权强国建设基本道路、中国特色知识产权制度建设提供理论支撑。笔者认为，知识产权强国建设理论体系的基本内涵是，以习近平新时代中国特色社会主义思想为指导，以我国知识产权事业发展的历史，特别是国家知识产权战略实施成果为积淀，以支撑高质量发展和促进高水平开放为导向，以"中国特色"和"世界水平"为标尺，以加强知识产权保护是完善产权保护制度最重要的内容和提高国家经济竞争力最大的激励作为认识基础，以对内打通知识产权创造、运用、保护、管理和服务全链条和对外更大力度加强知识产权保护国际合作为骨干内容，以支撑知识产权强国建设为主要内容的中国特色知识产权理论体系。知识产权强国建设理论体系的基本外延，包括目标论、内容论、系统论、运行论、工程论五个方面。本章第一节将介绍知识产权强国建设的思想形成，回溯历史、凝聚经验、提炼要义，分析知识产权强国建设总体思想的历史脉络；第二节将对知识产权强国理论体系进行系统解构；第三节、第四节、第五节对知识产权强国建设理论体系的基本外延中的目标论、内容论、系统论进行讨论（运行论、工程论留待第二章至第六章详细阐述）；第六节总结凝练国家知识产权治理体系建设的基本问题；第七节全面分析中国式现代化新征程中的知识产权强国建设道路。

第一节　知识产权强国建设思想形成研究①

就历史演进角度而言，知识产权强国建设源起于科教兴国战略、发展于国家知识产权战略、成型于收获知识产权大国地位、"把我国建设成为知识产权创造、运用、保护和管理水平较高的国家"目标基本实现之时。这一历史方位上的定位，是笔者理解知识产权强国建设的基础。

---

① 部分内容参见张鹏：《知识产权强国建设思想形成、理论构成与实践证成研究》，载《知识产权》2021 年第 10 期。

一、新中国成立之初的探索：激励创造、促进发展

新中国知识产权制度探索的"初心"在于激励创造、促进发展，新中国知识产权制度探索的"基因"在于将充分发挥知识产权保护激励创造、知识产权实施促进发展的政策工具作用。习近平总书记指出："我国知识产权保护工作，新中国成立后不久就开始了。"[①] 这一判断清晰地回顾了新中国知识产权保护工作的发展历程。1949 年 9 月 29 日，《中国人民政治协商会议共同纲领》第 43 条、第 44 条、第 45 条规定，奖励科学的发现和发明，普及科学知识，奖励优秀的社会科学著作，奖励优秀的文学艺术作品。下面就专利制度、商标制度的探索进行分析。

就专利制度的探索而言，新中国成立之初，政务院于 1950 年 8 月颁布《保障发明权与专利权暂行条例》，该条例的宗旨为"鼓励国民对生产科学之研究，促进国家经济建设之发展"。该条例共 22 条，规定了发明权人和专利权人享有的各种权利及义务，以及应遵守的其他内容。审查机关须根据实际情况授予 3 ~ 15 年专利权。该条例实质上建立的是发明人证书和专利并行的混合制度。就该条例的实施而言，1950—1956 年共有 407 项发明权和专利权申请。[②] 随着公私合营的实现，上述暂行条例在 1963 年被废止。1954 年，政务院颁布《有关生产的发明、技术改进及合理化建议的奖励暂行条例》，通过发明奖励制度发挥专利制度激励创造的政策工具作用。[③] 可见，新中国自成立初期就开始对专利制度加以探索，将专利制度与发明奖励制度共同作为激励创新的重要政策工具。

特别是，1956 年是中国现代科技发展史上具有里程碑意义的一年，党中央提出了"向科学进军"的重要口号。毛泽东主席指出："我国人民应该有一个远大的规划，要在几十年内，努力改变我国在经济上和科学文化上的落

---

① 习近平：《全面加强知识产权保护工作　激发创新活力推动构建新发展格局》，载《求是》2021 年第 3 期。

② 杨一凡、陈寒枫：《中华人民共和国法制史》，黑龙江人民出版社 1997 年版，第 536 页。

③ 张志成、张鹏：《中国专利行政案例精读》，商务印书馆 2017 年版，第 17 – 19 页。

后状态，迅速达到世界上的先进水平。"① 从此，"向科学进军"的重要口号和发展科学技术的"12 年规划"及"10 年规划"开启了党中央领导科学技术创新发展思想指导和顶层设计的宏大篇章，② 以"两弹一星"为代表的许多科技突破应运而生。在这一阶段，专利制度与发明奖励制度都服务于"向科学进军"的统一战略谋划。

就商标制度的探索而言，1950 年，政务院颁布《商标注册暂行条例》（已失效）和《商标注册暂行条例施行细则》（已失效）等法规，对我国商民和同我国建立外交关系并订立商约的国家商民的商标进行保护。1963 年，国务院进一步颁布《商标管理条例》（已失效），将使用商标作为企业的权利和义务，企业在商标核准注册后取得商标专用权，同时要求使用商标必须注册、流通商品必须使用商标。③ 可见，新中国自成立初期就开始对商标制度加以探索，将商标制度作为促进商品生产流通的重要政策工具。

二、改革开放过程中的发展：借鉴国际、坚持特色

改革开放是我国现代知识产权制度发展的历史背景和现实动力，我国以开放的心态学习借鉴国际知识产权制度建设经验，秉持上述"激励创造、促进发展"的初心，实现知识产权制度激励创新创造、促进技术引进与技术实施的制度价值。④ 习近平总书记指出："党的十一届三中全会以后，我国知识产权工作逐步走上正规化轨道。"⑤

1978 年，我国启动改革开放的进程，知识产权制度建设被重新提上议事日程。邓小平同志在继承和发展马克思主义生产力学说的基础上，系统提出

---

① 毛泽东：《社会主义革命的目的是解放生产力》，载《毛泽东选集》（第七卷），人民出版社1999 年版，第 2 页。

② 陈劲：《新时代的中国创新》，中国大百科全书出版社 2021 年版，第 18 – 19 页。

③ 沈关生：《谈谈我国商标法的形成与发展》，载《法学研究》1980 年第 3 期。

④ 参见韩秀成：《沧桑巨变：知识产权与改革开放四十年》，载《知识产权》2018 年第 9 期；冯晓青：《中国 70 年知识产权制度回顾及理论思考》，载《社会科学战线》2019 年第 6 期；韩秀成：《四十载从无到有筑牢事业基石　新时代从大到强走进复兴梦想》，载《知识产权》2020 年第 1 期。

⑤ 习近平：《全面加强知识产权保护工作　激发创新活力推动构建新发展格局》，载《求是》2021 年第 3 期。

"科学技术是第一生产力"的思想，① 明确了科学技术为振兴经济服务、促进科技成果转化以及高新技术产业发展的政策基础。在这一思想指引下，1995年《中共中央、国务院关于加速科学技术进步的决定》（中发〔1995〕8 号）中提出"科教兴国战略"。党的十六大报告明确要求大力实施科教兴国战略。所谓"科教兴国"，是指"全面落实科学技术是第一生产力的思想，坚持教育为本，把科技和教育摆在经济、社会发展的重要位置，增强国家的科技实力以及向现实生产力转化的能力……"，通过科技进步实现国家的繁荣昌盛。随着科教兴国战略的深入实施，在"科"和"教"两个方面都有新的理论发展，党的十七大报告提出的"创新型国家建设"为"科"这一方面的发展确立了新的目标，《国家中长期科学和技术发展规划纲要（2006—2020 年)》（国发〔2005〕44 号）围绕进入创新型国家行列的发展战略目标开展战略部署，提出了走中国特色自主创新道路、建设创新型国家的重要战略决策。《2002—2005 年全国人才队伍建设规划纲要》首次提出的"人才强国战略"，在"教"的方面进一步提高认识。

在"科学技术是第一生产力"的思想指引下，以科教兴国战略为背景，无论是"被动立法的百年轮迴"② 还是"枪口下的法律"③，随着 1982 年《中华人民共和国商标法》（2019 年修正，以下简称《商标法》)、1984 年《中华人民共和国专利法》（2020 年修正，以下简称《专利法》）和 1990 年《中华人民共和国著作权法》（2020 年修正，以下简称《著作权法》）的通过，我国在 20 世纪 80—90 年代建立起与国际通行知识产权制度接轨、体现中国发展阶段特点、具有一定意义上的中国特色的现代知识产权制度。伴随着加入世界知识产权组织和世界贸易组织，我国现代知识产权制度秉持国际通行知识产权制度的基本标准，与国际通行知识产权制度全面接轨。同时，我国立足发展阶段需要，总结新中国成立以来知识产权制度的实践和现实情

---

① 马忠法：《邓小平"科学技术是第一生产力"思想的实现途径及时代价值》，载《邓小平研究》2020 年第 5 期。

② 曲三强：《被动立法的百年轮迴——谈中国知识产权保护的发展历程》，载《中外法学》1999 年第 2 期。

③ 李雨峰：《枪口下的法律——近代中国版权法的产生》，载《北大法律评论》2004 年第 1 辑。

况，积极探索并形成了具有"中国元素"的一些知识产权制度。

一方面，适应我国创新制度建设的需要，构建起以计划手段、市场手段共同配合的创新激励体系，运用重大科技计划开展创新的计划部署和前瞻安排，运用发明奖励制度开展创新的计划回应和功勋激励，同时运用知识产权制度开展公开换取垄断的市场激励和技术实施，发挥协同作用，共同解决创新面临的"创新的死亡之谷"和"创新的珠穆朗玛峰"问题。① 另一方面，适应我国现实国情需要，构建以司法保护、行政保护协同推进的知识产权保护体系，兼顾司法保护的专业性、权威性优势和行政保护的便捷性、便利性特点，发挥知识产权协同保护的优势。特别是，我国在加快建设中国特色知识产权制度的同时，从战略高度认识知识产权工作的重要性，2008 年国务院颁布实施《国家知识产权战略纲要》（国发〔2008〕18 号），以"激励创造、有效运用、依法保护、科学管理"作为工作方针，部署七大专项任务和九大战略措施，从战略层面部署知识产权工作。上述工作方针成为国家知识产权战略的中心主线。

三、党的十八大以来的提升：战略部署、系统协同

党的十八大以来，知识产权工作继续沿着"激励创造、促进发展"的初心，凝聚出知识产权保护与知识产权运用两大重点，全面从战略高度加以部署，逐步从"公开换取垄断"等功利主义价值观转变为平衡协同的系统发展观。习近平总书记指出："党的十八大以来，党中央把知识产权保护工作摆在更加突出的位置。"② 如前所述，我国知识产权工作一脉相承、秉持初心，特别是改革开放以来，在科教兴国战略层面加以认识，分别提出了创新型国家建设和人才强国战略。同时，随着认识的不断深化，我们逐步意识到，"科""教"的发展与"兴国"的要求尚存差距，这个差距需要将创新与

---

① Ehlers V. , *Unlocking Our Future: Toward A New National Science Policy*, http://webharvest. gov/peth04/20041117182339/www. house. gov/science/science_policy_report. htm, last visited: 2022 - 03 - 23.
② 习近平：《全面加强知识产权保护工作　激发创新活力推动构建新发展格局》，载《求是》2021 年第 3 期。

发展深入关联来加以解决。①

在此基础上，党的十八大明确提出实施创新驱动发展战略，并将知识产权制度作为创新驱动发展的基本保障，党的十九大报告进一步提出坚定实施创新驱动发展战略，党的二十大报告进一步强调"必须坚持科技是第一生产力、人才是第一资源、创新是第一动力"，进而部署"加快实施创新驱动发展战略，加快实现高水平科技自立自强"。我们深刻认识到，创新驱动发展，需要坚持政府引导和市场主导双轮驱动，但这个双轮驱动不是左右轮的平行关系，而是前后轮的关系。政府是前面的牵引轮、方向轮，市场是后面的驱动轮、动力轮。充分发挥市场驱动创新的作用，前提是运用知识产权制度充分发挥市场配置创新资源的决定性作用。自此，中央全面深化改革领导小组（2018年3月改为中央全面深化改革委员会）多次审议知识产权工作内容，国务院印发《关于新形势下加快知识产权强国建设的若干意见》（国发〔2015〕71号）和《"十三五"国家知识产权保护和运用规划》（国发〔2016〕86号），中共中央办公厅、国务院办公厅印发《关于强化知识产权保护的意见》，国务院办公厅转发知识产权局等单位《深入实施国家知识产权战略行动计划（2014—2020年）》（国办发〔2014〕64号）等知识产权公共政策文件。在上述公共政策引导下，国家知识产权战略实施取得明显实效。②《〈国家知识产权战略纲要〉实施十年评估报告》一书指出，《国家知识产权战略纲要》提出的"到2020年把我国建设成为知识产权创造、运用、保护和管理水平较高的国家"这一目标已经基本实现。③

与之相适应，随着知识产权事业的成长，现代知识产权制度历经20世纪80年代初步探索、20世纪90年代理论反思和21世纪之初的理论再认识，④

---

① 陈雄辉、萧艳敏、崔慧洁等：《我国实施创新驱动和人才强国"双战略"的历史演变》，载《科技创新发展战略研究》2020年第4期。

② 易继明：《〈国家知识产权战略纲要〉颁布实施十周年》，载《西北大学学报（哲学社会科学版）》2018年第5期。

③ 《国家知识产权战略纲要》实施十年评估工作组编写：《〈国家知识产权战略纲要〉实施十年评估报告》，知识产权出版社2019年版，第2页。

④ 吴汉东：《知识产权理论的体系化与中国化问题研究》，载《法制与社会发展》2014年第6期。

中国知识产权理论建设也在逐步建立理论自信，针对中国问题、形成中国话语、阐明中国道路、发出中国声音，逐步形成了中国特色知识产权理论体系。① 就中国特色知识产权理论体系的内涵而言，习近平法治思想和新发展理念为知识产权强国建设提供了重要的理论基石和思想引领，中国特色知识产权理论体系是习近平法治思想和新发展理念在知识产权领域的具体落实，体现了思想引领和实践导向的双重意义，是知识产权制度现代化的"中国思想"表达和"中国道路"遵循。② 就中国特色知识产权理论体系的外延而言，已经延伸到法律制度、公共政策、国际经济贸易、国家发展战略等多个领域。其中，从公共政策角度而言，以知识产权为导向的公共政策体系是促进创新驱动发展的重要政策安排；从国际经济贸易角度而言，知识产权规则是世界贸易体制的基本规则之一。③ 上述知识产权理论从法治建设和创新发展两个方面强调了知识产权制度的重要作用。④ 这也标志着我国知识产权理论逐步从"公开换取垄断"等功利主义价值观⑤转变为平衡协同的系统发展观，强调创新创造者、传播者、使用者、社会公众等多方利益的平衡保护，强化知识产权运用与知识产权保护的平衡运行，加强知识产权战略规划等公共政策与法律制度的内在协同，加大执法部门严格监管、司法机关公正司法、市场主体规范管理、行业组织自律自治、社会公众诚信守法的知识产权协同保护力度，通过知识产权生态系统的平衡协同促进创新发展。

---

① 参见刘红臻：《中国特色社会主义法学理论体系的形成过程及其基本标志》，载《法制与社会发展》2013 年第 2 期；冯晓青：《新时代中国特色知识产权法理思考》，载《知识产权》2020 年第 4 期。

② 国家知识产权战略实施工作部际联席会议办公室组织编写：《〈知识产权强国建设纲要（2021—2035 年）〉辅导读本》，知识产权出版社 2022 年版，第 340 - 342 页。

③ 吴汉东：《知识产权本质的多维度解读》，载《中国法学》2006 年第 5 期。

④ 参见吴汉东：《新时代中国知识产权制度建设的思想纲领和行动指南——试论习近平关于知识产权的重要论述》，载《法律科学》2019 年第 4 期；吴汉东：《试论知识产权制度建设的法治观和发展观》，载《知识产权》2019 年第 6 期。

⑤ 知识产权功利主义价值观随着经济分析法学的兴起得到了广泛认可，将知识产权作为通过权利配置激励信息生产传播的制度工具，促进创新创造者和其他知识产权主体在知识产品的传播中获得足以激励其创新创造投资的回报。See Robert P. Merges, Peter S. Menell & Mark A. Lemly, *Intellectual Property in the New Technological Age* (4*th* edition), Aspen Publishers, 2006, p.13; Mark A. Lemley, *Property, Intellectual Property, and Free Riding*, 83 Texas Law Review 1031 (2005); William Landes & Richard Posner, *An Economic Analysis of Copyright Law*, 18 The Journal of Legal Studies 325 (1989). etc.

综上所述，2008—2020 年这 10 余年的发展，乃至改革开放以来进行的知识产权工作、新中国成立以来颁布的知识产权政策，均可以作为"认识知识产权"的重要标识，这也为我们通过知识产权强国建设实现从"认识知识产权"到"驾驭知识产权"的转变提供了坚实基础。从国家发展战略角度而言，知识产权强国建设源起于科教兴国战略，发展于作为推动我国走上知识经济发展道路、统领我国 10 余年经济创新发展的总体战略[1]的国家知识产权战略，成型于收获知识产权大国地位、"把我国建设成为知识产权创造、运用、保护和管理水平较高的国家"目标基本实现的重要历史时刻。

第二节　知识产权强国建设理论构成研究[2]

随着知识产权强国建设的全面推进，迫切需要在中国特色知识产权理论体系基础之上，立足我国跨越式转型的现实国情进行理论创新，构建知识产权强国建设理论体系。《知识产权强国建设纲要（2021—2035 年）》以习近平新时代中国特色社会主义思想为指导，通过法治化方式，运用市场手段，旨在将我国从一个"知识产权大国"建设成为"知识产权强国"，并通过知识产权促进经济社会全面进步与高质量发展。[3] 深入贯彻落实《知识产权强国建设纲要（2021—2035 年）》，系统推动知识产权强国建设顺利开展，需要理论先行、理论引领、理论指导，知识产权强国建设理论体系的构建具有深刻的历史使命和强烈的现实需求。

一、新时代的重要使命：构建知识产权强国理论体系

随着《知识产权强国建设纲要（2021—2035 年）》的颁布实施，构建知识产权强国建设理论体系时不我待。

---

① 董涛：《"国家知识产权战略"与中国经济发展》，载《科学学研究》2009 年第 5 期。

② 部分内容参见张鹏：《知识产权强国建设思想形成、理论构成与实践证成研究》，载《知识产权》2021 年第 10 期。

③ 易继明：《建设知识产权强国是新时代的呼唤》，载《光明日报》2021 年 9 月 24 日，第 3 版。

第一，构建知识产权强国建设理论体系，是实现创新驱动发展、推动高质量发展的理论回应。党的十八大报告明确提出了实施创新驱动发展战略，中共中央、国务院发布的《关于深化体制机制改革加快实施创新驱动发展战略的若干意见》（中发〔2015〕8 号）明确提出战略部署。党的十九大报告进一步提出高质量发展的部署，并将其作为"十四五"乃至更长时期内我国经济社会发展的主题。构建知识产权强国建设理论体系，能够为实现创新驱动发展、推动高质量发展提供理论基础。[①] 制度经济学的一般观点认为，一国的要素禀赋结构包括自然资源、劳动力、资本和技术等。总结世界典型经济强国的历史经验可以发现，当其在产业多样化背景下重点发展的产业与经济体要素禀赋结构所决定的比较优势相符时，该经济体将具有较高的竞争力。例如，德国在第二次世界大战之后的经济强国崛起之路在很大程度上有赖于其抓住了始于 20 世纪中叶的电力、电气以及交通运输等技术革命和产业革命的机遇，建立起符合其国家比较优势的经济禀赋结构，用了几十年的时间完成现代产业体系建设，确立了至今仍然在全球具有重要地位的"德国制造"品牌。与之相对比，20 世纪 60—70 年代，拉丁美洲、非洲和南亚国家所采取的发展战略中，进口替代和贸易保护是关键特征，违背了自身经济禀赋结构所决定的比较优势，经济发展没有取得应有的成绩。再如，日本、韩国经济从 20 世纪 50—80 年代维持了 30 年左右的快速增长，其经验在于经济禀赋结构中体现出的比较竞争优势的发挥。也就是说，从制度经济史的变迁和大国兴衰的进程可以看出，全球经济发展阶段是一条从低收入的农业经济到高收入的后工业化经济的"连续谱"，而一国的要素禀赋结构所决定的比较竞争优势对于经济增长具有决定性作用。目前，推动我国经济社会发展动力由要素驱动、投资驱动为主向创新驱动为主转变，加快建设知识产权强国是根本。从动态意义上分析创新驱动发展战略，"创新"体现为创新型国家建设，"发展"体现为经济强国建设，而上述"驱动"必然提出知识产权强国建设的要求，使得知识产权成为我国可以依赖的新比较竞争优势。

---

① 参见吴汉东：《经济新常态下知识产权的创新、驱动与发展》，载《法学》2016 年第 7 期；吴汉东：《经济结构改革与创新驱动发展中的知识产权》，载《新华日报》2016 年 6 月 3 日。

第二，构建知识产权强国建设理论体系，是深化中国特色社会主义理论体系研究、建设社会主义现代化强国的学科支撑。党的十七大报告明确指出，改革开放以来我们取得的一切成绩和进步的根本原因，归结起来就是，开辟了中国特色社会主义道路，形成了中国特色社会主义理论体系。党的十八大以来，党和国家提出了"加快构建中国特色哲学社会科学"的重大论断和战略任务。知识产权强国建设理论体系是中国特色社会主义理论体系在知识产权领域的具体运用，是中国特色社会主义理论体系的有机组成部分。同时，知识产权强国建设理论体系也将为以习近平新时代中国特色社会主义思想、中国特色社会主义理论体系的新发展提供具体学科的理论落实。我们需要清醒地认识到，现代知识产权制度是西方舶来品，西方国家作为现代意义上的知识产权制度的探索者、建构者和积极推行者，通过《保护工业产权巴黎公约》、《保护文学和艺术作品伯尔尼公约》、《与贸易有关的知识产权协定》（以下简称 TRIPS 协定）等国际知识产权制度的系统推行，以及发达国家知识产权法律制度的对外输出，将知识产权功利主义价值观上升为普适性价值。我们需要深刻地体会到，新中国成立以来对知识产权制度的探索，特别是改革开放以来对现代知识产权制度的创建和党的十八大以后对知识产权战略的深化，是我们在中国特色社会主义理论体系指导下凝练知识产权理论的基石。

第三，构建知识产权强国建设理论体系，是开拓知识产权事业发展新局面的思想指引，是实现知识产权治理体系和治理能力现代化的逻辑支持。首先，就现实方位角度而言，加快建设知识产权强国，是在习近平总书记关于知识产权工作的重要论述指导下形成的知识产权事业发展的总纲领、总蓝图和总设计。我们需要认识到，建设知识产权强国，需要以发展规划、政策文件、法律制度、体制改革、体系机制等作为支撑，如何将《知识产权强国建设纲要（2021—2035 年）》这一设计图细化为施工图，进而落实成为高楼大厦，如何沿着《知识产权强国建设纲要（2021—2035 年）》绘制的蓝图深入推进各项工作，动态调整政策制度，将是未来知识产权研究的重要内容。知识产权强国建设理论体系作为中国式知识产权发展道路的理论概括，将为知识产权强国建设与知识产权规划政策制定提供理论指导。其次，就未来发展角度而言，知识产权强国建设开启了我们从"认识知识产权"迈向"驾驭知识产权"的知识产权事业发展新时期。如前所述，国家知识产权战略实施 10余年，是政府、企业、高校和科研院所、广大民众"认识知识产权"的过程。我们对知识产权的认识，已经从法律制度层面拓展到战略政策层面，已经从制度工具定位提升到战略设计定位。以此为基础，我们将在知识产权强国建设过程中进入"驾驭知识产权"的知识产权事业发展新时期。最后，知识产权强国建设理论体系是实现知识产权治理体系和治理能力现代化的逻辑支持。实现知识产权治理体系和治理能力现代化，已经成为知识产权强国建设的基本路径。① 进一步来讲，知识产权强国建设理论体系作为中国式知识产权发展道路的理论概括，② 更加强调平衡协同的系统发展观，不仅将知识产权作为激励创新的功利主义工具，还强调知识产权运用与知识产权保护的平衡运行，强化市场主导与政府引导的协同，通过知识产权生态系统的平衡协同促进创新发展。这一理论框架也将为发展中国家运用知识产权促进国家发展提供理论示范。

二、新使命的逻辑起点：定位知识产权强国理论体系

知识产权强国建设由理论体系、发展道路、支撑制度共同构成，知识产权强国建设理论体系是指导知识产权强国建设的基本理论，知识产权强国建设的发展道路是立足我国国情谋划的知识产权强国建设的时间表、路线图，知识产权强国建设的支撑制度是中国特色知识产权制度。三者共同构成引导我国知识产权事业科学发展的基本框架，辩证统一于知识产权强国建设的现实实践中。③

---

① 参见吴汉东：《国家治理能力现代化与法治化问题研究》，载《法学评论》2015 年第 5 期；马一德：《中国知识产权治理四十年》，载《法学评论》2019 年第 6 期；詹映：《试论新形势下我国知识产权战略规划的新思路》，载《中国软科学》2020 年第 8 期；张鹏：《国家知识产权治理体系和治理能力现代化基本问题初探》，载《知识产权》2020 年增刊。

② 参见吴汉东：《中国知识产权法律变迁的基本面向》，载《中国社会科学》2018 年第 8 期；马一德：《完善中国特色知识产权学科体系、学术体系、话语体系》，载《知识产权》2020 年第12 期。

③ 张鹏：《知识产权强国建设基本问题初探》，载《科技与法律》2016 年第 1 期。

  首先，知识产权强国建设理论体系是指导知识产权强国建设的基本理论，是中国特色社会主义理论在知识产权领域的具体落实。党的十八大以来，习近平总书记就知识产权法律制度建设、知识产权综合管理改革、自主知识产权核心技术创造、实施严格的知识产权保护制度等作出了一系列重要指示，提出了"保护知识产权就是保护创新""产权保护特别是知识产权保护是塑造良好营商环境的重要方面""要打通知识产权创造、运用、保护、管理、服务全链条"等重要论断，进一步明确了知识产权的功能定位，赋予了知识产权新的时代内涵，丰富了中国特色知识产权思想理论。这是习近平新时代中国特色社会主义思想在知识产权领域的具体要求，是知识产权发展一般规律与我国实践探索相结合的科学概括，是做好新时代知识产权工作的根本遵循和行动指南，是知识产权强国建设理论体系的理论内核。

  其次，知识产权强国建设的发展道路是立足我国国情谋划的知识产权强国建设的时间表、路线图，是中国特色社会主义道路在知识产权领域的现实反映。2015 年 12 月召开的国务院常务会议指出，用改革的办法加快建设知识产权强国，是实施创新驱动发展战略和激励大众创业、万众创新的重要支撑。① 因此，改革的方法是知识产权强国建设发展道路的核心和关键。深化知识产权领域改革和加快建设知识产权强国，二者辩证统一。另外，知识产权强国建设路径具有综合性、复杂性和发展性，尤其是区域发展不平衡和产业发展不均衡使得我国知识产权强国建设具有复合性，我国的知识产权强国建设方向是一个复合的路径选择。

  最后，知识产权强国建设的支撑制度是中国特色知识产权制度，它是中国特色社会主义法律制度的组成部分。新时代中国特色社会主义思想明确要求，全面深化改革总目标是完善和发展中国特色社会主义制度、推进国家治理体系和治理能力现代化，全面推进依法治国总目标是建设中国特色社会主义法治体系、建设社会主义法治国家。中国特色知识产权制度是中国特色社会主义法律制度的重要组成部分，是中国特色社会主义法治体系的重要一环。

---

  ① 杜鑫："知识产权强国建设支撑'双创'开花结果"，载中新网，https://www.chinanews.com.cn/cj/2019/06-19/8868958.shtml，访问日期：2022 年 3 月 22 日。

知识产权强国建设同样如此，必须加快建设中国特色知识产权制度这一知识产权强国建设的支撑制度，为知识产权强国建设提供制度支撑。

综上所述，知识产权强国建设理论体系、发展道路、支撑制度三者共同构成了引导我国知识产权事业科学发展的基本框架，辩证统一于知识产权强国建设的现实实践中。知识产权强国建设的理论体系是行动指南，发展道路是实现途径，支撑制度是根本保障。知识产权强国建设理论体系为道路拓展和制度创新提供理论支撑，知识产权强国建设发展道路为理论形成发展和制度创新完善提供实践基础，中国特色知识产权制度为道路拓展和理论创新提供制度保障，三者统一于知识产权事业科学发展的伟大实践中。

三、新命题的初步探索：解析知识产权强国理论体系

笔者认为，知识产权强国建设理论体系的基本内涵是，以习近平新时代中国特色社会主义思想为指导，以我国知识产权事业发展的历史，特别是国家知识产权战略实施成果为积淀，以支撑高质量发展和促进高水平开放为导向，以"中国特色"和"世界水平"为标尺，以"加强知识产权保护是完善产权保护制度最重要的内容和提高国家经济竞争力最大的激励"作为认识基础，以对内"打通知识产权创造、运用、保护、管理和服务全链条"和对外"更大力度加强知识产权保护国际合作"为骨干内容，以支撑知识产权强国建设为主要内容的中国特色知识产权理论体系。知识产权强国建设理论体系的基本外延，包括目标论、内容论、系统论、运行论、工程论五个方面。其中，目标论起到总体引导作用，内容论起到基本支柱作用，系统论构成知识产权强国建设的主体，运行论和工程论是促进知识产权强国建设系统运行的抓手和平台。

第一，知识产权强国建设目标论：知识产权强国建设总目标。知识产权强国的标志是制度完善、保护严格、运行高效、服务便捷、文化自觉、开放共赢。可见，知识产权强国建设目标围绕知识产权制度、保护、运用、服务、文化和国际合作这几个维度展开。进一步来讲，《知识产权强国建设纲要（2021—2035 年）》将上述总体目标细化分为 2025 年、2035 年两个阶段目标，并将"我国知识产权综合竞争力跻身世界前列，知识产权制度系统完

备，知识产权促进创新创业蓬勃发展，全社会知识产权文化自觉基本形成，全方位、多层次参与知识产权全球治理的国际合作格局基本形成，中国特色、世界水平的知识产权强国基本建成"作为总体目标。这就需要我们进一步研究"知识产权综合竞争力"的内涵、表征与代表性指标，并对知识产权的制度体系、价值体现、文化意识、国际合作进行细化分析，探讨面向 2035 年的总体目标的深刻内涵。另外，《知识产权强国建设纲要（2021—2035 年）》给出的面向 2025 年的阶段性目标，将知识产权保护社会满意度、知识产权市场价值、品牌竞争力、专利密集型产业增加值占 GDP 比重、版权产业增加值占 GDP 比重、知识产权使用费年进出口总额、每万人口高价值发明专利拥有量作为代表性指标。在此基础上，我们需要动态追踪各国知识产权综合实力的变化情况，根据各国经验并结合我国实践情况实时细化上述代表性指标的计算方式，动态调整知识产权强国建设的阶段性目标。

第二，知识产权强国建设内容论：国内发展战略和国际合作战略。就知识产权强国建设理论体系的构成内容而言，随着纲要的颁布实施，知识产权强国建设研究也从重点研究知识产权强国"是什么"（知识产权强国的内涵外延、主要特征、代表指标等）[1] 和知识产权强国建设"为什么"（知识产权强国建设的必要性与紧迫性等）[2] 转向知识产权强国建设"做什么"和"怎么做"的内容。如前所述，相对于国家知识产权战略而言，知识产权强国建设的重要变化之一就是体系更加平衡，不仅包括国内发展战略，还包括国际合作战略。《知识产权强国建设纲要（2021—2035 年）》将"坚持人类命运共同体理念，以国际视野谋划和推动知识产权改革发展，推动构建开放包容、平衡普惠的知识产权国际规则，让创新创造更多惠及各国人民"作为工作原则，将"全方位、多层次参与知识产权全球治理的国际合作格局基本形成"

---

① 参见申长雨：《面向新时代的知识产权强国建设》，载《时事报告（党委中心组学习）》2019 年第 6 期；谢小勇、刘淑华、韩秀成：《知识产权强国建设基本问题初探》，载《中国科学院院刊》2016 年第 9 期；张鹏：《知识产权强国建设基本问题初探》，载《科技与法律》2016 年第 1 期。

② 参见申长雨：《努力建设知识产权强国 支撑经济发展新常态》，载《中国发明与专利》2015 年第 1 期；申长雨：《知识产权是推进供给侧结构性改革的重要支撑》，载《中国知识产权报》2016 年 9 月 21 日，第 2 版；张志成：《知识产权强国建设初探》，载《科技与法律》2015 年第 4 期；韩秀成、李奕霏：《加快建设知识产权强国 保障经济高质量发展》，载《中国经济评论》2020 年第 4 期。

作为工作目标，同时部署积极参与知识产权全球治理体系改革和建设，构建多边和双边协调联动的国际合作网络。未来，知识产权强国建设内容论的研究方向在于，协调国内国外两个大局，实现国内发展战略和国际合作战略的统筹配合，并且提出知识产权全球治理体系的方案，在强化知识产权国际保护的同时，强化知识产权促进发展的作用发挥，平衡保障发展中国家和发达国家、新兴国家和先发国家的利益。

第三，知识产权强国建设系统论：中国特色知识产权制度系统、知识产权运行系统和知识产权保障系统。《知识产权强国建设纲要（2021—2035年）》部署了知识产权强国建设的六大方面重点任务，[①] 这些重点任务构成了知识产权强国建设的关键领域和核心环节，主要包括：建设面向社会主义现代化的知识产权制度、建设支撑国际一流营商环境的知识产权保护体系、建设激励创新发展的知识产权市场运行机制、建设便民利民的知识产权公共服务体系、建设促进知识产权高质量发展的人文社会环境、深度参与全球知识产权治理。其中，面向社会主义现代化的知识产权制度旨在打造中国特色知识产权制度系统，通过新型知识产权法律制度的构建（表现为大数据、人工智能、基因技术等新领域新业态知识产权立法和地理标志、外观设计单独立法[②]）和传统知识产权法律制度的优化〔表现为《专利法》《商标法》《著作权法》和《中华人民共和国植物新品种保护条例》（以下简称《植物新品种保护条例》）的及时修改〕，进一步落实平衡协同的知识产权系统发展观。徒法不足以自行，中国特色知识产权制度本身必须在运行系统中才能发挥其应有的制度价值。为了积极促进知识产权制度价值的实现，需要构建包括知识产权保护体系、知识产权市场运行机制、知识产权公共服务体系、深度参与全球知识产权治理等在内的知识产权运行系统。知识产权运行系统致力于通过保护创新和公开创新的平衡，通过创新竞争的控制工具和创新发展的决策工具双重功能，实现专利制度的创新投入的驱动工具功能，进而解决创新发

---

① "向知识产权强国进发——《知识产权强国建设纲要（2021—2035年）》看点解析"，载新华社官网，http://www.gov.cn/zhengce/2021-09/22/content_5638759.htm，访问日期：2022年3月2日。

② 参见张鹏：《外观设计单独立法论》，载《知识产权》2018年第6期。

展中的市场失灵问题。知识产权保障系统主要包括建设促进知识产权高质量发展的人文社会环境，塑造尊重知识、崇尚创新、诚信守法、公平竞争的知识产权文化理念，构建内容新颖、形式多样、融合发展的知识产权文化传播矩阵，营造更加开放、更加积极、更有活力的知识产权人才发展环境。

第四，知识产权强国建设运行论：知识产权保护机制、知识产权高质量创造和市场化运用机制、知识产权管理机制、知识产权公共服务机制。上述知识产权强国建设系统的有效运行有赖于工作机制的优化。《知识产权强国建设纲要（2021—2035 年)》在国家知识产权战略提出的创造、运用、保护、管理的基础上，进一步突出了知识产权服务，强化了知识产权公共服务机制。就知识产权保护机制而言，既包括公正高效、管辖科学、权界清晰、系统完备的司法保护机制，也包括便捷高效、严格公正、公开透明的行政保护机制。如前所述，这是中国特色知识产权保护制度的重要特点。在各自发挥严格保护作用的基础上，知识产权强国建设面临的重要问题是协同各种保护机制，发挥各种保护机制的优势，形成保护机制之间的共同合力。例如，《知识产权强国建设纲要（2021—2035 年)》提出的"探索依当事人申请的知识产权纠纷行政调解协议司法确认制度"，旨在协调行政保护的快捷性、便利性优势和司法保护的权威性、终局性优势，力图提高知识产权保护综合效能。就知识产权高质量创造和市场化运用机制而言，需要以质量和价值为标准引导市场主体发挥专利权、商标权、著作权等多种类型知识产权组合效应，运用知识产权制度规则、经营知识产权权利价值，涵盖知识产权布局培育、转移转化、价值评估、投融资以及作为竞争工具等各个方面，通过有效运营，达到促进知识产权价值最大化的目的，并以此促进经济、科技、社会等综合效益最大化。就知识产权公共服务机制而言，需要进一步研究知识产权公共服务的社会需求以及新技术在知识产权公共服务效能提高方面的重要作用。

第五，知识产权强国建设工程论：一流专利商标审查机构建设工程、高水平知识产权审判机构建设工程、知识产权保护体系建设工程、知识产权运营体系建设工程、知识产权公共服务智能化建设工程。虽然《知识产权强国建设纲要（2021—2035 年)》提出了八项工程，但是以"建设工程"作为定位的仅有上述五项。这五项"建设工程"致力于为实现知识产权治理体系和治理能力现代化提供工作抓手。知识产权治理是一项系统工程，是多主体参与的治理过程，需要有科学合理的知识产权治理体系作为基础。这就要求推动政府职能由知识产权管理向知识产权治理转变，提升政府治理能力，创新政府治理手段。政府应更多关注市场失灵环节，充分发挥其引导、动员和激励的优势，理顺政府与市场、政府与社会的关系。构建现代化的国家知识产权治理体系，应当定位于经济调节、市场监管、公共服务等方面。其中，知识产权领域的经济调节，是未来知识产权工作的中心和重心，主要是加强一流专利商标审查机构建设和知识产权运营体系建设，运用规划、标准与政策等宏观调控手段和以结构性调控措施为主的微调手段，解决经济非均衡状态下纠正市场失灵以及创新外部性补偿等问题。知识产权领域的市场监管，主要是加强知识产权保护体系建设和高水平知识产权审判机构建设，统筹知识产权司法保护、行政保护和社会保护，对知识产权侵权行为给予足够的惩戒力度，使得知识产权侵权收益低于知识产权侵权投入，其采取的手段主要是降低调查取证成本和非经济成本。知识产权领域的公共服务，是未来知识产权工作重点加强的部分，也是知识产权系统相关工作的重要业务增长点，其主要是推动知识产权公共服务智能化，加强基于知识产权公共服务的资源供给，包括知识产权信息资源的互联互通、共享共用等。

综上所述，上述"一个总体目标、两大战略内容、三大主体系统、四大落实机制、五大建设工程"形成了知识产权强国建设基本理论的总体结构，需要进一步加以深入研究，为新时代继续走好中国特色知识产权发展之路提供理论指引。知识产权强国建设理论体系应当以知识产权强国建设实践作为研究导向，以法治化和市场化作为研究基点，从国家战略、规划政策、法律制度等多个维度分析知识产权，积极回应我国超大型崛起和差异性发展过程中遇到的知识产权事业"成长的烦恼"，为知识产权强国建设提供坚实的思想基石和理论基础。接下来，本书将围绕知识产权强国理论体系目标论、内容论、系统论、运行论、工程论这五个方面的外延，分别加以阐述。其中，知识产权强国理论体系目标论、内容论、系统论这三部分在本章中加以论述，知识产权强国建设运行论和工程论主要在第二至六章中结合《知识产权强国建设纲要（2021—2035年）》的具体内容加以论述。

第三节　知识产权强国建设目标论的命题

随着知识产权强国建设的全面推进，迫切需要在中国特色知识产权理论体系基础之上，立足我国跨越式转型的现实国情进行理论创新，构建知识产权强国建设理论体系。如上节所述，知识产权强国建设理论体系的基本外延，包括目标论、内容论、系统论、运行论、工程论五个方面。进一步来讲，知识产权强国建设理论体系首先需要回应的基础理论命题，除了为什么建设知识产权强国（国情论）外，还重点包括建设什么样的知识产权强国（目标论）、建设知识产权强国做什么（内容论和系统论）、建设知识产权强国怎么做（运行论和工程论），以分别回答知识产权强国建设的国情背景、愿景目标、基本路径、战略任务、方法论等关键问题。

一、国情凝练：为什么建设知识产权强国

习近平总书记在第十九届中共中央政治局第二十五次集体学习时提出："创新是引领发展的第一动力，保护知识产权就是保护创新。"这一论断凸显了知识产权保护的重要性。《知识产权强国建设纲要（2021—2035年）》明确指出："进入新发展阶段，推动高质量发展是保持经济持续健康发展的必然要求，创新是引领发展的第一动力，知识产权作为国家发展战略性资源和国际竞争力核心要素的作用更加凸显。"应当说，建设中国特色、世界水平的知识产权强国，是以习近平同志为核心的党中央作出的重大战略部署，是做好新时代知识产权工作的总抓手。建设知识产权强国是建设社会主义现代化强国的必然要求，是推进国家治理体系和治理能力现代化的内在需要，是推动高质量发展的迫切需要，是推动构建新发展格局的重要支撑。[①] 为了深入理解知识产权强国建设的国情背景，需要从经济发展的基本理论出发，探

---

① 国务院知识产权战略实施工作部际联席会议办公室组织编写：《〈知识产权强国建设纲要（2021—2035年）〉辅导读本》，知识产权出版社2022年版，第16–17页。

讨促进经济创新发展的基本逻辑，分析知识产权促进创新的基本原理。

1. 新一轮科技革命和产业变革

从国际角度来看，当前新一轮科技革命和产业变革正处于实现重大突破的历史关口，新技术、新产业、新业态、新模式层出不穷，将会带来社会生产力的又一次重大飞跃，甚至深刻改变世界经济、科技、政治格局。[①] 未来产业将以新一代信息技术、新材料、新能源、新装备、生物技术等与工业技术交叉融合为驱动，代表新一轮科技革命和产业革命的发展方向。目前全球创新创业进入高度密集活跃期，人才、知识、技术、资本等创新资源在全球流动的速度、范围和规模达到空前水平，创新模式发生重大变化，在实验室进行反复试验、封闭创新的时代已经过去，创新活动的网络化、开放性、全球化特征更加突出，[②] 新一轮科技革命和产业变革正在重构全球创新版图、重塑全球经济结构。主要国家积极通过公共政策激励创新，促进经济发展。从工业革命的历史规律看，18 世纪的发明不像之前几个世纪那样昙花一现，而是开启了连绵不绝的创新之路，其中很重要的原因是通用技术的创新，所谓"通用技术"就是可以应用到各个领域的技术。[③] 新一轮科技革命和产业变革背景下的未来产业也具有类似特点。

下面以美国为例进行说明。2009 年 9 月，美国政府首次发布《美国创新战略：推动可持续增长和高质量就业》，强调创新要素投资、强化市场竞争与促进国家在重点领域的技术突破，其将市场手段（创新要素投资、强化市场竞争）与政府手段（促进国家在重点领域的技术突破）相结合，充分发挥知识产权制度的支撑作用，发挥创新对经济增长的动力作用。其强调，必须确保知识产权在海外市场得以保护，必须确保更多有关国际竞争的技术标准得以保护；其部署，政府致力于确保美国专利商标局有足够的资源、权力和灵活性来有效管理美国的专利制度，给创新型知识产权授予高质量专利，同时拒绝受理不值

---

① 学习贯彻习近平新时代中国特色社会主义经济思想 做好"十四五"规划编制和发展改革工作系列丛书编写组编：《深入实施创新驱动发展战略》，中国计划出版社、中国市场出版社 2020 年版，第 7 页。

② 戈峻、刘维：《创新与规制的边界：科技创新的政策法律调控之道》，法律出版社 2018 年版，第 9 – 12 页。

③ ［英］罗伯特·C. 艾伦：《全球经济史》，陆赟译，译林出版社 2015 年版，第 38 – 41 页。

得给予专利权保护的专利申请。2011 年 1 月，美国政府对上述《美国创新战略：推动可持续增长和高质量就业》进行调整，形成《美国创新战略：确保国内经济增长和繁荣》，并在对美国创新基础进行投资、促进基于市场的创新、催生国家优先领域的创新突破三方面部署了 10 项举措，并且特别提出要通过有效的知识产权政策促进创新和资助保护有效的知识产权。[①] 2015 年 10 月，美国政府发布《美国创新战略：投资建立美国创新区》，围绕投资基础创新领域、激励企业创新、培养更多创新人才、创造高质量就业岗位和促进经济增长、推动国家重点创新领域取得突破、建设创新型政府六个方面部署政策措施，[②] 显然也旨在协调衔接市场手段（激励企业创新等）和计划手段（投资基础创新领域、推动国家重点创新领域取得突破等），有效激励创新。

与上述美国创新战略相配合，美国专利商标局先后出台《21 世纪战略计划》《2010—2015 年战略计划》《2014—2018 年战略计划》《2018—2022 年战略规划》，[③] 致力于优化专利商标质量和审查的时效性，促进提升全球知识产权政策和执法力度，从而在全球发挥领导作用。此外，日本通过深入推进知识产权立国战略，不断强化知识产权政策和科技政策。欧盟一直致力于推进"欧盟 2020"战略，通过发布《知识产权密集型产业及其在欧盟的经济表现》等知识产权报告的方式推动知识产权政策不断完善。由此可见，随着知识经济的深入推进，创新成为各国经济发展的关键动力，知识产权已经成为国家竞争力的核心战略资源。

特别是，新冠肺炎疫情[④]对全球经济社会运行造成巨大冲击。在此背景下，越来越多的国家陷入低增长、低通胀、低利率、高债务、高收入差距、高龄化

---

① National Economic Council, Council of Economic Advisers, Office of Science and Technology Policy, *A Strategy for American Innovation: Securing Our Economic Growth and Prosperity*, Jan. 2011, https://www.whitehouse.gov/innovation/strategy.

② National Economic Council, Office of Science and Technology Policy, *A Strategy for American Innovation*, Oct. 2015, https://www.whitehouse.gov/innovation/strategy.

③ *U. S. Patent and Trademark Office releases 2018 - 2022 Strategic Plan*, https://www.uspto.gov/about-us/news-updates/us-patent-and-trademark-office-releases-2018-2022-strategic-plan, last visited: 2022-12-05.

④ 2022 年 12 月 26 日，新型冠状病毒肺炎正式更名为新型冠状病毒感染。经国务院批准，自 2023 年 1 月 8 日起，解除对新型冠状病毒感染采取的甲类传染病预防、控制措施。

"三低三高"泥潭,世界经济陷入长期低迷风险。从短期看,世界经济出现第二次世界大战以来最严重的萎缩;从中长期看,世界经济很可能陷入低迷,并将伴随生产价格的巨幅波动,其外溢效应势必会在相当程度上殃及新兴和发展中经济体的稳定。① 全球新冠肺炎疫情对经济全球化产生了深远影响,为了降低供应链全球配置脆弱性和战略物资可获得性的风险,各国采取的保护主义措施可能会进一步助推全球新冠肺炎疫情后的反全球化力量。② 在反全球化力量助推的背景下,随着一大批新兴经济体和发展中国家群体性崛起,世界经济中心向亚太转移,③ 美国以遏制中国全面转型升级为目标,对中国重要战略性新兴产业发展过程中的产业链、供应链乃至创新链进行全面封锁和遏制,在部分关键核心技术上列出负面清单,导致我国近年来关键核心技术的"卡脖子"问题凸显,④ 特别是新兴领域的竞争与反竞争、封锁与反封锁更加激烈,将对要素禀赋结构下的竞争优势产生深远影响。

2. 要素禀赋结构下的竞争优势

从主要工业化国家的发展进程可以看出,一国的竞争优势对于经济增长具有决定性作用。⑤ 一国经济发展依赖的要素禀赋包括自然资源、劳动力、资本和技术等。总结世界典型经济强国的历史经验可以发现,当其在产业结构高级化背景下及时建立和转换形成新的竞争优势时,该经济体将具有较高的竞争力。

例如,美国经济的成功取决于创新技术在工业领域内的全面应用。19世纪20年代,美国的真实工资已经高于英国,劳动力的高成本促使美国人采取机械化的生产方式,这就需要大量潜在的发明者对此作出回应,以形成比较竞争优势。以棉纺织业为例,从18世纪70年代起,劳动力的高成本迫使

---

① 陈劲:《新时代的中国创新》,中国大百科全书出版社2021年版,第4-5页。

② 张宇燕:《"十四五"期间我国的外部环境及其影响》,载《中国社会科学报》2020年11月11日,第A02版。

③ 陈昌盛、许伟、兰宗敏等:《"十四五"时期我国发展内外部环境研究》,载《管理世界》2020年第10期。

④ 陈劲、阳镇、尹西明:《双循环新发展格局下的中国科技创新战略》,载《当代经济科学》2021年第1期。

⑤ 林毅夫:《新结构经济学:反思经济发展与政策的理论框架》,北京大学出版社2012年版,第17页。

美国企业尝试机械生产，工人和管理层都需要精通技术。1814 年，弗朗西斯·卡波特·洛厄尔创办了将纺纱和机械织布融为一体的加工厂，生产模式由工程师保罗·穆迪设计完成，洛厄尔－穆迪体系的最重要特点是，他们在引进英国技术之后对其做了大幅调整，以适应美国的环境。于是，美国以最快的速度采用了动力织布机，在第一次世界大战来临的时候，美国已经成为世界范围内生产效率的领先者。①

又如，德国在第二次世界大战之后的经济强国崛起之路在很大程度上有赖于其抓住了始于 20 世纪中叶的电力、电气以及交通运输等技术革命和产业革命的机遇，建立起适应产业革命的新的竞争优势，用几十年的时间完成现代产业体系建设，确立了至今仍在全球具有重要地位的"德国制造"品牌。第二次世界大战之后，德国依靠雄厚的科技和工业基础，实现经济的快速腾飞。德国经济发展经历了第二次世界大战后到 20 世纪 70 年代的经济复兴时期、20 世纪 80 年代到 90 年代中期的快速发展时期、20 世纪 90 年代末的暂时萧条时期和 21 世纪以来的新增长时期。1979 年德国人均国内生产总值首次超过 1 万美元，1995 年德国人均国内生产总值则超过 3 万美元，虽然 20 世纪 90 年代末到 21 世纪初德国经济有所下滑，但是进入 21 世纪后，德国经济增长迅猛，2011 年人均国内生产总值超过 4 万美元。这与德国比较竞争优势的发挥紧密相关。

再如，日本、韩国经济从 20 世纪 50—80 年代保持了 30 年左右的快速增长，其经验在于及时从钢铁等资本密集型产业转向电子等技术密集型、知识产权密集型产业，充分发挥了新的竞争优势。日本在明治时代走上工业化道路，人均收入从 1870 年的 737 美元增至 1890 年的 1012 美元，涨幅达到 37.3%，并且在 1929 年大萧条之前达到 2026 美元。日本工业化走的是一条"雁阵形"道路，循序渐进地从简单的、劳动密集型的生产转向更加资本和技术密集型的生产。第二次世界大战后，日本经历了经济复兴起飞和经济高速增长阶段。1945—1960 年，日本经济处于复兴起飞阶段，其主导产业于 20 世纪 50 年代为纺织，于 20 世纪 50 年代末 60 年代初为煤炭和钢铁。1960—1971 年，日本经济处于高速增长阶段，其主导产业于 20 世纪 60 年代中后期

---

① ［英］罗伯特·C. 艾伦：《全球经济史》，陆赟译，译林出版社 2015 年版，第 82 – 84 页。

为机械和化纤，于 20 世纪 70 年代为汽车。20 世纪 80 年代后，日本加速发展家电、计算机、新材料等高技术产业。在这一阶段，日本人均国内生产总值由 1970 年的 3000 多美元提高至 1980 年的 1 万美元，成功实现由中等收入向高收入国家的转型，跻身世界经济强国的行列。

韩国是从 20 世纪 60 年代逐步发展企业的新兴化国家。其采取了现实主义的方法实现产业升级，把重点放在与其自身比较优势相一致的产业。20 世纪 60 年代，韩国重点发展服装、胶合板、假发等劳动密集型产业。当资本逐渐积累，要素禀赋结构发生变化之后，便转向汽车等资本密集型产业。在该转型之初，韩国仍然将国内生产主要集中在进口部件的装配这一劳动密集型生产上，逐步实现上述过渡。随着技术的进一步提升，韩国全面加强电子业，并逐步将重点从生产家用电器转向生产存储芯片。基于上述符合国际背景的有利于韩国自身的经济禀赋结构优势发挥的产业政策，韩国在 20 世纪 70—80 年代迅速实现从人均国内生产总值 1000 美元向 5000 美元的过渡，创造了"汉江奇迹"。并且，2000 年以来韩国经济继续保持快速增长，2002 年人均国内生产总值超过 1 万美元，2007 年人均国内生产总值超过 2 万美元。分析原因，日本、韩国经济在这一时期快速增长的经验在于其经济禀赋结构中体现出的比较竞争优势的发挥。与之对比，20 世纪 60—70 年代，拉丁美洲、非洲和南亚国家所采取的发展战略中，注重进口替代和贸易保护，未能及时建立新的竞争优势，不仅长期陷入中等收入陷阱，而且始终受制于发达国家。

从世界经济史的发展历程可以看出，国家可以通过政策引导和调控，调整经济结构并提高经济增长速度，实现经济的跨越式发展。经济体的要素禀赋随着发展阶段不同而有所变化，发达国家和发展中国家的不同发展水平反映了这一整体谱线上的不同发展水平。在全球化程度日益提高的背景下，发展中国家通过产业多样化并且建立符合比较竞争优势的产业结构，利用后发优势实现经济收敛，可以逆转不利的历史趋势。历史证据证明，产业政策、贸易政策和技术政策的运用是国家成功完成结构转型的主要因素。[1] 发达国家目前正在采取

---

① 林毅夫：《新结构经济学：反思经济发展与政策的理论框架》，北京大学出版社 2012 年版，第 37 页。

各种措施支持产业升级和多样化，这些措施不仅包括支持基础研究、授权、国防合同和大型公共采购政策，还包括知识产权政策。

以美国为例，美国建国后的第二个 100 年（即 1876—1975 年）和美国建国后的第一个 100 年（即 1776—1875 年），这两个时期的人均国内生产总值增长的源泉完全不同：国民经济由粗放型增长模式转向高度集约型增长模式，而且其集约程度的提高越来越依赖于技术与组织知识的获取与开发。19 世纪是富有想象力的发明创造的爆发时期，但是 19 世纪最伟大的发明是发现了如何进行发明的方法。美国经济在 20 世纪登上全球统治地位的因素，主要包括两类：一是 20 世纪出现的以知识为基础的经济增长的强大新生潜力，19 世纪的技术进步以偏重资本使用为特征，然而 20 世纪的技术进步则主要偏向无形资本使用的革新；二是在组织与安排生产和分配的方式上，技术对要素市场上需求力量的驱动引发供给方的反应，促进了新的超越传统的无形资本的形成。这是 20 世纪美国的经济增长路径，① 在这一转变过程中，美国相关政策发挥了重要作用。

3. 我国要素禀赋结构历史发展

一个国家的经济可以分为要素驱动、投资驱动、创新驱动和财富驱动四个阶段，我国正处于由要素驱动发展和投资驱动发展向创新驱动发展的关键转变期。应用迈克尔·波特所提出的国家竞争力模型②可以发现，英国在 19 世纪前半叶进入创新驱动发展阶段，美国、德国、瑞典在 20 世纪初进入创新驱动发展阶段，日本、意大利在 20 世纪 70 年代中后期进入创新驱动发展阶段，韩国在 20 世纪初迈入创新驱动发展阶段。将前述两大结论（一国的竞争优势对于经济增长具有决定性作用、国家可以通过政策引导和调控调整经济结构并提高经济增长速度实现经济的跨越式发展）应用于分析我国经济发展的历史谱系，可大致分为如下阶段。

新中国成立初期：重工业优先发展建立了国防和现代工业的发展基础。

---

① ［美］斯坦利·L. 恩格尔曼、罗伯特·E. 高尔曼主编：《剑桥美国经济史（第三卷）：20 世纪》，高德步、王珏总译校，中国人民大学出版社 2008 年版，第 19 – 57 页。

② ［美］迈克尔·波特：《国家竞争优势》（上），李明轩、邱如美译，中信出版社 2012 年版，第 24 页。

西方国家工业化的历史表明，工业化是从劳动密集型的轻工业起步，逐步向钢铁等资本密集型产业和机械化工等技术密集型产业发展，工业化表现为重工业发展过程。由此形成了西方工业化理论，即一个国家的工业化发展程度取决于重工业在工业结构中的比重。我国民族工业在 20 世纪 20—30 年代也曾从轻纺工业起步，但很快被历史进程打断。新中国成立初期，我国处于西方国家经济封锁和军事包围的冷战国际环境，不得不以重工业作为建设的重点。尽管我国未参与国际经济竞争，未完全建立和充分利用竞争优势，但重工业的发展为此后的工业发展奠定了重要基础。

改革开放初期：资源、劳动力驱动发挥比较竞争优势。改革开放之后，我国以经济建设为中心，调动劳动者的积极性，充分发挥劳动力资源丰富、成本较低的竞争优势，产生了极大的经济增长效应。如图 1 所示，1978 年改革开放以来，我国充分发挥劳动力所具有的竞争优势，促进了经济高速发展。据统计，1978—1984 年我国农业总增长中，家庭联产承包责任制的贡献率为 46.89%，远高于提高农产品收购价格、降低农业生产要素价格等其他因素的贡献。[①] 乡镇企业利用劳动力相对丰富的竞争优势对国民生产总值的贡献率达到 53.8%。[②]

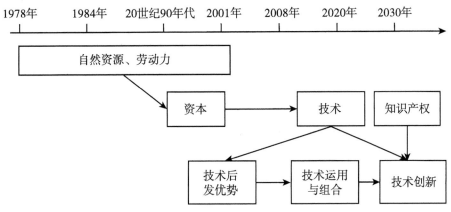

图 1 我国改革开放后竞争优势的演变

---

① Lin Justin Yifu, *Rural Reforms and Agricultural Growth in China*, American Economic Review, Vol. 82: 1, p. 34 – 51 (1992).

② 数据来自《中国统计年鉴 (1993)》和《中国统计年鉴 (1995)》。

扩大开放时期：投资规模驱动发挥比较竞争优势。自1984年初邓小平同志视察经济特区和广东省、福建省、上海市等地之后，党中央和国务院于1984年4月召开了沿海部分城市座谈会，中国对外开放政策进入全面扩展阶段。① 在这一阶段，中国的经济流量越来越大，资本的年积累率高达国民生产总值的40%左右。② 可见，在20世纪80年代后期至90年代，我国通过对外开放引进外资等方式，发挥了资本对经济发展的促进作用。

20世纪90年代以来：技术对竞争优势发挥越来越重要的作用。20世纪90年代以来，技术后发优势发挥积极作用，对于我国经济发展也带来了一定的红利。③ 许多研究证明，即使采用购买国外专利的方式，其成本也只有原来开发成本的1/3左右，而购买的技术一定是已经证明为技术成熟并有商业价值的技术。这一技术后发优势在中国20世纪90年代以来的经济发展中发挥了积极作用。随着我国的技术运用与组合能力的提升，技术运用与组合在竞争优势的发挥中起到一定作用。

目前，我国自然资源、劳动力和投资规模对于经济发展的驱动作用受到制约，技术后发优势日益减弱，我国必须寻找新的比较竞争优势。分析我国经济发展的历程，竞争优势的发挥经历了从要素驱动到投资规模驱动的历史进程，现在亟需进入创新驱动的发展阶段。为赶超发达国家，新中国成立初期选择了违反当时要素禀赋结构所决定的比较优势的发展战略，试图在资本极端稀缺的条件下优先发展资本密集型重工业，导致优先发展部门中的企业在开放竞争的市场中缺乏自生能力，并以价格扭曲、资源计划配置等措施来保护、补贴这些企业，资源配置效率低下。自改革开放以来，中国经济取得了奇迹般的快速增长，然而"双轨制"的渐进改革使得原有计划体制和市场体制之间出现某些制度的不配套，导致经济周期波动、金融体系脆弱以及收入分配恶化等诸多问题。只有完成传统赶超部门内缺

① 中国对外开放分为起步阶段（1978—1983年）、扩展阶段（1984—1991年）、全方位开放阶段（1992—2001年）、全面融入世界经济阶段（2001年至今）。参见陈文敬、李钢、李健：《振兴之路：中国对外开放30年》，中国经济出版社2008年版，第17页。
② 林毅夫、蔡昉、李周：《中国的奇迹：发展战略与经济改革》（增订版），格致出版社、上海三联书店、上海人民出版社2012年版，第18页。
③ 同注②，林毅夫、蔡昉、李周书，第21页。

乏自生能力企业的改革，消除计划体制中各种制度扭曲存在的原因，中国才能全面完成向市场经济的过渡，并充分利用后发优势使经济在未来较长时期内实现又好又快的发展。①

中国与世界经济强国的最大差距在于创新差距，拥有知识产权的创新是推动中国从经济大国迈向经济强国的关键因素。② 马克思指出，随着大工业的发展，现实财富的创造较少地取决于劳动时间和已消费的劳动量，较多地取决于一般的科学水平和技术进步，或者说取决于科学在生产上的应用。③ 2012 年，我国人均国内生产总值达到 6300.6 美元，到 2020 年达到 10 408.7 美元。④ 人均国内生产总值（2000 年美元汇率）达到 2640～5280 美元标志着已经跨越工业化初期，⑤ 进入工业化中期阶段。可以说，未来 20 年是我国工业化从中期向中后期过渡的重要阶段。然而，进入 21 世纪之后，我国经济发展越来越受到资源、环境的制约，劳动力成本上升使传统竞争优势逐步弱化（我国工资水平上升，使得劳动力密集型产业将逐步失去比较优势），⑥ 特别在高技术产业，劳动力优势在产业竞争优势中已不具有重要作用。资本对经济发展的贡献度已处于高位，难以进一步提升，而技术后发优势也日益减弱。在我国工业化从中期向中后期过渡的阶段，依靠基本生产要素投入、投资拉动、模仿等手段驱动经济增长的动能已经明显不足，我国必须寻找和建立新的比较竞争优势，产权化的创新将成为拉动经济增长的主导力量。在这一背景下，科学技术及其装备在生产中使用越多，或者说生产中创造并使用的科

---

① 参见林毅夫：《李约瑟之谜、韦伯疑问和中国的奇迹——自宋以来的长期经济发展》，载《北京大学学报（哲学社会科学版）》，2007 年第 4 期。

② 迈克尔·波特提出的地区经济发展阶段理论认为，地区经济发展具有四个阶段：生产要素导向阶段、投资导向阶段、创新导向阶段和财富导向阶段。一国在经济欠发达时，其经济增长的动力主要依赖基本生产要素；在经济初等发达阶段，投资是驱动经济增长的主要动力；在创新导向阶段，也就是向中等发达国家和发达国家迈进的过程中，产权化的创新成为经济增长的主要驱动力。

③ 参见［德］卡尔·马克思：《资本论》，郭大力、王亚男译，上海三联书店 2009 年版。转引自学习贯彻习近平新时代中国特色社会主义经济思想 做好"十四五"规划编制和发展改革工作系列丛书编写组编：《深入实施创新驱动发展战略》，中国计划出版社、中国市场出版社 2020 年版，第 23 页。

④ 参见世界银行官网，https://data.worldbank.org，访问日期：2022 年 3 月 23 日。

⑤ 根据美国经济学家钱纳里教授的工业阶段理论。

⑥ 林毅夫：《新结构经济学：反思经济发展与政策的理论框架》，北京大学出版社 2012 年版，第 12 页。

学技术知识越多，生产效率和财富创造效率也就越高。①

总而言之，我国正处于由要素驱动发展和投资驱动发展向创新驱动发展的关键转变期。一方面，我国具备了从要素驱动发展和投资驱动发展向创新驱动发展的基本条件。目前，我国的科技进步贡献率已经从 2001 年的 39% 提高至 2020 年的 60%。2020 年，我国研究与试验发展（R&D）经费投入总量突破 2.4 万亿元，达到 24 393.1 亿元，较上年增长 10.2%，延续了"十三五"以来两位数以上增长态势。2020 年，我国 R&D 经费投入总量约为美国的 54%，是日本的 2.1 倍，稳居世界第二；2016—2019 年，我国 R&D 经费投入总量年均净增量超过 2000 亿元，约为七国集团（G7）国家（美国、英国、德国、法国、日本、加拿大和意大利）年均增量总和的 60%，成为拉动全球 R&D 经费增长的主要力量。2016—2019 年，我国 R&D 经费投入总量年均增长 11.8%，增速远高于美国（7.3%）、日本（0.7%）等科技强国。在世界主要经济体中，我国研发经费投入强度水平已从 2016 年的世界第 16 位提升到 2020 年的世界第 12 位，接近经济合作与发展组织（OECD）国家的平均水平。② 2022 年 9 月 29 日，世界知识产权组织发布的《2022 年全球创新指数报告》显示，中国在全球创新指数排名继续攀升，中国创新能力综合排名第 11 位，较 2020 年上升 3 位。这也是中国自 2013 年起，全球创新指数排名连续 10 年稳步上升。另一方面，我国迫切需要由要素驱动发展和投资驱动发展向创新驱动发展转变，这是我国高质量发展的需要。经济发展的实质不是一个简单的提高资本积累率的过程，而是一个获得技术能力并在技术不断变化条件下把这些能力转换为产品和工艺创新的过程。③ 经济增长发动机的驱动力来自一个经济体系中的企业所创造出来的新产品、新的生产或者传

---

① 学习贯彻习近平新时代中国特色社会主义经济思想 做好"十四五"规划编制和发展改革工作系列丛书编写组编：《深入实施创新驱动发展战略》，中国计划出版社、中国市场出版社 2020 年版，第 23 页。

② 魏玉坤："2020 年我国研发经费投入突破 2.4 万亿元"，载新华网，http://www. news. cn/fortune/2021 –09/22/c_1127889838. htm，访问日期：2022 年 3 月 22 日。

③ Sanjaya Lall & Shujiro Urata, *Competitiveness, FDI and Technological Activities in East Asia*, Edward Elgar, 2003, p. 9; Linsu Kim & Richard R. Nelson, *Technology, Learning and Innovation: Experiences of Newly Industrializing Economics*, Cambridge University Press, 2000, p. 11.

输方法、新市场和新的生产组织方式。①

4. 创新驱动发展战略谋划部署

从传统的要素驱动到效率驱动再到创新驱动，进而到以高质量创新引领高质量发展，创新在我国未来发展蓝图中占据着决胜制高点。当一个国家经济处于创新驱动阶段时，其主导产业一般进入技术密集型阶段，经济发展不再主要依赖自然资源、劳动力和资本投入，经济发展的速度、质量和效益取决于国家创新能力以及知识（包括技术）、人才两个关键因素。② 结合迈克尔·波特的地区经济发展四阶段理论，即生产要素导向阶段、投资导向阶段、创新导向阶段、财富导向阶段，一国经济欠发达时，其经济增长的动力主要依赖于基本生产要素；在经济初等发达阶段，投资是驱动经济增长的主要动力；经济跨越投资导向进入创新导向阶段后，即向中等发达和发达阶段迈进过程中，创新将成为经济增长的主要驱动力；财富导向阶段是经济衰退期。③世界经济贸易强国的历史兴衰更迭体现了迈克尔·波特的地区经济发展四阶段理论。现阶段中国经济呈现出自身与众不同的显著特点，表现为生产要素、投资与创新"混成驱动"，未来将依靠创新驱动前行。④

党的十九大报告指出，"我国社会主要矛盾已经转化为人民日益增长的美好生活需要和不平衡不充分的发展之间的矛盾"。进入新时代，发展中的矛盾和问题集中体现在发展质量上。正是处于由要素驱动发展和投资驱动发展向创新驱动发展的关键转变期这一历史背景下，围绕助力提升发展质量和效益，党的十九大报告进一步指出："加快建设创新型国家。创新是引领发展的第一动力，是建设现代化经济体系的战略支撑。要瞄准世界科技前沿，强化基础研究，实现前瞻性基础研究、引领性原创成果重大突破。加强应用

---

① ［美］约瑟夫·熊彼特：《资本主义、社会主义与民主》，吴良健译，商务印书馆1999年版，第11页。

② 学习贯彻习近平新时代中国特色社会主义经济思想 做好"十四五"规划编制和发展改革工作系列丛书编写组：《深入实施创新驱动发展战略》，中国计划出版社、中国市场出版社2020年版，第14页。

③ ［美］迈克尔·波特：《国家竞争优势》（上），李明轩、邱如美译，中信出版社2012年版，第181页。

④ 钟山主编：《中国外贸强国发展战略研究——国际金融危机之后的新视角》，中国商务出版社2012年版，第27页。

基础研究，拓展实施国家重大科技项目，突出关键共性技术、前沿引领技术、现代工程技术、颠覆性技术创新，为建设科技强国、质量强国、航天强国、网络强国、交通强国、数字中国、智慧社会提供有力支撑。加强国家创新体系建设，强化战略科技力量。深化科技体制改革，建立以企业为主体、市场为导向、产学研深度融合的技术创新体系，加强对中小企业创新的支持，促进科技成果转化。倡导创新文化，强化知识产权创造、保护、运用。培养造就一大批具有国际水平的战略科技人才、科技领军人才、青年科技人才和高水平创新团队。"这是党中央站在历史关头作出的重大战略部署，在未来发展中将创新作为经济良性发展的持续动力。

从国内角度来看，改革开放以来在科教兴国战略层面的认识不断深化，"科"和"教"分别凝练升华提出了创新型国家建设和人才强国战略。同时，随着认识的不断深化，我们逐步意识到，"科""教"的发展距离"兴国"的要求尚存差距，这个差距需要将创新与发展深入关联加以解决。[①] 在此基础上，党的十八大报告高瞻远瞩，明确提出实施创新驱动发展战略，第一次将创新驱动发展战略作为国家战略，明确要求："科技创新是提高社会生产力和综合国力的战略支撑，必须摆在国家发展全局的核心位置。"进一步来讲，党的十八大报告从坚持走中国特色自主创新道路、推进国家创新体系建设、加强创新突破、完善创新体制四个方面布局创新驱动发展战略。党的十八届三中全会审议通过的《中共中央关于全面深化改革若干重大问题的决定》专门强调"加强知识产权运用和保护，健全技术创新激励机制"；同时要求"打破行政主导和部门分割，建立主要由市场决定技术创新项目和经费分配、评价成果的机制。发展技术市场，健全技术转移机制，改善科技型中小企业融资条件，完善风险投资机制，创新商业模式，促进科技成果资本化、产业化"。党的十八届四中全会审议通过的《中共中央关于全面推进依法治国若干重大问题的决定》为了"使市场在资源配置中起决定性作用和更好发挥政府作用"，明确要求"完善激励创新的产权制度、知识产权保护制度和

---

① 参见陈雄辉、萧艳敏、崔慧洁等：《我国实施创新驱动和人才强国"双战略"的历史演变》，载《科技创新发展战略研究》2020 年第 4 期。

促进科技成果转化的体制机制"。

在充分认识创新是经济良性发展的持续动力的基础上，中共中央、国务院围绕"创新驱动发展战略"作出一系列部署。2015年3月，中共中央、国务院发布的《关于深化体制机制改革加快实施创新驱动发展战略的若干意见》（中发〔2015〕8号）明确指出："加快实施创新驱动发展战略，就是要使市场在资源配置中起决定性作用和更好发挥政府作用，破除一切制约创新的思想障碍和制度藩篱，激发全社会创新活力和创造潜能，提升劳动、信息、知识、技术、管理、资本的效率和效益，强化科技同经济对接、创新成果同产业对接、创新项目同现实生产力对接、研发人员创新劳动同其利益收入对接，增强科技进步对经济发展的贡献度，营造大众创业、万众创新的政策环境和制度环境。"该意见围绕营造激励创新的公平竞争环境，建立技术创新市场导向机制，强化金融创新功能，完善成果转化激励政策，构建更加高效的科研体系，创新培养、用好和吸引人才机制，推动形成深度融合的开放创新局面，加强创新政策统筹协调等八个方面部署了30项任务。

2015年9月，中共中央办公厅、国务院办公厅联合印发的《深化科技体制改革实施方案》围绕实施创新驱动发展战略和建设国家创新体系，从建立技术创新市场导向机制，构建更加高效的科研体系，改革人才培养、评价和激励机制，健全促进科技成果转化的机制，建立健全科技和金融结合机制，构建统筹协调的创新治理机制，推动形成深度融合的开放创新局面，营造激励创新的良好生态，推动区域创新改革等11个方面部署了143项改革任务，并将"实行严格的知识产权保护制度，鼓励创业、激励创新"作为"营造激励创新的良好生态"的重要内容。《深化科技体制改革实施方案》特别强调，"要健全技术创新的市场导向机制和政府引导机制，加强产学研协同创新，引导各类创新要素向企业集聚，促进企业成为技术创新决策、研发投入、科研组织和成果转化的主体，使创新转化为实实在在的产业活动，培育新的增长点，促进经济转型升级提质增效"，并且明确"科技成果转化为现实生产力是创新驱动发展的本质要求"。科技部在解读时提出，《深化科技体制改革实施方案》把握政府和市场边界，着眼于建立健全技术创新的市场导向机制，从完善普惠政策、健全服务体系、促进产学研协同、保护知识产权、打破行业垄断和市场分割、要素价格改革等方面综合改革施策，打出"组合拳"。①

2016年5月，中共中央、国务院印发的《国家创新驱动发展战略纲要》明确提出，实现创新驱动是一个系统性的变革，要按照"坚持双轮驱动、构建一个体系、推动六大转变"进行布局，构建新的发展动力系统。第一，"双轮驱动"就是科技创新和体制机制创新两个轮子相互协调、持续发力。抓创新首先要抓科技创新，补短板首先要补科技创新的短板。科学发现对技术进步有决定性的引领作用，技术进步有力推动发现科学规律。要明确支撑发展的方向和重点，加强科学探索和技术攻关，形成持续创新的系统能力。体制机制创新要调整一切不适应创新驱动发展的生产关系，统筹推进科技、经济和政府治理等三方面体制机制改革，最大限度地释放创新活力。第二，"一个体系"就是建设国家创新体系。要建设各类创新主体协同互动和创新要素顺畅流动、高效配置的生态系统，形成创新驱动发展的实践载体、制度安排和环境保障。明确企业、科研院所、高校、社会组织等各类创新主体功能定位，构建开放高效的创新网络，建设军民融合的国防科技协同创新平台；改进创新治理，进一步明确政府和市场分工，构建统筹配置创新资源的机制；完善激励创新的政策体系、保护创新的法律制度，构建鼓励创新的社会环境，激发全社会创新活力。第三，"六大转变"就是发展方式从以规模扩张为主导的粗放式增长向以质量效益为主导的可持续发展转变；发展要素从生产要素主导发展向创新主导发展转变；产业分工从价值链中低端向价值链中高端转变；创新能力从"跟踪、并行、领跑"并存、"跟踪"为主向"并行""领跑"为主转变；资源配置从以研发环节为主向产业链、创新链、资金链统筹配置转变；创新群体从以科技人员的小众为主向小众与大众创新创业互动转变。

2021年3月，国务院发布的《中华人民共和国国民经济和社会发展第十四个五年规划和2035年远景目标纲要》明确提出："坚持创新在我国现代化

① 何光喜、樊立宏："最大限度地激发科技第一生产力——《深化科技体制改革实施方案》解读"，载中国政府网，https://www.gov.cn/zhengce/2015-11/20/content_5014538.htm，访问日期：2022年3月28日。

建设全局中的核心地位，把科技自立自强作为国家发展的战略支撑。"由此可见，创新已经被提升到统领全局的战略支撑地位。其中，"战略支撑"的提法是第一次出现，备受关注，将创新作为引领发展的第一动力，将科技创新作为当前和今后较长时期引领经济发展的主要动能，符合新发展阶段的客观要求。①

5. 知识产权支撑高质量的发展

新一轮科技革命和产业变革与我国加快转变经济发展方式，在要素禀赋结构方面实现从要素驱动发展、投资驱动发展向创新驱动发展，形成历史性交汇，国内国际产业分工格局正在重塑，迫切需要运用知识产权驱动创新、抢占未来产业发展制高点、培育竞争新优势、支撑高质量发展。党的十九大报告系统总结了创新驱动发展战略实施取得的成就，对创新驱动发展战略实施作出全面部署。党的十九大报告首先总结了创新驱动发展战略实施取得的成就，即创新型国家建设成果丰硕，天宫、蛟龙、天眼、悟空、墨子、大飞机等重大科技成果相继问世。随后，党的十九大报告明确要求坚持新发展理念，建设现代化经济体系，特别要求加快建设创新型国家，并从基础研究、应用研究、国家创新体系建设、科技体制改革、创新文化、创新人才等方面作出战略部署。特别是，党的十九大报告明确要求，"深化科技体制改革，建立以企业为主体、市场为导向、产学研深度融合的技术创新体系"。由此可见，创新驱动发展战略已经成为我国经济社会发展的根本性方略。

创新驱动发展的本质是通过科技创新促进经济社会发展，科技创新在引领经济社会发展中占据主导地位。由于各类科技成果都是以知识产权作为表现形式和法律形态，知识产权是以科技成果作为保护对象和技术样态，创新驱动发展的核心就体现为运用知识产权制度规则、经营知识产权权利价值。创新驱动发展是以技术进步和创新作为发展的重要动力，提高发展的质量和效益。② 实施创新驱动发展战略，必须始终坚持走中国特色自主创新道路，

---

① 陈劲：《新时代的中国创新》，中国大百科全书出版社 2021 年版，第 1 页。
② 吕薇：《创新驱动发展战略的路径与政策选择》，载陈元志、谭文柱主编：《创新驱动发展战略的理论与实践》，人民出版社 2014 年版。

必须着力强化科技创新对社会生产力和综合国力的战略支撑，必须不断深化科技体制改革，加快建设国家创新体系建设。① 有观点认为，一个国家在创新驱动发展阶段一般具有四个特点：一是能够创造出一大批适应经济社会发展需要的重大科技创新成果，科技成果转化为现实生产力的能力强；二是企业普遍具有较强的自主创新能力，具有核心知识产权和品牌；三是国家创新体系建设取得显著发展，企业成为国家自主创新的主体，创新要素高效流动并向企业集聚，创新的法制政策环境完善；四是具有发达的创新文化，全社会"崇尚创新、宽容失败、激励先进、守法诚信"的创新文化深入人心。② 其中，第一个特点所述的"重大科技创新成果"应当具有较强的知识产权布局，以此作为外在表现；第二个特点所述的"企业普遍具有较强的自主创新能力"应当以企业的核心知识产权作为重要归属；第三个特点所述的"国家创新体系建设取得显著发展"需要充分发挥知识产权制度激励创新、促进创新信息扩散的作用，将知识产权制度作为国家创新体系的重要组成部分和主动轮；第四个特点所述的"发达的创新文化"是"尊重知识、崇尚创新、诚信守法、公平竞争"的知识产权文化理念的关键内核。综上所述，立足创新驱动发展的核心要义和创新驱动发展战略的总体思路，创新驱动发展的核心就体现为运用知识产权制度规则、经营知识产权权利价值。

知识产权制度是创新驱动发展的基本保障，是推进以技术创新为核心的全面整合式创新、建设适应新时代新发展格局的新型国家创新生态体系的根本支撑。中共中央、国务院发布的《关于深化体制机制改革加快实施创新驱动发展战略的若干意见》将"实行严格的知识产权保护制度"作为关键政策内容加以部署，专门强调"把握好技术创新的市场规律，让市场成为优化配置创新资源的主要手段，让企业成为技术创新的主体力量，让知识产权制度成为激励创新的基本保障"。中共中央、国务院印发的《国家创新驱动发展战略纲要》进一步要求："强化知识产权制度对创新的基本保障作用。"世界知识产权组织专家组在参与《国家知识产权战略纲要》十年评估时也给出如

---

① 王志刚：《扎实推进创新驱动发展战略》，载《求是》2012 年第 23 期。

② 宋河发：《面向创新驱动发展与知识产权强国建设的知识产权政策研究》，知识产权出版社2018 年版，第 1 - 4 页。

下观点："在创新驱动型经济模式中，技术发展和产业差异化日益成为创造价值的主要来源。由于中国要在创新轨道上去推进实现其经济和社会目标，特别是中国有成为全球知识产权强国的意愿，中国知识产权制度将进一步深化发展。"[①]

应当说，将创新作为引领发展的第一动力，丰富和发展了马克思主义生产力矛盾运行理论。马克思曾经指出，不同历史时期，生产力发展都有其特殊的生长点和主导因素，在工厂手工业中以劳动力为起点，在大工业中以劳动资料为起点。[②] 在创新高度活跃的今天，科学、技术、生产工具、劳动者等生产要素组合的可能性增多，产生新组合的速度不断加快，创新本质上就是通过生产要素重新组合创造新产品、新服务、新市场、新模式、新组织等的一种经济活动。将创新作为引领发展的第一动力，将科技创新作为全面创新的核心，既符合马克思主义生产力矛盾的基本运行原理，又推动了"科学技术是第一生产力"理论的丰富发展，抓住了主要矛盾和矛盾的主要方面。[③]

综上所述，建设知识产权强国是实现创新驱动发展的核心举措。创新发展到今天已经形成包括制度创新和知识创新两大部分的科学体系。知识创新的最主要部分是科技创新和文化创新，两者构成了整个经济社会发展的动力和源泉。知识产权制度是促进知识创新的主要制度创新，是连接科学文化和经济发展的主要桥梁，在法律制度体系中作为保护创新和激励创新的根本制度发挥着作用，知识产权法是创新之法、产业之法。由于知识产权制度就是为创新活动和创新成果的产权化、商品化、市场化和产业化提供保障的基本制度规范，运用知识产权制度，建设知识产权强国，是实现创新驱动发展的核心举措。同时，建设知识产权强国是知识经济时代新一轮产权改革的基石。产权改革是我国革命和建设的重要经验。革命时期，通过土地革命进行产权

---

① 《国家知识产权战略纲要》实施十年评估工作组编写：《〈国家知识产权战略纲要〉实施十年评估报告》，知识产权出版社 2019 年版，第 14 页。

② 转引自高洋洋、刘建涛：《马克思生产力的发展根据及影响因素分析》，载《辽宁工业大学学报（社会科学版）》2022 年第 1 期。

③ 学习贯彻习近平新时代中国特色社会主义经济思想 做好"十四五"规划编制和发展改革工作系列丛书编写组：《深入实施创新驱动发展战略》，中国计划出版社、中国市场出版社 2020 年版，第 29 页。

化配置，充分调动包括作为革命主力军和同盟者的农民在内的广大人民群众的革命热情。改革开放以来，通过以所有权、承包经营权分离为核心的家庭联产承包责任制和以所有权、经营权分离为核心的国企改革两大产权改革，充分调动人民群众的发展动力。当前处于知识经济发展的新时期，新一轮产业革命和科技革命历史性交汇，知识财产成为财产存在和价值流转的主要样态，迫切需要进行无形财产权领域新一轮产权改革，释放新的改革红利。并且，这也是跨越中等收入陷阱的重要手段。知识产权强国建设，恰恰是知识经济时代无形财产权改革的基础和关键。特别是，知识产权强国梦是中华民族伟大复兴中国梦的组成部分和具体落实。中华民族伟大复兴中国梦，是我国未来发展的总体战略愿景，是实际的、真切的发展愿景，需要在各个领域、各个部分加以支撑和落实。提升知识产权综合实力、运用知识产权构筑我国核心竞争力，是中华民族伟大复兴中国梦的重要要求。推动知识产权事业科学发展，实现知识产权强国梦，是中华民族伟大复兴中国梦的组成部分和具体落实。

二、发展愿景：知识产权强国含义是什么

知识产权强国建设目标论主要研究知识产权强国建设的总目标。知识产权强国的含义可以从内涵、特征、表征三个方面加以描述。其中，内涵描述的是知识产权强国的基本属性，特征是指在知识产权强国内涵指引下的综合特点，表征是指在知识产权强国特征统领下的外在表现。《知识产权强国建设纲要（2021—2035年）》要求"建设制度完善、保护严格、运行高效、服务便捷、文化自觉、开放共赢的知识产权强国"，为理解知识产权强国的内涵提供了基本的指引；该纲要提出了面向2025年和2035年的阶段性发展目标，为理解知识产权强国的特征和表征提供了基本的导向。

1. 知识产权强国的内涵

就知识产权强国的内涵而言，讨论的首要问题为"强"是动词还是形容词，也就是知识产权强国是知识产权之强，还是通过知识产权促进国家之强大？用英文表达来看，也就是"of"还是"by"的问题。事实上，这一问题

在我国提出的诸多"强国"战略目标的研究①中，有共通之处。在贸易强国的研究中，通常在名词和动词两种意义上理解"贸易强国"的含义：从名词意义上来说，"贸易强国意味着我国对外贸易具有强大的国际竞争力……更为具体地，贸易强国应在贸易规模、进出口结构、贸易模式、产品质量（标准）、品牌国际化、技术货币国际化、国际投资等方面达到世界领先水平"②；从动词意义上来说，"贸易强国是经济强国的有机组成部分和重要支撑"③。

有学者指出，知识产权强国包括了三层含义："第一层含义，是对知识产权本身的质量要求，即要有原创技术、关键技术、核心技术和重大技术，有自己的驰名商标和品牌，有具备市场号召力的作品等；第二层含义，是通过知识产权促进国家强大，通过对知识产权进行底层控制，从而获得高附加值的回报，甚至是制约竞争对手；第三层含义，是借鉴美国通过知识产权、资本和军事实力引领世界的经验，使知识产权成为我国对外发展的软硬兼具的硬核实力，构建自身知识产权文化并融入国际保护的理念、规则和秩序，实现'内外兼修'。第三层次的知识产权与制度、规则和文化捆绑，具有深刻的政治含义，能够增强国家的软实力。"④ 这就是说，知识产权强国，除了包括第一层"of"的含义和第二层"by"的含义之外，还包括第三层面"in"的含义。诚然，在这三层意义上，我国都取得了较好成绩，并进一步向更好发展，向更高迈进。⑤

第一，从第一层"of"的含义而言，知识产权强国就是国家知识产权综合实力较强的国家。其中，所述的"国家知识产权综合实力"包括国家知识产权硬实力、国家知识产权软实力、国家知识产权巧实力三个方面。国家知识产权硬实力，体现为知识产权拥有量特别是高价值发明专利拥有量、知识

---

① 本章第四节将全面阐述强国战略体系，相较于党的十九大报告提出的 12 个强国目标，我国《国民经济和社会发展第十四个五年规划和 2035 年远景目标纲要》在保留制造强国、科技强国、质量强国、网络强国、交通强国、海洋强国、贸易强国、社会主义文化强国、教育强国、人才强国、体育强国 11 个强国目标的基础上，删掉了"航天强国"，增加了"知识产权强国"。

② 钟山主编：《中国外贸强国发展战略研究——国际金融危机之后的新视角》，中国商务出版社 2012 年版，第 79 页。

③ 同注②，钟山书，第 82 页。

④ 易继明：《中美关系背景下的国家知识产权战略》，载《知识产权》2020 年第 9 期。

⑤ 易继明：《知识产权强国建设的基本思路和主要任务》，载《知识产权》2021 年第 10 期。

产权使用费年进出口总额等硬性的支配型实力。国家知识产权软实力，体现为知识产权文化、制度规则以及在国际上拥有的话语权、影响力等柔性的影响型实力。国家知识产权巧实力，体现为运用知识产权制度促进科技、经济、社会发展的韧性的嵌入型实力。专利密集型产业增加值占 GDP 比重、版权产业增加值占 GDP 比重等均体现了国家知识产权巧实力。知识产权硬实力、软实力、巧实力是知识产权强国国家竞争优势的主要支点，也是知识产权强国全球影响力的核心要素。就静态意义而言，知识产权强国是通过较大规模和较高水平的知识产权创造、运用、保护和管理，在知识产权的数量、质量和结构上具有强大综合优势，并依靠雄厚国家知识产权综合实力（包括硬实力、软实力、巧实力）而拥有强大经济国力和国际影响力的国家。《知识产权强国建设纲要（2021—2035 年）》所表述的"建设制度完善、保护严格、运行高效、服务便捷、文化自觉、开放共赢的知识产权强国"，正是从这一含义角度加以阐述的。

第二，从第二层"by"的含义而言，知识产权强国就是运用知识产权促进国家综合国力提升。综合国力是反映国家强弱的一个重要指标，其强调国家在整体上所具有的实力，主要包括资源能力、经济活动能力、科技实力、社会发展程度、军事能力、政府管理与调控能力、外交能力、民族凝聚力等方面的基本要素。经济实力是综合国力最重要的表现，但在当今世界分工下，一个国家的经济实力已不能完全或主要不取决于其经济总量，而更多地取决于其在全球价值链分工中所处的地位。可以说，一国在核心环节拥有专利和品牌等知识财产的数量和质量，直接关系到其经济实力的大小。而一个国家在产品全球链的核心环节拥有专利和品牌等知识财产的实力无疑是国家知识产权实力的根本体现。知识产权是发展的重要资源和竞争力的核心要素。[①] 因此，就动态而言，知识产权强国是指主要依靠知识产权数量、质量的综合优势提升和知识产权有效运用，来增强我国在全球竞争中的相对优势，并不断提高国家科技、文化、经济实力和国际影响力，以实现强国目标。

---

① 赵建国："知识产权是发展的重要资源和竞争力的核心要素——解读 11 月 5 日国务院常务会议精神①"，载知识产权局官网，https://www.cnipa.gov.cn/art/2014/11/21/art_53_116025.html，访问日期：2022 年 4 月 10 日。

从这一层面而言，需要重点考虑知识产权对科技经济社会发展的绩效贡献。知识产权绩效是实现知识产权价值、支撑经济转型发展和科技创新的关键，体现知识产权强国的本质所在。知识产权绩效对内表现为知识产权促进经济科技发展的绩效，即知识产权创新贡献度；对外表现为知识产权国际影响力。知识产权制度是激励创新，促进创新成果运用与商业化，推动科技发展和文化繁荣的最重要的市场经济基础性制度。其促进创新发展的作用机理主要体现在四个方面：①通过赋予创新者市场排他权激励创新创造；②通过合理分配权利义务促进创新成果尽早实现市场化运用；③通过加强保护优化市场环境促进市场资源合理配置；④通过鼓励知识产权利益分享实现创新者合作发展。对于知识产权强国而言，知识产权密集型和知识产权依赖型产业发挥着引领经济增长的关键作用，知识产权密集型商品在商品出口中处于主要地位并具有较强竞争力。

第三，从第三层"in"的含义而言，知识产权强国就是具有现代化的知识产权治理体系和治理能力，具有较强的知识产权制度思考力、部署力和实践力，能够认识知识产权制度本质并提出知识产权制度的现实方案，且该现实方案能够成为其他国家和地区运用知识产权制度的重要借鉴。以专利制度为例，我们运用对专利制度的思考力，系统分析知识产权制度的运行机理，概括出专利制度所具有的"保护创新实现创新竞争的控制工具的功能"和"公开创新实现创新发展的决策工具的功能"，围绕这两大功能提出了全链条导航和组合式运营的中国知识产权运营体系建设方案。以全链条导航和组合式运营为核心的中国知识产权运营体系，是提高中国特色知识产权制度体系的思考力、部署力、实践力，真正发挥专利制度创新竞争的控制工具和创新发展的决策工具的双重功能，并进而形成的重要成果。

2. 知识产权强国的特征

《知识产权强国建设纲要（2021—2035 年)》要求"建设制度完善、保护严格、运行高效、服务便捷、文化自觉、开放共赢的知识产权强国"。其中，"制度完善""保护严格""运行高效""服务便捷""文化自觉""开放共赢"是知识产权强国的基本特征。

第一，"制度完善"是知识产权强国建设的基础。知识产权是一系列制度安排，具有完备的制度是充分发挥制度效应、有效激励创新促进发展的前提。"制度完善"要求建立完善中国特色知识产权制度，发挥知识产权制度效应，让知识产权制度成为配置创新资源的根本制度，成为促进创新资源持续涌现的调节器、创新成果向生产力转化的转换器和市场环境的净化器。中国特色知识产权制度的内涵是，兼具"创新之法"和"发展之法"的属性，是激励创新的基本法、高端发展的促进法、维护秩序的保护法，是知识产权强国建设的制度基础，是中国特色社会主义法律制度和中国特色社会主义法治体系的组成部分。中国知识产权制度的外延包括知识产权法律制度、与知识产权相关的法律制度、知识产权公共政策等。

现代知识产权制度发轫于西方社会，加之从"历史隧道眼光"① 出发，西方学术界将西方社会的发展历程看作人类社会发展的主轴，将其置于主要地位，使得我国早期知识产权基础理论存在"西方化"或者"美国化"的一定倾向。尤其对我国知识产权法制建设而言，无论是"被动立法的百年轮迴"② 还是"枪口下的法律"③，我国早期知识产权基础理论的"中国特色"凸显不足，对具有中国特色的现实法律实践问题回应不够。随着知识产权事业的成长，中国知识产权理论建设也在历经 20 世纪 80 年代初步探索、90 年代理论反思和 21 世纪之初的理论再认识④的过程中，逐步建立理论自信，针对中国问题、形成中国话语、阐明中国道路、发出中国声音，逐步形成了中国特色知识产权法学理论体系，⑤ 并且逐步明确了对中国特色知识产权制度内涵的认识。

一方面，中国特色知识产权法律制度是激励创新的基本法。长期以来，我国在科技创新领域沿袭了计划经济时期形成的管理体制，科技成果的管理，

---

① ［美］J. M. 布劳特：《殖民者的世界模式：地理传播主义和欧洲中心主义观》，谭荣根译，社会科学文献出版社 2002 年版，第 19 页。

② 曲三强：《被动立法的百年轮迴——谈中国知识产权保护的发展历程》，载《中外法学》1999 年第 2 期。

③ 李雨峰：《枪口下的法律——近代中国版权法的产生》，载《北大法律评论》2004 年第 1 辑。

④ 吴汉东：《知识产权理论的体系化与中国化问题研究》，载《法制与社会发展》2014 年第 6 期。

⑤ 刘红臻：《中国特色社会主义法学理论体系的形成过程及其基本标志》，载《法制与社会发展》2013 年第 2 期。

特别是国有企事业单位的科技成果管理，与专利权之间存在着一定程度的不协调、不一致。国家主导的科研体制因其在资源配置方面的计划性特征，对于市场属性的专利制度的实施存在着巨大影响。从现实情况看，传统的科研管理制度在技术创新方面仍然居于主导地位，专利制度还只是现有科研体制巨大成就的财产权表征，而没有充分发挥激发创新、配置创新资源、促进技术成果转移转化的主导作用。在建设知识产权强国的背景下，需要知识产权制度作为新的动力引擎发挥作用，在创新驱动发展战略背景下，将中国特色知识产权法律制度作为激励创新的基本法。

另一方面，中国特色知识产权法律制度是高端发展的促进法。如本节第一部分"国情凝练：为什么建设知识产权强国"中的论述，随着我国要素驱动型经济发展方式出现衰竭，我国经济发展已经走到了必须转换为创新驱动模式的"临界点"上。目前，我国对创新的重视提到了前所未有的高度，创新已经成为引领发展的第一动力。随着国家加大对研发和创新的投入力度，我国科研能力不断提升，企业自主创新力量不断成长，我国已经进入到必须依靠创新驱动发展的新阶段。[1] 这一阶段标志着我国经济发展已经走过了产业技术引进初期的非熊彼特阶段，消化吸收和初步本地化创新的弱熊彼特阶段，进入到替代竞争明显，实现产业整体技术能力提升熊彼特I阶段。[2] 从历史角度看，该阶段是专利制度发挥作用的最佳阶段。这既为我国知识产权制度发挥作用提供了有利空间，又对知识产权制度的变革和完善提出了重大需求。当前，为了促进自主创新能力的提升，我国各种政策都向创新活动倾斜，对我国知识产权制度产生了重大影响：一是各种促进创新活动的扶持政策出台后，研发投入的增加，产生了大量的创新成果，需要知识产权制度予以确认，对知识产权制度提出了需求，促进了知识产权制度的发展与完善；二是由于各种创新扶持政策没有形成系统化、类别化，使得原本由市场驱动的研发活动与由政府扶持的研发活动混淆不清，从而扭曲了创新主体使用知识产

---

[1] "李克强主持召开国务院常务会议（2014年5月21日）"，载中国政府网，https://www.gov.cn/guowuyuan/2014-05/21/content_2684101.htm，访问日期：2022年4月11日。
[2] 经济发展的"创新理论"，参见［美］约瑟夫·熊彼特：《经济发展理论：对于利润、资本、信贷、利息和经济周期的考察》，何畏、易家详等译，商务印书馆2020年版。

权制度的动机。

第二，"保护严格"是知识产权强国建设的关键。知识产权保护能力包括知识产权法律完善程度、知识产权执法保护能力、知识产权保护机制、知识产权保护的资源投入等方面。知识产权强国，在权利人利益和社会公共利益之间有能力保持适当平衡，采取灵活的、适应性强的立法、司法和执法政策，实现经济调节和市场调控的目的。知识产权保护最初都是在某个国家内部实施的，其基本逻辑就是通过授权垄断，使创新企业能够从其创新活动中获得更多的专属性收益，从而激励创新企业进行更多的研发投入。在研发投入产出效率保持基本不变的情形下，创新企业的创新产出也将与研发投入保持同步增长。从比较静态的视角来看，假定其他条件不变，加强知识产权保护将带来创新企业研发投入的增加，进而提高创新产出，最终促进经济增长。

第三，"运行高效"是知识产权强国建设的重点。知识产权创造、运用、保护、管理、服务的全链条得以打通，需要具有系统完备、科学规范、运行有效的知识产权制度运行体系。知识产权制度体系完整、类别齐备，与其他法律制度、经济制度有机衔接，能够充分激励创新，促进创新发展。美国学者亨利·G.米切尔（Henry G. Mitchell）认为，与自然界存在生态系统一样，在知识领域同样存在着类似的生态系统。① 知识产权制度需要在一个运行体系下运行，才能真正发挥知识产权制度激励创新、促进发展的制度作用。

知识产权制度运行体系的构成要素包括知识产权制度运行的规则体系、市场体系和支撑体系。知识产权制度高效运行的基础是市场体系，存在知识产权市场并且存在一批熟知制度基本价值、了解制度运行原理、具有较高制度运用水平的主体。我国从知识产权管理体系、知识产权保护体系、知识产权审查体系等多个维度加快构建知识产权制度运行支撑体系。知识产权制度运行体系的核心是，打通知识产权制度运行的规则体系、保障体系、市场体系，构建知识产权运营体系，充分运用知识产权制度的精髓，将其中国化改造形成中国特色知识产权制度体系，并进一步提高中国特色知识产权制度体

---

① See Henry G. Mitchell, *The Intellectual Commons：Toward an Ecology of Intellectual Property*, Lexington Books, 2005, p. 67 – 173.

系的思考力、部署力、实践力，真正发挥专利制度创新竞争的控制工具和创新发展的决策工具的双重功能。通过知识产权制度的运行，知识产权成为国家发展的核心引擎，知识产权真正成为促进国家发展的重要资源，成为竞争力的核心要素，知识产权制度真正成为激励创新的根本保障和促进发展的制度动力。

第四，"服务便捷"是指知识产权公共服务供给能够满足创新主体需求，知识产权服务业的服务能力和服务水平适应创新发展需要。处理好公共服务和社会服务的关系、产业服务和企业服务的关系、知识产权服务的供给与需求关系。在提供知识产权公共服务的同时，加大知识产权服务业培育力度；以为产业发展提供知识产权公共服务为重点，兼顾为企业提供知识产权公共服务，尤其是为中小企业提供知识产权公共服务；全面调查梳理知识产权服务的需求，根据知识产权服务的需求优化知识产权服务的供给，实现知识产权服务的供需平衡。

第五，"文化自觉"是指知识产权强国的文化环境基础。知识产权受到尊重、知识产权制度有效实施，除了依赖法律强制力，还依赖社会主体的主动遵守。知识产权强国普遍尊重知识、尊重人才、尊重创造，积极维护知识产权权利人的合法利益。倡导知识产权创新文化，加强知识产权文化建设，促进形成尊重知识、崇尚创新、诚信守法的知识产权文化，建构文化自觉，是加快建设知识产权强国的重要保障。

第六，"开放共赢"是指知识产权强国凭借强大的知识产权能力，在知识产权国际规则中选择适合的外交政策和目标，积极主导国际制度建设，保护本国特定产业的国家利益，承担对全球的政治责任，同时为其他国家和地区运用知识产权制度实现创新发展提供路径参考和经验借鉴。在知识产权成为当今国际经济贸易关系中的重要议题的背景下，知识产权强国的国际责任是引领国际规则和格局变化，知识产权强国是知识产权国际格局和制度变化的支配性力量。

知识产权国际影响力表现在以下几个方面。一是在知识产权双边和多边国际规则上具有强大的话语权，对重大国际事务发挥领导作用。二是有效利用国际知识产权制度和规则，构建有利于国内产业的保护机制，维护国家经济利益和产业安全。三是以技术标准和品牌等优势资源维护本国跨国企业的竞争优势，对全球主要贸易国家施加重要影响，实现对新兴产业发展的引领和对全球经济的控制。知识产权强国具有强大国际影响力的外在表征包括聚集众多跨国公司总部和研发中心等。

3. 知识产权强国的表征

由《知识产权强国建设纲要（2021—2035 年)》可知，知识产权强国的外在表征包括：①知识产权保护社会满意度、知识产权市场价值、品牌竞争力等定性指标；②专利密集型产业增加值占 GDP 比重、版权产业增加值占 GDP 比重、知识产权使用费年进出口总额、每万人口高价值发明专利拥有量等定量指标；③知识产权综合竞争力跻身世界前列，知识产权制度系统完备，知识产权促进创新创业蓬勃发展，全社会知识产权文化自觉基本形成，全方位、多层次参与知识产权全球治理的国际合作格局基本形成等绩效指标。

（1）定性指标

知识产权强国的定性指标包括知识产权保护社会满意度、知识产权市场价值、品牌竞争力等三项指标。特别需要说明的是，知识产权保护社会满意度虽然以数字形式展现，但仍然属于基于主观判断的定性指标。所谓定性指标，是指用于确定朝着特定目标的进展程度的非数值因素，其基于主观的观点或者感受而非确凿的事实或者数字，其通常不能直接量化而需通过其他途径实现量化，如先对主观的观点或者感受进行模糊等级评价，然后再进行量化。知识产权保护社会满意度由于在量化过程中有主观评价的参与，仍然属于定性指标。

首先，知识产权保护社会满意度是指，通过抽样调查，针对知识产权权利人、专业人士和社会公众等社会各界主体对知识产权保护状况的满意程度进行评价，相关评价指标体系涵盖法律与政策保护、执法、管理与服务、宣传教育 4 项一级指标，12 项二级指标、40 项三级指标，[①] 并经过百分制转换

---

① 根据《2021 年知识产权保护社会满意度调查报告》显示，知识产权保护社会满意度使用了优化后的评价指标体系，其包括法律政策、执法保护、机制建设、意识培养、保护效果 5 项一级指标，11 项二级指标，31 项三级指标。

之后获得的评价结果。《2021 年知识产权保护社会满意度调查报告》显示，我国连续 10 年在全国范围内（不含港澳台地区）开展知识产权保护社会满意度抽样调查。2021 年，我国知识产权保护社会总体满意度分数达到 80.61 分，较调查启动之初的 2012 年提高了 16.92 分。① 笔者认为，知识产权保护社会满意度指标旨在衡量知识产权保护实效与社会公众期待之间的关系，是衡量知识产权保护状况的重要主观指标。为此建议进一步研究衡量知识产权保护力度的客观指标，并将用客观指标衡量的知识产权保护力度与经济社会发展状况相匹配，分析知识产权保护力度与国民生产总值、贸易额、研发投入等之间的关系。

其次，知识产权市场价值是指，以知识产权的技术价值或者信息价值为基础，以知识产权的法律价值为保障，通过知识产权这一无形资产的流转或其对有形资产的附加价值的方式体现出的知识产权在市场层面的评价。《国家知识产权战略纲要》曾提出"促进自主创新成果的知识产权化、商品化、产业化，引导企业采取知识产权转让、许可、质押等方式实现知识产权的市场价值"。上述表述明确将知识产权转让、许可、质押等方式作为实现知识产权的市场价值的重要途径和主要手段，同时将价值实现作为知识产权运用主要方式（知识产权转让、许可、质押等方式）的主要目的和根本取向。开展知识产权运营，充分运用知识产权规则，有效发挥知识产权融资、评估、转移对接服务的支撑作用，融合运用知识产权信息和各类信息的引导功能，推动知识产权转化实施，促进知识产权市场价值充分实现，是实施知识产权制度的重要目的之一。

最后，品牌竞争力是指，在品牌竞争过程中体现出来的、某一品牌产品超越其他同类产品的竞争能力，包括获得更多的顾客、占有更大的市场份额等，从而获取更高的利润。李光斗先生在《品牌竞争力》一书中指出了迈克尔·波特教授竞争力理论的局限性，并论证了品牌竞争力是企业最为持久的核心竞争力这一观点。② 笔者认为，品牌竞争力是企业知识产权战略运行绩

---

① 参见国家知识产权局：《2021 年知识产权保护社会满意度调查报告》，2022 年 7 月发布。
② 李光斗：《品牌竞争力》，中国人民大学出版社 2004 年版，第 15 页。

效的外在表现。企业知识产权战略的本质就是企业利用知识产权取得竞争优势的策略、措施和手段。[①] 因此，品牌竞争力的表现是商标等品牌的美誉度，基础是企业知识产权战略的综合能力。

（2）定量指标

知识产权强国的定量指标包括专利密集型产业增加值占 GDP 比重、版权产业增加值占 GDP 比重、知识产权使用费年进出口总额、每万人口高价值发明专利拥有量等四项指标。《知识产权强国建设纲要（2021—2035 年）》中关于 2025 年中期目标中定量指标的设立，是系统构建"十四五"时期知识产权发展指标体系的重要一环，在指标制定中坚持树立和运用系统观念，将高质量发展的主题贯穿始终，系统构建知识产权发展指标体系，充分体现了新的发展阶段推动知识产权高质量发展的时代特征，突出质量和价值导向，重点瞄准知识产权整体质量效益不高、高质量高价值知识产权偏少等问题，以知识产权高质量发展促进经济社会高质量发展，支撑知识产权强国建设和社会主义现代化建设。[②]

首先，专利密集型产业增加值占 GDP 比重。专利密集型产业的发展，集中体现了知识产权、科技创新与经济发展的紧密融合。[③] 从世界范围看，专利密集型产业已经成为高附加值、高科技含量的产业类型。2022 年 3 月 17 日，美国专利商标局发布报告《知识产权和美国经济（第三版）》（Intellectual Property and the U. S. Economy：Third Edition），重点研究了包含专利密集型产业在内的知识产权密集型产业对美国经济和就业的贡献。[④] 该报告指出，2019 年，美国知识产权密集型产业增加值占 GDP 的比重约为 41%，直接就业人数占美国总就业人数的比重约为 33%。其界定"专利密集型产业"的标准是，在 2012—2016 年授予的发明总数除以同一时期的行业平均就业人数，如果某一特

---

① 冯晓青：《国家知识产权战略视野下我国企业知识产权战略实施研究》，载《湖南大学学报（社会科学版）》2010 年第 1 期。

② 国务院知识产权战略实施工作部际联席会议办公室组织编写：《〈知识产权强国建设纲要（2021—2035 年）〉辅导读本》，知识产权出版社 2022 年版，第 237－239 页。

③ 同注②。

④ USPTO, *Intellectual Property and the U. S. Economy：Third Edition*, https：//www.uspto.gov/sites/default/files/documents/uspto－ip－us－economy－third－edition.pdf, last visited：2022－04－22.

定行业的上述比例高于美国所有行业的总体平均水平，则属于专利密集型产业。在 210 个行业中，发明专利密集型产业有 70 个行业，外观设计专利密集型产业有 87 个行业。2019 年，发明专利密集型产业和外观设计专利密集型产业各贡献了近 4.5 万亿美元的 GDP（分别为 4.43 万亿美元、4.46 万亿美元）。2019 年，美国发明专利密集型产业直接创造了 1820 万个就业岗位，直接就业率为 13%。与 5 年前相比，美国发明专利密集型产业增加了 100 万个就业岗位。发明专利密集型产业员工的每周平均收入为 1869 美元，收入溢价为 97%。2019 年 9 月，欧盟知识产权局、欧盟专利局发布报告《欧盟知识产权密集型产业和经济表现》（IPR – Intensive Industries and Economic Performance in the European Union），重点研究了包含专利密集型产业在内的知识产权密集型产业对欧洲经济的影响。[①] 2014—2016 年，欧盟 353 个知识产权密集型产业贡献了 29.2% 的就业岗位，贡献了约 45% 的 GDP，产业增加值达到 6.6 万亿欧元。欧盟界定"发明专利密集型产业"的标准与美国基本一致。经过统计，发明专利密集型产业贡献了 10.9% 的就业岗位，直接就业人数达到 23 571 234 人。发明专利密集型产业增加值达到 2.35 万亿欧元，发明专利密集型产业增加值占 GDP 的比重达到 16.1%。

我国积极构建了专利密集型产业的分类标准。2019 年 4 月，国家统计局发布《知识产权（专利）密集型产业统计分类（2019）》（国家统计局令第 25 号），其中将"专利密集型产业"定义为，发明专利密集度、规模达到规定的标准，依靠知识产权参与市场竞争，符合创新发展导向的产业集合。从"专利密集型产业"外延的角度而言，专利密集型产业的范围包括信息通信技术制造业，信息通信技术服务业，新装备制造业，新材料制造业，医药医疗产业，环保产业，研发、设计和技术服务业等七大类 188 个国民经济行业小类。从专利密集型产业的分类标准角度而言，我国借鉴了美国、欧盟等关

---

① EUIPO & EPO, *IPR – Intensive Industries and Economic Performance in the European Union*, https://euipo.europa.eu/tunnel – web/secure/webdav/guest/document _ library/observatory/documents/IPContributionStudy/IPR – intensive_industries_and_economicin_EU/WEB_IPR_intensive_Report_2019.pdf#: ~: text = In% 20response% 20to% 20the% 20clear% 20need% 20to% 20provide，made% 20to% 20the% 20EU% 20economy% 20by% 20IPR – intensive% 20industries，last visited：2022 – 04 – 22.

于专利密集型产业的测算方法，聚焦发明专利，依据统计数据测算结果，同时参考《战略性新兴产业分类（2018）》（国家统计局令第 23 号）、《高技术产业（制造业）分类（2017）》和《高技术产业（服务业）分类（2018）》，将研发投入强度高的行业纳入分类范围，确定产业范围和对应的行业类别。专利密集型产业的标准（至少应当具备下列条件之一）包括以下几项。①行业发明专利规模和密集度均高于全国平均水平。其中，"发明专利规模"是指连续 5 年发明专利授权量之和；"发明专利密集度"是指单位就业人员连续 5 年获得的发明专利授权量，即发明专利规模与同一时期年平均就业人员数之比。②行业发明专利规模和 R&D 投入强度高于全国平均水平，且属于战略性新兴产业、高技术制造业、高技术服务业。其中，"R&D 投入强度"是指企业 R&D 经费支出与主营业务收入之比；"R&D"是指为增加知识存量（包括有关人类、文化和社会的知识）以及设计已有知识的新应用而进行的创造性、系统性工作。③行业发明专利密集度和 R&D 投入强度高于全国平均水平，且属于战略性新兴产业、高技术制造业、高技术服务业。由此可见，与美国和欧盟相比，我国专利密集型产业的分类标准更具复合性，兼顾发明专利规模、发明专利密集度、研发投入强度等各项指标；同时，我国专利密集型产业的分类标准更具政策性，突出对战略性新兴产业、高技术制造业、高技术服务业的政策引导。

我国积极构建了专利密集型产业发展状况的监测系统。国家统计局、国家知识产权局发布的《2021 年全国专利密集型产业增加值数据公告》表明，2021 年全国专利密集型产业增加值为 142 983 亿元，比上年增长 17.9%，比同期 GDP 现价增速高 4.5 个百分点；占 GDP 的比重为 12.44%，比上年提高 0.47 个百分点。从内部结构看，新装备制造业规模最大，增加值为 38 452 亿元，占专利密集型产业增加值的比重为 26.9%；其次是信息通信技术服务业，增加值为 30 636 亿元，所占比重为 21.4%；再次是信息通信技术制造业，增加值为 28 546 亿元，所占比重为 20.0%；规模最小的是环保产业，增加值为 3228 亿元，所占比重为 2.3%。从增长速度看，受国内外防疫产品需求旺盛等因素影响，医药医疗产业增速持续加快，增长 40.9%，比上年提高 30.8 个百分点，增长最快。

未来，我国专利密集型产业有望继续保持稳定增长，并在转变经济发展方式、促进实体经济发展方面发挥更大作用，预计到2025年，专利密集型产业增加值占 GDP 比重将达到13%，成为支撑经济高质量发展的重要产业力量。①

其次，版权产业增加值占 GDP 比重。版权权是重要的资源要素，具有法律、文化和财产属性，成为新闻出版、广播影视、文学艺术、文化娱乐、信息网络等产业健康发展的重要支撑。② 世界知识产权组织将"版权产业"定义为，版权可以发挥显著作用的活动或者产业，并将其划分为核心版权产业、部分版权产业、非专门支持性产业、相互依存的版权产业。核心版权产业是指图书、录制、音乐、期刊报纸以及广播电影电视和计算机软件等主要目的是制作和发行版权产品的产业。根据中国新闻出版研究院发布的"2021 年中国版权产业经济贡献"调研报告，显示 2021 年中国版权产业的行业增加值为8.48 万亿元人民币，同比增长 12.92%；占 GDP 的比重为 7.41%，比 2020年提高 0.02 个百分点。2021 年，中国版权产业努力克服新冠肺炎疫情带来的不利影响，延续了稳定恢复的态势，在恢复发展平稳进行中坚持创新驱动，实现"十四五"良好开局。2021 年中国核心版权产业的行业增加值达到突破5 万亿元人民币，达 5.36% 万亿元人民币，同比增长 12.74%，占全国 GDP的比重为 4.68%，占全部版权产业比重为 63.10%，对版权产业发展的贡献最为显著。2017—2021 年，中国版权产业的行业增加值已从 6.08 万亿元人民币增长至 8.48 万亿元人民币，产业规模增幅 39.43%；从对国民经济的贡献来看，中国版权产业占 GDP 的比重由 2017 年的 7.35% 增长至 2021 年的7.41%，提高了 0.06 个百分点；从年均增速来看，2017—2021 年，中国版权产业行业增加值的年均增长率为 8.67%，高于同期 GDP 增速 0.23 个百分点。2021 年我国版权产业的城镇单位就业人数为 1617.19 万人，占全国城镇单位就业总人数中的比重为 9.50%；中国版权产业对外贸易稳中向好，2021年中国版权产业的商品出口额为 4576.10 亿美元，占全国商品出口总额的比

---

① 国务院知识产权战略实施工作部际联席会议办公室组织编写：《〈知识产权强国建设纲要（2021—2035 年）〉辅导读本》，知识产权出版社 2022 年版，第 240 页。

② 同注①，国务院知识产权战略实施工作部际联席会议办公室组织书，第 23 页。

重为 13.61%，连续多年在全国商品出口总额中的比重稳定在 11% 以上。

再次，知识产权使用费年进出口总额。它是指本国居民和境外居民之间以许可方式授权使用知识产权而支付的进出口费用总额，包括特许和商标使用费、研发成果使用费、复制或者分销计算机软件许可费、复制或者分销视听以及相关产品许可费和其他知识财产权使用费。[1] 从知识产权使用费数据可以看出国际技术贸易的走向，如有学者通过对 1970—2019 年知识产权使用费数据进行分析得出，国际技术贸易进口中心的转移次序为德国→日本→美国→荷兰→爱尔兰；国际技术贸易出口中心一直在美国，未发生转移，但其占比在持续下降，国际技术贸易网络具有明显的"小世界"和"核心—边缘"结构特征；美国优势地位明显，具有最强的国际技术贸易获利能力；中国的网络地位近期快速提升，但国际技术贸易出口能力亟待提高。[2] 正是在这样的背景下，为了提高我国企业国际技术贸易出口能力，积极引导我国企业开展知识产权跨境交易，促进知识产权产品和服务"走出去"，国务院发布的《"十三五"国家知识产权保护和运用规划》曾将"知识产权使用费出口额（亿美元）"作为预期指标。《知识产权强国建设纲要（2021—2035年)》对于这一指标进行了优化，进一步体现出"引进来"与"走出去"并重，兼顾我国对国外知识产权的引进吸收利用能力以及我国知识产权国际竞争力，积极推动以更高水平的知识产权贸易推动开放创新。

最后，每万人口高价值发明专利拥有量。《"十三五"国家知识产权保护和运用规划》曾将"每万人口发明专利拥有量"作为反映经济社会发展的重要指标。《知识产权强国建设纲要（2021—2035年)》和国务院发布的《"十四五"国家知识产权保护和运用规划》（国发〔2021〕20号）将上述指标调整为"每万人口高价值发明专利拥有量"。从"每万人口发明专利拥有量"到"每万人口高价值发明专利拥有量"，体现了高价值发明专利的导向。从宏观层面来看，高价值发明专利的界定，是我国产业经济和科技高质量发展

---

[1] 国务院知识产权战略实施工作部际联席会议办公室组织编写：《〈知识产权强国建设纲要（2021—2035年)〉辅导读本》，知识产权出版社 2022 年版，第 240 - 241 页。

[2] 冯志刚、张志强、刘昊：《国际技术贸易格局演化规律研究——基于知识产权使用费数据分析视角》，载《情报学报》2022 年第 1 期。

的需要，更是加快知识产权强国建设的需要；① 从微观层面来看，高价值发明专利是至关重要的无形资产，对提升组织核心竞争能力、赢得市场效益、领先行业发展具有重要的战略意义。②

《"十四五"国家知识产权保护和运用规划》进一步给出"每万人口高价值发明专利拥有量"的外延范围。其是指每万人口本国居民拥有的，经国家知识产权局授权的，符合下列任一条件的有效发明专利数量：①战略性新兴产业的发明专利；②在海外有同族专利权的发明专利；③维持年限超过 10 年的发明专利；④实现较高质押融资金额的发明专利；⑤获得国家科学技术奖、中国专利奖的发明专利。这代表了公共政策层面对"每万人口高价值发明专利拥有量"的外延范围的确定。这一观点的逻辑基础在于，战略性新兴产业的发明专利通常是解决了难度较大、难以攻克的技术问题，并且具有较为突出的技术效果；在海外有同族专利权的发明专利由不同国家和地区进行审查授权，并在多个国家和地区具有一定的市场空间；发明专利维持年限越长，通常具有越高的价值，维持年限超过 10 年的发明专利从侧面反映出专利稳定性较高，具有较高的技术价值和法律价值；实现较高质押融资金额的发明专利，代表了发明专利具有较高的市场价值；国家科学技术奖、中国专利奖是激励科技创新做出重大意义或者卓越贡献而设立的奖项，因此获得国家科学技术奖、中国专利奖的发明专利具有较高的技术价值和市场价值。由此可见，上述标准系将专利的技术价值、市场价值、法律价值等维度作为表征，从而划定高价值专利的外延范围。然而，现行的这五条统计标准是高价值发明专利界定的充分条件，但不足以成为充分必要条件。③ 笔者认为，应当立足专利的技术价值、市场价值、法律价值三个维度，选择代表这三个维度的技术指标，界定高价值专利的外延。其中，专利技术价值的代表指标包括获得国家科学技术奖、中国专利奖，专利被引用次数，专利说明书页数。需要指出的是，为了让"专利被引用次数"这一指标更具科学性，需要对专利申请文件撰写中的现

---

① 孙彩红、宋世明：《国外知识产权管理体制的基本特征与经验借鉴》，载《知识产权》2016年第 4 期。

② 彭小宝、陈文清：《我国高价值发明专利界定标准研究》，载《科技与法律》2021 年第 6 期。

③ 同注②。

有技术综述提出明确的要求；专利法律价值的代表指标包括专利诉讼情况、专利无效宣告请求情况、权利要求数量、以独立权利要求技术特征数量为代表的权利要求保护范围、专利维持年限、海外专利同族情况等；专利市场价值的代表指标包括质押融资情况、专利许可情况、专利转让情况等。

第四节　知识产权强国建设内容论的骨干

《知识产权强国建设纲要（2021—2035 年）》以现代化治理和现代化发展为基础提出知识产权强国建设的重点任务。该纲要从现代化治理出发，通过知识产权法治运行机制，推动知识产权领域改革和改进，实现知识产权治理体系和治理能力现代化；以现代化发展为目标，通过知识产权社会发展机制，以推动高质量发展为主题，为建设创新型国家和现代化强国提供坚实保障。[1]

一、知识产权强国建设面临的问题与矛盾

以问题为导向，发现知识产权强国建设"做什么"的线索。探索知识产权强国建设的根本路径，需要首先分析知识产权强国建设面临的问题，基于问题探讨建设过程中存在的矛盾，尤其是存在的主要矛盾。《〈国家知识产权战略纲要〉实施十年评估报告》表明，国家知识产权战略实施存在的需要解决的突出问题有：高质量知识产权偏少；知识产权保护法律体系不完善、侵权处罚力度低；创新主体的知识产权管理运用能力仍然不足；知识产权服务与基础环境存在短板；在知识产权国际事务中的应对能力亟待提高。其中，"高质量知识产权偏少"主要是指，与创新驱动发展和高质量发展相比，关键技术缺乏核心知识产权，给产业安全带来隐患；相对于国内知识产权总量，我国居民和单位在海外申请和获得知识产权授权的比例较低，目前海外发明

---

[1]　国务院知识产权战略实施工作部际联席会议办公室组织编写：《〈知识产权强国建设纲要（2021—2035 年）〉辅导读本》，知识产权出版社 2022 年版，第 344－345 页。

专利申请量仅约为美国、日本的1/4且集中在少数领域、少数企业。"知识产权保护法律体系不完善、侵权处罚力度低"主要是指，与欧美等发达国家和地区相比，我国知识产权的判赔力度仍存在较大差距，各单行法之间缺乏协调性和一致性，需要进一步体系化，缺少知识产权基础性法律。"创新主体的知识产权管理运用能力仍然不足"主要是指，企业、高校、科研机构等各类创新主体缺少针对知识产权的系统部署和战略性安排，很少通过开展专利分析和专利布局引导研发活动，更不擅长在市场竞争中对知识产权进行战略性运用，知识产权管理机构设置、专职人员配备等方面不足，很难适应创新发展的需要，知识产权转化运用存在制度障碍。"知识产权服务与基础环境存在短板"主要是指，知识产权公共服务平台存在重复建设，缺乏后续持续投入的问题，知识产权人才培养存在不敷需求等问题，知识产权服务与市场需求仍有差距，服务行业不正当竞争现象依然存在，市场秩序有待进一步规范。"在知识产权国际事务中的应对能力亟待提高"是指，我国在知识产权国际事务中的主动应对能力不足，参与区域知识产权国际合作的主动性和话语权与知识产权大国地位不相称。[①] 基于知识产权强国建设面临的问题，进一步分析存在的主要矛盾，如下所述。

首先，创新资源配置的计划手段与市场手段尚未相互协调是制约知识产权质量和效益提升的主要矛盾。自2008年实施国家知识产权战略以来，我国知识产权工作取得了长足进步。《2022年中国知识产权发展评价报告》显示，我国知识产权综合实力在2015—2022年已从全球第17位上升到第8位，[②]2015年我国发明专利申请量首次突破百万件，达到110.2万件。[③] 2022年，我国共授权79.8万件，注册商标617.7万件。截至2022年年底，我国发明专利有效量为421.2万件，每万人口高价值发明专利拥有量为9.4件。[④] 由此

---

① 参见《国家知识产权战略纲要》实施十年评估工作组编：《〈国家知识产权战略纲要〉实施十年评估报告》，知识产权出版社2019年版，第16–17页。

② 国家知识产权局知识产权发展研究中心：《2022年中国知识产权发展评价报告》，2022年12月发布。

③ 蒋建科：《我国发明专利年度申请受理量首破100万件》，载《人民日报》2016年1月15日，第1版。

④ 谷业凯：《我国发明专利有效量达421.2万件》，载《人民日报》2022年2月13日，第1版。

可以看出，虽然我国已经成为名副其实的世界知识产权大国，但是，我国具有较高技术含量和市场价值的专利少，形成有效布局的专利少，具有世界影响力的知名品牌和版权精品少。

高质量知识产权偏少的问题的主要原因在于，创新资源配置的计划手段与市场手段尚未相互协调。知识产权质量和效益不高与我国创新水平紧密相关，同时与政策（包括知识产权资助政策）需要优化紧密相关。但是，知识产权质量和效益方面的主要矛盾在于，创新资源配置的计划手段与市场手段并存同时尚未相互协调。在我国创新政策的演进中，通过计划手段配置创新资源推动产生了"两弹一星"等重大科技成果，通过实施差异化战略和非对称措施在部分领域实现"弯道超车"，具有非常重要的历史意义。随着开放式创新和协同式创新等创新样态的发展，必须调整相应的体制机制，实行计划手段和市场手段的双轮驱动，使创新真正成为发展的主动力。创新资源配置的计划手段与市场手段的相互协调，已经成为制约知识产权质量和效益提升的主要矛盾。

其次，创新利益保障的司法保护与行政执法尚未相容互补是制约知识产权保护实效提高的主要矛盾。知识产权强国应当具有优良的知识产权环境，包括文化环境、法治环境和市场环境。知识产权保护存在法律体系不完善、侵权处罚力度低等问题，这一现状打击了企业和发明者的创新热情，已经成为知识产权保护的核心问题和制约知识产权运用的关键问题。但是，在我国司法实践中，由于知识产权的权利人难以举证证明造成损失与侵权行为之间的因果关系、违法所得的具体情况，导致绝大多数案件在采取法定赔偿的情况下，赔偿数额较低。亦即，知识产权保护效果与创新主体的期待存在较大差距，侵权诉讼中侵权举证难度大，而判决赔偿额往往无法弥补权利人遭受的损失。与之对比，合理专利许可费是美国、德国广泛采用的主要标准，据统计，1995—2013 年，美国 80% 左右的专利侵权判决采用合理的专利许可费作为损害赔偿计算标准，平均赔偿额为 500 万美元以上。①

---

① 转引自张韬略："1995—2013 年美国专利诉讼情况实证分析"，载国家知识产权局官网，https://www.cnipa.gov.cn/art/2015/5/25/art_1415_133124.html，访问日期：2022 年 4 月 30 日。

知识产权保护法律体系不完善、侵权处罚力度低的问题的主要原因在于，知识产权行政保护与司法保护尚未相容互补。知识产权"侵权易、维权难"主要表现为"赔偿低、周期长、举证难"，其中"周期长"问题的原因主要体现在知识产权确权纠纷解决机制与侵权纠纷解决机制尚未有效衔接；"赔偿低"问题的原因主要体现在知识产权纠纷解决的实体规则与程序规则尚未有效衔接；"举证难"问题的原因主要体现在知识产权纠纷解决的司法途径与行政执法尚未相容互补、有效衔接。总结上述方面，创新利益保障的司法保护与行政执法尚未相容互补，已经成为制约知识产权保护实效提高的主要矛盾。

再次，创新成果转化的市场体系与竞争秩序尚未顺畅运转是制约知识产权管理效能和知识产权服务水平提高的主要矛盾。2013 年 3 月 1 日，《企业知识产权管理规范（试行）》国家标准发布实施，企业知识产权管理效能有所提高。但是，高校、科研机构知识产权管理水平不高，企业知识产权管理不够规范，利用知识产权提升市场竞争力的能力相对不足，知识产权资产管理、运营、投融资等业务发育有限。同时，知识产权服务业发展总体水平偏低，与快速增长的服务需求不相适应。尤其是，知识产权信息服务供给不足已经成为知识产权服务业发展的重要制约因素。创新主体的知识产权管理运用能力仍然不足、知识产权服务与基础环境存在短板这两个问题的主要原因在于，创新成果转化的市场体系与竞争秩序尚未顺畅运转。企业知识产权管理效能较低主要是因为创新成果转化的市场体系发展不够充分，导致企业加强自身知识产权管理、促进创新成果市场化运用的动力不足。知识产权服务水平不能满足社会需求的根本原因是知识产权服务竞争秩序尚未有效建立，此处竞争秩序的范畴包括市场主体之间的知识产权服务竞争秩序，以及知识产权公共服务与服务业之间的竞争秩序。

最后，知识产权战略国内统筹与国际协调尚未相互支撑是制约运用知识产权提升国际竞争力的主要矛盾。发达国家利用知识产权维护其优势地位的意图日益强烈，发达国家力图主导新一轮知识产权国际规则的变革，跨国公司以知识产权为武器争夺国际市场的博弈愈演愈烈。一些与我国同属新兴经济体的发展中国家也更加着眼于国际，如印度不遗余力地建立和推广其防御性公开数据库等，努力捍卫其在传统文化知识方面的知识产权利益。我国应对知识产权国际规则较为被动。截至 2020 年，我国连续近 20 年因为知识产权侵权而成为遭受美国 "337 调查" 最多、涉案金额最高的国家。

在知识产权国际事务中的应对能力亟待提高，这一问题的主要原因在于知识产权外交尚未统筹，知识产权战略国内统筹与国际协调尚未相互支撑。我国目前尚未形成体系化的知识产权国际战略，缺乏统一高效的知识产权外交政策体系和工作机制，在国际知识产权领域缺乏足够影响力和话语权，应对常显被动。由此，我国对国际化问题敏感度不高，不仅表现在创新密集领域缺乏知识产权国际战略布局，而且表现在保护和挖掘中医药传统知识、民族民间文艺、生物遗传资源等我国传统优势领域知识产权方面进展滞后。可以说，知识产权战略国内统筹与国际协调尚未相互支撑，已经成为制约运用知识产权提升国际竞争力的主要矛盾。

二、知识产权强国建设需开展的主要任务

立足上述现实问题，需要破除体制机制障碍和利益固化藩篱，深化知识产权领域改革，实现国家知识产权治理体系和治理能力现代化，运用知识产权制度促进生产力的解放和发展。针对上述问题反映出的主要矛盾，《知识产权强国建设纲要（2021—2035 年)》部署了六个方面的主要任务。

第一，建设面向社会主义现代化的知识产权制度。知识产权强国建设对中国特色知识产权制度发展提出了新的更高要求。知识产权强国建设由理论体系、发展道路、支撑制度共同构成。其中，知识产权强国建设理论体系是指导知识产权强国建设的基本理论，是中国特色社会主义理论在知识产权领域的具体落实；知识产权强国建设的发展道路是立足我国国情谋划的知识产权强国建设的时间表、路线图，是中国特色社会主义道路在知识产权领域的现实反映；知识产权强国建设的支撑制度是知识产权强国建设的制度体系，是中国特色社会主义法律制度的组成部分，三者构成了引导我国知识产权事业发展的基本框架。① 其中，知识产权强国建设理论体系为道路拓展和制度

---

① 参见张鹏：《知识产权强国建设基本问题初探》，载《科技与法律》2016 年第 1 期。

创新提供理论支撑，知识产权强国建设道路为理论形成发展和制度创新完善提供实践基础，中国特色知识产权制度为道路拓展和理论创新提供制度保障，三者统一于知识产权事业科学发展的伟大实践中。在加快建设知识产权强国的征程中，我们要坚持以理论创新为先导，以制度完善为保障，深化对知识产权强国建设道路的探索，推动知识产权事业不断前进。在这一过程中，中国特色知识产权制度建设为知识产权强国建设提供制度支撑，具有非常突出的重要意义。中国特色知识产权制度建设的总体思路是，以习近平新时代中国特色社会主义思想为统领，坚持党全面领导下的知识产权法律制度体系建设思路，以服务经济社会高质量发展为目标，以支撑知识产权强国建设为核心，扎实推进中国特色知识产权法律制度体系建设，实现知识产权法律制度与其他法律制度有效协调，国内知识产权法律制度与知识产权国际条约的平行互动，知识产权地方立法与国家立法的有机衔接，知识产权审查制度体系与国家经济科技发展需求的充分响应，为知识产权严格保护和高效运用奠定完备的法律基础，为推进知识产权全球治理改革创造规则保障，为创新驱动发展提供有效制度激励，为经济高质量发展营造良好的营商环境。[①] 正是在这一背景下，《知识产权强国建设纲要（2021—2035年）》在战略措施部分首先部署了"建设面向社会主义现代化的知识产权制度"，按照"加强保护"和"促进发展"两大价值取向构建中国特色知识产权法律制度。

第二，建设支撑国际一流营商环境的知识产权保护体系。首先，健全统一领导、衔接顺畅、快速高效的协同保护格局。坚持党中央集中统一领导，实现政府履职尽责、执法部门严格监管、司法机关公正司法、市场主体规范管理、行业组织自律自治、社会公众诚信守法的知识产权协同保护。其次，以建立惩罚性赔偿制度、间接侵权制度为重点，强化知识产权实体保护；以构建证据开示制度、证据妨碍制度为重点，优化知识产权程序制度。最后，建立公正有力的知识产权市场监管体系。建立主动监管与行业自律相结合的知识产权保护体系，完善知识产权仲裁制度，引导行业协会开展知识产权调

---

① 国务院知识产权战略实施工作部际联席会议办公室组织编写：《〈知识产权强国建设纲要（2021—2035年）〉辅导读本》，知识产权出版社2022年版，第216页。

解工作。

第三，建设激励创新发展的知识产权市场运行机制。首先，加强创新资源的计划配置手段中的市场运用促进。以重大科技计划和科技重大专项知识产权分析评议制度为切入点，建立重大科技计划和科技重大专项的立项知识产权评议制度、过程知识产权分析制度、结项知识产权评价制度，在项目立项时通过评议方式管控知识产权风险，在项目过程中通过分析方式了解技术发展路线，在项目结项时通过评价方式对知识产权布局情况进行要求。通过这一方式，促进重大科技计划和科技重大专项等创新资源计划配置手段所产生的创新成果的市场化运用。其次，加强创新资源的市场配置手段中的计划运用促进。在科技规划和产业规划制定过程中，加强知识产权信息分析，根据知识产权信息展现的技术路线、产业路线规划创新资源的投入方向。最后，建立知识产权宏观调控体系。我国专利申请数量居于世界首位，但是发明专利数量仍然不足，实用新型和外观设计有待通过量的积累促进质的飞跃。因此，有必要根据我国创新能力和经济发展阶段的判断和预测，规划知识产权申请的数量、领域分布、区域分布、行业分布，发布知识产权申请量年度增长率预期值和分布状况预期值，运用资助政策等调控政策对知识产权申请的数量与分布加以宏观调控。

第四，建设便民利民的知识产权公共服务体系。一方面，完善创新流转市场的风险补偿机制。创新流转市场具有较高的不确定性，通过知识产权管理中的政府贴息担保、政府对重点发展的知识产权密集型产业的规划、政府对知识产权贸易的扶持等措施，加强创新流转市场的风险补偿。另一方面，构建多样化的知识产权公共服务平台，加强知识产权信息传播和转移转化的公共服务，实现知识产权公共信息平台互联互通，完善与社会化服务的协同机制。

第五，建设促进知识产权高质量发展的人文社会环境。构建知识产权大宣传格局，加强教育引导、实践养成和制度保障，培养公民自觉尊重和保护知识产权的行为习惯，自觉抵制侵权假冒行为。倡导创新文化，弘扬诚信理念和契约精神，大力宣传锐意创新和诚信经营的典型企业，引导企业自觉履行尊重和保护知识产权的社会责任。厚植公平竞争的文化氛围，培养新时代知识产权文化自觉和文化自信，推动知识产权文化、法治文化、创新文化与公民道德修养融合共生、相互促进。构建内容新颖、形式多样、融合发展的知识产权文化传播矩阵。打造传统媒体和新兴媒体融合发展的知识产权文化传播平台，拓展社交媒体、短视频、客户端等新媒体渠道。创新内容、形式和手段，加强涉外知识产权宣传，形成覆盖国内外的全媒体传播格局，打造知识产权宣传品牌。

第六，深度参与全球知识产权治理。首先，建立应对知识产权国际规则变革的统筹机制。把握知识产权国际规则变革主动权，充分利用各种多边、双边和区域协调平台参与规则制定，促进规则朝着"平衡有效、互惠包容"的方向发展。其次，将"科技强贸"升级为"知识产权强贸"，积极促进扩大知识产权贸易规模，通过多种方式促进知识产权贸易逆差逐步降低。最后，构建和完善知识产权海外维权援助体系，服务我国企业"走出去"。

三、知识产权强国建设具体实现实施方式

《知识产权强国建设纲要（2021—2035年）》提出了"法治保障、严格保护，改革驱动、质量引领，聚焦重点、统筹协调，科学治理、合作共赢"的工作原则，从方法论的角度明确了下述关系，从而解答了知识产权强国建设"怎么做"的问题。

第一，正确处理知识产权领域的市场主导与政府引导的关系。党的十八届三中全会决定进一步明确要求"紧紧围绕使市场在资源配置中起决定性作用深化经济体制改革"，同时提出"政府的职责和作用主要是保持宏观经济稳定，加强和优化公共服务，保障公平竞争，加强市场监管，维护市场秩序，推动可持续发展，促进共同富裕，弥补市场失灵"。知识产权制度是发挥市场机制科学配置创新资源的基本制度，深化知识产权管理体制机制改革的关键是处理好市场主导与政府引导的关系。一方面，充分发挥市场机制的作用，发挥市场主体创造和运用知识产权的内在动力，促进形成"归属清晰、权责明确、保护严格、流转顺畅"的知识产权体系。构建更加完善的要素市场化配置体制机制，更好发挥知识产权制度激励创新的基本保障作用，为高质量发展提供源源不断的动力。另一方面，按照政府职能转变的要求，推进政府职能向创造良好市场环境、提供优质公共服务、维护社会公平正义转变，落

实全面依法治国基本方略，严格依法保护知识产权，切实维护社会公平正义和权利人合法权益。注重发挥政府的引导作用，促进形成知识产权的产业布局、区域布局和海外布局。

第二，正确处理知识产权强国建设的中国特色与世界水平的关系。知识产权强国是兼具国际水平和本国特色的知识产权综合实力较高的国家，是将知识产权作为创新驱动发展根本支撑的国家，是运用知识产权高效促进国家经济实力和科技实力提升的国家。一方面，立足我国国情分析知识产权强国建设的思路举措。我们需要立足中国特色社会主义道路的总体谋划，认真思考中国特色社会主义道路在知识产权领域的具体落实，研究形成中国特色的知识产权强国建设道路。另一方面，广泛借鉴主要知识产权强国的经验，总结基本模式及其背景，探索我国可以借鉴的主要做法。

第三，正确处理知识产权领域改革"摸着石头过河"与加强顶层设计的关系。知识产权强国要一边研究、一边建设。一方面，深化知识产权领域改革，构建更加完善的要素市场化配置体制机制，更好发挥知识产权制度激励创新的基本保障作用。积极支持在地方、区域、行业开展知识产权强国建设的先行先试，总结经验、梳理模式、全国推广。例如，积极总结国内自由贸易试验区在知识产权统一管理、综合执法等方面的经验，梳理形成可复制、可借鉴、可推广的模式。另一方面，加强知识产权强国研究的顶层设计。深入研究知识产权强国建设的基本路径、指导思想、关键任务、重大政策、重大项目和重大工程，加强顶层设计，加强统筹部署。坚持战略引领、统筹规划，突出重点领域和重大需求，推动知识产权与经济、科技、文化、社会等各方面深度融合发展。

第四，正确处理知识产权强国建设的全国统筹与地方实践的关系。在建设知识产权强国的过程中，在国家层面要探索知识产权管理体制机制的总体方案，谋划知识产权强国建设的基本路径，设计我国建设知识产权强国的总体工作部署。同时，积极支持地方率先开展知识产权领域改革，加强知识产权强省、知识产权强县和知识产权强企建设，在"点"上率先实现突破，为其他地方提供借鉴经验。

第五，正确处理知识产权强国建设的国内部署与全球视野的关系。一方面，积极加强知识产权制度建设和知识产权公共政策体系建设，全面提升知识产权综合实力，运用知识产权促进国内经济转型升级。另一方面，坚持人类命运共同体理念，以国际视野谋划和推动知识产权改革发展，积极加强知识产权国际战略部署与实施，发展知识产权外交，全面提升知识产权国际影响力，运用知识产权促进国际竞争力提升，推动构建开放包容、平衡普惠的知识产权国际规则，让创新创造更多惠及各国人民。

第五节 知识产权强国建设系统论的构成

就历史演进角度而言，知识产权强国建设源起于科教兴国战略，发展于国家知识产权战略，成型于收获知识产权大国地位、"把我国建设成为知识产权创造、运用、保护和管理水平较高的国家"目标基本实现之时。从国家发展战略而言，知识产权战略是推动中国走上知识经济发展道路、统领国家未来几十年内经济发展的总体战略。① 本节主要讨论知识产权强国建设的战略定位，包括与国家知识产权战略的关系、在强国战略体系中的地位、在全面依法治国战略中的方位以及在国家创新体系中的定位等。

一、传承发展：战略实施与强国建设关系

2008 年 6 月 5 日，国务院发布《国家知识产权战略纲要》，全面实施国家知识产权战略。国家知识产权战略是党中央、国务院在国家发展新时期对知识产权事业发展作出的一项重大战略部署，对于转变我国经济发展方式，缓解资源环境约束，提升国家核心竞争力，满足人民群众日益增长的物质文化生活需要，具有重大战略意义。国家知识产权战略的宗旨在于提升我国知识产权创造、运用、保护和管理能力，建设创新型国家，实现全面建设小康社会目标。其战略目标在于，"到 2020 年，把我国建设成为知识产权创造、运用、保护和管理水平较高的国家。知识产权法治环境进一步完善，市场主

---

① 董涛：《"国家知识产权战略"与中国经济发展》，载《科学学研究》2009 年第 5 期。

体创造、运用、保护和管理知识产权的能力显著增强，知识产权意识深入人心，自主知识产权的水平和拥有量能够有效支撑创新型国家建设，知识产权制度对经济发展、文化繁荣和社会建设的促进作用充分显现"。

随着国家知识产权战略的实施，我国知识产权综合实力不断增强。需注意的是，这其中有几个标志。第一，2010 年，中国年度专利申请量首次突破百万件。2010 年，中国年度专利申请量达到 122.2 万件，年度专利授权量为 81.5 万件，年度发明专利申请量为 39.1 万件，基于《专利合作条约》的国际专利申请量为 1.3 万件，国内发明专利申请量约为国外来华发明专利申请量的 3 倍，说明中国创新能力正在快速提升。① 第二，2011 年，中国年度发明专利申请量跃居世界第一位。2011 年，中国发明专利申请量达到 526 412 件，首次超过美国的 503 582 件，跃居世界第一位，占到全球总量的 1/4。2011 年，发明专利授权量达到 172 113 件，同比增长 27.4%。我国有效发明专利拥有量达到 351 288 件，首次超过国外在华发明专利拥有量。② 第三，2015 年，中国年度发明专利申请量首次突破百万件。2015 年，我国共受理专利申请 279.9 万件，其中发明专利申请量突破 100 万件，达到 110.2 万件，同比增长 18.7%，连续 5 年居世界首位。③

在我国知识产权综合实力不断增强、初步建设成为知识产权大国的背景下，我国开始谋划建设知识产权强国，解决知识产权"大而不强、多而不优"的问题。2014 年 12 月，国务院办公厅转发知识产权局等单位的《深入实施国家知识产权战略行动计划（2014—2020 年)》（国办发〔2014〕64 号）明确要求："认真谋划我国建设知识产权强国的发展路径，努力建设知识产权强国，为建设创新型国家和全面建成小康社会提供有力支撑。" 2015 年 12 月，国务院发布《关于新形势下加快知识产权强国建设的若干意见》（国发〔2015〕71 号）明确提出"深化知识产权领域改革，加快知识产权强国建

---

① 张楠：《2010 年我国专利申请量突破百万件》，载《科学时报》2011 年 4 月 22 日，要闻版。

② "2011 年中国专利申请量跃居全球第一"，载国务院新闻办公室官网，http：//www. scio. gov. cn/zhzc/2/32764/Document/1421637/1421637. htm，访问日期：2022 年 5 月 22 日。

③ 蒋建科：《我国发明专利年度申请受理量首破 100 万件》，载《人民日报》2016 年 1 月 15 日，第 1 版。

设"，并从推进知识产权管理体制机制改革、实行严格的知识产权保护、促进知识产权创造运用、加强重点产业知识产权海外布局和风险防控、提升知识产权对外合作水平等方面加以部署。

2016 年 12 月，国务院发布《"十三五"国家知识产权保护和运用规划》，作出了"'十三五'时期是我国由知识产权大国向知识产权强国迈进的战略机遇期"的重要论述，并将"加快建设中国特色、世界水平的知识产权强国"作为指导思想的重要组成部分。2018 年 8 月，为了落实《中共中央关于深化党和国家机构改革的决定》《深化党和国家机构改革方案》和十三届全国人大一次会议批准的《国务院机构改革方案》，中共中央办公厅、国务院办公厅发布《国家知识产权局职能配置、内设机构和人员编制规定》（厅字〔2018〕71 号），将"拟订和组织实施国家知识产权战略"和"拟订加强知识产权强国建设的重大方针政策和发展规划"作为国家知识产权局的首要职责。2019 年 11 月，中共中央办公厅、国务院办公厅发布《关于强化知识产权保护的意见》，对知识产权强国建设中的重要战略任务即知识产权保护工作进行全面部署。

如前所述，知识产权强国建设是在深入实施国家知识产权战略的历史背景下提出的新目标、新任务，既体现了传承，又体现了发展。《知识产权强国建设纲要（2021—2035 年）》的制定过程中也体现出"知识产权强国建设"和"国家知识产权战略"的内在逻辑。有学者指出，"2018 年，国家知识产权局组织专家学者对战略实施十年绩效进行评估，同时着手考虑 2020 年后与之相衔接的战略编制工作。2020 年 6 月，《知识产权强国战略纲要》拟定稿上报国务院，并征求国务院各部、委、办、局的意见。同年 10 月 29 日，十九届五中全会通过《中共中央关于制定国民经济和社会发展第十四个五年规划和二〇三五年远景目标的建议》。'五年规划'和'二〇三五年远景目标'与《知识产权强国战略纲要》制定规划期重叠，对战略规划提出了更加明确的要求。后来，经过反复修改，名称中'战略'改为'建设'二字，定名为《知识产权强国建设纲要（2021—2035 年）》。"① 在纲要制定过程中将

---

① 易继明：《知识产权强国建设的基本思路和主要任务》，载《知识产权》2021 年第 10 期。

"战略"改为"建设"，体现出"知识产权强国建设"是"国家知识产权战略"实施的自然延续与质的飞跃，体现了深入实施国家知识产权战略、加快建设知识产权强国的内在逻辑。

就国家知识产权战略与知识产权强国建设的内在关系而言，一方面，国家知识产权战略的实施通过"认识知识产权"收获知识产权大国地位，知识产权强国建设将通过"驾驭知识产权"迈进知识产权强国行列，二者一脉相承、秉持相同的初心与梦想。另一方面，知识产权强国建设相对于国家知识产权战略而言，实现了质的飞跃，并体现在以下三个方面。一是思路更加全面。《国家知识产权战略纲要》提出"激励创造、有效运用、依法保护、科学管理"的工作方针，创造、运用、保护、管理成为国家知识产权战略的主体内容。知识产权强国建设在此基础上加以丰富，增加了"服务"的内容。亦即，《知识产权强国建设纲要（2021—2035年）》明确提出"全面提升知识产权创造、运用、保护、管理和服务水平"，通过增加"服务"的内容，强化知识产权公共服务并积极培育知识产权服务业的发展，这既是转变政府职能、强化政府在公共服务方面的职责、积极推动知识产权治理体系和治理能力现代化的必然要求，也充分体现出知识产权强国建设根据形势发展的新飞跃。二是体系更加平衡。虽然《国家知识产权战略纲要》涉及部分"扩大知识产权对外交流合作"的内容，但是其本质属性上仍然是国内发展战略，并未从国际视野作出国内外统筹的知识产权战略安排。《知识产权强国建设纲要（2021—2035年）》在这一方面发生了根本的改变，即其既是国内发展战略，也是国际合作战略，二者共同构成知识产权强国建设的基本内容。三是主线更加清晰。《知识产权强国建设纲要（2021—2035年）》明确提出"法治保障、严格保护，改革驱动、质量引领，聚焦重点、统筹协调，科学治理、合作共赢"的工作原则，明确了知识产权强国建设的法治观、质量观、全局观和价值观，进一步清晰了战略主线。

二、相互支撑：在强国战略体系中的定位

"十四五"时期是我国全面建成小康社会、实现第一个百年奋斗目标之

后，乘势而上，开启全面建设社会主义现代化国家新征程、向第二个百年奋斗目标进军的第一个五年。在这一历史时期，我国提出了一系列强国发展战略。

1. 强国战略体系的概览

党的十九大报告围绕社会主义现代化强国总体目标，提出要坚定实施科教兴国战略、人才强国战略、创新驱动发展战略、乡村振兴战略、区域协调发展战略、可持续发展战略、军民融合发展战略，在"贯彻新发展理念，建设现代化经济体系"部分明确了制造强国、科技强国、质量强国、航天强国、网络强国、交通强国、海洋强国、贸易强国，并在"坚定文化自信，推动社会主义文化繁荣兴盛"部分明确了社会主义文化强国、体育强国，在"提高保障和改善民生水平，加强和创新社会治理"部分明确了教育强国，在"坚定不移全面从严治党，不断提高党的执政能力和领导水平"部分提出人才强国。具体示意如表1所示。

表1 强国战略体系

序号	名称	文件所处位置
1	制造强国	贯彻新发展理念，建设现代化经济体系
2	科技强国	贯彻新发展理念，建设现代化经济体系
3	质量强国	贯彻新发展理念，建设现代化经济体系
4	航天强国	贯彻新发展理念，建设现代化经济体系
5	网络强国	贯彻新发展理念，建设现代化经济体系
6	交通强国	贯彻新发展理念，建设现代化经济体系
7	海洋强国	贯彻新发展理念，建设现代化经济体系
8	贸易强国	贯彻新发展理念，建设现代化经济体系
9	社会主义文化强国	坚定文化自信，推动社会主义文化繁荣兴盛
10	体育强国	坚定文化自信，推动社会主义文化繁荣兴盛
11	教育强国	提高保障和改善民生水平，加强和创新社会治理
12	人才强国	坚定不移全面从严治党，不断提高党的执政能力和领导水平

《中华人民共和国国民经济和社会发展第十四个五年规划和2035年远景目标纲要》提出了制造强国、科技强国、质量强国、网络强国、交通强国、海洋强国、贸易强国、社会主义文化强国、教育强国、人才强国、体育强国、知识产权强国等12个强国目标，相比于党的十九大报告，删掉了"航天强国"，增加了"知识产权强国"；同时提出了人才强国战略、制造强国战略、知识产权强国战略三个强国战略。《知识产权强国建设纲要（2021—2035年)》没有选择"知识产权强国战略"这一表述，而是采用了"知识产权强国建设"的表达。2020年6月，《知识产权强国战略纲要》拟定稿上报国务院，并征求国务院各部、委、办、局的意见，后来经过反复修改，名称中的"战略"改为"建设"二字，定名为《知识产权强国建设纲要（2021—2035年)》。[①]

2. 知识产权强国与科技强国

知识产权强国建设与科技强国建设相比，既具有战略独立性，又具有相互支撑性，两者构成基础内核与外在表现的相互呼应关系。下面从历史维度和现实维度两个方面加以分析。

从历史维度看，科教兴国战略和人才强国战略充分体现了"科学技术是第一生产力""人才资源是第一资源"的思想，这两大战略构成了我国国家创新战略的支柱。1949年新中国成立到1995年，我国虽然没有明确提出国家创新战略，但是通过科技发展计划渗透了科技发展的战略构思。例如，国家先后编制了《1956—1967年科学技术发展远景规划》《1963—1972年科学技术发展规划纲要》《1978—1985年全国科技发展规划纲要》《1986—2000年科学技术发展规划》《1991—2000年科学技术发展十年规划和"八五"计划纲要》。直至1995年5月，中共中央、国务院颁布《关于加速科学技术进步的决定》（中发〔1995〕8号），首次提出在全国实施"科教兴国战略"。其基本内涵是，坚持教育为本，把科技和教育摆在经济社会发展的重要位置，增强国家的科技实力及向现实生产力转化的能力，提高全民族的科技文化素质，把经济建设转移到依靠科技进步和提高劳动者素质的轨道上来，加速实

---

① 易继明：《知识产权强国建设的基本思路和主要任务》，载《知识产权》2021年第10期。

现国家繁荣昌盛。①

如前所述，随着科教兴国战略的深入实施，在"科"和"教"两个方面都有新的理论发展。在"教"的方面，"人才强国战略"是在"教"的方面进一步提高认识而凝练出的新的战略方向，中共中央办公厅、国务院办公厅在 2002 年印发的《2002—2005 年全国人才队伍建设规划纲要》首次提出实施人才强国战略；2003 年 12 月，中共中央首次召开中央人才工作会议并印发《中共中央 国务院关于进一步加强人才工作的决定》，突出强调人才强国战略；特别重要的是，"人才强国战略"作为发展中国特色社会主义的三大基本战略于 2007 年写入中国共产党章程。2021 年 9 月，习近平总书记在中央人才工作会议上发表重要讲话，强调坚持党管人才，坚持面向世界科技前沿、面向经济主战场、面向国家重大需求、面向人民生命健康，深入实施新时代人才强国战略，全方位培养、引进、用好人才，加快建设世界重要人才中心和创新高地，为 2035 年基本实现社会主义现代化提供人才支撑，为 2050 年全面建成社会主义现代化强国打好人才基础。在"科"的方面，从"创新型国家"到"科技强国"的战略方向则是在"科"的方面发展出来的战略目标。2005 年 12 月，国务院发布《国家中长期科学和技术发展规划纲要（2006—2020 年）》（国发〔2005〕44 号），提出到 2020 年实现自主创新能力显著增强，科技促进经济社会发展和保障国家安全的能力显著增强，基础科学和前沿技术研究综合实力显著增强，为我国 21 世纪中叶成为世界科技强国奠定基础。知识产权强国建设则是进一步将"科""教"与现实生产力发展关联起来的重要战略部署。

习近平总书记强调，党的十九届五中全会提出了坚持创新在我国现代化建设全局中的核心地位，把科技自立自强作为国家发展的战略支撑。立足新发展阶段、贯彻新发展理念、构建新发展格局、推动高质量发展，必须深入实施科教兴国战略、人才强国战略、创新驱动发展战略，完善国家创新体系，加快建设科技强国，实现高水平科技自立自强。② 我们需要发挥知识产权激励创新的

① 常修泽等：《创新立国战略》，学习出版社、海南出版社 2013 年版，第 62 – 64 页。
② 习近平：《习近平谈治国理政》（第四卷），外文出版社 2022 年版，第 196 – 203 页。

作用，运用知识产权制度促进解决科技创新的"最先一公里"问题；发挥知识产权权益分配的作用，合理分配知识产权的所有权、收益权、使用权和处分权，解决创新发展的"中梗阻"问题；发挥知识产权制度促进科技成果转化的作用，运用知识产权制度促进解决科技成果转化的"最后一公里"问题。

3. 知识产权强国与贸易强国

知识产权强国建设与贸易强国建设相互支撑。改革开放以后，中国对外贸易经历了破冰启程阶段（1979—1991年）、稳步成长阶段（1992—2001年）、快速发展阶段（2001年加入世界贸易组织以来），对外贸易体制从计划经济到市场经济全面转变，在科教兴国战略背景下提出了科技兴贸战略。随着2000年年底中央经济工作会议明确提出科技兴贸战略，积极推动促进高新技术产品出口和利用高新技术改造传统出口产业、提高出口产品的技术含量和附加值，在此背景下成立了对外贸易经济合作部（已撤销）、科技部、国家经济贸易委员会（已撤销）、国家知识产权局等参与的科技兴贸工作机制。而且，我国进一步出台了《关于进一步实施科技兴贸战略的若干意见》、《商务部、科技部关于鼓励科技型企业"走出去"的若干意见》（商技发〔2005〕139号）、《关于鼓励企业应对国外技术壁垒的指导意见》（商技发〔2005〕613号）、《商务部、国家发展改革委、科技部等关于鼓励技术引进和创新，促进转变外贸增长方式的若干意见》（商服贸发〔2006〕13号）等一系列政策。随着科技兴贸战略的实施，我国已经构建了较为完整的科技兴贸体系，包括组织领导体系、政策支持体系、出口促进体系、出口服务体系、对外宣传体系和技术性贸易措施体系，初步形成了以电子信息产品为主体的出口产品增长集群，以科技兴贸重点城市和出口创新基地为载体的出口区域增长集群，以及一批具有较强自主创新能力的出口企业集群，从而促进了我国外贸增长方式的转变。[①]

正是在这样的背景下，我们提出了"贸易强国"的战略目标，并且将创新作为新时期中国对外贸易战略的重要支点。贸易强国意味着国家对外贸易具有强大的国际竞争力，具有可持续发展的能力，贸易强国是经济强国的有

---

① 陈文敬、赵玉敏：《贸易强国战略》，学习出版社、海南出版社2012年版，第23–80页。

机组成部分和重要支撑，是综合国力和硬实力的具体体现，在贸易规模、进出口结构、贸易模式、产品质量（标准）、品牌国际化、技术国际化、货币国际化、国际投资等方面达到世界领先水平。[①] 应当说，贸易强国是对外贸易数量规模与质量效益相匹配的国家，上述进出口结构、贸易模式、产品质量（标准）、品牌国际化、技术国际化等均与知识产权具有紧密关系。未来我国要实现从贸易大国向贸易强国转变的重大战略目标，就要推动我国出口商品结构层次从以低端要素集成品向高端要素集成品转型，着力提高我国在国际产业分工中的地位和获得利益的比重，延长我国企业在全球供应体系中的链条，从"微笑曲线"的底部向"微笑曲线"的两端延伸和发展。[②] 欧盟知识产权局、欧盟专利局于 2019 年 9 月发布的《欧盟知识产权密集型产业和经济表现》报告亦能体现这一点，欧盟 2016 年出口总额达到25 908.89 亿欧元，其中知识产权密集型产业出口额达到 21 224.65 亿欧元。[③] 如本章第三节所述，对于知识产权强国而言，知识产权密集型和知识产权依赖型产业发挥着引领经济增长的关键作用，知识产权密集型商品在商品出口中处于主要地位并具有较强竞争力。可见，贸易强国应当由知识产权强国作为强有力的内在支撑，同时贸易强国建设对于知识产权强国建设也具有重要支撑作用。

三、重要内容：全面依法治国战略的方位

党的十九大报告作出了中国特色社会主义进入新时代的重大判断，为我国发展明确了新的历史方位。习近平总书记指出："当前，我们要着力处理好改革和法治的关系。改革和法治相辅相成、相伴而生。我国历史上的历次

---

① 钟山主编：《中国外贸强国发展战略研究——国际金融危机之后的新视角》，中国商务出版社2012 年版，第 83 页。

② 吴敬琏、俞可平、[美] 罗伯特·福格尔等：《中国未来 30 年》，中央编译出版社 2011 年版，第 151－153 页。

③ EUIPO & EPO, *IPR － Intensive Industries and Economic Performance in the European Union*, https：//euipo. europa. eu/tunnel － web/secure/webdav/guest/document _ library/observatory/documents/IPContributionStudy/IPR － intensive_industries_and_economicin_EU/WEB_IPR_intensive_Report_2019. pdf#: ~: text = In% 20response% 20to% 20the% 20clear% 20need% 20to% 20provide，made% 20to% 20the% 20EU% 20economy% 20by% 20IPR － intensive% 20industries，last visited：2022－04－22.

变法，都是改革和法治紧密结合，变旧法、立新法，从战国时期商鞅变法、宋代王安石变法到明代张居正变法，莫不如此。"① 党的十九大报告提出，新时代中国特色社会主义事业的战略布局是"全面建成小康社会、全面深化改革、全面依法治国、全面从严治党"。党的十八届四中全会审议通过的《中共中央关于全面推进依法治国若干重大问题的决定》明确指出："全面推进依法治国，总目标是建设中国特色社会主义法治体系，建设社会主义法治国家。"可以说，党的十八届三中全会作出了全面深化改革的重大决定，十八届四中全会则将法治建设作为主题，作出全面依法治国的重大决定，改革与法治"双轮驱动"的新局面搬上了历史的舞台。我们需要在全面依法治国的战略方位下，理解知识产权强国建设的重要内容。

国家治理法治化包括治理体系"法制化"和治理能力"法治化"两个基本面向。② 以法治为基本方式的治理，是包括知识产权事务在内的国家治理的必由之路。建设知识产权强国、寻求现代化发展之路，曾是欧美国家推行现代法治和发展的"通行版"，更是当下中国深入实施国家知识产权战略、建设社会主义现代化国家的"升级版"。③ 知识产权制度作为现代国家制度文明的组成部分，尽管有知识产权法律、政策、文化各种制度形式，但其本质属性和主要制度形式应为一种法律规范。

进而，对于知识产权强国建设而言，也是知识产权强国建设道路、中国特色知识产权制度与知识产权强国理论共同构成的内在逻辑体系中，中国特色知识产权制度是重要内容。由此，习近平新时代中国特色社会主义法治思想涵盖了"科学立法、严格执法、公正司法、全民守法"的法治要求，蕴含着"尊重和保障人权""公平正义""诚实信用""和谐善治"的法治观念，对中国知识产权法律发展和法律治理具有思想纲领和行动指南的作用。④

---

① 习近平："习近平在省部级主要领导干部学习贯彻党的十八届四中全会精神全面推进依法治国专题研讨班开班式上发表重要讲话"，载中国共产党新闻网，http://www.cpc.people.com.cn/shipin/big5/n/2015/0203/c243247-26507135.html，访问日期：2022年5月23日。

② 张文显：《法治与国家治理现代化》，载《中国检察官》2014年第23期。

③ 吴汉东：《中国知识产权法律体系论纲——以〈知识产权强国建设纲要（2021—2035年）〉为研究文本》，载《知识产权》2022年第6期。

④ 吴汉东：《试论知识产权制度建设的法治观和发展观》，载《知识产权》2019年第6期。

四、核心支柱：国家创新体系的双轮驱动

1985 年，丹麦经济学家伦德瓦尔在《产品创新与用于生产者的互动》中提出"创新体系"的概念，将其界定为一个国家的有经济效益的知识生产、知识扩散、知识应用过程中的相互作用的各种构成要素，以及各种构成要素之间的相互关系。[1] 1987 年，英国经济学家弗里曼在《技术政策与经济绩效：日本国家创新系统的经验》[2] 一书中首次使用"国家创新体系"分析日本跨越式发展的制度原因，将其界定为由公共部门和私营部门共同组成的，相互作用以促进创造、引入、改进和扩散技术的网状结构。[3] 1994 年，经济合作与发展组织在《国家创新系统》《以知识为基础的经济》等系列报告中，将"国家创新体系"界定为：由不同机构组成的集合，这些机构共同或者单独致力于新技术的开发和扩散，并向政府提供一个制定、执行政策以影响创新过程的框架。[4] 1997 年 12 月，中国科学院在《迎接知识经济时代，建设国家创新体系》报告中指出，国家创新体系是由与知识创新和技术创新相关的机构和组织构成的网络系统，其主要组成部分是从事知识创新和技术创新的企业、高校、科研院所以及政府部门等。[5] 通常认为，国家创新体系，是指一个国家在决策中枢的协调组织下，由企业及其研究开发机构、研究型大学和普通教育机构、独立研究开发机构、政府实验室、中介机构、投资机构，以及与技术创新相关的其他政府机构等组成的相互联系的系统网络，其功能是创造、扩散和使用新的知识和技术，其目的是推动经济发展与社会进步。

我国将"国家创新体系建设"提高到战略高度加以部署。2016 年 5 月，中共中央、国务院印发的《国家创新驱动发展战略纲要》明确提出要按照

---

① Lundvall B. A. , *Product Innovation and User – producer Interaction*, Aalborg University Press, 1985, p. 87 – 100.

② 该书名采用的是 2008 年东南大学出版社出版的中译本名字。

③ Freeman C. , *Technology Policy and Economic Performance*: *Lessons from Japan*, Printer Publishers, 1987, p. 19.

④ OECD *Science*, *Technology and Industry Scoreboard*, 1997.

⑤ 中国科学院：《迎接知识经济时代，建设国家创新体系》，载《中国科技信息》1998 年第 Z3 期。

"坚持双轮驱动、构建一个体系、推动六大转变"进行布局，构建新的发展动力系统。其中，"一个体系"就是指建设国家创新体系，明确"要建设各类创新主体协同互动和创新要素顺畅流动、高效配置的生态系统，形成创新驱动发展的实践载体、制度安排和环境保障。明确企业、科研院所、高校、社会组织等各类创新主体功能定位，构建开放高效的创新网络，建设军民融合的国防科技协同创新平台；改进创新治理，进一步明确政府和市场分工，构建统筹配置创新资源的机制；完善激励创新的政策体系、保护创新的法律制度，构建鼓励创新的社会环境，激发全社会创新活力"。《中华人民共和国国民经济和社会发展第十四个五年规划和 2035 年远景目标纲要》提出，"坚持创新在我国现代化建设全局中的核心地位，把科技自立自强作为国家发展的战略支撑，面向世界科技前沿、面向经济主战场、面向国家重大需求、面向人民生命健康，深入实施科教兴国战略、人才强国战略、创新驱动发展战略，完善国家创新体系，加快建设科技强国。"

2016 年 5 月，习近平总书记在全国科技创新大会、两院院士大会、中国科学技术协会第九次全国代表大会上明确提出，"深化改革创新，形成充满活力的科技管理和运行机制"。国家创新体系建设需要科技创新和体制机制创新双轮驱动。国家创新体系根据其功能和作用可分为宏观调控中心、知识创新系统、技术创新系统、制度创新系统和支撑保障平台，知识产权在国家创新体系建设中的地位不容忽视。[①]

一方面，知识产权制度所具有的知识分配功能，对于发展知识创新系统和技术创新系统、促进科技创新具有重要意义。国家创新体系的效率在很大程度上依赖于"知识分配能力"，即鼓励和优化传播、分享和创造性地使用任何形式的想法（发表在刊物上的、在会议上口头阐述的、在设备或者软件或者商业实践中体现的）。知识产权在这一过程中扮演了至关重要的双重角色，不仅保证知识的交换不会阻碍其有效利用，而且提供这种利用趋势方面的信息。[②] 通过知识产权公开创新，让全社会的创新创造在更高的基础上进

---

① 林炳辉：《知识产权制度在国家创新体系中的地位与作用》，载《知识产权》2001 年第 3 期。
② 经济合作与发展组织：《OECD 中国创新政策研究报告》，薛澜、柳卸林、穆荣平等译，科学出版社 2011 年版，第 39 页。

行，以降低创新的时间成本和经济成本。

另一方面，建立以知识产权为导向的科技创新公共政策体系，有力支撑体制机制创新。以知识产权政策为核心，以科技政策和产业政策为两翼，以教育政策、人才政策、金融税收政策为支撑，辅之以竞争政策、贸易政策、区域协同发展政策、政府采购政策，切实发挥有关政策在支持创新中的关键作用，构建高效的国家创新体系。知识产权所具有的权益分配机制是促进体制机制创新、推动制度创新系统、宏观调控中心、支撑保障平台建设的关键，通过知识产权的所有权、使用权、收益权、处分权的有效配置，实现企业、高校、科研院所、政府以及相关中介服务机构的权益权能优化，优化创新管理体制，强化科技创新治理中的多方共治，加快建设以企业为主体的国家创新体系。

第六节　国家知识产权治理体系建设研究

党的十九大报告指出，必须坚持和完善中国特色社会主义制度，不断推进国家治理体系和治理能力现代化，坚决破除一切不合时宜的思想观念和体制机制弊端，突破利益固化的藩篱，吸收人类文明有益成果，构建系统完备、科学规范、运行有效的制度体系，充分发挥我国社会主义制度优越性。《中共中央关于全面深化改革若干重大问题的决定》对经济体制改革提出明确要求，并指出经济体制改革的核心问题是处理好政府和市场的关系，使市场在资源配置中起决定性作用和更好发挥政府作用。习近平总书记多次强调，经济体制改革仍然是全面深化改革的重点，经济体制改革的核心问题仍然是处理好政府和市场的关系。这一观点全面深化了对政府与市场的关系的认识，对于政府职能转变具有重要指导意义。可以说，"市场在资源配置中起决定性作用"和"更好发挥政府作用"辩证统一，确定好市场发挥作用的边界，同时政府不"缺位"、不"越位"，才能使市场在资源配置中起决定性作用。[①]

---

① 张开：《深化市场经济改革要求更好发挥政府作用》，载《中国社会科学报》2014 年 1 月 29 日，第 B04 版。

《知识产权强国建设纲要（2021—2035 年）》指出："实施知识产权强国战略，回应新技术、新经济、新形势对知识产权制度变革提出的挑战，加快推进知识产权改革发展，协调好政府与市场、国内与国际，以及知识产权数量与质量、需求与供给的联动关系，全面提升我国知识产权综合实力，大力激发全社会创新活力，建设中国特色、世界水平的知识产权强国，对于提升国家核心竞争力，扩大高水平对外开放，实现更高质量、更有效率、更加公平、更可持续、更为安全的发展，满足人民日益增长的美好生活需要，具有重要意义。"这其中，提出的首要关系就是政府和市场的关系。深化知识产权领域改革，需要深入思考知识产权领域政府和市场的关系，充分发挥市场对创新资源配置的决定性作用，提升知识产权治理能力和治理水平。应当说，知识产权是国家创新战略资源，知识产权制度是国家治理体系和治理能力现代化建设的重要组成。①

一、治理体系现代化的基础：我国知识产权领域市场与政府关系

知识产权工作也要充分尊重市场作用和更好发挥政府作用，实现政府知识产权管理职能的"瘦身"与"强体"。知识产权治理是一项系统工程，处理好政府与市场、社会的关系，并明晰政府、市场、社会在知识产权治理中的基本定位，仍然是知识产权治理体系现代化的关键。政府应更多关注在创新资源配置中的市场失灵环节，充分发挥其领导规划、指导创新、引导投资和疏导矛盾的作用。构建现代化的国家知识产权治理体系，应当定位于经济调节、市场监管、社会治理、公共服务等方面。其中，知识产权领域的经济调节针对创新外部性补偿，采用的手段主要是规划、标准与政策等宏观调控手段和以结构性调控措施为主的微调手段，建立知识产权宏观调控体系，整体调控知识产权与创新能力的关系、不同类型知识产权之间的关系、知识产权与产业贸易结构、企业竞争力之间的关系等；知识产权领域的市场监管，主要是加强知识产权保护体系建设，统筹知识产权司法保护、行政保护和社会保护，对知识产权侵权行为给予足够的惩戒力度，使得知识产权侵权收益

---

① 马一德：《中国知识产权治理四十年》，载《法学评论》2019 年第 6 期。

低于知识产权侵权投入，采取的手段主要是降低调查取证成本和降低非经济成本；知识产权领域的社会治理，主要是充分发挥社会力量作用，实现政府治理与社会自我调节、组织自治良性互动，采取的手段主要是提高社会组织自治能力和建立政府与社会之间的信息互通机制；知识产权领域的公共服务，是迫切需要加强的重要业务增长点，主要是加强基于知识产权信息分析的公共服务和服务业培育，采取的手段主要是提升服务能力和信息资源的互联互通、共享共用。

由于知识产权是市场经济的产物，市场经济是知识产权从"封建特权"向"私有产权"嬗变的历史背景和现实推动。在经济非均衡背景下，市场配置创新资源的方式具有高效性，并且与政府在知识产权领域的宏观调控具有高度互补性。因此，深入分析知识产权领域中市场和政府的关系，具有非常突出的理论意义和现实意义。

首先，现代知识产权制度的产生以市场经济为背景和先决条件。世界知识产权制度史表明，知识产权伴随着市场经济而产生发展。知识产权是创新产权化的产物，其以创新资源的市场化配置作为背景，是市场经济的产物。13—14 世纪是知识产权制度的萌芽时期，出现了封建王室赐予工匠或者商人类似专利权的垄断特权，为知识产权制度的形成奠定基础。15—19 世纪末，知识产权从垄断特权逐步转向资本主义财产权，这一过程与市场经济的建立几乎同步。19 世纪末，世界上绝大多数西方资本主义国家建立了知识产权制度。以传统知识产权制度发祥地英国为例，英国知识产权制度的形成经历了由封建特权向私有产权嬗变的历史过程。[1] 1623 年《英国垄断法规》、1709 年《英国安娜法令》均废除了特许权制度，通过授予私人暂时的"垄断权"实现技术进步和产业发展。可以说，18 世纪的英国之所以获得持久的经济增长，均是起因于适于所有权演进的环境。[2] 随着世界经济一体化，国际贸易振兴促进了知识产权制度发展，尤其是 1994 年 TRIPS 协定生效，将知识产权制度与贸易政策挂钩。《全面与进步跨太平洋伙伴关系协定》（CPTPP）、《跨

---

① 吴汉东：《利弊之间：知识产权制度的政策科学分析》，载《法商研究》2006 年第 5 期。
② 参见［美］道格拉斯·诺思、罗伯斯·托马斯：《西方世界的兴起》，厉以平、蔡磊译，华夏出版社 1999 年版，第 23 页。

太平洋伙伴关系协定》（TPP）、《反假冒贸易协议》（ACTA）、《跨大西洋贸易与投资伙伴协议》（TTIP）等的出现和发展，在很大程度上与市场经济的发展态势以及国际贸易的发展需要紧密相关。① 我国已经加入的《区域全面经济伙伴关系协定》（RCEP）第 11 章"知识产权"部分为本区域知识产权的保护和促进提供了平衡、包容的方案。内容涵盖版权、商标、地理标志、专利、外观设计、遗传资源、传统知识和民间文艺、反不正当竞争、知识产权执法、合作、透明度、技术援助等广泛领域，其整体保护水平较 TRIPS 协定有所加强。根据这一历史发展，可以得出，知识产权的制度理性是知识产权制度存在与运行的基础，维护了知识产权制度的合理性、可行性与有效性。市场理性是知识产权制度理性的基础，无论知识产权制度的构建与实施，还是各市场主体的行为，皆以市场理性为基础。②

　　我国知识产权制度在市场经济的环境中发展。对于我国知识产权制度的缘起，在学术界存在不同观点。③ 但是，学术界普遍认为，我国封建时期仅仅产生了知识产权制度萌芽，中国近代专利制度最早可追溯至清朝末年的太平天国时期。④ 但是，洋务运动时期，由于缺乏市场经济背景，我国专利制度畸形发展。⑤ 新中国成立初期所采取的发明权等制度，更多的是运用荣誉、奖励的方式，而非民事权利的方式，来激励创新，这与严格意义上的知识产权制度存在很大区别。从 1979 年起，我国进入双重转型阶段，⑥ 体制转型和发展转型结合重叠，一方面经历从计划经济体制向市场经济体制的转型，另一方面经历从传统农业社会向现代工业社会的转型。在这其中，体制改革是

---

　　① 葛亮、张鹏：《〈反假冒贸易协议〉的立法动力学分析与应对》，载《知识产权》2014 年第 1 期。

　　② 刘银良：《知识产权的制度理性与制度建设》，载刘银良主编：《北大知识产权评论（2020—2021 年卷）》，知识产权出版社 2022 年版，第 1 – 11 页。

　　③ 参见邓建鹏：《宋代的版权问题——兼评郑成思与安守廉之争》，载《环球法律评论》2005 年第 1 期；William P. Alford, *To Steal a Book is an Elegant Offense: Intellectual Property Law in Chinese Civilization*, Stanford University Press, 1995, p. 9 – 29；郑成思：《知识产权论》，法律出版社 1998 年版，第 14 页。

　　④ 徐海燕：《中国近现代专利制度研究（1859 ~ 1949）》，知识产权出版社 2010 年版，第 1 – 8 页。

　　⑤ 徐海燕：《中国近代专利制度萌芽的过程》，载《科学学研究》2010 年第 28 卷第 9 期。

　　⑥ 厉以宁：《中国经济双重转型之路》，中国人民大学出版社 2013 年版，第 1 – 4 页。

双重改革的重点，需要以从计划经济体制向市场经济体制的转向带动发展转型。双重转型中，需要不断提高产业和企业竞争力，而其中的核心是鼓励自主创新，其关键在于界定产权。我国经济改革以产权改革（包括明晰产权、界定产权、培育独立的市场主体）为主线，[①] 自主创新同样如此，鼓励自主创新不仅需要加大研发投入、加强科技管理，或者说主要不在于这些方面，最为关键的环节是明晰产权、界定产权和保护产权。正是在这样的背景下，我国知识产权制度应运而生，1982 年 8 月我国通过了第一部《商标法》，1984 年 3 月通过了第一部《专利法》。[②] 可以说，30 余年前，打开国门、扩大国际贸易、搞活商品经济以及改革科技管理体制，促使我们借鉴国际先进经验、引入现代知识产权制度。市场经济促进了我国知识产权制度和理念的逐步完善。

其次，处理好知识产权领域市场和政府的关系，需要深入分析经济非均衡背景下的政府职能。一方面，市场配置创新资源具有高效性。通常经济学家所说的"市场"，是指任何一个地区的全部产业，在这个地区中，买主与卖主批次之间的往来自由到相同商品的价格几乎会迅速相等起来，而并不是指任何一个特定的供货物进行交易的场所。[③] 在市场配置资源的背景下，商品出售的市场价格，有时高于自然价格，有时低于自然价格，有时恰好和自然价格完全相同，其受到它的实际供求关系即市场上的存货与愿支付它的自然价格的人的需要量之间的比例支配。[④] 在市场配置资源的情况下，边际生产率决定投入的价格。[⑤] 完全竞争环境下，市场配置资源具有高效性的特点。但是，市场配置资源高效性的前提是，所有商品是由完全竞争的厂商有效率地进行生产。

另一方面，在经济非均衡背景下，市场对创新资源的配置与政府在知识

---

① 厉以宁：《中国经济双重转型之路》，中国人民大学出版社 2013 年版，第 18 页。
② 参见张志成、张鹏：《中国专利行政案例精读》，商务印书馆 2017 年版，第 17－20 页。
③ ［英］阿尔弗雷德·马歇尔：《经济学原理》，宇琦译，湖南文艺出版社 2012 年版，第 256－261 页。
④ ［英］亚当·斯密：《国富论》，宇琦译，湖南文艺出版社 2012 年版，第 35－36 页。
⑤ ［美］保罗·萨缪尔森、威廉·诺德豪斯：《经济学》（第 18 版），萧琛主译，人民邮电出版社 2008 年版，第 205－209 页。

产权领域的宏观调控具有高度互补性。在均衡的条件下，市场是完善的，价格是灵活的，微观经济单位的资源投入受自身利益支配，资源配置必将受到市场价格的制约，资源被投入有效的部门、地区和企业，并且从无效的部门、地区和企业流出。然而，经济均衡只是一种假设，现实世界是非均衡的，市场失灵的情况广泛存在。根据市场经济发展的实证经验，典型的市场失灵包括：不完全竞争、市场外部性和不完全信息。也就是说，垄断或者寡头厂商可能合谋减少竞争或者将其他厂商驱逐出市场，从而产生不完全竞争，市场因有垄断势力的存在而无法发挥资源配置作用，不受管制的市场也可能会因此产生更多的外部成本，且其为消费者提供的信息往往太少，价格因为有预期因素的作用或者信息不对称而无法被灵活调整，使消费者无法基于完善的信息进行决策。应对市场非均衡性产生的市场失灵的基本措施是加大政府干预力度，以政府调节弥补市场不足。[①]

最后，把握知识产权领域市场与政府关系需要立足中国国情。中国经济改革不应当以放开价格为主线，而应当以产权改革为主线。[②] 针对知识资源配置的改革同样如此，应当以明晰产权、界定产权和培育独立市场主体为主线，[③] 通过产权明晰和规范使得中国由经济非均衡状态向经济均衡状态靠拢。在这一过程中，知识产权作为市场经济的产物，对知识资源配置具有非常重要的作用。基于此，处理好知识产权领域市场与政府的关系，定位政府职能的基本原则应包括以下两点。一是坚持发挥市场在配置知识产权资源中的决定性作用。政府职能的关键是，消除各种制度障碍和制约因素，以促进知识产权资源高效流转，充分释放市场配置资源的决定性力量。二是提升国家知识产权治理能力，实现国家知识产权治理体系现代化。

二、治理体系现代化的关键：我国知识产权领域的政府职能定位

中国知识产权制度的构建与实施必须尊重市场理性基础，审慎处理知识

---

① 厉以宁：《中国经济双重转型之路》，中国人民大学出版社2013年版，第17页。
② 同注①，厉以宁书，第18页。
③ ［美］罗纳德·H. 科斯：《企业、市场与法律》，盛洪、陈郁译，上海人民出版社2003年版，第13页。

产权政策与法律之间的关系以及市场与政府之间的关系，市场规则的提供者与管理者须最大限度地尊重市场，防止对市场过度干预。从这个角度而言，处理好充分发挥市场对创新资源配置的决定性作用和更好发挥政府在知识产权领域的作用二者之间的关系，关键在于明确政府在知识产权领域的具体职能，从经济调节、市场监管、社会治理、公共服务四个角度加强知识产权工作，提高知识产权宏观调控能力，加快实现知识产权治理体系和治理能力的现代化。

1. 知识产权经济调节

知识产权市场，是指知识产权产品这一特殊商品的交换关系和法制关系的总称。[①] 目前，典型的市场失灵包括：不完全竞争、市场外部性和不完全信息。知识产权市场相对于一般市场而言，具有一定的特殊性，这一特殊性使得上述典型的市场失灵情形在知识产权市场中表现得更为突出。知识产权经济调节恰恰需要解决知识产权市场存在的这些问题。

一是知识产权经济调节解决不完全竞争问题。知识产权是合法垄断权，其对竞争秩序具有影响。竞争是知识产权市场的活力之源，知识产权市场效率的获得有赖于竞争的充分性和有效性，知识产权市场的繁荣发展有赖于竞争。但是，知识产权的垄断，是"合法权利"的垄断，而非"市场"的垄断。当市场主体借助知识产权这一"合法权利"的垄断，去实现"市场"的垄断的情况下，需要政府主动干预以维护市场秩序。可以说，常态的"市场"竞争是通过"合法权利"的垄断推动知识产权市场繁荣的基础。但是，不正当竞争与知识产权市场相伴而生，较之商品市场关系更为密切。因此，政府需要担负知识产权反垄断调查的重要职责。

二是知识产权经济调节解决市场外部性问题。这一点是知识产权经济调节的关键内容。运行良好的市场才能通过价格信号反映生产资源的相对稀缺程度，从而引导企业进入符合本国比较竞争优势的部门。如果遵循本国技术和产业发展过程中的比较竞争优势，那么这个国家的经济就会在国内和国际市场具有竞争力。如此，这个国家就可以更快地实现经济增长、资本积累和

---

① 郑英隆:《知识产权市场理论新探》，载《社会科学》1995 年第 3 期。

要素禀赋结构升级。在这一过程中，尤其需要政府因势利导，补偿产业升级先行企业创造的外部性，协调或者提供个别企业决策无法内部化的改进；需要发展中国家的政府，跟发达国家的政府一样，对先驱企业产生的信息外部性进行补偿。[1] 创新的过程具有高度不确定性和高成本性，往往处于新技术轨道前端。[2] 在这一过程中，同样需要政府发挥经济调节作用，引导企业创新方向，同时对中小微企业提供直接支持。尤其是，中小微企业作为创新动力源泉，对创新的高度不确定性和高成本性非常敏感，需要政府在经济调节过程中加以扶持。

三是知识产权经济调节解决不完全信息问题。知识产权作为无形财产权，不完全信息问题非常突出。知识产权市场的信息不完全性主要来自两个方面："经济人"的有限理性决定其不可能掌握某个事件的过去、现在和未来全部信息；知识产权本身的特殊性导致信息的不完全。知识产权本身的特殊性导致信息的不完全主要是指知识分为隐性知识和显性知识，其中隐性知识存在于人的大脑中，难以形式化和表述，其阻碍了知识传播的速度，加剧了知识产权领域信息不完全的程度。由于知识产权本身的这一特殊性，知识产权的不完全信息问题主要表现为，知识产权权利的不确定性使市场主体无法基于完善信息进行决策。因此，要求政府发挥经济调节作用，向社会公开知识产权交易和知识产权产品交易所需要的信息。

2. 知识产权市场监管

《中共中央关于全面深化改革若干重大问题的决定》要求"建设统一开放、竞争有序的市场体系，是使市场在资源配置中起决定性作用的基础"。市场机制作用的发挥，必须以良好的市场秩序作为前提，而良好的市场秩序取决于：一是市场主体内在的自我调控和自我约束能力；二是对市场行为的外部规制。[3] 市场监管即是通过对市场行为的外部规制来维护良好的市场秩

---

[1] 林毅夫：《新结构经济学——反思经济发展与政策的理论框架》，北京大学出版社2012年版，第47页。
[2] 蔡晓月：《熊彼特式创新的经济学分析——创新原域、连接与变迁》，复旦大学出版社2009年版，第34页。
[3] 李昌麒：《经济法学》，法律出版社2008年版，第16页。

序。市场监管的关键是法治监管，要实现政府监管的权力法定、程序法定和监督法定。① 知识产权市场监管的总体框架可以概括为"一个总体导向、两个重点内容、三大基本供给"。

知识产权市场监管的总体导向在于，落实全面依法治国基本方略，牢牢把握加强知识产权保护是完善产权保护制度最重要的内容和提高国家经济竞争力最大的激励，统筹知识产权司法保护、行政保护和社会保护，对知识产权侵权行为给予足够的惩戒力度，使得知识产权侵权收益低于知识产权侵权投入，充分发挥知识产权制度激励创新的基本保障作用。知识产权市场监管的重点内容包括两个方面：一是加强知识产权保护体系建设，严格依法保护知识产权，对知识产权侵权行为给予足够的惩戒力度，切实维护社会公平正义和权利人合法权益；二是维护知识产权交易安全，活跃知识产权交易，为提高知识产权市场价值提供强有力的保障。

在知识产权市场监管总体方向和重点内容的基础上，加强知识产权市场监管的着力点可以概括为增强"三个基本供给"。一是增强知识产权市场监管的制度供给。适应科技进步和经济社会发展形势需要，加快推进相关法律法规的完善，依法及时推动知识产权法律法规立改废释，健全知识产权保护长效机制。适时扩大保护客体范围，提高保护标准，全面建立并实施侵权惩罚性赔偿制度，加大损害赔偿力度。特别是，从制度层面调整权利人的举证责任，降低权利人的证明标准，加大对知识产权侵权行为的惩处力度。二是增强知识产权市场监管的方式供给。健全便捷高效、严格公正、公开透明的知识产权行政保护体系，依法科学配置行政部门的调查权、处罚权和强制权，大力提升行政执法人员专业化、职业化水平。三是增强知识产权市场监管的信息供给。建设知识产权行政执法监管平台，提升执法监管现代化、智能化水平。完善执法信息公开、"两法"衔接（即行政执法与刑事司法工作相衔接）、纠纷调解等工作机制，建立完善知识产权侵权纠纷检验鉴定工作体系，营造出知识产权高效保护的市场环境。立足上述"一个总体导向、两个重点内容、三大基本供给"构成的知识

---

① 曹丽辉：《全国政协委员迟福林：市场监管应以法治监管为主》，载《检察日报》2014 年 3 月 5 日，第 10 版。

产权市场监管总体框架，可以将《知识产权强国建设纲要（2021—2035 年）》部署的知识产权市场监管理解为以下"五大任务措施"。

第一，加强知识产权行政执法监管。《知识产权强国建设纲要（2021—2035 年)》要求："实现政府履职尽责、执法部门严格监管、司法机关公正司法、市场主体规范管理、行业组织自律自治、社会公众诚信守法的知识产权协同保护。"应当说，知识产权保护是一个系统工程，覆盖领域广、涉及方面多，要综合运用多种手段来建设支撑国际一流营商环境的知识产权保护体系。我国知识产权保护体系包括司法保护、行政保护、行业自律、社会保护等各个方面，其中知识产权行政保护包括行政裁决和执法监管。知识产权行政执法监管具有效率性、便捷性、综合性等特点，与综合市场监管有效衔接，具有重要意义和独特优势。建设知识产权行政执法监管平台，基于"互联网＋"技术手段，打造出一套系统完备、集中高效的精准监管制度体系，提升执法监管现代化、智能化水平，逐步加强基于大数据分析的风险预警、基于人工智能技术的集约调度等功能，充分发挥知识产权行政执法监管的效率性、便捷性、综合性优势，逐步实现知识产权行政执法的精准监管、系统监管、高效监管。

第二，加强知识产权信用状况监管。《知识产权强国建设纲要（2021—2035 年)》要求："健全知识产权信用监管体系，加强知识产权信用监管机制和平台建设，依法依规对知识产权领域严重失信行为实施惩戒。"信用状况监管，简称信用监管，在 2019 年被首次写入政府工作报告，同年国务院办公厅印发的《关于加快推进社会信用体系建设　构建以信用为基础的新型监管机制的指导意见》（国办发〔2019〕35 号）将信用监管作为规范市场秩序、提高治理水平、优化营商环境的重要举措。国务院印发的《社会信用体系建设规划纲要（2014—2020 年)》（国发〔2014〕21 号）曾对知识产权信用状况监管作出专门部署，涵盖制度建设、信用评价、侵权行为惩戒等重要内容。此纲要进一步锁定监管机制和监管平台这两个知识产权信用状况监管的关键环节，力图润滑知识产权信用监管机制并打通机制藩篱，共享知识产权信用数据并打破平台隔阂，从而对知识产权领域严重失信行为进行全面打击。同时，知识产权信用监管机制和平台建设也将有助于知识产权交易主体甚至商事交易主体利用信用数据平台提供的历史信用信息，了解对方的知识产权信用记录，正确评价知识产权价值，有效评估知识产权交易风险，从而进一步降低知识产权交易成本、维护知识产权交易安全，提高知识产权交易的活跃程度，并保证知识产权价值转移的安全性。

第三，加强知识产权服务业态监管。《知识产权强国建设纲要（2021—2035年)》要求："构建政府监管、社会监督、行业自律、机构自治的知识产权服务业监管体系。"随着知识产权事业的蓬勃发展，知识产权服务业也取得了长足的进步。根据国家知识产权局发布的《2021年全国知识产权服务业统计调查报告》，对3775家知识产权服务机构的调查显示，截至2020年年底，我国知识产权服务业从业人员约为86.5万人，较2019年年底增长了5.6%；据测算，2020年全国从事知识产权服务的机构共创造营业收入超过2250亿元，同比增长4.5%，平均营业收入316.8万元。截至2020年年底，从事知识产权运营服务的机构超过3200家，71.1%的知识产权服务机构认为在发展中遇到的主要问题是市场恶性竞争。为了促进知识产权服务业健康科学发展，我们需要培育监管并重，一方面，积极培育和发展知识产权服务业，放宽行业准入，培育国际化、市场化、专业化知识产权服务机构，推动知识产权服务业集聚区建设和品牌机构建设，在自由贸易试验区、国家自主创新示范区、国家级高新区、中外合作产业园区、国家级经济技术开发区等建设一批国家知识产权服务业集聚区。鼓励知识产权服务机构入驻创新创业资源密集区域，提供市场化、专业化的服务，满足创新创业者多样化需求。另一方面，有效监管知识产权服务业，完善知识产权服务业统计制度，开展知识产权服务业分级分类评价，健全知识产权服务诚信信息管理、信用评价和失信惩戒等管理制度，及时披露相关执业信息，加强事中事后监管。这其中，"放宽知识产权服务业准入"与"加强事中事后监管"二者并重，从管资质向管行为转变，充分体现了"放管服"改革的要求。

第四，加强对著作权集体管理监管。《知识产权强国建设纲要（2021—2035年)》要求："完善著作权集体管理制度，加强对著作权集体管理组织的支持和监管。"著作权集体管理制度是著作权制度的重要组成部分，是著作权制度发展到一定阶段的必然产物。以我国第一家著作权集体管理组织中国音乐著作权协会为例，自1992年12月17日成立以来，其已经成为连接著作权人与音乐使用者之间的桥梁，乃至于整个文化创意产业链条上的纽带。2020 年，中国音乐著作权协会各项著作权收费总额突破 4 亿元，历年来给音乐著作权人收取的各项著作权收费已经达到 26 亿元，管理费比例平均在 18% 左右。① 在促进著作权集体管理组织发展的同时，也需要注意到著作权集体管理组织的有效监管。2021 年 6 月 1 日施行的《著作权法》明确增加了关于著作权集体管理组织的信息公开和加强监管的规定。一方面，著作权集体管理组织应当将使用费的收取和转付、管理费的提取和使用、使用费的未分配部分等总体情况定期向社会公布，并应当建立权利信息查询系统，供权利人和使用者查询。另一方面，国家著作权主管部门应当依法对著作权集体管理组织进行监督、管理，对著作权集体管理组织的收费方式与定价合理性、许可费分配方式、管理费使用情况进行主动监管。

第五，加强对无形资产评估的监管。《知识产权强国建设纲要（2021—2035 年)》要求："完善无形资产评估制度，形成激励与监管相协调的管理机制。"知识产权评估对知识产权运用、保护、服务都具有非常重要的基础性意义。知识产权运用通常以知识产权评估作为交易基础，在运用知识产权进行投融资、并购重组、证券化资本化操作等过程中，需要有知识产权市场价值的基本评价作为基础。对于知识产权保护很重要的制度之一，便是知识产权侵权损害赔偿制度。该制度致力于通过司法定价的方式弥补权利人因为知识产权侵权行为所遭受的相应损失或者剥夺侵权行为人因为知识产权侵权行为所得到的非法收益，而这一司法定价的基础是通过价值评估确定的知识产权市场价值。知识产权管理，特别是企业知识产权管理，致力于将知识产权作为一种资产加以保值增值，通过资产的流转实现知识产权的市场价值。这其中，也需要通过价值评估确定不同知识产权的不同价值，并针对性地配备不同的管理资源。由于知识产权价值的动态性，需要将知识产权价值评估视为动态的过程，并在资产评估过程中加强对评估资质、评估方法、评估对象、评估程序的行政监管，提高无形资产评估质量和效率，促进知识产权的运用、保护和管理。

---

① 刘平：《蓬勃发展的中国著作权集体管理事业——回望我国著作权集体管理走过的近三十年历程》，载湖北省版权保护中心，http://www.ccct.net.cn/html/bqzx/2021/0723/2950.html，访问日期：2023 年 3 月 25 日。

3. 知识产权社会治理

知识产权领域的社会治理，主要是充分发挥社会力量作用，提高社会组织自治能力，建立政府与社会之间的信息互通机制，实现政府治理与社会自我调节、组织自治良性互动。社会治理是国家治理的重要组成部分，实现知识产权治理体系和治理能力现代化，必然要求推进知识产权社会治理现代化。在知识产权社会治理中，政府要发挥主导作用，改进社会治理方式，运用法治思维和法治方式治理知识产权问题；社会要提高自我管理、依法自治的能力和水平，实现知识产权领域政府治理与社会自我调节、创新主体自治良性互动。其中，治理主体包括政府、企业组织、社会组织等。政府包括知识产权管理部门和相关知识产权部门；企业组织包括行业协会等；社会组织包括中华全国专利代理师协会、中国专利保护协会、中华商标协会、中国发明协会等。

知识产权社会治理的治理机制是，坚持知识产权系统治理，发挥政府主导作用，鼓励和支持社会各方面参与，激发社会组织活力，推进社会组织明确权责、依法自治、发挥作用。知识产权社会治理的治理目标是，形成职能边界清晰的政府、市场、社会三者"共治"的现代国家治理体系。知识产权社会治理的总体思路在于，发挥政府主导作用，鼓励和支持社会各方面参与，加快政社分开，推进社会组织明确权责、依法自治、发挥作用，实现政府治理和社会自我调节的良性互动。

4. 知识产权公共服务

政府职能转变的重要目标在于建设法治政府和服务型政府，加强公共服务是《中共中央关于全面深化改革若干重大问题的决定》的重要要求。知识产权领域的公共服务，是未来知识产权工作重点加强的部分，也是知识产权系统相关工作的重要业务增长点。

知识产权公共服务，就是使用公共权力或者公共资源，创新服务载体和服务形式，丰富服务产品和服务内容，满足人们生活、生存与发展的直接需求，促进经济社会的健康发展。[①] 知识产权领域的公共服务，主要是加大知识产权基础设施建设，加强覆盖全面、服务规范、智能高效的公共服务供给，强

---

① 吴离离：《浅析我国知识产权公共服务体系的构建》，载《知识产权》2011 年第 6 期。

化基于知识产权信息分析的公共服务和服务业培育，实现信息资源的互联互通、共享共用，构建政府引导、多元参与、互联共享的知识产权公共服务体系。

三、治理体系现代化的重点：国家知识产权治理体系的建设方向

立足上述知识产权领域市场与政府的关系的分析，在经济非均衡背景下，充分发挥市场配置创新资源的高效性，同时加强政府在知识产权领域的宏观调控，需要定位政府经济调节、市场监管、社会治理、公共服务等职能，加快实现国家知识产权治理体系和治理能力的现代化。

首先，建立健全知识产权宏观调控体系，加强知识产权综合调控能力。知识产权宏观调控体系的核心是，促进创新产权化、知识产权产业化和知识产权产业贸易化。[①] 知识产权宏观调控体系的方式是，制定中长期发展的战略和规划，促进赶超型经济发展。建立健全知识产权宏观调控体系的关键是，整体调控知识产权与创新能力之间的关系，不同类型知识产权之间的关系，知识产权与产业贸易结构、企业竞争力之间的关系等。[②] 一是通过制定战略、规划、标准、计划等政策文件，加强知识产权工作的顶层设计和统筹协调。二是深入研究创新规律，建立基于创新能力的知识产权申请结构动态调控机制，根据创新能力发展情况调控知识产权的结构和数量以及不同类型知识产权之间的结构关系。[③] 三是深入研究产业发展规律，根据我国产业结构特点，结合产业专利饱和度的分析，调控不同产业专利申请的结构和数量，建立基于产业特质的专利审查标准动态调控机制。[④] 四是深入研究贸易提升规律，根据我国贸易结构特点，引导优化知识产权商品的结构和附加值。五是深入研究创新型企业成长规律，尤其是中小微创新型企业的成长规律，根据我国企业分布情况，建立基于企业特点的知识产权运用引导机制。

其次，优化完善知识产权保护体系，加强知识产权市场监管。优化完善知

[①] 张鹏：《知识产权强国建设基本问题初探》，载《科技与法律》2016 年第 1 期。

[②] 参见张鹏：《知识产权公共政策体系的理论框架、构成要素和建设方向研究》，载《知识产权》2014 年第 12 期。

[③] 参见张鹏：《专利授权确权制度原理与实务》，知识产权出版社 2012 年版，第 487－506 页。

[④] 参见张鹏：《建设世界一流专利审查机构的模式路径与战略任务初探》，载《中国发明与专利》2017 年第 3 期。

识产权保护体系的关键在于，正确处理好行政和司法的关系、公权力保护和私权自治的关系、知识产权专门执法与市场监督管理的关系、加强权利保护和防止权利滥用的关系。一是加快推进相关法律法规的完善，健全知识产权保护长效机制。从制度层面降低权利人的证明标准，调整权利人的举证责任，加大对知识产权侵权行为的惩处力度。二是充分发挥知识产权司法保护作用，加快构建最高人民法院、知识产权统一上诉法院、知识产权法院和知识产权法庭等共同构成的知识产权司法保护体系，① 优化司法保护程序规则，完善执法信息公开、"两法"衔接、纠纷调解等工作机制，营造知识产权高效保护的市场环境。三是加强知识产权文化建设，促进形成尊重知识、崇尚创新、诚信守法的良好氛围。

再者，探索建立知识产权社会治理体系，改进知识产权社会治理方式。探索建立知识产权社会治理体系的关键在于，处理好知识产权工作中政府和社会的关系。一是改革对社会组织的管理手段，强化社会组织自治能力。二是建立知识产权制度使用主体（尤其是创新主体）的反馈机制，制度化、规范化、常态化地听取知识产权制度使用主体的诉求，建立知识产权制度使用主体诉求回应的工作机制。

最后，全面加强知识产权公共服务，努力建设服务型行政机关。全面加强知识产权公共服务的关键在于，处理好公共服务和社会服务的关系。以为产业发展提供知识产权公共服务为重点，兼顾为企业提供知识产权公共服务，根据知识产权服务的需求，优化知识产权服务的供给，实现知识产权服务的供需平衡。一是完善知识产权信息公共服务体系，为社会提供公共服务。搭建知识产权基础信息公共服务平台，实现现有各类知识产权基础信息平台的互联互通，实现知识产权基础信息的共享共用，促进知识产权信息利用。二是建立知识产权信息产业服务体系，为产业提供公共服务。实施专利导航试点工程，加强重点领域专利预警和知识产权分析评议，形成资源集聚、流转活跃的知识产权市场环境。三是建设知识产权非营利化服务体系，提供基础公共服务。形成多层次的知识产权维权援助工作体系，积极帮助我国企业应对海外知识产权纠纷，探索开展知识产权侵权事先协助调查，提供帮助当事人获取证据等深层次服务。

---

① 参见张鹏：《最高人民法院知识产权法庭发展观察与案例评述》，知识产权出版社 2020 年版，第 23-29 页。

《知识产权强国建设纲要（2021—2035 年）》明确要求，实施知识产权公共服务智能化建设工程，完善国家知识产权大数据中心和公共服务平台，建设便民利民的知识产权公共服务体系，加强覆盖全面、服务规范、智能高效的公共服务供给。四是积极培育知识产权服务业。《知识产权强国建设纲要（2021—2035年)》明确提出，提高知识产权代理、法律、信息、咨询等服务水平，支持开展知识产权资产评估、交易、转化、托管、投融资等增值服务，构建政府监管、社会监督、行业自律、机构自治的知识产权服务业监管体系。

第七节　中国式现代化新征程中的
知识产权强国建设道路[①]

党的二十大报告指出："从现在起，中国共产党的中心任务就是团结带领全国各族人民全面建成社会主义现代化强国、实现第二个百年奋斗目标，以中国式现代化全面推进中华民族伟大复兴。"由此，党的二十大报告全面设计了以中国式现代化全面推进中华民族伟大复兴的宏伟蓝图，标志着我国进入全面建设社会主义现代化的新阶段。在这一历史方位下，我们需要深入思考两个百年目标历史性交替时刻的知识产权强国建设的总体方向，以及中国式现代化建设新征程中的知识产权强国建设道路，在中国式现代化建设新征程中寻找知识产权强国建设的战略价值，从学理层面讨论知识产权强国建设道路的关键理论问题，并从实践角度以中国式现代化为导向设计知识产权强国建设道路，为 2035 年基本实现社会主义现代化、21 世纪中叶建设成为富强民主文明和谐美丽的社会主义现代化强国提供有力支撑。

一、体系本位：知识产权强国建设理论体系、建设道路与基本制度

知识产权强国建设由理论体系、发展道路、支撑制度三位一体共同构成，

---

① 参见张鹏：《中国式现代化建设新征程中的知识产权强国建设道路探析》，载《知识产权》2022 年第 11 期。

其中理论体系是指导知识产权强国建设的基本理论，发展道路是指立足我国国情谋划的知识产权强国建设的路线图，支撑制度是指中国特色知识产权制度，三者共同构成引导我国知识产权事业科学发展的基本框架，辩证统一于知识产权强国建设的现实实践中。① 可以说，知识产权强国建设理论体系是理论指引，知识产权强国建设道路是行动指南，中国特色知识产权制度是根本保障。我们需要以国家总体发展战略为指引，对知识产权强国建设理论体系、知识产权强国建设道路、中国特色知识产权制度进行系统研究，以期对知识产权强国建设实践有所指导。

从文献综述的角度而言，我们对"中国特色知识产权制度"，特别是"中国特色知识产权法律制度"，一直保持饱满的研究热情的同时，还兼具深厚的研究积累，在知识产权强国建设理论体系方面的研究逐步加强。然而，我们对于知识产权强国建设道路的研究刚刚起步，特别是亟须对中国式现代化建设新征程中的知识产权强国建设道路进行深入讨论。我国学者对"中国知识产权制度"，特别是"中国特色知识产权法律制度"，进行了诸多深入讨论，包括具体制度的法理基础、逻辑体系、法律适用等方面，在此不再赘述。对"知识产权强国建设理论体系"的现有文献进行综述，可以发现国务院知识产权战略实施工作部际联席会议办公室组织编写的《〈知识产权强国建设纲要（2021—2035 年）〉辅导读本》对《知识产权强国建设纲要（2021—2035 年）》的文本进行了解读，同时知识产权学界亦产生了从战略高度对知识产权强国建设的总体思路与总体逻辑进行研究的学术成果，② 出现了针对《知识产权强国建设纲要（2021—2035 年）》提出的关键任务、重点举措进

---

① 张鹏：《知识产权强国建设基本问题初探》，载《科技与法律》2016 年第 1 期。
② 参见申长雨：《新时代知识产权强国建设的宏伟蓝图》，载《知识产权》2021 年第 10 期；吴汉东：《新时代知识产权强国建设的政策纲领和行动指南》，载《科技日报》2021 年 9 月 30 日，第 1 版；易继明：《知识产权强国建设的基本思路和主要任务》，载《知识产权》2021 年第 10 期；易继明：《建设知识产权强国是新时代的呼唤》，载《光明日报》2021 年 9 月 24 日，第 3 版；马一德：《全球治理大局下的知识产权强国建设》，载《知识产权》2021 年第 10 期；冯晓青：《我国知识产权制度实施的战略布局——关于〈知识产权强国建设纲要（2021—2035 年）〉的理论思考》，载《知识产权》2021 年第 10 期；董涛：《知识产权强国的历史面向与时代蕴涵》，载《知识产权》2021 年第 10 期；张鹏：《知识产权强国建设思想形成、理论构成与实践证成研究》，载《知识产权》2021 年第 10 期。

行讨论的重要文章。① 但是，上述文本均仅对知识产权强国建设理论、中国特色知识产权制度进行分析，并未对知识产权强国建设道路进行专门研究。易继明教授在《新时代中国特色知识产权发展之路》一文②中，将我国知识产权发展概括为"从无到有""从有到大""从大到强"三个战略转换，并进一步将知识产权保护工作的要旨概括为加强知识产权保护工作顶层设计、提高知识产权工作法治化水平等"非常'6＋1'"七个方面。上述文献虽然定位在知识产权发展之路，但是重点讨论知识产权保护工作的总体思路，并未对知识产权强国建设的道路进行综合分析。

我们正处在最接近中华民族伟大复兴的历史时刻，迫切需要我们以中国式现代化推进中华民族伟大复兴的宏伟蓝图实现，这就要求我们以中国式现代化进程为导向，深入研究知识产权强国建设道路，为知识产权强国建设的实践提供行动指南。在中国式现代化建设新征程中，知识产权强国建设既是历史发生的过程，又是现实进行的运动，还是未来发展的趋势。本节对"知识产权强国建设道路"的研究分为三个部分，分别讨论知识产权强国建设道路的起点、方向与路径。亦即，以党的二十大报告关于"两个一百年"奋斗目标的总体定位和全面建成社会主义现代化强国的"两步走"的战略部署为指引，第一部分"历史方位：两个百年目标历史性交替时刻的知识产权强国建设"讨论知识产权强国建设道路的历史起点；以党的二十大报告关于"中国式现代化"的主要特征、本质要求和核心设计为指引，第二部分"现实站位：中国式现代化新征程对知识产权强国建设的新要求"分析知识产权强国建设的现实方向；第三部分"发展定位：面向知识产权强国建设道路的理论谋划与系统部署"系统阐述"知识产权强国建设道路"的未来路径选择。

---

① 此类型的研究成果较多，无法一一列举，特举例说明。例如，肖兴威：《中国特色新型知识产权智库体系建设思路研究》，载《知识产权》2022 年第 5 期；吴汉东：《中国知识产权法律体系论纲——以〈知识产权强国建设纲要（2021—2035 年）〉为研究文本》，载《知识产权》2022 年第 6 期；丛立先、谢轶：《知识产权强国建设中的版权国际合作机制推进与完善》，载《中国出版》2022 年第 3 期；李明德：《中国外观设计保护制度的改革》，载《知识产权》2022 年第 3 期；管育鹰：《我国地理标志保护中的疑难问题探讨》，载《知识产权》2022 年第 4 期；郭禾：《我国地理标志保护制度发展的应然进路》，载《知识产权》2022 年第 8 期；余俊：《面向知识产权强国建设的知识产权学科治理现代化》，载《知识产权》2021 年第 12 期等。

② 易继明：《新时代中国特色知识产权发展之路》，载《政法论丛》2022 年第 1 期。

二、历史方位：两个百年目标历史性交替时刻的知识产权强国建设

历史方位决定了知识产权强国建设道路的起点。党的二十大报告提出："从现在起，中国共产党的中心任务就是团结和带领全国各族人民全面建成社会主义现代化强国、实现第二个百年奋斗目标，以中国式现代化全面推进中华民族伟大复兴。""两个一百年"是党的十八大报告提出的奋斗目标，同"中国梦"相辅相成，[①] 既是中国共产党为国家富强和民族复兴所设定的具有统领性、战略性异议的两个阶段性奋斗目标，也是对我国经济社会发展具有全局性、穿透性影响的两个重大历史节点。[②] 从历史渊源来看，党的十八大报告提出的"两个一百年"奋斗目标有着深厚的基础。1987年，党的十三大报告提出的社会主义现代化建设的"三步走"战略是"两个一百年"奋斗目标的雏形，其中"第三步"就是到21世纪中叶人均国民生产总值达到中等发达国家水平，人民比较富裕，基本实现现代化。1997年，党的十五大报告在上述"三步走"战略的基础上，首次探讨了"两个一百年"的奋斗目标，提出"到本世纪中叶建国一百年时，基本实现现代化，建成富强民主文明的社会主义国家"，将"基本实现现代化"作为"第二个一百年"的奋斗目标。之后，党的十七大、十八大、十九大报告都对"第二个一百年"的奋斗目标有所发展，党的二十大报告作出更加深刻的表述。可以说，两个百年目标历史性交替时刻，是对我们所处时代的历史诠释，是我们中国式现代化建设新征程的国情背景，是谋划知识产权强国建设道路的历史方位。我们需要在"两个一百年"总体历史方位下，理解知识产权强国建设道路。

知识产权强国建设道路的历史方位是两个百年目标历史性交替时刻。时代是思想之母，任何理论的产生都有着特定的时代背景，知识产权强国建设道路的分析也同样如此。从历史方位的角度而言，全面建成小康社会、实现

---

① 厉以宁：《论"两个一百年"的奋斗目标和"中国梦"的实现》，载《理论学习与探索》2019年第6期。

② 黄文艺、强梅梅、彭小龙等：《迈向现代化新征程的法治中国建设》，中国人民大学出版社2022年版，第3页。

第一个百年奋斗目标之后，我们要继续开启全面建设社会主义现代化国家的新征程，向第二个百年奋斗目标进军，这标志着我国进入一个新的发展时期。[①] 这一新发展时期的特点可以概括为"三个根本性变化"，即社会主要矛盾的根本性变化、经济发展方式的根本性变化、科技创新体系的根本性变化。

首先，社会主要矛盾的根本性变化，要求知识产权强国建设道路以知识产权生态系统的平衡协同促进创新发展为关键导向。党的十九大报告指出："我国社会主要矛盾是人民日益增长的美好生活需要和不平衡不充分的发展之间的矛盾。"党的二十大报告进一步强调了上述主要矛盾。应当说，从"物质文化需要"到"美好生活需要"，从解决"落后的社会生产"问题到解决"不平衡不充分的发展"问题，充分反映出我国经济社会科技发展的阶段性特征。针对这一问题，需要从习近平新时代知识产权法治观和发展观出发，从法治建设和创新发展两个方面分析知识产权制度的重要作用，[②] 逐步从"公开换取垄断"等功利主义价值观[③]转变为平衡协同的系统发展观，强调创新创造者、传播者、使用者、社会公众等多方利益的平衡保护，强化知识产权运用与知识产权保护的平衡运行，加强知识产权战略规划等公共政策与法律制度的内在协同，加大执法部门严格监管、司法机关公正司法、市场主体规范管理、行业组织自律自治、社会公众诚信守法的知识产权协同保护力度，通过知识产权生态系统的平衡协同促进创新发展。

其次，经济发展方式的根本性变化，要求知识产权强国建设道路以高质量发展为基本标准。党的二十大报告指出，发展是党执政兴国的第一要务，高质量发展是全面建设社会主义现代化国家的首要任务。从传统的要素驱动

---

① 杨其静、刘小鲁：《新征程中的创新驱动发展战略》，中国人民大学出版社 2022 年版，第 17 页。

② 参见吴汉东：《新时代中国知识产权制度建设的思想纲领和行动指南——试论习近平关于知识产权的重要论述》，载《法律科学》2019 年第 4 期；吴汉东：《试论知识产权制度建设的法治观和发展观》，载《知识产权》2019 年第 6 期。

③ 知识产权功利主义价值观随着经济分析法学的兴起得到了广泛认可，将知识产权作为通过权利配置激励信息生产传播的制度工具，促进创新创造者和其他知识产权主体在知识产品的传播中获得足以激励其创新创造投资的回报。See Robert P. Merges, Peter S. Menell & Mark A. Lemly, *Intellectual Property in the New Technological Age* (4ᵗʰ *edition*), Aspen Publishers, 2006, p. 13; Mark A. Lemley, *Property, Intellectual Property, and Free Riding*, 83 Texas Law Review 1031 (2005); William Landes & Richard Posner, *An Economic Analysis of Copyright Law*, 18 The Journal of Legal Studies 325 (1989). etc.

到效率驱动再到创新驱动，进而到以高质量创新引领高质量发展，创新在我国未来发展蓝图中占据着决胜制高点。当一个国家经济处于创新驱动阶段时，其主导产业一般进入技术密集型阶段，经济发展不再主要依赖自然资源、劳动力和资本投入，经济发展的速度、质量和效益取决于国家创新能力以及知识（包括技术）、人才等关键因素。[1] 现阶段中国经济呈现出自身与众不同的显著特点，表现为生产要素、投资与创新"混合驱动"，未来将依靠创新驱动前行。[2] 从这一角度出发，我们探讨知识产权强国建设道路的过程中需要以高质量发展作为基本导向。

我国知识产权事业所处的历史方位是，我国已经成为名副其实的知识产权大国，但是知识产权对经济科技社会发展的贡献尚需提高，特别是知识产权对高质量发展的支撑作用尚需加强。2021 年，我国共授权发明专利 69.6 万件，每万人口高价值发明专利拥有量达到 7.5 件，较上年提高 1.2 件。我国申请人通过《专利合作条约》（PCD）途径提交的国际专利申请达 6.95 万件，连续 3 年位居全球首位；核准注册商标 773.9 万件，收到国内申请人马德里国际注册申请 5928 件；新认定地理标志保护产品 99 个，新核准注册地理标志证明商标、集体商标 477 件；作品、计算机软件著作权登记量分别达到 398.4 万件、228 万件；授予植物新品种权 3979 件。[3] 同时，我国距离知识产权强国还具有相当差距，这一差距主要体现在对高质量发展的支撑不足方面。例如，国家知识产权局、国家统计局发布的《2020 年全国专利密集型产业增加值数据公告》显示，2020 年全国专利密集型产业增加值突破 12 万亿元，达到 12.13 万亿元，占 GDP 的比重为 11.97%。由此可见，我国专利密集型产业快速发展，已经接近《知识产权强国建设纲要（2021—2035 年)》提出的"专利密集型产业增加值占 GDP 比

---

[1] 学习贯彻习近平新时代中国特色社会主义经济思想 做好"十四五"规划编制和发展改革工作系列丛书编写组编：《深入实施创新驱动发展战略》，中国计划出版社、中国市场出版社 2020 年版，第 14 页。

[2] 钟山主编：《中国外贸强国发展战略研究——国际金融危机之后的新视角》，中国商务出版社 2012 年版，第 27 页。

[3] 谷业凯："知识产权，为高质量发展添动力（权威发布)"，载国家知识产权局官网，https：//www.cnipa.gov.cn/art/2022/4/25/art_2885_175092.html，访问日期：2022 年 5 月 22 日。

重达到 13%"这一面向 2025 年的目标。但同时需要清醒地看到，这与欧盟知识产权局、欧盟专利局发布的《欧盟知识产权密集型产业和经济表现》①所描述的"欧盟发明专利密集型产业增加值达到 2.35 万亿欧元，发明专利密集型产业增加值占 GDP 的比重达到 16.1%"，以及美国专利商标局发布的《知识产权和美国经济（第三版）》所描述的"发明专利密集型产业和外观设计专利密集型产业各贡献了近 4.5 万亿美元的 GDP（分别为 4.43 万亿美元、4.46 万亿美元）"，均存在较大差距。

最后，科技创新体系的根本性变化，要求知识产权强国建设道路以双轮驱动作为根本要义。党的二十大报告指出："必须坚持科技是第一生产力、人才是第一资源、创新是第一动力，深入实施科教兴国战略、人才强国战略、创新驱动发展战略，开辟发展新领域新赛道，不断塑造发展新动能新优势。"将创新作为引领发展的第一动力，丰富和发展了马克思主义生产力矛盾运行理论。马克思曾经指出，创新本质上就是通过生产要素重新组合，创造新产品、新服务、新市场、新模式、新组织等的一种经济活动。将创新作为引领发展的第一动力，将科技创新作为全面创新的核心，既符合马克思主义生产力矛盾的基本运行原理，又推动了"科学技术是第一生产力"理论的丰富发展，抓住了主要矛盾和矛盾的主要方面。② 新一轮科技革命和产业变革方兴未艾，我们必须掌握关键核心技术，强化国家战略科技力量，新型举国体制是有效强化国家战略科技力量的一种方式。③ 同时，我们也需要通过制度建设完善创新环境，以创新体系建设支撑企业创新能力，充分发挥市场对创新资源配置的决定性作用。这就要求我们在知识产权强国建设道路方面，坚持

---

① EUIPO & EPO, *IPR – Intensive Industries and Economic Performance in the European Union*, https：//euipo. europa. eu/tunnel – web/secure/webdav/guest/document _ library/observatory/documents/IPContributionStudy/IPR – intensive_industries_and_economicin_EU/WEB_IPR_intensive_Report_2019. pdf#: ~: text = In% 20response% 20to% 20the% 20clear% 20need% 20to% 20provide，made% 20to% 20the% 20EU% 20economy% 20by% 20IPR – intensive% 20industries. last visited：2022 – 10 – 26.

② 学习贯彻习近平新时代中国特色社会主义经济思想 做好"十四五"规划编制和发展改革工作系列丛书编写组编：《深入实施创新驱动发展战略》，中国计划出版社、中国市场出版社 2020 年版，第 29 页。

③ 杨其静、刘小鲁：《新征程中的创新驱动发展战略》，中国人民大学出版社 2022 年版，第 59 页。

"科技是第一生产力、人才是第一资源、创新是第一动力"的基本观点，通过严格保护知识产权，促进完善现代产权制度，深化要素市场化改革，让市场在资源配置中起决定性作用，更好发挥政府作用。① 创新驱动发展，需要坚持政府引导和市场主导双轮驱动，但这个双轮驱动不是左右轮的平行关系，而是前后轮的关系，政府是前面的牵引轮、方向轮，市场是后面的驱动轮、动力轮。充分发挥市场驱动创新的作用，前提是运用知识产权制度充分发挥市场在配置创新资源中的决定性作用。

综上所述，全面建成小康社会、实现第一个百年奋斗目标之后，我们要继续开启全面建设社会主义现代化国家的新征程。审视两个百年目标历史性交替时刻的知识产权强国建设，社会主要矛盾的根本性变化，要求知识产权强国建设道路以知识产权生态系统的平衡协同促进创新发展为关键导向；经济发展方式的根本性变化，要求知识产权强国建设道路以高质量发展为基本标准；科技创新体系的根本性变化，要求知识产权强国建设道路以双轮驱动作为根本要义。这是我们认识知识产权强国建设道路的历史起点。

三、现实站位：中国式现代化新征程对知识产权强国建设的新要求

党的二十大报告提出："中国式现代化，是中国共产党领导的社会主义现代化，既有各国现代化的共同特征，更有基于自己国情的中国特色。"可以说，"中国式现代化"是习近平新时代中国特色社会主义思想的一个原创性的科学概念，是贯穿党的二十大报告全篇的一个关键词。② 同时，"中国式现代化"又具有深厚的历史积淀和发展渊源，是对我国社会主义事业发展历程的一个科学总结与理论凝练。

"中国式现代化"概念的提出源于对中国特色社会主义实践的理论总结，也凝聚了一代又一代中国共产党人的探索。中国不仅经历了从"一化"发展到"四化"的整体探索过程，更经历了从"现代化"到社会主义现代化的探

---

① 申长雨：《走好中国特色知识产权发展之路》，载《求是》2021 年第 3 期。
② 张文显：《深刻把握中国式现代化的科学概念和丰富内涵》，载《经济日报》2022 年 10 月 23 日，第 7 版。

索过程。① 毛泽东同志在早期著作中使用"近代化"描述发展愿景。② 1949年3月，毛泽东同志在党的七届二中全会上正式提出"现代化"的概念，即"我们已经或者即将区别于古代，取得了或者即将取得使我们的农业和手工业逐步地向着现代化发展的可能性"。③ 在此之后，中国共产党对"现代化"的认识不断深入，从着重考虑农业和手工业现代化转向着重考虑工业现代化。1954年，毛泽东同志在一届全国人大一次会议开幕词中指出：要将我们现在这样一个经济上文化上落后的国家，建设成为一个工业化的具有高度现代文化程度的伟大的国家。周恩来同志在一届全国人大一次会议上所作的《1954年国务院政府工作报告》首次提出"四个现代化"，并提出20世纪末建成社会主义现代化强国的目标。1959年年底，毛泽东同志在《读苏联〈政治经济学教科书〉的谈话》中进一步指出："建设社会主义，原来要求是工业现代化，农业现代化，科学文化现代化，现在要加上国防现代化。"这是"四个现代化"目标的第一次完整表述。1964年召开的三届全国人大一次会议正式提出"四个现代化"的战略表达。亦即，"在不太长的历史时期内，把我国建设成为一个具有现代农业、现代工业、现代国防和现代科学技术的社会主义强国"。④ 可以说，实现工业化，进一步发展到"四个现代化"乃至整个国民经济的现代化，成为经济发展的战略目标，是新中国成立后以毛泽东同志为核心的党的第一代中央领导集体的共识。⑤

"中国式现代化"概念逐步成为中国特色社会主义事业发展的关键目标。20世纪70年代后，特别是80—90年代，邓小平同志在深刻总结自近代以来中国革命和现代化建设的经验时指出："我们的现代化建设，必须从中国的实际出发……把马克思主义的普遍真理同我国的具体实际结合起来，走自己的道

---

① 郝立新等：《中国现代化进程中的价值选择》，中国人民大学出版社2022年版，第35页。

② 例如，毛泽东同志在《论联合政府》中指出："中国工人阶级的任务，不但是为着建立新民主主义的国家而斗争，而且是为着中国的工业化和农业近代化而斗争。"参见毛泽东：《毛泽东选集》（第三卷），人民出版社1991年版，第1081页。

③ 毛泽东：《毛泽东选集》（第四卷），人民出版社2006年版，第1430页。

④ 周恩来：《国务院总理周恩来在第三届全国人民代表大会第一次会议上的政府工作报告》，载《中华人民共和国国务院公报》1964年第18号。

⑤ 乔惠波：《探索符合中国国情的社会主义经济建设规律——再读毛泽东〈读苏联《政治经济学教科书》的谈话〉》，载《毛泽东研究》2022年第2期。

路，建设有中国特色的社会主义，这就是我们总结长期历史经验得出的基本结论。"① 可以说，以小康社会作为标准的"中国式的现代化"的实质就是有中国特色的社会主义现代化，这也是邓小平理论的重要组成部分。② 如前所述，在这一理论体系下，党的十三大报告、十五大报告无论从"三步走"战略角度还是从"两个一百年"奋斗目标的角度，都将"基本实现现代化"作为第二个一百年的奋斗目标。党的十七大报告进一步丰富了"现代化建设"的内涵，将十五大报告提出的"基本实现现代化，建成富强民主文明的社会主义国家"丰富为"把我国建设成为富强民主文明和谐的社会主义现代化国家"。党的十八大报告提出"五位一体"总体布局，将经济建设、政治建设、文化建设、社会建设、生态文明建设进一步纳入"现代化建设"的内涵中。党的十九大报告对实现第二个百年奋斗目标提出了两个阶段的战略推进安排。

党的二十大报告将"中国式现代化"提升到新的理论层次和战略高度。党的十八大以来，特别是党的十九大以来，进一步深化和凝练了"中国式现代化"的基本理论。习近平总书记在《在庆祝中国共产党成立 100 周年大会上的讲话》中首次系统提出"中国式现代化"这个概念。党的十九届六中全会审议通过的《中共中央关于党的百年奋斗重大成就和历史经验的决议》将"以中国式现代化推进中华民族伟大复兴"作为习近平新时代中国特色社会主义思想的重要组成部分。党的二十大报告从"中国式现代化"的五个主要特征、九项本质要求和八个核心设计等角度深入阐述了"中国式现代化"的含义，从而使得"中国式现代化"内涵更加丰富、体系更加完整、标准更加具体。亦即，"中国式现代化"具备人口规模巨大、全体人民共同富裕、物质文明和精神文明协调发展、人与自然和谐共生、走和平发展道路五个主要特征。"中国式现代化"的九项本质要求包括，坚持中国共产党领导，坚持中国特色社会主义，实现高质量发展，发展全过程人民民主，丰富人民精神世界，实现全体人民共同富裕，促进人与自然和谐共生，推动构建人类命运共同体，创造人类文明新形态。党的二十大报告还对"中国式现代化"的核

---

① 邓小平：《邓小平文选》（第三卷），人民出版社 1993 年版，第 2-3 页。

② 叶楠、范仁庆：《中国式的现代化：缘起 内涵 意义——兼论现代化视角下邓小平理论历史地位的再认识》，载《政法论丛》2004 年第 3 期。

心设计作出谋划，即高质量发展是首要任务，教育、科技、人才是基础性、战略性支撑，人民民主是应有之义，全面依法治国是运行轨道，中国特色社会主义文化建设是重要内容，绿色发展是内在要求，国防和军队现代化是战略要求，党的领导和党的建设是关键。

面向现实的要求，中国式现代化新征程对知识产权强国建设道路提出新的要求。特别是，知识产权制度是罗马法以来"财产非物质化革命"的制度创新成果和西方国家300多年来不断发展成长的"制度文明典范"。然而，对于我国而言，知识产权是制度"舶来品"，制度带动型、规则导入型地先构建制度再推进形成制度实践，而不是从制度实践凝练形成制度的自然演进过程，这就需要我们根据中国式现代化总体方向的要求对知识产权制度进行健全完善。对此，我们需要从"中国式现代化"的五个主要特征、九项本质要求和八个核心设计等角度出发，分析知识产权强国建设道路的基本站位。

首先，以平衡协同的系统发展观构建知识产权强国建设道路。中国式现代化既是人口规模巨大的现代化，也是全体人民共同富裕的现代化，需要以实现人民美好生活为价值目标，实现全体人民共同富裕。对知识产权强国建设道路而言，既需要考虑充分激发广大创新创造者的创新热情，将人口规模巨大转变为创新规模巨大，也需要考虑平衡保护广大使用者、传播者的利益，使得知识产权收益能够在创造者、传播者、使用者之间平衡分配，激发各方主体的积极性，促进创新创造成果产生的收益惠及各方主体。创新发展到今天已经形成包括制度创新和知识创新两大部分的科学体系，[①] 知识创新最主要的部分是科技创新和文化创新，两者构成了整个经济社会发展的动力和源泉。知识产权制度是促进知识创新的主要制度创新，是连接科学文化和经济发展的主要桥梁，在法律制度体系中起着保护创新和激励创新的根本制度的作用，是创新之法、产业之法。知识产权制度就是为创新活动和创新成果的产权化、商品化、市场化和产业化提供保障的基本制度规范，传统意义上以功利主义、工具主义价值观为基础。中国式现代化的战略目标，要求我们进

---

① 参见［美］约瑟夫·阿洛伊斯·熊彼特：《经济发展理论：对利润、资本、信贷、利息和经济周期的探究》，叶华译，中国社会科学出版社2009年版，第17页。

一步反思西方知识产权强国建设道路上的功利主义、工具主义价值观,逐步形成平衡协同的系统发展观,强调创新创造者、传播者、使用者、社会公众等多方利益的平衡保护,并以平衡协同的系统发展观为基础分析知识产权强国建设的现实方向。

其次,以协调和谐的共生发展观构建知识产权强国建设道路。中国式现代化既是物质文明和精神文明协调发展的现代化,也是人与自然和谐共生的现代化。对知识产权强国建设道路而言,既需要考虑以物质手段激励创新创造,也需要加强精神性权利的体系性优化,积极引导创作更多优秀作品来丰富人民的精神世界。此外,需要根据环境危机的出现和生态文明的倡导所赋予知识产权法律制度的生态环境保护责任,对知识产权法律制度进行生态化改造,将可持续发展的环境伦理、生态经济的科技观与人学观、环境正义和环境公平理念作为知识产权法生态化的理论基础,[1] 让知识产权制度成为绿色技术创新与传播的催化剂。[2] 甚至进一步讨论,基于知识产权与环境权基本属性的契合、价值功能的耦合和逻辑结构的吻合,以及民法权利体系的开放性和知识产权法规范基础的完备性,分析环境权知识产权法保护的可行性,[3] 以促进人与自然和谐共生。

最后,以文明共通的共存发展观构建知识产权强国建设道路。中国式现代化是推动构建人类命运共同体、创造人类文明新形态的现代化,是全球化背景下的现代化,是民族性与世界性辩证统一的现代化。世界百年未有之大变局加速演进,新一轮科技革命和产业变革正处于实现重大突破的历史关口,知识产权强国建设面临的外部环境变化,也是知识产权强国建设道路现实方位的重要内容。目前,知识产权国际规则的变革经历了巴黎联盟和伯尔尼联盟时期、世界知识产权组织时期、世界贸易组织时期,目前已经进入知识产权全球治理新结构初步形成的时期,即世界知识产权组织,世界贸易组织,超 TRIPS 复边、多边和双边机制共存,也被称为后 TRIPS 时代。在这一时代

---

① 黄莎:《论我国知识产权法生态化的正当性》,载《法学评论》2013 年第 6 期。

② 郑友德、王活涛、郭玉新:《论应对气候变化的绿色知识产权策略》,载《华中科技大学学报(社会科学版)》2016 年第 6 期。

③ 侯志强:《环境权知识产权法保护的理论证成与规范构造》,载《法学》2022 年第 8 期。

背景下，知识产权国际规则的变革正在进入活跃期和多元化推进阶段，知识产权国际合作日益深化，知识产权国际竞争日益激烈，知识产权全球治理体系呈现新结构。这就需要我们在谋划知识产权强国建设道路的过程中统筹考虑国际国内，推动国内战略与国际战略的统筹规划和有机结合，并基于人类命运共同体的宏大理论，向世界提出开放包容、平衡普惠的知识产权治理"中国理念"。为此，应当以增强制度性话语权为核心构建知识产权治理"中国策略"，从国际、区域和双边多元维度实施知识产权治理"中国方案"，把握时代契机，构建"中国之治"与"世界之治"紧密相连的人类命运共同体和全球治理共同体。[①] 特别是，倡导"严格保护"与"促进发展"双向互动的国际知识产权规则方向，向世界贡献运用知识产权促进创新发展的"中国模式"。例如，我国通过保护创新和公开创新的平衡，促进专利制度发挥创新竞争的控制工具和创新发展的决策工具双重功能，实现专利制度的创新投入的驱动工具功能，解决创新发展中的市场失灵问题，并据此形成了专利导航、知识产权运营等一系列知识产权强国建设道路上的制度创新和政策创新，从而促进专利制度在严格保护专利权、激励创新的同时，发挥创新发展的决策工具作用以促进发展，这一制度文明的总结和完善可以为其他国家创新发展提供参照系，以文明共通的共存发展观构建知识产权强国建设道路。

四、发展定位：面向知识产权强国建设道路的理论谋划与系统部署

当今世界主要知识产权强国的建设道路各异，总体上都以符合国家整体战略目标为基础。从知识产权强国建设道路来看，可分为五种模式。第一种模式是美国模式：知识产权创造、运用、保护、管理和服务能力都很强，并力争全面领先。根据 1800 年以来美国经济增长的统计数据，美国经济在 20世纪的发展，在很大程度上依赖于以知识为基础的经济发展和生产分配方式的优化，[②] 尤其是美国近期发展知识产权密集型产业，在知识产权的创造、

---

① 马一德：《全球治理大局下的知识产权强国建设》，载《知识产权》2021 年第 10 期。

② ［美］斯坦利·L. 恩格尔曼、罗伯特·E. 高尔曼主编：《剑桥美国经济史（第三卷）：20 世纪》，高德步、王珏总译校，中国人民大学出版社 2008 年版，第 19 页。

运用、保护、管理和服务方面全面加强，知识产权对于经济增长起到的作用日益加强。第二种是瑞典、芬兰模式：知识产权管理能力较强，通过知识产权管理能力推动知识产权创造、运用、保护和服务能力的提高。瑞典等国家的政府在经济发展上扮演着明显可见的角色，对支持性产业具有非常强的产业促进政策，推动其产业高度集群化，引导国家在制造业等产业的生产率持续提升，使得瑞典的企业在很多产业中维持它们的竞争地位。① 第三种模式是日本、韩国模式：知识产权运用能力强，通过知识产权应用能力推动知识产权创造、运用、保护和服务能力的提高。第二次世界大战之后的日本，很成功地由生产要素驱动阶段，升级为创新阶段，其通过对于知识产权运用的全面推动，促进经济发展方式成功转型。韩国在这一方面亦有类似经验。第四种模式是瑞士、新加坡模式：知识产权保护水平较高，通过知识产权保护推动知识产权创造、运用、管理和服务能力的提高。瑞士很早进入了创新驱动发展阶段，也因此繁荣了数十年。瑞士产业的出口主力横跨消费性和工业性产品，同时包含各类型的机械和设备，宝石、钱币和金属品等产业也名列其中，其主要原因在于瑞士在这些产业的贸易方面具有重要地位。可以说，就瑞士的国家竞争优势而言，贸易是重点。新加坡同样如此。这样的经济形态决定了其采取较高的知识产权保护水平，推动知识产权综合实力的提升。第五种模式是德国、英国模式：知识产权创造能力强，以知识产权创造推动知识产权运用、保护和管理能力的提升。英国是第一次工业革命的发源地，德国是第二次工业革命的重心。因此，英国和德国的特点均在于具有较强的科技创新能力，通过知识产权创造能力的提升推动知识产权综合实力的提高。以英国为例，作为第一次工业革命的中心和传统知识产权制度的发源地，英国在其发展历程中具有较高的知识产权创造能力，并且通过知识产权创造能力的提升推动知识产权运用、保护、管理和服务能力的提高。即使在第二次世界大战之前，英国的产业竞争能力和创新能力已经出现问题，但是其在某

---

① ［美］迈科尔·波特：《国家竞争优势》（上），李明轩、邱如美译，中信出版社 2012 年版，第 71 页。

些产业领域还是具有一定的竞争优势。[1]

处于两个百年目标历史性交替的时刻，立足中国式现代化新征程对知识产权强国建设提出的新要求，知识产权强国建设道路需要立足中国国情，兼顾综合性、复杂性、发展性，并借鉴有关知识产权强国的建设道路经验。知识产权强国建设路径具有一定的综合性，各个方面的发展具有内在联系，各个方面的优势随着时间有所变化。例如，法国在知识产权创造效率、经济绩效等方面均有不俗的表现。同时，知识产权强国建设道路具有复杂性，知识产权强国建设是漫长而复杂的过程，建设知识产权强国是一项系统性的工程，需要分阶段、分步骤，运用复合路径的协同配合加以实现。同时，知识产权强国建设道路还具有发展性，既要不断提升知识产权综合实力，亦要通过知识产权综合实力的提升促进科技经济社会的发展。

区域发展不平衡和产业发展不均衡使得我国知识产权强国建设道路的综合性、复杂性、发展性更加突出。根据 2022 年 12 月发布的《2022 年中国知识产权发展状况评价报告》的统计数据，我国知识产权综合实力[2]的区域分布不均衡，因此关于世界主要知识产权强国和知识产权优势国家的上述五种知识产权强国建设中的任何一种模式，都无法适应我国知识产权综合实力提升的未来要求。我国的知识产权强国建设方向是一个复合的路径选择。虽然我国知识产权强国建设道路具综合性、复杂性、发展性，但是我国知识产权强国建设的总体模式可以借鉴知识产权大而强的国家的部分经验。同时，鉴于德国、英国模式充分运用了知识产权创造对于知识产权实力提升的推动作用，在第一次、第二次工业革命中充分发挥技术优势，确立知识产权优势地位。我国的科技强国目标若要于 2050 年实现，科技能力的提升仍然需要持之以恒的长期投入。综合上述国情背景和我国知识产权事业发展阶段，建议近期借鉴日韩模式的相关经验，以知识产权运用为切入点，带动知识产权管理

---

① ［美］迈科尔·波特：《国家竞争优势》（上），李明轩、邱如美译，中信出版社 2012 年版，第 79 页。

② 我国知识产权发展状况评价报告采用"知识产权综合实力"的概念。参见国家知识产权局知识产权发展研究中心："2022 年中国知识产权发展状况评价报告"，载国家知识产权局官网，https://www.cnipa.gov.cn/art/2022/12/28/art_88_181042.html，访问日期：2022 年 12 月 30 日。

和服务能力的提升，加强知识产权保护，推动知识产权创造，提升知识产权综合实力。

面向中国式现代化的知识产权强国建设道路的总体方向，可以概括为"六个转变"。在上述分析的基础上，就面向中国式现代化的知识产权强国建设道路的总体方向而言，建议实现下述"六个转变"。

第一，知识产权发展模式要从创造为主转向运用为主，从知识产权创造推动模式转向知识产权需求拉动模式，以知识产权运用为核心，引导知识产权创造、保护与管理。从历史维度考量，从知识产权实施到运用再到运营，体现了知识产权高质量发展的核心理念，反映了从知识产权大国向知识产权强国演进的基本路径，阐释了运用知识产权制度本质的"中国方案"。从知识产权运用方面的理论发展历程看，我国"知识产权运用"经历了从"使用实施"到"综合运用"再到"价值运营"的过程。"使用实施"主要是法律术语的现实表达，更多强调权利人基于法律属性本身的自行的、基础的使用或实施行为。例如，专利技术的实施及实施许可、注册商标的使用和专用权许可。"综合运用"是政策术语的升级表达，更加强调由权利人自行实施转向对外扩散使用的外部性和综合性，包括知识产权的转让、许可、金融等。"价值运营"是战略术语的集成表达，更加强调通过构建集平台、机构、资本、产业"四位一体"的知识产权运营体系，充分激发市场活力，有效运用知识产权制度，经营知识产权权利，实现知识产权价值的最大化。可以说，知识产权运营是知识产权运用的高级阶段，我们应以此为导向构建知识产权发展模式。

第二，知识产权创造要从以知识产权数量为主转向以知识产权质量为主，从随机的"散点式"创新转向重点领域战略布局，从独立创造运用转向加强以知识产权所有权、使用权、收益权、处分权的合理配置为基础的产业创新合作，将知识产权作为产业链、供应链、价值链的利益分配机制。以专利制度为例，在充分发挥专利制度保护创新、实现创新竞争控制工具的功能的同时，积极发挥专利制度公开创新、实现创新发展决策工具的功能，以专利信息资源利用和专利分析为基础，把专利运用嵌入产业技术创新、产品创新、组织创新和商业模式创新，引导和支撑产业实现自主可控、科学发展的探索性工作。

第三，知识产权保护从被动保护转向主动保护，从个别保护转向系统保护，通过知识产权预警服务，提高知识产权保护能力，促进知识产权创造与运用。知识产权强国建设需要形成知识产权保护的强大合力，既健全公正高效、管辖科学、权界清晰、系统完备的司法保护体制，又健全便捷高效、严格公正、公开透明的行政保护体系，同时在两个方面全面加强的基础上，建立司法、行政、仲裁、调解、行业自治等多元主体参与、协同保护的知识产权保护格局，加快建成"平衡高效、双轮驱动、多元保护、灵活可及"的知识产权保护体系。

第四，知识产权管理从政府行政管理为主转向各方协力的公共治理，从部门独立管理转向部门协同管理，从知识产权补助转向知识产权的激励服务，并以知识产权激励机制为核心，发展知识产权专业化服务、保护与管理。处理好充分发挥市场对创新资源配置的决定性作用和更好发挥政府在知识产权领域的作用二者之间的关系，关键在于明确政府在知识产权领域的具体职能，从经济调节、市场监管、社会治理、公共服务四个角度加强知识产权工作，提高知识产权宏观调控能力，加快实现知识产权治理体系和治理能力的现代化。

第五，知识产权运用要从企业和区域自用转向区域分工合作，以专利引领地区为重点，通过专利技术转移，建立基于知识产权的产业创新链。从创新集成转向知识产权集成，以基本专利为核心，通过专利联盟、专利池等，促进知识产权集成运用，提高知识产权竞争力和知识产权运用能力。从转化应用知识产权转向经营知识产权，以知识产权经营为目标，综合策划部署知识产权创造、保护与运用。特别是，以促进知识产权价值最大化为导向，运用制度工具与经营权利相互促进，利用知识产权制度规则、经营知识产权权利价值，涵盖作为竞争工具的知识产权布局培育、转移转化、价值评估、投融资、战略运用、专利导航等各个方面，以此促进经济、科技、社会等综合效益最大化。

第六，知识产权服务要从政府直接服务转向由政府搭建平台、市场主体提供市场化服务，大力发展专业化知识产权服务组织，从一般性服务转向增值性、战略性服务。一方面，知识产权服务业以知识产权公共服务为基础前提，只有知识产权公共服务供给充分，知识产权服务业才能在知识产权公共服务的基础上进一步加工，提供更具针对性的服务，知识产权服务业才能得到全面发展。另一方面，知识产权服务业的发展为知识产权公共服务提供需求引导。伴随知识产权服务业的深入发展，知识产权服务业会对知识产权公共服务提出新的需求，为知识产权公共服务的全面提升提供引领。在处理知识产权公共服务供给和知识产权服务业发展的关系的时候，需要在发展知识产权服务业、促进提供市场化的知识产权服务的同时，进一步重视知识产权公共服务的基础价值；需要在发挥知识产权公共服务优势的基础上，更加突出市场化服务机制的创新。

今天的中国，比历史上任何时候都更接近世界舞台的中心。在"两个一百年"目标历史性交替的关键时刻，我们需要以习近平新时代中国特色社会主义思想为指引，根据知识产权制度这一制度文明的内在逻辑，立足中国式现代化新征程对知识产权强国建设的新要求，结合知识产权制度这一调整人类社会智力成果的行为规范与产权配置机制的内在逻辑，开辟和拓展知识产权强国建设道路，引领"中国号"知识产权巨轮向着知识产权强国的方向乘风破浪、砥砺前行。我国的知识产权强国建设道路，不可能抄袭或者完全模仿任何一个知识产权强国的发展道路。需要从我国国情出发，立足于我国高质量发展的总体需要，坚持人民创新的基本理念，立足知识产权规则导入型的国情背景，根据"科技是第一生产力、人才是第一资源、创新是第一动力"的基本观点，倡导"严格保护"与"促进发展"双向互动的国际知识产权规则方向，加快推进国家知识产权治理体系和治理能力现代化，探索中国式的知识产权强国建设道路，为中国式现代化建设新征程提供有力支撑。

第二章　中国特色知识产权
制度基础理论研究

　　英国制度经济学家诺斯等人认为，作为现代专利制度开始的标志，英国垄断法的颁布"使创新收益内在化成为制度"，从而为工业革命准备好了舞台。[①] 从一定意义上而言，知识产权制度是人类制度文明和制度理性的重要创新，对工业化社会和信息化社会发展起到了不可替代的激励作用。[②] 回首我国历史上第一部知识产权法律法规（即 1910 年《大清著作权律》）以来的百余年制度发展史，尤其是总结我国改革开放以来 1982 年《商标法》、1984 年《专利法》和 1990 年《著作权法》以来的 40 余年的制度运行史，可以得知，我国知识产权制度百余年史，是一段从"逼我所用"到"为我所用"的法律变迁史，也是一个从被动移植到主动创制的政策发展史。在改革开放背景下，我国基本建立了一套与国际通行规则接轨，以法律为主导，以行政法规为主体，以司法解释和部门规章为补充的中国特色知识产权制度体系。可以说，改革开放是中国特色知识产权制度发展的不竭动力，权利保护是中国特色知识产权制度发展的本质特征，推动创新是中国特色知识产权制度发展的根本要求，与时俱进是中国特色知识产权制度发展的高贵品格。

　　我国知识产权制度运行规则体系外延包括知识产权法律制度、与知识产权相关的法律制度、知识产权公共政策以及知识产权国际规则。首先，中国

---

　　① ［美］道格拉斯·诺斯、罗伯斯·托马斯：《西方世界的兴起》，厉以平、蔡磊译，华夏出版社 2017 年版，第 219－221 页。

　　② 刘银良：《知识产权的制度理性与制度建设》，载刘银良主编：《北大知识产权评论（2020—2021 年卷）》，知识产权出版社 2022 年版。

特色知识产权制度以《著作权法》《专利法》《商标法》等法律为主导，以《中华人民共和国专利法实施细则》《计算机软件保护条例》《中华人民共和国植物新品种保护条例》《集成电路布图设计保护条例》《信息网络传播权保护条例》等行政法规为主体，以司法解释和部门规章为补充。也就是说，中国特色知识产权制度除了包括上述规定，还包括《中华人民共和国民法典》（以下简称《民法典》）中的知识产权条文（《民法典》第123条）、正在研究制定的"知识产权法典"和"知识产权基本法"等。其次，与知识产权相关的法律制度是中国特色知识产权制度的重要支撑。与知识产权相关的法律制度包括：实体法方面的《中华人民共和国反不正当竞争法》（以下简称《反不正当竞争法》）、《中华人民共和国反垄断法》（以下简称《反垄断法》）等；程序法方面的《中华人民共和国民事诉讼法》（以下简称《民事诉讼法》）、《中华人民共和国行政诉讼法》（以下简称《行政诉讼法》）、《中华人民共和国刑事诉讼法》（以下简称《刑事诉讼法》）等。这些法律法规为知识产权法律法规的运行提供了有力支撑，是知识产权法律法规的程序法支撑和相关实体法支持。再次，知识产权公共政策是中国特色知识产权制度的组成部分。从公共政策角度而言，以知识产权为导向的公共政策体系是促进创新驱动发展的重要政策安排。从国际经济贸易角度而言，知识产权规则是世界贸易体制的基本规则之一。[1] 最后，知识产权国际规则是中国特色知识产权制度的对外拓展。知识产权是国际化程度非常高的法律制度。从《保护工业产权巴黎公约》和《保护文学和艺术作品伯尔尼公约》，到世界知识产权组织项下各知识产权及各国际公约，再到世界贸易组织项下与贸易有关的知识产权协定，以及我国与其他国家地区签订的多双边知识产权条约、我国参加的自由贸易区相关条约等，既是中国特色知识产权制度的对外拓展，也对中国特色知识产权制度进行了引导和约束。

《知识产权强国建设纲要（2021—2035年）》在战略措施部分首先部署了"建设面向社会主义现代化的知识产权制度"。总体而言，中国特色知识产权制度是知识产权强国建设的制度支撑，未来中国特色知识产权制度建设

---

[1] 吴汉东：《知识产权本质的多维度解读》，载《中国法学》2006年第5期。

的方向可以描述为顶天立地、融会贯通。所谓"顶天立地"，是指抽象法典化与具象单独立法化相结合，探索制定知识产权基础性法律制度，推动知识产权法典化，同时分析外观设计单独立法、商业秘密单独立法和地理标志单独立法。所谓"融会贯通"，就是指内在逻辑性与外在衔接性相结合，通过提升知识产权法律制度的内在逻辑性，适应新技术、新产业、新业态发展，探索建立动态立法机制，加强与科技功勋制度等相关制度的外在衔接，发挥制度合力，形成制度价值。我们必须以中国特色社会主义法治思想为基本遵循，深刻把握知识产权强国建设和全面依法治国的法治目标，实现知识产权法律体系化、现代化、国际化的发展要求，在基础性法律制度（"知识产权基本法"）、专门性法律（"商业秘密保护条例""地理标志保护条例""数据保护条例"）、替代性法律（"民间文学艺术作品著作权保护条例"、《中华人民共和国人类遗传资源管理条例》《国家科学技术奖励条例》）等方面着力构建与完善知识产权法律体系。① 《知识产权强国建设纲要（2021—2035 年）》进一步提出了"构建门类齐全、结构严密、内外协调的法律体系"和"构建响应及时、保护合理的新兴领域和特定领域知识产权规则体系"。其中，"门类齐全""结构严密""内外协调"已经成为中国特色知识产权制度建设的基本目标和总体导向。

"门类齐全"要求我们除进一步讨论《著作权法》《专利法》《商标法》等专门立法之外，还需要进一步增加专门的立法门类，主要包括三大单独立法问题：外观设计单独立法、商业秘密单独立法、地理标志单独立法。这三大单独立法问题在本章第二节、第三节、第四节加以讨论。同时，"门类齐全"需要构建新兴领域和特定领域的知识产权制度，并且建立知识产权动态立法机制以适应科学技术发展的需要，这部分在本章第五节加以分析。"结构严密"需要进一步增强各专门立法的内在逻辑协同性和基本价值统一性，主要探讨知识产权强国建设背景下的知识产权基础性法律制度构建问题，特别是讨论"入典"和"成典"之间的提高内在结构紧密性的制度建设路径，

---

① 吴汉东：《中国知识产权法律体系论纲——以〈知识产权强国建设纲要（2021—2035 年）〉为研究文本》，载《知识产权》2022 年第 6 期。

这一问题在本章第一节加以研究。"内外协调"需要我们进一步增强知识产权法律制度与相关法律制度之间的协调性，包括知识产权制度与科技功勋制度之间的协调、知识产权实体法律制度与程序法律制度之间的协调、知识产权保护与规制知识产权滥用的法律制度之间的协调。上述问题将在本章第六节、第七节、第八节加以讨论。

第一节 知识产权强国建设背景下的知识产权基本法探究

《知识产权强国建设纲要（2021—2035年）》明确指出："开展知识产权基础性法律研究，做好专门法律法规之间的衔接，增强法律法规的适用性和统一性。"这是站在我国已经基本形成中国特色知识产权制度体系的历史背景下，对知识产权大国向知识产权强国转变部署的重要法治任务。[①] 国务院印发的《"十四五"国家知识产权保护和运用规划》也提出了"开展知识产权基础性法律研究"，并将其作为"健全知识产权法律法规"的首要任务。应当说，知识产权法域中，单行法林立，《民法典》未能统合基础，缺乏基本理念、价值构造及基础架构，需要研究制定知识产权基础性法律，以确立知识产权领域的基本方针、基本原则、治理结构及基本架构，并解决单行法缺乏系统性、协调性和延展性的问题。由此可以看出，《知识产权强国建设纲要（2021—2035年）》提出"开展知识产权基础性法律研究"，既承接了2008年《国家知识产权战略纲要》的立法任务，也进一步强调了这一基础性法律制度对知识产权立法的重要性。[②] 所谓"知识产权基础性法律"，指的是在知识产权领域具有统领性、指引性、一般性的法律，其立法形式包括知识

① 张鹏：《知识产权强国建设思想形成、理论构成与实践证成研究》，载《知识产权》2021年第10期。
② 国务院知识产权战略实施工作部际联席会议办公室组织编写：《〈知识产权强国建设纲要（2021—2035年）〉辅导读本》，知识产权出版社2022年版，第350页。

产权法典化和知识产权基本法。① 知识产权基础性法律是知识产权强国建设的制度归属与法治基石。一方面，知识产权法典化存在"入典"和"成典"两种模式。《民法典》第 123 条规定民事主体依法享有知识产权，同时对知识产权保护客体作出了明确规定，这意味着通过"入典"的方式构建知识产权基础性法律迈出了关键的一步。在这一历史背景下，未来我国知识产权法的发展过程将呈现以"入典"抑或"成典"为基本选择的法典化的趋势。② 学术界对知识产权制度法典化一直有"入典"和"成典"两种观点：一是在《民法典》中纳入知识产权编的"入典"；二是开展知识产权法典的研究工作，积极推动知识产权法典的制定，从而实现"成典"。此外，上述知识产权基础性法律制度的立法形式除了"入典""成典"等知识产权法典化的方向之外，还存在着知识产权基本法的立法方向。本部分旨在以《知识产权强国建设战略纲要（2021—2035 年）》部署的顶层设计为指引，在《民法典》实施的历史背景下加以分析，探讨知识产权基本法与"入典""成典"等知识产权法典化的方向的内在逻辑，对知识产权制度法典化的路径选择乃至路线图的绘制进行探索。

一、知识产权入典：私权属性的本质回应与技术观念的现实障碍

对于知识产权与民法典之间的连接方式，存在分离式、纳入式、链接式等模式选择，这归根结底就是知识产权法整体纳入民法典即"入典"独立成编，或者制定专门知识产权法典即单独"成典"这两种立法模式的选择。③ 其中，分离式立法模式和纳入式立法模式是最为极端的两种模式。分离式立法模式的主要观点是，在《民法典》中不对知识产权进行规定，知识产权规则与《民法典》完全分离。采此观点的典型立法例包括采用法学阶梯体系的《法国民法典》和采用学说汇编体系的《德国民法典》。其历史原因在于，知

---

① 吴汉东：《试论"民法典时代"的中国知识产权基本法》，载《知识产权》2021 年第 4 期。

② 参见吴汉东：《民法法典化运动中的知识产权法》，载《中国法学》2016 年第 4 期；吴汉东、刘鑫：《改革开放四十年的中国知识产权法》，载《山东大学学报（哲学社会科学版）》2018 年第 3 期。

③ 易继明：《中国民法典制定背景下知识产权立法的选择》，载《陕西师范大学学报（哲学社会科学版）》2017 年第 2 期。

识产权制度是罗马法以来"财产非物质化革命"主张的结果,采取罗马私法体系的近代民法典并未纳入新兴财产权制度。对各项具体知识产权类型体系化整合为民法典组成部分,在立法技术方面纳入的难度很高。① 分离式立法模式强调知识产权制度与民事法律制度完全分离,这一主张随着我国《民法典》的颁布实施已经成为不可能。纳入式立法模式的主要观点是,民法典增加知识产权编,在民法典之外不再编纂知识产权法典。采此观点的典型立法例是《俄罗斯联邦民法典》。《俄罗斯联邦民法典》设立第七编"智力活动成果和个性化手段的权利",对版权、专利权、商标权、植物新品种权、商业秘密有关权益等作出规定。虽然《俄罗斯联邦民法典》在知识产权立法例上具有一定的代表性意义,但是也存在着无法协调知识产权方面的私法规范与公法规范、实体法与程序法的关系等问题。②

在分离式立法模式和纳入式立法模式之间,存在着链接式的立法模式选择。多数学者认为,鉴于我国《民法典》中的民事权利体系具备开放性,除了《民法典》总则编规定的知识产权条款外,应当探索在《民法典》中加入单独的"知识产权编",③对知识产权作出原则性规定,使《民法典》与知识产权法典或者知识产权单行法保持链接状态。从必要性角度而言,知识产权作为现代社会民事主体最重要的权利之一,《民法典》应当将其作为主要民事法律制度予以规定,将知识产权纳入《民法典》体系,这既是《民法典》自身体系完整性的需要,也是《民法典》贯彻创新发展理念,为国家经济、科技、文化发展提供制度支持的最好体现。④ 从可行性角度而言,虽然曾经有观点认为,专利权等由国家授予从而带有行政权的性质,但是已经达成普遍共识的是,尽管存在着公共权力的调整和干预,知识产权制度调整的关系主要是民事主体之间的等价有偿的财产关系,权利的行使主要取决于民事主

---

① 吴汉东:《知识产权立法体例与民法典编纂》,载《中国法学》2003 年第 1 期。
② 刘飞:《论我国知识产权立法模式——知识产权法典化之选择》,载国家知识产权局条法司编:《专利法研究(2010)》,知识产权出版社 2011 年版,第 8 页。
③ 代表性论述包括:吴汉东:《知识产权应在未来民法典中独立成编》,载《知识产权》2016 年第 12 期;易继明:《历史视域中的私法统一与民法典的未来》,载《中国社会科学》2014 年第 5 期;李琛:《论中国民法典设立知识产权编的必要性》,载《苏州大学学报(法学版)》2015 年第 4 期。
④ 杜万华主编:《中华人民共和国民法典实施精要》,法律出版社 2021 年版,第 10 页。

体之间的意思自治，① 因此知识产权法律制度属于民事法律制度，可以纳入《民法典》体系。从可参照的立法例角度而言，采此观点的典型立法例是《越南民法典》。《越南民法典》设立第六编"知识产权和技术转让权"，用22 个条文对版权、工业产权、技术转让作出原则性规定，具体规则在单行法中加以规定。目前来看，基于私权属性的现实回应与立法技术的本质障碍，研究探讨设立"知识产权编"的道路还很长。

一方面，知识产权属于私权，已经成为我国法学界和实务界的共识。《民法典》第 123 条规定民事主体依法享有知识产权，同时对知识产权保护客体作出了明确规定。虽然知识产权不仅是一个法律问题，而是一个糅合了经济学、法学、政治学、社会学等多门学科考量的产物，面对如此复杂的考察对象，单向度的思维无疑是不够的，只有对其加以多视角的分析，才有利于我们从不同的角度理解知识产权与知识产权制度，深化认识、促进共识，推动学科范式的形成，② 但毋庸置疑的是，"私权—私法—司法"的内在逻辑是对知识产权规则本质特征的揭示。尽管专利权和版权合理性的论证在很大程度上要归功于自然法理论，但是它们并没有完全沿着自然权利的轨迹发展，而是由制定法进行了多方面的修正，最终由自然权利转化为法定权利。③ 即使在深受自然权利理论影响的美国和法国，专利权从一开始就被看作是实在法可以任意设计、任意限制且可以废弃的权利。④ 版权同样如此，由特权转化为法定权利，对普通法意义上的版权能不能作为一种自然权利享有永久性的保护产生很大争论，最终结果是普通法意义上的永久版权被《英国安娜法令》规定的法定权利取代。⑤ 因此，知识产权规则体现了公平正义的新自然主义法哲学观念与经济效益的新实证主义法哲学观念的博弈与统一，这一法哲学观念并未脱离或者说无法脱离"私权—私法—司法"的内在逻辑。⑥

---

① 王迁：《知识产权法教程》（第七版），中国人民大学出版社 2021 年版，第 13 页。
② 肖志远：《知识产权权利属性研究——一个政策维度的分析》，北京大学出版社 2009 年版，序言。
③ 李扬：《重塑整体性知识产权法——以民法为核心》，载《科技与法律》2006 年第 3 期。
④ Peter Drahos, *A Philosophy of Intellectual Property*, Dartmouth Publishing Company, 1996, p. 32.
⑤ Ronan Deazley, *On the Origin of the Right to Copy*, Hart Publishing, 2004, p. 31.
⑥ 有学者指出，"《民法典》对知识产权法具有统领和支撑的作用"。参见孔祥俊：《〈民法典〉与知识产权法的适用关系》，载《知识产权》2021 年第 1 期。

另一方面，在《民法典》中设立"知识产权编"具有技术障碍和观念障碍。从立法技术角度而言，在《民法典》中设立"知识产权编"面临两大立法技术难题：一是如何对纷繁复杂的不同知识产权类型做出提炼公因式般的共性规则概括与共用规则凝练；二是如何将知识产权的共通性规则或者一般性规则与《民法典》物权、合同、侵权责任、婚姻家庭继承等各分编规则相协调。以《荷兰民法典》为例，立法者面对因知识产权规范的特殊性而产生的技术障碍时，由于对自身的立法技术和立法水平不够自信而最终放弃了已经列入立法计划的"智力成果权编"的编纂工作。① 对我国而言，由于知识产权本质属性和权能配置的基本理论研究相对滞后，娴熟运用立法技术将不同知识产权类型进行法律规则提炼并与其他民事权利法律规则进行内在协调，仍存在较大难度。特别是，从立法观念角度而言，立法者对知识产权属于私权具有明确认识，但是对设立"知识产权编"的现实必要性认识不足。传统民法学者对知识产权属于私权具有明确认识，如王利明教授指出："我们不否认知识产权制度的特殊性，但归根结底，知识产权仍然是一种民事权利，其本质属性是财产权利和人身权利的结合。"② 民法学者认可知识产权是私权，但是不认可单独设立"知识产权编"具有必要性，通过《民法典》加知识产权单行法（民事特别法）的方式可以解决知识产权规则的私法归属问题。这一点在立法层面亦得到体现，在《民法典》审议过程中，曾有知识产权在《民法典》中独立成编的意见，时任全国人大常委会法制工作委员会副主任石宏的回应是，知识产权在《民法典》中独立成编的条件还不成熟，理由包括以下两个方面。一是我国知识产权立法一直采用民事特别法的立法方式。我国知识产权立法既规定民事权利等内容，也规定行政管理等内容。《民法典》是调整平等民事主体之间的民事法律关系的法律，难以纳入行政管理方面的内容，也难以抽象出不同类型知识产权的一般性规则。二是知识产权制度仍处于快速发展变化之中，国内立法、执法、司法等需要不断调整适应，如现在就将知识产权法律规范纳入《民法典》，恐难以保持其连续性、

---

① 何华：《〈民法总则〉第 123 条的功能考察——兼论知识产权法典化的未来发展》，载《社会科学》2017 年第 10 期。

② 王利明：《论中国民法典的制订》，载《辽宁公安司法管理干部学院学报》1999 年第 1 期。

稳定性。① 基于此，在技术障碍和观念障碍的共同作用下，在未来相当长一段时间内，《民法典》单独设立"知识产权编"的可能性不大，采取仅用一个条文对知识产权规则集中性规定的链接式立法模式可能会长期保留，用这样的"点—线"立法体例来提示民事基本法律与知识产权单行法律之间的链接关系。②

目前，《民法典》直接涉及知识产权（包括技术合同）的相关规定共计52条，纯粹的知识产权条款主要是《民法典》第123条和第1185条，知识产权没能在《民法典》中单独成编，原因是目前条件还不成熟。同时，《民法典》可以为知识产权法提供理论基础和制度根基，并且具有补充适用的价值。③

二、知识产权成典：在知识产权制度体系化基础上的法典解构

目前，我国已经基本建成了一套与国际通行规则接轨、基本符合我国国情需要的，以《专利法》《商标法》和《著作权法》为骨干，以行政法规、司法解释、部门规章为支撑的中国特色知识产权制度体系。同时，我们需要深刻认识到，我国知识产权制度缺乏统领专利制度、商标制度、著作权制度等骨干知识产权制度的基础性法律。对于通过法典化的方式解决上述问题，除了实现知识产权法与《民法典》的链接，解决《民法典》的民事权利框架下知识产权"入典"问题之外，还有一个重要问题，就是实现知识产权法律体系化，亦即在《民法典》之外再设专门法典的知识产权"成典"问题。研究制定知识产权法典，已经成为广泛关注的努力方向。例如，2022年3月10日，

---

① 类似观点如"在这次民法典立法过程中，有很多学者提出能不能将知识产权也纳入《民法典》之中。关于这个问题，当时我们也考虑研究了。由于知识产权发展变化太快，尤其涉及互联网的问题，至今还没有解决，也没有形成共识。所以，经过研究，我们认为纳入的做法比较勉强。将知识产权这个部分放置在民法典之外，作为民法特别法，对知识产权立法发展可能更加妥当一些，更有利于其不断发展。"参见孙宪忠：《论民法典贯彻体系性科学逻辑的几个要点》，载《东方法学》2020年第4期。

② 有学者将其称为"一种去法典化的立法路径"。参见刘强、孙青山：《〈民法典〉知识产权条款立法研究——兼论"民商知合一"立法体例的构建》，载《中南大学学报（社会科学版）》2020年第6期。

③ 孔祥俊：《〈民法典〉与知识产权法的适用关系》，载《知识产权》2021年第1期。

十三届全国人大五次会议召开时，秘书处发布《关于代表提出议案处理意见的报告》，明确指出："研究启动条件成熟领域法典编纂工作，提出编纂劳动法典、知识产权法典等。"①

一般而言，知识产权法律规范法典化"成典"的基本价值在于，形成体系化效应和形式理性。所谓"体系化效应"，是指将庞大的法律规范和法律制度按照一定的逻辑整合为一个和谐统一的整体。② 通过知识产权法典的体系化效应，搭建知识产权法典的总则与分则之间、知识产权法典与单行法之间的沟通桥梁，在各个组成部分之间提炼共通性规范并且架设连接性规范，可以促进消除专利法律制度、商标法律制度、著作权法律制度等不同类型知识产权法律制度之间的漏洞与矛盾。应当说，知识产权法典的"全面观照的体系功能，在现代社会仍然无可取代"。③ 所谓"形式理性"，是指可以运用知识产权法典实现知识产权法律规范的自洽与协调，保证知识产权法律规则的合理与科学，尤其是促进知识产权法律价值的一致与统一，最大限度地以应用为导向④构建制度体系。

首先，就制度历史而言，知识产权制度对体系化效应存在强烈需求，体系化一直在路上。从知识产权制度的衍生发展来看，大致出现过五种法律形态：早期知识产权制度萌芽是统治者颁发给权利人的特许令；近代知识产权制度产生之初的特别事项立法；19 世纪上半叶概念法学兴起后的各个领域相对体系化的单行法；工业产权法典；知识产权法典。⑤ 统治者颁发给权利人的特许令仅仅是个别适用的行政授权，并非具有普适性的行为规范，特别事项立法"杂乱无章、非常晦涩，甚至相互矛盾。人们在没有经过苦心研究的情况下无法明白法律所表达的意思……它属于低层次立法，法律体系

① 《第十三届全国人民代表大会第五次会议秘书处关于代表提出议案处理意见的报告》，载中国政府网，http://www.gov.cn/xinwen/2022 - 03/10/content_5678383.htm，访问日期：2022 年 5 月 9 日。
② 江必新：《中华人民共和国民法典适用与实务讲座》，人民法院出版社 2020 年版，第 23 页。
③ 苏永钦：《寻找新民法》，北京大学出版社 2012 年版，第 64 页。
④ 方新军：《内在体系外显与民法典体系融贯性的实现对〈民法总则〉基本原则规定的评论》，载《中外法学》2017 年第 3 期。
⑤ 何华：《知识产权法典化基本问题研究》，吉林出版集团有限责任公司 2010 年版，第 22 - 29 页。

尚未建立"①，直到单行立法时期，各国开始用尽可能抽象的语言界定知识产权保护客体，从而提高法律适用弹性，间接提高制度稳定性。② 然而，在此基础上，从单行立法阶段进入工业产权法典阶段乃至知识产权法典阶段，发展的关键是提炼不同类型知识产权法律制度的公因式。就我国而言，分析我国知识产权立法，虽然存在一系列单行法，但是知识产权只是一个虚设的词汇，"质言之，各项知识产权法并未在立法文件中实现体系化"③。正因如此，我国《专利法》《商标法》《著作权法》等骨干知识产权法律在类似制度、可比程序等方面存在诸多重大差异，甚至在立法价值取向、利益平衡处理等根本性问题上亦存在分歧。下面举两个例子加以说明。其一，针对知识产权侵权惩罚性赔偿制度适用条件中的主观要件，我国立法有两种表述：故意侵权和恶意侵权。其中，《民法典》《专利法》《著作权法》均以"故意侵权"作为主观要件，《商标法》《反不正当竞争法》均以"恶意侵权"作为主观要件。具体如表2所示。虽然《最高人民法院关于审理侵害知识产权民事案件适用惩罚性赔偿的解释》（法释〔2021〕4号）将上述条文中的"故意侵权"和"恶意侵权"解释为相同的含义，④ 但是从《民法典》自身体系而言，显然区分了"故意"与"恶意"，二者并不具有相同的范围。进一步来讲，因为知识产权类型的不同而要求不同的惩罚性赔偿适用主观要件，难谓具备正当性。其二，在《著作权法》《商标法》《专利法》中对行政执法的手段作出了具有较大差异性的规定，而这一差异本身很难从权利客体差异方面寻找到正当性。因此，就我国知识产权立法而言，首先需要实现单行法相对体系化，然后才能进入知识产权法典化的阶段。

---

① American Bar Association, *Two Hundred Years of English and American Patent, Trademark and Copyright Law: Papers Delivered at the Bicentennial Symposium of the Section of Patent, Trademark, and Copyright Law, Annual Meeting, Atlanta, Georgia, August 9, 1976*, https://xueshu.baidu.com/usercenter/paper/show? paperid = 194a39bcf62e782d2f1c1cf2cc7a7cf5&site = xueshu_se, last visited: 2023 – 07 – 01.

② Brad Sherman & Lionel Bently, *The Making of Modern Intellectual Property Law*, Cambridge University Press, 1999, p. 74 – 75.

③ 吴汉东：《民法法典化运动中的知识产权法》，载《中国法学》2016年第4期。

④ 参见《最高人民法院关于审理侵害知识产权民事案件适用惩罚性赔偿的解释》（法释〔2021〕4号）第1条规定："原告主张被告故意侵害其依法享有的知识产权且情节严重，请求判令被告承担惩罚性赔偿责任的，人民法院应当依法审查处理。本解释所称故意，包括商标法第六十三条第一款和反不正当竞争法第十七条第三款规定的恶意。"

表2　知识产权惩罚性赔偿制度主观要件的立法表达

序号	法律文本	主观要件	条文表述
1	《民法典》	故意侵权	第1185条："故意侵害他人知识产权，情节严重的，被侵权人有权请求相应的惩罚性赔偿。"
2	《专利法》（2020年修正）		第71条第1款："……对故意侵犯专利权，情节严重的，可以按照上述方法确定数额的一倍以上五倍以下确定赔偿数额。"
3	《著作权法》（2020年修正）		第54条第1款："……对故意侵犯著作权或者与著作权有关的权利，情节严重的，可以在按照上述方法确定数额的一倍以上五倍以下给予赔偿。"
4	《商标法》（2019年修正）	恶意侵权	第63条第1款："……对恶意侵犯商标专用权，情节严重的，可以在按照上述方法确定数额的一倍以上五倍以下确定赔偿数额。……"
5	《反不正当竞争法》（2019年修正）		第17条第3款："……经营者恶意实施侵犯商业秘密行为，情节严重的，可以在按照上述方法确定数额的一倍以上五倍以下确定赔偿数额。……"

　　其次，就制度比较而言，《法国知识产权法典》是知识产权制度体系化的阶段性成果。目前世界范围内知识产权"成典"的范式立法例是1992年《法国知识产权法典》。在立法结构方面，《法国知识产权法典》内容主要包括版权和工业产权两部分，延续了《保护工业产权巴黎公约》和《保护文学和艺术作品伯尔尼公约》形成的知识产权保护体系。在规则内容方面，《法国知识产权法典》摒弃了公法、私法之间的严格划分，兼具权利保护规则和程序性规范，甚至行政性规范和刑事规范。例如，《法国知识产权法典》第一部分"文学和艺术产权"之第三卷"关于版权、邻接权及数据库制作者权的通则"中，第三编"程序及处罚"主要包括版权、邻接权及数据库制作者权益保护的程序，并进一步涵盖刑事方面的规定。就知识产权法典这一阶段而言，也存在着从法律汇编到法典编纂的发展阶段。我国在这方面，同样有较长的路要走。

最后，就制度关联而言，知识产权"成典"是传统民法典的法典解构背景下的自然选择与理性回应。以当今时代技术和经济的快速发展为背景，法典模式的封闭性使得所谓的传统民法典危机在知识产权领域显得尤为突出。"因特别民法的侵入和蚕食，民法典一统天下的风光难继，沦为'剩余法'或者补充法，民法成了民法典与特别民法的混合物"①，这一点无论从消费关系、劳动关系还是从知识产权法律关系方面都能得到体现。究其本质，这一问题的原因在于法典这一自然法理性的完美形式所具有的天然内在缺陷。法典化，尤其是大陆法系的实质性的法典化，意图"把法律调节之手伸到社会生活各个角落，追求详尽具体地、无微不至地加以规定以使得法官无论遇到多么复杂的案件都能像查字典一样从庞大的法典中检索到现成的解决方案"②。然而，意图用法典统摄社会关系的自然法理性存在的悖论在于，社会关系始终处于发展变化中，我们可以对既有市民生活规律做以总结，但是对未来生活的预测是有限的。这一法典所具有的天然内在缺陷，在知识产权法中尤为凸显，因为知识产权法典是"最古老的和最现代的法律规则融合模式的选择"③，是响应瞬息万变的科技创新发展的恒定法律制度。面对这样的缺陷，立法者有两种选择：法典重构、法典解构。所谓"法典重构"，是用私法基本原理统合特别民法，遵循将民法典作为市民社会生活唯一法典的核心价值。然而，"法典重构非常困难，且不论诸多特别法撼动民法典的教义学基础，但是法律规范的表达就足以让立法者却步"④，因此法典解构是解决上述缺陷的唯一可行的选择。所谓"法典解构"，就是在民法典之外建立特别民法制度，由特别民法制度解决上述缺陷，回应社会关系的发展。

由此，知识产权法典应当成为《民法典》的特别法，从而形成如下法律制度位阶。第一位阶：《民法典》总则编第123条关于知识产权保护客体的概括性、可拓展性的规定；第二位阶：以"知识产权基本法"和主要类型知

---

① 谢鸿飞：《民法典与特别民法关系的建构》，载《中国社会科学》2013年第2期。
② 魏磊杰、王明锁：《民法法典化、法典解构化及法典重构化——二百年民法典发展历程述评》，载易继明主编：《私法》（第5辑第2卷），北京大学出版社2005年版，第16页。
③ 费安玲：《论我国民法典编纂活动中的四个关系》，载《法制与社会发展》2015年第5期。
④ 同注①。

识产权原则性制度规定共同构成的"知识产权法典";第三位阶:以法律、行政法规等形式表现的、按照知识产权类型组织的知识产权单行法。这其中,"知识产权法典"的起草可以分"两步走":第一步,先行研究制定"知识产权基本法",作为未来知识产权法典的总则或者通则;第二步,按照内在逻辑研究起草主要知识产权类型的原则性规定和共通性规则,在此基础上结合"知识产权基本法"形成完整的"知识产权法典"。"知识产权法典"对知识产权规则作出概括性、统领性的规定,并不是通过法律汇编直接替代知识产权单行法,而是进行法典编纂以凝练原则性规定。未来基于适应创新创造快速发展的需要,知识产权单行法将保持动态立法工作机制,较为及时地对相关法律规则进行修改完善。

三、知识产权基本法:在"链接式入典"和"解构化成典"之间

知识产权制度在技术化、现代化改造后的"入典"或者"成典"是理想化的方向,在"链接式入典"和"解构性成典"之间形成知识产权基本法是现实性的选择。《民法典》第123条采取链接式立法模式对知识产权保护客体作出了规定,走出了知识产权"入典"的关键一步;同时,知识产权制度全面纳入《民法典》具有技术障碍和观念障碍。

一方面,知识产权法全面纳入《民法典》具有技术障碍和观念障碍。基于私权属性的本质回应与技术观念的现实障碍,仅仅用《民法典》第123条这一条文进行了知识产权规则的集中性规定,即我国知识产权法律制度采取了"链接式入典"的模式。同时,知识产权"成典"需要以知识产权体系化、系统化作为基础,以知识产权强国建设理论体系[①]作为支撑,目前仍存在难度。我国知识产权法典未来会采用"解构化成典"的模式,在《民法典》之外建立知识产权法典这一特别民法制度。

另一方面,在知识产权"入典"和知识产权"成典"之间,应尽快研究制定"知识产权基本法"。就基本秉性而言,从知识产权"入典"的角度来

---

① 张鹏:《知识产权强国建设思想形成、理论构成与实践证成研究》,载《知识产权》2021年第10期。

看，"知识产权基本法"是《民法典》总则编第 123 条这一知识产权基础性规定的落实，是"法典解构"下的特别民事法律制度的概括；从知识产权"成典"的角度来看，"知识产权基本法"是知识产权法典化的探索，是知识产权入典和知识产权成典之间的历史衔接。在上述法律制度位阶中，知识产权法典的重要制度价值在于，衔接《民法典》总则编第 123 条，将《民法典》价值取向、权利观念、基本属性在知识产权法律制度中加以落实，并对知识产权单行法起到引领和统领作用。可见，"知识产权基本法"是《民法典》的特别法，是未来知识产权法典的总则或者通则，引领未来知识产权法典的总体定位、价值取向与骨干制度。基于上述定位，"知识产权基本法"仍应秉承《民法典》确立的、未来知识产权法典作为特别民事法律制度也要继续坚守的"私权—私法—司法"的基本逻辑。

就价值归属而言，"知识产权基本法"是知识产权治理体系和治理能力现代化的基本依托，是充分发挥市场配置创新资源决定性作用的制度保障，是提高知识产权国际竞争力、引导知识产权国际规则发展的范式立法例。《中共中央关于全面深化改革若干重大问题的决定》指出，产权是所有制的核心。健全归属清晰、权责明确、保护严格、流转顺畅的现代产权制度。《中共中央 国务院关于完善产权保护制度依法保护产权的意见》（中发〔2016〕28 号）明确提出"坚持平等保护、坚持全面保护、坚持依法保护、坚持共同参与、坚持标本兼治"的基本原则，强调保护产权不仅包括保护物权、债权、股权，还包括保护知识产权及其他各种无形财产权，进一步完善归属清晰、权责明确、保护严格、流转顺畅的现代产权制度和产权保护法律框架。①

接下来的问题是，在《知识产权强国建设纲要（2021—2035 年）》和《"十四五"国家知识产权保护和运用规划》颁布实施的背景下，已经将知识产权基础性法律制度以公共政策的方式进行了表达。知识产权公共政策，特别是知识产权战略文件，已经担当了知识产权基础性法律制度的角色，是否

① 参见张鹏：《知识产权基本法立法思路与总体内容研究》，载国家知识产权局条法司编：《专利法研究（2017）》，知识产权出版社 2019 年版。

还有必要制定"知识产权基本法"？一方面，从文本的角度而言，上述两个文件提出"开展知识产权基础性法律研究"，已经对此作出了回应。另一方面，从公共政策法律化的角度而言，上述两个文件或是政策战略化的载体，或是政策措施性的安排，不应也不能取代"知识产权基本法"的地位和作用，"知识产权基本法"对知识产权公共政策的制定和实施提供法律依据、法律活动准则和法律效力保障。①

四、立法方法论：知识产权基本法的立法技术探析

为了落实国家知识产权治理体系建设的基本方向，应对知识产权法律制度存在的滞后性、全面性不足、深入性不足，以及知识产权公共政策在体系性、协调性等方面存在的突出问题，我国知识产权领域需要将二者加以互补，形成知识产权领域的"软法之治"。换言之，发挥知识产权法律制度和知识产权公共政策的各自优势，互补各自劣势，促进柔性互动，开展协同治理。② 进一步促进和优化知识产权领域的"软法之治"，打通公共政策法律化的现实通道，协调运用公共政策和法律制度的各自优势，通过"立法整合"与"共生而治"等多重路径，分别构建起"软法"与"硬法"之间的良性转化机制和良性共存机制，③ 是实现知识产权领域治理能力和治理体系现代化的关键。

1. 法理基础：知识产权公共政策法律化与法治化

知识产权公共政策法律化与法治化问题讨论的起点是政策和法律的区别与联系。美国学者伍德罗·威尔逊指出，"公共政策是由政治家，即具有立法权者制定的，而由行政人员执行的法律和法规"④，明晰了公共政策与法律法规种属上的同质性。美国法理学家德沃金教授提出"规则—原则—政策"理论对此作出了明确的诠释。按照德沃金教授的观点，"政策"是涉及社会性、集体性的目标或者目的的一种政治决定，"它们规定一个必须实现

---

① 吴汉东：《试论"民法典时代"的中国知识产权基本法》，载《知识产权》2021 年第 4 期。
② 罗豪才、苗志江：《社会管理创新中的软法之治》，载《法学杂志》2011 年第 12 期。
③ 廉睿、高鹏怀：《整合与共治：软法与硬法在国家治理体系中的互动模式研究》，载《宁夏社会科学》2016 年第 6 期。
④ 转引自伍启元：《公共政策》（上），台湾商务印书馆 1985 年版，第 4 页。

的目标，一般是关于社会的某些经济、政治或者社会问题的改善"①。由此可见，德沃金教授所界定的"政策"，与我国现实实践中所认知的"公共政策"并无二致。同时，德沃金教授所指出的"政策"与"原则""规则"存在明显不同，政策具有政治性、功利性和实用性，原则具有法理性、稳定性和长期性，规则具有明确性、实践性和预期性。当然，规则、原则、政策具有相互转化的向度和空间。政策经过一段时间的推行，证明具有良好的公共政策效果，可以通过立法程序转换为规则；原则经过系列案件的验证，获得广泛的社会认知效果，可以通过司法实践转换为规则；政策经过不同情形的反复验证，证明具有正向的价值导向功能，可以通过司法认知转化为原则。而在上述转化和转换的过程中，公共政策通常扮演着起点和启动者的角色。

知识产权领域规则、原则、政策的转化和转换更具正当性基础和现实性意义。世界各国的历史经验表明，除了法律规范之外，公共政策已经成为调控市场经济和社会发展不可或缺的一个重要方面和关键性因素，而且社会经济发展程度越高，国家宏观调控的重要性越大，公共政策的作用和影响也就越大。② 这一点在知识产权领域表现尤为突出。事实上，由于知识产权领域并不具有较强的道德可非难性，该领域的规范更多地体现为公共政策，即知识产权制度在公共政策体系中也是一项知识产权政策。③ 首先，从知识产权公共政策的决策主体而言，公共政策决策的主体主要是立法权者，其活动包括制定法律法规，提供实施条件手段，建立包括司法裁判、行政管理、社会服务等在内的配套机制等。其次，从知识产权公共政策的内容而言，知识产权公共政策之所以必要，是因为选择公共政策来解决知识资源配置与知识财富增长的问题，较之于市场自发解决问题所产生的社会成本更低，而带来的收益更高。正如科斯所述，政府公共政策是一种在市场解决问题所导致的社会成本过高的情况下做出的替代选择。④ 作为知识产权保护客体的知识产品，

---

① ［美］罗纳德·德沃金：《认真对待权利》，信春鹰、吴玉章译，中国大百科全书出版社1998年版，第41页。

② 刘平：《立法原理、程序与技术》，学林出版社、上海人民出版社2017年版，第138页。

③ 吴汉东：《知识产权精要：制度创新与知识创新》，法律出版社2017年版，第28页。

④ 参见［美］R. 科斯：《社会成本问题》，载R. 科斯等：《财产权利与制度变迁——产权学派与新制度学派译文集》，胡庄君等译，上海三联书店1991年版，第3页。

恰恰因为其非物质性产生了市场调节手段的失灵问题，采用政府公共政策解决创新补偿、交易保障等问题的社会成本较低。最后，从知识产权公共政策的基本逻辑而言，"知识产权法律与公共政策同构"①。关于知识产权法律制度的选择和安排，背后体现的是国家利益的政策立场。亦即，知识产权法律制度蕴含着创新发展的目标选择和实现目标的手段，反映了私人产权制度中的国家利益需求。

从上述知识产权公共政策的决策主体、政策内容、基本逻辑而言，知识产权公共政策法律化符合提高政策稳定性、战略性、全局性、系统性、民主性、科学性的要求。正如党的十八届四中全会通过的《中共中央关于全面推进依法治国若干重大问题的决定》所要求的，"法律是治国之重器，良法是善治之前提。建设中国特色社会主义法治体系，必须坚持立法先行，发挥立法的引领和推动作用，抓住提高立法质量这个关键"。首先，知识产权公共政策法律化符合提高政策稳定性和战略性的要求。法律制度相较于公共政策，更加具有稳定性，可以用国家强制力的方式促进持续稳定的规则适用和原则保障，从而保障政策实施效果符合总体战略目标的需要。其次，知识产权公共政策法律化符合全局性和系统性的要求。法律制度相较于公共政策，更加具有全局性，其可以在整个中国大陆地区内全面推行，避免公共政策在地域、行业、层级方面的适用局限性，避免行政领域公共政策对司法实践的迁移性等问题，促进知识产权公共政策实现系统性的推行效果。最后，知识产权公共政策法律化符合民主性和科学性的要求。法律制度的形成需要严格按照《中华人民共和国立法法》（以下简称《立法法》）规定的立法程序，在立法规划、立法调研、形成法案的基础上多次进行审议，有助于保障相关内容的民主性和科学性。

综上所述，知识产权公共政策法律化就是以政策之实披以"法律外衣"，以法律替代政策实为法经济学视角下的最优进路。② 正如美国法学家昂格尔

---

① 吴汉东：《知识产权精要：制度创新与知识创新》，法律出版社2017年版，第341页。
② 张燕玲：《由"内容法律化"到"政策法制化"——以互联网行业产业政策法治化优先进路选择为视角》，载杨慧主编：《中财法律评论》（第九卷），中国法制出版社2017年版，第302 - 323页。

所指出的，政策导向的法律推理以强调公正性和社会责任性的广义标准为特征，对法律形式主义的反叛似乎不可避免并且有益。① 知识产权公共政策法律化既有助于提高知识产权公共政策的稳定性、战略性、全局性、系统性、民主性、科学性，亦有助于实现知识产权法律制度的政策导向，知识产权公共政策法律化是促进提高知识产权领域法治水平、实现知识产权领域治理体系和治理能力现代化的关键举措。

2. 软法之治：知识产权领域公共政策法律化的必要性

知识产权强国建设为中国特色知识产权制度建设与完善提出了新的更高要求。与知识产权强国建设的战略需求相比，中国特色知识产权制度建设存在如下问题。一是立法存在滞后性，无法较好地适应科技产业发展。二是立法全面性不足。《专利法》《商标法》《著作权法》等法律法规偏重知识产权保护方面，对知识产权运用促进方面的法律规则明显不足，难以适应当前多种样态的知识产权运营需要。三是立法深入性不足，与法律实践存在一定差距。例如，在知识产权创造方面，缺少对于非正常专利申请和低质量专利申请的规制措施；在知识产权运用方面，缺少对保障交易安全和降低交易成本的关键性制度安排；在知识产权保护方面，缺乏知识产权保护的程序性规则和知识产权滥用的规制规则；在知识产权管理方面，缺乏对知识产权治理体系现代化的法律制度保障；在知识产权服务方面，缺乏对公共服务和服务业发展的促进内容。与此同时，自 2005 年国务院制定颁布《国家中长期科学和技术发展规划纲要（2006—2020 年)》并于 2006 年出台知识产权的配套政策以来，尤其是自 2008 年国务院颁布《国家知识产权战略纲要》以来，我国形成了以党中央、国务院联合颁布的创新驱动发展战略文件和加强知识产权保护文件，国务院发布的加快建设知识产权强国的总体部署，国务院办公厅转发的深入实施国家知识产权战略的具体安排②等为主体的知识产权公共政

---

① ［美］哈罗德·J. 伯尔曼：《法律与革命——西方法律传统的形成》，贺卫方、高鸿钧、张志铭等译，中国大百科全书出版社 1993 年版，第 47 页。

② 参见《中共中央 国务院关于深化体制机制改革加快实施创新驱动发展战略的若干意见》《国家创新驱动发展战略纲要》《关于强化知识产权保护的意见》《国务院关于新形势下加快知识产权强国建设的若干意见》《深入实施国家知识产权战略行动计划（2014—2020 年)》等。

策体系。2016 年，我国知识产权政策措施数量已达 30 余项，知识产权公共政策体系逐渐成型，迫切需要"制定知识产权政策发展的路线图，及时清理调整落后的知识产权政策，及时将稳定的政策上升为法律"①。

可见，为了应对知识产权法律制度存在的滞后性、全面性和深入性不足，及其与知识产权公共政策在体系性、协调性等方面存在的问题，我国知识产权领域将二者加以互补，产生了知识产权领域的"软法之治"。亦即，发挥知识产权法律制度和知识产权公共政策的各自优势，互补各自劣势，促进柔性互动，开展协同治理。② 进一步促进和优化知识产权领域的"软法之治"，实现知识产权领域治理能力和治理体系现代化，关键在于打通公共政策法律化的现实通道，协调运用公共政策和法律制度的各自优势，通过"立法整合"与"共生而治"等多重路径，分别构建起"软法"与"硬法"之间的良性转化机制和良性共存机制。③

3. 他山之石：公共政策法律化立法技术借鉴

《日本知识产权基本法》是以公法形式构建知识产权公共政策法律化的典型立法例。就《日本知识产权基本法》的制定背景而言，2002 年 3 月，时任日本首相提出"知识产权立国"论；2002 年 7 月，日本知识产权战略会议制定出台《日本知识产权战略大纲》；2002 年 11 月，日本国会通过《日本知识产权基本法》。可以说，《日本知识产权基本法》就是为了从法律制度层面推进知识产权战略、促进知识产权立国，就《日本知识产权战略大纲》作出的政策部署给予法律保障。《日本知识产权基本法》分为四章和一个附则，分别规定了总则，基本措施，有关知识财产的创造、保护及应用的推进计划，以及知识产权战略本部。"总则"涉及《日本知识产权基本法》的立法目的，立法理念，知识财产，知识产权以及国家、高校、企业等发展和保护知识产权的义务；"基本措施"规定了推进研究开发、促进成果转化、加速授权、

---

① 宋河发、沙开清、刘峰：《创新驱动发展与知识产权强国建设的知识产权政策体系研究》，载《知识产权》2016 年第 2 期。

② 罗豪才、苗志江：《社会管理创新中的软法之治》，载《法学杂志》2011 年第 12 期。

③ 廉睿、高鹏怀：《整合与共治：软法与硬法在国家治理体系中的互动模式研究》，载《宁夏社会科学》2016 年第 6 期。

诉讼程序的完善和便捷、加大侵权惩罚力度等措施；"有关知识财产的创造、保护及应用的推进计划"则部署了知识财产战略部制定有关知识财产的创造保护及应用的推进计划，并就计划的主体内容进行了规定；"知识产权战略本部"部分则明确了本部长、副本部长、本部员的职责和构成。① 从《日本知识产权基本法》的内容可以看出，尽管该基本法对知识产权法的一般性问题，如立法目的、理念、知识财产、知识产权等内容进行了规定，但是主体内容却是对政府以及社会各界推进知识财产的创造、保护和应用义务的规定，属于行政法性质，而非私法。②

《韩国知识产权基本法》的立法历程和主要内容与《日本知识产权基本法》的立法历程和主要内容总体类似，旨在直接实现知识产权公共政策法律化。就《韩国知识产权基本法》的制定背景而言，2005 年，韩国郑成湖议员、金映宣议员提出了知识产权法草案，其没有采用以前以"知识产权保护"为中心的知识产权法律运行体系，而是以各部门分别运行的有关知识产权创造、保护、运用政策为核心，该法案被认为是《韩国知识产权基本法》的前身。③ 2009 年 3 月，韩国特许厅联合相关部门研究制定《知识产权的战略与愿景》；2009 年 7 月 29 日，直属韩国总统领导的国家竞争力强化委员会第十五次全体会议审议通过《知识产权强国实现战略》。在韩国知识产权强国实现战略实施伊始，即在国务总理室设置专门机构，组成由知识产权相关部门及民间专门委员组成的知识产权政策协调委员会，负责制定包括知识产权创造、运用、保护等内容的《韩国知识产权基本法》。④ 从这一制定背景来看，中国和韩国有类似之处，都是在国家知识产权战略中提出制定知识产权基础性法律制度，然后通过战略引领、政策引导的方式开启知识产权公共政策法律化的进程。

在此之后，韩国形成了《韩国知识产权基本法》的三部草案：2009 年

---

① 参见中村真帆译：《日本知识产权基本法》，载《网络法律评论》2004 年第 1 期。
② 齐爱民：《知识产权基本法之构建》，载《河北法学》2009 年第 5 期。
③ Shin Jee - Youn, *Intellectual Property Basic Law: Its Evaluation and Challenges*, 2 Science, Technology and Law 94 (2011). 转引自白智妍：《〈知识产权基本法〉：立法经验与可借鉴之处》，载刘银良主编：《北大知识产权评论（2020—2021 年卷）》，知识产权出版社 2022 年版，第 350 - 366 页。
④ 王淇：《韩国知识产权政策体系初探》，载《科技促进与发展》2017 年第 10 期。

11 月 4 日，李钟赫议员等提出的知识产权基本法草案；2010 年 8 月 4 日，韩国政府提出的知识产权基本法草案；2010 年 9 月 1 日，金映宣议员等提出的知识产权基本法草案。2010 年 9 月 29 日，这三部草案分别被提交到第 294 届国会第五次政务委员会，政务委员会审议后决定将上述三部草案整合调整形成一部统一的草案，并在韩国国会全体会议上复议。[①] 2011 年 4 月 29 日，韩国国会全体会议通过《韩国知识产权基本法》。这一立法历程与日本的立法历程非常类似，都是为了实现国家层面知识产权战略的法律化保障。

就形式而言，为什么被称为"基本法"？这一点与韩国整体法律制度安排是有关系的。其中，2000 年之前，韩国的"基本法"的数量是 22 部；2001—2011 年，韩国在各种领域制定了将近 60 部的"基本法"。可以说，《韩国知识产权基本法》体现了用作建立和保障政府行政部门的预算、人力和执行机构的手段的目的，并以提升知识产权市场价值、带动知识经济发展作为最大亮点。[②] 就内容而言，《韩国知识产权基本法》共 5 章 40 条，规定了成立国家知识产权委员会、制定国家知识产权基本计划等推进知识产权工作、整备知识产权环境的多项措施，已经成为韩国国家知识产权战略的基础和支柱。具体而言，《韩国知识产权基本法》大致分为四个部分：第一部分（第一章）总则中规定了立法目的、基本理念、主要概念的定义等适用于法律整体的事项；第二部分（第二章）规定了国家知识产权委员会的组织等政策的决定和执行体系；第三部分（第三章和第四章）规定了知识产权的创造、运用、保护以及基础政策；第四部分（第五章）是附则。

4. 解决方法：知识基本法具体立法技术探析

通过法典化编纂形成知识产权基本法的方式，是实现知识产权公共政策法律化的根本路径。其中，所谓"法典编纂"是指有权国家机关在法律清理和法律汇编的基础上，将现存有效的同一类或者同一法律部门的法律加以审

---

① 白智妍：《〈知识产权基本法〉：立法经验与可借鉴之处》，载刘银良主编：《北大知识产权评论（2020—2021 年卷）》，知识产权出版社 2022 年版，第 350 – 366 页。

② Park Young – Do, *A Study of Model Legislation*, Korean Legislation Research Institute, 2006, p. 16; Shin Jee – Youn, *Intellectual Property Basic Law: Its Evaluation and Challenges*, 2 Science, Technology and Law 94 (2011). 转引自白智妍：《〈知识产权基本法〉：立法经验与可借鉴之处》，载刘银良主编：《北大知识产权评论（2020—2021 年卷）》，知识产权出版社 2022 年版，第 350 – 366 页。

查，根据社会发展的需要，决定各种法律规范的存废，或者对其加以修改，并最终形成一部统一的法典。① 应当说，法典编纂是一种更高级的立法，是国家法典化的重要内容，直接体现了一个国家的立法能力。② 《民法典》第123条对知识产权保护客体作出了规定，走出了知识产权"入典"的关键一步。同时，知识产权法全面纳入《民法典》具有技术障碍和观念障碍，已经成为不可能的选项。在这样的背景下，在知识产权"入典"和知识产权"成典"之间，应尽快研究制定知识产权基本法。如前文所述，知识产权基本法，在价值归属方面，是知识产权治理体系和治理能力现代化的基本依托，是充分发挥市场配置创新资源决定性作用的制度保障，是提高知识产权国际竞争力、引导知识产权国际规则发展的范式立法例，应当是严格保护知识产权的实现法、有效激励创新发展的促进法、发展中国家知识产权制度的示范法。进一步就实现路径而言，法典化编纂形成知识产权基本法需要实现公共政策法律化，需要从法律条文构成、法律规范结构、法律原则提炼三个角度探讨其立法技术。③ 亦即，基于知识产权基本法所具有的知识产权公共政策法律化的本质属性，需要探讨知识产权基本法的立法技术。笔者认为，从立法技术的角度而言，应当从概念、规则、原则等维度构建知识产权基本法法律文本中的法律条文。

一是构建知识产权基本概念。"法律概念乃是解决法律问题所必需的和必不可少的工具，没有严格限定的专门概念，我们不能清楚和理性地思考法律问题。"④ 知识产权基本法需要对知识产权领域的基本概念作出界定，尤其是《专利法》《商标法》《著作权法》等知识产权单行法律法规没有予以界定的、能够统领各个单行法律法规的基本概念。首先需要给出"知识产权"的概念，我国《民法典》第123条从知识产权权利客体列举的角度对"知识产权"予以界定，建议知识产权基本法从知识产权所具有的客体非物质性、

---

① 参见侯淑雯：《新编立法学》，中国社会科学出版社2010年版，第312页。
② 参见邓世豹主编：《立法学：原理与技术》，中山大学出版社2016年版，第351页。
③ 参见张鹏：《知识产权基本法基本问题研究——知识产权法典化的序章》，知识产权出版社2019年版，第64－67页。
④ ［美］E. 博登海默：《法理学——法哲学与法律方法》，邓正来译，中国政法大学出版社1999年版，第486页。

专有性（排他性）、时间性、地域性等本质属性的角度给出知识产权概念描述。同时，建议对知识产权保护格局、知识产权运用体系、知识产权公共服务等基本概念，从内涵或者外延的角度予以描述。

二是构建知识产权法律规则。法律规则是指法律在各门类情况下对某一群体的人允许或者要求什么行为的一般性描述，① 可以被视为规范性控制的方式，其特征是具有很高程度的精确性、具体性和明确性。② 知识产权法律规则是构成法律的基本单元，是法律推理的基础性前提。因此，就知识产权保护而言，可以从知识产权的司法保护、行政保护、海关保护、仲裁调解等多个角度构建具体法律规则；就知识产权运用而言，可以从高校、科研院所、企业、军民融合等多个角度构建具体法律规则，特别强调知识产权运用的市场主导作用；就知识产权服务而言，可以从服务业发展、公共服务投入、财政税收支持等多个角度构建具体法律规则，特别强调知识产权公共服务的公平性原则。

具体而言，用"基本条件—行为模式—后果引导"的规范结构构建知识产权基本法法律文本中的法律规则。"法律是以权利和义务为核心的，法律规范的一切内容都是围绕这一核心而展开的，法律就是通过权利和义务的设定进行利益调整的。"③ 从立法技术角度而言，用"基本条件—行为模式—后果引导"的规范结构构建知识产权基本法法律文本中的法律规范，是知识产权基本法主要法律规范构建的正确进路。亦即，通过明晰适用的基本条件，并提出授权模式、禁止模式、义务模式等行为模式，使得"一旦具体案件事实符合法律规范的事实条件，就应当产生法律事先规定的法律后果"④，从而形成法律权利义务、法律行为和法律责任三者有机构成的法律制度本体要素。⑤ 例如，通过规定"行为人侵害他人知识产权的，应当停止侵

---

① ［美］史蒂文·J.伯顿：《法律和法律推理导论》，张志铭、解兴权译，中国政法大学出版社2000年版，第16页。

② ［美］E.博登海默：《法理学——法哲学与法律方法》，邓正来译，中国政法大学出版社1999年版，第236页。

③ 孙笑侠：《欲求"平衡" 尚需"控权"——从行政权力的悖伦谈起》，载《法制现代化研究》1996年第00期。

④ ［德］哈特穆特·毛雷尔：《行政法学总论》，高家伟译，法律出版社2000年版，第122页。

⑤ 刘平：《立法原理、程序和技术》，学林出版社、上海人民出版社2017年版，第284页。

害，法律另有规定的除外；行为人有过错的，应当赔偿损失"，明确知识产权侵权损害赔偿的过错责任原则，构建起以"他人享有知识产权"为基本条件、以"行为人侵害他人知识产权并存在过错"为行为模式、"赔偿损失"为后果引导的基本法律规范。

三是构建知识产权法律原则。法律原则源于正义要求和政策考量等社会制度的精神和性质，其被用于指导各项具体的法律规则，"法律原则是证成法律规则，确定法律规则应当如何扩展和修正，以及解决法律规则冲突的理论实体"。① 就知识产权基本法而言，需要权利法定原则、严格保护原则、禁止权利滥用原则、高效运用原则、诚实信用原则等加以明确规定。② 尤其是，需要结合知识产权所具有的权利客体非物质性特点，以及基于上述特点产生的知识产权侵权行为的获益性侵权行为特征，基于其对以"无损害即无责任"为主旨、以补偿原则和禁止获利原则为基础的损害赔偿制度的挑战，③丰富严格保护原则的内涵，从实体法和程序法两个方面明晰严格保护原则的系统构成与具体落实。

具体而言，从公共政策导向和社会需求导向两个维度提炼知识产权基本法法律文本中的法律原则。一方面，如前所述，知识产权基本法是知识产权领域公共政策法律化的重要产物，因此知识产权基本法具有强烈的公共政策导向。从立法目的而言，知识产权基本法的立法目的在于，严格保护权利人合法权益，高效运用创新成果，维护公平竞争和有效竞争的市场环境，深入推进国家知识产权战略实施，有力支撑知识产权强国建设，实现知识产权治理体系和治理能力现代化。亦即，通过"严格保护权利人合法权益"和"高效运用创新成果"，实现"维护公平竞争和有效竞争的市场环境"的效果，促进"深入推进国家知识产权战略实施，有力支撑知识产权强国建设，实现知识产权治理体系和治理能力现代化"的公共政策导向。另一方面，知识产

---

① ［美］拉里·亚历山大、肯尼思·克雷斯：《反对法律原则》，载［美］安德雷·马默主编：《法律与解释》，张卓明、徐宗立译，法律出版社2006年版，第362页。

② 参见张鹏、赵炜楠：《〈知识产权基本法〉立法目的与基本原则研究》，载《知识产权》2018年第12期。

③ 张鹏：《专利侵权损害赔偿制度研究——基本原理与法律适用》，知识产权出版社2017年版，第9-14页。

权基本法应当面向社会需求。党的十八届四中全会通过的《中共中央关于全面推进依法治国若干重大问题的决定》要求："深入推进科学立法、民主立法……健全立法机关主导、社会各方有序参与立法的途径和方式。探索委托第三方起草法律法规草案。"我国《立法法》第 5 条亦明确规定，立法应当体现人民的意志，发扬社会主义民主，坚持立法公开，保障人民通过多种途径参与立法活动。基于"每个人是他自己的权利和利益的唯一可靠保卫者"[1]，需要保障各方利益主体在立法过程中充分表达意志，起到促进沟通、形成制约、体现公平、缓和矛盾等[2]公民利益表达机制的实际作用。随着知识产权公共政策的深入实施，知识产权公共政策直接关系各方利益主体的切身利益，而且各方利益主体的利益呈现出在多个方向、多个维度交织与冲突的样态，因此知识产权公共政策法律化尤其需要强调面向社会需求。[3]

综上所述，在全面实施创新驱动发展战略的背景下，知识产权公共政策体系成为严格保护、激励创新、涤清市场、促进发展的重要政策工具。知识产权公共政策体系和知识产权法律体系良性互动，是知识产权公共政策合法化和法律化的交互进程，需要从立法技术方面分析知识产权公共政策法律化的具体技术。就我国知识产权基本法的基本秉性而言，知识产权基本法是《民法典》关于知识产权规定的落实，是知识产权法典的探索，亦是知识产权"入典"和知识产权"成典"之间的历史衔接。通过法典化编纂形成知识产权基本法的方式，是实现知识产权公共政策法律化的根本路径。知识产权政策法律化，需要从概念、规则、原则等维度构建知识产权基本法法律文本中的法律条文，用"基本条件—行为模式—后果引导"的规范结构构建知识产权基本法法律文本中的法律规范，从公共政策导向和社会需求导向两个维度提炼知识产权基本法法律文本中的法律原则。

五、立法内容论：知识产权基本法的关键内容建议

如前所述，通过法典化编纂形成知识产权基本法的方式，是实现知识产

---

① ［英］J. S. 密尔：《代议制政府》，汪瑄译，商务印书馆 1982 年版，第 44 页。

② 王爱声：《立法过程：制度选择的进路》，中国人民大学出版社 2009 年版，第 178 - 180 页。

③ 张鹏：《基于行为科学的知识产权公共政策有效性提升方向研究》，载《中国发明与专利》2019 年第 1 期。

权公共政策法律化的根本路径。知识产权基本法既是知识产权领域公共政策法律化的重要产物，具有强烈的公共政策导向，又应当面向社会需求，促进知识产权公共政策的深入实施。据此，提出主要内容建议，如下所述。

1. 知识产权基本法的立法宗旨

知识产权基本法是知识产权领域的综合性、基础性法律，对保障知识产权各方主体权益、促进创新创造、维护市场秩序具有非常重要的作用。知识产权基本法的立法，在贯彻落实新发展理念、促进创新驱动发展、实现高质量发展、更好地满足人民群众对美好生活的需求、深化供给侧结构性改革、建设创新型国家和知识产权强国、完善社会主义市场经济法律体系、参与全球知识产权治理体系建设等方面均具有重大意义。知识产权基本法立法应全面贯彻党的十八大和十九大精神，牢固树立和贯彻落实创新、协调、绿色、开放、共享发展理念，按照深入实施创新驱动发展战略的目标和要求，坚持保护权利、促进发展、开放互惠，充分发挥立法的引领和推动作用，加强法律制度顶层设计，夯实社会治理法律基础，解决知识产权制度发挥激励创新基本保障作用中的突出问题和矛盾，建立市场配置创新资源的产权机制，形成有效激励创新的制度环境，推动实现经济提质增效、转型升级。

首先，知识产权基本法需要以"保护权利"为主线。从国际知识产权规则的演进和我国知识产权发展的需求而言，严格知识产权保护已经成为主流趋势。一方面，从国际知识产权规则演进的角度，知识产权保护不断强化，知识产权保护客体范围持续扩大，知识产权国际化趋势明显加强，国际规则变革呈现多元化。《反假冒贸易协议》《跨太平洋伙伴关系协定》等在禁令的适用与例外、损害赔偿数额计算、边境措施、刑事犯罪构成要件等方面，均提出了高于包括我国在内的主要新兴市场国家现行法律规定和法律实践的执法标准。另一方面，就我国知识产权发展的需求而言，严格知识产权保护已经成为客观需要。随着创新驱动发展战略的深入推进，我国创新主体对严格知识产权保护需求强烈。因此，知识产权基本法应当以"保护权利"为主线，周密部署知识产权保护制度，强化知识产权的严格保护。

其次，知识产权基本法需要以"促进发展"为关键。如何运用知识产权制度促进经济和科技发展，使得创新成果真正惠及社会公众，是世界各国进行知识产权制度设计时的重要考量。深入实施创新驱动发展战略，需要充分发挥知识产权制度激励创新基本保障的作用。同时，中国特色知识产权制度必须按照体现国家利益的要求，与国家发展阶段相适应，与国家经济、技术和社会发展战略密切配合，与国家经贸、科技、文化等各方面紧密衔接，支撑国家发展目标的实现。此外，知识产权基本法需要积极实现知识产权制度在激励创新创造、促进创新发展、维护竞争秩序方面的功能，将创新动力、创新活力、市场环境作为知识产权制度设计的价值取向出发点，充分发挥立法的引领作用和推动作用，加强顶层设计，夯实制度基础，激发全社会创新发展的新动力、新动能。

最后，知识产权基本法需要以"开放互惠"为视野。在国际知识产权规则加快变革的历史背景下，迫切需要积极推动建立知识产权全球治理新结构，打击以知识产权为核心的知识霸权，促进知识产权发展的多样性，积极抵制垂直论坛转移，总结推广知识产权发展的"中国模式"，提出知识产权国际战略，推动形成全面开放新格局。因此，知识产权基本法不仅是严格保护知识产权的实现法、有效激励创新发展的促进法，还需要成为提高知识产权国际竞争力、引导知识产权国际规则发展的范式立法例，成为发展中国家知识产权制度的示范法。

2. 知识产权基本法立法需要处理的关系

在上述立法背景下，知识产权基本法立法需要处理如下关系。

一是市场与政府的关系。市场和政府的关系，是知识产权基本法在定位方面面临的首要关系。世界知识产权制度史表明，知识产权制度伴随着市场经济而产生和发展。知识产权是创新产权化的产物，其以创新资源的市场化配置作为背景，是市场经济的产物。我国知识产权制度在改革开放的背景下诞生，在市场经济的环境中发展。1982 年 8 月，我国颁布了第一部《商标法》；1984 年 3 月，我国诞生了第一部《专利法》。可以说，改革开放后，打开国门、扩大国际贸易、搞活商品经济以及改革科技管理体制，都促使我们借鉴国际先进经验，建立起符合我国国情的知识产权制度，是市场经济将现代知识产权制度和理念引进了中国，是市场经济促进我国知识产权制度和理念逐步走向完善。

因此，处理好市场和政府和关系，是知识产权基本法首要的考虑内容。完善中国特色社会主义市场经济体制，充分发挥市场在配置资源中的决定性作用和市场主体的创造性，是中国特色法律制度建设的重要依托。对知识产权制度而言，必须通过立法引领和推动改革，加快推进市场化改革，革除知识产权制度发展中的非市场化干扰因素，秉承"私权—私法—司法"的基本逻辑，坚持以私权领域为依归、以权利制度为体系、以权力中心为本位，① 完善科学有力的知识产权宏观调控和务实高效的知识产权市场治理。政府在知识产权制度体系中的作用主要是引导知识产权市场健康发展和规范知识产权市场运行秩序，需要避免不必要的监管和干预，加快实现知识产权治理体系和治理能力现代化。

二是严格知识产权保护与促进知识产权运用的关系。该关系是知识产权基本法在调整对象和逻辑主线方面面临的主要关系。建议知识产权基本法以围绕"归属清晰、权责明确、保护严格、流转顺畅"的知识产权保护法律框架为主线，进行制度设计，构建制度体系，将知识产权基本法设计成为严格保护知识产权的实现法和有效激励创新发展的促进法，为未来知识产权法典制定奠定基础。通常而言，知识产权具有民事权利、无形资产、竞争工具三层含义，这主要是因为知识产权具有技术价值、法律价值和市场价值。其中，知识产权的技术价值是基础，由于专利技术方案具有的技术创新性和商标标识具有的消费者认知感，其具备了相应的技术价值，为其法律价值和市场价值奠定了基础。知识产权的法律价值是知识产权技术价值的体现，是知识产权市场价值的保障。最高人民法院强调"要以市场价值为导向，加大对知识产权侵权行为的惩治力度，提升侵权人的违法成本"②，体现了坚持案件损害赔偿与知识产权的市场价值、创新贡献度相匹配的理念，深化了司法裁判对于知识产权定价的引领作用，突出了法律价值与技术价值、市场价值的辩证统一。知识产权的技术价值在法律价值的保障下最终表现为知识产权的市场价值，亦即知识产权作为无形资产和竞争工具的价值。显然，以降低知识产权交易成本、提高知识产权交易安全为导向的知识产权运用促进法律制度，与以降低知识产权维权成本、提高知识产权保护力度为导向的知识产权严格

---

① 吴汉东：《知识产权精要：制度创新与知识产权》，法律出版社 2017 年版，第 5 页。

② 姜佩杉：《最高法知产宣传周新闻发布会召开》，载《人民法院报》2019 年 4 月 23 日，第 3 版。

保护法律制度，是以知识产权市场价值和法律价值为基础构建的两项法律制度，二者需要相互支撑、相互促进。

三是法律规范与公共政策的关系。该关系是知识产权基本法在调整手段方面面临的重要关系。由于知识产权是私权，知识产权法是私法，必须充分尊重和有效保障民事主体主张和保护知识产权的意思自治。因此，在知识产权基本法的立法中，需要充分借鉴和全面吸收在现实中发挥了积极作用的知识产权规则的有益部分，将发展实践中成熟有效的政策措施、有关规则上升为知识产权法律制度，为知识产权综合实力的提升提供切实可靠的法律保障。亦即，发挥知识产权法律制度和知识产权公共政策的各自优势，互补各自劣势，促进柔性互动，开展协同治理。① 进一步促进和优化知识产权领域的"软法之治"，实现知识产权领域治理能力和治理体系现代化，关键在于打通公共政策法律化的现实通道，协调运用公共政策和法律制度的各自优势，通过"立法整合"与"共生而治"等多重路径，分别构建起"软法"与"硬法"之间的良性转化机制和良性共存机制。②

四是知识产权基本法与其他法律的关系。该关系是知识产权基本法在价值定位方面面临的重要关系。在我国《民法典》加快研究制定的过程中，学术界普遍认为，经历了体系化、现代化改造的知识产权"入典"，将成为范式民法典的历史坐标。《民法典》第123条对知识产权保护客体作出了规定，走出了知识产权"入典"的关键一步。但是，知识产权法全面纳入《民法典》具有技术障碍和观念障碍，基于私权属性的本质回应与技术观念的现实障碍，我国采取高度集中的糅合式立法模式，在《民法典》中仅仅使用第123条这一条文进行知识产权规则集中性规定，并未设立"知识产权编"。同时，我国知识产权"成典"需要以知识产权体系化作为基础，以中国特色知识产权理论作为支撑，目前仍存在难度。在知识产权"入典"和知识产权"成典"之间，应尽快研究制定"知识产权基本法"。从知识产权"入典"的角度来看，"知识产权基本法"是《民法典》知识产权规定的落实；从知

---

① 罗豪才、苗志江：《社会管理创新中的软法之治》，载《法学杂志》2011年第12期。

② 廉睿、高鹏怀：《整合与共治：软法与硬法在国家治理体系中的互动模式研究》，载《宁夏社会科学》2016年第6期。

识产权"成典"的角度来看，"知识产权基本法"是知识产权法典的探索，是知识产权"入典"和知识产权"成典"之间的历史衔接。

五是国内立法与国际规范的关系。该关系是知识产权基本法在调整维度方面面临的重要关系。知识产权基本法的两个维度：在国内维度上，严格知识产权保护、促进知识产权运用；在国际维度上，推动形成普惠包容、平衡有效、严格保护、促进发展的知识产权国际规则。中国特色知识产权制度的内涵兼具"创新之法"和"发展之法"的属性，是激励创新的基本法、高端发展的促进法、维护秩序的保护法，是知识产权强国建设的制度基础，是中国特色社会主义法律制度和中国特色社会主义法治体系的组成部分。中国特色知识产权制度的外延包括知识产权法律制度、与知识产权相关的法律制度、知识产权公共政策以及知识产权国际规则。因此，知识产权基本法需要从国际、国内两个维度部署相关制度，在国内维度上部署严格知识产权保护、促进知识产权运用的制度，在国际维度上推动形成普惠包容、平衡有效、严格保护、促进发展的知识产权国际规则。

3. 知识产权基本法的基本原则

立足上述立法背景存在的现实需求，以知识产权基本法的指导思想为指引，知识产权基本法立法应当秉持如下原则。

一是激励创新原则。激励创新是知识产权制度的基本精神和价值依托。必须把促进创新发展放在首位，鼓励发展新业态、新模式、新技术，有效激发创新动力、积极形成创新合力、全面促进创新活力，将创新发展作为知识产权基本法的总体目标和落脚点。《中共中央关于全面深化改革若干重大问题的决定》指出，"产权是所有制的核心。健全归属清晰、权责明确、保护严格、流转顺畅的现代产权制度"。《中共中央　国务院关于完善产权保护制度依法保护产权的意见》明确提出坚持平等保护、坚持全面保护、坚持依法保护、坚持共同参与、坚持标本兼治的基本原则，强调保护产权不仅包括保护物权、债权、股权，还包括保护知识产权及其他各种无形财产权，进一步完善归属清晰、权责明确、保护严格、流转顺畅的现代产权制度和产权保护法律框架。知识产权基本法可以通过构建上述知识产权保护法律框架，充分发挥市场在创新资源配置中的决定性作用，成为有效激励创新发展的促进法。

二是私权神圣原则。毋庸置疑，私权内在逻辑是对知识产权规则本质特征的揭示。尽管专利权和版权合理性的论证在很大程度上要归功于自然法理论，但是它们并没有完全沿着自然权利的轨迹发展，而是由制定法进行了多方面的修正，最终由自然权利转化为法定权利。① 即使在深受自然权利理论影响的美国和法国，专利权从一开始就被看作是实在法可以任意设计、任意限制，且可以废弃的权利。② 版权同样如此，由特权转化为法定权利，对普通法意义上的版权能不能作为一种自然权利享有永久性的保护产生很大争论，最终结果是普通法意义上的永久版权被《英国安娜法令》规定的法定权利取代。③ 因此，知识产权规则体现了公平正义的新自然主义法哲学观念与经济效益的新实证主义法哲学观念的博弈与统一，这一法哲学观念并未脱离或者说无法脱离私权的内在逻辑。该原则是知识产权基本法应当予以明确的根本性原则。"权利的存在和得到保护的程度，只有诉诸民法和刑法的一般规则才能得到保障"④，知识产权法同样如此，在"入典"和"成典"之间的知识产权基本法同样需要以私权为中心轴展开体系建设，全面弘扬私法自治。

三是诚实信用原则。该原则的基本内涵是，知识产权的创造、保护、运用、管理、服务应当遵循诚实信用原则，秉持诚信，恪守承诺。知识产权的取得和行使应当遵守法律，尊重社会公德，不得损害国家利益、社会公共利益和他人合法权益。就诚实信用原则的主体而言，传统民法认为其主体系民事主体。亦即，诚实信用原则涵盖两方面含义：一方面，意思表示必须真实，行为人应当承担因表意不真实给相对人造成的损害；另一方面，意思表示必须讲信用，生效的意思表示必须履行，行为人应承担因不履行生效表意给相对人造成的损害，因此诚实信用原则仅适用于意定性民事关系。⑤ 同时，针对行政法律关系的行政法律制度则将"信赖保护"作为基本原则，亦即政府

---

① 李扬：《重塑整体性知识产权法——以民法为核心》，载《科技与法律》2006年第3期。
② Peter Drahos, *A Philosophy of Intellectual Property*, Dartmouth Publishing Company, 1996, p. 32.
③ Ronan Deazley, *On the Origin of the Right to Copy*, Hart Publishing, 2004, p. 31.
④ ［英］彼得·斯坦、约翰·香德：《西方社会的法律价值》，王献平译，中国人民公安大学出版社1990年版，第41页。
⑤ 参见李锡鹤：《民法原理论稿》（第二版），法律出版社2012年版，第109-110页。

对自己作出的行为或承诺应当守信用，不得随意变更，不得反复无常。① 德国学者认为，信赖保护原则部分源自在法治国家原则中得到确认的法律安定性，部分源自诚实信用原则。② 笔者认为，就知识产权基本法而言，其本质属性亦属于私法，同时兼具部分行政法律制度，因此可以将扩展的诚实信用原则作为基本原则，涵盖传统民法的诚实信用原则和行政法与之相关的信赖保护原则。这亦符合诚实信用原则要求"一切权利的行使与义务的履行均应遵守这一准则"③ 的现代发展。同时，禁止权利滥用在学理中被认为是诚实信用原则的具体化，④ 即诚实信用原则当然涵盖了"虽然具有合法权利之外观，但其权利的不当行使或者非法行使不受法律保护"⑤ 的内容。

四是严格保护原则。该原则主要是指国家依法严格保护知识产权，权利人的人身权利、财产权利以及其他合法权益受法律严格保护，任何组织或者个人不得侵犯。同时，国家依法平等保护国内外权利人的知识产权。就严格保护原则的外延而言，该原则除了通常具有的同等保护、平等保护、有效保护的基本内涵之外，还涵盖权利法定、地域保护两个方面的含义。一方面，权利法定要求知识产权的种类和内容由法律法规予以规定；国家建立知识产权动态立法机制，根据发展需要及时调整法律法规；根据知识产权法律法规保护的内容，不影响其享有《反不正当竞争法》的补充保护。另一方面，地域保护要求根据中国法律法规和参加的国际条约的规定产生的知识产权在中国境内有效，依据其他国家和地区法律产生的知识产权要获得中国法律保护的，依照有关国际条约、双边协议或按互惠原则办理。

五是高效运用原则。该原则要求倡导开展各类主体的创新、创业、创意

---

① 参见姜明安主编：《行政法与行政诉讼法》（第六版），北京大学出版社、高等教育出版社2015年版，第72-73页。

② ［德］哈特穆特·毛雷尔：《行政法学总论》，高家伟译，法律出版社2000年版，第277-278页。

③ 王泽鉴：《民法学说与判例研究》（重排合订本），北京大学出版社2015年版，第225-228页。

④ 参见王泽鉴：《诚实信用与权利滥用——我国台湾地区"最高法院"九一年台上字第七五四号判决评析》，载《北方法学》2013年第6期；施启扬：《民法总则》（修订第八版），中国法制出版社2010年版，第363页。

⑤ 彭诚信：《论禁止权利滥用原则的法律适用》，载《中国法学》2018年第3期。

活动，鼓励原始性、颠覆性、突破性创新，激励在此基础上获得各类知识产权，积极促进知识产权运用，提升知识产权运用效益。该原则有两点基本含义：一是市场主导，知识产权基本法应当规定知识产权经济调节、市场监管、公共服务相关法律制度，充分发挥市场在创新资源配置中的决定性作用，更好地发挥政府作用；二是社会共治，政府、企业和社会组织三大类治理主体彼此协同，良性促进，无缝隙地满足社会对知识产权公共服务的需求，国家综合运用政府、市场和社会三种治理机制的功能优势，发挥三种治理权威的协同优势。[①] 这其中，知识产权基本法需要促使政府充分发挥在知识产权经济调节、市场监管、公共服务等方面的作用，构建完善的国家知识产权治理体系，提高国家知识产权治理能力。[②]

综上所述，我们需要科学界定知识产权基本法的基本定位。就价值归属而言，知识产权基本法是知识产权治理体系和治理能力现代化的基本依托，是充分发挥市场在创新资源配置中的决定性作用的制度保障，是提高知识产权国际竞争力、引导知识产权国际规则发展的范式立法例，并应当是严格保护知识产权的实现法、有效激励创新发展的促进法、发展中国家知识产权制度的示范法。知识产权基本法需要坚持严格保护、促进发展、开放互惠，处理好市场与政府的关系、严格知识产权保护与促进知识产权运用的关系、法律规范与公共政策的关系、知识产权基本法与其他法律的关系以及国内立法与国际规范的关系，积极确立激励创新原则、私权神圣原则、诚实信用原则、严格保护原则、高效运用原则等基本原则。

4. 知识产权基本法的主要制度

首先，知识产权基本法规定知识产权归属和权能制度，促使知识产权实现权利归属清晰和权能科学。对知识产权的所有权、使用权、处置权、收益权等权能进行配置，优化财政资助项目的知识产权归属与权能配置，建立财政资助项目形成的知识产权信息公开机制，促进财政资助项目形成的知识产

① 徐嫣、宋世明：《协同治理理论在中国的具体适用研究》，载《天津社会科学》2016 年第 2 期。
② 张鹏、刘洋、张志成等："抢抓机遇，加快知识产权强国建设——《知识产权强国建设——战略环境、目标路径与任务举措》报告摘编"，载国家知识产权战略网，http：//www.nipso.cn/onews.asp? id＝30440，访问日期：2022 年 3 月 2 日。

权成果高效运用。同时，赋予高等院校、科研机构对其享有的知识产权的处置权和收益权，优化职务知识产权归属与利益分配制度，有效平衡单位与创新创造者之间的关系。明确国防项目委托研发主体、研发成果的知识产权归属，促进知识产权军民融合发展。通过知识产权权能的配置和归属的设计，充分调动创新创造者的积极性，有效激励创新。

其次，知识产权基本法规定知识产权保护制度，建立知识产权动态立法机制，根据发展需要及时调整法律法规，强化新业态、新领域创新成果的知识产权保护，特别是人工智能、大数据、云计算等涉及算法创新的知识产权保护，授权国务院通过行政法规加以规定。对知识产权保护客体因交叉重叠产生的权利冲突与权利重复保护问题进行调整。建设由最高人民法院知识产权审判庭、最高人民法院知识产权法庭、若干知识产权法院等共同构成的知识产权审判组织体系，提出适应知识产权特点的诉讼制度（如证据开示制度、诉前或者诉中行为保全制度、技术调查官制度等），加强知识产权综合执法，打通知识产权创造、运用、保护、管理、服务全链条，构建高效便捷、综合可及的知识产权保护体系，维护良好的市场竞争秩序，不断优化市场环境和法治环境。

再次，知识产权基本法规定知识产权流转制度，降低知识产权流转的交易成本，提高知识产权流转的交易安全。建立全国知识产权运营公共服务体系和国家知识产权大数据中心，[①] 提高知识产权交易信息的供给质量，降低知识产权交易成本。建立国家重大产业规划、高技术领域重大投资项目的知识产权布局原则、目标评估等制度，建立国家科技计划（专项、基金等）知识产权目标评估制度，建立重点领域评议报告发布机制，制定评议服务标准，维护知识产权交易安全。通过降低知识产权流转的交易成本、提高知识产权流转的交易安全等方式，促进知识产权高效运用，为创新驱动发展提供基本的制度保障，强化产权安全和交易落实。[②]

---

① 张鹏：《知识产权公共政策法律化的立法技术探析——兼论知识产权基本法编纂方向与基本方法》，载国家知识产权局条法司编：《专利法研究（2019）》，知识产权出版社 2020 年版，第 15 - 19 页。

② 张鹏、赵炜楠：《〈知识产权基本法〉立法目的与基本原则研究》，载《知识产权》2018 第 12 期。

最后，引领国际知识产权规则走向，部署知识产权对外交流合作的关键制度，为知识产权跨境交易和国际保护提供制度供给。目前，已经进入知识产权全球治理新结构初步形成的时期，亦即世界知识产权组织、世界贸易组织、超 TRIPS 复边、多边和双边机制共存，也被称为后 TRIPS 时代。知识产权国际合作日益深化，知识产权国际竞争日益激烈，国际知识产权法律制度呈现内容执行性、主体配合性、手段转移性的特点。知识产权执法成为知识产权国际规则变革的新战场，发达国家与其国内产业界密切配合，频繁采用垂直论坛转移作为主要战略手段。知识产权国际规则变革日益呈现如下趋势：多边层面知识产权国际规则进展缓慢，双边、复边层面知识产权国际规则成为焦点；提高知识产权保护力度的趋势势不可当，发挥知识产权制度促进发展作用尚需加强。在这样的时代背景下，建议知识产权基本法探索建立知识产权纠纷长臂管辖与专属管辖制度，部署知识产权不公平贸易调查制度，针对知识产权侵权行为形成更为全面的边境执法措施，建立国内自由贸易区、自由贸易港的知识产权执法规则。

综上所述，在知识产权强国建设的历史背景下，在知识产权链接式"入典"与解构化"成典"之间的战略方位下，笔者建议知识产权基本法以围绕"归属清晰、权责明确、保护严格、流转顺畅"的知识产权保护法律框架为主线，进行制度设计，构建制度体系，将知识产权基本法设计成为严格保护知识产权的实现法、有效激励创新发展的促进法、发展中国家知识产权制度的示范法，衔接《民法典》第 123 条这个宣示知识产权规则归属的链接式条文，并为未来知识产权法典的制定奠定基础，使其既作为《民法典》第 123条的落实，也作为未来知识产权法典总则或者通则性质的探索。

第二节　知识产权强国建设背景下
外观设计单独立法探究

《知识产权强国建设纲要（2021—2035 年）》明确指出，"探索制定地理标志、外观设计等专门法律法规"，将外观设计单独立法的问题提升到战略层面加以研究。回顾中国近代历史，将外观设计与发明、实用新型共同规定于一部法律中，滥觞于作为现代专利法雏形的 1912 年《暂行工艺品奖励章程》，形成于 1944 年《中华民国专利法》。1984 年，立法者将外观设计制度纳入《专利法》，是基于立法便利选择。展望国际，存在以日欧为代表的单独立法模式，以英法为代表的专利、版权双重保护模式和以美国为代表的纳入专利制度保护模式。美国模式具有历史偶然性，并且在船舶外观设计、时尚外观设计等方面存在单独立法的积极探索；单独立法代表了主流趋势。深究法理，基于产品的功能性和设计的非功能性，外观设计制度与专利制度不会内生具有共性的法律规则。我国外观设计法律实践在授权确权、侵权判定中出现诸多问题，其根源在于对非内生共性规则的简单参照。应当深刻认识外观设计的本质特征和其在知识财产体系中的地位，并思考在立法设计方面如何加以回应，尽快研究形成独立的外观设计法，立足外观设计根本属性，构建主客体、授权确权、侵权救济等规则，实现外观设计单独立法、内在协调、立体保护、创新发展。

一、外观设计立法模式的历史考察：来自历史惯性和立法便利的选择

就我国专利制度的历史回瞰而言，经历了清末专利制度萌芽、北洋政府和民国政府时期初步发展、新中国探索建立等历史阶段，改革开放后逐步建立完善了中国特色专利制度。考察这一过程中我国外观设计立法模式的历史演进，将外观设计制度在《专利法》中一并加以规定并非源自理性的判断，而是源自历史惯性和立法便利的选择。

1. 专利制度萌芽和初步发展时期的外观设计立法模式

我国专利制度基本思想可以上溯至洪仁玕在《资政新篇》一书中的描述，[1]甚至可以追溯到《庄子·逍遥游》的记载，[2] 但是，第一次出现现代专利制

---

[1] 洪仁玕被称为"我国传播近代专利思想第一人"，其在《资政新篇》的"兴器皿技艺"条文中建议，"有能造精奇利便者，准其自售，他人仿造，罪而罚之"。参见徐海燕：《中国近现代专利制度研究（1859~1949）》，知识产权出版社 2010 年版，第 58 页。

[2] 《庄子·逍遥游》记载了智者将治疗手掌干裂的药方卖给吴王的水军的故事，至少在庄子生活的年代（约公元前 369 年—公元前 286 年），就已经有利用自己掌握的医药秘方来获利的情况。参见张志成、张鹏：《中国专利行政案例精读》，商务印书馆 2017 年版，第 4 页。

度内容的是1898年7月12日颁布的《振兴工艺给奖章程》。其中规定,"如有自出新法,制造船、械、枪、炮等器",超过西方已有水平,或兴办大的工程,有利国计民生者,可以给予优偿,获得专利权50年;凡是中国本土没有的先进器具,而能够仿造外国式样且能成功者,"请给工部主事职衔,许其专利十年"。这是"专利"第一次出现在官方正式文件中。可见,此处的"专利"是以技术方案作为客体的发明专利。但是,《振兴工艺给奖章程》由于戊戌变法的失败并没有正式实施。

1912年12月5日,中华民国北洋政府工商部颁布了《奖励工艺品暂行章程》,该章程规定了工艺品的定义、不予奖励的制造品、考验程序(审查授权)、5年专卖权的奖励方式、鼓励制造的政策以及对仿冒他人受奖励之制品、虚伪标示其产品为受奖励之制品的惩罚措施等。① 这个章程已经初步具备了现代专利法的雏形。但是,北洋政府时期战乱频发,实际上包括专利制度在内的很多制度并没有得到很好的实施。1927年,中华民国南京国民政府建立,实行有利于民族经济发展的内政和外交政策。1927—1928年,在专利保护客体中增加了"新颖装潢图样",与外观设计专利制度近似,可见,作为中国现代专利法雏形的《暂行工艺品奖励章程》,在实施中就出现了将"新颖装潢图样"与"发明或者改良的制造品"一并加以保护的方式。1932年9月,中华民国南京国民政府颁布了《奖励工业技术暂行条例》,该条例在1939年4月得以修订,并且增加了新型和新式样两种专利。②

我国第一部完全现代意义上的专利法律,系1944年5月29日中华民国南京国民政府颁布的《中华民国专利法》。这部专利法共133条,对申请专利的条件、授予专利的范围、专利审查程序、专利实施及缴纳费用等方面作出了较全面的规定,③ 其选择将发明、新型、新式样合并为一部法律,为现代中国专利法三法合一之滥觞。其第1条规定,"凡新发明之具有工业上价值者得依本法呈请专利",并且将发明、新型、新式样分别作为第一章、第二章、第三章,其中在第一章"发明"中规定了通则、呈请、审查及再审查、

---

① 秦宏济:《专利制度概论》,上海商务印书馆1946年版,第135页。
② 高卢麟主编:《中国专利教程:专利基础》,专利文献出版社1994年版,第16-17页。
③ 姚秀兰:《制度构建与社会变迁——近代中国专利立法论》,载《法学论坛》2006年第4期。

专利权、实施、纳费、损害赔偿及诉讼等节，第二章、第三章则参照上述内容规定了新型、新式样的特殊规则。第三章"新式样"部分规定了保护客体、申请程序（需要指定产品类别）、权利内容（制造、贩卖）伪造仿冒新式样的刑事责任和民事责任等，其中第 106 条将"新式样"定义为"对物品之形状、花纹、色彩或其结合，透过视觉诉求之创作"。该法的立法者意识到了大多数国家制定了发明和新式样两种法律，而将新型并入发明之中，同时日本、德国、波兰等国家将发明、新型、新式样三种形式分别立法。[①] 可见，立法者对世界各国专利制度非常熟悉，在这种情况下，采取将发明、新型、新式样合并于一部法律，其主要原因在于以下两点：一是程序原因，发明、新型和新式样的申请和审查程序大致相同；二是历史原因，在此之前中华民国南京国民政府奖励工业技术的客体涵盖这三者，因此专利的范围也以此为限。[②]

综上所述，自中华民国北洋政府《奖励工艺品暂行章程》以降，直至中华民国南京国民政府时期，奖励工业技术的范围涵盖发明、新型和新式样三者，这一历史惯性是将外观设计制度在专利法律中一并加以规定的根本原因。

2. 中国当代专利制度的外观设计立法模式

1949 年 10 月 1 日，中华人民共和国在北京宣告成立。在此前的 1949 年 2 月，中共中央就发布了《关于废除国民党的〈六法全书〉与确定解放区的司法原则的指示》，国民党政府颁布的专利法律自此在中国大陆失去了效力。虽然新中国成立之初形成的《保障发明权与专利权暂行条例》《有关生产的发明、技术改进及合理化建议的奖励暂行条例》均将技术方案作为保护客体，但是 1984 年 3 月通过的第一部在全国范围得到有效实施的现代专利法仍然选择将发明、实用新型和外观设计一并加以规定。

回顾专利法起草的历程，在 1979 年 6 月 4 日完成的专利法草案第一稿中，

---

① 同时，立法者注意到，当时世界各国，除智利、保加利亚、芬兰、希腊、拉脱维亚、卢森堡、荷兰、罗马尼亚以及土耳其外，均制定了专门法规，给予新式样以专利权，但规定不是很一致。参见秦宏济：《专利制度概论》，上海商务印书馆 1946 年版，第 54 - 55 页。
② 中国第二历史档案馆：《中华民国史档案资料汇编》（第五辑），江苏古籍出版社 1991 年版，第 323 - 324 页。

保护对象只有发明专利，当时考虑的出发点是我国没有实行专利制度的经验，对实用新型和外观设计的保护宜在发明专利法施行一段时间并取得经验之后再予考虑。同时，当时还考虑到了国外一般不将实用新型和外观设计称为专利这一客观情况。在1979年7月20日完成的专利法草案第三稿中，规定专利包括发明专利、实用设计专利和新式样专利，其中第四章对新式样专利专门作出规定，除了准用发明专利章节的相关条款之外，对新式样的定义、授权条件等进行规定。这一立法例被称为"我国专利法律制度建设的一大创举，我国专利法的一个重要特点"。① 在1979年9月25日完成的专利法草案第五稿中，将"新式样专利"改称为"外观设计专利"。1983年6月1日的第十九稿引入"发明创造"一词，用以概括发明、实用新型和外观设计。②

回顾专利法审议的历程，1983年11月25日，六届全国人大常委会三次会议首次审议专利法草案，时任中国专利局③局长黄坤益受国务院委托所作的草案说明就专利法的内容谈了六个问题。其中，第二个问题就是对于发明、实用新型和外观设计一并加以规定的问题。其指出，专利保护对象包括外观设计，可以鼓励产品的花色多样化，以满足人民生活生产日益增长的需要，增强出口竞争能力。在审议过程中，对于发明、实用新型和外观设计应否一并加以规定的问题专门进行了讨论，有观点认为，外观设计在轻工业生产中有很多，存在时间很短，没有突出的经济效益，同发明一样给予保护，没有必要。尤其是，在第一次审议后，全国人大常委会法制工作委员会召开座谈会进一步征求意见时，最高人民法院和中国专利局机械部主张，世界上其他国家保护两种或者三种专利的，几乎都是分别立法，因此建议专利法只保护发明专利，实用新型和外观设计可在日后另行立法；中国国际贸易促进委员会也认为，外观设计专利相关规定最好推迟生效；轻工业部和工商行政管理局则赞成保护三种专利，主张保护外观设计专利有助于调动设计人员的积极性，增加产品花色品种。④ 此后，

---

① 赵元果编：《中国专利法的孕育与诞生》，知识产权出版社2003年版，第213－214页。
② 我国专利法在实用新型和外观设计后面用了"专利"二字，主要是为了公众更好理解但是并不改变实用新型和外观设计本身的含义。参见高卢麟主编：《中国专利教程：专利基础》，专利文献出版社1994年版，第63页。
③ 中国专利局于1998年国务院机构改革时，更名为国家知识产权局。
④ 同注①，赵元果书，第270－271页。

中国专利局专门形成了《关于搞几种专利的请示》和《关于法律保护外观设计必要性的调查》等文件，强调对外观设计给予专利保护的必要性。1984年3月12日，六届全国人大常委会四次会议审议专利法草案时，有7位代表发言主张发明、实用新型、外观设计三种专利一并规定，主张这有利于鼓励发明创造，有助于增加工业品的花色品种；有4位代表发言主张发明、实用新型、外观设计三种专利分别制定三部法律，或者将发明、实用新型合并在一起，同时将外观设计单独立法，其理由是三种专利的审批程序、奖励办法等应有所区别，外观设计属于美术性创造，与技术性发明不同。从审议历程而言，直至最后审议通过之前，对是否需要单独立法问题仍然存在不同观点，只是出于提高立法效率、尽快建立专利制度的战略考虑，对这一问题没有进一步展开讨论，即审议通过了专利法草案。

综上所述，从上述立法过程和审议过程来看，1984年《专利法》将外观设计制度在《专利法》中一并加以规定并非源自理性的判断，而是源自立法便利的选择，仅仅为了提高立法效率、节省立法资源。[1] 同时，将发明、实用新型、外观设计的保护规定在一部法律中并且都称为专利，被认为是我国专利立法体制的特色之一。[2]

二、外观设计立法模式的比较法考察：单独立法代表了主流趋势

如前所述，外观设计制度发展历程中一直存在着单独立法与否的讨论。无论是重视艺术美感、推崇多重模式的欧洲，抑或严格审查标准、坚持纳入专利制度保护模式的美国，均有对外观设计单独立法的不同程度的尝试。这一问题的根源在于，由于外观设计本质属性的特殊性导致无法将其严格归入工业产品或者艺术作品。[3] 总体而言，单独立法模式代表了外观设计

---

[1] 根据曾作为专利法起草小组成员之一的郭寿康教授回忆，在专利法起草过程中曾有将外观设计单独立法的打算，但因后来考虑到立法过程冗长繁杂，为尽快建立外观设计保护制度，故将其并入专利法中。参见郭禾：《外观设计与专利法的分野》，载《知识产权》2015年第4期。

[2] "中国专利制度的发展与展望新闻发布会"，http://www.china.com.cn/zhibo/2008-07/29/content_16080942.htm? show=t，访问日期：2017年12月31日。

[3] Jerome H. Reichman, *Design Protection and the Legislative Agenda*, 55 Law and Contemporary Problems 281 (1992).

制度设计的主流趋势，美国采取将其纳入专利制度的保护模式存在历史的偶然性，并且在船舶外观设计、时尚外观设计方面存在单独立法的积极探索。

1. 外观设计单独立法模式：日本和欧盟

日本自 1888 年《日本意匠条例》以降，直至 1959 年出台的新《日本意匠法》，一直采取外观设计单独立法模式。1888 年，《日本意匠条例》以及配套法规《日本意匠法实施条例》出台，主要是考虑到工艺美术品出口量急剧增加，工艺品出口已经成为日本政府重要的外汇获得手段，但是随之而来的大量低劣仿制品给市场造成混乱。[①] 日本明治十八年（1885 年）的农商报告"工艺沿革"中专门指出，"仅顾一时之利，因产品稀缺而（大量）生产；这种新产品终将被摒弃，无人问津。若对此情势放任自流，工艺产业恐有竟灭之虞"。[②] 可见，当时"以粗制滥造产品的生产妨碍精良产品的制造""某地的特产被各地仿造"以及"同业者恶性竞争导致价格下降"这三个问题已经非常突出，《日本意匠条例》在这一背景下出台。1899 年，日本在《日本意匠条例》的基础上制定《日本意匠法》，对外观设计保护客体、申请要求以及审查程序作出明确规定。《日本意匠法》采取审查注册制，将获得注册的外观设计称为"注册意匠"，申请人由此获得"意匠权"。1909 年，日本修改《日本意匠法》，建立外观设计专利无效宣告请求审查制度和保密外观设计制度。1921 年，日本将外观设计保护客体进一步明确为与产品不可分离的形状等。1959 年，日本全面修改调整知识产权制度，制定出台新《日本意匠法》，增加了立法目的条款，将新颖性从相对新颖性（本国公知的范围）扩展到绝对新颖性（世界公知的范围），在授权条件中引入创作非容易性，保护期从 10 年延长到 15 年，增加了类似外观设计禁止使用的规定，引入组合外观设计制度等。[③] 新《日本意匠法》是日本外观设计制度的核心，沿用至今。

---

① 日本特许厅意匠课：《意匠制度 120 年の步み》，http://www.jpo.go.jp/seido/isho/index.html，访问日期：2022 年 3 月 2 日。

② 日本农商务省：《工艺沿革》，载《官报》明治十八年 2 月 17 日，第 4 版。

③ ［日］纹谷畅男：《日本外观设计法 25 讲》，魏启学译，专利文献出版社 1986 年版，第 2 - 4 页。

1998 年，欧盟通过了《欧洲议会与欧洲联盟理事会关于外观设计法律保护的指令（98/71/EC)》，对注册外观设计制度进行协调。2001 年，欧盟通过了《欧盟理事会共同体外观设计保护条例》，对注册制共同体外观设计和未注册制共同体外观设计两类外观设计进行保护。由此，形成了包括国家注册的外观设计保护、国际注册的外观设计保护［基于《工业品外观设计国际注册海牙协定》（以下简称《海牙协定》)］以及欧盟外观设计保护的综合保护，建立了一套覆盖整个欧盟领域的统一的外观设计保护体制。①

2. 专利和版权双重保护模式：英国和法国

英国工业品外观设计既受到外观设计法保护，也受到版权法保护，凡是享有版权的外观设计，在付诸工业应用之后，版权保护自动丧失。英国的外观设计保护制度是由其版权法和外观设计法的发展演变而成。② 1787 年，英国颁布《英国亚麻、棉布、印花布和帆布印刷和设计法》，对"那些发明、设计和印刷，或者导致发明、设计和印刷并成为任何新的和原创的印刷亚麻、棉布、印花布和帆布的图形图案的任何所有人"给予为期 2 个月的保护，而后延长到 3 个月。③ 1839 年，英国制定了《英国外观设计版权法》和《英国外观设计登记法》。其中，《英国外观设计版权法》将《英国亚麻、棉布、印花布和帆布印刷和设计法》的保护范围进一步扩大，扩展至包括动物织品，其规定相关权利伴随着外观设计的公开而自动产生。《英国外观设计登记法》则将保护范围从织物扩展到所有制造品，并且将保护对象从款式和印花扩展到任何制造品的外形和结构，并根据采用该外观设计的产品属性规定了从 3 个月到 12 个月不等的保护期。1842—1843 年，英国陆续颁布《英国装饰性外观设计法》和《英国实用外观设计法》，废止《英国外观设计版权法》和《英国外观设计登记法》，并将外观设计区分为装饰性外观设计和功能性外观

---

① Uma Suthersanen, *Design Law: European Union and United States of America* (2nd edition), Sweet & Maxwell, 2010, paras 5 - 002.

② 胡充寒：《外观设计专利侵权判定理论与实务》，法律出版社 2010 年版，第 7 页。

③ 英国的工业革命首先发端于棉纺织领域。参见［澳］布拉德·谢尔曼、［英］莱昂内尔·本特利：《现代知识产权法的演进：英国的历程（1760—1911)》，金海军译，北京大学出版社 2006 年版，第 74 页。

设计。英国逐步区分了艺术作品和实用艺术作品，避免版权法和外观设计法的双重保护。1956年，《英国版权法》排除了对外观设计版权和注册外观设计的双重保护。1968年，《英国外观设计版权法》进一步划定工业产权和版权之间的界限。1988年，英国出台《英国版权、外观设计和专利法》，自此建立起专利和版权双重保护的模式。

法国工业品外观设计既受到外观设计法保护，也受到版权法保护，在外观设计保护期满后仍然可以继续受到版权保护。法国是世界上最早建立现代外观设计制度的国家，于1806年颁布《法国工业品外观设计法》，外观设计获得工业产权保护。[①] 1902年《法国版权法》规定，工业品外观设计受到外观设计权利保护的同时也享有版权。根据法国1909年制定、1979年修订的《法国外观设计保护法》，外观设计可以在工业产权局或者地方商业法院申请注册取得工业产权保护，在外观设计保护期满后仍然可以继续受到版权保护。1992年，法国将23个知识产权领域的单行立法汇编整理形成统一的《法国知识产权法典》，外观设计的相关法律制度被规定在《法国知识产权法典》第二部分"工业产权"中的第五卷，共分为两编5章21条，对外观设计的客体、申请手续、权利内容、保护期限和纠纷解决作出了明确的规定。

3. 纳入专利制度保护模式：美国

美国是这一立法模式的典型。[②] 现行《美国法典》第35编是关于专利法律规范的内容，其中第16章"外观设计"是第二部分"发明的可专利性和专利的授予"的一个章节，与发明专利、植物专利等并列。第16章"外观设计"共有3个条文：外观设计专利的授权条件、外观设计专利的优先权、外观设计专利的期限。与外观设计有关的其他法律制度散见于《美国专利法》相关部分，如该法第289条是对侵犯外观设计专利权的附加救济，其作为第29章"对侵犯专利权的救济和其他诉讼"的一个条文加以规定。

美国采取将外观设计纳入专利制度的保护模式，同样存在历史的偶然性。自1842年《美国专利法》施行以来，美国选择了为工业品外观设计提供专

---

① 郑成思：《世界贸易组织与贸易有关的知识产权》，中国人民大学出版社1996年版，第182页。

② 有学者称为"专利为主、多法并立模式"。参见彭学龙、赵小东：《外观设计保护与立法模式比较及对我国的启示》，载《知识产权》2007年第6期。

利权保护。美国选择将外观设计纳入专利制度保护模式，也是历史的偶然，而非理性的选择，其中重要的偶然历史因素是首先将保护外观设计的必要性传达给国会并要求对外观设计提供保护的是专利局局长。①

在 1842 年《美国专利法》选择将外观设计纳入专利制度的保护模式不久后，就出现了单独立法的呼声。例如，1914 年美国众议院向国会提交了文号为"H. R. 11321"的外观设计单独保护的法案。尤其是 1959 年美国版权局提交的 S. 2075 号法案（外观设计版权法案），明确提出国内外达成的共识是，传统的专利法、版权法和反不正当竞争法都不能很好地保护外观设计，因此需要顺应外观设计产业发展需求单独立法并在世界范围内形成先进的立法例。② 因此，该法案提出双重保护体系，用专利制度保护实用物品的装饰性外观设计，用版权制度保护同样的客体，但是其版权无法对抗独立创作的设计。③ 由于未能在专利保护和版权保护之间划清界限，该法案没有在国会获得通过。在司法实践中同样存在对外观设计制度定位的讨论，1954 年美国联邦最高法院在梅泽诉斯坦恩案④中充分讨论了外观设计专利权和版权之间的关系，路易斯诉布雷克案⑤明确提出拒绝给予外观设计专利权和版权的重叠保护，关于亚德利案⑥

---

① 李明德：《美国知识产权法》（第二版），法律出版社 2014 年版，第 797 页。

② Barbara A. Ringer, *The Case for Design Protection and the O'Mahoney Bill*, 7 Bulletin of the Copyright Society of the U. S. A. 25（1959）.

③ Arthr Fisher, *Hearing on S. 2075 and S. 2852 Before the Subcomm. On Patents, Trademarks and Copyrights of the Senate Committee on the Judiciary*, 86th Congress, 2nd Session. 56, 1960, p. 210.

④ Mazer *v.* Stein, 347 U. S. 201. 100 USPQ 325（1954）.

⑤ Louis De Jonge & Co. *v.* Breuker & Kessler Co., 182 F. 150（E. D. Pa. 1910）, aff'd on other grounds, 191 F. 35（3d Cir. 1911）, aff'd 235 U. S. 33（1914）.

⑥ In re Yardley, 493 F. 2d 1389, 181 USPQ 331（CCPA 1974）. 针对关于亚德利案的评论，参见 Gregory R. Munes *Dual Copyright and Design Patent Protection: Works of Art and Ornamental Designs*, 49 St. John's Law Review 543（1975）。该案后，美国专利商标局修改了其审查规则（1989 年 1 月 1 日起实施），允许在外观设计专利申请中包含版权声明，同时要求专利申请人必须作出特定的授权声明，该授权声明允许任何人复制或者引述美国专利商标局记载的外观设计专利文档。美国专利商标局同时讨论了外观设计专利权、版权和商标权保护之间的关系："在当前知识产权法背景下，针对特定设计或者技术同时获得版权保护或者商标权保护以及专利权保护是可能的。有时作者或者发明人愿意在外观设计专利申请或者实用专利申请中包含版权或者商标权声明，该声明用于表明在先确立的版权或者商标权所针对的对象……在外观设计专利申请或者实用专利申请中所包含的版权或者商标权声明，有助于公开和保护发明人或者作者所享有的各种知识产权。进一步，要求公开版权或者商标权的情况，有助于公众避免无意地侵犯这些权利。"

则认为不应要求申请人或者权利人在版权和外观设计专利权之间作出选择。

近年来，美国在船体设计方面取得了单独立法模式的突破，在时尚设计单独立法模式方面进行了积极的探索。1998 年，美国国会颁布的《美国船舶的船体设计保护法》为"具有实用性物品的原创性设计"提供注册和保护的完整方案。虽然该法限定在船舶设计方面，[①] 但是该法可以容易地延伸适用于包含其他具有实用性的物品类型，从而提供该类型的设计登记，其规定"针对物品的原创性外观设计获得外观设计专利权，会终止依据本法所获得的任何原创性设计的保护"[②]。从 2006 年 3 月到 2012 年 9 月，美国国会议员共提出了 7 个关于服装设计版权特殊保护的议案。[③] S. 3523 号议案提出，给予"服饰、手袋、钱包、钱夹、手提包、腰带与眼镜框"等时尚设计作品 3 年的特殊版权保护，如果侵权品与该时尚设计作品之间在整体上未达到一定的相似度，就不被视为侵权；如果完全独立设计出与权利人作品相同或相似的时尚设计作品，则具有明确的抗辩事由。[④]

综上所述，从比较法角度来看，外观设计的立法模式包括单独立法模式、专利和版权双重保护模式、纳入专利制度保护模式。国际条约也存在类似模式。《保护工业产权巴黎公约》第 1 条第 2 款在界定"工业产权"范围时将"工业品外观设计"纳入其中，同时其第 5 条将外观设计保护和专利保护放在同一个条文中规定，暗示了工业品外观设计与发明专利的关系。[⑤]《保护文学和艺术作品伯尔尼公约》第 2 条第 7 项规定，成员国可以对实用艺术品、工业品外观设计和模型提供保护。也就是说，成员国可以将工业品外观设计纳入版权保护范畴，给予专利和版权双重保护。TRIPS 第 25 条和第 26 条规定了工业品外观设计的保护，明确独立创作的工业品外观设计，只要具备新颖性和创造性，全体成员应当予以保护。同时，TRIPS 将工业品外观设计单独设立一节，与版权、商标、专利并列，体现了单独立法模式的属性。

① 17 U. S. C. § 1301 (a) (2).

② 17 U. S. C. § 1329.

③ 张鹏、徐晓雁：《外观设计专利制度原理与实务》，知识产权出版社 2015 年版，第 231 页。

④ U. S. Senate, *Innovative Design Protection Act of 2012*, 112th Congress, 2nd Session. S. 3523, Washington, Government Printing Office, 2012.

⑤ 李明德：《中国外观设计保护制度的改革》，载《知识产权》2022 年第 3 期。

三、外观设计单独立法必要性：以外观设计基本属性为出发点

在《专利法》"三法分立"的路径规划中，发明和实用新型是否应当分别立法尚存较大争议，但外观设计单独立法一直是学术界最有说服力、得到最广泛认可的方案。这一创想也逐渐得到了实务界的认可。许多研究者都认为，我国目前将外观设计由单一的《专利法》体系进行保护，忽视了外观设计所具有的艺术设计和实用功能相结合的复合特征，剥夺了外观设计独特的法律地位。这些观点认为，基于外观设计的特殊性，在《专利法》体系结构外单独制定"外观设计法"，是外观设计的最佳法律保护模式。① 笔者认为，外观设计是否单独立法与外观设计专利制度的重要性无关。就立法技术而言，"提取公因式"是法典总分体系立法技术的经典表达，体现法律规则设计的普遍适用特征。"提取公因式"立法技术的核心是由体系的内在整体性所内生的共性法律规则。② 因此，外观设计是否应当单独立法，核心在于外观设计制度与专利制度是否具有内在整体性，以及该内在整体性是否可以内生出共性的法律规则。

1. 法律逻辑角度：外观设计基本属性是单独立法的根本原因

由于外观设计制度保护客体的特殊性，使得外观设计制度与专利制度并不具有内在整体性。作为外观设计制度保护客体，产品的外观设计具有产品和设计两要素，从而兼具产品的功能性和设计的非功能性。亦即，承载外观设计的产品客观上应当具有实用功能，③ 同时外观设计制度保护的并非具体的"功能"，而是与该功能相结合的"设计"；④ 二者相互协调构成了外观设

---

① 张翰雄：《专利、实用新型、外观设计三法分立问题研究》，载易继明主编：《私法》（第17辑第1卷），华中科技大学出版社2020年版，58－204页。

② 李建华、何松威、麻锐：《论民法典"提取公因式"的立法技术》，载《河南社会科学》2015年第9期。

③ 未与实用功能相结合的设计通常不属于外观设计制度保护客体，这是外观设计与实用艺术品等著作权保护客体存在的根本性差别。参见徐晓雁、张鹏：《外观设计专利权的扩张与限缩——以外观设计专利权与其他知识产权的边界为视角》，载《科技与法律》2014年第4期。

④ 正是因为这一点，对于高度功能性的设计，或者说由功能限定的设计，并不能受到外观设计制度的保护。See Uma Suthersanen, *Design Law: European Union and United States of America* (2ⁿᵈ *edition*), Sweet & Maxwell, 2010, paras 6－001.

计保护客体的特点。① 正是由于这一点，外观设计制度与以技术方案为客体的专利制度存在根本性差异。作为专利制度组成部分的发明专利制度和实用新型专利制度，保护的客体均为技术方案。技术方案取决于三个维度：技术问题、技术手段、技术效果，② 其核心在于技术性。与以技术性为核心的技术方案相比，外观设计兼具产品的功能性和设计的非功能性，与技术方案存在本质区别，同时这一点也是外观设计与实用艺术品等作品、商标等商业标识的根本区别。③ 也正是因为这样的区别，使得外观设计的创新活动与技术方案的创新活动存在本质差别，外观设计的创新活动主要是以工业产品为对象，综合运用科技成果和工学、美学、心理学等知识，对产品的形状、图案、色彩进行整合优化的创新活动，其更多地关注使用者对设计美感的感受；技术方案的创新活动则是主要以技术问题为对象，运用技术手段进行技术效果提升的创新活动，其主要关注技术上的改进。从客体性质上的差别衍生出的创新活动上的区别，形成了制度内在整体性的差别，是外观设计单独立法的逻辑出发点。

由于外观设计制度与专利制度不具有内在整体性，二者不会内生出共性的法律规则。从授权确权规则而言，由于发明人与设计人的创新活动模式以及在创新活动中遵循的理念完全不同，因此对这一创新活动进行评价的标准存在根本差异。例如，发明专利和实用新型的核心条款是创造性，通常采用"三步法"加以判断。④ 可见，上述"三步法"判断方式旨在模拟技术方案创新活动的过程，首先综述现有技术并研究现有技术存在的问题，然后去寻找解决上述技术问题的技术启示。"三步法"通过对发明创造过程事后模拟的方式，判断创造性的高度。然而，外观设计并非如此，在判断外观设计创新

---

① 芮松艳：《外观设计法律制度体系化研究》，知识产权出版社 2017 年版，第 78 - 80 页。

② 为解决技术问题，采取了利用自然规律的技术手段，达到了符合自然规律的技术效果。

③ 有学者指出，外观设计问题涉及专利法、著作权法、商标法和反不正当竞争法，作为一种发明，它可以受到专利法的保护；作为某种美学思想的表述，它可以受到著作权法的保护；当它在市场上获得显著性或第二含义后，又可以作为商标得到商标法的保护，或作为商品外观得到反不正当竞争法的保护。参见李明德：《外观设计的法律保护》，载《郑州大学学报（哲学社会科学版）》2000 年第 5 期；王天平：《工业品外观设计的法律保护模式》，载《科技与法律》2002 年第 3 期。

④ 确定最接近的现有技术，确定发明的区别特征和发明实际解决的技术问题，判断要求保护的发明对本领域的技术人员来说是否显而易见。

高度的时候，需要模拟外观设计创新活动的过程，考虑产品功能性对设计的要求和限制，然后结合设计美感的艺术性考虑、功能美学的设计性考虑和消费心理的需求性考虑等加以判断。显然，二者存在根本性差别。同时，按照公开换取垄断的基本原理，发明和实用新型所要求的说明书公开充分、权利要求保护范围清楚、权利要求得到说明书支持等要求，与以图片或者照片作为权利边界的外观设计①相比，亦存在根本差别。从侵权判定规则而言，发明和实用新型的专利权侵权判定的核心是划分技术特征并且在技术特征层面判断是否构成相同或者等同，这是一个要素解析的过程；外观设计侵权判定的核心是整体观察以判断整体视觉效果的差异，这是一个要素综合的过程，显然二者存在根本性差别。② 现有设计抗辩等相关制度亦存在较大差异。同时，就促进转化运用的规则而言，如专利信息利用、强制许可制度、职务发明制度以及《专利法》第四次修改中讨论引入的开放许可制度等，因保护客体的差别，亦存在制度原理和制度运用方面的根本性差别。

因此，由于外观设计制度保护客体的特殊性，外观设计制度与专利制度并不具有内在整体性，二者不会内生出共性的法律规则。从立法技术层面上看，将两种总体思路完全不同的问题混杂于同一部法律之中显然不利于法律的规范化。③ 从加入国际条约、适应和引领国际条约走向的需要来看，外观设计单独立法模式亦属必要。1925 年缔结并于 1928 年生效的《海牙协定》创设了工业品外观设计的国际注册"海牙体系"。尽管我国 2020 年修正《专利法》时，对于外观设计的保护进行了三个方面的修改，向《海牙协定》靠拢了许多，但并非完全一致。特别是，《海牙协定》第 10 条第 1 款规定外观设计国际注册需要"即时注册"，而不是对注册申请进行审查后注册。如果我国将外观设计保护从现行《专利法》中分离出来，制定专门的外观设计保

---

① 简要说明可以用于解释图片或者照片所表示的外观设计。

② 事实上，这一差异也是美国外观设计专利制度法律实践中产生重大争议的部分。利顿系统公司诉惠而浦公司案 [Litton Systems Inc. v. Whirlpool Corp., 728 F. 2d 1423 (Fed. Cir., 1984)] 所确立的新颖点检测法（point of novelty test）与"普通观察者法"在出发点上，即存在重点在关注新颖点还是重点在整体观察的区别，这大大增加了侵权比对的模糊度，使新颖性的判断变得复杂化，甚至出现新颖点越多、新颖程度越高的外观设计越难以保护的尴尬局面。

③ 沈宗灵：《法学基础理论》，北京大学出版社 1994 年版，第 347 页。

护法，将有助于外观设计保护与《海牙协定》靠拢，并进一步积极参与国际上正在协商制定的外观设计法条约。[①]

2. 法律实践角度：诸多法律适用问题的根源在于体系化不足

我国外观设计制度法律实践中存在诸多争议问题。例如，对于作为外观设计制度基础概念的判断主体，存在不同意见。外观设计专利权确权和侵权判定程序中的判断主体均为"一般消费者"，但二者对"一般消费者"的界定存在根本性差异。《专利审查指南》将"一般消费者"规定为，对涉案专利申请日之前相同种类或者相近种类产品的外观设计及其常用设计手法具有常识性的了解，常用设计手法包括设计的转用、拼合、替换等类型；对外观设计产品之间在形状、图案以及色彩上的区别具有一定的分辨力，但不会注意到产品的形状、图案以及色彩的微小变化。显然，转用、拼合、替换等常用设计手法属于"一般消费者"认知的范畴。但是，专利侵权判定程序中通常将"一般消费者"界定为同类或者类似产品物理效用的享用者，不应当以外观设计产品一般设计人员或者产品实际购买者的观察能力为标准进行界定。这一问题在法律实践中有直接的反映，如在"路灯"外观设计专利行政诉讼案[②]中，即产生了应当将路灯产品的购买、安装及维护人员作为一般消费者，还是将行人作为一般消费者的争议。同时，在外观设计侵权中的相近似标准与确权中的相同、实质相同、明显区别的标准的衔接方面，尤其是设计空间的认定、整体观察的把握、功能性限定特征的确定、现有设计抗辩与无效程序的标准衔接等方面，也存在很大争议。

这些争议问题的根源在于业界缺少关于外观设计制度内在价值的共识。在比较成功的制度体系中，制度价值原则和谐统一，并基于该原则，构建规则框架，形成规则内容。[③] 例如，上述关于外观设计判断主体的争议，其逻辑前提是当国家知识产权局或者人民法院在处理外观设计无效宣告案件、

[①] 曹新明、杨绪东：《我国加入〈海牙协定〉对外观设计保护的影响》，载《知识产权》2022年第3期。

[②] 参见国家知识产权局专利复审委员会第6335号无效宣告请求审查决定、北京市第一中级人民法院（2005）一中知初字第115号行政判决书，以及北京市高级人民法院（2005）高民终字第337号行政判决书。

[③] 李琛：《论知识产权法的体系化》，北京大学出版社2005年版，第61页。

侵权案件时，是以商业标记的混淆标准，还是以智力成果的创造贡献标准来判定。这是多年来一直困扰我国外观设计执法工作的大问题，① 这一问题的实质是外观设计所具有的产品的功能性和设计的非功能性的平衡。上述关于外观设计专利权侵权中的相近似标准与确权中的相同、实质相同、明显区别的标准的衔接，需要根据外观设计制度的独立制度价值作体系化的考虑。

进一步来讲，法律实践亦体现出外观设计制度与专利制度的体系互斥性，我国司法实践中提出了"外观设计专利权终止后，该外观设计并不当然进入公有领域，在符合反不正当竞争法的保护条件时，它还可以受到该法保护"②，从而阻断了"公开换取垄断"的功利主义专利理论基础。专利制度的基础理论具有自然权利理论与功利主义理论之争，在自然权利理论下，专利独立于公共政策之外，而在功利主义理论下，专利制度是重要政策工具。自然权利理论（劳动财产权学说）是西方学说中解释财产权正当性的传统理论。在知识产权出现后，劳动财产权学说同样被用来解释知识产权。基于此理论，人类劳作于无主或公有资源，因而对其劳动成果享有自然的财产权利，而且政府有义务尊重此权利。③ 根据洛克的自然权利理论（劳动财产权学说），人类享有生存权，而唯一可行的、使人生存的方式，就是各自占有必要的物资来为自己提供食宿。这种关于自我所有的直觉，同样说明了每个人都拥有对其身体的所有权，即包括对自己身体从事的劳动的所有权，一旦劳动与任何物体结合在一起，这些东西就是属于他自己的。对于知识产权来说，通过创造性劳动取得知识产权的正当性在于劳动对公共产品进行了加工，并对知识产品的价值贡献具有不可替代的作用。④ 洛克在《政府论》（下篇）指出："他的身体所从事的劳动和他的双手所进行的工作，我们可以说，是正当地属于他的。因为任何东西只要脱离了自然所提供的那个东西所处的状态，

① 吴观乐：《试论外观设计专利保护的立足点》，载《知识产权》2004 年第 1 期。

② ［英］约翰·洛克：《政府论》（下篇），刘丹、赵文道译，湖南文艺出版社 2011 年版，第 168－171 页。

③ John Locke, *Two Treatieses of Government*, Cambridge University Press, 1970; Robert Nozick, *Anarchy, State, and Utopia*, Cambridge University Press, 1974.

④ Justin Hughes, *The Philosophy of Intellectual Property*, 77 Georgetown Law Journal 287（1988）.

它就已经掺进了他的劳动，在这上面深入他所有的某些东西，因而使它成为他的财产。由他使这件东西脱离自然所给予它的一般状态，那么在这上面就由他的劳动加上了一些东西，从而排斥了其他人的共同权利。因为，既然劳动是劳动者确定天然的所有物，那么对于这一有所增益的恭喜，除了他以外就没有人能够享有权利，至少在还留有足够多同样好的东西给其他人所共有的情况下，事实就是如此。"① 该观点受到启蒙运动中的一些哲学家的支持，促使第一部《法国专利法》于 1791 年在法国诞生，该法律规定，任何行业的任何发现或者发明都是其创造者的财产，法律因此保障其对该发明或者发现的完整享有权。由此，自然权利理论将专利看作发明者应得的报酬，而不是服务社会利益的一种激励机制，从而将专利只放在法律的国度里，独立于政策之外。②

　　学术界和实务界更为接受的是在对自然权利理论进行批判反思基础上的功利主义理论。在功利主义理论下，专利制度是重要政策工具。随着经济分析法学派的兴起，运用法经济分析解释知识产权理论的功利主义理论也逐步成为知识产权的主要理论来源。知识产权是通过权利配置来激励信息生产和传播的制度工具，知识产权制度的存在意义，就是使得权利人在其知识产品被传播前获得足以激励其投资的收益预期。③ 根据功利主义理论，对知识产权的分析可以根据以下两个模型。首先，"成本–收益取舍"模型旨在解决如何设定权利的范畴来影响个人的选择行为，以使资源的运用更具效率。激励机制将知识产权定位为排除市场失灵的制度工具。市场经济条件下的创造者和投资者都被视为是经济上的"理性人"，趋利避害是理性人的本质属性。通过理性人的假设，我们可以预测个人在特定法律规范的约束下会选择何种行为方式，进而构建起可以增加社会整体效益的法律制度。根据"成本–收

　　① ［英］约翰·洛克：《政府论》（下篇），刘丹、赵文道译，湖南文艺出版社 2011 年版，第 146 – 147 页。
　　② ［法］多米尼克·格莱克、［德］布鲁诺·范·波特斯伯格：《欧洲专利制度经济学——创新与竞争的知识产权政策》，张南译，知识产权出版社 2016 年版，第 41 页。
　　③ Robert P. Merges, Peter S. Menell & Mark A. Lemly, *Intellectual Property in the New Technological Age* (4th *edition*), Aspen Publishers, 2006, p. 13; Paul Goldstein, *Copyright, Patent, Trademark and related State Doctrines* (5th *edition*), Foundation Press, 2002, p. 25.

益取舍"模型，知识产品的生产和传播只有在预期收益大于预期成本的前提下才会实现。功利主义理论的一个变体是，专利是发明者与社会之间的一种合同，通过该合同，社会将短暂的垄断权授予发明者以此换取发明者披露其发明。

总体而言，在功利主义理论下，专利是对未来进一步发明的激励机制而不是对过去发明的奖励，进而专利制度是激励创新的政策工具。[1] 专利制度通过公开换取垄断的方式，构建经济竞争力的激励机制，解决创新发展中的市场失灵问题。专利制度具有以下两大功能。一是保护创新，实现创新竞争的控制工具的功能。亦即，赋予创新创造者在一定期限内、在一定地域范围内的合法垄断权，在这一边界之内可以允许或者不允许其他民事主体实施相应的技术方案，使得创新创造者不仅能够收回创新投入，还可以获得超额利润。二是公开创新，实现创新发展的决策工具的功能。亦即，创新创造者为了获得合法垄断权，需要将其专利信息公开，达到所属领域普通技术人员不经过创造性劳动即可实现的程度。通过公开创新，让全社会的创新创造在更高的基础上进行，降低创新的时间成本和经济成本。总体而言，通过保护创新和公开创新的平衡，通过创新竞争的控制工具和创新发展的决策工具双重功能，实现专利制度的创新投入的驱动工具功能，解决创新发展中的市场失灵问题。正如我国《专利法》（2020 年修正）第 1 条的规定，"为了保护专利权人的合法权益，鼓励发明创造，推动发明创造的应用，提高创新能力，促进科学技术进步和经济社会发展，制定本法"。这就是我国专利制度的立法目的，一方面，通过保护专利权人的合法权益的方式鼓励发明创造，实现创新竞争的控制工具的功能；另一方面，通过推动发明创造的应用的方式提高创新能力，实现创新发展的决策工具的功能；同时实现上述两个方面的平衡，促进科学技术进步和经济社会发展，实现创新发展。需要特别强调的是，这两个功能不能有所偏废，必须加以全面运用，充分实现专利制度价值。

然而，外观设计制度并不存在上述"公开换取垄断"的功利主义理论指

---

① ［法］多米尼克·格莱克、［德］布鲁诺·范·波特斯伯格：《欧洲专利制度经济学——创新与竞争的知识产权政策》，张南译，知识产权出版社 2016 年版，第 43 页。

导下的基本逻辑。下面以宁波微亚达制笔有限公司与上海中韩晨光文具制造
有限公司、宁波微亚达文具有限公司、上海成硕工贸有限公司擅自使用知名
商品特有装潢纠纷案①为例加以说明。本案的争议焦点在于，K－35型按动
式中性笔曾获得过外观设计专利，其笔套夹和装饰圈在外观设计专利状态下
属于外观设计的一部分，在外观设计专利权终止后，其是否可以构成《反不
正当竞争法》保护的特有装潢。最高人民法院就"获得外观设计专利的商品
外观在专利权终止后能否再依据《反不正当竞争法》获得保护"这一问题指
出：多数情况下，如果一种外观设计专利因保护期届满或者其他原因导致专
利权终止，该外观设计就进入了公有领域，任何人都可以自由利用。但是，
在知识产权领域内，一种客体可能同时属于多种知识产权的保护对象，其中
一种权利的终止并不当然导致其他权利同时也失去效力。同时，《反不正当
竞争法》也可以在知识产权法之外，在特定条件下对于某些民事权益提供有
限的、附加的补充性保护。就获得外观设计专利权的商品外观而言，外观设
计专利权终止之后，在使用该外观设计的商品成为知名商品的情况下，如果
他人对该外观设计的使用足以导致相关公众对商品的来源产生混淆或者误认，
这种在后使用行为就会不正当地利用该外观设计在先使用人的商誉，构成不
正当竞争。因此，外观设计专利权终止后，该设计并不当然进入公有领域，
在符合《反不正当竞争法》的保护条件时，它还可以受到该法的保护。具体
而言，由于商品的外观设计可能同时构成商品的包装或者装潢，因而可以依
据《反不正当竞争法》关于知名商品特有包装、装潢的规定而得到制止混淆
的保护。此时，该外观设计应当满足以下条件：第一，使用该设计的商品必
须构成知名商品；第二，该设计已经实际具有区别商品来源的作用，从而可
以作为知名商品的特有包装或者装潢；第三，这种设计既不属于由商品自身
的性质所决定的设计，也不属于为实现某种技术效果所必需的设计或者使商
品具有实质性价值的设计；第四，他人对该设计的使用会导致相关公众的混
淆或者误认。不过，外观设计专利权的终止，至少使社会公众收到了该设计

<hr/>

① 参见上海市第二中级人民法院（2008）沪二中民五（知）初字第112号民事判决书、上海市
高级人民法院（2008）沪高民三（知）终字第100号民事判决书、最高人民法院（2010）民提字第
16号民事裁定书。

可能已经进入公有领域的信号，因而主张该设计受到知名商品特有包装、装潢保护的权利人应提供更加充分的证据来证明有关设计仍应受法律保护。

由此可以看出，在外观设计领域可能会因为其同时构成《反不正当竞争法》保护的客体而突破公开换取垄断的基本公式，外观设计制度并不存在上述"公开换取垄断"的功利主义理论指导下的基本逻辑。

四、外观设计单独立法可行性：外观设计制度的内在逻辑架构

知识产权法律体系下，每一个分支的出现都经历了这样的规律：随着社会进步，一类新的智力成果诞生发展使其成为新的客体，并被纳入现有主流模式中予以保护，但随着实践发展，人们逐渐意识到最初规则并不适合这种客体的保护，甚至会带来相反效果，这就会形成知识产权体系中新的分支。[①]外观设计单独立法亦是如此，单独立法具有可兹参照的在先立法例，同时能够体现中国特色知识产权制度的实践基础，可以有效回应我国产业发展的现实需求，具有可行性。同时，就外观设计单独立法的基本方案而言，需要立足基于产品和设计两要素产生的外观设计兼具产品的功能性和设计的非功能性的特点进行构建。

外观设计单独立法具有可行性和现实紧迫性。首先，外观设计单独立法存在立法先例的有力支撑。以日欧为代表的外观设计单独立法模式提供了成功的参照；以英法为代表的专利、版权双重保护模式提供了明确外观设计制度定位、明晰制度界限的研究对象；美国在船舶外观设计、时尚外观设计方面单独立法的积极探索，也为我们提供了一些借鉴的思路。其次，外观设计单独立法存在制度实践的坚实基础。在立法模式的选择中，需要立足中国特色知识产权制度建设需要，参考借鉴国际先进立法例，实现中国特色与世界水平的辩证统一。我国外观设计纳入专利制度保护模式源自历史惯性和立法便利，并非理性选择。如今，我国外观设计专利申请量连续多年位居世界首位，根据世界知识产权组织统计，2016 年全球工业品外观设计申请活动增长

---

① Jerome H. Reichman, *Legal Hybrids Between the Patent and Copyright Paradigms*, 94 Columbia Law Review 2432 (1994).

了 10.4%，达到 963 100 件申请，其中中国受理了 650 344 件外观设计专利申请，相当于世界总量的 52%。① 最后，外观设计单独立法存在产业发展的现实需求。知识产权法是创新激励之法，也是产业促进之法，② 产业发展的需要是知识产权制度完善的重要导向。外观设计独立保护最明显的优点之一，就是可以根据相关产业的特定需求灵活调整具体制度的构建。③ 外观设计单独立法，可以充分吸纳相关需求，在授权条件、确权规则、保护期限、侵权认定、损害赔偿等方面进行更加灵活地规定，针对外观设计所具有的根本属性给予区别性的保护。

就外观设计单独立法的基本方案而言，首先应当将现行《专利法》中有关外观设计的一些规定纳入其中。例如，外观设计的定义、职务外观设计、共有外观设计、外观设计权利的授权条件、申请文件的要求、外观设计的侵权认定、侵权的民事救济，以及外观设计权利的限制与例外，等等。④ 在制度体系上，首先，在保护客体方面，需要根据外观设计所具有的产品的功能性和设计的非功能性的统一，明确功能性外观设计判定规则，⑤ 将《专利审查指南》中关于"功能唯一限定的特定形状"与《最高人民法院关于审理侵犯专利权纠纷应用法律若干问题的解释》（法释〔2009〕21 号）关于"主要由技术功能决定的设计特征"进行规则整合和提升。其次，在判断主体方面，将外观设计作为创新成果而不是区分商品来源的商业标识，模拟一般设计人员的设计水平和设计考虑，判断创新高度和保护力度。再者，在授权确

---

① World Intellectual Property Office, *World Intellectual Property Indicators 2017*, http：//www. wipo. int/publications/en/details. jsp？ id＝4234，last visited：2022－01－31.

② 吴汉东：《知识产权法的制度创新本质与知识创新目标》，载《法学研究》2014 年第 3 期。

③ Regan E. Keebaugh, *Intellectual Property and the Protection of Industrial Design：Are Sui Generis Protection Measures the Answer to Vocal Opponents and a Reluctant Congress?*, 13 Journal of Intellectual Property Law 255 (2005).

④ 李明德：《中国外观设计保护制度的改革》，载《知识产权》2022 年第 3 期。

⑤ 各国对"功能性外观设计"的认定存在较大差异，欧盟采用"唯一决定性"标准，亦即由技术功能唯一限定的外观设计不能被授予权利，其只需要证明存在其他替代性设计即可以反驳；美国采取"主要功能性"标准，亦即主要由功能确定的外观设计不能被授予权利，其需要证明外观设计所蕴含的装饰性大于功能性才能加以反驳。See Jason J. Du Mont & Mark D. Janis, *Functionality in Design Protection Systems*, Journal of Intellectual Property Law, Vol. 19：2, p. 261 (2012).

权规则方面，可以进一步追踪包豪斯设计理念针对"设计与制造相分离，制造与销售相分离"所带来对艺术与技术对峙性，所提出的艺术与技术统一、向死的机械产品注入灵魂的设计理念，模拟设计过程构建外观设计授权确权基本标准。再者，在侵权判定方面，逐步摒弃基于普通观察者检测法的混淆误认标准，[①] 批判新颖点测试标准[②]所导致的对整体观察综合判断的挑战，进一步完善设计空间理论，积极构建整体视觉效果的客观化判断标准。最后，在损害赔偿方面，研究外观设计对产品价值和商品价格的贡献程度，分析技术分摊规则和全部市场价值规则[③]在外观设计适用过程中的特殊性，探索建立符合外观设计价值模拟的侵权损害赔偿标准。

综上所述，将外观设计与发明、实用新型共同规定于一部法律的主要原因是历史惯性和立法便利，而并非理性分析的结果。外观设计制度与专利制度并不具有内在整体性，两者并不会内生出共性的法律规则，外观设计的基本属性是对其单独立法的根本原因。同时，当前纳入专利制度保护模式也是在法律实践中产生诸多问题的根源。据此，建议尽快研究形成独立的外观设计法，并在制度体系上立足外观设计的根本属性，构建主客体、授权确权、侵权救济等相应规则。

第三节　知识产权强国建设背景下
商业秘密单独立法探究

商业秘密是重要的知识产权保护客体类型，是"企业主要的生命线之一"。[④] 我国《民法典》第 123 条亦明确将其纳入知识产权保护客体，使其承载与著作权、商标权、专利权等同等位阶的民事权利。习近平总书记在 2019 年 4 月 26 日第二届"一带一路"国际合作高峰论坛开幕式上的主旨演讲中

---

① Gorham Co. *v.* White. , (14 wall.) 511 (1872).

② Litton Systems Inc. *v.* Whirlpool Corp. , 728 F. 2d 1423 (Fed. Cir. , 1984).

③ Samsung Electronics Co. , Ltd. , et al. *v.* Apple Inc. , 580 U. S. (2016).

④ 林秀芹：《促进技术创新的法律机制研究》，高等教育出版社 2010 年版，第 11 页。

将"加强知识产权保护国际合作"作为我国促进更高水平对外开放的重大举措，其中特别强调，"中国将着力营造尊重知识价值的营商环境，全面完善知识产权保护法律体系……完善商业秘密保护，依法严厉打击知识产权侵权行为"。习近平总书记在 2020 年 11 月 30 日主持第十九届中共中央政治局第二十五次集体学习时专门要求"要加强地理标志、商业秘密等领域立法"。为了深入贯彻落实重要讲话精神、进一步提高商业秘密保护力度，《知识产权强国建设纲要（2021—2035 年)》明确提出"制定修改强化商业秘密保护方面的法律法规"，将强化商业秘密保护的制度供给提升到战略层面加以探索。为了深入贯彻落实《知识产权强国建设纲要（2021—2035 年)》的上述部署，我们需要首先分析商业秘密保护制度的立法模式问题，即是否应当为商业秘密保护制度单独立法，改变现行立法模式中将商业秘密保护制度纳入《反不正当竞争法》加以保护的做法，实现商业秘密保护制度从行为规制法到权利保护法的转变。需要注意的是，《知识产权强国建设纲要（2021—2035 年)》针对地理标志和外观设计明确要求"探索制定地理标志、外观设计等专门法律法规"，针对商业秘密保护制度的表述与之不同，仅仅要求强化商业秘密保护，是否需要采用制定专门法律法规的方式单独立法，尚需深入讨论。国务院《"十四五"国家知识产权保护和运用规划》将此进一步细化为"加强地理标志、商业秘密等领域立法，出台商业秘密保护规定"，明确了对出台商业秘密保护专门规定的要求。

一、现实问题：商业秘密保护不力成为突出法律问题

国家知识产权战略实施评估表明，商业秘密保护不力成为社会各界突出反映的法律问题。《〈国家知识产权战略纲要〉实施十年评估报告》表明，国家知识产权战略实施存在的需要解决的突出问题包括：高质量知识产权偏少，知识产权保护法律体系不完善、侵权处罚力度低，创新主体的知识产权管理运用能力仍然不足，知识产权服务与基础环境存在短板，在知识产权国际事务中的应对能力亟待提高。其中，知识产权保护法律体系不完善、侵权处罚力度低，主要是指对知识产权侵权的判赔力度偏低，由于侵权人获得的收益或者被侵权人的损失难以举证，因此多采取额度较低的法定赔偿判赔，缺乏

惩罚性措施。与欧美等发达国家和地区相比，我国知识产权的判赔力度仍存在较大差距，各单行法之间缺乏协调性和一致性，需要进一步体系化，夯实知识产权基础性法律。上述"举证难"的问题在商业秘密案件中，表现得更为突出。

国际研究表明，商业秘密保护对创新主体而言，具有非常重要的意义。2017年7月，欧洲知识产权局发布的《通过商业秘密和专利保护创新：欧盟企业的策略》报告①中显示，大多数欧盟成员国企业认为商业秘密比专利更为重要，大型公司尤为如此。52.3%的被调查公司使用商业秘密保护创新，只有31.7%的被调查公司使用专利保护创新。其中，大型公司中，69.1%的被调查公司使用商业秘密保护创新，52.8%的被调查公司使用专利保护创新；中小型公司中，51.2%的被调查公司使用商业秘密保护创新，30.4%的被调查公司使用专利保护创新。以德国为代表，平均74.1%的被调查公司使用商业秘密保护创新，平均47.8%的被调查公司使用专利保护创新。进而报告得出结论，"人们在激励的价格竞争市场上更倾向于使用商业秘密而不是专利；在激烈的质量竞争市场上更倾向于同时使用商业秘密和专利"。由此可见，商业秘密制度对企业知识产权保护而言，非常重要。

基于上述两点，《知识产权强国建设纲要（2021—2035年）》关于"加强商业秘密立法"的战略部署符合社会期待，是对社会呼声的回应。2017年两会期间，作为全国人大代表，时任海尔集团公司总裁、董事局副主席周云杰提出了"启动商业秘密保护单独立法"的议案。2018年两会期间，作为全国政协委员，时任国家知识产权局副局长何志敏针对"商业秘密立法较为分散且不具体"的问题，提出"适时出台《商业秘密法》，对商业秘密保护范围、构成要件、侵权行为、权利救济、法律责任等作出明确规定"的建议。2019年3月14日，十三届全国人大二次会议主席团第三次会议通过的《关于第十三届全国人民代表大会第二次会议提出议案处理意见的报告》明确指出："提出修改公司法、证券法、中小企业促进法、企业破产法，制定社会

---

① EUIPO, *Protecting Innovation through Trade Secrets and Patents: Determinants for European Union Firms*, http://ipreurope.eu/protecting-innovation-trade-secrets-patents/, last visited: 2022-02-07.

信用法、商业秘密法等，依法平等保护产权，打造法治化营商环境。"① 2021年两会期间，全国人大代表、中国科学院大学公共政策与管理学院马一德教授提出了"以专门立法为进路加强我国商业秘密立法"的议案。

二、阴差阳错：商业秘密保护归入竞争法的历史背景

从立法的历史背景考察，我国将商业秘密保护法律制度归入《反不正当竞争法》，这一做法与其说是各种立法方案利弊的综合权衡和理性选择，倒不如说是立法便利的现实选择。早在20世纪末，我国便开始探索商业秘密保护单独立法，但是出于立法资源等方面的考虑未有结果。我国国家经济贸易委员会于1996年提交了《中华人民共和国商业秘密保护法（送审稿）》，规定了商业秘密保护法的立法宗旨、商业秘密的定义、权属等问题，只是至今尚未提交全国人民代表大会及其常务委员会审议。② 可以说，采用《反不正当竞争法》规定商业秘密保护制度而没有采用商业秘密保护单独立法的模式，主要原因在于立法便利性的考虑。

回顾历史，我国商业秘密保护立法缘起于1985年国务院颁布的《中华人民共和国技术引进合同管理条例》（已失效，以下简称《技术引进合同管理条例》）。该条例对技术秘密保护提出要求，其第7条规定："受方应当按照双方商定的范围和期限，对供方提供的技术中尚未公开的秘密部分，承担保密义务。"真正关键的是，1986年《中华人民共和国民法通则》（已失效，以下简称《民法通则》）将技术秘密纳入"其他科技成果权"加以保护，没有纳入经营信息，也没有明确提出"商业秘密"的概念。1986年《民法通则》第118条规定："公民、法人的著作权（版权）、专利权、商标专用权、发现权、发明权和其他科技成果权受到剽窃、篡改、假冒等侵害的，有权要求停止侵害，消除影响，赔偿损失。"在之后的法律实践中，由于没有关于商业秘密的法律制度，法律实践常常引用上述《民法通则》第118条作为法律依据。1987年全国人大常委会颁布的《中华人民共和国技术合同法》（已

① "关于第十三届全国人民代表大会第二次会议代表提出议案处理意见的报告"，http://www.gov.cn/xinwen/2019 – 03/14/content_5373782.htm，访问日期：2022年5月9日。

② 参见张耕等：《商业秘密法》，厦门大学出版社2006年版，第100页。

失效，以下简称《技术合同法》）仍然没有提出"商业秘密"的概念，但是该法第 15 条第 1 款第 4 项规定了将"技术情报和资料的保密"作为技术合同一般应当具备的条款。

"商业秘密"作为法律用语最早出现在 1991 年《民事诉讼法》中。该法第 66 条规定："证据应当在法庭上出示，并由当事人互相质证。对涉及国家秘密、商业秘密和个人隐私的证据应当保密，需要在法庭出示的，不得在公开开庭时出示。"该法第 120 条第 2 款进一步规定了涉及商业秘密的案件可以不公开审理。进而，1992 年 7 月 14 日，最高人民法院发布的《关于适用〈中华人民共和国民事诉讼法〉若干问题的意见》（已失效）以司法解释的方式给出了"商业秘密"的定义，该解释第 154 条规定："民事诉讼法第六十六条、第一百二十条所指的商业秘密，主要是指技术秘密、商业情报及信息等，如生产工艺、配方、贸易联系、购销渠道等当事人不愿公开的工商业秘密。"然而，上述规定仅仅是保障诉讼程序对商业秘密的保护的程序性要求，并没有对商业秘密保护的实体规则作出安排。

1993 年，我国制定并颁布《反不正当竞争法》，建立商业秘密保护制度。该法主要包括三个方面：一是其第 10 条第 3 款规定了商业秘密的概念和构成要件，即"本条所称的商业秘密，是指不为公众所知悉、能为权利人带来经济利益、具有实用性并经权利人采取保密措施的技术信息和经营信息"；二是其第 10 条第 1 款和第 2 款明确了侵犯商业秘密的行为；三是其第 20 条规定了侵犯商业秘密的法律责任，同时将侵权人限制为经营者。[①]从上述内容看，《反不正当竞争法》系从行为法的角度对侵犯商业秘密的行为进行规制，构建起"商业秘密构成要件—侵犯商业秘密的行为—侵犯商业秘密行为应当承担的法律责任"的制度逻辑。在此之后，《中华人民共和国刑法》（以下简称《刑法》）、《中华人民共和国合同法》（已失效，以下简称《合同法》）、《中华人民共和国劳动法》（以下简称《劳动法》）等亦对商业秘密保护加以规定。综合这些内容，我国亦没有将商业秘密作为受到法

---

① 2019 年修正《反不正当竞争法》时，将商业秘密侵权行为的责任主体从"经营者"拓展至所有民事主体。

律保护的民事权益客体，从权能方面具体部署。上述法律制度的缺失在公共政策中得到一定程度的弥补，如1997年7月2日发布的《国家经贸委办公厅关于加强国有企业商业秘密保护工作的通知》（国经贸法〔1997〕419号），对商业秘密的定义、构成要件、外延范围等作出规定。然而，上述规定尚未能够从权利保护的维度进行全面的制度构建，并且适用范围也受到一定限制。

为什么将商业秘密保护制度纳入《反不正当竞争法》中加以规制？笔者认为有如下两个历史背景性的原因。一是落实国际条约中不正当竞争条款的现实需求。《保护工业产权巴黎公约》是最早保护工业产权的国际公约，其中没有出现"商业秘密"的字样，亦没有引入商业秘密保护的相关制度，但是该公约第10条之二①通常被认为是保密商业秘密的实质性条款。可以说，《保护工业产权巴黎公约》通过对不正当竞争行为的规制实现了对商业秘密相关权益的保护。《保护工业产权巴黎公约》签订后，商业秘密保护通常被视为专有技术（Know - how）加以保护。正是在这样的背景下，基于落实《保护工业产权巴黎公约》的现实需求，我国在1993年《反不正当竞争法》中纳入商业秘密保护相关制度。

二是因应中美知识产权谈判美方对商业秘密保护关注的现实回应。1992年《中美关于保护知识产权的谅解备忘录》第4条提出："一、为确保根据保护工业产权巴黎公约第十条之二的规定有效地防止不正当竞争，中国政府将制止他人未经商业秘密所有人同意以违反诚实商业惯例的方式披露、获取或使用其商业秘密，包括第三方在知道或理应知道其获得这种信息的过程中有此种行为的情况下获得、使用或披露商业秘密。二、只要符合保护条件，商业秘密的保护应持续下去。三、中国政府的主管部门将于1993年7月7日前向立法机关提交提供本条规定保护水平的议案，并将尽最大努力于1994年

---

① 《保护工业产权巴黎公约》第10条之二规定："（1）本联盟国家有义务对各该国国民保证给予制止不正当竞争的有效保护。（2）凡在工商业事务中违反诚实的习惯做法的竞争行为构成不正当竞争的行为。（3）下列各项特别应予以禁止：1. 具有采用任何手段对竞争者的营业所、商品或工商业活动造成混淆性质的一切行为；2. 在经营商业中，具有损害竞争者的营业所、商品或工商业活动的信用性质的虚伪说法；3. 在经营商业中使用会使公众对商品的性质、制造方法、特点、用途或数量易于产生误解的表示或说法。"

1 月 1 日前使该议案通过并实施。"1994 年关贸总协定乌拉圭回合谈判取得阶段性成果，之后的 TRIPS 协定第 1 条第 2 款明确将"未披露的信息"作为独立的知识产权类型，并在其第 39 条对"未披露的信息"进行了专门规定。由此可见，将商业秘密保护制度纳入《反不正当竞争法》中加以规制，也是因应中美知识产权谈判中美方对商业秘密保护关注、积极争取加入世界贸易组织的历史背景下作出的立法便利性考虑。

三、互斥影响：不正当竞争行为的规制与财产权保护

从比较法的角度加以分析，可以得知，以竞争法的模式保护商业秘密是主要国家立法例最初的普遍选择，制定专门的商业秘密保护法是主要国家立法例的普遍趋势。总体而言，世界主要国家和地区的法律中一般对保护商业秘密有所规定，但在具体方式上存在差异。例如，有的主要通过反不正当竞争法保护，如德国、日本、韩国；有的主要通过知识产权法保护，如法国、意大利；有的主要通过普通法违反保密义务之诉保护，如澳大利亚、加拿大；有的制定了专门的商业秘密保护法，如 2016 年《美国保护商业秘密法案》，2016 年《欧盟商业秘密保护指令》。[①] 之所以出现这些不同的立法模式，与关于商业秘密保护的法理基础的不同观点存在紧密关系。

商业秘密权是现代知识产权体系的重要组成部分。商业秘密虽然是一种信息资产，但其获利形态不具有知识产权的独占性、地域性、时间性等一般特征，而是长期以来借助合同法、侵权法等私法制度获得保护，并未涵盖于知识产权体系中。有学者指出，知识产权法是一种市场监管，其长期目标是通过系列的政策工具和法律安排的"三步交换过程"（包含知识产权的授予、行使、终止三个步骤），以促进公共领域和私部门之间交换并相互增益为手段，以丰富公共领域为目标。商业秘密的保护恰好与之背道而驰，商业秘密的基本要素是保护机密不被公开披露，因为无法公开以启发并赋权公众，只要不被公开就可以获得无限期保护，所以商业秘密无法构成知识产权的对象。[②] 自 20 世纪

---

① 参见王瑞贺主编：《中华人民共和国反不正当竞争法释义》，法律出版社 2018 年版，第 28 - 29 页。

② 刘孔中、李文博：《论商业秘密保护及其过度保护的问题》，载《知识产权》2022 年第 5 期。

下半叶以来，国际商会率先承认商业秘密权益的知识产权属性，世界知识产权组织在其成立公约中亦将商业秘密包含在知识产权客体之中；到 20 世纪 90 年代中期，TRIPS 协定通过"未公开信息"将商业秘密保护纳入知识产权法律体系。[①] 对于商业秘密保护的法理基础，存在着违反合同义务（合同义务学说）、构成侵权行为（侵权行为学说）、构成不正当竞争行为（不正当竞争行为学说）、保护财产权（财产权学说）等不同观点，并最终发展为知识产权学说。

无论是大陆法系还是英美法系，其早期的商业秘密保护理论都是基于合同义务学说，当时的理论界、司法界虽然承认商业秘密的财产性质，但并未将其纳入绝对权与支配权（如所有权）的范畴，而是更多地将其看作对人权与相对权（如债权）的对象。[②] 溯源而言，学术界将商业秘密保护制度的源头追溯到罗马法上的"收买奴隶之诉"（actio serzi corrupti），也就是针对通过贿赂或者胁迫奴隶泄露其主人的秘密商业信息的行为进行规制，由行为人向奴隶主人承担其因为秘密商业信息被公开所遭受损失的两倍的损害赔偿责任。[③] 现代意义上的商业秘密的保护，最初源于英国衡平法意义上的信托关系。英国和美国早在 19 世纪初就出现了商业秘密诉讼，基于侵犯商业秘密合法权益要求损害赔偿，禁令救济出现的更晚。英国早期法律实践认为，禁止他人利用或者披露权利人保密信息的权利基础在于，权利人与义务人之间存在的保密义务。[④] 在阿尔伯特王子诉施坦格案[⑤]中，英国法官开始用信托关系处理商业秘密案件。美国商业秘密诉讼较早的案例是 1817 年的纽伯里诉詹姆斯案[⑥]和 1837 年的维姬诉韦尔奇案[⑦]。下面以维姬诉韦尔奇案为例作说明。本案中，当事人事先约定由被告向原告转让其所拥有的巧克力制作方法，但

---

① 吴汉东：《知识产权法》，高等教育出版社 2021 年版，第 649 页。

② 同注①，吴汉东书，第 656 页。

③ Arthur A. Schiller, *Trade Secrets and the Roman Law: The Actio Serzi Corrupti*, Columbia Law Review, Vol. 20: 6, p. 837 (1930).

④ Allison Coleman, *The Legal Protection of Trade Secrets*, Sweet & Maxwell, 1992, p. 30.

⑤ Prince Albert v. Stange, (1849) 41 ER 1171.

⑥ Newberry v. James, 35 Eng. Rep., 1011, 1013 (Ct. Ch. 1817).

⑦ Vickey v. Welch, 36 Mass., 523, 527 (1837).

是被告后来拒绝转让，理由是技术秘密的转让会对自己的生产产生不合理的限制。法院认定，被告有义务将技术秘密转让给原告。该案体现出将违反合同义务作为商业秘密保护的法理基础，亦即，商业秘密的保护基于建立了信任关系的当事人之间的保密合同（此处关于保密合同的理解经历了从明示保密合同到默示保密合同的过程），[①] 当事人不得破坏基于保密合同的信任获取或者使用他人的商业秘密。[②]《日本不正当竞争防止法》于 1990 年修订引入商业秘密保护相关内容之前，日本在司法实践中主要依据当事人之间的"保密契约书"的约定，以违约责任进行保护，亦体现了违反合同义务的观点。进一步来讲，为了强化商业秘密的保护，创制了"准契约"或称为"法律上的默示合同"理论，进一步拓展保密合同的范围。上述准契约或法律上的默示合同与前述默示保密合同相比，无须借助证明默示同意的事实来推定合同关系的存在，而是由法律基于保护商业秘密的需要而拟制特定的合同关系，这种依据法律产生的默示义务，包括专利代理人对专利申请人的保密义务、雇员对雇主的保密义务等。[③] 综上所述，由于合同义务学说的前提是合同义务，英美法系和大陆法系为了强化商业秘密保护，将上述合同义务从明示合同义务拓展到默示合同义务，并且将默示合同义务从依据合同产生的默示合同义务拓展到依据法律规定产生的模式合同义务。但是，合同义务学说无论如何都无法摆脱合同义务作为商业秘密保护的前提，被告通常会以不存在保密合同关系为由进行抗辩，因此该学说存在一定的局限性。

认识到合同义务学说的局限性之后，部分学者提出了侵权行为学说。这一观点是破坏保密关系的侵权行为理论，明确了基于维护商业道德的责任，[④] 更加强调对侵权行为的威慑，从而预防并惩罚具有道德可非难性的行为，进而维护商业行为的理性标准。[⑤] 美国联邦最高法院在杜邦公司诉马斯兰德案

[①] Robert G. Bone, *A New Look at Trade Secret Law: Doctrine in Search of Justification*, 2 California Law Review 243 (1998).

[②] Board of Trade *v.* Christie Grain & Stock Co., 198 U. S. 100, 102 (1905).

[③] 张玉瑞：《商业秘密法学》，中国法制出版社 1999 年版，第 116 页。

[④] Melvin F. Jager, *Trade Secrets Law*, Clark Boardman Callaghan, 1991, p. 1 – 4.

[⑤] Robert P. Merges, Peter S. Menell & Mark A. Lemly, *Intellectual Property in the New Technological Age* (5th edtion), Wolters Kluwer, 2010, p. 37 – 39.

中使用了该理论。霍姆斯大法官认为："用于商标或者商业秘密的'财产'一词只是对法律创设诚实信用的起码要求这一原始事实的某些从属后果的浅显表述，无论原告是否拥有任何有价值的秘密，被告均可通过他获得的特殊信任弄清事实，无论这些事实是什么，财产权可以被否认，但是信用不能被否认……首先需要确认的是，被告不应欺诈地滥用原告给予他的信任，这是保密关系中经常出现的事件。"① 美国 1939 年《侵权行为法重述（第一次）》接受了上述破坏保密关系的侵权行为理论，该重述第 757 条确立了商业秘密保护的侵权行为理论，将商业秘密的保护涵盖于存在明示合同义务或者默示合同义务的情形，也涵盖于没有任何合同义务的情形，将责任主体从合同相对人拓展至不存在合同关系的第三人。特别是，基于侵权行为学说，针对侵犯商业秘密的行为可以予以停止侵权的禁令救济，突破了合同义务学说仅有损害赔偿这一唯一救济方式的缺陷。但是，侵权行为的实质是通过损害他人的合法利益实现自己的非法利益，主张侵犯商业秘密构成侵权行为的这一学说从保护他人合法利益的角度出发，对上述行为造成公平竞争秩序的损害缺乏认识。

进而，诸多国家在一段时期内转而采纳不正当竞争行为学说，将侵犯商业秘密的行为纳入不正当竞争行为予以规制。正是基于这样的逻辑，1896 年《德国反不正当竞争法》对商业秘密作出专门规定，在该法第 1 条中明确了侵犯商业秘密的法律责任。1909 年重新制定的《德国反不正当竞争法》沿用了上述规定。1909 年《德国反不正当竞争法》历经 10 余次修订，都保留了上述规定。《日本不正当竞争防止法》在 1990 年修订时引入商业秘密保护条款，对商业秘密的定义与构成要件、侵犯商业秘密的行为类型与救济方式等作出规定。这一立法例具有广泛影响，瑞士、韩国等均在不正当竞争法律制度中对商业秘密加以保护。美国也对此有所认识，在上述 1939 年《侵权行为法重述（第一次）》确立商业秘密保护的侵权行为理论的基础上，在《反不正当竞争法重述》中以专章的形式对商业秘密保护作出规定，包括商业秘密

---

① E. I. Du Pont de Nemours Powder Co. *v.* Masland，244 V. S 100（1917）. 转引自唐昭红：《商业秘密研究》，载梁慧星主编：《民商法论丛》（第 6 卷），法律出版社 1997 年版，第 728 页。

的概念与构成要件、侵权行为与法律责任、保密义务等。① 1996 年，世界知识产权组织发布的知识产权示范法《反不正当竞争示范条款》将"秘密信息的不正当竞争"纳入其中，以 TRIPS 协定第 39 条为基础拟定了商业秘密条款（使用了"秘密信息"的表述，代替了 TRIPS 协定的"未公开信息"）。

不正当竞争行为学说对商业秘密保护具有独特优势，其着眼于分析获取商业秘密行为的主观意图正当性和采取手段合法性。由于商业秘密侵权行为不仅损害了商业秘密持有者的经济利益和竞争优势，而且损害了社会成员从事技术创新的积极性，利用竞争法可以对不正当竞争行为的"不正当竞争手段"予以宽泛解释，从而对商业秘密进行全面保护。② 然而，不正当竞争行为学说从行为出发而非从商业秘密本质属性的角度出发，因此笔者认为针对这个问题，财产权学说更具说服力。财产权学说认为，商业秘密权益是一种无形财产权，应当与著作权、商标权、专利权一同被视为保护无形财产的权利，是一种为了促进创新而从公共政策角度加以保护的财产权。③ 美国联邦最高法院在拉克尔肖斯诉孟山都公司案④中指出，商业秘密具有与有形财产权类似的很多特征。

20 世纪 50 年代以来，产权理论兴起，财产权学说逐渐成为国际社会保护商业秘密的主流学说。基于商业秘密的财产权学说，为了更加有效地保护商业秘密这一无形资产、进一步解决不正当竞争行为规制与财产权学说的互斥影响，各国开始探索商业秘密单独立法模式。美国商业秘密单独立法的过程有以下四个"路标"。第一，1978 年，美国法律学会基于法律体系上的考虑，在《侵权行为法重述（第二次）》中删除了关于商业秘密的有关规定，标志着向不正当竞争行为学说和财产权学说的转变。第二，1979 年，美国统一州法全国委员会制定《统一商业秘密法》，以示范法的方式对商业秘密的定义与构成要件、禁令救济与损害赔偿、诉讼时效与保密措施等加以规定，

---

① 张玉瑞：《商业秘密法学》，中国法制出版社 1999 年版，第 18 页。

② 崔汪卫：《商业秘密立法反思与制度建构》，社会文献出版社 2021 年版，第 49 – 51 页。

③ Mark A. Lemly, *The Surprising Virtues of Treating Trade Secrets as IP Rights*, Stanford Law Review, Vol. 61: 2, p. 311 – 353 (2008).

④ Ruckelshaus *v.* Monsanto Co., 467 U. S. 986, 1001 – 04 (1984).

成为一部为大多数州普遍采用并为其他国家效仿的系统性商业秘密保护法律。第三，1996 年，美国国会通过《美国经济间谍法》，这是第一部联邦层面的商业秘密法律制度，以刑事手段对经济间谍罪、窃取商业秘密罪进行规制。第四，2016 年，美国发布《美国保护商业秘密法》，采用概括式与列举式并用的立法模式对商业秘密保护制度进行规定。有学者将这个过程总结为，美国的商业秘密单独立法模式生于判例法，长于侵权法，成于财产法，反映了制度重心由侵权行为转向客体本身，服务于其功利主义思想下的扩张式创新发展战略。① 司法实践中对财产权学说也有充分的落实，如 1953 年的费罗莱公司诉 DAF 公司案、1983 年拉克尔肖斯诉孟山都公司案都承认了商业秘密的财产属性。② 英国于 2018 年 6 月颁布《英国商业秘密条例（2018）》，这是英国首部商业秘密专门法律，标志着英国商业秘密法律制度朝着专门化的方向发展。作为竞争行为学说代表的德国，也对商业秘密保护单独立法进行了探索。2019 年 4 月 26 日，《德国保护商业秘密法》正式生效，并给出全新的商业秘密定义，③ 不仅对商业秘密权利人享有的权利、构成侵权的例外情形加以明确，还对反向工程的构成要件加以规定，甚至对大数据应用中的算法保护也形成制度。可以说，《德国保护商业秘密法》是德国首部统一的商业秘密专门法，既有落实 2016 年《欧盟商业秘密保护指令》的历史背景，同时也标志着德国商业秘密的保护模式从以不正当竞争行为学说为基础的反不正当竞争法保护进入以财产权学说为基础的专门立法保护的阶段。与德国类似，法国于 2018 年 7 月发布《法国商业秘密保护法》，进一步明确商业秘密的定义与构成要件，并对商业秘密保护制度加以规定。荷兰、比利时、丹麦等也纷纷改变了以往非专门法保护商业秘密的传统，进行商业秘密专门立法。亚

---

① 杨正宇：《美国商业秘密单独立法模式探究与启示》，载《民商法论丛》2020 年第 1 期。

② 吴汉东：《知识产权法》，高等教育出版社 2021 年版，第 659 页。

③ The Act defines, for the first time, what is meant by the term trade secret. According to § 2 No. 1 of the Act, a trade secret is information (i) which is neither in its entirety nor in the precise arrangement and composition of its components generally known or readily accessible (i. e. secret) to the persons in the circles who normally handle this type of information and therefore of economic value and (ii) which is subject to appropriate secrecy measures by its lawful owner under the circumstances and (iii) for which there is a legitimate interest in secrecy.

洲的情况也体现出上述趋势，泰国①、印度尼西亚②等在 2000 年前后分别制定了商业秘密专门法；我国台湾地区"营业秘密法"的出台也有类似之处，从以不正当竞争行为学说为基础的"公平交易法"保护进入以财产权学说为基础的"营业秘密法"专门法保护的阶段。目前，我们进一步认识到，商业秘密属于财产，且显然不属于有形财产。我国《民法典》将商业秘密定性为知识产权客体，体现了鼓励创造和投资、促进信息传播的制度目标，为日后的立法工作提供了基本理论与框架。同时，制定单行的商业秘密法符合我国历史发展情况和社会需求。③

综上所述，以竞争法的模式保护商业秘密是主要国家立法例最初的普遍选择，制定专门的商业秘密保护法是主要国家立法例的普遍趋势。特别是，进入 20 世纪以来，商业秘密保护立法进入专门化、一体化的发展道路。④

四、逻辑反思：商业秘密保护归入竞争法的双向走偏

目前，我国采用以不正当竞争行为学说为基础的竞争法模式保护商业秘密，对商业秘密保护起到了重要作用，但同时也存在一定的局限性。

一方面，行为法与权利法的实质互斥。由于我国《反不正当竞争法》引入商业秘密保护等制度，使得松散性的、聚合式的《反不正当竞争法》呈现行为法本质属性与权利法惯性理解的司法实践产生冲突张力。对于竞争行为正当性问题通常缺乏实质意义的利益衡量，往往做简单化处理，属于权利保护式的思路，并未体现出不正当竞争行为认定的属性，这是当前实践中的惯常思路与代表性做法。⑤《反不正当竞争法》应当被定位为维护市场竞争秩序、实现市场公平竞争的竞争法，而非知识产权保护的补充法、兜底法。这一点从条文本身和立法者的表述中也可以得到印证，《反不正当竞争法》第 1

---

① Thailand Trade Secrets Act B. E. 2545（2002），https：//wipolex. wipo. int/en/text/129785，last visited：2022 - 05 - 11.

② Law of the Republic of Indonesia Number 30 Year 2000 Regarding Trade Secret，https：//wipolex. wipo. int/en/text/226914，last visited：2022 - 05 - 11.

③ 黄武双：《商业秘密的理论基础及其属性演变》，载《知识产权》2021 年第 5 期。

④ 吴汉东：《知识产权法》，高等教育出版社 2021 年版，第 661 - 662 页。

⑤ 孔祥俊：《反不正当竞争法新原理（总论）》，法律出版社 2019 年版，第 42 页。

条明确定位为"鼓励和保护公平竞争",同时该法属于市场经济行为规则,①是规范经营者竞争行为、维护市场竞争秩序的基本法律。②虽然《反不正当竞争法》在 2017 年修订和 2019 年修正中都致力于强化商业秘密的保护,但是基于《反不正当竞争法》鼓励和保护公平竞争的市场经济行为规制定位,无法对商业秘密的权能进行全面规定,更多的是将商业秘密作为法益加以保护。因此,行为法与权利法的实质互斥,使得商业秘密保护归入竞争法面临双向走偏:商业秘密本身的权利属性不明确,权能缺乏全面的构建;侵犯商业秘密的行为与经营者的竞争行为存在一定的区别,难以纳入竞争法的整体框架加以规制。

另一方面,经营者与侵权主体逻辑不周。根据《反不正当竞争法》第 2 条的规定,实施不正当竞争行为的主体,必须是经营者。对于"经营者"的外延,《反不正当竞争法》界定为"从事商品生产、经营或者提供服务的自然人、法人或者非法人组织"。然而,侵害商业秘密权利人的合法权益并对权利人造成损害的侵权主体,并不限于上述经营者。例如,针对企业职工离职后侵犯原企业商业秘密的行为,如果从主体资格的角度理解经营者,那么企业职工将不是适格的侵权行为人。为解决这一问题,2019 年修正《反不正当竞争法》时,在第 9 条第 2 款和第 3 款中增设如下规定:"经营者以外的其他自然人、法人和非法人组织实施前款所列违法行为的,视为侵犯商业秘密。第三人明知或者应知商业秘密权利人的员工、前员工或者其他单位、个人实施本条第一款所列违法行为,仍获取、披露、使用或者允许他人使用该商业秘密的,视为侵犯商业秘密。"虽然上述条文通过法律拟制的方式缓和了《反不正当竞争法》竞争行为的经营者专属性与商业秘密侵权主体的广泛性之间的逻辑不周,但是通过法律拟制方式仍然无法从根本上解决这一问题。

从法律实践角度而言,加强构建商业秘密保护制度的着力点应当在于权能的明确与完善,而不是侵权行为的全面列举。通常而言,在财产法领域,

---

① 王学政:《中国反不正当竞争法的理论与立法经验》,载《中国工商管理研究》1998 年第 11 期。

② 全国人民代表大会常务委员会法制工作委员会民法室编:《〈中华人民共和国反不正当竞争法〉释义》,法律出版社 1994 年版,第 1 页。

法官利用成文法的原则条款或者普通法的宽泛学说创设新的财产权的造法活动通常会受到限制，很多大陆法系国家将物权法定作为法律原则加以明确，英美法系主要国家则事实上奉行这一原则，从而保证成文法的确定性，实现降低交易成本、维护交易安全。① 进而，由于侵犯商业秘密行为的手段多样化，难以完全类型化，并且并不存在侵权行为类型化的公示作用要求，因此侵犯商业秘密行为可以赋予裁判者更多的解释空间。因此，追本溯源而言，商业秘密保护法律制度具有权利法的本质属性，属于财产法的范畴，《反不正当竞争法》这一行为法在构建商业秘密保护法律制度方面存在着行为法与权利法内在冲突带来的互斥影响，迫切需要通过单独立法的方式，从权利法的角度构建商业秘密各项权能，进而强化商业秘密保护制度的制度供给。

第四节　知识产权强国建设背景下
地理标志制度建构研究

　　地理标志法律制度是重要的知识产权法律制度。2020 年 11 月 30 日，习近平总书记在主持第十九届中共中央政治局第二十五次集体学习时专门要求，"要加强地理标志、商业秘密等领域立法"。为了深入贯彻落实习近平总书记重要讲话精神，加强地理标志立法工作，《知识产权强国建设纲要（2021—2035 年）》明确指出，"探索制定地理标志、外观设计等专门法律法规，健全专门保护与商标保护相互协调的统一地理标志保护制度"。进一步要求，实施地理标志保护工程，实施地理标志农产品保护工程，发挥集体商标、证明商标制度作用，打造特色鲜明、竞争力强、市场信誉好的产业集群品牌和区域品牌。推动地理标志与特色产业发展、生态文明建设、历史文化传承以及乡村振兴有机融合，提升地理标志品牌影响力和产品附加值。《"十四五"国家知识产权保护和运用规划》进一步要求，"加强地理标志、商业秘密等领域立法，出台商业秘密保护规定"。

　　2022 年 4 月 26 日发布的《国家市场监督管理总局 2022 年立法工作计

---

　　① 崔国斌：《知识产权法官造法批判》，载《中国法学》2006 年第 1 期。

划》，将"地理标志法"这一法律列入第二类立法项目。之所以对地理标志
法律制度的构建提出明确要求，与地理标志法律制度的制度价值密不可分。
世界知识产权组织总干事邓鸿森曾提出，地理标志是"关键的品牌建设工
具"和"质量与真实性的标志"。世界知识产权组织中国办事处主任刘华表
示，地理标志作为最古老的知识资产形式，是人类文明、自然和传统发展的
演绎和传承。① 可见，在知识产权强国建设背景下，地理标志制度建构的方
向是在《商标法》以证明商标方式加以保护的同时，制定地理标志保护专门
法律，加强地理标志相关权益保护，促进地理标志产业发展。

一、地理标志保护制度的起源发展

地理标志，也称为原产地名称，是一个国家、地区或者地方的地理名称，
表明商品来源于某一地区，而商品的特定品质、信誉或者其他重要特征，主
要由该地区的自然因素或者人文因素所决定。② 地理标志是产源识别标志，
它证明着商品的来源地；它又是商品质量的标志，代表着由来源地的地理环
境（包括自然因素和人为因素）所确定的特定的突出的质量；作为前两个特
征的必然结果，地理标志附带着商业利益，可以推广特定地区的商品，所以
它是产源识别标志、质量标志和商业利益的集合体。地理标志是基于产地的
自然条件和产地的世代劳动者的集体智慧而形成的，作为一项无形资产，它
应属于产地劳动者集体所有。③ 主要知识产权强国均通过国内法构建地理标
志保护制度，从各国地理标志保护制度的比较来看，不像以前的知识产权议
题更多地体现"南北矛盾"，即发达国家与发展中国家之间的矛盾，而是主
要体现为拥有悠久历史的"旧世界国家"和历史较为短暂的"新世界国家"
之间的矛盾。④ 需要说明的是，虽然存在下述专门立法模式、商标法模式两

---

① 世界知识产权组织中国办事处："WIPO 中国：地理标志是质量的标志（2021 年中国国际服
务贸易交易会系列报道二）"，https：//www.wipo.int/about - wipo/zh/offices/china/news/2021/news_
0029.html，访问日期：2022 年 5 月 13 日。
② 刘春田主编：《知识产权法》（第六版），中国人民大学出版社 2022 年版，第 254 - 255 页。
③ 李永明：《论原产地名称的法律保护》，载《中国法学》1994 年第 3 期。
④ Felix Addor & Alexandra Grazioli, *Geographical Indications beyond Wines and Spirits：A Roadmap for a Better Protection for Geographical Indications in the WTO/Trips Agreement*, 5 Journal of World Intellectual Property 865 （2002）.

种地理标志保护制度的立法模式，但是多数国家和地区会将反不正当竞争制度作为地理标志保护的补充制度。

1. 法国：地理标志保护制度的专门立法模式

法国是以专门立法模式保护地理标志的典型国家。上述具有悠久历史的"旧世界国家"的典型代表就是法国，法国是地理标志保护制度的发源地，也是成功实施地理标志保护制度的国家之一。[①] 法国法最早使用"原产地名称"这一概念，这一概念也是法国地理标志制度的核心。[②] 法国的地理标志保护制度一直采取专门立法模式，可以分为以下五个阶段。

第一阶段：1905 年之前，法国地理标志制度的探索期。法国地理标志制度可以追溯到 14 世纪查理五世颁发的关于洛克福奶酪生产的皇家许可证。[③] 1824 年，法国针对虚假描述产品来源的行为科以刑事处罚，这其中包括针对使用虚假的地理标志（产地名称）的假冒产品制造者的法律规制，也就是说，法国早期立法旨在通过打击使用虚假地理标志（产地名称）的行为告知消费者产品的真实产地和真实生产者，并未将之直接与产品质量相联系。[④]

第二阶段：1905—1919 年，法国地理标志保护制度的初始期。法国地理标志保护制度的首部法律起源于《法国 1905 年 8 月 1 日法》。该法第 11 条规定，应当由公共管理部门制定规则，以便确定什么样的产品可以享有原产地名称。这一立法的背景是，19 世纪末的葡萄根瘤蚜病使得很多法国葡萄园毁于一旦，进而导致葡萄酒生产产生混乱。对其立法的意义在于，其标志着行政管理地理标志的开始，行政管理部门负责地理标志的行政许可。在此之后，产生了一系列具有个案性质的法令，这些法令给出了一些地理标志的使用许可，如"干邑"[⑤]、"波尔多"[⑥]、"阿马尼亚克"[⑦] 等。但是，这种通过行政的手段确定原产

---

① 冯寿波：《论地理标志的国际保护——以 TRIPS 协议为视角》，北京大学出版社 2008 年版，第 11 页。

② 王笑冰：《法国对地理标志的法律保护》，载《电子知识产权》2006 年第 4 期。

③ 同注②。

④ Lori E. Simon, *Appellations of Origin: The Continuing Controversy*, 5 Northwestern Journal of International Law & Business 132（1983）.

⑤ The Decree of 1 May 1909.

⑥ The Decree of 1 May 1909.

⑦ The Decree of 25 May 1909.

地名称的方式在实践中遭到失败，特别是在香槟酒的保护方面，不论品质优劣，所有在香槟区生产的葡萄酒都使用"香槟"这一名称，影响了香槟酒的声誉。①

　　第三阶段：1919—1935 年，法国地理标志保护制度的转型期。为了解决上述问题，1919 年 5 月 6 日颁发了《法国关于原产地名称的 1919 年 5 月 6 日法》，将地理标志的相关权利作为集体财产权，明确如果产品的构成要素都来自特定的原产地，那么该产品可以使用该地理标志，地理标志一经注册就不会被视为通用名称。②《法国关于原产地名称的 1919 年 5 月 6 日法》较之于此前法律的核心变化是，其将行政保护的方式转变为司法保护，赋予法官对地理标志使用的权力。亦即，《法国关于原产地名称的 1919 年 5 月 6 日法》将地理标志命名权由政府交给法院，法官掌握着原产地名称使用的认定或确认权力，该法同时也明确了法官在认定原产地名称时应该考虑的因素。③ 在此之后，法国通过一系列法令具体化地理标志保护制度。1925 年颁发的《法国 1925 年洛克福奶酪保护法》使"洛克福"成为法国第一个非葡萄酒原产地名称。这并非事出偶然，而是法国路耶鲁谷地区的洛克福村村民百年来精良制作洛克福奶酪成果的展现。④ 1927 年 7 月 22 日，法国国民大会制定新的《法国原产地名称保护法》，规定由立法决定哪些地方可以使用"香槟"原产地。应当说，这一阶段可以被称为转型期，一方面将地理标志的认定与保护权力从政府转移到法院，另一方面法院通过一系列判决强调地理标志保护制度的制度价值在于特定地区条件对产品质量的影响，从而确立了地理标志产品与货源标志产品之间的区别。⑤

　　第四阶段：1935—1994 年，法国地理标志保护制度的成熟期。1935 年 7 月 30 日，法国颁布关于葡萄酒的受控原产地名称（AOC）的法令，标志着法

---

　　① 董炳和：《地理标志知识产权制度研究——构建以利益分享为基础的权利体系》，中国政法大学出版社 2005 年版，第 96 页。

　　② Leigh Ann Lindquist, *Champagne or Champagne? An Examination of U. S. Failure to Comply with the Geographical Provisions of the Trips Agreement*, Georgia Journal of International and Comparative Law, Vol. 27：2, p. 309 (1999).

　　③ 吴彬、刘珊：《法国地理标志法律保护制度及对中国的启示》，载《华中农业大学学报（社会科学版）》2013 年第 6 期。

　　④ Bernard O'Connor, *The Law of Geographical Indications*, Cameron May, 2006, p. 167.

　　⑤ 同注①。

国原产地名称制度发生了重大转变。① 依据该法令，法国建立葡萄酒、烈酒国家委员会。1947年，上述葡萄酒、烈酒国家委员会更名为国家原产地名称局。国家原产地名称局在农业部和经济部监督下行使受控原产地名称的注册申请审查工作。1955年11月28日，法国建立和葡萄酒类似的奶酪受控原产地名称注册保护制度。1996年7月6日，《法国第66—482号法》建立新的原产地名称注册程序——通过法国最高行政法院发布法令予以注册。《法国1973年12月2日法》引入对货源标记的保护制度，禁止误导性或者不正当的广告行为。《法国1990年7月2日法》，彻底修改了《法国关于原产地名称的1919年5月6日法》，取代了"原产地名称"的概念，引入"受控原产地名称"这一术语，并将"受控原产地名称"扩大到农产品和食品。② 这一时期，明确了地理标志权利的集体属性，要求一个地区相关产业的生产者需要组成保护协会才能获得"受控原产地名称"相关权益。

第五阶段：1994年至今，法国地理标志保护制度的融入期。1994年1月3日，为了适应《欧盟理事会第2081/92号条例》的要求，法国颁布《法国第94—2号法》，将"地理标志"的概念引入法国法，承认受控原产地名称和地理标志的保护适用于所有的农产品，而不仅仅局限于葡萄酒和烈性酒。

法国是欧洲地理标志保护的起源地，是第一个制定地理标志保护法律制度的国家。其主要考虑是，原产地名称、地理标志的独特性在于其属于公共财产，服从于集体使用的权利，从而其与知识产权中的商标权不属于同一种权利。③ 同时，法国是地理标志国际保护制度的重要推动者，法国积极向其他国家，特别是广大发展中国家推介其地理标志保护制度的专门立法模式，目前已有不少国家制定了地理标志保护的专门立法。例如，1998年《新加坡地理标志法》、1999年《格鲁吉亚原产地名称和地理标志法》、2000年《马来西亚地理标志法》、2002年《毛里求斯地理标志法案》等。

---

① 吴彬、刘珊：《法国地理标志法律保护制度及对中国的启示》，载《华中农业大学学报（社会科学版）》2013年第6期。
② 赵小平：《地理标志的法律保护研究》，法律出版社2007年版，第154页。
③ 王蔚：《法国对原产地名称/地理标志的特殊保护——原则与案例》，载《中华商标》2020年第2期。文章摘译自法国农业食品部地理标志法律顾问安妮·洛莫尼耶女士于2017年所撰写的文章《地理标志：法国的理解》中的"La protection specifique offerte aux AO/IG, principes et exemples"。

2. 美国：地理标志保护制度的商标法模式

美国通过商标法模式保护地理标志相关权利。通常而言，美国在联邦法层面将地理标志作为集体商标、证明商标加以保护，地理标志的商标法保护制度具有以下两个方面的主要内容。

一方面，基于上述地理标志权利的集体性，如果将地理标志的专有权授予民事主体，那么将剥夺在同一地区经营类似商品的其他民事主体向社会公众展示其商品或者服务源自同一地区的权利，[①] 因此禁止将地理标志作为普通商标加以注册。1905 年《美国商标法》第五节规定禁止将纯粹的地理名称注册成为普通商标。1946 年《美国兰哈姆法》禁止注册欺骗性商标，禁止将地理描述的词汇注册为普通商标。为了履行 TRIPS 协定等国际条约的义务，《美国兰哈姆法》被修改。修改后的《美国兰哈姆法》第 1052 条第 1 项规定："根据商标的性质，凡能将申请人的商品区别于他人商品的商标，不应驳回其在主注册簿上的注册，除非该商标：（a）……或包含一个地理标志，当其用于葡萄酒或者烈性酒或者与其相关时，它与一个并非该商品原产地的地名相同，而且在世界贸易组织协定［见第 19 篇第 3501 条第（9）款］在美国生效之日一年以后，申请人才第一次使用于葡萄酒或者烈性酒上。"[②]

另一方面，基于上述地理标志权利的利益性，地理标志可以作为集体商标或者证明商标加以注册，从而在注册后可以得到相应保护。这一保护就是，允许任何民事主体针对其被或者可能被在任何商品、服务、商业广告或者促销上使用的任何虚假地理标志所遭受的损害提起民事诉讼。《美国兰哈姆法》第 1054 条规定："根据可适用于关于商标注册的规定，集体商标和证明商标，包括原产地标记，应根据本法以商标相同的方式注册，并具有相同的效力，且在注册后，有权享有本法为商标提供的保护……"[③] 需要指出的是，作为一个地理上的描述性商标，地理标志权利人的合法权益受到"合理使用"的限制，如果该地理标志的使用准确地说明了商品的地理原产地，并且该使用不会对消费者造成混淆、误导或者欺骗的后果，那么应该允许他人使用。

---

① Lee Bendekgey, *International Protection of Appellations of Origin and other Geographic Indications*, Trademark Reporter, Vol. 82: 5, p. 765（1992）.

② 《十二国商标法》翻译组译：《十二国商标法》，清华大学出版社 2013 年版，第 483 页。

③ 同注②，《十二国商标法》翻译组书，第 485 - 486 页。

同时，在州法层面，美国大多数州通过立法的方式，禁止对出售的商品或者服务的来源进行虚假描述或者误导性描述，这样的行为规制方式大多是从不正当竞争制度的角度加以考虑。例如，《美国加利福尼亚州民法》规定，在商品或者服务商使用具有欺骗性的地理名称是违法的，① 因为当商品或者服务商使用具有欺骗性的地理标志，则构成虚假宣传的不正当竞争行为。②

除了美国之外，加拿大、英国、日本、意大利等100多个国家和地区采取商标法模式保护地理标志。通过证明商标和集体商标的方式保护地理标志，可以使用现有的商标法律制度资源，无须投入新的立法资源，相对而言，这样的成本较低。③ 下面以德国立法的最新进展加以说明。2019年1月14日，德国正式实施《德国商标法改革法》，其修订内容涵盖《德国商标法》《德国商标法实施细则》《有关德国专利商标局和专利法院费用法案》等，其中重要修改内容之一就是加强对地理标志等标识的保护。具体而言，新《德国商标法》第8条第2款新增了包括地理标志在内的四个绝对注册障碍，对包含地理标志、原产地标识的商标的注册和使用进行严格限制且其保护不以混淆或者误导为前提，同时新增了"证明商标"相关制度。④

上述以法国为代表的专门立法模式和以美国为代表的商标法模式并非互相排斥，二者具有一定的互补作用。以意大利为例，虽然意大利在欧盟法框架下增加了地理标志的商标法保护路径，但是由意大利国内法和欧盟法共同构成的意大利地理标志法律制度仍然呈现以专门保护为主、商标保护为辅的特点。意大利立法者考虑到地理标志具有来源功能和品质功能，其专门保护具有显著的公权力色彩，同时地理标志保护体现了对地方传统技艺之集体智慧成果的认可，这一点不同于商标这种单纯的标记权，不应该单纯用商标法保护。⑤

---

① 1770 (d) of the California Civil Code.

② California Apparel Creators *v.* Weider of California, 162 F2d 893, 74 USPQ 221 (CA 2 1947).

③ 王莲峰、黄泽雁：《地理标志保护模式之争与我国的立法选择》，载《华东政法大学学报》2006年第6期。

④ 孙靖洲：《〈德国商标法〉的最新修订及其对我国的启示》，载《知识产权》2019年第6期。

⑤ 李尔康：《意大利地理标志法律制度研究》，2020年上海外国语大学硕士学位论文，第10－12页。

二、地理标志保护制度的国际协调

地理标志保护制度的国际协调，发源于《保护工业产权巴黎公约》，成型于 TRIPS 协定，对各国地理标志保护制度的发展起到了非常重要的作用。

1.《保护工业产权巴黎公约》：地理标志保护制度国际协调的起源

早在 19 世纪下半叶，各国就意识到保护这种地理名称的必要性，《保护工业产权巴黎公约》第 1 条第 2 款在列举知识产权保护客体时加入了"货源标记"和"原产地名称"。该公约第 10 条对与之相关的侵权行为加以规制，亦即，"（1）前条各款规定应适用于直接或间接使用虚假的货源标记、生产者、制造者或商人标记的情况。（2）凡从事此项商品的生产、制造或销售的生产者，制造者或商人，无论为自然人或法人，其营业所设在被虚假标为货源的地方、该地所在的地区，或在虚假标为货源的国家，或在使用该虚假货源标记的国家者，无论如何均应视为有关当事人。"

这一条文在 1883 年的最初文本中仅仅适用于当货源标记、特定地名用作商标的一部分进而产生误认的情况，适用范围比较狭窄。在 1900 年、1911 年、1925 年、1934 年和 1958 年都对该条文进行了修订，但只有 1958 年修订拓展了该条文的适用范围，即修改为"直接或间接使用虚假的货源标记"，无论该货源标记是否为特定地域、特定国家的名称；同时将其拓展适用于"直接或间接使用虚假的货源标记、生产者、制造者或商人标记"的情况。[1]

与《保护工业产权巴黎公约》1883 年最初文本同步，欧洲一些国家于 1891 年签订《制止商品来源虚假或欺骗性标记马德里协定》。该协定仅有 6 个条文，是首个禁止对货源标记使用错误或欺骗性标记的国际公约。这意味着即使一个产品确实标记了正确的产地或来源名称，但只要其造成了消费者关于产品的真正来源指向或质量的混淆（例如，使用相同或近似的地名或地名＋产品名称），则依然可能构成使用欺骗性的标志。[2] 1958 年，在《保护

---

① G. H. C. Bodenhanusen, *Paris Convention For the Protection of Industrial Property*, https://www.wipo.int/edocs/pubdocs/en/intproperty/611/wipo_pub_611.pdf, last visited：2022 - 05 - 27.

② 孙远钊：《论地理标志的国际保护、争议与影响——兼论中欧、中美及相关地区协议》，载《知识产权》2022 年第 8 期。

工业产权巴黎公约》修订的同时，法国等地理标志资源丰富的欧洲国家积极推动签署了《保护原产地名称及其国际注册里斯本协定》，这是近代以来首个完全聚焦于原产地名称保护的国际公约。《制止商品来源虚假或欺骗性标记马德里协定》和《保护原产地名称及其国际注册里斯本协定》都沿用了《保护工业产权巴黎公约》中的"货源标记""原产地名称"的表述，并且进一步对"货源标记""原产地名称"的定义给出描述。但是，上述两个协定均因为参加国家不多而影响力有限。[①]

2. TRIPS 协定：地理标志保护制度国际协调的核心

1994 年世界贸易组织的 TRIPS 协定以"货源标记""原产地名称"等为基础，首次使用"地理标志"这一术语。TRIPS 协定有关地理标志的保护制度分为以下三个部分。

第一，TRIPS 协定第 22 条给出的地理标志定义和地理标志侵权行为。TRIPS 协定第 22 条第 1 款规定，地理标志是指区别商品来源于某一特定成员的地域或该地域中的地区或者地点的标志，而该商品的特定质量、声誉或者其他特征主要来自该地理来源。同时，TRIPS 协定明确了地理标志保护制度。亦即，TRIPS 协定第 22 条第 2 款规定："在地理标志方面，各成员应为有利益关系的各方提供法律手段以阻止：（a）用任何方式在标示和说明某一货物时指示或暗示该有关货物来源于一个非其真实原产地的地理区域，从而在该货物的地理来源方面误导公众；（b）任何构成《巴黎公约》（1967）第 10 条之二意义下不公平竞争行为的使用。"TRIPS 协定第 22 条第 4 款进一步规定："根据第 1 款、第 2 款和第 3 款给予的保护应可适用于虽在字面上表明了货物来源的真实领土、地区或地方，但却虚假地向公众表明该货物源于另一领土的地理标志。"为什么字面上表明了货物的真实来源，仍然会对公众造成误导呢？郑成思教授的解释是，如果英国剑桥的陶瓷商品在新西兰消费者中较

[①] 《保护原产地名称及其国际注册里斯本协定》于 1966 年生效时仅有 6 个成员，之后成员数量一直缓慢增加，直至 2020 年年底经完全批准生效的成员也只有 30 个国家或地区（有的还有作为对其国内或成员生效的附带或保留条件者暂不计入），至于批准加入《保护原产地名称及其国际注册里斯本协定》后续修正文本的国家就更少了。参见孙远钊：《论地理标志的国际保护、争议与影响——兼论中欧、中美及相关地区协议》，载《知识产权》2022 年第 8 期。

有名气，这时一家美国波士顿的厂商就把自己的陶瓷商品也拿到新西兰销售，商品包装上表明"坎布里奇"陶瓷。"坎布里奇"虽然是波士顿地区的某个地方，英文却正是剑桥的意思。这种标示法，显然会使得用惯了英国陶瓷的新西兰消费者，误认为该商品不是来自美国的坎布里奇，而是来自英国剑桥。①

第二，TRIPS 协定第 23 条对葡萄酒、烈性酒的地理标志保护提出了更高的标准。这样做的主要原因在于，葡萄酒、烈性酒的出口额巨大，地位特殊，对欧洲一些主要的出产国而言，对地理标志的一般性保护还不够充分，必须进行更高水准的保护。② 对于这一点，存在诸多争议，其原因在于许多发展中国家需要对欧洲大量酒类地理标志承担附加保护的任务，本国的地理标志却得不到同等的保护。这些发展中国家认为，TRIPS 协定中关于酒的地理标志的附加保护构成了对其他产品的歧视，所以强烈要求将附加保护的使用范围扩大到葡萄酒和烈性酒以外的其他产品上。③

第三，TRIPS 协定第 24 条给出了地理标志保护的例外规定，包括在先使用和善意使用、在先权利、地理标志中的习惯用语、地理标志的注册申请对抗不利使用的期限、姓名的使用权、在原产地不受保护或者已被终止废弃的地理标志不受保护等。④ 应当说，TRIPS 协定第 24 条规定的保护例外与第 22 条、第 23 条规定的保护内容，体现了美国、欧盟两大利益集团在地理标志保护方面的妥协。综上所述，正如郑成思教授所指出的，TRIPS 协定对地理标志的保护主要是以"禁"的一面着手，即禁止不正当使用，保护正当的经营者。⑤

三、我国地理标志保护制度的演进

据统计，截至 2022 年年底，我国已累计批准地理标志保护产品 2495 个，

---

① 郑成思：《WTO 知识产权协议逐条讲解》，中国方正出版社 2001 年版，第 59 页。
② 黄晖：《商标法》，法律出版社 2004 年版，第 278 – 280 页。
③ 王笑冰：《论地理标志的法律保护》，中国人民大学出版社 2006 年版，第 205 页。
④ 刘春田主编：《知识产权法》（第六版），中国人民大学出版社 2022 年版，第 432 – 433 页。
⑤ 同注①，郑成思书，第 56 页。

核准地理标志作为集体商标、证明商标注册 7076 件，地理标志专用标志使用市场主体超 2.3 万家，地理标志产品年直接产值超 7000 亿元。[①] 可见，地理标志已经成为我国非常重要的一类知识产权。纵观我国地理标志保护制度的演进，可以分为以下三个阶段。

1. 我国地理标志保护制度的起源

我国地理标志保护制度肇始于《保护工业产权巴黎公约》，缘起于四个行政批复，即《国家工商行政管理局商标局就县级以上行政区划名称作商标等问题的复函》《国家工商行政管理局商标局关于保护原产地名称的函》《国家工商行政管理局商标局关于"龙口"名称的意见》《国家工商行政管理局关于停止在酒类商品上使用"香槟"或"Champagne"字样的通知》，这四个行政批复构成了我国地理标志保护制度的最初文本。在 1984 年 11 月 14 日中国决定加入《保护工业产权巴黎公约》后，按照公约义务要求，我国开始以行政批复的方式探索保护地理标志。

第一，保护地理标志的最早法律文书是 1986 年 11 月 6 日国家工商行政管理局商标局针对安徽省工商行政管理局于 1986 年 9 月 16 日提交的请示（合工商标字第 136 号），形成批复《国家工商行政管理局商标局就县级以上行政区划名称作商标等问题的复函》，其中指出，"不得使用县级以上行政区划名称作商标的主要原因"之一是"与保护原产地名称产生矛盾"。该函件虽未明确规定地理标志的含义，但从侧面说明地理标志至少应包含以下含义：①地理标志具有商标所具有的显著性特点；②地理标志是一种集体权利，不应由某一个企业或个人作为商标注册而排除该地区其他企业或个人在同一种商品上使用；③地理标志作为一种事实上的区别标志，是受我国法律保护的。[②]

第二，更加明确的法律文书是 1987 年 10 月 29 日《国家工商行政管理局商标局关于保护原产地名称的函》，该文件明确了要履行《保护工业产权巴

[①] 参见《国家知识产权局局长申长雨在 2023 年全国知识产权局局长会议上的工作报告（摘编）》，载国家知识产权局官网，https://www.cnipa.gov.cn/art/2023/1/6/art_312_182297.html，访问日期：2023 年 1 月 10 日。

[②] 王莲峰：《我国地理标志立法模式的选择》，载《法律适用》2003 年第 7 期。

黎公约》的要求，对地理标志加以保护。具体来说，北京京港食品有限公司在其生产的一种食品上使用"丹麦牛油曲奇"名称，国家工商行政管理局商标局发函给北京市工商行政管理局并指出："我国是《保护工业产权巴黎公约》成员国，有义务遵守该公约的规定。若……反映的情况属实，你局应责令北京京港食品有限公司立即停止适用'丹麦牛油曲奇'这一名称，以保护《巴黎公约》缔约国的原产地名称在我国的合法权益。"

第三，1988 年 5 月 9 日《国家工商行政管理局商标局关于"龙口"名称的意见》，就山东省工商行政管理局提出的"龙口"名称能否作为商标问题进行答复。《国家工商行政管理局商标局关于"龙口"名称的意见》的主要内容是："1.'龙口'是地方长期使用在粉丝商品上的代有产地名称性的称谓，不宜由某一企业作商标注册专用。2. 为了维护塔牌龙口粉丝商标在国内外市场上的声誉，山东省粮油食品进出口分公司可以将塔牌龙口粉丝装潢中的特征图案双龙图形作商标申请注册。3. 为了有利于保护山东省的拳头产品，发挥烟台地区名特产品的优势，防止滥用龙口名称的现象，在目前国家尚无产地名称或原产地名称保护法的前提下，建议你局请山东省政府主持，同有关部门进行协调，统一对龙口名称的认识，并制定相应的保护产地名称或原产地名称的地方性的暂行规定及相应的保护措施。"

第四，1989 年 10 月 26 日《国家工商行政管理局关于停止在酒类商品上使用"香槟"或"Champagne"字样的通知》，该通知明文规定："我国是巴黎公约的成员国，有保护原产地名称的义务……我国企业、事业单位和个体工商户以及在中国的外国（法国除外）企业不得在酒类商品上使用'Champagne'或'香槟'（包括大香槟、小香槟、女士香槟）字样。对现有商品上使用上述字样的，要限期使用，逾期不得再使用。"这实际上是以单行规定的方式，对一个原产地名称给予特殊的明确保护。

2. 我国地理标志保护制度的框架（一）：商标法保护

自 1994 年 12 月 30 日国家工商行政管理局发布《集体商标、证明商标注册和管理办法》（已失效）伊始，我国积极探索商标权保护路径。1994 年版《集体商标、证明商标注册和管理办法》第 2 条第 2 款规定："证明商标是指由对某种商品或者服务具有检测和监督能力的组织所控制，而由其以外的人使用在商品或服务上，用以证明该商品或服务的原产地、原料、制造方法、质量、精确度或其他特定品质的商品商标或服务商标。"上述条文明确提出，证明商标可以用来证明商品或者服务的原产地，这是第一次以部门规章的方式明确地理标志可以作为证明商标加以保护。需要补充的是，国家工商行政管理总局已于 2003 年 6 月 1 日起施行新《集体商标、证明商标注册和管理办法》（国家工商行政管理总局令第 6 号）。2003 年版《集体商标、证明商标注册和管理办法》第 4 条第 1 款明确规定："申请集体商标注册的，应当附送主体资格证明文件并应当详细说明该集体组织成员的名称和地址；以地理标志作为集体商标申请注册的，应当附送主体资格证明文件并应当详细说明其所具有的或者其委托的机构具有的专业技术人员、专业检测设备等情况，以表明其具有监督使用该地理标志商品的特定品质的能力。"该办法第 6 条规定："申请以地理标志作为集体商标、证明商标注册的，还应当附送管辖该地理标志所标示地区的人民政府或者行业主管部门的批准文件。外国人或者外国企业申请以地理标志作为集体商标、证明商标注册的，申请人应当提供该地理标志以其名义在其原属国受法律保护的证明。"由此，进一步将上述"用来证明商品或者服务的原产地"的证明商标扩展到地理标志，使后者可以作为集体商标、证明商标加以注册。

2001 年以来，《商标法》及其实施条例开始全面引入地理标志条款，全面强化地理标志的商标权保护路径。一方面，《商标法》明确禁止第三人将地理标志注册为商标的相关规则。2001 年，我国《商标法》第二次修正后，在第 16 条规定："商标中有商品的地理标志，而该商品并非来源于该标志所标示的地区，误导公众的，不予注册并禁止使用；但是，已经善意取得注册的继续有效。前款所称地理标志，是指标示某商品来源于某地区，该商品的特定质量、信誉或者其他特征，主要由该地区的自然因素或者人文因素所决定的标志。"上述条文在现行 2019 年《商标法》中仍然保留不变。另一方面，2002 年《中华人民共和国商标法实施条例》（以下简称《商标法实施条例》）进一步明确了运用证明商标或者集体商标对地理标志加以保护的路径。《商标法实施条例》第 6 条第 1 款规定"商标法第十六条规定的地理标志，可以依照商标法和本条例的规定，作为证明商标或者集体商标申请注册"，明确了地理标志可以作为证明商标或者集体商标申请注册。《商标法实施条例》第 6 条第 2 款提出了作为证明商标或者集体商标申请注册的具体要求，即"以地理标志作为证明商标注册的，其商品符合使用该地理标志条件的自然人、法人或者其他组织可以要求使用该证明商标，控制该证明商标的组织应当允许。以地理标志作为集体商标注册的，其商品符合使用该地理标志条件的自然人、法人或者其他组织，可以要求参加以该地理标志作为集体商标注册的团体、协会或者其他组织，该团体、协会或者其他组织应当依据其章程接纳为会员；不要求参加以该地理标志作为集体商标注册的团体、协会或者其他组织的，也可以正当使用该地理标志，该团体、协会或者其他组织无权禁止"。上述条文在现行 2014 年《商标法实施条例》中仍然保留不变。

3. 我国地理标志保护制度的框架（二）：专门法保护的探索

我国地理标志保护制度也逐步探索专门法保护的模式。1999 年 8 月 17 日，国家质量技术监督局发布《原产地域产品保护规定》（已失效）。该部门规章仿照法国的原产地名称制度建立，立足"有效地保护我国的原产地域产品，规范原产地域产品专用标志的使用，保证原产地域产品的质量和特色"的制度目的，由国家质量技术监督局确立原产地域产品保护办公室具体负责组织对原产地域产品保护的审核和注册登记等管理工作。《原产地域产品保护规定》第 19 条规定："任何单位和个人不得伪造原产地域产品专用标志。任何单位和个人不得擅自使用原产地域产品专用标志，不得使用与原产地域产品专用标志相近的、易产生误解的产品名称或者产品标识……"2005 年 6 月 7 日，国家质量监督检验检疫总局发布《地理标志产品保护规定》（国家质量监督检验检疫总局令第 78 号），废止上述《原产地域产品保护规定》，将上述"原产地域产品"修改为"地理标志产品"。2007 年 12 月 25 日，农业部发布《农产品地理标志管理办法》（2019 年修正），对农产品地理标志的登记、使用、监督管理作出规定。

2018 年，我国重新组建国家知识产权局，将"拟订原产地地理标志统一认定制度并组织实施"作为新组建的国家知识产权局的法定职责。此后，国家知识产权局出台了系列规范性文件，进一步完善地理标志保护的专门制度。2020 年 4 月 3 日，国家知识产权局发布《地理标志专用标志使用管理办法

（试行）》（国家知识产权局公告第 354 号）对地理标志的使用、管理作出规范。2021 年 5 月 21 日，国家知识产权局、国家市场监督管理总局联合发布《关于进一步加强地理标志保护的指导意见》（国知发保字〔2021〕11 号），部署深化地理标志管理改革，强化地理标志保护，提升地理标志领域治理能力，支撑经济高质量发展。2021 年 12 月 31 日，国家知识产权局发布《地理标志保护和运用"十四五"规划》（国知发保字〔2021〕37 号），其中明确提出，建立协调有序的地理标志统一认定制度，优化地理标志审查工作机制，健全地理标志标准化体系，建立地理标志保护资源动态管理制度，加强地理标志专用标志管理，强化地理标志产地质量管控，强化地理标志保护监管，增强地理标志公共服务能力。

4. 我国地理标志保护制度的框架（三）：竞争法保护大门的关闭

我国《反不正当竞争法》曾经将"伪造产地"作为不正当竞争行为，进而为地理标志的保护提供行为规制的法律制度供给。1993 年 9 月 2 日，八届全国人大常委会三次会议通过《反不正当竞争法》，该法第 5 条第 4 项①将"伪造产地"作为不正当竞争行为。事实上，1993 年《反不正当竞争法》是最早保护地理标志的法律，标志着我国地理标志保护制度首次拥有了法律依据，也逐步开启了我国地理标志保护制度的成形过程。应当说，我国地理标志保护制度的成形，缘起于不正当竞争行为规制路径，并逐步扩展至商标权保护路径和地理标志产品保护路径。

之后，《反不正当竞争法》在 2017 年修订时，删除了关于保护地理标志的上述规定，标志着我国地理标志的竞争法保护路径的大门被关闭；2019 年修正时，亦没有作出新的调整。虽然 2017 年《反不正当竞争法》第 6 条（即 1993 年《反不正当竞争法》的第 5 条）增加了兜底条款"（四）其他足以引人误认为是他人商品或者与他人存在特定联系的混淆行为"，同时存在作为一般条款的第 2 条规定，但是《最高人民法院关于适用〈中华人民共和

---

① 1993 年《反不正当竞争法》第 5 条第 4 项规定："经营者不得采用下列不正当手段从事市场交易，损害竞争对手：……（四）在商品上伪造或者冒用认证标志、名优标志等质量标志，伪造产地，对商品质量作引人误解的虚假表示。"

国反不正当竞争法〉若干问题的解释》（法释〔2022〕9 号）第 1 条规定：
"经营者扰乱市场竞争秩序，损害其他经营者或者消费者合法权益，且属于
违反反不正当竞争法第二章及专利法、商标法、著作权法等规定之外情形的，
人民法院可以适用反不正当竞争法第二条予以认定。"据此，《反不正当竞争
法》第 2 条作为一般条款，需要在《专利法》《商标法》《著作权法》等没
有规定的情况下才能适用。对于地理标志而言，虽然目前没有"地理标志
法"，但是如前所述，我国实践中存在着地理标志保护法律制度。因此，笔
者认为，即便用竞争法路径规制地理标志非法使用行为的空间有限，但是这
已经大大降低了该种制度的价值。

综上所述，我国地理标志保护制度可以概括为"两种模式、三大制度"，
即我国采取商标法保护模式和专门法保护模式并行，同时以《商标法》《地
理标志产品保护规定》《农产品地理标志管理办法》三大制度作为地理标志
保护制度的主体。

四、地理标志单独立法模式的分析

就地理标志保护制度的立法模式而言，存在着证明商标或者集体商标方
式的商标法保护模式、地理标志保护的专门立法模式以及作为兜底的反不正
当竞争法补充保护模式。从地理标志保护制度的起源发展来看，法国最早探
索了地理标志保护制度的专门立法模式，此后美国等国家形成了地理标志保
护制度的商标法模式。从地理标志保护制度的国际协调来看，从《保护工业
产权巴黎公约》到 TRIPS 协定，地理标志日益获得重视并形成了包括构成要
件、侵权行为认定、保护例外的完整制度。回顾我国地理标志保护制度的演
进，我国地理标志保护制度肇始于《保护工业产权巴黎公约》，缘起于四个
行政批复，在采取商标法模式的基础上逐步探索了专门立法模式。然而，由
于专门立法存在层级较低（部门规章层次）、缺乏统一性和系统性等诸多问
题，加之《反不正当竞争法》在第一次修订、第二次修正过程中删除了保护
地理标志的上述规定，我国地理标志的竞争法保护路径的大门被关闭，迫切
需要推进地理标志单独立法，制定"地理标志法"，明确地理标志的性质、
权利内容、权利取得、权利运用、权利保护（侵权构成、抗辩事由、侵权责

任）以及国际互认等。换言之，我们应当考量中国知识产权长项、短板的基本情况，斟酌地理标志保护"新旧世界"利益的格局，在不改变现行双轨制保护模式的基础上，建立起一个外在协调、内在统一的地理标志保护制度。①

第一，地理标志的独立知识产权类型属性决定了地理标志专门立法逻辑的正当性。从我国法律体系角度来看，《民法典》第 123 条将"地理标志"作为独立于"商标"的知识产权保护客体，明确了地理标志的独立客体地位。这一点明确了如下理论逻辑：地理标志相关权益是一项独立的、重要的、具有自己特征的知识产权，并区别于商标权等其他知识产权。从国际条约角度来看，TRIPS 协定第 22 条和第 23 条规定地理标志保护的主体是"有利益关系的各方"，而不像对其他类型知识产权的主体一样，采用所有人、持有人、合法控制人等能够显示对客体拥有专有权或直接支配关系的称谓。地理标志是区别于商标的独立客体，具有特殊性。此外，从法政策学角度而言，通过专门立法强化地理标志相关权益的保护，与我国的国情相适应。我国历史悠久、幅员辽阔，孕育了各地丰富的名优产品，强化地理标志这种知识产权类型的保护与运用，有助于提高我国产品（特别是农副产品）的国际竞争力。② 从这个角度来说，我国丰富的地理标志资源和尚且薄弱的保护力度都要求现阶段我国应当实施保护门槛高、质量监管严、保护力度强的地理标志制度，这恰恰是专门立法保护模式的特点。③ 正是因为这一点，考虑到地理标志的经济价值来源与一般工业标志和商业标记不同，主要是由地理环境因素所决定的，其权利的专有性与一般工业产权有别，需要专门立法予以调整。目前，在规定地理标志保护的 160 多个国家或者地区中，有 110 个国家和地区采取了专门立法模式。④ 由于我国在地理标志方面有着丰富的资源以及地理标志本身所特有的自然、社会和法律属性，应当以专门立法模式来设计我国地理标志保护的主体，并同时针对每一个地理标志产品制定专门的技术标

① 吴汉东：《知识产权法》，法律出版社 2021 年版，第 748－749 页。
② 我国地理标志资源丰富这一点与法国类似。参见吴彬、刘珊：《法国地理标志法律保护制度及对中国的启示》，载《华中农业大学学报（社会科学版）》2013 年第 6 期。
③ 杨佳倩：《地理标志保护制度概述与我国地理标志保护模式的探讨》，载国家知识产权局条法司编：《专利法研究（2018）》，知识产权出版社 2020 年版，第 67－76 页。
④ 同注①，吴汉东书，第 738－749 页。

准来作为法律制度的支撑，以实现对地理标志的较高水平的保护。①

第二，地理标志与普通商标的异质性决定了地理标志专门立法的体系正当性。地理标志具有与普通商标一样指示商品来源的共性，但其有明显不同的特性，地理标志与商标的标识性、专有性、时间性等特征均存在矛盾。②其一，证明商标和集体商标具有标识性，其本质在于标识商品来源，区分该商标使用者与其他民事主体的商品或者服务。然而，地理标志的核心在于其所标识的产品质量和特定的地理环境之间的密切联系，这与证明商标和集体商标有所不同。进而地名、商品通用名称通常因缺乏显著性而不可作为普通商标注册和使用，证明商标和集体商标也要受到这一约束，而地理标志发挥识别功能的真正内容恰恰是"地名＋品名"的文字表述，这使得证明商标和集体商标与地理标志的表达存在根本性的冲突。其二，商标权具有专有性，他人未经商标权人许可不得在同类商品或者类似商品上使用与注册商标相同或者近似的商标，地理标志相关权益的专有性与之不同，并非由特定的民事主体专有，而是由该地理标志产品所在地区的所有生产同类产品的民事主体享有。其三，商标权具有时间性的特征，注册有效期为 10 年，10 年期满可以续展，续展次数不受限制，如不续展则可以由商标局注销该商标，而地理标志相关权益具有永久性，属于无法定消灭事由的永续性权利。正是由于上述差异，地理标志相关权益和商标权存在冲突的可能性。我国法律实践中的"金华火腿"案③、"绍兴黄酒"案④均反映了地理标志和商标权冲突的现实情况，⑤ 同时"舟山带鱼"证明商标案体现出地理标志与普通商标的异质性。在该案中，舟山市水产流通与加工行业协会认为北京申马人食品销售有限公司生产的"舟山精选带鱼段"，在外包装上突出使用"舟山带鱼"字样的行为侵犯了商标权。人民法院认定，证明商标是用来标识商品原产地、原料、制造方法、质量或者其他特定品质的商标，证明商标注册人的权利以保有、

---

① 郭禾：《我国地理标志保护制度发展的应然进路》，载《知识产权》2022 年第 8 期。

② 参见王莲峰：《制定我国地理标志保护法的构想》，载《法学》2005 年第 5 期；王莲峰：《我国地理标志立法模式的选择》，载《法律适用》2003 年第 7 期。

③ 参见上海市第二中级人民法院（2003）沪二中民五（知）初字第 239 号民事裁定书。

④ 参见浙江省绍兴市中级人民法院（2008）绍中民二初字第 92 号民事调解书。

⑤ 参见张佳佳：《地理标志与证明商标权利冲突问题研究》，载《青年与社会》2013 年第 7 期。

管理、维持证明标准为核心；是否侵犯证明商标的权利，不能以被控侵权行为是否容易导致相关公众对商品来源产生混淆作为判断标准，而应当以被控侵权行为是否容易导致相关公众对商品的原产地等特定品质产生误认作为判断标准；地名作为地理标志注册为证明商标的，无权禁止他人正当使用该地名。① 特别是，2021 年年底的"逍遥镇胡辣汤"和"潼关肉夹馍"事件已经将两套制度的冲突展现在我们面前。尽管国家知识产权局在这两起事件成为舆论焦点后及时作出回应，但仅仅从"逍遥镇"相关商标为普通商标、"潼关肉夹馍"为集体商标的角度加以解释，或许只能对该两起具体事件予以说明，仍然没有彻底解决地理标志与商标之间在现行制度层面上存在的冲突。②

第三，地理标志的客观关联性决定了地理标志单独立法的客观需要。地理标志产品必须具有归因于地理来源的特性，此特性可以是产品的特定质量、特征甚至声誉，因此产品与产地之间的关联性是地理标志的核心要素。上述产品与产地之间的关联性存在两种理解：一是主观关联性，也就是地理标志的关联性是消费者将特定产品与特定产地相联系，它存在于消费者的认知中；二是客观关联性，也就是产地的环境造就了产品特定质量或者特征。③ 作为商标制度核心的商标显著性理论仅能解释地理标志的主观关联性因素，无法规范地理标志的客观关联性因素。因此，如果不采取地理标志单独立法模式，而是将地理标志作为证明商标或者集体商标完全置于商标法框架下，由于与产地具备客观关联性的地理标志与消费者的主观认知没有关系，故无法契合商标显著性理论，这继而导致无法适用商标法框架进行保护；如果将地理标志的客观关联性因素生硬地纳入《商标法》，也会导致商标法框架的内在冲突。

第四，地理标志专门法保护模式中基础性法律制度的缺失使得其与商标法保护模式的衔接性受到影响。由于我国商标法保护模式的并存和专门法保护模式中基础性法律制度的缺失，我国在法律实践中出现了三种官方证明并

---

① 参见北京市高级人民法院（2012）高民终字第 58 号民事判决书。
② 郭禾：《我国地理标志保护制度发展的应然进路》，载《知识产权》2022 年第 8 期。
③ 王笑冰：《经济发展方式转变视角下的地理标志保护》，中国社会科学出版社 2019 年版，第 154 - 155 页。

存的情况：2003 年国家工商行政管理总局推出的用于地理标志集体商标或者证明商标上的"地理标志商标专用标志"、2005 年国家质量检验检疫总局推出的"地理标志产品专用标志"、2007 年农业部推出的专门用于农产品的"农产品地理标志专用标志"三者并存。直至 2018 年，国家知识产权局确定最新的地理标志"专用标志"，停用了"地理标志商标专用标志"和"地理标志产品专用标志"。这虽然将二者在形式上予以统一，但仍没有解决《商标法》缺乏质量评价的立法价值取向的根本性问题。

第五，地理标志专门法立法也是落实《中华人民共和国政府与欧洲联盟地理标志保护与合作协定》（以下简称《中欧地理标志协定》）的要求。2011 年，《中欧地理标志协定》谈判启动。2020 年 9 月 14 日，中欧双方正式签署《中欧地理标志协定》。2021 年 3 月 1 日，《中欧地理标志协定》正式生效。《中欧地理标志协定》第 2 条第 1 款提出："双方认定附录一中列出的双方各自的法律确立了与《与贸易有关的知识产权协定》第二十二条第一款所定义的地理标志有关的注册和保护程序的基本要素。双方同意第二条第一款第一项所指基本要素为如下所述：（一）列明相关领土内受保护之地理标志的一个或多个登记簿；（二）证实地理标志证明了某产品原产自一方领土范围内或是该领土的一个地区或地点且该产品的某种质量、声誉或者其他特性在本质上取决于其产地的一套行政程序；（三）规定注册名称应与出台了产品规范的某一具体产品或某些产品相对应的要求，且规范只能通过正当行政程序进行修订；（四）适用于生产的控制条款；（五）政府部门为落实注册名称保护所采取的妥善的行政行动；（六）任何生产商在这一领域所拥有的向管理体系提出申请以将带有受保护名称标识的产品投放市场的权利，前提是该生产商须遵循相应产品规范；（七）无论产品名称是否作为知识产权的一种形式受到保护，都应考虑该名称在先使用者合法利益的一套异议程序。"可见，上述内容通过"地理标志法"的立法可以实现。在《中欧地理标志协定》生效后，双方第一批各 100 件地理标志产品可立即在对方领土范围内获得保护。根据国家知识产权局 2021 年 3 月 1 日发布的第 407 号公告，对塞浦路斯鱼尾菊酒等 96 种欧盟地理标志产品（不包括英国的 4 种地理标志产品）已完成技术审查，并于公告之日起实施保护。鉴于地理标志在欧盟是由一系列专门的地理标志法律法规来保护，因此可以预料到，欧盟在具体操作层面势必会要求我国采用同样的方式和力度对其在我国的地理标志加以保护。[①]

五、地理标志单独立法的内容体例

就"地理标志法"的内容定位、法律名称与总体框架而言，笔者建议，应当以 TRIPS 协定中有关地理标志构成要件、侵权行为、保护例外等制度为参照，以《民法典》第 123 条为核心，兼顾地理标志相关权益的严格保护和高效运用，以专门法为主体、以特别制度（管理制度、保护制度等）为补充，辅以地方地理标志制度，形成内在统一、逻辑严密、系统全面的中国特色地理标志保护制度。在中国特色地理标志保护制度中，居于主体地位的是"地理标志法"这一专门法。如前所述《国家市场监督管理总局 2022 年立法工作计划》将"地理标志法"这一法律列入第二类立法项目。笔者理解，采取"地理标志法"这一名称是准确的，涵盖了地理标志的注册授权、管理使用、权利保护等方面。从双边条约的借鉴角度而言，《中欧地理标志协定》涵盖地理标志的确立与新增、地理标志的保护范围、地理标志使用权、地理标志与商标的关系、地理标志的保护、地理标志的透明度与信息交换等内容。从现有地理标志保护制度的专门法模式的经验凝练角度而言，现行《地理标志产品保护规定》涵盖地理标志的申请受理、审核批准、保护监督等部分。结合上述两个角度的借鉴总结，建议我国"地理标志法"包含如下部分：总则，地理标志的申请、审查与注册，地理标志的保护，地理标志的使用与地理标志相关权益的运用，葡萄酒和白酒地理标志保护的特别规定，附则。具体而言，其主要内容如下所述。

第一部分总则，包括立法宗旨、地理标志的定义、地理标志的管理机构等。就"地理标志法"的立法宗旨而言，建议采取如下条文："为了保护地理标志相关权益，促进发挥地理标志的价值，加强地理标志的管理，以保障消费者和生产、经营者的利益，促进社会主义市场经济的发展，依据《中华人民共和国民法典》，制定本法。"就"地理标志法"的适用范围而言，应当涵盖农业、工业商品或者服务的地理标志的法律保护。特别是，为了解决上

---

① 李琦：《我国地理标志法律制度的现状与完善研究》，载《中国发明与专利》2021 年第 10 期。

述"两种模式、三大制度"存在的问题，建立以地理标志专门立法保护为主、商标法保护为辅的模式，以国家质量检验检疫总局地理标志产品管理模式为基础，整合农业农村部农产品地理标志的管理职能，在国家知识产权局建立统一的地理标志专门管理机构。另外，建议国家知识产权局在现有专利局、商标局的基础上，设立地理标志局或者地理标志审查委员会，负责地理标志的管理与审查批准工作。

第二部分地理标志的申请、审查与注册，包括地理标志注册申请的程序、条件，地理标志注册申请的审查要求等。考虑到地理标志所标识的产品质量和特定的地理环境之间的密切联系，建议在地理标志注册申请的审查程序中强化现场调查程序，审查人员组成调查小组对地理环境进行考察并将考察结果作为地理标志注册申请的授权条件之一。建立以专家审查为核心的行政确权制度，专家审查工作的重点是产品的品质与特点，及其与特定产地的自然人文因素之间的客观关联性。① 同时，考虑到地理标志的集体性属性，建议将地理标志注册申请的申请人定位为县级以上人民政府制定的地理标志产品生产者协会等组织，而不应当将企业法人或者自然人作为申请人。

第三部分地理标志的保护，包括地理标志相关权益的保护范围，地理标志相关权益侵权行为的具体形式和法律责任（包括民事责任、行政责任等）。笔者建议，将地理标志相关权益分解为所有权、使用权、收益权和处分权，其中所有权和处分权属于原产地内的产品生产经营者，具有集体民事权利的属性。首先，在地理标志相关权益的保护范围方面，参照《中欧地理标志协定》第 4 条的规定，明确列举"在产品名称或描述中使用任何方式指示或者暗示所涉产品源自非其真正产地的某一地理区域，以此误导公众对该产品地理来源的认识"等侵权行为。其次，规定地理标志相关权益的行政保护途径与司法保护途径，强化行政保护、司法保护与行业协会自律相结合的协同保护机制。再者，参照 TRIPS 协定第 24 条的例外规定，对在先使用和善意使用、在先权利、地理标志中的习惯用语、地理标志的注册申请对抗不利使用

---

① 王笑冰：《经济发展方式转变视角下的地理标志保护》，中国社会科学出版社 2019 年版，第 196－197 页。

的期限、姓名的使用权、在原产地不受保护或者已被终止废弃的地理标志不受保护等，对地理标志相关权益侵权的例外予以明确。此外，明确地理标志一旦获得授权，便不会进入公有领域，不会被视为通用名称。① 最后，建议原则性规定，根据国际公约、双边协定或者互惠原则保护外国地理标志，并且加强地理标志保护的国际协作。

第四部分涉及地理标志的使用与地理标志相关权益的运用。一方面，该部分明确规定地理标志的使用规范，明确地理标志使用人所承担的执行地理标志标准、维护地理标志声誉等义务。另一方面，该部分就促进地理标志相关权益的运用、引导地理标志密集型产业发展作出规定。根据 2019 年欧盟知识产权局、欧盟专利局发布的《欧盟知识产权密集型产业和经济表现》报告，② 地理标志密集型产业的就业贡献率为 0.2%，GDP 贡献率为 0.1%，即在 GDP 方面贡献了 201.55 亿欧元，足见发展地理标志密集型产业具有重要意义。欧盟执行委员会的一项实证调研反映，2011—2017 年，欧盟 3207 种产品背后的 3153 个地理标志和 54 个传统专门技艺保证的销售估值约为 771 亿欧元（地理标志约为 748 亿欧元）。其中，酒类产品约占 51%（390 亿欧元），农产食品约占 35%（270 亿欧元），烈酒约占 13%（100 亿欧元），加味/加香葡萄酒约占 0.1%（4300 万欧元），7 年的总成长率为 42%（地理标志约为 37%）。③ 建议"地理标志保护法"从地理标志相关权益的运用的角度加以部署。同时，对地理标志的使用进行行政监管，根据具有强制性效力的产品规范对产品的产地范围、生产工艺、生产条件、产品的质量特色的合规性进行监控管理，并对地理标志标记的印刷、发放、数量、使用进行管理。④

---

① 赵小平：《地理标志的法律保护研究》，法律出版社 2007 年版，第 72 页。
② EUIPO & EPO, *IPR - Intensive Industries and Economic Performance in the European Union*, https://euipo.europa.eu/tunnel - web/secure/webdav/guest/document_library/observatory/documents/IPContributionStudy/IPR - intensive_industries_and_economicin_EU/WEB_IPR_intensive_Report_2019.pdf#:~:text = In% 20response% 20to% 20the% 20clear% 20need% 20to% 20provide, made% 20to% 20the% 20EU% 20economy% 20by% 20IPR - intensive% 20industries, last visited：2022 - 04 - 22.
③ 孙远钊：《论地理标志的国际保护、争议与影响——兼论中欧、中美及相关地区协议》，载《知识产权》2022 年第 8 期。
④ 赵小平：《地理标志的法律保护研究》，法律出版社 2007 年版，第 200 - 201 页。

第五部分落实 TRIPS 协定第 23 条的规定，对葡萄酒和白酒这两类特殊商品的地理标志保护作出特别规定。我国作为酒类产品的生产大国，需要对葡萄酒和白酒这两类特殊商品的地理标志采取有力的保护措施。同时，授权国务院制定"葡萄酒地理标志保护条例""白酒地理标志保护条例"。第六部分附则，对地理标志法的生效等作出规定。

第五节　新兴领域、特定领域知识产权制度研究

信息时代下，特别是人工智能时代的到来，使得我国探索形成促进新兴领域发展的知识产权制度非常必要；作为遗传资源、传统知识、民间文艺、中医药资源非常丰富的国家，我国在现有知识产权制度总体框架下加强特定领域知识产权制度实属迫切。在这一背景下，《知识产权强国建设纲要（2021—2035 年）》明确提出"构建响应及时、保护合理的新兴领域和特定领域知识产权规则体系"的战略举措。同时，《"十四五"国家知识产权保护和运用规划》明确要求"适应科技进步和经济社会发展需要，依法及时推动知识产权法律法规立改废释"。上述政策安排对知识产权动态立法机制的建设提出了新的要求。

一、加强新兴领域知识产权制度

《知识产权强国建设纲要（2021—2035 年）》明确提出"构建响应及时、保护合理的新兴领域和特定领域知识产权规则体系"的战略举措，并要求探索完善互联网领域知识产权保护制度，研究构建数据知识产权保护规则，完善开源知识产权和法律体系，研究完善算法、商业方法、人工智能产出物知识产权保护规则。同时，该文件进一步要求"健全著作权登记制度、网络保护和交易规则"。由此可见，所谓加强"新兴领域知识产权制度"，就是根据《知识产权强国建设纲要（2021—2035 年）》的相关内容，针对社会发展中出现的新问题以及尚未充分立法的领域，加快大数据、人工智能、基因技术等新领域新业态知识产权立法，尽快确立互联网、算法、数据、开源、人工

智能、商业方法等领域的知识产权保护规则。[①]

1. 新兴领域产业定位与创新特点

互联网、算法、数据、开源、人工智能、商业方法等领域的创新是提升国家竞争力的重要方面，利用知识产权制度激励新兴领域创新创造、促进相关产业发展，非常关键。下面以人工智能为例说明。人工智能的迅猛发展不仅仅是一个科学技术领域的新现象，它正在迅速改变人类社会的经济形态、社会交往模式和政治-法律结构。[②] 作为一项引领未来的战略性技术，世界主要国家都将人工智能创新作为提升国家竞争力的重要方面。美国早在 2011 年就出台了《国家机器人计划》，并于 2017 年出台了《国家机器人计划 2.0》《人工智能未来法案》，2019 年出台了《国家人工智能研发战略规划：2019 年更新版》《人工智能倡议行政命令》等多项战略决策，从战略层面部署人工智能产业的创新创造。日本在 2015 年出台了《机器人新战略》，2017 年出台了《人工智能技术战略》，2019 年出台了《针对所有个体的人工智能战略：公众、产业及政府》，强化人工智能领域创新，并强调及时发现解决人工智能领域创新中的知识产权问题。欧盟于 2018 年发布人工智能战略，制定欧盟人工智能行动计划，并于 2020 年发布《面向卓越和信任的欧洲人工智能发展之道》和《知识产权与人工智能》报告。[③]

我国也作出了人工智能创新方面的战略部署，《中华人民共和国国民经济和社会发展第十四个五年规划和 2035 年远景目标纲要》提出，要聚焦人工智能关键算法、传感器等关键领域，加快推进基础理论、基础算法、装备材料等研发突破与迭代应用。培育壮大人工智能、大数据、区块链、云计算、网络安全等新兴数字产业。同时，我国也高度注重利用知识产权制度激励人工智能创新创造、促进人工智能产业发展。2017 年，国务院发布的《新一代人工智能发展规划》（国发〔2017〕35 号）明确要求"建立人工智能技术标准和知识产权体系"，专门部署"加强人工智能领域的知识产权保护，健全

---

① 易继明：《知识产权强国建设的基本思路和主要任务》，载《知识产权》2021 年第 10 期。

② 郑戈：《人工智能与法律的未来》，载《探索与争鸣》2017 年第 10 期。

③ 王迁、陈树森、陈绍玲等：《人工智能知识产权保护问题研究》，载崔亚东主编：《世界人工智能法治蓝皮书（2020）》，上海人民出版社 2020 年版，第 193－204 页。

人工智能领域技术创新、专利保护与标准化互动支撑机制，促进人工支撑创新成果知识产权化。建立人工智能公共专利池，促进人工智能新技术利用与扩散"。工业和信息化部发布的《促进新一代人工智能产业发展三年行动计划（2018—2020 年)》专门强调"支持建设专利协同运营平台和知识产权服务平台"。从处于人工智能产业这一典型的知识产权密集型产业的企业层面而言，迫切需要加强人工智能创新的知识产权布局与保护，尽早实现特定人工智能应用场景的"跑马圈地"，维护自身在人工智能产业的核心竞争力。

互联网、算法、数据、开源、人工智能、商业方法等领域的创新难以运用某一类型的知识产权进行保护。下面以人工智能创新为例说明。由于现行法律体系对于人工智能的法律人格规制有缺位，造成实践应用缺乏法律价值指引，人工智能的法律地位和具体规制亟待明确。[①] 首先，人工智能创新的实现方案在著作权保护方面均存在一定空间，亦存在不足之处。就人工智能创新的实现方案而言，由于思想表达二分法下著作权仅仅保护作品的表达，使得软件著作权对人工智能基础算法的保护非常有限。这也是 20 世纪末以来"软件专利"应运而生的重要原因。通常而言，包括人工智能基础算法在内的算法实现形成软件的过程包括需求分析与架构设计、详细设计与编写代码、代码测试与软件发布三个环节。

一是需求分析与架构设计环节。相关系统分析员向用户初步了解需求，然后用相关的工具软件列出要开发的系统的大功能模块，每个大功能模块有哪些小功能模块，对于有些需求比较明确相关的界面时，在这一步里面可以初步定义好少量的界面；系统分析员深入了解和分析需求，根据自己的经验和需求用微软"WORD"或相关的工具再做出一份文档系统的功能需求文档。这次的文档会清楚列出系统大致的大功能模块，大功能模块有哪些小功能模块，并且还列出相关的界面和界面功能。开发者需要对软件系统进行架构设计，在设计中应考虑系统的基本处理流程、系统的组织结构、模块划分、功能分配、接口设计、运行设计、数据结构设计和出错处理设计等，为软件的详细设计提供基础。

---

① 袁曾：《人工智能有限法律人格审视》，载《东方法学》2017 年第 5 期。

二是详细设计与编写代码环节。在架构设计的基础上，开发者需要进行软件系统的详细设计。在详细设计中，描述实现具体模块所涉及的主要算法、数据结构、类的层次结构及调用关系，需要说明软件系统各个层次中的每一个程序（每个模块或子程序）的设计考虑，以便进行编码和测试。应当保证软件的需求完全分配给整个软件。详细设计应当足够细节化，能够根据详细设计报告进行编码。在软件编码阶段，开发者根据《软件系统详细设计报告》中对数据结构、算法分析和模块实现等方面的设计要求，开始具体的编写程序工作，分别实现各模块的功能，从而实现对目标系统的功能、性能、接口、界面等方面的要求。

三是代码测试与软件发布环节。测试同样是项目研发中一个相当重要的步骤。对于一个大型软件，3个月到1年的外部测试都是正常的，因为永远都会有不可预料的问题存在。完成测试后，还需完成验收并整理最后的一些帮助文档，整体项目才算告一段落。就上述三个环节形成的智力活动的成果而言，第一个阶段形成的是软件架构，第二个阶段形成的是软件代码，第三个阶段形成的是测试报告。显然，软件著作权仅仅能够保护软件代码的表达，无法保护软件代码所体现出的软件架构。同时，随着软件产业的不断发展，尤其是自动编程工具和辅助编程工具的日益成熟，软件架构的创造性劳动价值更加凸显。

另外，人工智能创新的实现方案在专利权保护方面存在一定空间，算法创新的专利权保护还需要制度规则的进一步完善。2019年12月31日，国家知识产权局发布《关于修改〈专利审查指南〉的公告》（国家知识产权局公告第343号），其中对"包括算法特征或者商业规则和方法特征的发明专利申请"的审查基准进一步调整。虽然这一调整并非专门针对人工智能技术，但是考虑到人工智能技术的核心在于算法，从而对人工智能技术相关专利申请的审查有较高的指导意义。此次修改内容已经于2020年2月1日开始实施。此次修改在现行《专利审查指南》第二部分第九章第1—5节之后增加了完整的第6节，专门针对"包含算法特征或商业规则和方法特征的发明专利申请审查"作出相关规定。对于人工智能技术这类包含算法特征或商业规则和方法特征的发明专利申请，需要从三个方面进行审查，同时这三个方面须具有逻辑联系：首先，审查涉案专利申请是否属于《专利法》意义上的保护客体；其次，审查权利要求是否以说明书为依据，清楚、简要地限定要求专利保护的范围；最后，审查权利要求是否具有新颖性和创造性。由于我国对于人工智能技术这类包含算法特征或商业规则和方法特征的发明专利申请需要从这三个方面进行审查，所以既要满足类似"拟制现有技术排除测试法"的要求，也要满足类似"技术属性测试法"的要求，由此导致我国人工智能技术专利申请的授权确权存在相当的难度。人工智能技术的核心在于基础层的基础算法，然而传统的专利法律制度认为算法属于智力活动的规则和方法，从而人工智能技术理应被排除在《专利法》的保护范围之外。① 此外，技术秘密保护以及《反不正当竞争法》的行为规制中，亦有空间对人工智能基础算法进行保护。

我国新兴领域产业发展存在着对新兴领域创新的知识产权保护的强烈需求。下面以人工智能技术为例说明。人工智能技术通常包括基础层、感知层、认知层、应用层四个层次，其中基础层是实现大计算驱动和大数据保障的基础算法，感知层主要体现为语音技术、图像技术、视频技术、增强现实/虚拟现实（AR/VR）等感知性技术，认知层主要体现为人工智能涉及的自然语言处理、知识图谱、用户画像等以机器学习为核心的认知性技术，应用层主要是无人驾驶、智能制造等应用场景。根据深圳市人工智能行业协会发布的《2021 人工智能发展白皮书》的统计，2020 年中国人工智能核心产业规模达到 3251 亿元，同比增长 16.7%；人工智能领域投融资金额为 896.22 亿元，投融资数量有 467 笔，人工智能领域平均单笔融资额达到 1.9 亿元，同比增长 56.3%。截至 2020 年年底，中国人工智能相关企业数量达到 6425 家；其中，22.3% 的企业分布在人工智能产业链的基础层，18.6% 的企业分布在人工智能产业链的感知层、认知层，59.1% 的企业分布在人工智能产业链的应用层。与之相应，我国国家工业信息安全发展研究中心、工业和信息化部电子知识产权中心发布的《2020 人工智能中国专利技术分析报告》表明，截至 2020 年 10 月，中国人工智能专利申请量累计已达 69.4 万件，同比增长 56.3%，中国人工智能技术专利申请总量首次超过美国，成为全球申请数量

---

① 张洋：《论人工智能发明可专利性的法律标准》，载《法商研究》2020 年第 6 期。

最多的国家。中国人工智能专利技术分支统计显示，云计算作为人工智能的基础支撑技术，专利占比最多，达到 18.38%；计算机视觉作为人工智能领域的应用技术，紧随其后，占比为 17.72%。深度学习、自动驾驶及智能机器人各占比为 14.52%、12.36% 和 9.55%。其后按照占比数值排序分别是占比为 7.58% 的交通大数据、占比为 5.72% 的智能推荐、占比为 5.65% 的自然语言处理、占比为 5.35% 的智能语音、占比为 3.16% 的知识图谱技术。由此可见，我国人工智能等新兴领域产业发展存在着强烈的知识产权保护需求。

2. 新兴领域技术创新的本质属性

互联网、算法、数据、开源、人工智能、商业方法等领域的创新，在本质上属于算法模型与应用场景的结合，核心是算法创新。下面以人工智能技术为例说明。通常而言，人工智能技术是以技术算法为基础、在"大数据"与"大计算"的共同驱动下融入多技术领域、不同功能维度的多项单一技术方案所形成的综合性技术束。[①] 人工智能是人类社会的伟大发明，同时也存在着巨大的社会风险。[②] 专利制度对人工智能技术创新的回应，需要从人工智能的技术本质出发，既要考虑激励创新创造，也要考虑社会风险控制。人工智能技术可专利性面临的本质难题是，基础算法属于智力活动的规则和方法。如前所述，人工智能技术的核心在于基础层的基础算法，然而传统的专利法律制度认为算法属于智力活动的规则和方法，从而人工智能技术理应被排除在《专利法》的保护范围之外。[③] 同时，由于思想表达二分法下著作权仅保护作品的表达，使得软件著作权对人工智能基础算法的保护非常有限。此外，技术秘密保护以及《反不正当竞争法》的行为规制，对人工智能基础算法的保护亦有不足。可见，人工智能技术可专利性需要考虑如何对基础算法的保护需求加以回应，以及如何在感知层、认知层、应用层的技术方案中实现对基础算法的实质保护。

笔者建议，围绕上述算法创新，建构由基础算法专利、感知技术专利、认知技术专利和应用场景专利共同构成的人工智能技术专利布局。算法的专

---

① 刘鑫、覃楚翔：《人工智能时代的专利法：问题、挑战与应对》，载《电子知识产权》2021 年第 1 期。

② 吴汉东：《人工智能时代的制度安排与法律规制》，载《法律科学》2017 年第 5 期。

③ 张洋：《论人工智能发明可专利性的法律标准》，载《法商研究》2020 年第 6 期。

利保护，无非是在现有专利授权确权标准之下，根据促进人工智能发展的需求，划分出具有可专利性、可以授予专利权的"技术方案"和不具有可专利性、不能授予专利权的"智力活动的规则"。① 因此，需要通过撰写加工等方式，促进基础算法专利与应用场景或者感知技术、认知技术的结合，形成对基础算法的专利布局。特别需要注意的是，在寻求基础算法的专利保护过程中，需要与应用场景相结合，并必须认真分析基础算法除了当前应用场景之外的其他可能应用场景，对"场景替换式"的侵权行为进行有效规制。感知层可以采用人机交互和数据处理的方式加以描述，从数据流流向的角度总结处理流程形成方法权利要求，从模块架构出发形成装置权利要求。认知层可以采用工作流的方式，从工作流流向的角度总结处理流程形成方法权利要求；从模块架构出发，形成与方法权利要求对应的装置权利要求。应用层主要是无人驾驶、智能制造等应用场景，类似药品专利的用途权利要求，可以将特定基础算法、特定感知层和认知层的工作流、数据流处理方案与应用场景进行结合，对特定应用场景下的使用进行保护。综上所述，人工智能技术的技术分层、技术方向和专利布局的模式可归纳总结为图2。

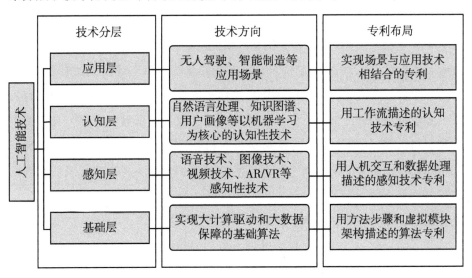

图2 人工智能技术立体专利布局模式

---

① 孔祥俊：《人工智能知识产权保护的若干问题》，载《〈上海法学研究〉集刊——上海市法学会互联网司法研究小组论文集》2019 年第 13 卷。

3. 新兴领域知识产权制度立法例

（1）美国针对人工智能技术可专利性判定的法律实践进展：拟制现有技术排除测试法。[①]

美国针对人工智能技术可专利性判定采取拟制现有技术排除测试法，将涉及抽象概念的部分拟制为对专利新颖性和创造性不具有任何贡献的现有技术，在新颖性和创造性判断中加以排除。《美国专利法》第 101 条规定，凡发明或者发现任何新颖而实用的方法、机器、产品、物质合成，或者其任何新颖而实用之改进者，可按照本法所规定的条件和要求获得专利。对于这四类可以受到专利制度保护的客体：方法、机器、产品、物质合成，美国判例法分别给出了定义。亦即，方法是指处理某些物质使之产生某种特定结果的方式，它是某种行为或者系列行为作用于客体物质上，使之改变并产生不同的状态或者物；[②] 机器是指整体的机器，整体机器中的一个或者几个部件，一个或者几个部件的合并，以及将原有部件合并起来形成一部机器；[③] 物质合成，是指两种或者更多物质合成的所有物品，不论它们是化学合成的结果还是机械性物理合成的结果，不论它们是气体、液体、粉末还是固体。[④] 同时，通过司法实践，美国联邦最高法院明确不授予专利权的客体包括自然规律、物理现象和抽象概念。[⑤] 美国联邦最高法院 2014 年爱丽丝公司诉 CLS 国际银行案形成了拟制现有技术排除测试法的基本逻辑，即将上述自然规律、物理现象、抽象概念拟制为对专利新颖性和创造性不具有任何贡献的现有技术，在新颖性和创造性判断中加以排除，要求权利要求的其他部分具备新颖性和创造性。[⑥] 对于人工智能技术发明专利而言，尤其需要判断其是否属于"抽象概念"，亦即，如何区分受到专利制度保护的包含算法特征或商业规则

---

① 部分内容参见张鹏：《〈专利审查指南〉新修改解析：信息通信产业专利授权确权规则新进展》，载《专利代理》2020 年第 2 期。

② Cochrane v. Deener, 94 U.S. 780（1877）.

③ Union Sugar Refinery v. Matthesson, 24 F. Case 686（C.C. Mass, 1865）.

④ Diamond v. Chakrabarty, 444 U.S. 303, 206 U.S.P.Q. 193；李明德：《美国知识产权法》（第二版），法律出版社 2014 年版，第 37 页。

⑤ Diamond v. Chakrabarty, 444 U.S. 303, 206 U.S.P.Q. 193.

⑥ 狄晓斐：《人工智能算法可专利性探析——从知识生产角度区分抽象概念与具体应用》，载《知识产权》2020 年第 6 期。

和方法特征的发明专利和属于抽象概念的不属于专利制度保护的创新创造。这是由于算法本身更类似数理逻辑，而与解决技术问题的技术手段存在一定差异。但是，有学者认为，专利法区分抽象思想与具体技术的传统标准并不像诸多学者所想象的那样旨在否定计算机程序算法的客体属性。程序算法是运行独立于人脑的物理系统（计算机）的具体方法步骤，并非抽象的思维规则。程序算法被执行后会导致传统专利法意义上的"物质状态改变"。因此，程序算法符合前述传统标准，可顺利通过客体审查。① 美国的法律实践也恰恰验证了上述观点。

美国法中，判断包括人工智能技术在内的、涉及算法的专利申请是否具备可专利性，可依据如下"三步法"。第一步，判断是否属于专利法保护客体的法定类别（方法、机器、产品、物质合成）。第二步，判断是否存在"抽象概念"。如果不存在"抽象概念"，那么其属于专利法保护客体；如果存在"抽象概念"，那么除去权利要求"抽象概念"以外的其他部分，需进一步判断是否将"抽象概念"转化为了"实际应用"；如果除去权利要求"抽象概念"以外的其他部分，将抽象概念转化为了"实际应用"，那么其属于专利法的保护客体。第三步，权利要求中除去没有转化为"实际应用"的"抽象概念"的其他部分，判断是否使得权利要求具备新颖性和创造性。如果是，则属于专利法的保护客体；如果不是，则不属于专利法的保护客体。美国联邦最高法院在爱丽丝公司诉 CLS 国际银行案中确立了针对专利保护客体的两步骤判断方法：首先判断是否属于法定类别（方法、机器、产品、物质合成），其次判断是否属于法定例外（自然规律、物理现象、抽象概念）以及权利要求中是否包含其他特征使得权利要求符合"明显超出"法定例外的司法例外情形。例如，在伯克海默诉惠普公司案中，涉及的数字资产管理系统通过防止相同内容的文字和图片的重复存储的方式，提高效率，降低重复率，使得可以通过一次操作改变包含相同存储对象的所有元素。地区法院认为，其不属于专利法保护的客体，因为权利要求所要求的保护的是仅仅使

---

① 崔国斌：《专利法上的抽象思想与具体技术——计算机程序算法的客体属性分析》，载《清华大学学报（哲学社会科学版）》2005 年第 3 期。

用公知的、例行的和通常的计算机功能实现的方法步骤。联邦巡回上诉法院则认为，请求保护的方案相对于现有技术提升了效率和计算机功能，针对这样的权利要求采用即决判决的方式不妥当。美国专利商标局发布的《美国专利保护客体审查指南（2019 年修改版）》在坚持上述美国联邦最高法院在爱丽丝公司诉 CLS 国际银行案中的两步骤判断方法的基础上，对第二步骤进行了修改，即在判断是否属于法定例外中的"抽象概念"时，需要判断是否具有实际应用。也就是说，如果权利要求将抽象概念整合在一个实际应用中，则符合专利法保护客体的要求；如果权利要求没有将抽象概念整合在一个实际应用中，则需要判断权利要求中是否包含其他特征使得权利要求符合"明显超出"法定例外的情形。对于"具有实际应用"，说服审查员认可符合专利保护客体规定的最简便的方法是，主张该权利要求是计算机功能的提高或者对其他技术的提高。

《美国专利保护客体审查指南（2019 年修改版）》实施以来，最为重要的适用案例是，美国专利商标局专利审判和上诉委员会针对单方艾林·C. 史密斯案作出的决定。[①] 该案件涉及一种在混合交换系统中进行衍生品交易的方法，其权利要求 1 为："一种在混合交换系统中交易衍生产品的方法，所述方法包括：通过通信网络和订单路由系统收集订单，并将其放置在电子书数据库中；在电子交易引擎处识别来自第一拥挤市场参与者的新报价，其中新报价中的出价或要约价格中的一个与电子书数据库中来自公共客户的订单中的相应价格相匹配；从电子书数据库中删除至少一部分订单，延迟自动执行新报价和订单，并启动计时器；经由通信网络和电子报告系统，报告指示至少部分订单的执行的市场报价，同时延迟自动执行；在电子交易引擎处接收到来自第一人群市场参与者的新报价之后，在计时器到期之前，从第二人群市场参与者处接收第二报价，其中第二报价与公共客户的相应价格匹配在电子书数据库中订购；在电子交易引擎中的第一和第二拥挤市场参与者之间分配订单，其中直到计时器到期才执行该订单。"美国专利商标局专利实质审查部门认为，该专利申请属于抽象概念，不属于专利法的保护客体。专利审

---

① 参见 Ex parte Eileen C. Smith, Appeal 2018 - 000064, Application 13/715, 476。

判和上诉委员会撤销了上述驳回决定。其认为，根据《美国专利保护客体审查指南（2019 年修改版）》的规定，权利要求 1 的特征列举了衍生产品交易环境中发生的一些操作，在判断是否属于法定例外中的"抽象概念"时，需要判断是否具有实际应用。权利要求 1 列举了各种与计算机实现相关的限定，如"混合交换系统""通信网络和订单路由系统""电子交易引擎""电子书数据库""电子报告系统"。尽管这些与计算机实现相关的限定是与电子衍生产品交易特定的限定，但是说明书中并没有特别限定其结构或者配置，因此这些与计算机相关的限定不足以构成实际应用的司法例外情形。同时，专利审判和上诉委员会指出，权利要求 1 具有解决在电子环境和交易大厅同时进行的混合交易系统所产生的问题，这些限定包括：①"延迟自动执行新报价和订单，并启动计时器"；②在"延迟自动执行"订单后并且在"计时器到期之前"，接收第二报价，"其中第二报价与公共客户的相应价格匹配在电子书数据库中订购"；③"在电子交易引擎中的第一和第二拥挤市场参与者之间分配订单，其中直到计时器到期才执行该订单"。这些限定使得权利要求将抽象概念整合在一个实际应用中，从而符合专利法保护客体的规定。据此，专利审判和上诉委员会撤销了驳回决定。

（2）欧盟针对人工智能技术可专利性判定的法律实践进展：技术属性测试法。[1]

欧盟坚持以"技术性"作为专利保护客体的判定标准，重点考察人工智能技术是否具备技术属性。《欧洲专利公约》第 52 条规定了"可以取得专利的发明"，该条第 1 款规定，"对于任何有创造性并且能在工业中应用的新发明，授予欧洲专利"；第 2 款规定，"下列各项尤其不应认为是第一款所称的发明：a）发现科学理论和数学方法；b）美学创作；c）执行智力行为、进行比赛游戏或经营业务的计划、规则和方法，以及计算机程序；d）情报的提供"；第 3 款规定，"第二款的规定只有在欧洲专利申请或欧洲专利涉及该项规定所述的主题或活动的限度内，才排除上述主题或活动取得专利的条

---

① 部分内容参见张鹏：《〈专利审查指南〉新修改解析：信息通信产业专利授权确权规则新进展》，载《专利代理》2020 年第 2 期。

件"。可见，欧洲专利法律规则将计算机程序和智力活动的规则方法排除在专利法保护的客体范围外。《欧洲专利公约》第52条第1款规定的"发明"必须是具体的技术方案，该条第2款对排除在专利法保护客体之外的主题作出了非穷举性列举。在进行客体判断时，需要将权利要求保护的整体方案视为一个整体，判断其是否具有技术特征，这一判断是在不考虑现有技术状况的前提下进行的。只要具有技术特征，就需要评估每一个特征（包括技术特征和非技术特征）在发明中是否对要求保护的主题做出了贡献。

2018年，欧洲专利局修改《欧洲专利审查指南》，对此有了进一步细化，规定将人工智能作为数学方法的例外，强调数学方法本身不具备技术属性，数学方法的技术应用和技术实施具备技术属性。2018年《欧洲专利审查指南》第七部分第二章第3.3.1节增加了有关人工智能领域创新技术方案的专利审查思路和专利审查方法，从"发明主题"和"技术贡献"两个维度考量可专利性问题。原《欧洲专利审查指南》第七部分"专利性"第二章"发明"第3节"排除的主题"明确排除在专利法保护的客体范围之外的主题包括：发现，科学理论，数学方法，美学创作，智力活动、游戏或者商业方案、规则和方法，计算机程序，信息呈现（主要包括用户界面和数据获取、格式和结构）。2018年修改后的《欧洲专利审查指南》在"数学方法"部分增加了"技术应用""技术实施"，大幅调整"智力活动、游戏或者商业方案、规则和方法"的审查规则，在"计算机程序"部分增加了"计算机实施的发明"，包括信息建模、编程活动和编程语言，数据获取、格式和结构，并且将"数据获取、格式和结构"从原《欧洲专利审查指南》的"信息呈现"部分移入2018年新《欧洲专利审查指南》的"计算机实施的发明"部分。可见，上述修改都是与信息通信技术（ICT）产业涉及包含算法特征或商业规则和方法特征的发明专利申请相关。

第一，在"数学方法"部分增加了"技术应用"和"技术实施"。2018年《欧洲专利审查指南》全面改写了原《欧洲专利审查指南》这一部分的内容，首先明确了"数学方法在解决各个技术领域的技术问题起着重要的作用"，并将规则具体化为：如果权利要求仅仅涉及抽象的数学方法而不需要任何技术手段（如仅仅制定数学方法的数据或者参数的技术性质），则排除在专利法保护客体之外；如果权利要求涉及使用技术手段（如计算机）的方法或者设备，则该主题整体上具有技术特征从而不应排除在专利法保护客体之外。2018 年《欧洲专利审查指南》在"数学方法"部分增加了"技术应用""技术实施"。就技术应用而言，评估数学方法对发明做出的贡献时，需要考虑该数学方法是否用于特定的技术目的，如通过测量压实机的经过次数确定所需材料密度，属于用于技术目的的数学方法，而诸如"控制技术系统"的目的（并非特定的技术目的）并不足以赋予数学方法技术应用的特性。就技术实施而言，如果权利要求是针对数学方法的特定技术实施，并且有计算机驱动使得该数学方法特别适用于该实施，则该数学方法的技术实施符合保护客体要求。反之，如果数学方法并不用于技术目的并且技术实施并未超出一般实施的范围达到特定技术实施的程度，则不属于保护客体。

进而 2018 年《欧洲专利审查指南》在该部分进一步针对人工智能和机器学习，模拟、设计或者建模，规定了具体规则。一方面，人工智能和机器学习领域的发明专利申请，需要区分基于分类、聚类、回归和降维的计算模型和算法，与计算模型和算法在各种技术领域的具体应用。神经网络、遗传算法、支持向量机、K 均值、核回归等分类、聚类、回归和降维的计算模型和算法，本身具有抽象的数学性质，"神经网络""推理引擎""支持向量机"这样的表述，通常属于缺乏技术性的抽象模型。与之对比，如果分类方法应用于技术目的，生成训练集的步骤和训练分类器支持技术目的的实现，则应当认为做出了技术贡献。另一方面，模拟、设计或者建模的权利要求通常属于数学方法或者智力活动。在计算机辅助设计特定产品、系统或者过程的情况下，需要判断所确定的与技术对象的功能有内在联系的技术参数是否基于技术考虑，如果基于技术考虑，则其具有技术目的。

第二，大幅调整"智力活动、游戏或者商业方案、规则和方法"。原《专利审查指南》对此部分仅作出统一的笼统规定，2018 年《欧洲专利审查指南》区分了"智力活动的方案、规则和方法""游戏的方案、规则和方法"和"商业活动的方案、规则和方法"，并分别加以规定。首先，如果一项方法权利要求中的所有方法步骤都是由智力活动实现的，则其属于不受专利法保护的智力活动的方案、规则和方法；如果要求保护的方法需要使用技术手段（如计算机、测量装置等）来执行其中至少一个步骤，或者如果其将物理实体作为产物，那么不是智力活动的方案、规则和方法。其次，如果权利要求保护的主题限定了实施游戏规则的技术手段，那么其具备专利法所规定的技术特性，同时游戏规则本身或者游戏规则本身的纯自动化实现不能给权利要求带来创造性。需要从工程师或者游戏程序员的角度来评估游戏规则实现的创造性，该技术人员的任务是实现由游戏设计者给予他的游戏规则。最后，如果权利要求保护的主题限定了商业方法中至少一些步骤是通过技术手段实现的，如计算机、计算机网络、可编程装置等，那么其仍然属于专利法的保护客体，需要根据哪些特征对发明技术特性做出了贡献来判断其新颖性和创造性。

第三，在"计算机程序"部分增加了"计算机实施的发明"。计算机程序本身被排除在专利法保护客体的范围之外，但是该排除并不适用于具有技术特性的计算机程序。也就是说，如果计算机程序在计算机中运行时产生了"进一步的技术效果"，则可以成为受到专利法保护的客体。其中，"进一步的技术效果"是指超出计算机程序与运行计算机程序的计算机硬件之间的正常的物理交互的技术效果。例如，计算机中的电流循环，其本身不足以赋予计算机程序技术特性；控制技术过程或者计算机本身的内部功能或者界面，可以赋予计算机程序技术特性；指定控制汽车的防抱死制动系统、压缩视频、恢复失真的数字图像等，均属于产生了"进一步的技术效果"。另外，将"涉及计算机、计算机网络或者其他可编程装置的权利要求表达，其中至少一个特征是由计算机程序实现的"称为"计算机实施的发明"，如果采用计算机实施方法、计算机可读存储介质或者设备的权利要求的方式，则其因为使用了相应的技术手段而具备技术特性。

进一步来讲，"计算机实施的发明"部分规定了"信息建模、编程活动和编程语言"。通常而言，信息建模是系统分析人员在软件开发第一阶段进行的、对现实世界系统或者过程的描述，是缺乏技术特性的治理活动，所以信息建模的建模语言规范、信息建模过程结构、信息模型固有属性、信息模型维护没有技术特性。如果发明的上下文描述了用信息模型解决特定技术问题，那么可以赋予其技术特性。编程活动是一种非技术性智力活动，只要不是在具体应用或者环境中使用并且产生技术效果，那么就不属于专利法保护客体。例如，面向对象编程，虽然其有助于程序员更加高效地编写程序，但是其本身没有解决技术问题，不具备技术特性。

（3）日本针对人工智能技术可专利性判定的法律实践进展：技术属性测试法基础上的宽松适用。

日本在专利法保护客体判定方面采用了与欧盟类似的"技术属性测试法"，要求其构成技术方案才能获得专利法保护，同时针对人工智能技术采用非常宽松的适用标准。人工智能基础算法与应用场景相结合的方案通常认为属于可以受到专利法保护的"技术方案"。如前所述，日本特许厅在2018年3月出台《面向人工智能相关技术的审查指南实例》，结合具体案例给出了人工智能基础算法与应用场景相结合的方案的可专利性审查标准。其中，对于人工智能算法与应用场景相结合的发明创造，明确属于专利权的保护客体。该文件给出的一个示例是"一种基于宿舍声誉的文本数据促使计算机设备用于输出合格的宿舍声誉值的训练模型"，其利用神经网络处理文本信息，对文本数据中体现宿舍声誉的特别词汇出现的频率进行分析，提取关于宿舍情况的字段，综合分析所有字段并运用训练模型得到一个合理的宿舍声誉评价值。《面向人工智能相关技术的审查指南实例》认为，上述方案利用硬件资源实现了软件的信息处理，属于可以受到专利法保护的"技术方案"。

4. 新兴领域知识产权制度的探索

正如之前的分析，互联网、算法、数据、开源、人工智能、商业方法等领域的创新，在本质上属于算法模型与应用场景的结合，核心是算法创新，算法创新的可专利性是上述新兴领域知识产权保护的基础性问题。下面以人工智能为例进行说明。随着人工智能技术专利申请数量的大幅增加，是否构成专利法保护的客体成为法律实践中的重要争议点。人工智能作为当前最为尖端的科技成果，对于专利制度的挑战是全方面的，既包括人工智能技术本体的专利法律保护、人工智能发明成果的专利法律规制，也涉及人工智能应用工具的专利法律影响问题。[①] 其中，人工智能技术本体的可专利性问题，

---

① 刘鑫、覃楚翔：《人工智能时代的专利法：问题、挑战与应对》，载《电子知识产权》2021年第1期。

也就是人工智能技术能否纳入专利法保护客体范围，是专利制度面临的首要问题。随着人工智能技术专利申请的迅速增加，迫切需要从法律实务层面明确可专利性的判定标准。由于人工智能技术以算法模型作为核心创新点，在专利申请的审查复审和授权专利的无效宣告请求审查程序中，通常会在是否构成专利法保护客体（亦即，是否满足现行《专利法》第2条第2款关于发明的定义，是否属于现行《专利法》第25条专利保护排除对象中的"智力活动的规则和方法"）这一问题上产生较大争议，因此本书对该法律问题进行以下分析探讨。

我国新兴领域技术是否属于专利法保护客体的审查标准，近似欧盟"技术属性测试法"和美国"拟制现有技术排除测试法"二者的交集，亦即，需要满足两个方面的要求才能属于我国专利法的保护客体。下面以人工智能领域为例进行说明。根据我国2019年修改后的《专利审查指南》的规定，对于人工智能技术这类包含算法特征或商业规则和方法特征的发明专利申请，需要从以下三个方面进行审查，同时这三个方面具有逻辑联系。首先，审查涉案专利申请是否属于《专利法》意义上的保护客体，这一点类似欧盟"技术属性测试法"；其次，审查权利要求是否以说明书为依据，清楚、简要地限定要求专利保护的范围；最后，审查权利要求是否具有新颖性和创造性，这一点类似美国"拟制现有技术排除测试法"。在上述三个方面的判断上，注重从整体角度考虑"技术特征以及与技术特征功能上彼此相互支持、存在相互作用关系的算法特征或商业规则和方法特征"，从而使得第一个条件（符合保护客体要求）降低，同时提高第二个和第三个条件，平衡地保护专利申请人和社会公众的利益。由于我国对于人工智能技术这类包含算法特征或商业规则和方法特征的发明专利申请需要从这三个方面进行审查，所以既要满足类似"拟制现有技术排除测试法"的要求，也要满足类似"技术属性测试法"的要求，由此导致我国人工智能技术专利申请的授权确权存在相当的难度。由此，建议我国新兴领域知识产权制度在完善过程中，对此作出回应。

二、完善特定领域知识产权制度

与遗传资源、传统知识、民间文艺和中医药有关的知识产权制度，具有一定的特殊性。《知识产权强国建设纲要（2021—2035年）》明确提出："加强遗传资源、传统知识、民间文艺等获取和惠益分享制度建设，加强非物质文化遗产的搜集整理和转化利用。推动中医药传统知识保护与现代知识产权制度有效衔接，进一步完善中医药知识产权综合保护体系，建立中医药专利特别审查和保护机制，促进中医药传承创新发展。"《"十四五"国家知识产权保护和运用规划》进一步要求，"健全遗传资源获取和惠益分享制度，建立跨部门生物遗传资源获取和惠益分享信息共享制度。制定传统文化、民间文艺、传统知识等领域保护办法。建立与非物质文化遗产相关的知识产权保护制度"，并要求"完善中医药领域发明专利审查和保护机制"。由此，注重遗传资源、传统知识、民间文艺、中医药等领域的知识产权保护和运用规则的完善，充分挖掘我国知识产权优势资源，就是在完善"特定领域知识产权制度"。①

制定民间文艺保护办法和传统知识保护办法。民间文艺在历史中不断沉淀，在时间中不断发展延续，它保留着我国最古老的文化记忆和民族基因，构成了民族文化之根、民族文化之魂。② 目前，对于民间文艺的保护有两种立法模式：一是改革现行的知识产权法并在其中引入针对民间文艺的特别保护规则；二是在知识产权法框架外单独立法，建立相对新型的、独立的专门法律制度。③ 鉴于民间文艺的著作权保护模式存在诸多不足，如缺乏对民间文艺蕴含的公共利益的公权保护，多数民间文艺并不符合著作权保护的条件，强化对经济权利的保护将对民间文艺的传播和发展有所妨碍，等等。因此，民间文艺的保护需要建立一种知识产权的特别权利保护体系。④ 民间文艺具有两大特点：一是民间文艺具有来源群体性的特点，权利主体应当为某一群体；二是民间文艺的客体具有传统性的特点，民间文艺的保护客体不包括民间文艺的演绎作品、民族标识、特定名称等，民间文艺的演绎作品、民族标

---

① 易继明：《知识产权强国建设的基本思路和主要任务》，载《知识产权》2021年第10期。
② 张耕：《民间文学艺术的知识产权保护研究》，法律出版社2007年版，第7页。
③ 杨鸿：《民间文艺的特别知识产权保护——国际立法例及其启示》，法律出版社2011年版，第215页。
④ 黄玉烨：《我国民间文学艺术的特别权利保护模式》，载《法学》2009年第8期。

识、特定的名称可以运用《著作权法》《商标法》《专利法》加以保护。基于此，采取特别知识产权法的保护模式更加适宜。同时，在民间文艺保护办法中，应当对民间文艺的权利内容加以明确，同时对集体管理机制、运用行政保护维护公共利益的制度安排进行明确。此外，传统知识作为一种文化要素，与文化多样性息息相关。在文化扩张主义的影响下，文化多样性资源被肆意破坏，传统知识日益消减，保护传统知识能在一定程度上弥补目前对文化多样性保护的不足。[①] 因此，有必要在知识产权专有性属性的基础上，研究形成传统知识保护办法，对传统知识的传承与共享作出规范。同时，2016年12月通过的《中华人民共和国中医药法》（以下简称《中医药法》）第43条确立了中医药传统知识保护制度，通过构建"持有人"这一特殊民事主体概念，赋予持有人传承使用、知情同意和利益分享等权利。对此，笔者建议，进一步通过界定商业性使用行为以及借鉴著作权转换性合理使用制度，构建中医药传统知识商业性合理使用的权利限制规则，为建立中医药传统知识持有人专有权利保护制度奠定法理基础。[②]

建立中医药专利特别审查和保护机制，完善中医药领域知识产权综合保护体系。2019年10月，中共中央、国务院颁布《关于促进中医药传承创新发展的意见》，指出要加快推进中医药科研和创新，加强中医药产业知识产权保护和运用。在上述背景下，我国《专利审查指南》等审查规则主要针对西药化学品药物制剂进行建构，中医药专利的特别审查规则并未得到充分体现。针对上述问题，有以下三个方面的探索。

第一，完善专利审查标准，优化专利审查政策。2020年《专利审查指南》在专章中增加了"关于中药领域发明专利申请审查的若干规定"等内容，就中药发明专利的可授权客体、说明书和权利要求书的撰写、新颖性、创造性和实用性等方面的审查标准作出细化、明确的规定。新增内容充分考虑中药创新的特点，如规范中药材名称的撰写规则，明确临床效果数据包含临床医案或临床

---

① 胡丹阳：《论传统知识法律保护的正当性》，载《东南大学学报（哲学社会科学版）》2020年第22卷增刊。

② 陈庆：《传统知识持有人权利限制规则构建研究——以中医药法为契机》，载《河北法学》2022年第2期。

病例，提供清晰的撰写指引。在中药制药用途发明的新颖性判断中，强调应当注意中医的病与证，及其与西医的病或药物作用机理之间的关系，突出辨证论治是中医治疗疾病的基本原则。针对中药领域申请量占比较高的中药组合物发明，强调创造性判断应把握中药发明创新的特点，充分考虑发明和现有技术的"理、法、方、药"，根据中药组合物在临床实践中的形成规律和构思过程，将中药组合物发明分为"加减方发明"和"自组方发明"两大类，并给出具备创造性和不具备创造性的典型案例。2020 年 4 月，国家知识产权局发布《关于就〈中药领域发明专利审查指导意见（征求意见稿）〉公开征求意见的通知》，结合具体案例对中药领域涉及《专利法》第 5 条第 1 款、《专利法》第 26 条第 3 款和第 22 条第 3 款的相关审查基准予以进一步规范。

第二，在法律实践中针对创造性进一步细化裁判规则。最高人民法院知识产权法庭在罗某琴与国家知识产权局"用于治疗肿瘤的药磁贴"专利确权行政纠纷案[①]中结合中医药辨证施治的基本原则展开说理，重点围绕中药发明专利创造性判断中最接近的现有技术的选择，以及如何判断现有技术对中药发明技术的启示展开论述。其指出，对比文件和本申请的发明目的、技术领域、技术问题具有高度相似性，尽管两者技术方案中所选用的中药材存在不同，但具有相同功能的中药材之间具有可替代性是本领域的公知常识，将对比文件作为最接近的现有技术并无不当。本申请基于中医治疗理论，从具有类似功效的中药材中进行选择并组合获得的疗效相当的中药组合物，对于本领域技术人员来说，无须付出创造性劳动即可获得本申请的技术方案，而从本申请说明书记载的内容中也看不出所作出的中药材替换、增加以及用量的限定产生了预料不到的技术效果。本申请与对比文件之间的其他区别技术特征也属于本领域的常规技术手段。

第三，加强遗传资源相关法律制度建设，完善遗传资源产权制度，就我国遗传资源归谁所有、如何合规地开发利用遗传资源、对遗传资源进行开发利用所得的惠益如何分配分享等方面予以规制。

---

① 参见北京知识产权法院（2019）京 73 行初 11986 号行政判决书、最高人民法院知识产权法庭（2021）最高法知行终 158 号行政判决书。

三、建立知识产权动态立法机制

新兴领域、特定领域知识产权制度供给不足，体现出我国知识产权立法资源配置的局限性。《知识产权强国建设纲要（2021—2035年)》和《"十四五"国家知识产权保护和运用规划》均明确要求，适应科技进步和经济社会发展形势需要，依法及时推动知识产权法律法规立改废释。由此，中国特色知识产权制度的研究，不仅需要讨论如何在国际知识产权制度体系下形成"中国表达"，还需要研究响应中国的实际需求、解决当下的现实问题的立法机制。特别是，为了适应科学技术的快速发展，需要探讨建立知识产权相关规则的动态立法机制。

当前我国知识产权立法机制基本现状，存在制度供给不足的问题。我国知识产权法律的立法模式属于行政立法模式，即根据立法机关的授权，行政机关起草相关法律法规的草案。同时，某特定行政机关作为立法机关的代表，为了实现立法的高度与广度，需要多次与其他行政机关、司法机关进行会商活动，形成了行政立法的部门会商机制。然而，恰恰是这种部门会商机制，导致法律法规修改草案的关键争议点在达成一致上需要较长时间，同时需要进一步获取社会公众的意见等问题，由此造成知识产权法律修改周期较长与新兴特定领域快速发展之间的矛盾、知识产权法律立法需求旺盛与立法资源不足之间的矛盾。从我国《专利法》前三次修正情况来看，平均修改周期为八年，而第四次修正已经打破上述规律，大大延迟了修改周期。我国《商标法》《著作权法》的修改也同样有较长周期，《商标法》在2019年完成第四次修正，《著作权法》在2020年完成第三次修正。与之相比，主要知识产权强国具有较为优越的授权立法机制，能够实现知识产权法律制度的快速修改，以有效适应新技术、新模式、新业态的发展。例如，日本进入工业社会以来，其专利法修改频繁。其中，在20世纪70年代，对1959年《日本专利法》进行了三次修改；在20世纪80年代，则作出了更为频繁的修改，间隔期长则两年，短则一年。其后，也是每隔一至三年就有一次修改。这些修改，或是为了适应国际变化，或是为了适应日本国内外的经济环境，刺激发明创造的热情。当然，由于其修改因应需要，且实施效果较好，也消解了因频繁修法产生的法的不安定性问题。知识社会中，技术变动不居，社会生活日新月异，法律出现回应性特征。

在上述背景下，我国应积极进行知识产权授权立法机制的思路探索，以实现制度供给增强。为了克服现有立法模式无法有效响应技术快速发展的需要的矛盾，笔者建议应在知识产权立法方面，探索建立知识产权授权立法机制。为了因应现有的立法模式、技术发展和社会变迁，需要在知识产权立法领域建立知识产权授权立法机制。此外，在《专利法》《商标法》《著作权法》等知识产权法律修改过程中，根据我国《立法法》的有关规定，制定知识产权立法授权条款，由全国人大常委会授权国务院制定相关条例，形成知识产权保护、运用、管理等方面的法律规定。

第六节　科技功勋制度和知识产权制度的衔接

《知识产权强国建设纲要（2021—2035年）》明确提出"修改科学技术进步法"。我国在创新激励的总体制度框架方面，存在知识产权制度和科技功勋制度两种方式。知识产权制度是一种驱动创新的制度，是基于人们对创新驱动的需求而带来的制度。《中共中央　国务院关于深化体制机制改革加快实施创新驱动发展战略的若干意见》（中发〔2015〕8号）和《国家创新驱动发展战略纲要》明确要求，让知识产权制度成为激励创新的基本保障。需要指出的是，我国驱动创新的制度包括并行的科技功勋制度（即科技奖励制度）和知识产权制度。知识产权制度是经济学家设计的用以激励持续创新的制度供给，通过公开换取垄断的方式，形成市场化的运行创新机制，解决创新投入的市场失灵问题。下面首先分析两种手段的各自逻辑，然后分析两种手段的关系。

一、科技功勋制度的内在逻辑

所谓科技功勋制度，就是赋予一项新的技术成果或者技术解决方案发明权，运用奖励制度加以激励。例如，1973年《苏联发现、发明与合理化建议条例》第 21 条规定："发明是对国家经济、社会文化建设或国防建设的任何领域中的问题的一种新的、具有本质区别的提供良好效果的技术解决方案。"1978 年修订的《朝鲜保护发明、技术革新法》第 3 条规定，发明是"能解决科学、技术、社会以及文化活动中任何领域里特定问题所采取的新技术，该解决方案是有经济效果的、过去未曾有关的新的基本要点"。《中华人民共和国发明奖励条例》（已失效）曾规定，发明必须是一种重大的科学技术新成就，并同时具备三个条件：一是前人所没有的；二是先进的；三是经过实践证明可以应用的。上述规定，与《专利法》关于"新的技术方案"的保护客体定义与"新颖性""创造性""实用性"的授权条件在表述上并无多大差异。①

我国科技功勋制度是激励创新的重要制度。习近平总书记指出，政府要集中力量抓好少数战略性、全局性、前瞻性的重大创新项目。习近平总书记在十八届中央政治局第九次集体学习时的讲话中明确要求，在关系国计民生和产业命脉的领域，政府要积极作为，加强支持和协调，总体确定技术方向和路线，用好国家科技重大专项和重大工程等抓手，集中力量抢占制高点。② 我国在运用科技功勋制度发挥体制优势促进攀登创新的"珠穆拉玛峰"上进行了重要制度探索。《中华人民共和国科学技术进步法》（2021 年修订，以下简称《科技进步法》）第 18 条第 2 款规定："国家建立和完善科学技术奖励制度，设立国家最高科学技术奖等奖项，对在科学技术进步活动中做出重要贡献的组织和个人给予奖励。具体办法由国务院规定。国家鼓励国内外的组织或者个人设立科学技术奖项，对科学技术进步活动中做出贡献的组织和个人给予奖励。"这是《科技进步法》明确的政府在推动科技进步中的四项重要职责之一。③

二、知识产权制度的内在逻辑

与运用科技功勋制度这一驱动创新的计划手段并行的是驱动创新的市场

① 吴汉东：《知识产权法》，法律出版社 2021 年版，第 312 – 313 页。
② "中共中央政治局举行第九次集体学习 习近平主持"，载中国政府网，https://www.gov.cn/ldhd/2013 – 10/01/content_2499370.htm，访问日期：2022 年 4 月 3 日。
③ 中国人大网："《中华人民共和国科学技术进步法》要点解读"，http://www.npc.gov.cn/zgrdw/npc/zfjc/kjjbfzfjc/2010 – 05/12/content_1572635.htm，访问日期：2022 年 1 月 12 日。

化制度——知识产权制度。知识产权制度是经济学家创设的制度，其核心就在于构建经济竞争力的最大激励机制，解决创新投入的市场失灵问题。亦即，从经济学家的视角来看，知识产权制度的基本功能在于解决市场失灵问题，并激发对知识成果的投资动力。① 经济学家从"成本－效益"的基本经济学模型出发，认为创新对人类社会的发展具有极其重要的作用，但是创新需要高成本。如果无法保障创新者的创新收益，那么从理性经济人的角度出发，就不会有新的创新者投入创新活动中对创新进行投资，从而出现社会创新投入不足，引发市场失灵问题。为此，经济学家创设了知识产权制度，该制度的价值或者功能包含以下两个方面。

一方面，保护创新，实现创新竞争的控制工具功能，即赋予创新创造者在一定期限内、一定地域范围内的合法垄断权，在这一边界之内可以允许或者不允许其他民事主体实施相应的技术方案，使得创新创造者不仅能够收回创新投入，还可以获得超额利润。从本质上而言，知识产权是一种"禁"的权利，而不是一种"用"的权利。专利权的核心不是权利人可以为一定的行为，而是可以不允许或者说禁止其他民事主体为一定行为。下面以专利权为例予以说明。现行《专利法》第 11 条规定："发明和实用新型专利权被授予后，除本法另有规定的以外，任何单位或者个人未经专利权人许可，都不得实施其专利，即不得为生产经营目的制造、使用、许诺销售、销售、进口其专利产品，或者使用其专利方法以及使用、许诺销售、销售、进口依照该专利方法直接获得的产品。外观设计专利权被授予后，任何单位或者个人未经专利权人许可，都不得实施其专利，即不得为生产经营目的制造、许诺销售、销售、进口其外观设计专利产品。"

另一方面，公开创新，实现创新发展的决策工具功能，即创新创造者为了获得合法垄断权，需要将其专利信息公开，达到使得所属领域普通技术人员不经过创造性劳动即可实现的程度。通过公开创新，让全社会的创新创造在更高的基础上进行，降低了创新的时间成本和经济成本。根据世界知识产

---

① WIPO 专利法常设委员会秘书处编拟：《国际专利制度报告》，国家知识产权局条法司组织翻译，知识产权出版社 2011 年版，第 1 页。

权组织的统计，约95%的最新技术信息可以在各国专利文献中查找获得，如果充分利用各国专利文献，可以降低60%的时间成本和40%的经济成本。[①] 可见，知识产权制度，对跨越创新巅峰而言，非常重要。

三、科技功勋制度和知识产权制度的逻辑联系

驱动创新，需要坚持政府引导和市场主导双轮驱动。一方面，政府引导，主要借助科技功勋制度；市场主导，主要借助知识产权制度。用好政府这只"有形的手"，才能充分释放创新创造活力。我国在创新驱动方面很重要的制度优势就是科技功勋制度、知识产权制度两种制度并行，充分发挥各方主体优势，共同推动科技创新。另一方面，驱动创新的双轮驱动中，政府是前面的牵引轮、方向轮，市场是后面的驱动轮、动力轮，只有充分激活市场这只"无形的手"，才能有效激发知识产权制度在市场化运行方面的创新促进作用，解决创新的市场失灵问题。

坚持政府引导和市场主导双轮驱动的关键，就是通过保护创新和公开创新的平衡，通过创新竞争的控制工具和创新发展的决策工具双重功能，实现专利制度的创新投入的驱动工具功能，进而解决创新发展中的市场失灵问题。关于技术发展的政策促进历史表明，一项技术若能在创造新的选择和机会方面提高技术进步程度，则其几乎确定地会引发或者导致一些规则或者规章的改变。[②] 我国积极探索了运用专利制度创新竞争的控制工具和创新发展的决策工具双重功能促进创新的模式。我国专利制度的立法目的是"保护专利权人的合法权益，鼓励发明创造，推动发明创造的应用，提高创新能力，促进科学技术进步和经济社会发展"。为实现该目的，一方面，通过保护专利权人的合法权益的方式鼓励发明创造，实现创新竞争的控制工具的功能；另一方面，通过推动发明创造的应用的方式提高创新能力，实现创新发展的决策工具的功能；同时实现上述两个方面的平衡，促进科学技术进步和经济社会

---

① WIPO专利法常设委员会秘书处编拟：《国际专利制度报告》，国家知识产权局条法司组织翻译，知识产权出版社2011年版，第19～24页。

② ［美］弗里德曼：《选择的共和国：法律、权威与文化》，高鸿钧等译，清华大学出版社2005年版，第78页。

发展，实现创新发展。需要特别强调的是，这两个功能不能有所偏废，必须加以全面运用，充分实现专利制度价值。

第七节　知识产权诉讼特别程序法律制度研究

《知识产权强国建设纲要（2021—2035 年）》明确提出："结合有关诉讼法的修改及贯彻落实，研究建立健全符合知识产权审判规律的特别程序法律制度。"同时，《"十四五"国家知识产权保护和运用规划》明确要求："研究建立健全符合知识产权审判规律的特别程序法律制度。"因此，需要我们对知识产权诉讼特别程序法律制度进行研究。2020 年全国两会期间，民进中央提交《关于建议制定〈知识产权诉讼特别程序法〉的提案》，得到最高人民法院办公厅经商全国人大常委会法制工作委员会的答复。最高人民法院将在总结全国法院知识产权审判实践经验的基础上，广泛征求专家学者及社会各界的意见，尽快起草"知识产权诉讼特别程序法"的立法建议稿。[①]

一、知识产权特别程序制度基本内涵分析

社会多元化的发展促使民事纠纷呈现多样化的趋势，在这一背景下，一元化的诉讼规则渐渐无法满足多元化纠纷的有效处理，纠纷的多样性直接导致当事人诉争的利益有不同的基点，在客观方面要求法院通过纠纷的个别化来实质性地满足自己的要求。[②] 在这种情况下，通过构建特别程序制度，实现纠纷解决规则从一元化向多元化改变，促使诉讼制度更加符合特别需求，已经成为程序法学的重要方向。

为了深入理解知识产权特别程序制度的含义，我们需要首先分析一般程序和特别程序的关系。根据现行诉讼法的规定，特别是根据《民事诉讼法》

---

① 民进中央：《建议制定〈知识产权诉讼特别程序法〉》，载《民主》2021 年第 2 期。
② 陈桂明、赵蕾：《中国特别程序论纲》，载《法学家》2010 年第 6 期。

的规定，一般程序是指民事诉讼中通常采用的程序，如第一审普通程序、第二审程序以及再审程序等；特别程序是指人民法院审理非民事权益争议的特殊类型民事案件所使用的程序，是选民资格案件、宣告公民失踪案件、宣告公民死亡案件、认定公民无民事行为能力或者限制民事行为能力案件、认定财产无主案件等系列民事程序的总称。① 事实上，笔者认为，上述关于"特别程序"的理解过于狭窄。从内涵角度分析，一般程序和特别程序是对立统一关系，一般程序的适用案件范围和特别程序的适用案件具有对立性，同时也具有标准的相对性和可转化性。特别程序应当被理解为，排除适用一般程序的其他程序的总称。从内涵角度而言，以民事诉讼为例，知识产权民事诉讼具有特殊性，排除适用一般程序的其他程序就是知识产权特别程序制度。

从外延角度分析，总结归纳特别程序案件包括四种类型：第一种是没有两造当事人、没有争讼法律关系的非诉案件，如宣告公民失踪案件、宣告公民死亡案件、认定公民无民事行为能力或者限制民事行为能力案件、认定财产无主案件等；第二种是案情简单以及对简捷、迅速审理有特别需求的案件，如适用简易程序的案件；第三种是专业性较强或者根据案件性质不适宜使用一般程序进行审理的案件；第四种是法律另有规定，属于专门法院管辖的案件。② 从外延角度而言，知识产权特别程序属于上述第三种和第四种类型，既具有专业性强的特征，不适宜使用一般程序进行审理，又属于知识产权法院、知识产权法庭专门管辖的案件，应当采用特别程序。事实上，由知识产权法院、知识产权法庭越过"民事审判"的范围，一并受理涉及知识产权的刑事与行政诉讼案件，已经是实实在在的国际惯例。③

二、知识产权特别程序制度立法经验借鉴

我国台湾地区适用所谓的"智慧财产案件审理法"审理知识产权案件。2007 年 3 月 28 日，我国台湾地区立法机构公布所谓的"智慧财产案件审理

---

① 刘家兴主编：《新中国民事程序理论与适用》，中国检察出版社 1997 年版，第 284 页。
② 陈桂明、赵蕾：《中国特别程序论纲》，载《法学家》2010 年第 6 期。
③ 郑成思：《民法、民诉法与知识产权法研究》，载郑成思：《郑成思文选》，法律出版社 2003 年版，第 382 页。

法"，包括总则、民事诉讼、刑事诉讼、行政诉讼、附则这五章，共计 39 条。该法于 2008 年 7 月 1 日起施行，并在 2011 年 11 月、2014 年 5 月、2021 年 11 月、2023 年 1 月历经 4 次修改。依照最新生效的 2023 年版本，其中，所谓的"智慧财产案件审理法"第 2 条规定，"智慧财产案件之审理依本法之规定；本法未规定者，分别依民事诉讼、刑事诉讼或行政诉讼程序应适用之法律"；第 6 条规定，"民事诉讼法第二编第三章、第四章规定，于智慧财产之民事诉讼不适用之"。由此可见，我国台湾地区所谓的"智慧财产案件审理法"是我国台湾地区所谓的"民事诉讼法""行政诉讼法""刑事诉讼法"的特别法。

我国台湾地区所谓的"智慧财产案件审理法"的总则部分描述了该法的适用范围、商业秘密的定义、远程审理方式的适用以及技术调查官制度的适用。就远程审理方式的适用而言，该法第 5 条规定："当事人、代表人、管理人、代理人、辩护人、辅佐人、证人、专家证人、鉴定人、查证人、特约通译、专家或其他诉讼关系人所在处所与法院间，有声音及影像相互传送之科技设备，而得直接审理者，法院认为适当时，法院得依声请或依职权以该设备为之。前项情形，法院应先征询当事人之意见。第一项之声请被驳回者，不得声明不服。第一项情形，其期日通知书或传票记载之应到处所，为该设备所在处所。依第一项进行程序之笔录或其他文书须签名者，由法院传送至远距端，经确认内容并签名后，再以科技设备传回法院，其效力与经签名之笔录或其他文书同。第一项之审理及前项之文书传送作业办法，由司法院定之。"就技术调查官制度的适用而言，该法第 6 条规定："法院于必要时，得命技术审查官执行下列职务：一、为使诉讼关系明确，就事实上及法律上之事项，基于专业知识对当事人为说明或发问。二、对证人或鉴定人为直接发问。三、就本案向法官为意见之陈述。四、于证据保全时协助调查证据。五、于保全程序或强制执行程序提供协助。六、于查证人实施查证时提供协助。法院得命技术审查官就其执行职务之成果，制作报告书。但案件繁杂而有必要时，得命分别作成中间报告书及总结报告书。技术审查官制作之报告书，法院认有必要时，得公开全部或一部之内容。法院因技术审查官提供而获知之特殊专业知识，应予当事人辩论之机会，始得采为裁判之基础。"该法第 7

条就技术审查官回避之准用规定作出规定："技术审查官之回避，依其所参与审判之程序，准用各该程序关于法官回避之规定。"

我国台湾地区所谓的"智慧财产案件审理法"的民事诉讼部分规定了知识产权民事诉讼的法律适用、知识产权法院的专属管辖、专门知识的辩论与裁判、不公开审判、文书或者勘验物强制处分制度、秘密保持命令、第三人参加诉讼、上诉与执行等方面。就知识产权民事诉讼的法律适用而言，所谓的"智慧财产案件审理法"首先规定，我国台湾地区的知识产权民事诉讼不适用所谓的"民事诉讼法"的规定，亦即，"民事诉讼法第二编第三章、第四章规定，于智慧财产民事事件程序不适用之"。同时，该部分规定了我国台湾地区的知识产权民事诉讼案件的专属管辖，亦即，该法第9条第1款规定："智慧财产及商业法院组织法第三条第一款、第四款所定之第一审民事事件，专属智慧财产法院管辖，且不因诉之追加或其他变更而受影响。但有民事诉讼法第二十四条、第二十五条所定情形时，该法院亦有管辖权。"

我国台湾地区所谓的"智慧财产案件审理法"的民事诉讼部分充分考虑知识产权诉讼的特殊性，特别是涉及技术信息和经营信息的情况。第一，所谓的"智慧财产案件审理法"对"专门知识的辩论与裁判"作出规定，亦即，该法第29条规定："法院已知之特殊专业知识，应予当事人辩论之机会，始得采为裁判之基础。审判长或受命法官就事件之法律关系，应向当事人晓谕争点，并得适时表明其法律上见解及适度开示心证。"第二，所谓的"智慧财产案件审理法"对"不公开审判"作出规定，以防止在知识产权诉讼中产生"泄密"或者"二次泄密"。亦即，该法第31条规定："当事人提出之攻击或防御方法，涉及当事人或第三人营业秘密，经当事人声请，法院认为适当者，得不公开审判；其经两造合意不公开审判者，亦同。"

我国台湾地区所谓的"智慧财产案件审理法"的民事诉讼部分充分考虑知识产权诉讼举证的特殊性，设立类似文书提出命令制度的文书或者勘验物强制处分制度，同时对证据保全作出规定。该法第34条规定："文书或勘验物或鉴定所需资料之持有人，无正当理由不从法院之命提出文书、勘验物或鉴定所需资料者，法院得以裁定处新台币三万元以下罚锾；于必要时，并得以裁定命为强制处分。前项强制处分之执行，准用强制执行法关于物之交付请求权执行之规定。第一项裁定，得为抗告；处罚锾之裁定，抗告中应停止执行。法院为判断第一项文书、勘验物或鉴定所需资料之持有人，有无不提出之正当理由，于必要时仍得命其提出，并以不公开方式行之。前项情形，法院不得开示该文书、勘验物或鉴定所需资料。但为听取诉讼关系人之意见，而有向其开示之必要者，不在此限。前项但书情形，法院于开示前，应通知文书、勘验物或鉴定所需资料之持有人。持有人于受通知之日起十四日内，声请对受开示者发秘密保持命令者，于声请裁定确定前，不得开示。"该法第 46 条规定："保全证据之声请，在起诉前，向应系属之法院为之；在起诉后，向已系属之法院为之。法院实施证据保全时，得为鉴定、勘验、保全书证或讯问证人、专家证人、当事人本人。法院实施证据保全时，得命技术审查官到场执行职务。相对人无正当理由拒绝证据保全之实施时，法院于必要时得以强制力排除之，并得请警察机关协助。法院于证据保全有妨害相对人或第三人之营业秘密之虞时，得依声请人、相对人或第三人之请求，限制或禁止实施保全时在场之人，并就保全所得之证据资料，命另为保管及不予准许或限制阅览、抄录、摄影或其他方式之重制。前项有妨害营业秘密之虞之情形，准用第三十六条至第四十条规定。法院认为必要时，得嘱托受讯问人住居所或证物所在地地方法院实施保全。受托法院实施保全时，适用第二项至前项规定。"

我国台湾地区所谓的"智慧财产案件审理法"的民事诉讼部分充分考虑商业秘密诉讼举证的特殊性，设立秘密保持命令制度。第一，就秘密保持命令的适用条件而言，该法第 36 条规定："当事人或第三人就其持有之营业秘密，经释明符合下列情形者，法院得依该当事人或第三人之声请，对他造、当事人、代理人、辅佐人或其他诉讼关系人发秘密保持命令：一、当事人书状之内容，记载当事人或第三人之营业秘密，或已调查或应调查之证据，涉及当事人或第三人之营业秘密。二、为避免因前款之营业秘密经开示，或供该诉讼进行以外之目的之使用，有妨害该当事人或第三人基于该营业秘密之事业活动之虞，致有限制其开示或使用之必要。前项规定，于他造、当事人、代理人、辅佐人或其他诉讼关系人，在声请前已依书状阅览或证据调查以外方法，取得或持有该营业秘密时，不适用之。法院认有核发秘密保持命令之必要时，经晓谕当事人或第三人依第一项规定提出声请，仍不声请者，法院得依他造或当事人之请求，并听取当事人或第三人之意见后，对未受第一项秘密保持命令之人发秘密保持命令。受秘密保持命令之人，就该营业秘密，不得为实施该诉讼以外之目的而使用，或对未受秘密保持命令之人开示。"第二，就秘密保持命令制度的具体操作而言，该法第37条规定了申请要求，亦即，"秘密保持命令之声请，应以书状记载下列事项：一、应受秘密保持命令之人。二、应受命令保护之营业秘密。三、符合前条第一项各款所列事由之事实"。该法第38条规定了申请审查，亦即，"准许秘密保持命令之裁定，应载明受保护之营业秘密、保护之理由，及其禁止之内容。准许秘密保持命令之裁定，应送达第三十六条第一项、第三项所定持有营业秘密之当事人或第三人、请求人及受秘密保持命令之人。秘密保持命令自送达受秘密保持命令之人，发生效力。驳回秘密保持命令声请或请求之裁定，得为抗告。"第三，该法第39条进一步对秘密保持命令的撤销作出规定，亦即，"秘密保持命令之声请人或请求人，除别有规定外，得声请或请求撤销该命令。受秘密保持命令之人，得以其命令之声请或请求欠缺第三十六条第一项之要件，或有同条第二项之情形，或其原因嗣已消灭，向诉讼系属之法院声请撤销秘密保持命令。但本案裁判确定后，应向发秘密保持命令之法院声请。受秘密保持命令之人已知悉、取得或持有第三十六条第一项第一款之营业秘密者，不得以声请人或请求人不适格为由，声请撤销秘密保持命令；该命令之声请人或请求人，亦同。法院认为核发秘密保持命令之裁定不当时，除有前项情形外，得依职权撤销之。关于声请或请求撤销秘密保持命令之裁定，应送达于声请人及相对人。前项裁定，得为抗告。秘密保持命令经裁定撤销确定时，失其效力。撤销秘密保持命令之裁定确定时，除声请人、请求人及相对人外，就该营业秘密如有其他受秘密保持命令之人，法院应通知撤销之意旨"。第四，就秘密保持命令的通知而言，该法第40条规定："对于曾发秘密保持命令之诉讼，如有未经限制或不许阅览且未受秘密保持命令之人，请求阅览、抄录、摄影或以其他方式重制卷内文书时，法院书记官应即通知第三十六条第一项所定持有营业秘密之当事人或第三人。但秘密保持命令业经撤销确定者，不在此限。前项情形，法院书记官自持有营业秘密之当事人或第三人受通知之日起十四日内，不得将卷内文书交付阅览、抄录、摄影或其他方式之重制。持有营业秘密之当事人或第三人于受通知之日起十四日内，声请对前项本文之请求人发秘密保持命令或不予准许、限制其请求时，法院书记官于裁定确定前，不得交付。持有营业秘密之当事人或第三人，同意第一项之请求时，前项规定不适用之。"

我国台湾地区所谓的"智慧财产案件审理法"的民事诉讼部分规定了知识产权撤销、废止与民事诉讼的关系。该法第41条规定："当事人主张或抗辩智慧财产权有应撤销、废止之原因者，法院应就其主张或抗辩有无理由自为判断，不适用民事诉讼法、行政诉讼法、植物品种及种苗法或其他法律有关停止诉讼程序之规定。前项情形，法院认有撤销、废止之原因时，智慧财产权人于该民事诉讼中不得对于他造主张权利。"该法第44条进一步规定："法院为判断当事人依第四十一条第一项所为之主张或抗辩有无理由，或前条第四项更正专利权范围之合法性，于必要时，得就相关法令或其他必要事项，征询智慧财产专责机关之意见。智慧财产专责机关就前项事项之征询，或认有陈述意见之必要，并经法院认为适当者，得以书面或指定专人向法院陈述意见。智慧财产专责机关依前项规定陈述之意见，法院应予当事人辩论之机会，始得采为裁判之基础。"

我国台湾地区所谓的"智慧财产案件审理法"的刑事诉讼部分就管辖、不公开审判、一审、二审、三审的关系等作出规定。其中，就一审、二审和三审的关系，该法第58条规定："不服地方法院关于第五十四条第一项案件或第一审智慧财产法庭受理之案件，依通常、简式审判或协商程序所为第一审裁判，提起上诉或抗告者，应向第二审智慧财产法庭为之；不服地方法院关于第五十四条第一项及第二项第一款案件于侦查中所为强制处分裁定，提起抗告者，亦同。与第五十四条第一项案件有刑事诉讼法第七条第一款所定相牵连关系之其他刑事案件，经地方法院合并裁判，并合并上诉或抗告者，适用前项规定。但其他刑事案件系较重之罪，且案情确系繁杂者，第二审智慧财产法庭得裁定合并移送该管高等法院审判。前项但书之裁定，得为抗告。"该法第62条规定："不服第二审智慧财产法庭所为裁判，提起上诉或抗告者，除别有规定外，应依刑事诉讼法规定，向最高法院为之。前项情形，最高法院应适用第三审程序，并设立专庭或专股办理。"

我国台湾地区所谓的"智慧财产案件审理法"的行政诉讼部分对管辖、证据以及规则准用作出规定。第一，就管辖而言，该法第68条规定："智慧财产及商业法院组织法第三条第三款、第四款所定之行政诉讼事件，由智慧财产法院管辖。其他行政事件与前项各款事件合并起诉或为诉之追加时，应向智慧财产法院为之。智慧财产法院为办理第一项之强制执行事务，得设执行处或嘱托地方法院民事执行处或行政机关代为执行。债务人对于前项嘱托代为执行之执行名义有异议者，由智慧财产法院裁定之。"进一步，就二审的管辖而言，该法第69条规定："对于智慧财产法院之裁判，除法律别有规定外，得上诉或抗告于最高行政法院。"第二，就证据而言，该法第70条就"提出新证据"作出规定，亦即，"关于撤销、废止商标注册或撤销专利权之行政诉讼中，当事人于言词辩论终结前，就同一撤销或废止理由提出之新证据，智慧财产法院仍应审酌之。智慧财产专责机关就前项新证据应提出答辩书状，表明他造关于该证据之主张有无理由"。第三，该法第71条就行政诉讼准用作出规定，即"第二十九条至第四十条、第四十六条、第五十一条及第五十二条之规定，于有关智慧财产权之行政事件，准用之。办理智慧财产民事事件或刑事案件之法官，得参与就该事件或案件相牵涉之智慧财产行政事件之审判，不适用行政诉讼法第十九条第三款之规定"。

综上所述，我国台湾地区的知识产权司法深受日本、美国的影响，在以"司法院着手研拟智慧财权专业法院之成立，提出民事、刑事以及行政诉讼法院三合一之想法"以解决知识产权专门化集中审理中三大诉讼之间的协调和诉讼中的特殊问题方面，我国台湾地区的知识产权司法改革具有鲜明特色。[①] 在充分认识到专门上诉法院对知识产权案件集中审理的作用的同时，笔者认为应当更重视解决知识产权专门化集中审理的法源问题。在解决知识产权案件专门化集中审理面临的问题时，既然原来各种诉讼法律制度已经很难完成这样的任务，那么对知识产权诉讼进行专门立法便是最佳方式。[②]

---

① 邓振球：《新智慧财产权法刑事审判实务之解析》，载《科技法学评论》2005年第2期。

② 刘亚丽：《专门立法：知识产权诉讼司法改革的路径选择———以台湾地区〈智慧财产案件审理法〉为借鉴》，载《河南教育学院学报（哲学社会科学版）》2010年第3期。

三、知识产权特别程序制度立法必要性

构建知识产权特别程序制度，制定符合知识产权案件审理规律的专门程序规则，既是我们加强知识产权司法改革、推进知识产权审判机构建设工程、加快推进知识产权民事、刑事、行政"三合一"的必然要求，又是解决知识产权保护目前存在的问题的根本途径。至于知识产权特别程序制度立法对知识产权审判体系建设的重要性，本书将在下章第二节"知识产权审判机构建设工程"部分加以讨论。对于解决知识产权保护目前存在的问题这一方面，从问题导向角度而言，《全国人民代表大会常务委员会执法检查组关于检查〈中华人民共和国专利法〉实施情况的报告》指出："专利保护效果与创新主体的期待存在较大差距。专利维权存在'时间长、举证难、成本高、赔偿低''赢了官司、丢了市场'以及判决执行不到位等状况。"① 虽然著作权侵权案件不属于最高人民法院知识产权法庭的管辖范围，但是全国人大常委会开展的著作权法执法检查也反映了类似的问题。《全国人民代表大会常务委员会执法检查组关于检查〈中华人民共和国著作权法〉实施情况的报告》指出："有的案件存在维权成本高、诉讼时间长、举证责任重、赔偿数额低等问题，'赢了官司、丢了市场'的现象依然存在，影响了著作权人通过司法途径进行维权的积极性。"② 在上述不同类型知识产权保护普遍存在的"时间长、举证难、成本高、赔偿低"等问题中，时间长、成本高的原因在于赔偿低，赔偿低的关键在于举证难，因此可以说举证难是这些问题的核心。

知识产权侵权诉讼举证难问题，属于司法首位性与辩论主义结合所导致的根本性问题，③ 是知识产权所具有的客体非物质性所导致的突出性问题。一方面，在大陆法系的主要国家中，法院垄断了调查证据的权力，且并不认为"当

---

① 陈竺："全国人民代表大会常务委员会执法检查组关于检查《中华人民共和国专利法》实施情况的报告——2014年6月23日在第十二届全国人民代表大会常务委员会第九次会议上"，载中国人大网，http://www.npc.gov.cn/npc/xinwen/2014-06/23/content_1867906.htm，访问日期：2022年1月6日。

② 王晨："全国人民代表大会常务委员会执法检查组关于检查《中华人民共和国著作权法》实施情况的报告——2017年8月28日在第十二届全国人民代表大会常务委员会第二十九次会议上"，载中国人大网，http://www.npc.gov.cn/zgrdw/npc/zfjc/zfjcelys/2017-08/28/content_2027447.htm，访问日期：2022年1月6日。

③ 参见张鹏：《知识产权侵权损害赔偿现状的程序理论纠问与破解之路》，载《中国知识产权》2017年第9期。

事人有直接要求其对造（甚至诉讼外第三人）提供有关事实、证据资料之权利"，[1] 大陆法系将正确地认定事实及适用法律作为司法的功能和责任的核心，不得将相关权限授予私人行使或者与居于私人地位的当事人分享。这就产生了下述问题：法官垄断调查取证的权力，但是法院在实践中几乎不会主动搜集证据；当事人需要承担行为意义上和结果意义上的证明责任，但是没有直接搜集证据的权利和基本能力。于是，在民事诉讼中出现了"法官不会，而当事人不能搜集所需要的证据"[2] 的现象。另一方面，由于侵权损害赔偿制度的主要功能在于补偿受害人的损害，所以一般赔偿数额以受害人受到的损害为限。相对于积极损害而言，除了消极损失和精神损害之外，知识产权侵权损失数额较难计算，我国法律制度仍然以受害人举证证明为原则，但知识产权损失数额往往难以计算。[3] 专利权所具有的客体非物质性使得因果关系在证明方面更具困难。尤其是，按照"造成损失"标准计算专利侵权损害赔偿数额时，需要证明侵权行为和造成损失之间的因果关系。证明"违法所得"的相关证据通常掌握在被控侵权人一方，由此导致"违法所得"的证明也存在较大困难。[4] 可见，专利权客体的非物质性使得司法首位性与辩论主义结合所导致的"法官不会，而当事人不能搜集所需要的证据"这一举证难问题更为突出。

从比较法角度来看，证明责任制度是调整知识产权侵权损害赔偿力度的重要制度手段。例如，1988 年之前的《日本专利法》便设置有专利侵权损害赔偿制度，但是在司法实践中，法院要求当事人必须举证说明"如果没有发生专利侵权行为，那么专利权人可以得到的利益"和"因为发生专利侵权行为，专利侵权行为人而获取的利益"，此两者对于当事人而言，都非常困难。另外，出于鼓励技术扩散的考虑，日本法院判定的"技术转让费"通常也很低。[5] 当

---

[1] 黄国昌：《民事诉讼理论之新开展》，北京大学出版社 2008 年版，第 46－47 页。

[2] James Beardsley, *Proof of Fact in French Civil Procedure*, The American Journal of Comparative Law, Vol. 34：3, p. 462 (1996).

[3] 段文波：《事实证明抑或法官裁量：民事损害赔偿数额认定的德日经验》，载《法学家》2012年第 6 期。

[4] 张鹏：《专利侵权损害赔偿制度研究——基本原理与法律运用》，知识产权出版社 2017 年版，第 98 页。

[5] 日本知的财产研究所：《知的财产权侵害にかかる民事的救济の适正化に关する调查研究》（平成 7 年度）。转引自管育鹰：《专利侵权损害赔偿额判定中专利贡献度问题探讨》，载《人民司法（应用）》2010 年第 23 期。

时日本法院判定的专利侵权损害赔偿数额平均值几乎只有美国类似案件判决的专利侵权损害赔偿数额平均值的 10%。[①] 1998 年,《日本专利法》第 102 条被修改,全面降低了专利权人的举证责任,简化了举证程序,在此之后,司法实践中判定的专利侵权赔偿数额大幅增长。[②]

正因为上述逻辑,笔者认为,需要从程序法角度进行理论纠问、寻求破解之路,构建符合知识产权案件审理规律的专门程序规则。有学者指出,知识产权诉讼制度建设是决定知识产权法院司法保护成效的关键和核心所在,如果缺乏符合知识产权案件审理规律、适应期特殊需要的诉讼制度,知识产权法院的设立不过是原来知识产权专门审判庭的独立与扩大而已,其实质价值可能会大打折扣。[③] 可见,专门程序性规则的制定,可以使得知识产权案件的审理摆脱一般民事、行政案件程序性规则的限制,更好地回应知识产权案件的特点。尤其是,配套制定符合知识产权案件特点的程序性规则,将民事诉讼程序和行政诉讼程序予以协调,对特殊证据规则等予以系统性规定,将更好地发挥设立最高人民法院知识产权法庭、知识产权法院、知识产权法庭的初衷。

四、知识产权特别程序制度的基本构建

立足上述知识产权特别程序制度的基本定位和要解决的问题,在知识产权特别程序制度的构建中可以考虑参考我国台湾地区的立法经验,按照以民事诉讼为主,同时就行政诉讼、刑事诉讼的特殊规则进行规定的体例,进行知识产权特别程序制度的构建。为此,需要考虑如下内容:一是知识产权诉讼相对于其他类型诉讼所特有的原则和程序性制度;二是知识产权诉讼的特殊证据制度;三是知识产权民事、行政、刑事诉讼程序冲突的协调。其中,就"知识产权诉讼相对于其他类型诉讼所特有的原则和程序性制度"的内容,主要参见本书第三章第二节"知识产权审判机构建设工程"中"优化多元技术事实查明体系"的内容,就技术调查制度等作出规定。就"知识产权民事、行政、刑事诉讼程序冲突的协调"的内容,主要参见本书第三章第二

---

① 日本特许厅:"工業所有権審議会損害賠償等小委員会報告書—知的財産権の強い保護—",http://www.jpo.go.jp/shiryou/toushin/toushintou/pdf/kouson2.pdf,访问日期:2020 年 1 月 6 日。

② 管育鹰:《专利侵权损害赔偿额判定中专利贡献度问题探讨》,载《人民司法(应用)》2010 年第 23 期。

③ 朱理:《我国知识产权法院诉讼制度革新:评价与展望》,载《法律适用》2015 年第 10 期。

节"知识产权审判机构建设工程"中"加快推进知识产权'三合一'审判改革进程"的内容，对知识产权民事、行政、刑事的衔接作出规定。本部分重点讨论第二个方面"知识产权诉讼的特殊证据制度"[①]的内容。

1. 知识产权侵权损害赔偿"举证难"的程序法理论纠问

知识产权侵权损害赔偿数额的计算标准包括：造成损失、违法所得、合理的专利许可费和法定赔偿。就造成损失的举证证明而言，从理论上讲，证明侵权行为人占有的市场份额和侵权行为人的销售量，即可得出知识产权侵权行为使得权利人所失去的利润。然而，其中侵权行为人占有的市场份额可以通过市场调查等方式加以证明，但是关于侵权行为人的销售量的证明材料完全在侵权行为人手中，权利人往往因为侵权行为人拒绝提供或者虚假提供相关材料而无法履行证明责任。

就违法所得的举证证明而言，权利人要证明侵权行为人的违法所得，通常需要证明侵权行为人的知识产权侵权产品销售总量以及销售过程中的合理利润。其中，侵权行为人的销售量的证明材料完全在侵权行为人手中。关于销售过程中的合理利润，侵权行为人的财务会计账簿是直接的证明材料，虽然其可以通过行业一般情况作为佐证，但是显然不如侵权行为人的财务会计账簿更为直接。就合理的专利许可使用费的举证证明而言，我国司法实践中几乎没有构建合理的专利许可虚拟交易模型的经验。因此，如前所述，我国的绝大多数知识产权案件将法定赔偿作为知识产权侵权损害赔偿制度的适用标准。

可见，知识产权侵权"周期长"问题确实存在，且多由确权程序引发诉讼中止所致；在侵权代价方面，"赔偿低"问题十分突出，这与法定赔偿适用比例过高具有密切联系；[②]而"举证难"是导致这一问题的关键原因。[③]换句话

---

① 参见张鹏：《知识产权侵权损害赔偿现状的程序法理论纠问与破解之路》，载《中国知识产权》2017年第9期。

② 据统计，我国法院在确定赔偿数额时，78.54%的著作权案件、97.63%的商标权案件和97.25%的专利案件均采用"法定赔偿"标准，平均金额分别为7.7万元、6.2万元和15.9万元，均约只占权利人诉求额的1/3。参见詹映、张弘：《我国知识产权侵权司法判例实证研究——以维权成本和侵权代价为中心》，载《科研管理》2015年第7期。与之对比的是，根据德国学者的研究分析，德国95%的专利侵权诉讼采用合理的许可使用费计算侵权损害赔偿数额；根据普华永道的统计分析，美国约80%的专利侵权诉讼采用合理的许可使用费计算侵权损害赔偿数额；根据日本知识产权战略本部的《知识产权推进计划2015》，日本近一半的专利侵权诉讼采用合理的许可使用费计算侵权损害赔偿数额。参见张鹏：《专利侵权损害赔偿制度研究——基本原理与法律适用》，知识产权出版社2017年版，第71-73页。

③ 詹映、张弘：《我国知识产权侵权司法判例实证研究——以维权成本和侵权代价为中心》，载《科研管理》2015年第7期。

说，我国知识产权侵权损害赔偿制度法律适用中最大的问题是"赔偿低"，而"赔偿低"的关键是"举证难"——难以举证证明合理的知识产权侵权损害赔偿数额。"举证难"是知识产权侵权损害赔偿现状所存在的问题核心，需要从程序法角度进行理论纠问，进而从程序法角度寻求破解之路，构建起符合我国国情的知识产权侵权损害赔偿证明制度。

2. 知识产权侵权损害赔偿证明责任制度分析

知识产权侵权损害赔偿证明责任制度的理论基础，缘起于现代证明责任制度。证明责任制度是证据制度乃至诉讼法律制度的核心。德国著名诉讼法学家莱奥·罗森贝克曾将证明责任制度称为"诉讼法的脊梁"。① 知识产权侵权损害赔偿制度中的证明责任是指，在知识产权侵权损害赔偿诉讼中，诉讼当事人应当对其主张的事实提供可以用于证明的证据。如果举证期限内，根据现有证据不能判断诉讼当事人主张的事实真伪，则由该诉讼当事人承担不利后果。② 证明责任制度肇始于古罗马法，古罗马法谚有云，"法官只知法，事实需证明"。③ 就古罗马法而言，可以用"原告不举证，被告即开释"和"举证责任在于肯定主张之人，而不在否定主张之人"这两点来概括民事证明责任制度。④ 上述两点虽然类似现代证据法意义上的举证责任分配和消极事实无法证明的规则，但恰恰是从两个方面界定了行为意义上和结果意义上的证明责任，即当事人为证明其所主张的事实提出证据的责任以及当事人在其提供证据的责任并未完成的情况下承担的败诉风险。

从程序法角度分析知识产权侵权诉讼"举证难"问题，关键在于如下两点。一是司法首位性与辩论主义结合所导致的根本性问题，即法官垄断调查取证的权力，但是法院在实践中几乎不会主动搜集证据；当事人需要承担行为意义上和结果意义上的证明责任，但是没有直接搜集证据的权利和基本能力。于是，民事诉讼中出现了"法官不会，而当事人不能搜集所需要的证

---

① ［德］莱奥·罗森贝克：《证明责任论——以德国民法典和民事诉讼法典为基础撰写》（第四版），庄敬华译，中国法制出版社 2002 年版，第 64 页。

② 汤维建主编：《民事诉讼法学》，北京大学出版社 2008 年版，第 259 页。

③ 黄风：《罗马法词典》，法律出版社 2002 年版，第 137 页。

④ 易延友：《证据法的体系与精神——以英美法为特别参照》，北京大学出版社 2010 年版，第291 页。

据"的现象。二是知识产权所具有的客体非物质性所导致的突出性问题，即知识产权侵权损失数额较难计算，因果关系和违法所得的证明存在较大困难。可见，专利权客体的非物质性使得司法首位性与辩论主义结合所导致的"法官不会，而当事人不能搜集所需要的证据"这一举证难问题更为突出。

从比较法角度来看，证明责任制度是调整知识产权侵权损害赔偿力度的重要制度手段。例如，1988 年之前的《日本专利法》虽然设置有专利侵权损害赔偿制度，但由于司法实践及技术推广等现实情况，专利侵权损害赔偿的难度较大，力度较小。1998 年《日本专利法》被修改后，全面降低了专利权人的举证责任，简化了举证程序，使得司法实践中判定的专利侵权赔偿数额得到了大幅增长。[①]

3. 旨在解决"举证难"问题的知识产权特别程序制度构建

解决专利侵权损害赔偿"举证难"的根本之道是在借鉴当事人主义诉讼模式经验的背景下，明确行为意义上和结果意义上的证明责任，在证据基础上对民事侵权损害赔偿数额采取司法定价方式。具体而言，从以下三点入手。

第一，引入知识产权侵权损害赔偿数额确定方面的举证妨碍制度。举证妨碍制度，又被称为证明妨碍制度、证明受阻制度。广义上的举证妨碍制度，是指民事诉讼中的当事人以某种原因拒绝提出证据所应当承担的行为后果，或者是由于民事诉讼当事人自己的原因无法提出证据所应当承担的行为后果。狭义上的举证妨碍制度，是指不承担举证责任的当事人以作为或不作为的方式，故意或过失使承担举证责任的当事人无法提出证据，从而使得待证事实无法证明，因此就负有举证责任的当事人的事实主张，作出对该人有利的调整。[②] 通常而言，我们采用狭义上的举证妨碍制度。

知识产权侵权损害赔偿数额确定方面的举证妨碍制度的构成要件包括：行为要件、结果要件、因果关系要件和主观要件。其中，行为要件是指，在知识产权侵权损害赔偿数额确定方面，被控侵权人存在妨碍权利人举证的行

---

① 管育鹰：《专利侵权损害赔偿额判定中专利贡献度问题探讨》，载《人民司法（应用）》2010年第 23 期。

② 汤维建：《论民事举证责任的法律性质》，载《法学研究》1992 年第 3 期。

为。这一行为包括作为的妨碍行为和不作为的妨碍行为，在司法实践中主要表现为不作为的妨碍行为，如没有正当理由拒不提供侵权行为人的财务会计账簿等证据。结果要件是指，在知识产权侵权损害赔偿数额确定方面，造成待证事实处于真伪不明的状态，如导致侵权行为人的销售量、销售过程中的合理利润等待证事实处于难以确定的状态。因果关系要件是指，待证事实处于真伪不明的状态必须是由妨碍权利人举证的行为引起的。妨碍权利人举证的行为和待证事实处于真伪不明的状态，这二者之间具有相当因果关系，亦即，若无妨碍权利人举证的行为，则不会出现待证事实处于真伪不明的状态的情况。主观要件是指，被控侵权行为人具有主观故意或者过失。被控侵权行为人具有主观故意，主要是被控侵权行为人明知或者应知如财务会计账簿等证据对民事诉讼的价值，希望或者放任待证事实处于难以确定的状态这一结果的发生。被控侵权行为人具有主观过失主要是指，被控侵权行为人因为欠缺合理注意，未达到一般理性人应当达到之注意，导致待证事实处于难以确定的状态这一结果的发生。通常而言，具有主观故意的被控侵权行为人的主观可归责性通常较高，往往会导致权利人的举证责任转移至被控侵权行为人或者权利人的主张自然成立的法律后果。

类似制度在我国《商标法》中已经引入，2013 年修正后的《商标法》第 63 条第 2 款规定："人民法院为确定赔偿数额，在权利人已经尽力举证，而与侵权行为相关的账簿、资料主要由侵权人掌握的情况下，可以责令侵权人提供与侵权行为相关的账簿、资料；侵权人不提供或者提供虚假的账簿、资料的，人民法院可以参考权利人的主张和提供的证据判定赔偿数额。"例如，在 3M 公司、3M 中国有限公司诉常州华威新材料有限公司、聂某杰一案①中，一审法院指出，被控侵权的常州华威新材料有限公司有能力提供而拒不提供反映其生产销售侵权产品数量及利润的财务凭证，导致本案侵权人因侵权所获得的利益无法查清，依法确定常州华威新材料有限公司应当向 3M 公司、3M 中国有限公司赔偿 350 万元。二审法院维持了上述判决。常州华威

---

① 参见浙江省杭州市中级人民法院（2013）浙杭知初字第 424 号民事判决书、浙江省高级人民法院（2015）浙知终字第 152 号民事判决书和最高人民法院（2016）最高法民申第 187 号民事裁定书。

新材料有限公司向最高人民法院提请再审时，并未提交任何有关其生产销售侵权产品持续时间、数量、利润的账簿、资料等证据，来推翻一审、二审法院对上述考量因素的认定。据此，最高人民法院认为，常州华威新材料有限公司有关本案赔偿数额的认定存在错误的再审申请理由不能成立。

第二，引入知识产权侵权损害赔偿数额确定方面的法院调查取证权。就我国法律实践而言，2012年修正后的《民事诉讼法》规定了"当事人及其诉讼代理人因客观原因不能自行收集证据"情况下，可以请求人民法院依职权收集证据。针对专利权人举证困难的现状，可以采取上述举证妨碍制度以实现举证责任的转换，同时可以采用赋予人民法院调查取证权的方式加以解决。笔者建议，应当同时引入这两种制度，由权利人在法律适用中加以选择主张，从而实现对知识产权侵权损害赔偿案件"举证难"问题的彻底破解。知识产权侵权损害赔偿数额确定方面的法院调查取证，是对权利人举证的补充救济方式。相对于专利权人举证而言，人民法院调查取证具有次位性，只有在权利人确有困难且无法自行举证的前提下，才能实施。知识产权侵权损害赔偿数额确定方面的法院调查取证权的适用，包含程序要件和实体要件两个方面。就其程序要件而言，需要依据专利权人的申请启动，不能由人民法院依职权启动。就其实体要件而言，需要针对被控侵权行为人手中掌握的、对知识产权侵权损害赔偿数额确定必不可少的证明材料，如通常是由被控侵权行为人掌握的涉嫌侵权产品以及账簿、资料等证据。另外，在法律责任方面，根据我国《民事诉讼法》的规定，[①] 目前尚没有针对自然人的举证妨碍强制措施和对妨碍调查取证行为的制裁措施，这两个方面需要在未来的知识产权诉讼

---

① 《民事诉讼法》第70条第1款规定："人民法院有权向有关单位和个人调查取证，有关单位和个人不得拒绝。"该法第114条第1款第1项规定："诉讼参与人或者其他人有下列行为之一的，人民法院可以根据情节轻重予以罚款、拘留；构成犯罪的，依法追究刑事责任：（一）伪造、毁灭重要证据，妨碍人民法院审理案件的……"该法第117条规定："有义务协助调查、执行的单位有下列行为之一的，人民法院除责令其履行协助义务外，并可以予以罚款：（一）有关单位拒绝或者妨碍人民法院调查取证的；（二）有关单位接到人民法院协助执行通知书后，拒不协助查询、扣押、冻结、划拨、变价财产的；（三）有关单位接到人民法院协助执行通知书后，拒不协助扣留被执行人的收入、办理有关财产权证照转移手续、转交有关票证、证照或者其他财产的；（四）其他拒绝协助执行的。人民法院对有前款规定的行为之一的单位，可以对其主要负责人或者直接责任人员予以罚款；对仍不履行协助义务的，可以予以拘留；并可以向监察机关或者有关机关提出予以纪律处分的司法建议。"

特别程序法律制度中加以特别规定。

第三，知识产权侵权损害赔偿数额确定方面的证明标准与证明责任适用。证明标准，又称为证明程度、证明要求、证明度，是指诉讼主体运用证据证明案件待证事实所需要达到的程度，[①] 是履行举证责任所必须达到的范围或者程度，是证据必须在事实裁判者头脑中造成的确定性或者盖然性程度，是证据质量和证明力的指示仪。[②] 我国学术界通常主张在民事诉讼中适用优势证据标准，这一点在我国司法解释中获得认可。[③] 因此，在认定知识产权损害赔偿数额时，应当合理运用优势证据证明标准，合理确定赔偿额。[④] 证明责任包括行为意义上的证明责任和结果意义上的证明责任。行为意义上的证明责任，规制当事人在程序进行中之"证据提出责任"，其在性质上属于一方当事人之"行为责任"。也就是说，提出"有利于己方的实体要件事实"的当事人，对该事实所提供的充足证据加以证明的责任。[⑤] 结果意义上的证明责任，在性质上属于"结果责任"，仅存在于裁判者完成调查证据之程序，进入审理终结前阶段而仍陷于真伪不明时，开始发生作用。[⑥] 也就是说，结果意义上的证明责任主要是利己事实的主张者应当利用证据说服裁判者相信该事实是真实的，否则承担实体法上的不利后果。[⑦] 关于证明责任的分析，也可以从民事诉讼法和民事实体法两个角度进行解读，即证明责任分为诉讼法的证明责任和实体法的证明责任。诉讼法上的证明责任是广泛的，只要有诉讼请求就有证明责任；实体法上的证明责任是指民法中的推定，即实体法

---

① 何家弘主编：《证据法学研究》，中国人民大学出版社 2007 年版，第 168 页。

② In re Winship, 397 U. S. 358（1970）.

③ 《最高人民法院关于民事诉讼证据的若干规定》（法释〔2001〕33 号）第 73 条第 1 款规定："双方当事人对同一事实分别举出相反的证据，但都没有足够的依据否定对方证据的，人民法院应当结合案件情况，判断一方提供证据的证明力是否明显大于另一方提供证据的证明力，并对证明力较大的证据予以确认。"

④ 例如，在 2009 年中国法院知识产权司法保护十大案件之一的"道道通"电子导航地图著作权纠纷案中，法院根据创作本案作品所需投入的人力、物力，同类作品的市场利润率，侵权人侵权恶意、侵权时间，以及侵权企业在诉前对自己企业市场销售占有率和销售量的宣称等，超过法定赔偿限额确定。参见广东省高级人民法院（2008）粤高法民三终字第 290 号民事判决书。

⑤ 江伟主编：《民事证据法学》，中国人民大学出版社 2011 年版，第 168 页。

⑥ 黄国昌：《民事诉讼理论之新开展》，北京大学出版社 2008 年版，第 118 - 119 页。

⑦ 同注⑤，江伟书，第 169 页。

就责任的性质和责任的承担所作的法律认定。[①] 可以说，在诉讼法意义下，证明责任体现了当事人举出证据的价值和意义；在实体法意义下，证明责任与过错责任原则具有明确关联。在当事人主义模式下，行为意义上的证明责任履行以结果意义上的证明责任的存在为前提，只有当事人充分履行行为意义上的证明责任，才不再承担结果意义上的证明责任；当事人在未能充分履行行为意义上的证明责任的情况下，则现实地承担了结果意义上的证明责任，亦即，古罗马法谚所述"证明责任之所在，败诉之所在"。在职权探知主义基本模式下，行为意义上的证明责任与结果意义上的证明责任之间相互分离，前者更为接近于"举告"，而后者与之的分离则要求裁判者不受当事人主张的约束，致力于纠纷解决之外的"客观真实"查明。

具体到知识产权侵权损害赔偿的证明而言，需要进一步明确行为意义上的证明责任与结果意义上的证明责任之间的分离，适度调整权利人行为意义上的证明责任，从而在法律适用中能够采取更加科学的证明标准。下面以美国知识产权侵权惩罚性赔偿为例进行说明。美国知识产权侵权惩罚性赔偿的证明制度经历了三个阶段。首先是在早期法律实践阶段，采用优势证据的证明标准。在西摩诉麦考密克一案[②]中，美国联邦最高法院提出，对于因为善意或者疏忽造成的一般侵权行为，应当以权利人的实际损失作为损害赔偿标准；对于因为蓄意或者恶意造成的特殊侵权行为，可以判处加倍的赔偿。这不仅起到补偿专利权人损失的作用，也起到惩罚被控侵权人的作用。该案确立了专利侵权惩罚性赔偿制度的适用前提，但是没有对"故意"的证明予以讨论。在水下装备公司诉莫里森·努森一案[③]中，美国联邦巡回上诉法院指出，民事主体在收到专利权人发出的警告函或者律师函的时候，具有积极注意义务以确定其行为是否构成侵权；在收到专利权人发出的警告函或者律师函之后，该被控侵权人具有积极义务确定其行为是否构成侵权。被控侵权人

---

① 江平：《民法中的视为、推定与举证责任》，载《政法论坛》1987年第4期。转引自吴汉东：《知识产权侵权诉讼中的过错责任推定与赔偿数额认定——以举证责任规则为视角》，载《法学评论》2014年第5期。

② Seymour v. McCormick, 57 U. S. 480 (1853).

③ Underwater Devices, Inc. v. Morrison - Knudsen Co., Inc., 717 F. 2d 1380, 1390, 219 USPQ 569 (Fed. Cir. 1983), overruled.

的内部法律顾问进行了现有技术检索，但是并没有获得或者分析专利侵权行为发生之前关于该专利的审查历史，其法律意见在专利权的有效性和侵权判定方面仅有并未支持的结论性表述。同时，被控侵权人明知这一法律意见来自其内部法律顾问，并且其内部法律顾问没有专利代理资格，因此该内部法律意见并非适格的法律意见，被控侵权人构成故意侵权。在这一证明过程中，完全采用了优势证据的证明标准。

在希捷科技有限责任公司案①之后，美国从优势证据证明标准转向清晰可信的证明标准。在希捷科技有限责任公司一案中，美国联邦巡回上诉法院明确了"故意侵权"的客观标准和主观标准。其中，"客观标准"就是被控侵权人对侵犯有效专利权的较高可能性有所认识，却不顾客观上具有较高可能性构成侵权的情况，仍然轻率地、鲁莽地进行了制造、使用、销售、进口、许诺销售等行为。其中所述的"轻率地、鲁莽地"通常是指民事主体依据理性知道或者应当知道，其行为是不合理的冒险行为，却仍然坚持进行这一行为。② 为了证明这一客观标准的成立，专利权人必须以清晰的、具有说服力的证据加以证明，也就是说，客观标准的证明标准必须达到清晰可信的证明标准。

2016 年 6 月 13 日，美国联邦最高法院针对光环电子公司诉脉冲电子公司专利侵权纠纷一案③和斯特赖克公司等诉齐默公司专利侵权纠纷一案④作出判决，调整了"希捷标准"。⑤ 在本案中，美国联邦最高法院对希捷科技有限责任公司案给出的证明标准也进行了讨论，否定了该案确定的"清晰可信的证明标准"，实现了优势证据证明标准的回归。美国联邦最高法院认为，一方面，现行法没有提供提高证明标准的法律依据。如前所述，美国法律实践针对专利侵权诉讼中被控侵权人提出的专利权无效抗辩、以在先发明人为根

---

① In re Seagate Technology LLC, 497 F. 3d 1360, 2007 U. S. App. LEXIS 19768（Fed. Cir. 2007（en banc），*cert. denied sub nom.*

② Safeco Ins. Co. of America v. Burr, 551 U. S. 47（2007）.

③ Halo Electronics, Inc. v. Pulse Electronics, Inc., 136 S. Ct. 1923（2016），195 L. Ed. 2d 278, 84 USLW 4386, 118 U. S. P. Q. 2d 1761.

④ Stryker Corporation, et al., Petitioners v. Zimmer, Inc., et al., 14 - 1520.

⑤ 张晓霞：《美国专利侵权惩罚性赔偿标准的新发展》，载《知识产权》2016 年第 9 期。

据的侵权抗辩等采用清晰可信的证明标准，然而这些是以《美国专利法》第282条、第273条的规定作为明确的法律依据，这些条文对证明标准作出了专门的特别规定。《美国专利法》第284条并未对专利侵权惩罚性赔偿制度的适用条件提出单独的证明标准要求。既然立法者并未给予特定的证明标准要求，那么便不应当适用更高的清晰可信的证明标准。另一方面，历史上的法律实践也没有提供提高证明标准的法律依据。正如美国联邦最高法院在傲客健身器材公司诉爱康运动与健康公司一案[①]中所作出的考察，专利侵权诉讼一直适用优势证据的证明标准，专利侵权惩罚性赔偿制度的法律适用不应当是例外。可见，美国法律实践中，即使在证明标准要求更高的惩罚性赔偿中，仍然回归适用了优势证据证明标准。

笔者认为，在我国知识产权侵权损害赔偿制度的法律适用中，需要进一步明确行为意义上的证明责任与结果意义上的证明责任之间的分离。考虑到权利人举证能力和证明水平的现实情况，或许应当适度降低证明标准要求以适应多数权利人举证能力和证明水平的需要，同时进一步调整权利人行为意义上的证明责任，降低权利人在行为意义方面的证明要求。具体而言，调整证明标准和权利人行为意义上的证明责任主要包括以下两个方面。

一方面，进一步明确知识产权侵权损害赔偿过错责任原则的过错推定情形。按照我国传统侵权责任理论，一般将过错作为侵权责任构成要件之一，适用过错归责原则，其他归责原则的适用应以有法律规定为前提。根据我国《专利法》《商标法》和《著作权法》的规定，知识产权侵权损害赔偿归责原则并未在我国法律中被明确规定为其他归责原则。同时，知识产权侵权损害赔偿归责原则与证明标准、举证责任具有非常密切的关系。从过错推定责任的归责方法到赔偿数额确定的证据规则，举证责任表现了民事实体法与民事诉讼法上的双重功能。因此，我国知识产权侵权损害赔偿以过错责任原则为基本原则。同时，知识产权界认为全面适用过错责任原则为未经许可的使用人着想过多，而为权利人着想过少。从20世纪末到21世纪初，知识产权

---

① Octane Fitness, LLC. v. Icon Health & Fitness, Inc. , 134 S. Ct. 1749, 188 L. Ed. 2d 816, 82 USLW 4330, 110 USPQ2d 1337.

学术界乃至司法界主张对过错责任原则进行补充和修正，即对知识产权侵权损害采取二元归责原则。我国学者争议较大的是作为补充原则的专利侵权损害赔偿归责原则究竟是过错推定原则还是无过错原则。① 应当说，正如民法学者所述，过错推定原则主要适用于特定情况下，② 推定侵权人过错的存在，由其举证证明不过错。以我国《专利法》为例，根据现行《专利法》第 11 条规定，专利侵权责任构成以"为生产经营目的"，而"为生产经营目的"实施专利侵权行为就应当推定为具有过错。这一点在其他国家的立法例中也可以得到参照。例如，《日本专利法》第 103 条规定，"侵害他人的专利或专用实施权的人，对于其侵害行为推定犯有过失"。日本通说认为，这一规定并不局限于相同侵权，在等同侵权、间接侵权的情况下同样适用。我国《商标法》和《著作权法》的施行、解释过程中亦存在类似的观点。因此，建议在知识产权诉讼特别程序制度中对知识产权侵权损害赔偿过错责任原则的过错推定情形加以明确。

另一方面，进一步降低因果关系存在于知识产权侵权行为与失去利润的损害后果之间的证明标准。下面以专利侵权损害赔偿为例进行说明。在所失利润的专利侵权损害赔偿中，专利权人必须证明因果关系存在于专利侵权行为与失去利润的损害后果之间。例如，在飞利浦诉诺克③一案中，美国法院指出"专利权人必须用证据证明其遭受的损失，专利权人不能将推测留给陪审团，专利权人必须加以证明而非猜测"。除因果关系外，专利权人必须大致确定失去利润的额度。美国联邦最高法院确认，在制造和销售专利设备的专利权人拒绝向竞争对手许可该专利的情况下，可以使用侵权行为造成的损失作为专利侵权损害赔偿标准，侵权行为造成的损失可以使用两种方法进行计算，即销量流失法和价格侵蚀法。同时，要求赋予专利权人较重的证明责

---

① 吴汉东：《知识产权侵权诉讼中的过错责任推定与赔偿数额认定——以举证责任规则为视角》，载《法商研究》2014 年第 5 期。

② 王利明教授指出，由于科技的发展，新设备、新产品相继问世，致损原因并不是通过一般常识就能判断，而是需要高度的科学知识才能识别；由于加害人往往控制了致损原因，而受害人对此种原因又常常处于无证据状态，所以产生了过错推定原则。参见王利明：《论过错推定》，载《政法论坛（中国政法大学学报）》1991 年第 5 期。

③ Philip v. Nock, 84 U. S. (17 Wall.) 460, 462 (1873).

任以证明因果关系的存在。例如，在西摩诉麦考密克一案①中，美国联邦最高法院指出，初审法院对陪审团给出的"'如果没有侵权发生，那么被告的客户会转向成为专利权人的客户'是法律问题"的指示是错误的。美国联邦最高法院认为，专利侵权损害赔偿数额的确定是事实问题而非法律问题，专利权人应当对其主张的"所失利润"承担举证责任，如果专利人无法证明"所失利润"与侵权行为之间的因果关系，那么专利权人应当承担因证明不力产生的法律后果。如果专利权人主张以销量流失法作为专利侵权损害赔偿的计算标准，那么其必须提供证据，证明因果关系存在于专利侵权行为与专利权人销售量流失之间。也就是说，如果没有专利侵权行为，便不会出现专利权人销售量流失的后果。

尽管不要求专利权人承担实施专利技术方案的义务，但是在专利权人未生产专利产品的情况下，专利权人关于因果关系存在于专利侵权行为与失去利润的损害后果之间的证明需要达到更高的证明标准。② 现有证据对专利侵权行为与损害之间的因果关系证明不足的典型情况包括：①如果侵权人的侵权产品价格显著低于专利产品价格，那么专利侵权行为与损害之间的因果关系不足；③ ②如果侵权人通过销售策略或者通过改进专利权人产品产生新的不同市场，那么专利侵权行为与损害之间的因果关系不足。④ 在潘蒂特标准⑤的证明中，"专利产品市场需求的存在"以及"适当的非侵权替代品的缺失"的证明相对客观，而"专利权人具有满足需求的能力"是证明的难点之一。在适用潘蒂特标准过程中，需要通过优势证据证明专利权人具有满足需求的潜在能力。例如，在宝丽来公司诉柯达公司一案⑥中，宝丽来公司主张，如果理论上其已经采取步骤以生产复合数量的产品，那么其便达到了"专利权

---

① Seymour *v.* McCormick, 57 U. S. （16 How. ）480.

② Hebert *v.* Lisle Corp. , 99 F. 3d 1109, 40 USPQ2d 1611（Fed. Cir. 1996）.

③ Dobson *v.* Dornan, 118 U. S. 10, 17 ~ 18（1886）；BIC Leisure Products *v.* Windsurfing Internatinal, 1 F. 3d 1214, 27 USPQ2d 1671（Fed. Cir. 1993）.

④ BIC Leisure Products *v.* Windsurfing International, 1 F. 3d 1214, 27 USPQ2d 1671（Fed. Cir. 1993）, on remand, 850 F. Supp. 224, 30 USPQ2d 1949（S. D. N. Y. 1994）.

⑤ Panduit Corp. *v.* Stahlin Bros. Fibre Works, Inc. 575 F. 2d 1152（Fed. Cir. 1989）.

⑥ Polaroid Corp. *v.* Eastman Kodak, Co. , 16USPQ2d 1481（D. Mass. 1990）, *correction for clerical errors*, 17 USPQ2d 1711（D. Mass 1990）.

人具有满足需求的能力"的证明要求；而柯达公司主张，鉴于宝丽来公司之前存在的不准确预测的历史情况、保守的决策方式等，宝丽来公司在"可能做"和"能够做"二者之间存在差别。法官马佐内指出，宝丽来公司不需要表明其存在等待开展附加工作的闲置工厂，但是必须以优势证据的方式证明它具有满足需求的潜在能力。柯达公司和宝丽来公司的主张都不准确，一方面，普通法并不要求潜在的生产能力非常精确，专利权人不可能提出柯达公司所要求的绝对准确的证据；另一方面，宝丽来公司的标准使得生产能力的要求形同虚设，任何专利权人都可以通过捏造场景的方式获得其所需要的结果。事实上，"专利权人具有满足需求的能力"的法律标准具有实质意义。如果通过使用替代性设备的方式可以满足市场需求，使用替代性设备要求专利权人缩减另一种效益更好的产品的产量，那么法院应当拒绝给予所损失利润的赔偿。基于此，法院认定宝丽来公司没有生产足够数量的产品以满足柯达公司侵权行为发生这几年期间的全部市场需求。

综上所述，解决知识产权侵权损害赔偿"举证难"的根本之道是构建知识产权特别程序制度，在借鉴当事人主义诉讼模式经验的背景下，明确行为意义上和结果意义上的证明责任，在证据基础上对民事侵权损害赔偿数额采取司法定价方式。具体包括：引入知识产权侵权损害赔偿数额确定方面的举证妨碍制度；引入知识产权侵权损害赔偿数额确定方面的法院调查取证权；适度调整知识产权侵权损害赔偿数额确定方面证明标准与证明责任的适用等。

第八节　规制知识产权滥用相关法律制度研究

习近平总书记在第十九届中央政治局第二十五次集体学习时要求，研究制定防止知识产权滥用相关制度。自 2008 年《国家知识产权战略纲要》提出"防止知识产权滥用"这一战略举措之后，2019 年《知识产权强国建设纲要（2021—2035 年）》明确提出："完善规制知识产权滥用行为的法律制度以及与知识产权相关的反垄断、反不正当竞争等领域立法。"《"十四五"国家知识产权保护和运用规划》要求："依法规制知识产权滥用行为，不断完善防止知识产权滥用相关制度。"上述内容在全面严格保护知识产权的同时，加强对知识产权滥用行为的规制，体现了运用知识产权平衡保护各方利益的宗旨。事实上，在严格保护知识产权的同时，有效规制知识产权滥用，是我国知识产权战略长期以来一贯坚持的立场。2008年《国家知识产权战略纲要》在序言部分并列提出"侵犯知识产权现象还比较突出，知识产权滥用行为时有发生"等问题，并将"防止知识产权滥用"作为与"加强知识产权保护"并列的五大战略重点加以部署。2014年12月，国务院办公厅转发的《深入实施国家知识产权战略行动计划（2014—2020年）》进一步要求"研究制定防止知识产权滥用的规范性文件。"2015年12月，国务院发布的《关于新形势下加快知识产权强国建设的若干意见》在"实行严格的知识产权保护"部分明确部署："规制知识产权滥用行为。完善规制知识产权滥用行为的法律制度，制定相关反垄断执法指南。完善知识产权反垄断监管机制，依法查处滥用知识产权排除和限制竞争等垄断行为。完善标准必要专利的公平、合理、无歧视许可政策和停止侵权适用规则。"由此可见，在我国知识产权战略制定实施的过程中，一直将严格知识产权保护、规制知识产权滥用作为一体两面进行战略部署。

一、知识产权滥用规制的法理基础

知识产权滥用规制的法理基础包含私法和公法两个层面，二者相互呼应，共同构建了知识产权滥用规制的基本逻辑。

一方面，从私法角度而言，知识产权作为一种民事权利，有必要对其滥用行为进行规制。《民法典》第132条规定："民事主体不得滥用民事权利损害国家利益、社会公共利益或者他人合法权益。"由此可见，民事权利的滥用是相对于民事权利的正当行使而言的，是民事权利的权利人在行使其权利时超出法律允许的范围或者正当的界限，导致对该民事权利的不正当利用，损害国家利益、他人合法利益和社会公共利益的行为。知识产权作为民事权利，具有权利客体的非物质性以及专有性等特征，由此导致其滥用行为更加隐蔽。这就要求我们认识到，只有严格保护知识产权，才能充分发挥知识产权制度激励创新的基本保障作用；也只有在严格知识产权保护的同时，有效规制知识产权滥用，才能实现知识产权权利人（社会个体）与社会公众（包括消费者、竞争者及其所代表的社会整体）之间的利益平衡以及公平与效率的协调。即使知识产权的获得本身是合理的、合法的，其实际的行使行为也存在一个正当与否的问题，因为正当获得的知识产权也可能被滥用。① 笔者认为，严格知识产权保护和规制知识产权滥用共同构成协同性的知识产权制度系统，是结构严密的知识产权法律体系的重要组成部分。

另一方面，通过反垄断法这一行为规制法，用公法领域的竞争法律制度对知识产权行使行为进行外部规制。TRIPS 协定立足于从国际贸易角度保护知识产权，"确保实施知识产权的措施和程序本身不会成为合法贸易的障碍"，对知识产权滥用亦有所涉及。这也是我国对于滥用知识产权的规制更多地从反垄断法律制度加以分析的重要原因。以"知识产权滥用"为篇名关键词，以发表时间排序，在知网搜索的第一篇文章是国家知识产权局条法司原司长尹新天发表在《科技与法律》2000 年第 2 期的《TRIPS 协定与制止知识产权的滥用》，② 这篇文章便从知识产权许可的反垄断规制方面加以分析。TRIPS 协定第一部分"一般规定和基本原则"第 7 条给出了"知识产权滥用规制"的出发点，亦即，"知识产权的保护和实施应当有助于技术创新亦即技术转让和传播，有助于技术知识的创造者与使用者的相互利益，并有助于社会和经济福利及权利与义务的平衡"。TRIPS 协定第一部分"一般规定和基本原则"第 8 条第 2 款给出了基本原则："为了防止权利持有人滥用知识产权，或者采取不合理地限制贸易或对技术的国际转让有不利影响的做法，可以采取适当的措施，但以这些措施符合本协定的规定为限。"从 TRIPS 协定的体例来看，第二部分第 40 条专门设置了"对许可合同中限制竞争行为的控制"，涵盖知识产权许可合同中的独占性回授、不质疑条款、一揽子许可等，这些都是《反垄断法》规定的滥用市场支配地位的行为。进而，可以说，TRIPS 协定相关条款从防止知识产权权利人不合理地限制竞争以及相关民事或者行政程序被滥用的角度，而非从权利行使超出权利本身范围的角度进行

① 王先林：《知识产权强国建设需要规制知识产权滥用行为》，载《中国市场监管报》2021 年 10 月 9 日，第 3 版。
② 参见戴芳芳：《知识产权滥用规制的理论基础及制度完善》，载《知识产权》2022 年第 3 期。

规定，由此从反垄断角度研究知识产权滥用虽然揭示了知识产权滥用与《反垄断法》之间的深刻关系，但是过于强调反垄断规制会导致对知识产权滥用问题的关注有失偏颇，限制了理论研究的进一步开展和规则体系的全面完善。①

二、知识产权滥用规制的法律进路

在上述关于知识产权滥用规制的法理基础的分析的基础上，笔者认为，对于知识产权滥用的规制，一般应有四个部门法路径：一是从知识产权法或者民法角度而言，此问题属于超出知识产权权利范围来行使权利的滥用问题；二是从反垄断角度而言，此问题属于《反垄断法》适用的一个特殊领域，其特殊点在于知识产权本身属于一种合法的垄断权；三是从诉讼法角度而言，滥用知识产权诉权也是一个需要规制的方面；四是从国际经济法角度而言，此问题属于国际贸易中的限制性商业惯例。

1. 知识产权滥用规制的民法进路

部分学者认为，可以从知识产权的私权属性出发，按照禁止权利滥用原则的进路规制知识产权滥用行为。② 即便认为知识产权滥用规制与禁止权利滥用原则无关的学者，也在分析英国禁止滥用专利权的理念后认为，知识产权滥用规制确实与禁止权利滥用原则有着内在的关联和一致。③ 根据《民法典》第123条的规定，知识产权是一种民事权利。因此，《民法典》关于权利滥用的规制适用于知识产权。判断是否构成滥用知识产权，关键看权利的行使是否符合权利的目的，也就是合目的性，以及权利的行使是否超过了权利本身的界限。前者可以被看作主观性要求，后者可以被看作客观性要求，滥用行为通常根据主客观相结合的方式认定。④

在技术合同中滥用知识产权、非法垄断技术可以采用民法进路加以规制。

---

① 戴芳芳：《知识产权滥用规制的理论基础及制度完善》，载《知识产权》2022年第3期。

② 参见姚欢庆：《知识产权上民法理论之运用》，载《浙江社会科学》1999年第3期。

③ 参见张伟君：《规制知识产权滥用法律制度研究》，知识产权出版社2008年版，第46、58页。

④ 孔祥俊：《商标法原理与判例》，法律出版社2021年版，第152页。

我国《民法典》第 844 条规定："订立技术合同，应当有利于知识产权的保护和科学技术的进步，促进科学技术成果的研发、转化、应用和推广。"《民法典》第 850 条进一步规定："非法垄断技术或者侵害他人技术成果的技术合同无效。"其中，"非法垄断技术"是指合同的一方当事人通过合同条款限制另一方当事人在合同标的技术的基础上，进行新的研究开发，限制另一方当事人从其他渠道吸收技术，或者阻碍另一方根据市场的需求，按照合理的方式充分实施专利和适用技术秘密。常见的非法垄断技术条款主要包括以下几种表现形式：一是限制另一方在合同标的基础上进行新的研究开发，如在合同中约定一方不得在所取得的技术基础上进行新的研究开发，或者要求另一方进行新的研究活动需要得到其许可等；二是限制另一方从其他渠道获取技术，如在合同中约定一方当事人在取得技术成果或者接受技术服务后，不得采用合同外第三方新的有竞争优势的技术；三是阻碍另一方根据市场需求，以合理的方式实施技术；四是阻碍国家推广、使用技术。[①] 其中，第三种和第四种情况与知识产权滥用紧密相关，如合同当事人强制要求另一方当事人对在合同标的基础上研究开发所取得的知识产权进行独占性回授许可，合同当事人受让专利权的目的不是为了实施这一技术，而是为了"雪藏"这一技术，防止其他民事主体使用这一技术冲击其市场地位等。

2. 知识产权滥用规制的知识产权法进路

知识产权法律制度自身对权利滥用也有所规制，权利滥用抗辩制度在法律实践中得以确立。第一，《专利法》《商标法》《著作权法》均从原则层面和制度层面对权利滥用有所规制。一方面，《著作权法》（2020 年修正）第 4 条前段规定，"著作权人和与著作权有关的权利人行使权利，不得违反宪法和法律，不得损害公共利益"。《专利法》第 20 条第 1 款规定："申请专利和行使专利权应当遵循诚实信用原则。不得滥用专利权损害公共利益或者他人合法权益。"《商标法》（2019 年修正）第 7 条第 1 款规定："申请注册和使用商标，应当遵循诚实信用原则。"另一方面，《专利法》《商标法》《著作

[①] 黄薇主编：《中华人民共和国民法典合同编解读》，中国法制出版社 2020 年版，第 1146 - 1148 页。

权法》亦从具体制度层面对权利滥用有所规制。例如，《专利法》规定的强制许可制度就是对专利权滥用的规制措施。"各国规制知识产权滥用的措施和制度纷繁复杂，但强制许可措施在其中扮演着核心的角色……英国、美国、加拿大、欧共体以及巴西等国家和地区的强制许可实践充分说明了强制许可在规制知识产权滥用中的有效性与可操作性……因此，强制许可措施作为规制知识产权滥用的一个核心措施，具有经济上的合理性。从《巴黎公约》到TRIPS 协定，强制许可作为规制知识产权滥用的措施也一直是各国关注、争议的焦点问题。"①

第二，在法律实践层面，逐步探索形成了权利滥用抗辩制度。最高人民法院第 82 号指导案例②确认了将商标权滥用作为不侵权的抗辩事由。在该案中，最高人民法院认为，歌力思公司拥有合法的在先权利基础，歌力思公司最早在服装等商品上取得"歌力思"注册商标专用权的时间为 1999 年。经歌力思公司及其关联企业的长期使用和广泛宣传，作为企业字号和注册商标的"歌力思"已经具有了较高的市场知名度，对前述商业标识享有合法的在先权利。歌力思公司对商标的使用方式和行为性质均具有正当性。歌力思公司在其专柜中销售被诉侵权商品的行为，不会使普通消费者误认为该商品来自王某某。从歌力思公司的具体使用方式来看，由于"歌力思"本身就是歌力思公司的企业字号，且与其"ELLASSAY"商标具有互为指代关系，故歌力思公司在被诉侵权商品的吊牌上使用"歌力思"文字来指代商品生产者的做法并无明显不妥，不具有攀附第 7925873 号商标知名度的主观意图，亦不会为普通消费者正确识别被诉侵权商品的来源制造障碍。在此基础上，杭州银泰公司销售被诉侵权商品的行为亦不为法律所禁止。最后，王某某取得和行使第 7925873 号商标权的行为难谓正当。"歌力思"本身为无固有含义的臆造词，具有较强的固有显著性，依常理判断，在完全没有接触或知悉的情况下，因巧合而出现雷同注册的可能性较低。歌力思公司地处广东省深圳市，王某某曾长期在广东省广州市经营皮具商行，作为地域接近、经营范围关联

① 张伟君：《规制知识产权滥用法律制度研究》，知识产权出版社 2008 年版，摘要第 2 页。
② 参见最高人民法院（2014）民提字第 24 号民事判决书、浙江省高级人民法院（2013）浙知终字第 222 号民事判决书和浙江省杭州市中级人民法院（2012）浙杭知初字第 362 号民事判决书。

程度较高的商品经营者，王某某对"歌力思"字号及商标完全不了解的可能性较低。在上述情形之下，2009 年王某某仍在与服装商品关联性较强的手提包、钱包等商品上申请注册第 7925873 号商标，其行为难谓正当。王某某以非善意取得的商标权对歌力思公司的正当使用行为提起的侵权之诉，构成权利滥用，其与此有关的诉讼请求不应得到法律的支持。北京精雕科技有限公司诉上海奈凯电子科技有限公司案①亦体现了著作权滥用抗辩制度。

第三，完善知识产权法的权利限制条款，在结合"三步检验法"且充分考虑"四要素"的基础上，以构成要件加典型类型的方式构建著作权合理使用制度，改变现行《著作权法》对合理使用制度适用情形的有限列举方式；完善专利强制许可制度，特别是针对为了公共健康目的，对取得专利权的药品，给予制造并将其出口到符合中国参加的有关国际条约规定的国家或者地区的强制许可的具体程序。

3. 知识产权滥用规制的反垄断法进路

如前所述，知识产权滥用的反垄断规制是主要规制路径之一。因为反垄断法是公法，反垄断法项下的救济不仅包括民事权益受到侵害的民事主体提起的民事诉讼，还包括反垄断执法机关进行的行政执法。2022 年修正后的《反垄断法》明确将"鼓励创新"作为该法的立法目的之一，凸显了反垄断法律制度与知识产权法律制度在价值目标上的一致性。反垄断法律制度是对具有排除、限制竞争效果的行为予以规制，进而保护有效竞争；知识产权法律制度则是直接保护权利人的专有权，通过限制他人利用相应技术激励创新，从而推动有效竞争。进一步来说，可以以民法禁止权利滥用原则为基础，建立以知识产权法、反垄断法为主的双轨结构，实现对知识产权滥用的规制。② 因此，无论是针对知识产权权利人行使知识产权过程中的歧视性定价、过高定价等行为，还是针对利用知识产权带来的优势地位而采取的与知识产权有关的搭售、拒绝

① 参见上海市高级人民法院民事判决书（2006）沪高民三（知）终字第 110 号民事判决书。
② 王晓晔：《知识产权滥用行为的反垄断法规制》，载《法学》2004 年第 3 期。

交易等行为，① 都需要借助《反垄断法》提出的路径加以规制。

美国对于专利权滥用规制，从一开始便采取专利法与反托拉斯法共同作用的二元制规制模式，专利法确立了禁止权利滥用原则，反托拉斯法设置明确的反垄断标准，通过二元制模式发挥对专利的保护与限制作用。欧盟对专利权滥用的规制主要体现在华为技术有限公司（以下简称华为）诉中兴通讯股份有限公司（以下简称中兴）一案②中。该案涉及长期演进技术（LTE）标准的必要专利。对于该标准必要专利，华为承诺会基于公平、合理及非歧视条款（FRAND 条款）授权给第三方。但是，由于华为和中兴经过谈判没能达成一致的 FRAND 授权协议，随后中兴便开始销售涉案专利的产品，并未向华为支付费用。随后，华为在德国对中兴提起侵权诉讼，并且向法院申请有关中兴的任何后续侵权行为的禁令。欧盟法院认为，标准必要专利的权利人作为处于市场支配地位者，就应具有基于 FRAND 条款授予第三者标准专利许可的保证义务。可见，欧盟对于专利权的滥用更多的是基于竞争法的规制。③

4. 知识产权滥用规制的诉讼法进路

知识产权滥用规制的诉讼法进路主要体现为对"恶意提起知识产权诉讼"的规制。恶意提起知识产权诉讼，或者称为知识产权恶意诉讼，其基本概念的基础是"恶意诉讼"。这一概念来自英美法系，系一种侵权行为。该概念存在较大争议，有学者从侵权构成角度将其界定为"故意以他人受到损害为目的，无事实依据和正当理由而提起民事诉讼，致使相对人在诉讼中遭受损失的行为"④；有学者从行为表现角度将其界定为"当事人故意提起一个在事实上和法律上无根据之诉，从而为自己谋取不当利益的诉讼行为"⑤；有学者从类型化的角度将其界定为"包括恶意起诉和恶意告发两种行为"⑥，有

① 陶冠东：《规制知识产权滥用行为的多维认识》，载《竞争政策研究》2019 年第 3 期。

② Huawei Technologies Co. Ltd. v. ZTE Corp., Case C – 170/13 European Court Reports 2015.

③ 魏立舟：《标准必要专利情形下禁令救济的反垄断法规制——从"橘皮书标准"到"华为诉中兴"》，载《环球法律评论》2015 年第 6 期。

④ 王利明：《中国民法典学者建议稿及立法理由（侵权行为篇）》，中国人民大学出版社 2005 年版，第 241 页。

⑤ 汤维建：《恶意诉讼及其防治》，载陈光中主编：《诉讼法理论与实践（2002 年民事、行政诉讼法学卷）》（下册），中国政法大学出版社 2003 年版，第 331 页。

⑥ 杨立新：《侵权行为法》，复旦大学出版社 2005 年版，第 297 页。

学者则将其延伸界定为包含诉讼诈欺、诉讼多余、诉讼重复、诉讼拖延、诉讼突袭、诉讼不当等行为。① 引用较为广泛的表述是 2004 年发布的《最高人民法院民三庭关于恶意诉讼问题的研究报告》，该报告将其定义为，故意以他人受到损害或者获取不法利益为目的，无事实根据和正当理由而提起民事诉讼，致使相对人在诉讼中遭受损失的行为。上述表述体现出，学术界和实务界的主流观点系从侵权行为角度分析恶意诉讼相关问题。基于此，知识产权恶意诉讼是指故意以他人受到损害为目的，在没有事实和法律依据、缺乏正当理由的情况下，提起知识产权民事诉讼，致使相对人在知识产权民事诉讼中遭受损失的行为。

恶意提起知识产权诉讼的性质是基于知识产权产生的司法救济权（诉权）的滥用。亦即，恶意提起知识产权诉讼包含两方面属性：一是诉权滥用，二是知识产权滥用。一方面，恶意提起知识产权诉讼包含诉权滥用的属性。诉权是指请求法律救济的权利，是启动与延续诉讼的权利。② 在公力救济替代私力救济之后，民事主体权利受到侵害时，国家有义务保障民事主体寻求救济的权利。同时，这一权利也有可能被滥用。在理论上，民事诉权滥用者实施的滥用诉权的行为主要表现为，当事人不具有起诉条件或者诉讼要件，却恶意提起诉讼；当事人伪造事实、证据或者毫无根据时，仍恶意提起诉讼。③ 通常而言，滥用诉权包含恶意诉讼、虚假诉讼、诉讼过程中滥用诉讼权利三种类型。④ 恶意诉讼与虚假诉讼的本质区别在于是否串通，即恶意诉讼的双方当事人并未串通，具有对抗性，通常受损害的是另一方当事人；虚假诉讼的双方当事人串通合谋，没有实质对抗性，通常受损害的是案外第三人。我国《民事诉讼法》（2021 年

---

① 申洁：《恶意诉讼的司法阻却：法律的缺位与完善》，载《法律适用》2010 年第 10 期。

② 周永坤：《诉权法理研究论纲》，载《中国法学》2004 年第 5 期。

③ 邵明：《滥用民事诉权及其规制》，载《政法论坛》2011 年第 6 期。

④ 参见江伟：《民事诉讼法》（第四版），中国人民大学出版社 2008 年版，第 48 - 49 页。也有学者并不区分恶意诉讼和虚假诉讼，将其统称为"恶意诉讼"，同时认为广义上的"恶意诉讼"包含在诉讼过程中滥用诉讼权利的行为。参见刘家兴、潘剑锋：《民事诉讼法学教程》（第四版），北京大学出版社 2013 年版，第 189 - 192 页。杨立新教授讲恶意诉讼定义为"行为人由于过错所实施的提起、进行诉讼，或者诱使他人提起、进行诉讼或者积极参与推动诉讼，致使他人人身或者财产受损的违法行为"，可见杨立新教授所述的"恶意诉讼"亦包含"虚假诉讼"。参见杨立新：《类型化侵权行为法研究》，人民法院出版社 2006 年版，第 466 - 500 页。

修正）第 115 条和第 116 条仅仅针对当事人合谋虚假诉讼（含调解、执行）的行为，并未针对恶意诉讼的情形。另一方面，恶意提起知识产权诉讼具有知识产权滥用的属性。例如，目前我国很多省市具有海外专利维权资助项目，专利权人与所谓"专利侵权人"往往通过恶意串通、虚构法律事实的名义提起诉讼骗取这一资助，[①] 这显然是滥用权利人所享有的知识产权。

恶意提起知识产权诉讼损害赔偿责任构成要件包括侵权行为、造成损失、因果关系和主观恶意。[②] 其中，主观恶意是最为核心的要素，也是最难认定的要素。只有存在恶意，才可能构成民事滥诉行为。[③] 通常而言，恶意诉讼的主观过错认定标准高于一般侵权行为中过错的认定标准，仅限于故意，单纯的过失即便是重大过失，也不构成恶意，即要求提出请求的一方当事人明知其请求缺乏正当理由，以有悖于权利设置时的目的的方式，不正当地行使诉讼权利，意图使另一方当事人受到损害。换言之，在主观恶意的证成方面，从主观方面的角度来看，需要证明行为人提起的诉讼具有超出诉讼本身的其他不正当目的；从客观方面的角度来看，需要考察行为人提起知识产权诉讼的权利基础和事实基础是否存在明显不当。

恶意提起知识产权诉讼损害赔偿责任的范围应当受到"填平原则"和"合理预见原则"的共同规制，同时应当将主观恶意程度作为损害赔偿责任承担的考量因素。关于恶意提起知识产权诉讼的损害赔偿范围，有两种观点：一是被告在原先的诉讼中为应对诉讼所付出的诉讼费用；二是被告在原先的诉讼中为应对诉讼所付出的诉讼费用和因原先诉讼的提起遭受的其他损害（包括情感声誉损害等）。笔者认为，恶意提起知识产权诉讼的损害赔偿范围通常限于因为恶意诉讼直接产生的、具有相当因果关系的直接损失，包括因诉讼而支出的合理的律师费、调查取证费、鉴定费、必要的差旅费以及因恶意诉讼的提起产生的其他损害（满足"若无恶意诉讼的提起，则不存在这一损害"的条件）等。

---

① 聂鑫：《专利恶意诉讼的认定及其法律规制》，载《知识产权》2015 年第 5 期。
② 有观点认为，恶意提起知识产权诉讼的构成要件仅包括主观上故意和客观上行为，恶意提起知识产权诉讼责任的构成要件包含上述四个方面。参见奉晓政：《知识产权恶意诉讼的识别与规制》，载《广西民族大学学报（哲学社会科学版）》2016 年第 3 期。
③ 罗结珍译：《法国新民事诉讼法典（附判例解释）》，法律出版社 2008 年版，第 81 页。

就恶意提起知识产权诉讼责任案件与所关联的知识产权诉讼案件的关系而言，恶意提起知识产权诉讼责任案件通常以所关联的知识产权诉讼案件作为前提。就恶意提起知识产权诉讼责任案件与因申请诉前（诉中）财产保全（证据保全）损害责任纠纷的关系而言，恶意提起知识产权诉讼通常包含错误申请诉前（诉中）财产保全（证据保全）等行为，但是恶意提起知识产权诉讼要求主观方面达到"恶意"的程度，因申请诉前（诉中）财产保全（证据保全）损害责任仅需要证明保全错误的行为、造成的损失、因果关系以及一般程度的过错四个要件均具备，即可构成。

恶意提起知识产权诉讼在部分国际条约中也有所规制，其中规定最为全面的国际条约系 TRIPS 协定。其第 48 条"对被告的赔偿"规定："1. 如果请求采取措施的一方当事人滥用了执法程序，司法机关应有权责令该当事人向受到错误禁止或限制的一方当事人由于这种滥用而遭受的损害提供足够的补偿。司法机关还应有权责令申请人向被告支付费用，其中可以包括适当的律师费。2. 就任何有关知识产权的保护或实施的法律而言，只有在管理该法的过程中采取的或拟采取的行动是善意的情况下，各成员方可免除政府机构和官员因采取适当的救济措施而应承担的责任。"TRIPS 协定第 50 条第 3 款规定："司法机关有权要求申请人提供可以合理获得的任何证据，以使该机关足以确认申请人是权利持有人，而且申请人的权利正在受到侵犯或者这种侵犯即将发生，并有权要求申请人提供足以保护被告和防止滥用此种措施的保证金或同等的担保。"TRIPS 协定第 50 条第 7 款规定："如果临时措施被撤销，或因申请人的任何行为或不作为而失效，或如果事后发现始终不存在对知识产权的侵犯或侵权威胁，则根据被告的请求，司法当局应有权责令申请人就有关临时措施给被告造成的任何损害向被告提供适当的赔偿。"

从恶意提起知识产权诉讼规制的比较法经验角度来看，传统大陆法系国家以实体法中的诚实信用原则这一帝王条款来解决恶意诉讼问题，将其作为一种侵权行为加以规制，在专利法、商标法、著作权法等知识产权法律法规中并未作出专门规定。例如，德国综合运用《德国民法典》第 226 条、第 242 条关于权利滥用的规定和程序法上关于滥用该诉讼权利的规定予以规制。根据德国判例，一方当事人在对方诈欺法院或者当事人取得确定判决的情况下，可以提起相当于具备再审功能的损害赔偿之诉。[①] 日本理论界和实务界将恶意诉讼视为一种侵权行为，同时依据《日本民事诉讼法》关于"诚实信用原则"的规定予以规制。[②] 尤其是，2000 年日本最高法院第三小法庭在富丁通诉德州仪器专利侵权一案[③]的判决书中引入权利滥用学说，进而于 2004 年修改《日本专利法》时，引入第 104 条之三第 1 款明确规定，认为该专利根据专利无效审判应该会被认定为无效时，专利权人或用专用权实施人不得针对想对方行使该权利。如果认定前款规定的共计或防御方法是以不正当拖延审理的目的提出的，则法院可以依申请或职权作出驳回的决定。[④] 英美法系针对恶意诉讼采用程序法等途径加以规制。在程序法方面，通过证据开示程序将起诉前没有经过合理分析、仅仅因为怀疑贸然起诉的情况，适用《美国联邦民事诉讼程序规则》第 11 条加以规制。[⑤] 同时，将恶意诉讼作为"无正当理由的诉讼"，涵盖民事诉讼中的非法利用程序、刑事诉讼中的非法控诉和滥用诉讼程序。[⑥]

结合比较法分析，我国《民事诉讼法》（2021 年修正）第 115 条和第 116 条仅仅针对当事人合谋虚假诉讼（含调解、执行）的行为，并未针对恶意诉讼的情形。《最高人民法院关于适用〈中华人民共和国民事诉讼法〉的解释》（法释〔2022〕11 号）第 190 条亦针对当事人合谋虚假诉讼（含调解、执行）的行为。应当说，我国现有程序法律规定中对恶意诉讼缺乏清晰界定，对恶意诉讼的类型规定存在欠缺，恶意诉讼的审查认定程序不明。[⑦] 同时，我国《民事诉讼法》规定了诚实信用原则，该原则对诉讼当事人和诉讼参与人的导向和规制内容包括禁止滥用诉讼权利，如恶意或者故意拖延诉讼。[⑧] 同时，《民

---

① 肖建华：《论恶意诉讼及其法律规制》，载《中国人民大学学报》2012 年第 4 期。
② 参见［日］高桥宏志：《民事诉讼法：制度与理论的深层分析》，林剑锋译，法律出版社 2003 年版，第 585 - 586 页。
③ Fujitsu Co. *v.* Texas Instruments Inc.
④ 杜颖译：《日本专利法》，经济科学出版社 2009 年版，第 37 页。
⑤ 聂鑫：《专利恶意诉讼的认定及其法律规制》，载《知识产权》2015 年第 5 期。
⑥ 于海生：《诉讼欺诈的侵权责任》，载《中国法学》2008 年第 5 期。
⑦ 牛玉兵、董家友：《民事恶意诉讼的司法规制——以我国新〈民事诉讼法〉为中心的考察》，载《法学杂志》2015 年第 2 期。
⑧ 江必新主编：《〈中华人民共和国民事诉讼法〉修改条文解读与应用》，法律出版社 2012 年版，第 17 页。

事诉讼法》（2021 年修正）第 52 条第 3 款规定："当事人必须依法行使诉讼权利，遵守诉讼秩序，履行发生法律效力的判决书、裁定书和调解书。"另外，《民事诉讼法》（2021 年修正）第 108 条对恶意提起知识产权诉讼中常见的一类行为保全错误作出规定，亦即，"申请有错误的，申请人应当赔偿被申请人因财产保全所遭受的损失"。最高人民法院司法解释和有关批复也有涉及规制恶意提起知识产权诉讼的相关内容。《最高人民法院关于对诉前停止侵犯专利权行为适用法律问题的若干规定》（法释〔2001〕20 号）和《最高人民法院关于诉前停止侵犯注册商标专用权行为和保全证据适用法律问题的解释》（法释〔2002〕2 号）两个司法解释对当事人申请诉前临时禁令提交证据、提供担保、临时措施解除以及对复议申请的审查等方面进行规范，以预防恶意诉讼的发生。① 例如，《最高人民法院关于对诉前停止侵犯专利权行为适用法律问题的若干规定》第 13 条规定："申请人不起诉或者申请错误造成被申请人损失的，被申请人可以向有管辖权的人民法院起诉请求申请人赔偿，也可以在专利权人或者利害关系人提起的专利权侵权诉讼中提出损害赔偿的请求，人民法院可以一并处理。"《最高人民法院关于诉前停止侵犯注册商标专用权行为和保全证据适用法律问题的解释》中也有相似的规定，间接地起到了防止恶意诉讼的作用。同时，这一制度在我国司法实践的适用中积累了经验。2006 年 8 月，江苏省南京市中级人民法院对知识产权恶意诉讼第一案作出裁判，② 并在该案判决中将恶意诉讼定义为"故意以他人受到损害为目的，在缺乏实体权利或者无事实根据和正当理由的情况下提起民事诉

---

① 卞辉：《知识产权恶意诉讼的程序法应对》，载《电子知识产权》2009 年第 10 期。

② 袁某中诉扬中市通发气动阀门执行器厂等专利侵权纠纷案。2003 年 8 月，江苏省吴江市高中压阀门厂厂长袁某中将以生产、销售阀门闻名的扬中市通发气动阀门执行器厂、扬中市通发实业有限公司侵犯其专利权为由向江苏省南京市中级人民法院起诉，请求法院判令被告承担专利侵权责任。后经国家知识产权专利局专利复审委员会审查后，宣告袁某中的专利权全部无效。袁某中不服，起诉至北京市第一中级人民法院。法院审理后作出维持专利复审委员会的决定的行政判决。判决后，袁某中未上诉，判决生效。在此之后，江苏省南京市中级人民法院恢复审理袁某中诉扬中市通发气动阀门执行器厂、扬中市通发实业有限公司侵犯专利权一案。扬中市通发实业有限公司在诉讼中向江苏省南京市中级人民法院提交诉状，请求法院确认袁某中的诉讼行为为恶意诉讼行为，并赔偿相应损失。一审中级人民法院确认了扬中市通发实业有限公司的上述诉讼请求。参见江苏省南京市中级人民法院（2003）宁民三初字第 188 号民事判决书。

讼，致使相对人在诉讼中遭受损失的行为"。2008 年 5 月，北京市高级人民法院对首例以恶意诉讼为案由的知识产权损害赔偿纠纷案件作出判决。[①]

5. 知识产权滥用规制的国际经济法进路

国际贸易中的知识产权滥用还可以采取国际经济法中的限制性商业惯例制度加以规制。所谓"限制性商业惯例"是指在国际技术转让中，技术转让方为谋取超额利润，而在协议中规定的明显不公平的损害受让方利益或者破坏公平竞争的条款。这种不公正的限制主要表现为：限制技术受让方的产品销售区域；限制受让方对专利商品的出口价格或者数量，或者迫使受让方在出口专利商品时，必须通过转让方指定的中间人；限制受让方制造、使用、销售与许可商品有竞争性的商品，或者限制其使用与许可技术有竞争性的技术；规定受让方必须向转让方或者其指定的一方购买原材料、零部件等；限制专利商品的转卖价格；规定受让方单方将有关许可技术新获得的知识或者经验告知他人，或者将其所改造的或者应用的知识产权转让给转让方或者许可给转让方；对不使用许可技术的商品收取提成费；限制专利商品的质量、原材料和零部件；转让方通过一揽子许可证的做法使得受让方在购买非常需要的技术的同时，被迫购买其不需要的或者在其他地方可以用更合理的价格买到的技术。[②]

三、知识产权滥用规制的制度构建

基于知识产权这种法律拟制的无体财产权的垄断特性，我国知识产权滥

[①]　北京明日电器设备有限责任公司诉维纳尔（北京）电气系统有限公司恶意诉讼案。2005 年 2 月 21 日，维纳尔（北京）电气系统有限公司以北京明日电器设备有限责任公司"熔断器式隔离开关"系列产品侵犯其外观设计专利权为由，向北京市第二中级人民法院提起专利侵权诉讼。2005 年 3 月 28 日，北京市第二中级人民法院裁定冻结北京明日电器设备有限责任公司的银行账户存款 24 万元或查封等值财产。北京明日电器设备有限责任公司提出无效宣告请求，国家知识产权局专利复审委员会宣告涉案外观设计专利权全部无效。2007 年 7 月 23 日，维纳尔（北京）电气系统有限公司申请撤诉。2007 年 10 月 8 日，北京明日电器设备有限责任公司以维纳尔（北京）电气系统有限公司 2005 年提起的诉讼属于恶意诉讼为由提起诉讼，要求判令维纳尔（北京）电气系统有限公司赔偿其经济损失 20 万元。法院认为，维纳尔（北京）电气系统有限公司的行为不能认定为恶意提起诉讼，判决驳回诉讼请求。参见北京市第二中级人民法院（2007）二中民初字第 15445 号民事判决书和北京市高级人民法院（2008）高民终字第 163 号民事判决书。

[②]　张永宏：《关于禁止技术转让中的限制性商业惯例》，载《法学杂志》1988 年第 3 期。

用规制体系的构建应当充分体现这种垄断特性在不同法律层面的作用机制。①

第一，从权利行使角度而言，构建知识产权滥用的民法、知识产权法规制制度。事实上，进一步完善民法"禁止权利滥用原则"在知识产权领域的适用，构建知识产权滥用规制的专门制度，是从权利行使角度完善知识产权滥用规制制度体系的关键。《最高人民法院关于适用〈中华人民共和国民法典〉总则编若干问题的解释》（法释〔2022〕6号）第3条规定："对于民法典第一百三十二条所称的滥用民事权利，人民法院可以根据权利行使的对象、目的、时间、方式、造成当事人之间利益失衡的程度等因素作出认定。行为人以损害国家利益、社会公共利益、他人合法权益为主要目的行使民事权利的，人民法院应当认定构成滥用民事权利。构成滥用民事权利的，人民法院应当认定该滥用行为不发生相应的法律效力。滥用民事权利造成损害的，依照民法典第七编等有关规定处理。"上述规定对滥用知识产权的民法规制提供了进一步的解释。同时，我国司法实践中亦存在运用禁止权利滥用原则的尝试。例如，在深圳市时代威科焊接科技有限公司（以下简称时代威科公司）与浙江劳士顿科技股份有限公司（以下简称劳士顿公司）侵害商标权纠纷案②中，法院指出，任何有违《商标法》的立法本意和宗旨、不正当行使商标权的行为，都不应得到法律的支持。义乌市百联进出口有限公司在2010年前后即与德国钢铁厂（stahlwerk）公司有业务往来，根据其与时代威科公司的关联关系可以推定，时代威科公司在明知德国钢铁厂公司以及德国"STAHLWERK"商标存在的情况下，于2011年在国内申请注册同类商品上的相同商标，继而还以该商标权为权利基础，对德国钢铁厂公司授权的劳士顿公司在中国境内定牌加工被诉侵权商品的行为提起侵权之诉，这种行使商标权的方式具有不正当性。笔者建议，总结上述司法实践经验，进一步分析借鉴美国知识产权滥用抗辩救济制度的相关规则。

第二，从行为规制角度而言，构建知识产权滥用行为的反垄断法规制制度。2022年6月27日，国家市场监督管理总局发布了《国务院关于经营者

① 戴芳芳：《知识产权滥用规制的理论基础及制度完善》，载《知识产权》2022年第3期。
② 参见浙江省高级人民法院（2021）浙民申4890号民事裁定书。

集中申报标准的规定（修订草案征求意见稿）》《禁止垄断协议规定（征求意见稿）》《禁止滥用市场支配地位行为规定（征求意见稿）》《禁止滥用知识产权排除、限制竞争行为规定（征求意见稿）》《制止滥用行政权力排除、限制竞争行为规定（征求意见稿）》《经营者集中审查规定（征求意见稿）》等6部《反垄断法》配套行政法规和部门规章的征求意见稿及起草说明，对2022年最新修正的《反垄断法》进行细化。应当说，《禁止滥用知识产权排除、限制竞争行为规定（征求意见稿）》代表了知识产权领域反垄断规则的新动向。相较于之前的版本，此次《禁止滥用知识产权排除、限制竞争行为规定（征求意见稿）》修订了立法目的、轴辐协议、安全港、违法罚则等相关条款，拓展相关市场的界定边界，引入创新（研发）市场，进一步澄清了限定交易、搭售和附加不合理条件等涉知识产权滥用行为，明确了经营者集中审查需考虑知识产权要素，完善了专利联营、标准必要专利许可、著作权集体管理组织等相关的反垄断监管机制。特别是，为了分析开发新技术或者新产品对未来竞争关系的影响，在传统的产品市场、技术市场之外给出"创新市场"的概念，共同用于确定相关商品市场。换言之，在涉及知识产权许可等的反垄断执法工作中，相关商品市场可以是技术市场，也可以是含有特定知识产权的产品市场，还可能涉及创新（研发）市场。可以参照的是，为了界定和分析对未来开发新技术或者新产品（包括对现有技术或者产品进行改进）产生的影响，《美国知识产权许可的反托拉斯指南》将可能受到知识产权许可行为不利影响的市场分为商品市场、技术市场和研究开发市场，并在2017年修改时将"研究开发市场"修改为"创新市场"。这与美国反托拉斯执法部门和法院早期在分析专利等知识产权是否会赋予权利持有者以市场力量时一般不考虑替代品问题，之后情况发生改变[①]的发展背景有关系。归根结底，特别是在知识产权密集型产业中，经营者之间在开发新产品、研发新技术方面也存在着竞争，虽然这一竞争关系与未来的产品竞争关系、技术竞争关系有关联，但是其直接体现了研发能力的竞争，而这种竞争对创新市

---

① 王先林：《知识产权与反垄断法——知识产权滥用的反垄断问题研究》（第三版），法律出版社2020年版，第275－277页。

场产生的影响需要被置于反垄断框架下加以评估。

第三，从诉权保障角度而言，构建知识产权诉权滥用行为的程序法规制制度。探索从能动的失权机制和司法惩戒手段两个方面①拓展《民事诉讼法》关于虚假诉讼的规制规则，增加对知识产权恶意诉讼人的惩罚性措施，进一步明确审理程序。一方面，借鉴 TRIPS 协定第 48 条第 1 款的规定，司法机关还应有权责令申请人向被告支付费用，其中可以包括适当的律师费，增加知识产权恶意诉讼人的诉讼费用负担。另一方面，探索拓展《民事诉讼法》关于虚假诉讼的规制规则，将其延伸到恶意诉讼范畴，针对恶意诉讼行为追究损害赔偿等民事法律责任，同时根据情节轻重采取拘留、罚款等措施。② 另外，针对情节严重的恶意诉讼行为是否构成刑事犯罪进行研究，一般将当事人恶意滥用民事诉权的行为称为诉讼诈骗，③ 有学者提出另立"诉讼诈骗罪"予以规制；有学者认为对严重的恶意诉讼行为以"诈骗罪"予以规制。通常而言，恶意诉讼行为主要侵犯正常的司法秩序，侵害人民法院正常的审判活动，不宜以诈骗罪予以规制。同时，笔者认为，应当从关联制度方面，完善财产保全、证据保全等诉讼法制度，④ 明确当事人对于申请财产保全、证据保全的行为负有审慎的注意义务，即其应当考虑申请保全是否确有必要、该保全行为是否给被申请人造成不必要的负担或额外损失等，单纯的保全错误可以依据因申请诉前（诉中）财产保全损害责任、因申请诉前（诉中）证据保全损害责任加以解决。

---

① 于锐：《论恶意诉讼的程序法规制》，载《黑龙江社会科学》2010 年第 1 期。
② 卞辉：《知识产权恶意诉讼的程序法应对》，载《电子知识产权》2009 年第 10 期。
③ 王晓、任文松：《民事诉权滥用的法律规制》，载《现代法学》2015 年第 5 期。
④ 朱雪忠、彭祥飞：《论专利侵权诉讼滥用的规制：价值与模式》，载《西北大学学报（哲学社会科学版）》2019 年第 4 期。

第三章　知识产权保护体系与
市场化运行机制

　　博鳌亚洲论坛 2018 年年会开幕式上，习近平总书记指出，加强知识产权保护是完善产权保护制度最重要的内容，也是提高中国经济竞争力最大的激励。《知识产权强国建设纲要（2021—2035 年）》对贯彻落实上述"两个最"的重要论述作出全面部署，要求牢牢把握加强知识产权保护"两个最"的深刻内涵，围绕严格知识产权保护形成多项战略举措。应当说，逻辑自洽、结构完备、衔接顺畅的知识产权保护体系，能够提高知识产权保护水平，提升争议纠纷解决质效，妥善维护各方合法权益，如此方能支撑国际一流的营商环境建设，这也是提升知识产权治理能力，建设知识产权强国的应有之义。①

　　立足"两个最"的重要认识，围绕建设知识产权保护体系，我国已经逐步形成了"严大快同"的战略思路，也就是强调知识产权的"严保护、大保护、快保护、同保护"。2019 年，中共中央办公厅、国务院办公厅发布的《关于强化知识产权保护的意见》提出，"牢固树立保护知识产权就是保护创新的理念，坚持严格保护、统筹协调、重点突破、同等保护，不断改革完善知识产权保护体系，综合运用法律、行政、经济、技术、社会治理手段强化保护，促进保护能力和水平整体提升"。该意见围绕"强化制度约束，确立知识产权严保护政策导向"（严保护）、"加强社会监督共治，构建知识产权大保护工作格局"（大保护）、"优化协作衔接机制，突破知识产权快保护关键环节"（快保护）和"健全涉外沟通机制，塑造知识产权同保护优越环境"

---

　　① 易继明：《知识产权强国建设的基本思路和主要任务》，载《知识产权》2021 年第 10 期。

（同保护），部署关键政策举措。

在这一总体思路下，知识产权强国建设需要形成知识产权保护的强大合力，既健全公正高效、管辖科学、权界清晰、系统完备的司法保护体制，又健全便捷高效、严格公正、公开透明的行政保护体系，并在这两个方面全面加强的基础上，建立司法、行政、仲裁、调解、行业自治等多元主体参与、协同保护的知识产权大保护格局。2016 年 4 月 9 日，国家知识产权局局长申长雨在首届中国知识产权保护高层论坛上提出，着力构建知识产权大保护工作格局，加快形成知识产权保护的强大合力，并强调要进一步完善知识产权保护的统筹协调机制，加强国家层面和地方层面的知识产权保护联动，加快构建行政和司法两条途径优势互补、有机衔接的保护模式，深化知识产权保护的区域协作和国际合作。①

在"严格保护、统筹协调、重点突破、同等保护"的总体思路指引下，本章的前四节重点讨论知识产权保护体系建设的关键问题。其中，第一节将讨论知识产权大保护工作格局下的知识产权保护体系建设的总体思路，特别是知识产权保护体系建设的协同观。第二节将讨论《知识产权强国建设纲要（2021—2035 年）》提出的"知识产权审判机构建设工程"，回顾我国知识产权审判体系的发展历程与基本现状，在比较法意义上的经验借鉴基础上，提出我国知识产权审判机构建设的未来展望。第三节将讨论知识产权行政保护体系，厘清知识产权行政保护体系的内涵与外延，回顾我国知识产权行政保护的发展历程，并对我国知识产权行政保护体系建设的未来发展提出思路建议，对我国知识产权行政裁决制度的发展提出展望。第四节将讨论对外贸易知识产权保护的问题，包括对外贸易知识产权保护调查机制、知识产权海关保护以及自由贸易试验区知识产权保护机制等。

另外，《知识产权强国建设纲要（2021—2035 年）》在市场化的知识产权运行机制方面主要涵盖知识产权创造、运用、运营机制三个方面。其中，知识产权运营是知识产权运用的高级阶段，更加明确地强调发挥知识产权制

---

① 王宇、孙迪："首届中国知识产权保护高层论坛在京举办"，载国家知识产权局官网，https：//www.cnipa.gov.cn/art/2016/4/13/art_53_116857.html，访问日期：2023 年 4 月 10 日。

度功能、实现知识产权制度价值，强调知识产权的专业化运作和全链条运营，以及强调将知识产权作为核心资产，嵌入创新全过程，进行全生命周期的经营。

从历史维度考量，从知识产权实施到知识产权运用，再到知识产权运营，体现了知识产权高质量发展的核心理念，反映了从知识产权大国向知识产权强国演进的基本路径，阐释了运用知识产权制度本质的"中国方案"。知识产权运营就是运用知识产权制度规则、经营知识产权权利价值，涵盖知识产权布局培育、转移转化、价值评估、投融资、战略运用、专利导航等作为竞争工具的各个方面，通过有效运营，实现促进知识产权价值最大化的目的，并以此促进经济、科技、社会等综合效益的最大化。亦即，知识产权运营的核心是运用知识产权制度经营权利实现效益最大化，运用制度工具与经营权利相互促进。知识产权运营的外延方式涵盖了在知识产权运用的外延方式基础上发展起来的、新的实现方式。归纳起来，知识产权运营，既包括对知识产权权利的交易转让，又包括对知识产权制度的使用，还包括对知识产权信息的分析，这主要可以概括为知识产权产业化、知识产权商品化、知识产权资本化、知识产权战略化等四种方式。中国特色知识产权运营体系建设围绕全链条导航、组合式运营两条主线，立足发挥知识产权制度保护创新以实现创新竞争的控制工具、公开创新以实现创新发展的决策工具两大功能，推动形成中国特色知识产权运营体系。

在上述知识产权创造、知识产权运用、知识产权运营的总体逻辑下，本章的第五节至第七节重点讨论市场化知识产权运行机制的关键问题。其中，第五节将分析专利导航产业发展机制的总体思路，专利制度的核心就在于构建经济竞争力的激励机制，解决创新发展中的市场失灵问题。针对这一问题设计的专利制度具有下述两大功能：一是保护创新，实现创新竞争的控制工具的功能；二是公开创新，实现创新发展的决策工具的功能。专利导航工作机制旨在充分发挥专利制度所具有的公开创新实现创新发展的决策工具的功能，以专利信息资源利用和专利分析为基础，把专利运用嵌入产业技术创新、产品创新、组织创新和商业模式创新，引导和支撑产业实现自主可控、科学发展的探索性工作。第六节将分析知识产权运营体系建设工程，将"政府的手"和"市场的手"互动起来,将科技功勋制度与知识产权制度衔接起来,将知识产权运营系统融入以科技创新为核心的国家创新体系,成为国家创新体系的关键要素之一。第七节将进一步以国有企业为代表,讨论企业知识产权管理体系建设的关键问题。加强国有企业知识产权合规体系建设和国有企业知识产权运营体系建设,打造具备国际竞争优势的知识产权强企,充分发挥好国有企业的"稳定器"和"压舱石"作用。

第一节　知识产权保护体系建设研究

《知识产权强国建设纲要(2021—2035年)》明确提出:"健全统一领导、衔接顺畅、快速高效的协同保护格局。坚持党中央集中统一领导,实现政府履职尽责、执法部门严格监管、司法机关公正司法、市场主体规范管理、行业组织自律自治、社会公众诚信守法的知识产权协同保护。实施知识产权保护体系建设工程。明晰行政机关与司法机关的职责权限和管辖范围,健全知识产权行政保护与司法保护衔接机制,形成保护合力。建立完善知识产权仲裁、调解、公证、鉴定和维权援助体系,加强相关制度建设。健全知识产权信用监管体系,加强知识产权信用监管机制和平台建设,依法依规对知识产权领域严重失信行为实施惩戒。完善著作权集体管理制度,加强对著作权集体管理组织的支持和监管。"《"十四五"国家知识产权保护与运用规划》进一步提出:"加强知识产权协同保护。完善知识产权纠纷多元化解决机制。培育和发展知识产权调解组织、仲裁机构、公证机构。鼓励行业协会、商会建立知识产权保护自律和信息沟通机制。建立健全知识产权调解、仲裁、公证、社会监督等人才的选聘、培养、管理、激励制度。推动完善知识产权纠纷投诉受理处理、诉讼调解对接、调解仲裁对接、行政执法与调解仲裁对接等机制。探索维权援助社会共治模式,鼓励高校、社会组织等开展维权援助工作。建立完善知识产权侵权纠纷检验鉴定工作体系,加强知识产权鉴定机构专业化、规范化建设,推动建立知识产权鉴定技术标准。建立国防领域知识产权纠纷多元化处理机制。"可以说,上述两份文件标志着我国知识产权保护体系从双轨制向协同保护格局转变。

一、我国知识产权保护体系的历史：双轨制

所谓知识产权保护双轨制，是指我国针对知识产权保护采用行政保护与司法保护并行的知识产权执法体制。我国知识产权保护的双轨制由来已久。中华民国南京国民政府时期的知识产权保护体系可以划分为行政和司法两个部分，其中司法对所有知识产权侵权行为都有最终裁决的权力，但是大多数知识产权侵权纠纷实际上是由行政机关最终处理的。[①] 以专利为例，我国首部《专利法》虽然先后易稿 25 次才得以通过，但是其中基本没有涉及专利行政保护制度的内容，特别是对于专利侵权纠纷的行政处理，是全国人大常委会在审议第 24 稿时才补充进来的，其理由在于，"考虑到专利权纠纷的处理是专业性很强的工作，以先由行政主管部门即专利管理机关处理为宜"[②]，并且"当时司法薄弱，人民法院并不具备这样的审判力量"[③]。因此，当时立法机关的观点在于，专利管理机关主要是民事纠纷处理机关。[④] 在这样的背景下，我国知识产权保护体系的核心特征是双轨制。

我国知识产权保护的双轨制在各知识产权法律中得到落实，同时在历次法律法规修改中得以保留。我国 1984 年《专利法》第 60 条第 1 款前段规定："对未经专利权人许可，实施其专利的侵权行为，专利权人或者利害关系人可以请求专利管理机关进行处理，也可以直接向人民法院起诉。"我国 1982 年《商标法》第 39 条第 1 款前段规定："有本法第三十八条所列侵犯注册商标专用权行为之一的，被侵权人可以向侵权人所在地的县级以上工商行政管理部门要求处理。"该法第 39 条第 2 款规定："对侵犯注册商标专用权的，被侵权人也可以直接向人民法院起诉。"我国 1990 年《著作权法》第 46 条

① 中国社会科学院知识产权研究中心编：《中国知识产权保护体系改革研究》，知识产权出版社2008年版，第1-4页。
② 赵元果编著：《中国专利法的孕育与诞生》，知识产权出版社2003年版，第284页。
③ 吴宁燕、王燕红：《论专利行政执法的必要性和发展方向——我国立法与修法立足国情的考虑》，载国家知识产权局条法司编《专利法研究（2003）》，知识产权出版社2003年版，第157-172页。
④ 汤宗舜：《专利法解说》（修订版），知识产权出版社2002年版，第340-342页。

规定："有下列侵权行为的，应当根据情况，承担停止侵害、消除影响、公开赔礼道歉、赔偿损失等民事责任，并可以由著作权行政管理部门给予没收非法所得、罚款等行政处罚：（一）剽窃、抄袭他人作品的；（二）未经著作权人许可，以营利为目的，复制发行其作品的；（三）出版他人享有专有出著作权的图书的；（四）未经表演者许可，对其表演制作录音录像出版的；（五）未经录音录像制作者许可，复制发行其制作的录音录像的；（六）未经广播电台、电视台许可，复制发行其制作的广播、电视节目的；（七）制作、出售假冒他人署名的美术作品的。"之后，知识产权法律法规的历次修改均保留了行政保护和司法保护的双轨制，并且在负责知识产权执法的部门的调查查处权限上有所强化。

我国知识产权保护的双轨制在公共政策中作出战略部署。2008 年《国家知识产权战略纲要》明确了行政保护和司法保护共同构成的知识产权保护双轨制，并进一步明确了司法保护的主导作用，亦即，"加强司法保护体系和行政执法体系建设，发挥司法保护知识产权的主导作用，提高执法效率和水平，强化公共服务"。2015 年《国务院关于新形势下加快知识产权强国建设的若干意见》（国发〔2015〕71 号）提出要"推动知识产权保护法治化，发挥司法保护的主导作用，完善行政执法和司法保护两条途径优势互补、有机衔接的知识产权保护模式"。其仍然强调了知识产权行政执法、司法保护的双轨制，并且延续《国家知识产权战略纲要》的认识，强化了知识产权司法保护的主导作用。

然而，知识产权司法保护和行政保护的双轨制存在的问题日益明显：一是知识产权行政保护、司法保护两条途径不能满足权利人严格保护知识产权的需求，知识产权保护实效与社会期待存在较大差距；二是知识产权行政保护、司法保护不能满足权利人快速保护的需求，知识产权司法保护受制于程序要求，审判周期较长，知识产权行政保护可能因后续提起的行政诉讼无法得到及时实施；三是知识产权行政保护和司法保护的衔接不畅，司法保护和行政保护的各自优势尚未充分发挥。

二、我国知识产权保护体系的建设思路：协同保护格局

针对上述问题，我国逐步形成了"严保护、大保护、快保护、同保护"的知识产权保护体系的新认识。2016 年 4 月 9 日，国家知识产权局局长申长雨在首届中国知识产权保护高层论坛上，首次提出要"着力构建知识产权大保护工作格局，加快形成知识产权保护的强大合力"。① 2016 年年底，国务院发布《"十三五"国家知识产权保护和运用规划》也提出要"加快知识产权法律、法规、司法解释的制修订，构建包括司法审判、刑事司法、行政执法、快速维权、仲裁调解、行业自律、社会监督的知识产权保护工作格局"。2019 年 3 月 12 日，国家知识产权局局长申长雨在 2019 年全国两会第四场"部长通道"上提出："制定实施知识产权保护体系建设方案，进一步完善集严保护、大保护、快保护和同保护为一体的知识产权保护工作格局。"由此，我国逐步提出了"严保护、大保护、快保护和同保护为一体的知识产权保护工作格局"的新观点，通过知识产权"大保护"工作格局的构建，解决上述知识产权行政保护、司法保护两条途径不能满足权利人严格保护知识产权的需求的问题；通过知识产权"快保护"机制的建立，解决上述知识产权行政保护、司法保护不能满足权利人快速保护的需求的问题；通过知识产权"同保护"的协作沟通，塑造严格保护知识产权的良好营商环境；最终通过上述方面的共同努力，确立知识产权"严保护"政策导向。

"严保护、大保护、快保护、同保护"的知识产权保护体系逐步成为知识产权公共政策的总体方向。2019 年 7 月 24 日，中央全面深化改革委员会第九次会议强调，要着眼于统筹推进知识产权保护，从审查授权、行政执法、司法保护、仲裁调解、行业自律等环节，改革完善保护工作体系，综合运用法律、行政、经济、技术、社会治理手段强化保护，促进保护能力和水平整体提升。进而，知识产权保护体系建设的总体思路形成。2019 年 11 月，中共中央办公厅、国务院办公厅发布的《关于强化知识产权保护的意见》明确

---

① 申长雨：《申长雨：构建知识产权大保护格局 提高知识产权保护效果》，载《河南科技》2016 年第 4 期。

提出，"坚持严格保护、统筹协调、重点突破、同等保护，不断改革完善知识产权保护体系，综合运用法律、行政、经济、技术、社会治理手段强化保护"。其中，"严格保护、统筹协调、重点突破、同等保护"体现了"严保护、大保护、快保护、同保护"的知识产权保护体系思路。同时，《关于强化知识产权保护的意见》围绕"强化制度约束，确立知识产权严保护政策导向""加强社会监督共治，构建知识产权大保护工作格局""优化协作衔接机制，突破知识产权快保护关键环节""健全涉外沟通机制，塑造知识产权同保护优越环境"四个方面部署主要战略任务，落实了"严保护、大保护、快保护、同保护"的知识产权保护体系思路。

《知识产权强国建设纲要（2021—2035 年）》在司法保护和行政保护措施双轨制之外，提出了"协同保护格局"或者"协同保护体系"的概念，实则与此前所用的"大保护格局（体系）"一体，只是这里更加强调司法保护和行政保护彼此间的"协同性"。这一提法，与 2008 年发布的《国家知识产权战略纲要》所提出的"发挥司法保护知识产权的主导作用"就有很大的不同了。我国知识产权保护之所以能够或者可以建设"协同保护"（大保护）格局，最为根本的因素是我们有中国共产党的领导，这也符合 2018 年党和国家机构改革的方向，即"形成总揽全局、协调各方的党的领导体系"。[①]

三、我国知识产权保护体系的建设举措：协同保护格局的推进落实

在 2018 年党和国家机构改革中，新组建的国家知识产权局负责知识产权保护体系建设，负责商标、专利、原产地地理标志的注册登记和行政裁决。商标、专利的行政执法将由市场监管综合执法队伍执行，同时划分专门的知识产权执法队伍类别，以保证知识产权行政执法的专业性和准确性。将新组建的国家知识产权局作为国家市场监督管理总局管理的国家局，体现了对知识产权保护体系建设的重视。在 2023 年党和国家机构改革中，为完善知识产权管理体制，加快推进知识产权强国建设，全面提升知识产权创造、运用、保护、管理和服务水平，将国家知识产权局由国家市场监督管理总局管理的

---

① 易继明：《知识产权强国建设的基本思路和主要任务》，载《知识产权》2021 年第 10 期。

国家局调整为国务院直属机构。商标、专利等领域执法职责继续由市场监管综合执法队伍承担，相关执法工作接受国家知识产权局专业指导。

在中央部署的总体方向下，笔者建议，在实践层面进一步加强知识产权保护体系建设，加快建成平衡高效、双轮驱动、多元保护、灵活可及的知识产权保护体系。一是平衡高效，注重知识产权保护与运用的平衡，发挥知识产权制度保护创新创造和维护社会公众利益的平衡作用，促进知识产权制度高效地发挥激励创新、促进发展、维护市场秩序的功能作用。二是双轮驱动，就是充分发挥知识产权司法保护的主导作用，充分发挥知识产权行政保护的快捷性、便利性优势，促进知识产权司法保护和行政保护的良性互动，共同驱动知识产权保护体系高效运转。三是多元保护，就是充分发挥知识产权仲裁、知识产权调解、行业自律等方式对知识产权司法保护和行政保护的补充作用，实现多渠道、多方式、多角度的立体式知识产权保护。四是灵活可及，强调建立符合知识产权诉讼特点的特别程序制度，通过证据保全、行为保全等灵活方式促进知识产权诉讼灵活开展。同时，在商标、专利等领域的执法职责继续由市场监管综合执法队伍承担，可以充分发挥市场监督管理执法队伍覆盖面广、体系性强、延伸性好的优势，促进知识产权保护可及性的提高。在平衡高效、双轮驱动、多元保护、灵活可及这四个方面，平衡有效是中国特色知识产权保护体系建设的目标和导向，双轮驱动是中国特色知识产权保护体系建设的特点和重点，多元保护是中国特色知识产权保护体系建设的外延和体系，灵活可及是中国特色知识产权保护体系建设的优势和效果，这四个方面相互支持、有效配合，共同构成了中国特色知识产权保护体系建设的核心。

总体而言，笔者建议充分发挥知识产权司法保护的终局性、权威性特点，充分发挥知识产权行政保护快捷性、便利性优势，强化司法保护和行政保护两条途径的有机衔接，形成包括司法审判、刑事司法、行政执法、快速维权、仲裁调解、行业自律、社会监督等的多元纠纷解决机制，严格知识产权保护。完善知识产权纠纷多元化解决机制。培育和发展知识产权调解组织、仲裁机构、公证机构，建立完善知识产权仲裁、调解、公证、鉴定和维权援助体系，完善知识产权纠纷投诉受理处理、诉讼调解对接、调解仲裁对接、行政执法与调解仲裁对接等机制，加强知识产权检察业务，强化知识产权行政执法与刑事司法的衔接，优化民行检察监督一体化建设，进一步优化知识产权保护体系建设。

第二节　知识产权审判机构建设工程

《知识产权强国建设纲要（2021—2035年）》明确提出："实施高水平知识产权审判机构建设工程，加强审判基础、体制机制和智慧法院建设。健全知识产权审判组织，优化审判机构布局，完善上诉审理机制，深入推进知识产权民事、刑事、行政案件'三合一'审判机制改革，构建案件审理专门化、管辖集中化和程序集约化的审判体系。加强知识产权法官的专业化培养和职业化选拔，加强技术调查官队伍建设，确保案件审判质效。积极推进跨区域知识产权远程诉讼平台建设。统一知识产权司法裁判标准和法律适用，完善裁判规则。加大刑事打击力度，完善知识产权犯罪侦查工作制度。修改完善知识产权相关司法解释，配套制定侵犯知识产权犯罪案件立案追诉标准。加强知识产权案件检察监督机制建设，加强量刑建议指导和抗诉指导。"同时，该纲要进一步要求"完善跨区域、跨部门执法保护协作机制"。

一、我国知识产权审判体系发展历程

我国知识产权审判体系建设源起于我国知识产权法律制度的建立。我国于1982年颁布《商标法》、1984年颁布《专利法》、1990年颁布《著作权法》之后，知识产权审判体系逐步被建立。1993年，北京市中级人民法院、北京市高级人民法院率先成立了知识产权审判庭，专门审理著作权、专利权、商标权等知识产权纠纷案件。1994年，上海市中级人民法院、上海市高级人民法院成立知识产权审判庭。1996年，最高人民法院设立知识产权审判庭，主要负责全国重大的知识产权案件审判工作，并负责制定出台知识产权司法解释、知识产权案件审判指导意见等。

我国知识产权审判体系完善可以追溯到 2008 年《国家知识产权战略纲要》的指引。该纲要明确提出实施国家知识产权战略，研究适当集中专利等技术性较强案件的审理管辖权问题，探索建立知识产权上诉法院。该纲要第五部分"战略措施"第四点"提高知识产权执法水平"中明确提出："完善知识产权审判体制，优化审判资源配置，简化救济程序。研究设置统一受理知识产权民事、行政和刑事案件的专门知识产权法庭。研究适当集中专利等技术性较强案件的审理管辖权问题，探索建立知识产权上诉法院。进一步健全知识产权审判机构，充实知识产权司法队伍，提高审判和执行能力。"为了深入贯彻落实《国家知识产权战略纲要》，最高人民法院作为国家知识产权战略实施工作部际联席会议成员单位，在 2009 年 3 月 23 日发布《关于贯彻实施国家知识产权战略若干问题的意见》（法发〔2009〕16 号）。该意见要求："探索建立知识产权上诉法院。按照《纲要》要求，加强与相关部门的沟通、协调和配合，根据完善知识产权案件上诉机制的要求，深入研究建立知识产权上诉法院的可行性和必要性，积极探索有关改革路径和模式，努力实现知识产权确权程序与侵权诉讼程序的有效衔接，简化司法救济程序，提高裁判效率，保证司法统一。"2009 年 3 月，最高人民法院发布的《人民法院第三个五年改革纲要（2009—2013）》（法发〔2009〕14 号）也提出："建立健全符合知识产权案件特点的审判体制和工作机制，在直辖市和知识产权案件较多的大中城市，探索设置统一受理知识产权案件的综合审判庭。"自此以后，我国一直在国家层面进行改革知识产权上诉机制的研究和探索。截至 2014 年，全国有 500 多个法院设立了知识产权审判庭，[①] 有权管辖一审专利案件的中级人民法院达到 87 个、有权管辖一审集成电路布图设计案件的中级人民法院达到 46 个、有权管辖一审植物新品种案件的中级人民法院达到 45 个、有权设立外观设计和实用新型专利案件的基层法院达到 7 个。[②]

党的十八大以来，以习近平同志为核心的党中央高瞻远瞩、审时度势，聚焦世界发展新格局和国内发展新常态，对知识产权工作作出了一系列富有

① 陶鑫良：《建立知识产权法院的若干思考》，载《上海法制报》2014 年 7 月 16 日，第 B06 版。
② 李明德：《知识产权法院与创新驱动发展》，载《人民法院报》2014 年 9 月 4 日，第 3 版。

远见卓识的战略部署。2013 年 11 月 12 日，十八届三中全会通过《中共中央关于全面深化改革若干重大问题的决定》，其中对知识产权工作的明确部署是，"加强知识产权运用和保护，健全技术创新激励机制，探索建立知识产权法院"。可见，党中央、国务院将探索建立知识产权法院、加大知识产权保护力度提升到前所未有的高度。2014 年 6 月 6 日，习近平总书记主持召开中央全面深化改革领导小组第三次会议，审议通过《关于设立知识产权法院的方案》。2014 年 8 月 31 日，十二届全国人大常委会十次会议审议通过了《全国人民代表大会常务委员会关于在北京、上海、广州设立知识产权法院的决定》，在北京、上海、广州设立知识产权法院，知识产权法院管辖有关专利、植物新品种、集成电路布图设计、技术秘密等专业技术性较强的第一审知识产权民事和行政案件，而不服国务院行政部门裁定或者决定而提起的第一审知识产权授权确权行政案件，由北京知识产权法院管辖。在 2014 年年底，在北京、广州、上海正式设立了知识产权法院。

最高人民法院原院长、首席大法官周强在 2014 年 8 月 25 日十二届全国人大常委会十次会议对在北京、上海、广州设立知识产权法院的决定（草案）作出说明，[①] 并明确提出"探索设立知识产权专门法院，是适应当前经济社会发展的需要，是落实党的十八届三中全会决定、全面深化司法改革的重大措施"，尤其是强调"在认真总结近年来全国法院集中审理知识产权民事、行政案件改革试点工作的基础上，对技术性、专业性、区域性更强的专利等知识产权案件进一步集中管辖，有利于建立一支高素质、专业化的审判队伍，不断完善诉讼程序，解决案件裁判标准不够统一的问题，更好地促进我国科技创新和经济发展"。就知识产权法院的管辖案件，知识产权法院的案件管辖以专利技术类案件为主，其原因在于这类案件的专业技术性更强，审理要求更高，对于促进科技创新和经济发展的影响更为重要，更需要进一步加强司法保护。

2014 年 11 月 6 日，北京知识产权法院挂牌。2014 年 12 月 16 日，广州

① 参见周强："对《关于在北京、上海、广州设立知识产权法院的决定（草案）》的说明——2014 年 8 月 25 日在第十二届全国人民代表大会常务委员会第十次会议上"，载中国人大网，http：//www.npc.gov.cn/wxzl/gongbao/2014－11/18/content_1892122.htm，访问日期：2022 年 1 月 1 日。

知识产权法院挂牌。2014 年 12 月 28 日，上海知识产权法院挂牌。应当说，北京、上海、广州知识产权法院的成立，具有非常重要的意义，其不仅承担着完善知识产权司法保护制度、提高知识产权保护效果的使命，还担负着司法体制改革先行者和探索者的重要任务。① 北京、上海、广州的知识产权法院成立后，积极探索加强制度建设。为更好地推动知识产权法院开展工作，最高人民法院陆续出台《知识产权法院法官选任工作指导意见（试行）》《最高人民法院关于北京、上海、广州知识产权法院案件管辖的规定》《中国知识产权司法保护纲要（2016—2020）》《关于知识产权法院技术调查官参与诉讼活动若干问题的暂行规定》《知识产权法院技术调查官选任工作指导意见（试行）》等文件。截至 2017 年 6 月，三家知识产权专门法院共受理案件46 071 件，审结 33 135 件。其中，受理有关专利、植物新品种、集成电路布图设计、技术秘密、计算机软件等专业技术性较强的一审知识产权民事和行政案件 12 935 件，审结 8247 件。北京知识产权法院受理专利、商标授权确权行政案件 18 732 件，审结 11 046 件，判决撤销被诉行政决定 2166 件。三家知识产权专门法院审结民事案件 21 620 件，审结商标案件 1462 件，审结著作权案件 11 664 件，审结不正当竞争和垄断案件 564 件。②

2017 年 8 月 29 日，最高人民法院原院长、首席大法官周强在十二届全国人大常委会二十九次会议上作《最高人民法院关于知识产权法院工作情况的报告》。该报告明确提出："北京、上海、广州知识产权法院的设立，开创了知识产权审判新局面，对于加强知识产权司法保护具有标志意义。"同时，该报告进一步建议完善知识产权法院工作体制，亦即，"建议从推动建设知识产权强国和世界科技强国的战略高度，研究建立国家层面知识产权案件上诉审理机制，实现知识产权案件审理专门化、管辖集中化、程序集约化和人员专业化。总结推广北京、上海、广州知识产权法院经验，适时增设知识产权法院，进一步健全符合知识产权司法保护规律的专门化审判体系，更好地

---

① 参见宋晓明：《知识产权法院的中国探索》，载《中国专利与商标》2015 年第 2 期。
② 周强："最高人民法院关于知识产权法院工作情况的报告"，载中国法院网，https://www.chinacourt.org/article/detail/2017/09/id/2988073.shtml，访问日期：2022 年 4 月 27 日。

满足科技创新对知识产权专门化审判的司法需求"。① 这次会议形成的、对知识产权法院工作情况报告的意见和建议，充分肯定了知识产权法院建设取得的突出成绩。② 可以说，北京、上海、广州知识产权法院，通过加大对知识产权侵权行为的惩治力度，着力解决侵权成本低、维权成本高等问题，充分发挥司法保护知识产权的主导作用；通过推进审判机构专门化、审判人员专职化和审判工作专业化，统一裁判标准，提高审判效率，充分发挥了提升全国法院知识产权审判水平的引领示范作用；通过在组建和运行中全面落实司法体制改革要求，推进司法责任制、人员分类管理和职业保障改革，不断规范审判权力运行机制，充分发挥了司法体制改革的排头兵作用；通过加强知识产权司法领域的国际交流与合作，讲好中国法治故事，传播中国法治声音，展示中国司法成就，有效提升了我国知识产权司法的国际影响力。设立知识产权法院，开创了知识产权审判新局面，充分展示了我国知识产权司法保护的新形象，赢得了人民群众和国际社会的积极评价。③

在北京、上海、广州知识产权法院成立之后，尤其是在各地知识产权法庭相继成立的进程中，社会各界对建立国家层面的知识产权上诉审理机制的呼声越来越高。有学者提出，应当构建国家层面的知识产权上诉机制，以作为"知识产权大司法"的重要组成部分。④ 可以说，本轮知识产权司法改革中，来自"中间"和"基层"的突破，倒逼着"上层"，即国家层面的统一的上诉法院建设。但如何建设，又总在"上诉机制"与"上诉法院"之间摇摆。这实则为"机制"与"体制"之争。这一问题涉及相应机构的基本定位，即涉及层级、职数、人员编制及其配套的人、财、物等问题。⑤ 2014 年

---

① 周强："最高人民法院关于知识产权法院工作情况的报告——2017 年 8 月 29 日在第十二届全国人民代表大会常务委员会第二十九次会议上"，载中国人大网，http://www.npc.gov.cn/npc/c12435/201708/c24c7 ce4cf8640f8b4b132c49e463245.shtml，访问日期：2020 年 1 月 1 日。

② "对知识产权法院工作情况报告的意见和建议"，载中国人大网，http://www.npc.gov.cn/npc/c22242/201709/6462156e3c0c4f059de41e508f424196.shtml，访问日期：2020 年 1 月 1 日。

③ 李剑、廖继博：《国家层面知识产权案件上诉审理机制：历史、现状与展望》，载《法律适用》2019 年第 1 期。

④ 参见易继明：《构建知识产权大司法体制》，载《中外法学》2018 年第 5 期。

⑤ 参见易继明：《司法体制改革中的知识产权法庭》，载《法律适用》2019 年第 3 期。

3月全国两会期间，最高人民法院副院长、全国政协委员陶凯元向全国政协十二届二次会议提交了《关于加大知识产权司法保护力度　统一知识产权诉讼裁判标准的建议》的提案，建议全国人大常委会法制工作委员会研究设立国家层面的知识产权高级法院；修改制定相关法律，建立知识产权诉讼证据开示制度；完善知识产权侵权损害赔偿制度。2015年3月两会期间，最高人民法院副院长、全国政协委员陶凯元向全国政协十二届三次会议提交了《关于加快专利案件审判体制改革　为科技创新提供制度保障的建议》的提案，建议全国人大常委会应该研究设立国家层面的知识产权高级法院，作为全国涉及专利、商标等知识产权案件的上诉管辖法院，有效统一知识产权诉讼裁判标准，提高审判效率。2016年3月全国两会期间，最高人民法院副院长、全国政协委员陶凯元向全国政协十二届四次会议提交了《关于专利法第四次修改几个主要问题建议》的提案，建议全国人民代表大会常务委员会研究设立国家层面的知识产权高级法院，作为全国涉及专利、植物新品种、集成电路布图设计、技术秘密、计算机软件等技术类知识产权案件的上诉管辖法院。2017年3月全国两会期间，第十二届全国人大代表、中华全国专利代理人协会会长杨梧向十二届全国人大三次会议提交了《关于加快设立国家层面知识产权高级法院的建议》的提案，鉴于知识产权纠纷与一般的民事纠纷不同，案件往往涉及较高的技术含量，尤其是涉及专利纠纷和互联网领域的案件，具有很强的专业性，需要统一审判标准，需要有深厚的技术知识和法律知识以及审判经验的法官进行审理，避免不同法院在适用法律、法规时因理解的不同而出现"同案不同判"的情形。因此，笔者建议，应成立国家层面的知识产权高级法院，进一步统一审判标准，避免地方保护，保证审判公平公正。

与此同时，国务院知识产权战略实施工作部际联席会议从战略规划角度，积极推动探索建立国家层面知识产权案件上诉审理机制。2016年《"十三五"国家知识产权保护和运用规划》提出："推动知识产权领域的司法体制改革，构建公正高效的知识产权司法保护体系，形成资源优化、科学运行、高效权威的知识产权综合审判体系，推进知识产权民事、刑事、行政案件的'三合一'审理机制，努力为知识产权权利人提供全方位和系统有效的保护，维护知识产权司法保护的稳定性、导向性、终局性和权威性。"该规划进一步要求"积极开展知识产权民事侵权诉讼程序与无效程序协调的研究"。2017年6月23日，国务院知识产权战略实施工作部际联席会议办公室发布的《2017年深入实施国家知识产权战略加快建设知识产权强国推进计划》（国知战联办〔2017〕12号），明确提出"积极推动完善知识产权案件上诉机制"。2018年11月9日，国务院知识产权战略实施工作部际联席会议办公室发布的《2018年深入实施国家知识产权战略　加快建设知识产权强国推进计划》明确提出"探索建立国家层面知识产权案件上诉审理机制"。

特别需要强调的是，中央将"国家层面知识产权案件上诉审理机制"建设作为全面深化知识产权领域改革的重要组成部分，积极推进上诉机制建设。2018年2月，中共中央办公厅、国务院办公厅发布《关于加强知识产权审判领域改革创新若干问题的意见》，明确要求"研究建立国家层面知识产权案件上诉审理机制"。同年2月，中央全面深化改革委员会将"研究建立国家层面知识产权案件上诉审理机制"确定为2018年改革要点工作，由最高人民法院牵头落实。同年3—9月，最高人民法院在中央政法委领导下，就"国家层面知识产权案件上诉审理机制"改革进行了深入调研、充分论证和反复研究，最终选择了设立知识产权法庭统一审理全国范围内专利等上诉案件的改革思路。同年10月19日，中央正式批准最高人民法院设立知识产权法庭，统一审理全国范围内专利等专业技术性较强的知识产权上诉案件，并要求最高人民法院制定发布《关于知识产权法庭若干问题的规定》，作为知识产权法庭挂牌办公的配套制度。

2018年10月26日，十三届全国人大常委会六次会议审议通过《全国人民代表大会常务委员会关于专利等知识产权案件诉讼程序若干问题的决定》。该文件明确指出：当事人对专业技术性较强的知识产权民事案件、知识产权行政案件第一审判决裁定不服提起上诉的，由最高人民法院审理；对已经发生法律效力的上述案件第一审判决、裁定、调解书，依法申请再审、抗诉等，适用审判监督程序的，由最高人民法院审理。可见，最高人民法院知识产权法庭上收了高级人民法院的部分审判职能，主要审理全国范围内专利等专业技术性较强的知识产权上诉案件。最高人民法院知识产权法庭是最高人民法院派出的常设审判机构，代表最高人民法院行使专利、垄断等技术类上诉案件审判和对下监督、指导职能。① 此外，对于该文件，有几点需要注意。一是不服外观设计专利第一审民事判决裁定而提起上诉的案件，并不由最高人民法院知识产权法庭审理，而是仍由一审法院所在地的高级人民法院审理。最高人民法院知识产权审判庭相关负责人曾指出，外观设计并非技术方案，外观设计专利较之发明专利、实用新型专利而言，技术性不强，相关侵权判定的思路和标准也存在显著差异；仍由高级人民法院主要审理外观设计专利民事二审案件，有利于维持审判队伍的稳定性和审判工作的延续性。② 二是最高人民法院知识产权法庭不受理知识产权刑事案件。最高人民法院知识产权审判庭相关负责人曾指出，知识产权第一审刑事案件均由基层人民法院受理，有关第二审案件由中级人民法院审理，有关申请再审及再审案件由高级人民法院审理。据统计，各高级人民法院每年审理的专利等申请再审及再审刑事案件总量不足 10 件，故暂无必要将该类案件上收至知识产权法庭审理。③

2018 年 12 月 27 日，最高人民法院发布《关于知识产权法庭若干问题的规定》（法释〔2018〕22 号），设立知识产权法庭，以审理上诉案件。同时，最高人民法院民事审判第三庭（知识产权审判庭）的审判职能不因知识产权法庭的成立而变化，其仍主要审理全国范围内各类知识产权申请再审、再审案件，亦即，仍由最高人民法院民事审判第三庭（知识产权审判庭）审理因不服专业技术性较强的知识产权民事案件、行政案件生效的第二审判决裁定而提起的再审申请、抗诉等，以及其他知识产权案件的再审申请、抗诉等。

---

① 罗东川：《建立国家层面知识产权案件上诉审理机制 开辟新时代知识产权司法保护工作新境界——最高人民法院知识产权法庭的职责使命与实践创新》，载《知识产权》2019 年第 7 期。
② 宋晓明、王闯、李剑等：《〈关于知识产权法庭若干问题的规定〉的理解与适用》，载《人民司法》2019 年第 7 期。
③ 同注②。

最高人民法院原院长周强主持会议专题研究知识产权法庭建设，按照"高起点、高标准、高水平、国际化"的建设要求，成立由三位院领导分任组长的业务组、人事组、保障组，明确任务分工，强化协同推进，顺利完成司法解释制定颁布、办公场所选址装修、人员选调录用、办公办案系统升级、后勤保障措施到位等一系列组建工作。2019年，时任最高人民法院知识产权法庭庭长罗东川曾深刻感叹："从书斋构想，到国家战略，再到部署落地，最高人民法院知识产权法庭的孕育和诞生，伴随着我国改革开放的脚步，继承了四十多年改革开放的成果，凝结了党中央的政治智慧，汇聚了社会各界的普遍共识，回应了科技创新一线的紧迫呼声，饱含着几代知产人的不懈努力和深情期盼。"[①]

2018年12月29日，十三届全国人大常委会任命最高人民法院知识产权法庭庭长、副庭长、审判员。2019年1月1日，最高人民法院知识产权法庭正式挂牌。最高人民法院知识产权法庭设庭长、副庭长、主持日常工作的副庭长、党务廉政专员，下设第一至第十三合议庭、诉讼服务中心、综合办公室（见图3）。

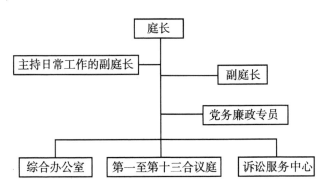

图3 最高人民法院知识产权法庭组织架构

资料来源：最高人民法院知识产权法庭官网。

目前来看，最高人民法院知识产权法庭的法官主要来自最高人民法院民事审判第三庭（知识产权审判庭）、北京市高级人民法院、上海市高级人民

---

① 罗东川：《建立国家层面知识产权案件上诉审理机制　开辟新时代知识产权司法保护工作新境界——最高人民法院知识产权法庭的职责使命与实践创新》，载《知识产权》2019年第7期。

法院、上海知识产权法院、江苏省高级人民法院、浙江省高级人民法院、福建省高级人民法院、山东省高级人民法院、湖北省高级人民法院、湖南省高级人民法院、广州知识产权法院和国家知识产权局专利局、专利复审委员会（现专利复审和无效审理部）等单位。同时，最高人民法院知识产权法庭积极完善多元化纠纷解决机制，充分利用"1＋76"技术类知识产权审判格局的集中管辖优势，最高人民法院知识产权法庭积极协调全国条线审判力量，借助行政调解、行业调解等力量，在全国范围内统筹多地法院，一揽子化解了很多关联案件。①

可以说，将知识产权法庭设置于最高人民法院，凸显了司法裁判的终局性和权威性，这一制度创新既符合建立知识产权法院的国际潮流，又体现了中国创新和中国智慧，还在回应科技创新现实司法需求的同时，丰富和发展了中国特色知识产权诉讼制度。② 最高人民法院知识产权法庭的设立，对内满足创新驱动发展战略实施、提高中国经济竞争力的改革之需，对外顺应平等保护知识产权、营造良好营商环境的开放之要，是规范统一裁判标准的重大举措、持续深化改革开放的重大成果、激励保护科技创新的重要引擎、营造优质营商环境的有力保障、深度参与国际治理的重要平台。③

二、我国知识产权审判体系基本现状

截至 2019 年，最高人民法院、各高级人民法院、200 余家中级人民法院、160 余家基层人民法院设有知识产权审判庭，知识产权审判庭已经实现全地域、全层级、全覆盖。其中，2014 年，北京、上海、广州知识产权法院设立；2020 年，海南自由贸易港知识产权法院设立。在加快建设知识产权法院的同时，2017 年以来，最高人民法院陆续批复在江苏等省级行政区划设立

---

① 王丁桃："最高人民法院知识产权法庭的制度创新与裁判规则发展"，载中国保护知识产权网，http://ipr.mofcom.gov.cn/article/gnxw/sfjg/rmfy/zgrmfy/202002/1947292.html，访问日期：2022 年 4 月 27 日。

② 罗东川：《最高人民法院知识产权法庭的制度创新、职责任务与发展目标》，载《中国专利与商标》2019 年第 4 期。

③ 罗东川：《建立国家层面知识产权案件上诉审理机制　开辟新时代知识产权司法保护工作新境界——最高人民法院知识产权法庭的职责使命与实践创新》，载《知识产权》2019 年第 7 期。

27 个知识产权法庭。这 27 个知识产权法庭，作为地方中级人民法院内设机构，并非独立的法院，分别为成都、南京、苏州、武汉、合肥、杭州、宁波、福州、济南、青岛、深圳、西安、天津、长沙、郑州、南昌、长春、兰州、厦门、乌鲁木齐、海口、景德镇、重庆、沈阳、温州、无锡、徐州知识产权专门法庭。以南京知识产权法庭为例，南京知识产权法庭按照知识产权民事、刑事、行政案件"三合一"综合审判模式运行，跨区管辖发生在南京、镇江、扬州、泰州、盐城、淮安、宿迁、连云港辖区内的重大知识产权案件。由此，形成了"知识产权专门法庭 + 知识产权专门法院"的审判组织格局。①2019 年，最高人民法院知识产权法庭挂牌，国家层面知识产权案件上诉审理机制落地，标志着中国特色的知识产权专门化审判机构体系逐步建成。同时，从审级设置而言，最高人民法院知识产权法庭审理专业技术性较强的知识产权案件，将对统一知识产权审判标准、明确知识产权法律适用起到至关重要的作用。2019 年最高人民法院知识产权法庭成立之际，时任世界知识产权组织总干事弗朗西斯·高锐曾在贺信中说道："最高人民法院知识产权法庭的成立意义重大，是彰显中国加强知识产权司法保护的重大举措，体现了中国对知识产权保护的庄严承诺，表达了中国为知识产权提供更加公正高效司法保护的坚定决心。"②

在此基础上，我国基本形成了"1 + 80"的技术性类知识产权审判布局。其中，"1"是指最高人民法院知识产权法庭，负责审理专业技术性较强的知识产权民事行政上诉案件。"80"是指 32 个高级人民法院和 48 个中级人民法院。32 个高级人民法院，根据《最高人民法院关于调整地方各级人民法院管辖第一审知识产权民事案件标准的通知》（法发〔2010〕5 号）的规定，负责管辖诉讼标的在 2 亿元以上的第一审知识产权案件，以及诉讼标的在 1 亿元以上且当事人一方住所地不在其辖区或者涉外、涉港澳台的第一审知识产权民事案件。但是，上述高级人民法院不再审理相关的二审案件和适用审判

---

① 易继明：《我国知识产权司法保护的现状和方向》，载《西北大学学报（哲学社会科学版）》2018 年第 5 期。

② "中国法院知识产权司法保护状况（2019）"，载最高人民法院官网，https://www.court.gov.cn/zixu.n/xiangqing/226501.html，访问日期：2022 年 4 月 27 日。

监督程序的再审案件等。48 个中级人民法院包括具有知识产权案件管辖权的知识产权法院（4 个）、知识产权法庭（27 个）和中级人民法院（17 个），这其中，具有专利纠纷第一审案件管辖权的法院具体如表 3 所示。

表 3　具有专利纠纷第一审案件管辖权的法院/法庭

国家层面		
最高人民法院知识产权法庭		
地方层面		
北京市	北京市高级人民法院	北京知识产权法院
天津市	天津市高级人民法院	天津知识产权法庭*
河北省	河北省高级人民法院	石家庄市中级人民法院
山西省	山西省高级人民法院	太原市中级人民法院
内蒙古自治区	内蒙古自治区高级人民法院	呼和浩特市中级人民法院、包头市中级人民法院
辽宁省	辽宁省高级人民法院	大连市中级人民法院、沈阳知识产权法庭*
吉林省	吉林省高级人民法院	长春知识产权法庭*
黑龙江省	黑龙江省高级人民法院	哈尔滨市中级人民法院、齐齐哈尔市中级人民法院
上海市	上海市高级人民法院	上海知识产权法院
江苏省	江苏省高级人民法院	南京知识产权法庭*、苏州知识产权法庭*、徐州知识产权法庭*、无锡知识产权法庭*
浙江省	浙江省高级人民法院	杭州知识产权法庭*、宁波知识产权法庭*、温州知识产权法庭*
安徽省	安徽省高级人民法院	合肥知识产权法庭*
福建省	福建省高级人民法院	福州知识产权法庭*、厦门知识产权法庭*
江西省	江西省高级人民法院	南昌知识产权法庭*、景德镇知识产权法庭*
山东省	山东省高级人民法院	济南知识产权法庭*、青岛知识产权法庭*
河南省	河南省高级人民法院	郑州知识产权法庭*
湖北省	湖北省高级人民法院	武汉知识产权法庭*
湖南省	湖南省高级人民法院	长沙知识产权法庭*
广东省	广东省高级人民法院	广州知识产权法院、深圳知识产权法庭*

续表

地方层面		
广西壮族自治区	广西壮族自治区高级人民法院	南宁市中级人民法院、柳州市中级人民法院
海南省	海南省高级人民法院	海南省自由贸易港知识产权法院、海口知识产权法庭*
重庆市	重庆市高级人民法院	重庆市知识产权法庭*
四川省	四川省高级人民法院	成都知识产权法庭*
贵州省	贵州省高级人民法院	贵阳市中级人民法院、遵义市中级人民法院
云南省	云南省高级人民法院	昆明市中级人民法院
西藏自治区	西藏自治区高级人民法院	拉萨市中级人民法院
陕西省	陕西省高级人民法院	西安知识产权法庭*
甘肃省	甘肃省高级人民法院	兰州知识产权法庭*
青海省	青海省高级人民法院	西宁市中级人民法院
宁夏回族自治区	宁夏回族自治区高级人民法院	银川市中级人民法院
新疆维吾尔自治区	新疆维吾尔自治区高级人民法院	乌鲁木齐知识产权法庭*
	新疆维吾尔自治区高级人民法院生产建设兵团分院	新疆生产建设兵团第八师中级人民法院、新疆生产建设兵团第十二师中级人民法院

注：＊表示该知识产权法庭是与之相应的中级人民法院的内设机构，有权跨行政区域审理专利等技术类案件。

三、知识产权审判体系的比较法分析

通过设立知识产权专门法院来审理知识产权案件，特别是技术类知识产权案件，已经成为世界主要国家知识产权司法体制改革的共同趋势。同时，各国或者各地区现有的知识产权审判机构在设置模式、审判范围、组织和程序等方面存在很多共性，但受到具体情况、法律理念、法制传统以及司法实践的制约，也存在一定的差异性。① 同时，从国际上看，承担统一审判标准职能的专门化知识产权司法机构通常都是高级法院层级。② 例如，美国联邦巡回上诉法院、日本东京高等法院、德国联邦专利法院等，均相当于高级法院级别，承担着所在国家地域范围内专利权等知识产权二审案件的审理和统一裁判标准的职能。

1. 美国知识产权审判体系

美国有联邦和州两套司法系统，其中，联邦司法系统包括联邦地区法院、联邦上诉法院和联邦最高法院。联邦和州两套司法系统的管辖权划分依据事项而定，根据美国法典第 1337 条和第 1338 条的规定，美国联邦法院对版权、专利权、植物新品种、反垄断等案件具有专属管辖权，但是对外观设计、商标和不正当竞争案件则没有专属管辖权。美国联邦地区法院是基层法院，截至 2021 年 6 月，美国共有 94 家联邦地区法院；美国联邦上诉法院是联邦地区法院的上一级法院，共有 13 个，分别为第一巡回上诉法院至第十一巡回上诉法院，以及哥伦比亚特区上诉法院、联邦巡回上诉法院。

美国联邦巡回上诉法院是全国性的巡回法院，是唯一的专属管辖法院，统一对专利上诉案件进行管辖。③ 美国联邦巡回上诉法院在 1982 年成立，旨在解决知识产权审判中存在的审理标准不统一、法官缺乏必要的技术背景、判决公信力低、司法资源配置不合理等问题。④ 美国联邦巡回上诉法院的波琳·纽曼法官曾表示："经济衰退和工业停滞导致了这个法院的建立，其有助于通过加强经济激励来振兴工业创新。"⑤ 所谓的美国联邦巡回上诉法院"统一对专利上诉案件进行管辖"，具体包括以下两类案件以及其他技术性较强的案件：专利侵权上诉案件；当事人因对美国专利商标局专利审判与申诉

① 参见胡淑珠：《试论知识产权法院（法庭）的建立——对我国知识产权审判体制改革的理性思考》，载《知识产权》2010 年第 4 期。

② 邰中林：《境外知识产权专门法院制度对我国的启示与借鉴》，载《法律适用》2010 年第 11 期。

③ 参见蔡元臻：《美国联邦巡回上诉法院特色机制及对我国的借鉴》，载《科技与法律》2015 年第 1 期。

④ 参见阎达：《美国联邦巡回上诉法院对我国设置知识产权法院的启示》，载《东南大学学报（哲学社会科学版）》2014 年第 16 卷增刊。

⑤ 黄玉烨、李青文：《中国知识产权法院建设研究》，知识产权出版社 2022 年版，第 91 页。

委员会的行政裁决不服而提起上诉的案件。如果当事人不服美国联邦巡回上诉法院的判决，可以向美国联邦最高法院提起上诉。同时，由于美国联邦最高法院审理的案件非常少，美国联邦巡回上诉法院的绝大多数判决通常具有事实上的"终审"性质。

对于版权案件、反垄断案件，如前所述，只能由联邦法院专属管辖，对这些案件的上诉由相应的上一级巡回上诉法院管辖而非由上述美国联邦巡回上诉法院管辖。外观设计案件、商标案件和不正当竞争案件，如前所述，并非联邦法院专属管辖，州法院亦具有一定的管辖权。如果一审由联邦地区法院审理，那么二审则由相应的上一级巡回上诉法院管辖而非由上述美国联邦巡回上诉法院管辖。根据美国法典第 1295 条，当事人对美国专利商标局商标审判与申诉委员会的决定不服，可以选择上诉到上述美国联邦巡回上诉法院，也可以到联邦地区法院寻求民事救济。[①]

2. 德国知识产权审判体系

德国采取"单独设置模式"，单独设立审理专利有效性的法律程序。德国专利制度中的专利权侵权纠纷的解决和专利权有效性的判断是分行的，亦即，专利侵权案件由州一级的地区法院管辖，但由于专利侵权案件涉及较复杂的专业技术问题和法律问题，因此在德国约 125 个地区法院中只有 12 个地区法院可以受理专利侵权诉讼。关于德国发明专利权有效性的判断由位于慕尼黑的德国联邦专利法院专属管辖。德国联邦专利法院由技术法官和法律法官共同构成。德国联邦专利法院由院长、审判长和法官组成，上述成员必须具有德国有关法官法律要求的、从事司法事务的资格（法律法官），或者是某一技术领域的专家（技术法官）。德国联邦专利法院内设 29 个审判庭，在审理技术问题时，由技术法官和法律法官按照一定比例组成合议庭。[②]

德国联邦专利法院专属管辖发明专利效力纠纷，并不管辖知识产权侵权

---

① Trademark Trial and Appeal Board Manual of Procedure（TBMP），§ 901.01，https：//www.uspto.gov/sites/default/files/documents/tbmp - 0900 - June2018.pdf，last visited：2020 - 01 - 01.

② 郭寿康、李剑：《我国知识产权审判组织专门化问题研究——以德国联邦专利法院为视角》，载《法学家》2008 年第 3 期。

民事纠纷。德国联邦专利法院的建立，缘起于对德国专利局上诉委员会所作裁决的法律救济的缺失。① 当时的《德国专利法》规定，德国专利局上诉委员会的决定具备终局性，不得对此另行提起诉讼。德国联邦最高法院裁定，德国专利局上诉委员会不构成独立的法院。因此，德国专利局上诉委员会的决定具备终局性的规定，与《德国基本法》第19条第4款的规定有所出入。在这样的背景下，1961年7月1日，德国率先成立联邦专利法院，专门负责审理和裁决德国专利局关于专利授权和异议程序之裁决的上诉案件。② 根据《德国专利法》第65条第1款前段规定，德国联邦专利法院为独立、自治的联邦法院，受理不服专利局审查部和专利部决定的诉讼请求以及专利无效、强制许可诉讼请求。自此，对于实用新型专利，地区法院既可以在侵权诉讼中直接就其有效性作出裁判，也可以通过德国联邦专利法院的无效诉讼予以解决；对于外观设计专利，其采用登记制度，对于专利权效力的判断不能通过向德国联邦专利法院提起无效诉讼解决。也就是说，德国联邦专利法院负责对工业产权（其客体包括发明、商标、实用新型、集成电路布图设计、植物新品种等）的有效性进行裁决，以及对是否授权事项作出裁决。德国联邦专利法院还负责审理不服联邦德国专利商标局行政决定的案件，包括对专利商标局驳回发明、实用新型和外观设计申请及发明异议决定或实用新型撤销决定不服的申诉案件，以及欧洲专利在德国的无效案件。③ 在德国联邦专利法院审理的申诉案件相关程序以及此后的上诉程序中，若专利商标局局长不是上诉一方当事人，专利商标局局长为了维护公共利益可以向联邦专利法院提交书面意见，也可以出席开庭并作陈述。如果德国联邦专利法院认为涉及重要的法律问题，需要给予专利商标局局长参加异议程序的机会，专利商标局局长在收到通知后即可成为一方当事人。德国联邦专利法院具有决定专利权效力的权力。

---

① 黄玉烨、李青文：《中国知识产权法院建设研究》，知识产权出版社2022年版，第82页。

② Ernst K. Pakuscher, *Patent Procedure in the Federal Republic of Germany*, Journal of Pediatrics, Vol. 82：1, p. 91 – 94 (2012).

③ 罗东川、夏君丽：《最高人民法院和欧盟知识产权合作项目——专利侵权考察团赴德国英国考察情况报告》，载曹建明主编：《知识产权审判指导》（2006年第2辑），人民法院出版社2007年版，第236 – 256页。

不服德国联邦专利法院关于发明专利效力所作之判决，当事人可以向德国联邦最高法院提起上诉。根据《德国专利法》第 100 条的规定，对于德国联邦专利法院上诉审理庭所作判决中的法律问题，可以上诉至德国联邦最高法院。这种法律问题通常为重要的法律争议，需要由德国联邦最高法院决定或者需要德国联邦最高法院就相关发展或者统一执法尺度进行决定。然而，这种上诉权以判决中明确记载为条件，只有在符合该法所述的特定情形时，上诉权的享有才不以判决记载为条件。这些情形包括：专利法院的审理组织组成不合法、判决没有阐述决定的理由、判决的作出违反公开听证原则以及参与判决的法官曾经因为公正问题被质询等。

3. 欧盟知识产权审判体系

2012 年 12 月，欧盟议会和欧盟委员会通过《关于在建立统一专利合作方面实施强化合作的第 1257/2012 号条例》，决定建立欧洲统一专利和欧盟统一专利法院。2013 年 2 月 19 日，长达 40 年之久的欧洲统一专利谈判结束，比利时等当时的 25 个欧盟成员国签署《欧盟统一专利法院协议》，决定建立欧盟统一专利法院。① 欧洲统一专利法院计划在 2022 年最后一个季度或者 2023 年开始运行。

设立欧盟统一专利法院的基本考虑是，欧盟境内各个成员国的创新主体有权就欧洲专利局授予的欧洲统一专利获得一致的专利侵权救济判决，解决目前在各个成员国分别提起诉讼并获得各个专利侵权救济判决所导致的诉讼成本高、不同成员国司法裁决标准不统一等问题。欧盟统一法院包括一审法院和上诉法院，一审法院包括负责审理涉及工业运输、纺织品与纸张、固定建筑物、物理电学等专利案件的中央法庭，以及相应的地方法庭和地区法庭。其中，中央法庭设置在法国巴黎，并在英国伦敦和德国慕尼黑设置两个分庭；上诉法院设在卢森堡。同时，在葡萄牙里斯本设立专利仲裁中心，在布鲁塞尔卢布尔雅那设立专利调解中心。其中，欧盟统一专利法院一审法院的中央法庭审理专利撤销案件、确认不侵犯专利权的案件，不服欧洲专利局就欧洲

① EPO, *Agreement on a Unified Patent Court*, http://archive.epo.org/epo/pubs/oj013/05_13/05_2873.pdf, last visited: 2022 – 07 – 20.

统一专利的审查决定提起的行政诉讼案件；欧盟统一法院一审法院的地方法庭和地区法庭审理已经发生或者可能发生专利侵权行为的专利案件、申请临时保护措施和禁令的专利案件、专利申请临时保护产生的赔偿或者补偿案件、与先用权有关的专利案件、专利转让纠纷案件等。侵权行为实际发生地、可能发生地、任一被告住所地的地方法庭和地区法庭具有管辖权，如果侵权行为地超过三个以上，那么案件将移送到中央法庭管辖。欧盟统一专利法院的法官由法律法官和技术法官构成，中央法庭审理专利撤销诉讼的审判庭由两名法律法官和一名技术法官组成，地方法庭和地区法庭可以依据当事人的请求由法律法官和技术法官共同组成审判庭，上诉法院审判庭由三名法律法官和两名技术法官组成。

对于欧盟统一专利法院的设置，存在不同的观点，争议较大。早在2012年，欧盟就2011年发布的《关于在建立统一专利合作方面实施强化合作的条例的建议》和2012年的《统一专利法院协定和法律》草稿征求意见时，德国马克斯－普朗克创新与竞争研究所的专家就在同年10月17日发表了一份评论报告《单一专利一揽子计划：十二个关注理由》。该报告对欧盟统一专利法院的设立问题提出看法：问题之一是欧洲专利司法权的碎片化：统一专利法院制度并没有整合现有的专利司法制度，该制度只不过是在现有的审判制度基础上增加了一个选择。①

4. 日本知识产权审判体系

随着20世纪90年代日本经济泡沫的崩溃，为了改变低迷的经济状态，逐步重视知识产权保护。1996年，日本修订《日本民事诉讼法》，确定了技术类知识产权案件的一审管辖。根据《日本民事诉讼法》第6条第1款的规定，涉及发明专利、实用新型、集成电路布图设计和计算机软件的一审知识产权案件，集中到东京地方法院和大阪地方法院进行管辖。东京地方法院和大阪地方法院的管辖范围依据地域范围确定，名古屋高等法院以东地区（包括名古屋高等法院）由东京地方法院管辖，名古屋高等法院以西地区由大阪

① 参见张怀印：《欧盟统一专利法院：最新进展、困境及前景》，载《上海政法学院学报》2018年第2期。

地方法院管辖。

技术类知识产权案件的集中管辖，在日本知识产权战略制定实施过程中，备受关注。进入 21 世纪之后，日本为了保持其世界经济强国地位，采取了三大步骤推进"知识产权立国"国策：一是制定《知识产权战略大纲》；二是成立知识产权专门法院；三是颁布《日本知识产权基本法》。[①] 2002 年 7 月，日本政府制定了《知识产权战略大纲》，在"知识产权立国"背景下提出创设具有实质性"专利法院"功能的裁判机构的构思。伴随着知识产权战略的实施，日本知识产权战略本部在 2003 年的年度推进计划中将设立知识产权高等法院作为重要措施。

在这一背景下，日本于 2005 年通过《日本知识产权高等法院设置法》，设立知识产权高等法院。《日本知识产权高等法院设置法》第 2 条规定，为了更好地处理东京高等法院所管辖的与知识产权有关的案件，尽管有《日本法院法》第 22 条第 1 项的规定，知识产权高等法院仍作为东京高等法院的特别支部设立。[②] 从性质角度而言，日本知识产权高等法院不是一个独立的高等法院，而是隶属于东京高等法院，并作为该法院的一个特殊分支机构；日本知识产权高等法院又是一个相对独立的机构，其具有自己的法院院长，有独任的法官和独立的专门委员。从管辖角度而言，日本知识产权高等法院管辖涉及专利、实用新型、集成电路布图设计权和计算机软件的二审知识产权案件，以及因不服日本特许厅审判部作出的决定而由当事人提起的行政诉讼案件。也就是说，对于技术类知识产权案件，一审由东京地方法院和大阪地方法院管辖，二审由日本知识产权高等法院统一管辖，从而实现了技术类知识产权案件的专属管辖。[③]

5. 韩国知识产权审判体系

韩国专利法院的成立初衷在于加强对专利授权确权纠纷的司法审查。韩

---

① 张鹏：《知识产权基本法基本问题研究：知识产权法典化的序章》，知识产权出版社 2019 年版，第 19 页。

② 参见易涛：《日本知识产权高等法院》，载《科技与法律》2015 年第 1 期。

③ 李明德：《关于我国知识产权法院体系建设的几个问题》，载《知识产权》2018 年第 3 期。

国于 1998 年 3 月设立专利法院，为亚洲最早之革新。^① 在韩国设立专利法院之前，针对驳回决定的复审请求、专利无效宣告请求、授权后修改的订正程序所作出的决定不服的，由韩国特许厅特许审判院（相当于中国国家知识产权局专利局复审和无效审理部）负责一审，由韩国特许厅特许抗诉审判院负责二审，由最高裁判机构大法院（相当于中国最高人民法院）负责三审。由于大法院的审级是法律审，同时特许审判院和特许抗诉审判院均是行政机关，"司法机关没有处理实际问题的机会"。^② 为了解决上述问题，1998 年 3 月 1 日，韩国废除了特许厅的特许抗诉审判院，设立专利法院。韩国专利法院专属管辖发明专利、实用新型专利、外观设计专利、商标的授权确权二审诉讼，也就是对韩国特许厅特许审判院作出的决定不服提起的诉讼，以及对植物新品种相关决定不服提起的诉讼。从审级而言，韩国专利法院的审级属于上诉审，对专利法院的判决不服可以向大法院提起上诉。

随着韩国专利法院的改革与发展，韩国逐步实现了专利侵权诉讼与专利确权诉讼的集中管辖，提高了专利法律解释的统一性和案件审理的专业性。自 2016 年 1 月 1 日起，根据修改后的《韩国法院组织法》和《韩国民事诉讼法》，韩国专利法院专属管辖专利权、商标权、植物新品种保护权相关侵权诉讼的二审案件。在此次改革之前，专利确权案件的司法审查由韩国专利法院负责，但是专利侵权诉讼由地方法院负责一审、高等法院负责二审、大法院负责三审。这种分离专利侵权诉讼和专利确权诉讼的制度安排带来了一定的问题，尤其是周期长的问题。韩国专利确权诉讼到二审约需要 15 个月的处理时间，侵权诉讼一审的处理时间是 16.6 个月，侵权诉讼一审的法官有等待专利确权诉讼结果产生后才作出侵权诉讼判决的倾向。^③ 为此，韩国将专利侵权诉讼一审案件集中到首尔中央地方法院管辖，专利侵权诉讼二审案件、专利确权诉讼案件均由韩国专利法院专属管辖，从而具备了类似美国联邦巡回上诉法院和日本知识产权高等法院的二审集中管辖的司法制度。

---

① ［韩］金珉徹：《韩国专利法院》，载《科技与法律》2015 年第 6 期。
② 同注①。
③ 同注①。

6. 俄罗斯知识产权审判体系

俄罗斯的法院系统包括宪法法院系统、普通法院系统、商事法院系统。俄罗斯联邦知识产权法院是商事法院系统内设立的审理知识产权案件的唯一专门法院。《俄罗斯联邦宪法修订案》第 26.1 条规定："知识产权法院是一个专门的商事法院，将在其职权内审理有关知识产权保护的一审和上诉案件。"在这样的背景下，俄罗斯在 2012 年 2 月 1 日成立知识产权法院。俄罗斯联邦知识产权法院受理知识产权民事和行政一审案件，包括对专利授权的异议案件、专利权属纠纷案件、专利商标无效案件、知识产权侵权案件等。同时，俄罗斯联邦知识产权法院作为上诉法院，也审理由该院进行一审的案件，此时该案件由法院的主席团进行审理。

7. 我国台湾地区知识产权审判体系

为了解决我国台湾地区知识产权诉讼程序不合理导致的案件解决效率低下、司法救济不及时等问题，台湾地区"智慧财产法院"于 2008 年 7 月 1 日成立。就其背景而言，我国台湾地区加入世界贸易组织之后，与美国贸易摩擦不断，在 2005 年开始被美国列入"301 特别条款"观察名单。此时的知识产权审判体系严格遵守"公法与私法二元体制"，由普通法院管辖知识产权民事诉讼案件及刑事诉讼案件；由行政法院管辖知识产权有效性的行政诉讼，行政法院可以宣告知识产权是否有效。由此，知识产权侵权诉讼的民事案件常常因为有效性争议而审结延迟。在这样的背景下，台湾地区司法管理机构于 2003 年 12 月正式提出设立"智慧财产法院"的意见，并于 2006 年 2 月审议通过了所谓的"智慧财产法院组织法草案"和所谓的"智慧财产法院审理法草案"。2007 年 3 月，台湾地区立法机构审议通过所谓的"智慧财产法院组织法"和所谓的"智慧财产法院审理法"。

我国台湾地区"智慧财产法院"主要审理有关知识产权的一审二审民事案件、一审行政案件和二审刑事案件。第一，台湾地区"智慧财产法院"审理有关知识产权的一审、二审民事案件。根据所谓的"智慧财产法院组织法"第 3 条第 4 项的规定，因"专利法""商标法""著作权法""光盘管理条例""营业秘密法""集成电路布图保护法""植物品种及种苗法"或者

"公平交易法"所保护之知识产权法益，及其他依法律规定或者经司法指定由"智慧财产法院"管辖之第一审及第二审民事诉讼事件。但如当事人舍"智慧财产法院"，合意普通法院为管辖法院，尊重当事人之意思，由该普通法院为管辖法院。第二，台湾地区"智慧财产法院"审理一审行政案件。针对台湾地区"经济部智慧财产局"对相关知识产权作出的行政处分，当事人可以向"经济部诉请审议委员会"请求复议，如果对此不服，则可以向台湾地区"智慧财产法院"提起一审行政诉讼。不服该一审判决，可以向"最高行政法院"提起上诉。第三，台湾地区"智慧财产法院"审理二审刑事案件。根据所谓的"智慧财产法院组织法"第3条第2项和第3项的规定，各地方法院刑事庭审理所谓的"刑法"第253条规定的"仿造或伪造商标、商号罪"、第254条规定的"贩卖、陈列、输入伪造或者仿造商标、商号之货物罪"、第255条规定的"对商品为虚伪标记与贩卖陈列输入该物品罪"、第317条规定的"泄露职务上工商秘密罪"以及违反所谓的"商标法""著作权法""公平交易法"等规定的犯罪时，由台湾地区"智慧财产法院"审理不服针对各地方法院于上述刑事诉讼案件中作出的一审判决提起的上诉案件；当事人不服台湾地区"智慧财产法院"的二审判决可以向最高法院提起上诉。

就上述知识产权民事诉讼、行政诉讼、刑事诉讼的交叉，我国台湾地区所谓的"智慧财产法院审理法"第16条和第30条明确规定，法官审理民、刑事诉讼时，得就知识产权有效性（即有无应撤销或废止之原因）自为判断，无须停止民、刑事诉讼程序以等待行政争讼结果。

综上所述，从比较法视野下看技术类知识产权案件上诉制度，主要国家或地区从专业性出发，皆设置有专门的审判机构统一审理，通常设置第二审级的专门法院负责审理上诉案件。同时，除了德国之外，多数国家或地区努力通过一个法院统一处理专利确权纠纷上诉案件和专利侵权纠纷上诉案件。

四、比较法视野下的飞跃上诉制度

"飞跃上诉制度"，源自德国诉讼法中的"Sprungrevision"，日本学者称为"飞跃上告制度",① 我国台湾地区学者称为"飞跃上诉制度"② 或者"越级上诉制度"③,它是指对于第一审发生效力的判决不服,跳过第二审上诉程序,直接向第三审提起上诉的制度。④

1. 英美法系飞跃上诉制度

美国的飞跃上诉制度需要回顾到 19 世纪中叶,尤其是南北战争前后。美国建国初期(建国后长达 100 年)的联邦司法系统仅有地区法院(包括作为临时性审判组织的巡回法院,与现代意义上的巡回上诉法院不同)和最高法院两个审级。因此,美国联邦司法系统实行两审终审制,对地区法院裁判案件不服的,可以向最高法院提起上诉,最高法院必须受理并进行裁判。由此,最高法院的司法能力难以满足上诉案件数量急剧增长产生的客观需求。例如,1860 年,美国联邦最高法院全年裁判案件 91 件,待审案件 310 件;1880 年,美国联邦最高法院全年裁判案件增长到 365 件,但是待审案件则剧烈增长到 1202 件;到了 1888 年,积压案件需要 3 年以上的时间才能审结。⑤ 为了缓解美国联邦最高法院的审判积压,1891 年美国国会通过新的《美国司法条例》创设联邦巡回上诉制度,审理因不服地区法院(以及上述作为临时性审判组织的巡回法院)判决而提起上诉的案件。就联邦巡回上诉法院与联邦最高法院的关系,美国司法体系坚持"给予当事人一次上诉权利",⑥ 同时为了防止中间的联邦巡回上诉法院在二审审判中出现错误或者不同的联邦巡回上诉法

---

① [日] 前沢忠成:"あみ飛躍上告事件の追憶",载《神奈川法学》1996 年第 2 卷 1 号,第 129 页。

② 姜世明:《各级审级程序:第二讲:上诉审》,载《月旦法学教室》2005 年第 11 期。转引自毋爱斌、苟应鹏:《知识产权案件越级上诉程序构造论——〈关于知识产权法庭若干问题的规定〉第 2 条的法教义学分析》,载《知识产权》2019 年第 5 期。

③ 吴明轩:《民事诉讼法修正后关于第三审程序之规定》,载《月旦法学杂志》2003 年第 8 期。转引自毋爱斌、苟应鹏:《知识产权案件越级上诉程序构造论——〈关于知识产权法庭若干问题的规定〉第 2 条的法教义学分析》,载《知识产权》2019 年第 5 期。

④ 陈启垂:《上诉审程序修正平议——以飞跃上诉为中心》,载《月旦法学杂志》2003 年第 5 期。转引自毋爱斌、苟应鹏:《知识产权案件越级上诉程序构造论——〈关于知识产权法庭若干问题的规定〉第 2 条的法教义学分析》,载《知识产权》2019 年第 5 期。

⑤ Edward A. Hartnett, *Questioning Certiorari: Some Reflections Seventy - Five Years after the Judges' Bill*, 100 Columbia Law Review 1650 (2000).

⑥ 参见陈杭平:《历史、程序、组织——美国联邦上诉法院制度之分析》,载《环球法律评论》2009 年第 5 期。

院之间出现裁判冲突，但又因为法律规定或者部门利益的限制无法获得联邦最高法院审查，上述法律规定了补充性的"移卷令"制度，亦即，当事人提出直接申请时，由联邦最高法院大法官自行裁量决定是否受理。总而言之，在此基础上，在联邦巡回上诉法院和联邦最高法院之间，美国形成了权利性上诉①、联邦巡回上诉法院向联邦最高法院提出请示、当事人向联邦最高法院申请移卷令三种制度并驾齐驱的审级结构；在初审法院和联邦最高法院之间，当事人既可以向联邦巡回上诉法院提起上诉，也可以在法定情形下直接向联邦最高法院提起"飞跃上诉"。

1925 年，美国国会通过新的《美国司法条例》改革联邦巡回上诉制度。此次改革的成果以及之后的司法实践发展是，针对上述在联邦巡回上诉法院和联邦最高法院之间的审级安排，基本取消了权利性上诉（当事人不服二审判决，在特定情形下向联邦最高法院提起的上诉），基本废除了联邦巡回上诉法院向联邦最高法院提出请示的程序，扩张了当事人向联邦最高法院申请移卷令的适用范围。尤其是，1988 年，美国国会彻底取消了权利性上诉，从而除了少量飞跃上诉案件之外，终结了三审终审制。总而言之，经过这一阶段的历史发展，美国构建了原则上的两审终审制联邦司法体系，即一般案件由地区法院初审、联邦巡回上诉法院终审，联邦最高法院可以根据当事人提出的移卷令申请进行法律适用的审查。作为上述原则的例外的制度是飞跃上诉制度。

目前，可以从地区法院直接向联邦最高法院提起飞跃上诉的案件包括：联邦政府提起的反垄断诉讼、与特别的合议庭初审程序紧密相连的诉讼。对于联邦政府提起的反垄断诉讼，当事人在联邦地区法院的法官作出判决后，可以申请主审法官签发证明该案件具有重大公共利益、需要由联邦最高法院即刻审查的补充裁定。在地区法官签发补充裁定后，上诉材料会被移交联邦最高法院，由大法官们裁量决定是按常规程序审理还是转交联邦巡回上诉法院审理。与特别的合议庭初审程序紧密相连的诉讼是指原则上

---

① 当事人不服二审判决，在特定情形下可以向联邦最高法院提起上诉，这种情形被称为"权利性上诉"。

美国联邦地区法院作为初审法院适用独任制审判方式，但是国会的一些特别法律要求在一些特定情形下必须由三名法官组成合议庭审理，如果当事人对合议庭作出的判决裁定不服的，可以直接向联邦最高法院提起上诉。[①]对于飞跃上诉案件，联邦最高法院有权判断是否审理或者交由联邦巡回上诉法院审理。

1970 年，英国建立了"跳背上诉"（Leapfrog Appeal）制度，亦即，不服由高等法院审理作出的判决，当事人可以跨越上诉法院，直接上诉到上议院的制度。英国民事法院体系包括郡法院、高等法院、上诉法院和上议院（相当于最高法院）。英国民事诉讼实行三审终审制，就技术类知识产权案件而言，对高等法院的第一审判决不服的，上诉到上诉法院；如果对上诉法院的二审判决不服的，再次上诉到上议院。同时，第二审原则上是法律审，特定情形下可以涉及事实，第三审为法律审。[②] 该制度要求在满足下述条件的情况下，一些民事案件可以跳过上诉法院直接上诉到上议院。这些条件包括：①所有当事人同意并且法官发给证书；②案件涉及重大公众利益问题；③法官受到高等法院或者上议院之前判决的约束；④上议院同意受理。[③]

可见，英美法系的主要国家建立了飞跃上诉制度。同时，该飞跃上诉制度具有两个特点：一是飞跃上诉制度没有突破两审终审制的框架；二是飞跃上诉制度通常针对特定类型的案件，如美国飞跃上诉制度针对联邦政府提起的反垄断诉讼，与特别的合议庭初审程序紧密相连的诉讼。同时，并没有立法例将技术类知识产权案件作为飞跃上诉制度的适用对象。

2. 大陆法系飞跃上诉制度

2001 年，德国修改《德国民事诉讼法》，并在其第 566 条之一引入飞跃上诉制度，亦即，"依申请，对州法院作出的可以上诉的第一审终局判决，同时满足条件的，可以越过控诉审，直接提起上告"。[④] 通常而言，"因飞跃

① 参见陈杭平：《比较法视野中的中国民事审级制度改革》，载《华东政法大学学报》2012 年第4 期。
② 徐昕：《英国民事诉讼与民事司法改革》，中国政法大学出版社 2002 年版，第 366 – 367 页。
③ 参见何勤华主编：《英国法律发达史》，法律出版社 1999 年版，第 478 页。
④ 参见丁启明译：《德国民事诉讼法》，厦门大学出版社 2016 年版，第 126 页。

上诉仅系上诉第三审之次方式之一，自须受第三审许可要件之约束"。① 因此，就德国飞跃上诉制度适用的法律要件而言，除了第三审诉讼所需具备的要件外，还需要具备如下要件：针对第一审法院的判决且上诉利益超过 600 欧元（或者属于对上诉标的价值的限制不适用的情形）、对方当事人的同意、第二审上诉的明确放弃、确定力的阻断、诉讼卷宗的送交、对许可申请的裁判。② 上述条件中，最为关键的两项为必须经过对方当事人同意、必须明确放弃第二审的上诉。

日本借鉴德国立法例的经验，在《日本民事诉讼法》第 281 条第 1 款和第 311 条第 2 款引入飞跃上诉制度，亦即，"对于地方裁判所作为一审而作出的终局判决，简易裁判的终局裁判当事人双方作出保留上告权利的不控诉合意时，当事人对于地方裁判所的判决可以直接向最高裁判所提出上告；对于简易裁判所所作的判决，可以直接向高等裁判所提起上告"。③ 我国台湾地区所谓的"民事诉讼法"在 2003 年 1 月修订时增加飞跃上诉制度，亦即，当事人对于第一审法院依照通常诉讼程序作出的判决，就其确定的事实认为无误者，得合意径行向第三审法院上诉，以节省劳费，使案件得以迅速确定。④

可见，飞跃上诉制度已经在以德国、日本、我国台湾地区为代表的国家和地区建立，是大陆法系常见的一种诉讼制度。同时，飞跃上诉制度有下述三个特点：一是德国、日本、我国台湾地区的飞跃上诉制度是在三审终审制的诉讼制度框架下探索形成的一种审级安排制度；二是飞跃上诉制度通常是当事人之间通过合意的方式放弃第二审诉讼权利的一种做法；三是该制度普遍适用于一般民事诉讼中，并未专门针对技术类知识产权诉讼等特定的民事诉讼类型。总体而言，大陆法系飞跃上诉制度的基本目的是诉讼经济，基本手段是减少审级，制度背景是三审终审制，适用范围是事实无争议的案件，适用条件是当事人达成合意。

---

① 参见姜世明：《民事诉讼法新修正：上诉审及其他程序部分》，载《月旦法学教室》2003 年第 6 期。

② 陈啓垂：《上诉审程序修正平议——以飞跃上诉为中心》，载《月旦法学杂志》2003 年第 5 期。

③ 参见曹云吉译：《日本民事诉讼法典》，厦门大学出版社 2017 年版，第 91 - 92 页。

④ 参见齐树洁：《构建我国三审终审制的基本思路》，载《法学家》2004 年第 3 期。

五、知识产权审判机构建设未来展望

习近平总书记指出，要深化知识产权领域改革创新。知识产权审判机构建设的未来方向应当以改革的思路构建具有中国特色的知识产权审判体系。

1. 持续完善知识产权案件上诉审理机制，研究成立独立的知识产权上诉法院

为了更好发挥作用、改革完善上诉审理机制，需要按照《知识产权强国建设纲要（2021—2035 年）》提出的"实施高水平知识产权审判机构建设工程"和"完善上诉审理机制"要求，在坚持建立国家层面知识产权案件上诉审理机制基础上，进一步深化改革，切实采取措施，优化技术类知识产权和垄断案件上诉审理机制的顶层设计，进一步健全专业化审判体系，更好地服务国家战略实施、有效参与国际竞争、彰显大国地位和国际形象。统筹考虑全国各地现有较为成熟的知识产权审判机构、人员、案件格局，充分发挥地方各级法院知识产权审判职能并确保人才梯队建设，合理调整技术类知识产权案件管辖布局，实现资源最优配置。推动面向全国选拔专业人才，加强人、财、物配套保障，确保国家层面知识产权案件上诉审理机制稳定高效运行。[①]

2022 年 2 月 27 日，十三届全国人大常委会三十三次会议听取了最高人民法院关于《全国人民代表大会常务委员会关于专利等知识产权案件诉讼程序若干问题的决定》实施情况的报告。多位常务委员会委员建议在深入总结改革成绩经验基础上，按照《知识产权强国建设纲要（2021—2035 年）》提出的关于"实施高水平知识产权审判机构建设工程"和"完善上诉审理机制"要求，在适当的时候考虑设立国家知识产权法院。"目前最高人民法院知识产权法庭是一个内设机构，远远无法承担改革确定的属于发明专利的二审上诉的审判任务，应该尽快改革。"张苏军委员介绍，中国法学会曾组织专家进行第三方评估，一致认为要尽快在现有最高人民法院知识产权法庭基础上组建国家知识产权法院，并以此为龙头，进一步健全知识产权专业化审

---

① 邰中林：《守护创新发展 保障公平竞争 确保国家层面知识产权案件上诉审理机制行稳致远》，载《中国审判》2022 年第 8 期。

判体系。陈国民委员认为，独立设院有利于更好地服务国家创新驱动发展战略和知识产权战略实施，有利于更好参与和引领全球治理和国际竞争，彰显我国负责任大国形象；有利于更好地完善知识产权与竞争保护组织体系，形成协同保护大格局；有利于更好地发挥知识产权和竞争司法保护职能，从根本上解决法庭运行中的难题；有利于更好地科学合理设置专业审判机构。针对人、财、物保障亟须进一步加强的问题，多位常务委员会委员建议要建立一支专业化、高水平的知识产权审判队伍。[①]

2. 加快推进知识产权"三合一"审判改革进程

1998 年，上海市浦东新区人民法院率先突破现行相关法的基本框架，开展知识产权民事、行政、刑事案件"三合一"审判改革试点。[②] 随后，全国多个法院亦进行了知识产权民事案件、行政案件、刑事案件"三合一"审判改革试点并形成了"浦东模式""珠海模式""武汉模式""西安模式"等。[③] 2016 年 7 月发布的《最高人民法院关于在全国法院推进知识产权民事、行政和刑事案件审判"三合一"工作的意见》（法发〔2016〕17 号），积极推进知识产权民事、行政和刑事案件审判"三合一"。可以说，知识产权刑事案件的专业性要求其应当由专业的法官进行审判，这已经为知识产权民事、行政、刑事案件"三合一"审判改革试点所证实，无须进一步论证其必要性。[④] 然而，我国知识产权审判机构建设距离"三合一"仍有较大差距。

---

① 张宝山：《为加快建设知识产权强国提供有力司法服务》，载《中国人大》2022 年第 5 期。

② 胡淑珠：《试论知识产权法院（法庭）的建立——对我国知识产权审判体制改革的理性思考》，载《知识产权》2010 年第 4 期。

③ 其中，"浦东模式"体现为，上海市浦东新区人民法院设立的知识产权庭，统一审理辖区内知识产权民事、行政和刑事案件，全面实现横向意义上的"三合一"。"珠海模式"体现为，实现中级人民法院层面上的"三合一"。"武汉模式"体现为，武汉市江汉区人民法院知识产权庭管辖该辖区内一审知识产权民事案件、武汉市一审知识产权刑事案件、由基层人民法院审理的一审知识产权刑事案件，武汉市中级人民法院知识产权庭则管辖除武汉市江汉区人民法院管辖以外的一审知识产权民事案件，由中级人民法院管辖的一审知识产权行政案件和知识产权民事、行政、刑事二审案件，从而实现中级人民法院与基层人民法院相结合的"三合一"。"西安模式"体现为，将知识产权刑事案件、行政案件提级到中级人民法院，吸收知识产权法官组成五人合议庭由西安市中级人民法院刑庭和行政庭分别审理。参见卢宇、王睿婧：《知识产权审判"三审合一"改革中的问题及其完善——以江西为例》，载《江西社会科学》2015 年第 2 期。

④ 许春明：《浅谈知识产权法院体系框架的构建》，载《中国发明与专利》2015 年第 1 期。

一方面，我国最高人民法院知识产权法庭的成立，仅仅实现了技术类知识产权民事、行政案件的"二合一"，并未将知识产权刑事案件纳入管辖范围。与之相对应，我国从未以正式的法律规范确认知识产权民事、行政、刑事案件"三合一"审判模式的合法性，《最高人民法院关于在全国法院推进知识产权民事、行政和刑事案件审判"三合一"工作的意见》等文件并无法律层面上的效力。

另一方面，北上广三家知识产权法院及其所在地高级人民法院均已经实现了知识产权民事和行政案件的"二合一"审判，有助于减少和避免民事、行政两大程序分离造成的程序循环烦冗的问题。[①] 海南自由贸易港知识产权法院实现了知识产权民事、行政、刑事案件的"三合一"审判，不仅跨区域管辖发生在海南省的有关专利、技术秘密、计算机软件、植物新品种、集成电路布图设计、垄断纠纷等专业性、技术性较强的第一审知识产权民事、行政案件，还审理海南省基层人民法院管辖范围之外的第一审知识产权刑事案件，以及不服海南省基层人民法院审理的第一审知识产权刑事案件的上诉案件。在27个知识产权法庭中，知识产权刑事案件的管辖范围更是纷繁复杂。沈阳市、天津市、南京市、苏州市、杭州市、宁波市、合肥市、福州市、济南市、青岛市、南昌市、温州市、徐州市、无锡市等地的知识产权法庭不仅管辖特定地域内的技术类知识产权民事和行政案件，还可以管辖技术类知识产权刑事案件；武汉市、郑州市、长沙市、深圳市、成都市、西安市、兰州市、长春市、乌鲁木齐市等地的知识产权法庭对技术类知识产权刑事案件的管辖仅限于特定区域的上诉案件。[②]

知识产权领域民事纠纷与刑事诉讼的内在特点决定了先民后刑的审理裁判顺位。侵犯知识产权犯罪主要体现在现行《刑法》第213～220条之中。我们可以看到，假冒注册商标罪、假冒专利罪、侵犯著作权罪、侵犯商业秘密罪等主要侵犯知识产权罪，均为在构成侵犯知识产权行为基础上，产生了

---

① 黎淑兰：《论知识产权专业化审判新格局的构建与实现——以上海知识产权法院专业化建设为视角》，载《法律适用》2015年第10期。

② 黄玉烨、李青文：《中国知识产权法院建设研究》，知识产权出版社2022年版，第41－42页。

数额较大或者有其他严重情节的损害后果，进而作为构成犯罪行为的客观方面要件。因此，在审理侵犯知识产权刑事案件时，仍然需要先行确定权利主体，明确权利内容，判断是否构成侵权，才能进行刑事案件的审理，确定犯罪嫌疑人是否构成犯罪。在这种情况下，如果行为人的行为都不构成民事侵权行为，甚至不需要承担侵犯知识产权的民事责任，那么侵犯知识产权罪就不具备逻辑前提。只有在民事诉讼中，确定行为人的行为构成民事侵权行为并且应当承担侵犯知识产权的民事责任，同时具备数额较大或者有其他严重情节的损害后果，才可能构成侵犯知识产权罪。在这种情况下，符合《民事诉讼法》和《刑事诉讼法》关于"本案必须以另一案的审理结果为依据，而另一案尚未审结"的规定。在刑事案件的审理必须以民事案件的审理结果为依据的情形下，刑事案件应当中止审理，即应当遵循先民后刑的审理方式顺位。

知识产权领域民事诉讼与刑事诉讼的证明标准支持了先民后刑的审理裁判顺位。如前所述，在审理侵犯知识产权刑事案件时，与审理知识产权民事案件一样，仍然需要先行确定权利主体，明确权利内容，判断是否构成侵权，才能根据情节后果确定犯罪嫌疑人是否构成犯罪。然而，在权利主体、权利内容、侵权构成的判定中，尤其是关于侵权构成的判定中，民事诉讼和刑事诉讼存在证明标准上的差异。民事诉讼中采用证据优势对比的证明标准，通常证明发生知识产权侵权行为的可能性大于未发生知识产权侵权行为的可能性即可。与之对比，刑事诉讼中采用排除合理怀疑的证明标准，通常需要达到没有任何合理怀疑地确定行为人实施了侵权行为的程度。显然，如果没有达到民事诉讼的证明标准，便难以达到刑事诉讼的证明标准。从逻辑角度而言，先民后刑处理侵犯知识产权民事诉讼和刑事诉讼更加符合实务需要。

我国刑事司法政策支持了知识产权纠纷先民后刑的审理裁判顺位。从司法政策角度而言，"禁止公安机关插手经济纠纷，是中央三令五申的一条禁令，但效果并不好。应当说，在公安机关插手经济纠纷的案件中，绝大多数是公安机关不能正确区分经济纠纷和刑事犯罪。换句话说，如果一开始就知道是经济纠纷，也许就不会插手了"①。应当说，侵犯知识产权的行为，主要

---

① 陈兴良：《刑民交叉案件的刑法适用》，载《法律科学》2019 年第 2 期。

是侵犯了权利人的合法权益，如果情节严重，则会进一步危害市场秩序，其在本质上而言，仍然属于经济纠纷的范畴。因此，刑法制裁优先性似乎并不能更加有效地保护权利人的合法权益。秉持刑法制裁优先性和刑法谦抑性之间的平衡，知识产权纠纷先民后刑的审理裁判顺位更加符合实务需要。以商业秘密保护为例，有学者指出，在处理商业秘密民刑交叉案件中，支持刑事优于民事的传统理念及价值观念越来越遭到人们的质疑，相比之下，通过民事途径保护商业秘密，是一个更为理性的选择。①

因此，最高人民法院知识产权法庭、各知识产权法庭、知识产权法院实现知识产权民事诉讼、行政诉讼、刑事诉讼"三合一"，将有助于解决知识产权民刑交叉问题，特别是实现侵犯商业秘密罪与技术秘密侵权纠纷案件的有效衔接。

3. 优化多元化技术事实查明体系，完善技术调查官制度

技术事实的认定是审理专业技术性较强的案件的基础和前提，也是审理专业技术性较强的案件的难点所在。首先，对技术事实的认定，是各国法官共同面临的难题。1911 年，美国汉德法官在帕克·戴维斯诉马尔福德案中就明确提出，在没有权威的科学辅助手段的情况下，由法官对技术性发明作出外行的主观评价是错误的。② 其次，在我国，这一情况更加突出。在技术类知识产权纠纷案件的审判过程中，查明技术事实本应属于法官的职责，但我国绝大多数技术类知识产权纠纷案件的主审法官多为"法律精英"，并不具备医学、机械、化学、生物等自然科学领域的知识，这导致法官对于技术事实的认定和查明显得力不从心。③

我国法官大多是法学出身，没有自然科学的学术背景和技术知识储备，而且即便有技术背景，也不可能要求一个法官对所有技术领域都了解，但法官在其审判工作中可能会遇到各个技术领域的专利案件，因此我国知识产权

---

① 参见姚兵兵：《商业秘密保护刑民交叉的几个问题》，载微信公众号"中国知识产权杂志"，2019 年 7 月 26 日发布。

② Parke Davis *v.* H. K. Mulford, 189 F 95 (S. D. N. Y. 1911).

③ 管荣齐、李明德：《中国知识产权司法保护体系改革研究》，载《学术论坛》2017 年第 1 期。

法官存在的技术短板问题尤为突出。[①] 北京市高级人民法院知识产权法庭通过对 2015 年二审改判案件的分析发现，被改判发回的专利纠纷案件中七成以上均涉及技术事实未查明的情形，其原因主要是全市知识产权法官多数不具有技术背景，缺乏有效的手段查明技术事实。[②] 因此，积极构建多元化技术事实查明体系，运用多种方式查明技术事实，对处理专业技术性较强的知识产权上诉案件尤为重要。

多元化技术事实查明体系主要包括技术调查官、专家咨询、人民陪审员、有专门知识的人和技术鉴定等方式。2019 年，最高人民法院知识产权法庭罗东川庭长曾指出，构建统一的技术事实查明体系，着力构建由技术调查官、技术咨询、专家陪审、技术鉴定等组成的相互独立、协同配合的技术事实查明体系，明确不同技术查明方式的适用条件、适用程序，区分不同人员参与技术事实查明的角色定位和职责权限。[③] 由最高人民法院知识产权法庭审理的技术类知识产权诉讼的关键在于，查明技术问题。与之相对应，从律师角度而言，技术类知识产权案件诉讼的关键亦在于向非技术法官和陪审团解释和说明技术问题。[④] 然而，由于技术调查官具有中立性、专业性、权威性等特点，其地位类似裁判者的技术"眼睛"，非常重要。对于技术调查官制度的未来发展，有以下两方面建议。

一方面，研究探索适度公开技术调查意见并赋予当事人就技术调查意见发表意见的权利。《最高人民法院关于技术调查官参与知识产权案件诉讼活动的若干规定》（法释〔2019〕2 号）规定，技术调查官就案件所涉技术问题提出的技术调查意见不对外公开。根据最高人民法院民三庭负责人的解释："技术调查官基本职能定位是法官的技术助手，因此，如果技术调查意见被采纳，其也是转换为合议庭的意见体现在裁判文书中。也就是说，对技术事

---

① 陈存敬、仪军：《知识产权审判中的技术事实查明机制研究》，载《知识产权》2018 年第 1 期。

② 参见《北京高院整理发布当前知识产权审判中需要注意的若干法律问题（专利）》，载中国知识产权网，http：//www.cnipr.com/sfsj/zjkf/201605/t20160511_196810，访问日期：2020 年 1 月 6 日。

③ 罗东川：《建立国家层面知识产权案件上诉审判机制 开辟新时代知识产权司法保护工作新境界——最高人民法院知识产权法庭的职责使命与实践创新》，载《知识产权》2019 年第 7 期。

④ Adler Adam，*Curing Cablevision：Prescribing a Functional Solution to a Technical Astigmatism*，10 Buffalo Intellectual Property Law Journal 153 (2014)．

实的认定仍由合议庭决定，并由合议庭依法承担责任。技术调查意见不属于证据，仅对合议庭认定技术事实起到参考作用，裁判文书对技术事实的最终认定有可能与技术调查意见的结论不一致。技术调查意见类似法官在案件审理过程中撰写的审理报告，因此，应将技术调查意见归入案卷副卷备查，不对外公开。韩国、我国台湾地区对此也有类似规定。"① 可见，最高人民法院知识产权审判庭起草《最高人民法院关于技术调查官参与知识产权案件诉讼活动的若干规定》时提出"技术调查官就案件所涉技术问题提出的技术调查意见不对外公开"的主要理由在于，被认可的技术意见将在判决书中公开，技术调查意见不是证据，无须公开，以及借鉴其他国家和地区的立法经验。笔者认为，这一观点源起于 2007 年 9 月 1 日起施行的《最高人民法院技术咨询、技术审核工作管理规定》（法办发〔2007〕5 号）。在该规定中，技术咨询是指司法技术人员运用专门知识或技能对法官提出的专业性问题进行解释或者答复的活动，需要通过咨询解决专业性问题的，可以直接向司法辅助工作部门的司法技术人员提出，咨询意见书仅供法官、合议庭或审判委员会参考，不作为定案的依据，不对外公开。

然而，从技术类知识产权案件中技术调查意见的性质而言，技术调查意见在本质上仍然属于专家意见的一种，但是由于技术调查官具有高效、深入（全程参与）、中立、专业、对技术事实认定有重大影响等特点，技术调查意见对于知识产权司法裁判整体的重要性而言，已经远非司法技术人员的咨询意见和外聘技术专家的意见所能相提并论。基于技术调查官和技术调查意见的这些特点，不予公开有违司法公开和自由心证的要求。② 从技术调查官制度的基本价值以及我国司法实践来看，其主要是为了弥补我国知识产权法官通常不具备理工科背景的困境。③ 技术调查官给出的技术调查意见对案件的事实认定和法律适用都没有决定权，只是供合议庭认定事实的

---

① 张晨："'技术调查官'是什么'官儿'？最高法民之庭负责人为你揭秘"，载澎湃网，https://www.thepaper.cn/newsDetail - forward_3368229，访问日期：2022 年 6 月 10 日。

② 张爱国：《评技术调查意见的不公开——以民事诉讼法的基本原理为视角》，载《知识产权》2019 年第 6 期。

③ 参见许波、仪军：《我国技术调查官制度的构建与完善》，载《知识产权》2016 年第 3 期。

参考，亦即，"法官是技术事实的最终认定者，对技术事实审查的对与错负有最终责任"。① 可见，在不公开技术调查意见的背景下，只能由合议庭对所采纳的技术调查意见负责。由此，我国采用的技术调查官制度与《日本民事诉讼法》第 92 条第 8 款、《韩国专利法》第 186 条第 1 款（《韩国实用新型法》第 55 条、《韩国外观设计法》第 75 条）规定的技术调查官类似，与《德国专利法》第 26 条第 2 款和第 56 条规定的"技术法官"存在根本不同。② 因此，可以考虑的是，探索通过法官适度"心证公开"的方式引导当事人对技术焦点问题发表进一步的意见，从而避免法官只能依赖技术审查意见作出判断的情况。既然只能由合议庭对所采纳的技术调查意见负责，那么在采纳技术调查意见之前，向双方当事人公开技术调查意见并由双方当事人对技术调查意见发表观点，使得裁判者对权利保护范围的认识更加客观，更便于需要对技术判断负责的合议庭作出更加公正、准确的判断。

从技术类知识产权案件中技术调查意见的内容而言，其主要是与查明技术事实相关的内容，且大部分内容依据已有证据材料或者案件所涉技术领域中的公知参考资料和观点而形成。这些内容和依据该内容作出的结论和意见具有客观性，这就决定了技术调查意见可以在一定范围内向各方当事人公开并接受其质询。③ 同时，赋予当事人就技术调查意见发表意见的权利，能够使得技术调查官从当事人的辩论中搜集有益信息，拓展技术事实的审查思路，优化技术特征的解释方式，④ 同时也更符合实质辩论主义⑤的要求，裁判结果也更容易为双方当事人接受。同时，赋予当事人就技术调查意见发表意见的权利，可以使得当事人对是否构成侵权的结果有一个更加合理的预期，这有助于增强当事人对审判结果的信服力，也有助于促进当事人在适当的情况下

① 参见赵锐、魏思韵：《知识产权诉讼中技术调查官的理论反思与制度完善》，载《南京理工大学学报（社会科学版）》2021 年第 6 期。

② 邹享球：《技术调查官制度的理论设计及现实困惑》，载《知识产权》2021 年第 4 期。

③ 黄玉烨、李青文：《知识产权审判中技术调查官的困境与出路——兼评〈最高人民法院关于技术调查官参与知识产权案件诉讼活动的若干规定〉》，载《电子知识产权》2019 年第 8 期。

④ 仪军、李青、温亘永等：《我国知识产权审判中技术审查意见公开机制的研究》，载《电子知识产权》2019 年第 6 期

⑤ 参见张卫平：《民事诉讼：关键词展开》，中国人民大学出版社 2005 年版，第 1－15 页。

积极选择和解。需要补充的是，赋予当事人就技术调查意见发表意见的权利，并不意味着将技术调查意见作为证据由当事人进行质证，而是为了全面查清事实，基于实质辩论主义的要求保障当事人发表意见的权利。

从比较法角度而言，诸多立法例保障当事人就技术调查意见陈述意见的机会。以我国台湾地区为例，我国台湾地区所谓的"智慧财产案件审理细则"第 16 条规定："法院得命技术审查官就其执行职务之成果，制作报告书。如案件之性质复杂而有必要时，得命分别作成中间报告书及总结报告书。技术审查官制作之报告书，不予公开。但法院因技术审查官提供而获知之特殊专业知识，应予当事人辩论之机会，始得采为裁判之基础。"该细则第 18 条进一步规定："技术审查官之陈述，不得直接采为认定待证事实之证据，且当事人就诉讼中待证之事实，仍应依各诉讼法所定之证据程序提出证据，以尽其举证责任，不得径行援引技术审查官之陈述而为举证。"① 可见，当事人对技术审查官的技术调查意见具有陈述意见的机会，但是不能引用作为自身的证据。再以美国为例，美国专家证人需要经过双方当事人的交叉询问和质证。此外，就日韩法律实践而言，日本对于是否公开技术调查报告存有诸多争议，部分人主张应予公开。② 韩国技术审理官参与法庭辩论程序，向代理人提出详细的技术问题，技术审理官的技术性意见对判决结论的影响也很大。③ 因此，笔者认为，给予当事人就技术审理官的技术性意见陈述意见的机会更为适宜。

另一方面，优化技术调查官的人员配置与任职方式。从审判需求角度出发，仅设置一种在编型技术调查官任职类型，不利于技术调查官作用的充分发挥，也难以满足知识产权法院专业化案件审判工作的多元需要。④ 从目前运行实践看，我国技术调查官，既有人民法院在编专职人员，又有来自国家知识产权局专利审查协作中心、国家知识产权局专利局的多个实质审查部门

---

① 参见张爱国：《评技术调查意见的不公开——以民事诉讼法的基本原理为视角》，载《知识产权》2019 年第 6 期。

② 李菊丹：《中日技术调查官制度比较研究》，载《知识产权》2017 年第 8 期。

③ ［韩］金珉徹：《韩国专利法院》，载《科技与法律》2015 年第 6 期。

④ 仪军、李青：《我国知识产权领域技术调查官选任问题探析》，载《专利代理》2017 年第 1 期。

及复审和无效审理部的审查员担任的兼职技术调查官，还有来自科研院所、企业的兼职技术调查官。这其中，以兼职技术调查官为主，如北京知识产权法院"已初步形成了以交流和兼职技术调查官为主、聘用技术调查官为辅的工作模式"。[①] 然而，实践表明，交流和兼职技术调查官不利于技术调查工作的稳定性和持续性，不利于技术类知识产权案件审判中技术事实查明工作的开展。[②] 笔者建议，我国技术调查官的人员配置采取专职技术调查官为主、以兼职技术调查官为补充、专职技术调查官带动兼职技术调查官的基本模式，促进人民法院聘用的专职技术调查官积累技术事实查明的工作经验，提升技术事实的查明能力。同时，加强技术调查官的选任、培训、回避等管理制度建设，进一步完善全国法院系统技术调查官资源共享的具体实务操作，统筹全国技术调查官的数量以及覆盖的技术区域，加强技术调查官与咨询技术专家的衔接。

4. 提高审判机构的专业化，加强知识产权审判机构人才队伍建设

目前，最高人民法院知识产权法庭和 27 个地方知识产权法庭并非独立的法院，其仍隶属于当地中级人民法院或者最高人民法院，法院没有独立的人、财、物，这实际上弱化了最高人民法院知识产权法庭和 27 个地方知识产权法庭的专属管辖职能。[③] 基于此，笔者建议提高审判机构的专业化，并且优化地方知识产权法院布局，建立地方知识产权法院的跨区域管辖机制。

2022 年 2 月，十三届全国人大常委会三十三次会议期间，长期关注知识产权审判人才队伍建设工作的李钺锋委员表示经其调研发现：最高人民法院知识产权法庭人员以借调干部为主体，约占总数的 78.2%，2019—2022 年先后有 233 人在法庭工作，仅 2021 年就有 71 人离职、63 人新任；在地方各级人民法院，以北方某省为例，具有知识产权审判经历的人员大都借调至最高人民法院知识产权法庭，给本级工作带来了一定影响。"知识产权涉及新技术、新知识和新的业态，法院审判没有现成的经验可借鉴，法官需要有深厚

---

① 李菊丹：《中日技术调查官制度比较研究》，载《知识产权》2017 年第 8 期。

② 黄玉烨、李青文：《知识产权审判中技术调查官的困境与出路——兼评〈最高人民法院关于技术调查官参与知识产权案件诉讼活动的若干规定〉》，载《电子知识产权》2019 年第 8 期。

③ 黄玉烨、李青文：《中国知识产权法院建设研究》，知识产权出版社 2022 年版，第 18 - 19 页。

的理论水平、专业知识和法律功底，这就要求从事知识产权审判的法官必须具有过硬的能力素质，才能适应实际工作的需要。"李锐委员说，要把有效提高专利等知识产权审判能力作为法院能力素质建设的重要方面，有针对性地练好"基本功"，切实通过法官专业化的审判素养，在知识产权审判实践中展现司法权威，巩固司法公信力。①

第三节　知识产权行政保护体系研究

《知识产权强国建设纲要（2021—2035 年）》提出："健全便捷高效、严格公正、公开透明的行政保护体系。依法科学配置和行使有关行政部门的调查权、处罚权和强制权。建立统一协调的执法标准、证据规则和案例指导制度。大力提升行政执法人员专业化、职业化水平，探索建立行政保护技术调查官制度。建设知识产权行政执法监管平台，提升执法监管现代化、智能化水平。建立完善知识产权侵权纠纷检验鉴定工作体系。"同时，明确部署"发挥专利侵权纠纷行政裁决制度作用，加大行政裁决执行力度"，并进一步要求"探索依当事人申请的知识产权纠纷行政调解协议司法确认制度"。《"十四五"国家知识产权保护和运用规划》要求："健全知识产权行政保护机制。加强中央在知识产权保护的宏观管理、区域协调和涉外事宜统筹等方面事权。加强知识产权快保护机构建设。在条件成熟的地区建设国家知识产权保护试点示范区。加强知识产权行政执法指导制度建设。建立行政保护技术调查官制度。健全知识产权侵权纠纷行政裁决制度。健全跨区域、跨部门知识产权行政保护协作机制。加强商贸流通领域知识产权保护，制定商品交易市场知识产权保护国家规范，持续推进知识产权保护规范化市场建设，净化消费市场。""提高知识产权行政保护效能。更好发挥全国打击侵犯知识产权和制售假冒伪劣商品工作领导小组作用，加强部门协同配合，开展关键领域、重点环节、重点区域行政执法专项行动，重点查处假冒专利、商标侵权、侵犯著作权、地理标志侵权假冒等违法行为。加大行政处罚力度，加强侵权

---

① 张宝山：《为加快建设知识产权强国提供有力司法服务》，载《中国人大》2022 年第 5 期。

纠纷行政裁决，有效遏制恶意侵权、重复侵权、群体侵权。完善专利、商标侵权判断标准。加强植物新品种保护体系建设。强化知识产权海关保护。加强特殊标志、官方标志、奥林匹克标志保护。加强知识产权行政执法和行政裁决队伍人员配备和能力建设，提升知识产权行政执法装备现代化、智能化水平，利用新技术手段畅通投诉举报渠道，提升打击侵权假冒行为的效率及精准度。"

一、我国知识产权行政保护基本概念

所谓知识产权行政保护，是指相关国家行政管理机关在遵循法定程序的前提下，依法运用法定行政职权处理各种知识产权纠纷和查处各种知识产权违法行为、维护知识产权市场秩序和提高知识产权社会保护意识，从而扬长避短地有效保护知识产权权利主体合法权利的一种法律保护方式。① 知识产权的行政保护体系具体如图 4 所示。

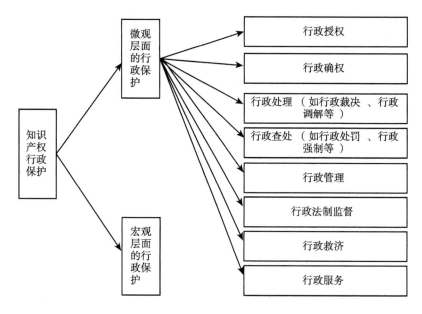

图 4　知识产权的行政保护体系

---

① 邓建志：《WTO 框架下中国知识产权行政保护》，知识产权出版社 2008 年版，第 41 – 42 页。

在上述知识产权行政保护体系中，仅有行政处理和行政查处，可以被称为狭义的知识产权行政执法；同时有行政授权、行政确权、行政处理和行政查处，则可以被称为广义的知识产权行政执法。其中，"行政处理"在我国现行知识产权法中已有规定，如《专利法》第 65 条、《商标法》第 60 条以及《植物新品种保护条例》第 39 条等。行政处理，是指行政主体为实现相应法律、法规、规章确定的行政处理目标、任务，而根据行政相对人的申请或者根据职权依法处理涉及特定行政相对人某种权利义务事项的具体行政行为。① 可见，行政处理是纠纷解决方式的一种，包含知识产权侵权救济中的行政方式。② 知识产权侵权救济中的行政方式主要是行政裁决。根据 2019 年中共中央办公厅、国务院办公厅发布的《关于健全行政裁决制度加强行政裁决工作的意见》，行政裁决是指行政机关根据当事人申请，根据法律法规授权，居中对与行政管理活动密切相关的民事纠纷进行裁处的行为。行政裁决具有效率高、成本低、专业性强、程序简便的特点，有利于促成矛盾纠纷的快速解决，发挥化解民事纠纷的"分流阀"作用。行政查处则是单方行政行为，是行政主体针对假冒等行为开展的执法行为。

二、我国知识产权行政保护发展历程

如前所述，广义的知识产权行政保护包含行政授权、行政确权、行政处理和行政查处等。接下来，我们重点关注行政处理和行政查处，特别是行政处理中的行政裁决。

1. 第一阶段：1983—2000 年

1982 年《商标法》确立了商标行政保护制度，其中第 39 条规定："有本法第三十八条所列侵犯注册商标专用权行为之一的，被侵权人可以向侵权人所在地的县级以上工商行政管理部门要求处理。有关工商行政管理部门有权责令侵权人立即停止侵权行为，赔偿被侵权人的损失，赔偿额为侵权人在侵

---

① 姜明安主编：《行政法与行政诉讼法》，北京大学出版社、高等教育出版社 1999 年版，第 167 页；王名扬：《法国行政法》，中国政法大学出版社 1989 年版，第 152 页。
② 赵梅生：《关于专利侵权救济的国际比较分析》，载《电子知识产权》2004 年第 11 期。

权期间因侵权所获得的利润或者被侵权人在被侵权期间因被侵权所受到的损失；对情节严重的，可以并处罚款。当事人不服的，可以在收到通知十五天内，向人民法院起诉；期满不起诉又不履行的，由有关工商行政管理部门申请人民法院强制执行。对侵犯注册商标专用权的，被侵权人也可以直接向人民法院起诉。"

1984 年《专利法》确立了专利行政保护制度，其中第 60 条第 1 款规定："对未经专利权人许可，实施其专利的侵权行为，专利权人或者利害关系人可以请求专利管理机关进行处理，也可以直接向人民法院起诉。专利管理机关处理的时候，有权责令侵权人停止侵权行为，并赔偿损失；当事人不服的，可以在收到通知之日起三个月内向人民法院起诉；期满不起诉又不履行的，专利管理机关可以请求人民法院强制执行。"就立法过程而言，我国首部《专利法》虽然先后易稿 25 次才得以通过，但是其中基本没有涉及专利行政保护制度的内容，特别是对于专利侵权纠纷的行政处理，是全国人大常委会在审议第 24 稿时补充进来的，这主要是"考虑到专利权纠纷的处理是专业性很强的工作，以先由行政主管部门即专利管理机关处理为宜"[1]，并且"当时司法薄弱，人民法院并不具备这样的审判力量"[2]。因此，当时立法机关的观点在于，专利管理机关主要是民事纠纷处理机关。[3]

就案件数量而言，1985—2001 年专利行政保护的数量为：处理专利侵权纠纷的行政裁决 5908 件，处理其他纠纷的行政裁决 1830 件，对冒充专利行为和假冒专利行为的行政查处各 5255 件和 37 件；[4] 1985—2001 年全国地方法院受理一审专利民事案件数量为 11 914 件。[5] 就案件总量而言，专利行政保护和专利司法保护案件数量差异不大。单纯就专利侵权案件数量而言，专

---

① 赵元果编著：《中国专利法的孕育与诞生》，知识产权出版社 2003 年版，第 284 页。

② 吴宁燕、王燕红：《论专利行政执法的必要性和发展方向——我国立法与修法立足国情的考虑》，载国家知识产权局条法司编：《专利法研究（2003）》，知识产权出版社 2003 年版，第 150 - 165 页。

③ 汤宗舜：《专利法解说》（修订版），知识产权出版社 2002 年版，第 340 - 342 页。

④ 邓建志：《中国知识产权行政特色保护制度的发展趋势研究》，载《中国软科学》2008 年第 6 期。

⑤ 上述数据系根据《中国知识产权年鉴（2005）》的记载加工而成的。参见国家知识产权局：《中国知识产权年鉴（2005）》，知识产权出版社 2005 年版，第 49 页。

利行政裁决案件数量和专利侵权诉讼案件数量均保持较快增长，专利侵权诉讼案件数量比专利行政裁决案件数量高出约 1/3。

就案件类型而言，专利行政裁决的类型包括：侵权纠纷行政裁决（如"U 段全向频道电视接收天线"专利侵权纠纷案）、权属纠纷行政裁决（如"一种物料的高精度测量方法及用该方法制造的核子秤"专利申请权纠纷案）、奖励纠纷行政裁决（如"一种小屏幕文字处理设备中的显示方法"专利奖酬纠纷案）等。可以说，1985—2001 年专利行政执法的案件类型涵盖范围广泛，甚至远超出人民法院审理的案件类型。需要补充的是，在这一阶段的行政执法中，已经较为注重调解，如上述"一种小屏幕文字处理设备中的显示方法"专利奖酬纠纷案即为由北京市知识产权局调处成功的当时国内最大的专利奖酬纠纷案。①

2. 第二阶段：2001—2008 年

21 世纪初，我国在《专利法》《商标法》第二次修正和《著作权法》第一次修正中，是基于"民事纠纷原则上应当通过司法程序解决"这一修改原则的，② 相较于上一阶段体现出的"知识产权管理机关主要是民事纠纷处理机关"的定位，已经发生明显变化，即知识产权民事纠纷的行政处理明显弱化。③ 首先，就行政处理的效力而言，取消了行政处理对于专利民事纠纷的终局行政裁决权；其次，行政处理的权力内容缩小，如 2000 年《专利法》将有权责令侵权人停止侵权行为和赔偿损失修改为可以责令侵权人立即停止侵权行为，取消了对于专利侵权赔偿纠纷的行政裁决权；④ 再次，行政处理效力得到明显弱化，以《专利法》为例，就行政调处的效力而言，《专利管理机关处理专利纠纷办法》（国专发法字〔1989〕第 226 号）第 22 条第 2 款规定："调解书经当事人签名或者盖章、调处人员署名并加盖专利管理机关

---

① 参见国家知识产权局：《中国知识产权年鉴（2000）》，知识产权出版社 2001 年版，第 37 - 42 页。

② 国家知识产权局条法司：《〈中华人民共和国专利法〉修改条文的逐条说明》，载国家知识产权局专利法研究所：《专利法研究（2000）》，知识产权出版社 2000 年版，第 52 页。

③ 邓建志：《WTO 框架下中国知识产权行政保护》，知识产权出版社 2008 年版，第 251 - 252 页。

④ 参见《专利法》（2000 年修正）第 57 条。

公章。调解书送达后，即具有法律效力。"

由此，2002 年以降，在专利侵权诉讼案件数量保持较大增幅的同时，专利行政执法案件数量则有涨有跌，总体呈下降趋势。2006 年，专利侵权诉讼案件数量是专利行政执法案件数量的 2.45 倍左右（见表4）。①

表4　2002—2008 年专利行政执法与专利司法保护案件数量对比

类型	专利行政执法					专利司法保护	
时间	侵权纠纷	其他纠纷	假冒查处	总计	增长率/%	专利侵权诉讼	增长率/%
2002 年	1399	56	116	1571	—	2081	—
2003 年	1448	97	222	1767	12.48	2110	1.39
2004 年	1414	66	102	1582	-10.47	2549	20.81
2005 年	1419	—	362	1781	12.58	—	—
2006 年	1227	43	33	1303	-26.84	3196	

注：①表中"—"表示没有或未能查到统计数据。
②表中 2005 年的数据中数字"1419"包含专利侵权纠纷和其他专利纠纷。

3. 第三阶段：2008—2018 年

2008—2018 年，随着《国家知识产权战略纲要》及《全国专利事业发展战略（2011—2020 年)》的颁布，知识产权行政处理工作日益受到国家知识产权局、国家工商行政管理总局和各地方知识产权局、地方工商行政管理局的普遍重视。另外，2009 年《专利法》第三次修正中新增的第 64 条内容，赋予管理专利工作的部门查处假冒专利行为所需要的必要行政执法手段，对于强化专利行政执法起到一定的推动作用。但是，新增的《专利法》第 64 条所规定的行政执法手段仅适用于案件数量有限的假冒专利行为的查处，管理专利工作的部门对案件数量较大的专利侵权纠纷的查处，不能适用上述条文的规定。②

---

① 参见邓建志：《中国知识产权行政特色保护制度的发展趋势研究》，载《中国软科学》2008 年第6 期。
② 国家知识产权局条法司编：《〈专利法〉第三次修改导读》，知识产权出版社 2009 年版，第82 页。

4. 第四阶段：2018 年至今

2018 年伊始，我国知识产权行政保护进入新的历史阶段。这一阶段具有两大标志：一是 2018 年中共中央办公厅、国务院办公厅发布《关于健全行政裁决制度加强行政裁决工作的意见》，明确行政裁决是行政机关根据当事人申请，根据法律法规授权，居中对与行政管理活动密切相关的民事纠纷进行裁处的行为，强调行政裁决具有效率高、成本低、专业性强、程序简便的特点，有利于促成矛盾纠纷的快速解决，发挥化解民事纠纷的"分流阀"作用，特别要求重点做好知识产权侵权纠纷和补偿争议等方面的行政裁决工作。二是 2018 年重新组建国家知识产权局，由国家知识产权局负责保护知识产权工作，推动知识产权保护体系建设，负责商标、专利、原产地地理标志的注册登记和行政裁决，指导商标、专利执法工作等。商标、专利执法职责交由市场监管综合执法队伍承担。此后，2021 年中共中央、国务院发布《法治政府建设实施纲要（2021—2025 年）》对有序推进行政裁决工作也提出明确要求。

在这一阶段，国家知识产权局积极推进知识产权行政裁决制度机制建设。2019 年 11 月，国家知识产权局发布《国家知识产权局办公室关于开展专利侵权纠纷行政裁决示范建设工作的通知》（国知办发保字〔2019〕40 号），组织各地开展专利侵权纠纷行政裁决示范建设，加强专利侵权纠纷行政裁决工作。2020 年 3 月，确定北京、河北、上海、江苏、浙江、湖北、广东、深圳等 8 个地区作为第一批试点，深入开展专利侵权纠纷行政裁决示范建设工作。此外，国家知识产权局还发布《专利侵权纠纷行政裁决办案指南》《专利纠纷行政调解办案指南》等规范性文件，进一步完善了专利侵权纠纷行政裁决的程序和实体标准。2019—2021 年，全国共立案处理专利侵权纠纷案件依次为 3.86 万件、4.24 万件、4.98 万件，同比增长依次为 13.7%、9.9%、17.4%；办结专利侵权纠纷案件依次为 3.66 万件、4.07 万件、4.95 万件，同比增长依次为 5.8%、11.2%、21.5%。①

① 贾润梅："我国知识产权行政裁决工作成效显现法治化水平提升"，载中国经济网，http://www.ce.cn/cysc/zljd/zlwlx/gd/202203/31/t20220331_37451521.shtml，访问日期：2023 年 4 月 10 日。

三、我国知识产权行政裁决制度建设

管理知识产权工作的行政部门在解决特定民事争议方面，具有效率高、成本低、专业性强、程序简便等特点。同时，知识产权纠纷与行政管理密切相关，需要熟悉行政管理且有专门技术、知识的人员才能解决，如果直接诉诸人民法院，将不利于及时有效地解决这些争议。行政裁决是美国"administrative adjudication"制度的译称，[①] 其为行政机关应用的一种裁决方式，是指由行政机关依照法律授权，对当事人之间发生的与行政管理活动密切相关的、与合同无关的民事纠纷进行审查，并作出裁决的行政行为。[②] 行政裁决是行政机关根据当事人申请，根据法律法规授权，居中对与行政管理活动密切相关的民事纠纷进行裁处的行为。与社会熟知的民事仲裁、民事诉讼相比较，虽然三者都是化解民事纠纷的方式，但行政裁决具有以下三点不同之处。一是主体的行政性。裁决主体是法律法规授权的行政机关，不同于作出民事仲裁的民间仲裁机构和受理民事诉讼案件的法院。二是对象的特定性。行政裁决的受理范围是与行政管理活动密切相关的民事纠纷，主要集中在知识产权侵权纠纷和补偿争议等方面，合同纠纷等一般民事争议不属于行政裁决的受理范围。三是行政裁决结果具有非终局性。当事人不服行政裁决的，可依法向法院提起诉讼，不同于民事仲裁的一裁终局、民事诉讼的两审终审。

一方面，建立行政裁决的行政调查机制和准司法审理机制。为了提高知识产权行政裁决的权威性，建议强化行政裁决的行政调查机制，加强现场勘验程序和现场调查程序的适用广泛性，强化行政调查中行政相对人的举证责任,[③]通过行政手段更为有效地发现证据、还原真实情况。同时，在行政裁决的审理中，特别是在口头审理中，强调知识产权行政裁决的准司法审理机制，参照

---

① 王名扬：《美国行政法》，中国法制出版社2005年版，第418页。
② 参见姜明安主编：《行政法与行政诉讼法》，北京大学出版社、高等教育出版社1999年版，第202-203页；张正钊、胡锦光主编：《行政法与行政诉讼法》（第四版），中国人民大学出版社2009年版，第160-163页。
③ 韩思阳：《行政调查中行政相对人的举证责任》，载《法学杂志》2018年第5期。

《民事诉讼法》关于庭审的规定，保障行政裁决准司法审理机制的公正性。

另一方面，完善依当事人申请的知识产权纠纷行政调解协议司法确认制度。专利纠纷行政调解协议的司法确认制度来自人民调解协议的司法确认制度，是指当事人请求人民法院对双方在专利行政管理部门调解下达成的专利纠纷调解协议进行审查并确认其效力的过程，是一种特殊的非诉程序。① 所谓"人民调解协议的司法确认制度"，是指对非诉调解协议，人民法院依申请进行司法审查后，对具有明确性给付内容的非诉调解协议赋予强制执行力的程序，② 这意味着人民法院打造对协议效力进行司法审查的程序或者诉讼类型。③ 人民调解协议的司法确认制度由来已久，早在 2002 年《最高人民法院关于审理涉及人民调解协议的民事案件的若干规定》（法释〔2002〕29号）中就明确了人民调解协议具有民事合同性质。该司法解释就调解协议的效力以及调解协议的争议解决作出明确要求，其第 1 条规定："经人民调解委员会调解达成的、有民事权利义务内容，并由双方当事人签字或者盖章的调解协议，具有民事合同性质。当事人应当按照约定履行自己的义务，不得擅自变更或者解除调解协议。"这是第一次以司法解释的方式明确了人民调解协议的合同性质，对调解协议的法律效力进行了补强，为人民调解制度注入新的生机和活力，自此各地法院开始探索人民调解协议的司法确认制度。④

2009 年 7 月，最高人民法院发布的《关于建立健全诉讼与非诉讼相衔接的矛盾纠纷解决机制的若干意见》明确提出："经行政机关、人民调解组织、商事调解组织、行业调解组织或者其他具有调解职能的组织调解达成的具有民事合同性质的协议，经调解组织和调解员签字盖章后，当事人可以申请有管辖权的人民法院确认其效力。当事人请求履行调解协议、请求变更、撤销调解协议或者请求确认调解协议无效的，可以向人民法院提起诉讼。"该文

① 陈雅忱、何炼红、陈仲伯：《专利纠纷行政调解协议司法确认问题探讨》，载《知识产权》2013 年第 9 期。
② 刘加良：《司法确认程序的生成与运行》，北京大学出版社 2019 年版，第 2 页。
③ 王亚新：《诉调对接和对调解协议的司法审查》，载《法律适用》2010 年第 6 期。
④ 浙江省高级人民法院联合课题组：《关于人民调解协议司法确认的调研》，载《人民司法》2010 年第 23 期。

件标志着由"非诉"性质的司法确认程序和处理涉及调解协议效力争议的诉讼程序两方面构成的司法审查制度框架基本形成。[①] 相较于 2002 年《最高人民法院关于审理涉及人民调解协议的民事案件的若干规定》，《关于建立健全诉讼与非诉讼相衔接的矛盾纠纷解决机制的若干意见》将可以司法确认的调解协议从"人民调解委员会调解达成的调解协议"扩展到"经行政机关、人民调解组织、商事调解组织、行业调解组织或者其他具有调解职能的组织调解达成的具有民事合同性质的协议"。

在此之后，调解协议的司法确认制度成为法定制度，并且在政策文件中加以部署。2010 年，全国人大常委会审议通过的《中华人民共和国人民调解法》（以下简称《人民调解法》）第 33 条规定："经人民调解委员会调解达成调解协议后，双方当事人认为有必要的，可以自调解协议生效之日起三十日内共同向人民法院申请司法确认，人民法院应当及时对调解协议进行审查，依法确认调解协议的效力。人民法院依法确认调解协议有效，一方当事人拒绝履行或者未全部履行的，对方当事人可以向人民法院申请强制执行。人民法院依法确认调解协议无效的，当事人可以通过人民调解方式变更原调解协议或者达成新的调解协议，也可以向人民法院提起诉讼。"《国务院关于加强法治政府建设的意见》（国发〔2010〕33 号）以及中央社会治安综合治理委员会、最高人民法院、最高人民检察院等 16 部门联合发布的《关于深入推进矛盾纠纷大调解工作的指导意见》（综治委〔2011〕10 号）部署"推动建立行政调解与人民调解、司法调解衔接的大调解联动机制"，明确经行政调解组织调解达成的调解协议，双方当事人认为有必要的，可以依法向人民法院申请司法确认。通常而言，自此之后，经专利行政管理部门调解形成的调解协议，可以纳入司法确认的范围。

下面以国家知识产权局第 8 号知识产权行政执法指导案例为例说明。在该案件中，美克国际家居用品股份有限公司发现上海某公司许诺销售的多款产品涉嫌侵犯其拥有的多个外观设计专利权，遂于 2020 年 5 月 25 日向上海

---

① 王亚新：《诉调对接和对调解协议的司法审查》，载《法律适用》2010 年第 6 期。

市知识产权局提出专利侵权纠纷行政裁决处理请求。同年6月1日，上海市知识产权局受理上述系列案件并根据双方当事人的调解意愿主持调解。同年9月29日，双方当事人签署专利侵权纠纷行政调解协议书。同年10月20日，双方当事人就该调解协议书向上海知识产权法院申请司法确认，上海知识产权法院对当事人提交的申请材料、调解协议的形式与内容依法进行审查，并于当日出具民事裁定书，确认双方达成的调解协议有效。对该协议，一方当事人拒绝履行或未全部履行的，对方当事人可以直接向人民法院申请强制执行。该指导案例的发布为知识产权纠纷行政调解协议司法确认制度提供了实践样本，即"当事人就侵权纠纷向相关部门投诉，相关部门在查清事实的基础上组织双方进行调解，调解成功后制作调解笔录，组织双方签订调解协议，由双方当事人向有管辖权的法院申请司法确认，法院依法进行审查，出具民事裁定书并送达当事人，司法确认裁定具有强制执行效力"，对于完善行政执法和司法衔接机制、推进知识产权纠纷调解工作规范化标准化建设具有重要的实践意义。① 需要指出的是，《民事诉讼法》对"确认调解协议案件"的管辖规定为，调解协议所涉纠纷应当由中级人民法院管辖的，向相应的中级人民法院提出。据此，经专利行政管理部门调解形成的调解协议应由中级人民法院管辖。2021年4月，上海市高级人民法院、上海市知识产权局发布的《关于在本市开展知识产权纠纷行政调解协议司法确认程序试点工作的实施办法》明确规定，申请司法确认的知识产权纠纷行政调解协议，其内容应当为法律、法规、规章规定的可以由行政机关裁决或调解的知识产权民事纠纷，具体包括：①专利侵权纠纷行政调解协议；②侵犯专利权、商标权赔偿纠纷行政调解协议；③职务发明创造的发明人、设计人奖励和报酬纠纷行政调解协议；④在发明专利申请公布后专利权授予前使用发明而未支付适当费用的纠纷行政调解协议。其中，该实施办法第4条对管辖作出规定："知识产权纠纷行政调解协议司法确认案件由主持调解的行政机关所在地有知识产权案件

---

① "指导案例8号：上海市知识产权局处理外观设计专利侵权纠纷达成调解协议并经司法确认案理解与适用"，载国家知识产权局官网，https://www.cnipa.gov.cn/art/2022/7/4/art_66_176359.html，访问日期：2023年4月10日。

管辖权的人民法院审查。"基于上述规定，上述案件由上海知识产权法院作出司法确认裁定。

就知识产权纠纷行政裁决程序中形成的调解协议的司法确认而言，笔者建议，未来在程序中进一步优化司法确认的启动条件，允许单方申请启动调解协议的司法确认。当前司法确认程序的实际适用中还存在"启动难"问题，这并非出于人为因素的影响，而是制度性的问题。具体而言，只有双方共同提出司法确认申请，才能启动程序。必须由双方提出申请的规定大幅削减了该制度得以适用的机会，使得制度制定者促进调解机制功能发挥以及保护善意相信调解协议效力的当事人的初衷无法落地。[1] 特别是，对于知识产权纠纷的行政裁决程序中形成的调解协议的司法确认而言，相关的争议已经在行政裁决程序中进行了审理，不必以共同申请作为前置条件，剔除了双方就调解协议存在争议的情况。与之相对应，在允许单方申请启动调解协议的司法确认的情况下，建议在司法确认程序中构建程序规则，允许双方当事人适度对抗并由裁判者居中给出相应的程序处理结果，从而积极促进知识产权纠纷行政裁决程序中形成的调解协议的司法确认，充分发挥制度价值。

第四节 对外贸易知识产权保护研究

《知识产权强国建设纲要（2021—2035年）》明确提出："建立对外贸易知识产权保护调查机制和自由贸易试验区知识产权保护专门机制。强化知识产权海关保护，推进国际知识产权执法合作。"该纲要进一步要求："建设知识产权保护中心网络和海外知识产权纠纷应对指导中心网络。建立健全海外知识产权预警和维权援助信息平台。"

---

① 参见马丁：《论司法确认程序的结构性优化》，载《苏州大学学报（法学版）》2021年第4期；朱素明：《人民调解协议司法确认制度的发展及其完善》，载《学术探索》2012年第8期；李秀梅：《我国人民调解协议司法确认制度的考察》，载《北京行政学院学报》2012年第5期。

一、对外贸易知识产权保护调查机制与知识产权海关保护研究

我国有着世界上最完整的工业体系，但美国出于其经济发展和政治形势的需要，一直在利用知识产权建立贸易壁垒，挤压我国产业的发展空间。"337 调查"作为美国采取的典型贸易保护主义手段，是打击我国企业"走出去"的有力战略武器。[1] 在 2020 年发布的《美国年度知识产权报告》中，美国更是指明"337 调查"的排除令是重要的执法工具。[2] 美国"337 调查"作为一种贸易工具，尽管一直被诟病违反"非歧视原则"，但站在美国立场而言，其在相当大程度上保护了美国国内产业。虽然我国不宜采用贸易保护工具，但是在符合国际条约的基础上，[3] 可以研究探索建立对外贸易知识产权保护调查机制。

《中华人民共和国海关法》（2021 年修正，以下简称《海关法》）第 44 条规定："海关依照法律、行政法规的规定，对与进出境货物有关的知识产权实施保护。需要向海关申报知识产权状况的，进出口货物收发货人及其代理人应当按照国家规定向海关如实申报有关知识产权状况，并提交合法使用有关知识产权的证明文件。"《中华人民共和国知识产权海关保护条例》（以下简称《知识产权海关保护条例》）第 2 条规定："本条例所称知识产权海关保护，是指海关对与进出口货物有关并受中华人民共和国法律、行政法规保护的商标专用权、著作权和与著作权有关的权利、专利权（以下统称知识产权）实施的保护。"根据《知识产权海关保护条例》的规定，经海关调查后认定侵犯知识产权的货物，或者经发现侵权嫌疑货物即将进出口的知识产权权利人申请，海关可以采取保护措施。上述两种程序分别被称为"依职权保护"程序和"依申请保护"程序。作为一种知识产权行政保护，知识产权海关

---

[1] 徐晨倩、朱雪忠：《基于诉讼专利情报的美国 337 调查风险预警研究》，载《情报杂志》2021 年第 9 期。

[2] United States Intellectual Property Enforcement Coordinator, *Annual Intellectual Property Report to Congress*, https：//www.whitehouse.gov/omb/office－u－s－intellectual－property－enforcement－coordinator－ipec/, last visited：2022－10－13.

[3] 朱雪忠、徐晨倩：《大国竞争下的美国涉华 337 调查与中国应对之策》，载《科学学研究》2021 年第 5 期。

保护不仅能够帮助知识产权权利人有效制止国际贸易领域的侵权行为，还为权利人选择最适合自身的纠纷处置方式、实现自身权益诉求提供了制度保障。[①]

强化知识产权海关保护的重点在于完善知识产权海关保护与行政保护、民事诉讼的衔接机制。根据《海关法》的规定，我国海关是国家的进出关境监督管理机关，知识产权权利人寻求知识产权海关保护的目的在于及时阻断被控侵权产品进入国际贸易物流链流通，"海关扣留侵权嫌疑货物，是海关保护程序的标志性和枢纽性节点，也是海关保护最核心价值体现"。[②] 可资借鉴的是，欧洲议会和欧盟理事会通过了欧盟608/2013号条例，将此作为欧盟知识产权海关保护适用的程序法。《欧盟知识产权海关执法条例》旨在增强欧盟打击假冒和盗版产品的边境措施，为知识产权在欧盟边境得到有效和一体化保障提供法律指引。新条例不仅简化了涉嫌侵犯知识产权货物的销毁程序，而且引入小规模托运假冒货物的特别销毁程序。[③] 就我国知识产权海关保护而言，在"依职权保护"程序中，海关在对侵权嫌疑货物作出是否侵权的调查认定后，如果海关认定涉嫌侵权货物确定构成侵权，那么应当由海关将相关线索移送地方知识产权局、地方市场监督管理局等行政裁决部门、行政执法部门，由相关部门对货物生产商的侵权行为进行调查处理；如果海关无法认定涉嫌侵权货物是否构成侵权，那么应当由知识产权权利人向人民法院申请行为保全并进入民事诉讼程序。在"依申请保护"程序中，海关扣留侵权嫌疑货物后并不进行调查认定和行政处理，知识产权权利人可以选择向人民法院申请行为保全并进入民事诉讼程序，或者向地方知识产权局请求行政裁决，同时将海关扣留的涉嫌侵权货物作为证据加以使用。同时，笔者建议在知识产权海关保护程序中引入调解制度，积极构建在自愿合法基础上的有限调解与有限和解、调解及和解与调查认定程序并行、调解与调查适度分离、允许并案调解等程序性衔接规则。[④]

[①] 徐枫、包文勋：《论知识产权海关保护的多元纠纷处置机制》，载陈晖主编：《海关法评论》（第10卷），法律出版社2021年版，第351-362页。

[②] 同注①。

[③] 蔺捷：《欧盟知识产权海关保护制度的新发展及其启示》，载《暨南学报（哲学社会科学版）》2018年第8期。

[④] 叶倩：《知识产权海关保护引入调解制度、明晰和解制度之思》，载陈晖主编：《海关法评论》（第10卷），法律出版社2021年版，第319-336页。

二、自由贸易试验区知识产权保护机制研究

2013 年 9 月 29 日，我国第一个自由贸易试验区——中国（上海）自由贸易试验区正式成立。随后，国务院陆续在广东省、天津市、福建省、辽宁省、浙江省等地批准设立了 21 个自由贸易试验区，形成了覆盖东西南北中的试点格局，推出了一大批高水平制度创新成果，建成了一批世界领先的产业集群，为高质量发展做出了重要贡献。2021 年 7 月，中央全面深化改革委员会第二十次会议上明确指出，要深入推进高水平制度型开放，赋予自由贸易试验区更大改革自主权，加强改革创新系统集成，统筹开放和安全，及时总结经验并复制推广，努力建成具有国际影响力和竞争力的自由贸易园区，发挥好改革开放排头兵的示范引领作用。因此，研究形成自由贸易试验区知识产权保护专门机制，促进实现贸易便利化下的知识产权海关保护，[①] 具有非常重要的意义。

从 21 个自由贸易试验区的建设方案来看，它们都将"推进实施'一线放开'、坚决实施'二线安全高效管住'"作为"创新监管服务模式"的重要内容。由此，减少海关的边境管理措施、推进实施"一线放开"是实现自由贸易试验区贸易便利化的重要手段。此外，在实现贸易便利化的同时，"一线放开"也带来了知识产权保护的风险。2013 年 5 月，国际商会发布的《对自贸区的监控：平衡便利与监控以打击在各国自贸区的非法贸易》的报告指出：假冒者越来越多地利用多个不同地域的自贸试验区进行货物的运输或者转运，目的无非是掩盖其产品的非法性质。[②] 正因为这样，虽然国际主流实践并未将涉及自由贸易试验区的海关程序设置为一种与进出口、过境程序互斥的独立海关程序，但是欧盟、美国、马来西亚等国家和地区在各自的海关法典中都对自由贸易试验区作出规定，或者针对自由贸易试验区专门立法。例如，《欧盟海关法典》第四编第三章关于"自由区与自由仓库"（大致

---

① 张乃根：《略论贸易便利化下的知识产权海关保护》，载陈晖主编：《海关法评论》（第 10 卷），法律出版社 2021 年版，第 281－294 页。

② ICC/BASCAP, *Controlling the Zone: Balancing Facilitation and Control to Combat Illicit Trade in the World's Free Trade Zones*, ICO Publication, 2013, p. 6.

对应于"自由贸易试验区"）的规定，美国针对自由贸易试验区专门制定的《美国对外贸易区法》，马来西亚针对自由贸易试验区专门制定《自由贸易区法》等。① 目前，我国《海关法》并未对"自由贸易试验区"作出界定，对自由贸易试验区的知识产权边境执法措施也缺乏专门安排。我国《知识产权海关保护条例》只针对"进出口货物"，并未针对自由贸易试验区的"过境货物与临时仓储货物""加工出口货物"的知识产权海关措施作出规定。笔者建议修改我国《知识产权海关保护条例》，为"过境货物与临时仓储货物""加工出口货物"等自由贸易试验区特殊状态货物增设有针对性的知识产权海关措施，以便在国际贸易物流链中及时制止涉嫌侵权货物的流通，并为知识产权权利人合法主张自身正当权益提供在书证、物证等证据获取方面的支持。②

第五节　专利导航产业发展机制思路研究

《知识产权强国建设纲要（2021—2035 年）》明确提出："加强专利密集型产业培育，建立专利密集型产业调查机制。积极发挥专利导航在区域发展、政府投资的重大经济科技项目中的作用，大力推动专利导航在传统优势产业、战略性新兴产业、未来产业发展中的应用。"《"十四五"国家知识产权保护和运用规划》进一步部署："引导建立产业专利导航决策机制，优化战略性新兴产业发展模式，增强产业集群创新引领力。"

《"十四五"国家知识产权保护和运用规划》专门部署了"专利导航工程"作为十五项重大工程之一，将"完善专利导航工作体系"和"深化专利导航运用模式"作为两个重要任务加以部署。具体而言，"专利导航工程"包括以下两方面。一方面，完善专利导航工作体系。推动出台地方专利导航

---

① 杨鸿：《自贸试验区知识产权海关执法的特殊问题与制度完善》，载《环球法律评论》2019年第 2 期。

② 徐枫：《自贸区知识产权海关保护制度解析——兼论知识产权海关保护制度的完善》，载《电子知识产权》2018 年第 3 期。

产业发展配套落实措施。引导企业、高校、科研机构、行业协会等推广实施专利导航指南国家标准，突出专利导航服务、评价、培训、组织实施标准化引领。加强专利导航理论研究、实务指导、技术支撑，推动建设专利导航业务指导中心，支持在重点区域、重点产业园区建设专利导航服务基地。开展专利导航示范项目建设，加强专利导航项目评价，引导规范专利导航市场化服务。另一方面，深化专利运用模式。完善以产业数据、专利数据为基础的专利导航决策机制，创新专利导航服务模式，打造专利导航深度应用场景。组织开发专利导航数据产品、分析工具、应用平台。推动实施重点领域、重点产业专利导航项目，引导关键核心技术攻关，加强产业专利布局，助力保障产业链供应链稳定和安全。

为了有力支撑专利导航工程的实施，《"十四五"国家知识产权保护和运用规划》在"促进知识产权服务业健康发展"部分增加"建立知识产权服务对接重点产业、重大项目工作机制，重点提供专利导航等高端服务"，引导提升专利导航服务能力和服务水平。专利导航是指在宏观决策、产业规划、企业经营和创新活动中，以专利数据为核心，深度融合各类数据资源，全景式分析区域发展定位、产业竞争格局、企业经营决策和技术创新方向，服务创新资源有效配置，提高决策精准度和科学性的新型专利信息应用模式。

一、专利导航产业发展机制的探索与发展

我国专利导航产业发展机制的探索起源于 2013 年《国家知识产权局关于实施专利导航试点工程的通知》（国知发管字〔2013〕27 号）这一文件。该通知首次提出"专利导航产业发展"的新思路和"专利运营"的概念，并首次正式提出专利导航是以专利信息资源利用和专利分析为基础，把专利运用嵌入产业技术创新、产品创新、组织创新和商业模式创新，引导和支撑产业实现自主可控、科学发展的探索性工作。该通知要求，培育专利运营业态发展，指导市场主体依法设立专利运营机构，专门从事专利引进、集成和二次开发、转移转化等业务；对关键技术领域的专利进行储备运营，以核心专利为基础形成专利组合并持续优化，开展质押融资、对外许可、投资入股、标

准制定及海外维权活动等。同时要求，培育发展专利运营服务体系，重点支持从发明创意产生、专利申请到专利技术转移转化全过程服务业态的发展，并部署"面向市场主体，培育一批专利运营试点企业。选取创新能力强、产业地位突出、专利工作基础好、人力资源具备的企业单位，开展国家专利运营试点企业培育工作。到试点工程实施期满，培育30家左右掌握核心专利、专利运用能力较强、对产业发展具有较强影响力，或者能够提供专业化、规范化、一体化的专利运用服务的国家专利运营试点企业。通过试点企业培育，形成一批能够有效支撑产业发展的专利组合；专利引进、集成和二次开发、转移转化等专利运营业态发展良好"。随后，国家知识产权局启动了国家专利导航产业发展实验区、国家专利协同运用试点单位和国家专利运营试点企业申报工作，并发布了《国家专利导航产业发展实验区申报指南（试行）》《国家专利协同运用试点单位申报指南（试行）》《国家专利运营试点企业申报指南（试行）》。2013年8月，国家知识产权局发布《关于确定国家专利导航产业发展实验区、国家专利协同运用试点单位、国家专利运营试点企业的通知》（国知发管函字〔2013〕149号），按照区域特色、优势明显、专利密集、布局合理的要求，确定中关村科技园区、苏州工业园区、上海张江高科技园区、杭州高新技术产业开发区、郑州新材料产业集聚区、武汉东湖新技术开发区、长春高新技术产业开发区、宝鸡高新技术产业开发区等8个产业集聚区为国家专利导航产业发展实验区，中国电子材料行业协会等5家行业协会为国家专利协同运用试点单位，武汉邮电科学研究院（集团）等35家企业为国家专利运营试点企业。同时，国家知识产权局发布了《国家专利导航产业发展实验区建设工作指引》《国家专利协同运用试点单位培育工作指引》《国家专利运营试点企业（生产型企业）培育工作指引》和《国家专利运营试点企业（非生产型企业）培育工作指引》。

自2013年《国家知识产权局关于实施专利导航试点工程的通知》首次提出"专利导航试点工程"的思路以来，国家知识产权局积极推进专利导航产业发展机制的完善，强调发挥专利信息对产业发展决策的引导力，进一步提高产业发展规划、产业运行决策的科学化程度，推动产业布局更加科学、产业结构更加合理；强调发挥专利制度对产业创新资源的配置力，进一步提高创新资源的利用效率，推动创新资源向产业发展的关键技术领域聚集，使产业形成较强的竞争优势，推动提升产业价值链竞争地位。经全国范围的试点探索，逐步由面向产业、企业、区域引导创新决策延伸到知识产权分析评议、区域布局等工作，应用愈加广泛，工具愈加完善，成果愈加丰富。

2014 年，专利导航试点工程全面启动。同年 1 月，《2014 年全国专利事业发展战略推进计划》在"（九）专利引领产业升级"部分专门部署"加快推进专利导航试点工程，发展专利密集型产业，推进重大经济活动知识产权评议工作，推行知识产权集群管理模式，进一步发挥专利引领产业升级发展的作用"，明确要求"加快实施专利导航试点工程。率先在中关村科技园区、苏州工业园和郑州新材料产业集聚区等 3 个实验区开展专利导航分析项目，探索建立专利分析与产业运行决策深度融合的工作机制。在 2~3 个产业关键技术领域培育专利储备运营项目。开展国家专利导航创新驱动发展体系建设研究，为专利导航产业布局、专利导航科技创新、核心专利培育提供支撑"。

2014 年 4 月，国家知识产权局专利管理司发布《关于印发 2014 年度专利导航试点工程项目计划的通知》（国知管发〔2014〕3 号）分别针对省知识产权局、实验区、试点单位和试点企业设定了重点任务和一般任务，制定了《2014 年度专利导航试点工程项目计划》。同时，国家知识产权局专利管理司要求各有关省局落实好《2014 年度专利导航试点工程项目计划》中对区域内建设（培育）单位的支持措施，统筹调配资源、加大扶持力度，指导各建设（培育）单位扎实推进《2014 年度专利导航试点工程项目计划》实施；要求各实验区按照专利导航规划项目的管理要求，做好所选产业专利导航规划项目的实施工作，编制产业专利布局规划，构建支撑产业竞争力的专利储备，最终实现专利运用对产业运行效益的高度支撑；要求各试点单位建立以专利联盟为主要形式的专利协同运用体系，并以专利联盟为主体，选择行业重点技术领域，开展专利导航分析，编制行业专利布局指南，指导企业开展专利布局，构建支撑行业发展的专利储备；要求各生产型试点企业围绕企业发展战略，以专利导航分析为基础，制定企业专利布局规划，构建支撑企业核心竞争力的专利储备，最终实现专利运营效益对企业发展的高度支撑；要求各非生产型企业要围绕战略目标和重点技术领域，制定专利储备运营计划或专利运营服务计划。另外，国家知识产权局专利管理司择优选取了涉及 24 个单位的部分重点任务作为重点项目，形成了《2014 年度专利导航试点工程重点项目计划》，要求各有关省局对列入《2014 年度专利导航试点工程重点项目计划》的重点项目匹配资金、给予倾斜，全面参与项目实施，配合国家知识产权局专利管理司做好重点项目的管理和考核工作。在上述工作的基础上，"专利导航产业发展机制"日益获得大家的广泛认同，在更高公共政策层面加以全面推进。2014 年年底，由国家知识产权局等单位联合制定的《深入实施国家知识产权战略行动计划（2014—2020 年）》在"主要行动"中的第一项任务举措中明确部署："面向产业集聚区、行业和企业，实施专利导航试点项目，开展专利布局，在关键技术领域形成一批专利组合，构建支撑产业发展和提升企业竞争力的专利储备。加强专利协同运用，推动专利联盟建设，建立具有产业特色的全国专利运营与产业化服务平台。建立运行高效、支撑有力的专利导航产业发展工作机制。"

2015 年，专利导航产业发展获得认同。"专利导航产业发展机制"在国务院文件层面加以部署。同年 1 月，《2015 年全国专利事业发展战略推进计划》在"（十一）专利引领产业升级"部分专门部署"深入实施专利导航试点工程，发展专利密集型产业，推进重大经济活动知识产权评议工作，充分发挥专利引领产业升级发展的作用"，明确要求"指导专利导航实验区在专利导航分析成果的基础上，制定出台专利导航产业创新发展的相关规划或实施意见，督促郑州新材料产业集聚区落实规划。推动实验区实施微观专利导航项目，开展相关业务培训，提升企业专利导航和专利布局能力。进一步推广应用专利导航试点工作成果，指导地方自主开展专利导航工作。各地积极探索开展本地区专利导航试点工作，在产业集聚区推广专利导航试点工作成果，实施一批专利导航项目。在地方'十三五'规划中，引入专利导航工作机制，提升产业规划决策的科学化水平。引导建设一批产业专利联盟，有效促进专利协同运用"。同年 4 月，国家知识产权局办公室发布《2015 年专利导航试点工程实施工作要点》（已失效），围绕全面推进专利导航产业发展实验区建设、扎实开展专利协同运用试点工作、加快培育专利运营试点企业、稳步推动展示交易中心转型发展、不断夯实工程实施的工作基础部署了 12 项措施。该文件特别强调，建立"1 + N"的产业专利导航项目体系，围绕 1 个产业宏观专利导航项目，实施 N 个微观专利导航项目；结合已有专利导航分析成果，面向行业重点领域，积极开展专利技术创新创业孵化与服务平台建设；创新专利协同运用模式，围绕行业发展需求，积极组织重点企业与高校院所合作，开展订单式专利技术研发，构建专利运营收益共享的专利运用协同体。

2015 年 7 月，国家知识产权局办公室发布《关于推广实施产业规划类专利导航项目的通知》（国知办发管字〔2015〕18 号），提出"实施产业规划类专利导航项目是专利分析与产业决策深度融合的主要抓手，是在专利导航下产业创新资源配置的顶层设计过程"，进一步部署推广实施产业规划类专利导航项目，通过产业专利大数据分析，从产业发展历史演进的视角，揭示产业链与专利布局的匹配度和产业竞争中的专利控制力，明晰产业发展方向和创新重点，规划产业结构调整和升级路径，指引企业培育、人才引进、协同运营等发展路径。同时，进一步发布《产业规划类专利导航项目实施导则（暂行）》，紧扣产业分析和专利分析两条主线，将专利信息与产业现状、发展趋势、政策环境、市场竞争等信息深度融合，明晰产业发展方向，找准区域产业定位，指出优化产业创新资源配置的具体路径。2015 年 9 月，国家知识产权局、财政部、人力资源和社会保障部、中华全国总工会、共青团中央发布《关于进一步加强知识产权运用和保护助力创新创业的意见》（国知发管字〔2015〕56 号）。该意见在"基本原则"部分强调"加强引导"，要求"突出知识产权对创新创业活动的导向作用，更多采用专利导航等有效手段，创新服务模式和流程，提升创新创业发展水平"；在"推进知识产权运营工作引导创新创业方向"部分明确部署，"实施一批宏观专利导航项目，发布产业规划类专利导航项目成果，更大范围地优化各类创业活动中的资源配置。实施一批微观专利导航项目，引导有条件的创业活动向高端产业发展。建立实用专利技术筛选机制，为创新创业者提供技术支撑"。2015 年 10 月，国家知识产权局发布《加快推进知识产权强省建设工作方案（试行）》（国知发管字〔2015〕59 号），在"培育发展知识产权密集型产业"部分要求"建立专利导航产业创新发展机制，优化产业发展决策，提升产业发展层次"，在

"支撑优势产业转型升级"部分部署"面向区域重点产业，实施一批专利导航项目，明晰创新方向和重点，优化创新资源配置，提高产业发展决策科学化水平。引导扶持传统优势制造业企业通过引进、消化、吸收、再创新专利技术，增强市场竞争能力，加快实现转型升级。支撑优势产业转型升级。面向区域重点产业，实施一批专利导航项目，明晰创新方向和重点，优化创新资源配置，提高产业发展决策科学化水平。引导扶持传统优势制造业企业通过引进、消化、吸收、再创新专利技术，增强市场竞争能力，加快实现转型升级"。2015年年底，国务院发布《关于新形势下加快知识产权强国建设的若干意见》（国发〔2015〕71号）明确要求："围绕战略性新兴产业等重点领域，建立专利导航产业发展工作机制，实施产业规划类和企业运营类专利导航项目，绘制服务我国产业发展的相关国家和地区专利导航图，推动我国产业深度融入全球产业链、价值链和创新链。"

2016年，专利导航产业发展系统探索。随着公众对"专利导航产业发展机制"的认识逐渐深入，国家层面开始全面部署专利导航工作，这既是对"专利导航试点工程"的工作思路、工作成效的全面认可，也是对专利导航产业发展机制的系统探索。这方面的关键标志有三个。第一，《"十三五"国家知识产权保护和运用规划》首次以"重大工程"的方式提出"专利导航试点工程"并在国家规划层面加以全面部署。2016年年底，国务院发布的《"十三五"国家知识产权保护和运用规划》明确要求："推动专利导航产业发展。深入实施专利导航试点工程，引导产业创新发展，开展产业知识产权全球战略布局，助推产业提质增效升级。面向战略性新兴产业，在新材料、生物医药、物联网、新能源、高端装备制造等领域实施一批产业规划类和企业运营类专利导航项目。在全面创新改革试验区、自由贸易试验区、中外合作产业园区、知识产权试点示范园区等重点区域，推动建立专利导航产业发展工作机制。"第二，2016年年底，国务院办公厅发布《知识产权综合管理改革试点总体方案》（国办发〔2016〕106号），在"提升综合运用知识产权促进创新驱动发展的能力"部分要求，"建立健全知识产权评议、专利导航机制，完善知识产权风险预警体系，提升区域创新发展决策水平"。第三，2016年年底，国家知识产权局、工业和信息化部联合发布的《关于全面组织实施中小企业知识产权战略推进工程的指导意见》（国知发管字〔2016〕101号），将"实施专利导航，支撑中小企业创新发展"作为第一项重点任务，明确要求"建立专利导航产业发展工作机制。发挥专利信息资源对产业运行决策的引导作用，依托各类平台探索建立专利导航研究推广中心，实施产业规划类专利导航项目，为中小企业定期推送高水平、高质量、低成本的产业知识产权信息。建立通畅的知识产权预警机制，加强对区域、行业和企业预警信息的收集发布，指导中小企业加强知识产权保护。推动建立专利导航企业发展工作机制。发挥专利制度在产业竞争市场的控制作用，鼓励和支持中小企业实施企业运营类专利导航项目，帮助中小企业加强产业核心技术与关键环节的专利布局，提升企业应对竞争的主动权"。

此外，国家知识产权局层面也在加快推进专利导航相关工作。2016 年年初，国家知识产权局发布《关于确定新一批国家专利导航产业发展实验区、国家专利协同运用试点单位、国家专利运营试点企业的通知》（国知发管函字〔2016〕18 号），确定苏州国家高新技术产业开发区、南通市、佛山市、天津滨海高新技术产业开发区、烟台经济技术开发区、成都市龙泉驿区、广州经济技术开发区、潍坊高新技术产业开发区、北京市丰台区等 9 个产业集聚区为国家专利导航产业发展实验区，中国半导体行业协会等 8 家行业协会、新医药技术创新知识产权联盟等 7 个产业知识产权联盟、江南大学等 8 所高等学校和中国科学院宁波材料技术与工程研究所等 9 个科研机构为国家专利协同运用试点单位，珠海格力电器股份有限公司等 21 家生产型企业和上海数字电视国家工程研究中心有限公司等 24 家服务型企业为国家专利运营试点企业。2016 年 5 月，《2016 年全国专利事业发展战略推进计划》在"（十）专利引领产业升级"部分专门部署"深入实施专利导航试点工程，发展专利密集型产业，充分发挥专利引领产业升级发展的作用"，明确要求，"深入实施专利导航试点工程。继续推广实施产业规划类专利导航项目，制定发布企业运营类专利导航项目实施导则。探索推动国家重大规划、地方区域规划、产业专项规划等建立专利导航工作机制。制定专利导航产业发展绩效评价指标体系，对专利导航试点工程实施效果进行统计评价。各地积极探索专利导航产业发展新模式新机制，将专利导航试点项目纳入地方'十三五'规划重点项目，实行同步设计、同步推进，同步验收"。

2017 年，专利导航产业发展经验总结。2017 年，国家知识产权局组织开展对国家知识产权试点园区的验收和对国家知识产权示范园区的复核工作，总结前一阶段专利导航试点工程的进展情况。2017 年 3 月，国家知识产权局办公室发布《关于报送国家专利导航试点工程和国家知识产权试点示范园区 2016 年工作总结及 2017 年工作计划的通知》（国知办函管字〔2017〕139 号），形成了《国家专利导航试点工程及试点示范园区 2017 年工作要点》。《国家专利导航试点工程及试点示范园区 2017 年工作要点》围绕"专利导航产业发展工作机制"部署了如下工作。第一，完善知识产权政策体系和工作体系。专利导航各类试点单位和试点示范园区要不断夯实知识产权工作基础，充分发挥知识产权对产业和经济发展的支撑作用。实验区和试点示范园区要积极探索知识产权综合行政管理，完善政府、行业和企业"三方联动、互补互促"的知识产权工作体系；要着力加强知识产权运用和保护，优化知识产权分类管理和服务，适时调整完善专利资助和奖励政策，坚持"数量布局、质量取胜"，不断提升专利质量，因地制宜地实施知识产权运营、知识产权管理规范推行、服务业促进等政策。第二，深入完善专利导航工作机制。实验区要充分利用宏观专利导航成果，在专利导航融入产业决策全过程的基础上，进一步开展微观专利导航。实验区以外的试点示范园区要围绕优势特色产业，加强建立专利导航产业发展工作机制，推广实施宏观和微观专利导航，推动专利分析与产业决策、企业运营策略相融合。试点单位中的高校院所要完善专利导航科技创新的决策机制，通过专利导航分析为重大科研项目全过程提供决策依据。生产型试点企业要积极开展微观专利导航，明确专利导航企业重大决策的事项范围、启动响应、服务支撑和决策程序，进一步指引企业开展专利布局收储、协同运用、许可转让、质押融资等运营活动；其中，大型央企通过开展专利导航分析工作为产业知识产权全球战略布局提供实践经验。第三，大力实施产业规划类和企业运营类专利导航项目。专利导航各类试点单位和试点示范园区要按照《产业规划类专利导航项目实施导则（暂行）》和《企业运营类专利导航项目实施导则（暂行）》，结合自身需求和优势，在新材料、生物医药、物联网、新能源、高端装备制造等领域实施专利导航项目，提高产业创新决策和企业专利运营的科学性和精准度。要提高专利导航项目管理能力，项目立项及成果及时通过省局向国家局备案。国家局对备案的专利导航项目进行综合评价、择优支持，同时引导各类主体推动服务机构提升专利导航服务能力。第四，强化知识产权服务平台建设和管理。实验区要充分运用专利导航项目成果，及时更新和沉淀专利导航分析数据，结合产业实际和企业需求，完善产业专利导航服务平台，为产业决策和企业专利运营提供实时动态的专业化导航服务。试点单位中的协会和联盟要依托会员（成员）中的骨干企业或服务机构，积极搭建产业专利导航服务平台，开展行业专利导航服务，及时监控和发布行业专利信息。试点示范园区要加强知识产权公共服务平台建设和管理，加大公共服务和产业专利导航服务供给。专利导航各类试点单位和试点示范园区要建立工作对接机制，积极探索建设国家知识产权公共服务平台特色试点平台。第五，大力推进产业知识产权联盟建设。按照《产业知识产权联盟建设指南》的有关内容，实验区、试点示范园区和试点单位中的协会要推动重点企业和服务机构等主体，围绕知识产权风险预警与防控需求突出、知识产权运营需求强烈的重点领域，组建产业知识产权联盟；试点单位中的高校院所、试点企业和展示交易中心要结合产业共性需求和优势技术领域，积极参与和推动产业知识产权联盟建设。新设立的产业知识产权联盟要通过省局及时向国家局备案。产业知识产权联盟要加强产业关键领域知识产权运营，构筑和运营产业专利池，推动形成标准必要专利，建立资源共享和利益分配机制、重点产业知识产权侵权监控和风险应对机制，组织联盟成员探讨基于产业知识产权联盟开展集中审查的外部程序。

2018 年，专利导航产业发展机制实现职能化、法定化。在深化党和国家机构改革中，专利导航被确定为重新组建后的国家知识产权局的工作职责，全面整合了专利导航试点工程、重大经济科技活动知识产权分析评议试点工作、知识产权区域布局试点工作等内容。2018 年 9 月 11 日，中国机构编制网公布国家知识产权局的"三定"方案，即《国家知识产权局职能配置、内设机构和人员编制规定》。该规定第 3 条明确了国家知识产权局的主要职责，职责包括："加快建设知识产权信息公共服务平台，汇集全球知识产权信息，按产业领域加强专利导航，为创业创新提供便捷查询咨询等服务，实现信息免费或低成本开放，提高全社会知识产权保护和风险防范意识。"自此，"按产业领域加强专利导航"纳入重新组建后的国家知识产权局的职责范围，成为国家知识产权局的法定职责。在深化党和国家机构改革中，专利导航被确定为重新组建后的国家知识产权局的工作职责，全面整合了专利导航试点工程、重大经济科技活动知识产权分析评议试点工作、知识产权区域布局试点工作等内容，体现了对专利导航产业发展基本理论和实践经验的肯定。在此之后，专利导航产业发展机制进一步得以强化。2020年2月，国务院办公厅印发《关于推广第三批支持创新相关改革举措的通知》（国办发〔2020〕3号），将"以产业数据、专利数据为基础的新型产业专利导航决策机制"认定为第三批支持创新改革举措，列为"科技管理体制创新方面"的6项创高新改革举措之一，要求国家知识产权局与国家发展和改革委员会、科技部共同指导推广。2020年11月，国家市场监督管理总局、国家标准化管理委员会发布指导规范专利导航工作的《专利导航指南》（GB/T39551—2020）系列国家标准（自2021年6月1日起正式实施）。《专利导航指南》（GB/T39551—2020）系列国家标准由"1个总则+5个专项指南（区域规划、产业规划、企业经营、研发活动和人才管理）+1个服务要求"共7个标准构成，为政府部门、企事业单位、行业组织、服务机构等各类主体提供了实施专利导航项目的基本工作流程和典型应用方法。《专利导航指南》（GB/T39551—2020）系列国家标准总则提出了专利导航项目实施的通用模板。专项指南以总则为基础，分别面向不同应用场景，提出了针对区域规划、产业规划、企业经营、研发活动、人才管理等各类别专利导航项目实施的逻辑分析模型和特殊要求。

《〈国家知识产权战略纲要〉实施十年评估报告》得出"专利导航积极引导高技术产业和新兴产业创新发展，有力支撑了产业转型升级"的基本结论。2018年，在《国家知识产权战略纲要》颁布实施10周年之际，国家知识产权战略实施工作部际联席会议组织开展了《国家知识产权战略纲要》实施10年评估，用以全面掌握国家知识产权战略实施进展和目标完成情况，并提出新时代加快建设知识产权强国的重大建议。《〈国家知识产权战略纲要〉

实施十年报告》评估表明，① 随着国家知识产权战略的实施，我国知识产权运用蓬勃开展，新的运用模式不断出现，运用效益快速提升。一些企业的知识产权运用开始从战术层面向战略层面、从单一实施向综合运用转变。相关部门实施专利导航试点工程，引导组建百余家产业知识产权联盟。知识产权收储、运营、质押、保险、托管、股权投资等新业态方兴未艾。特别是围绕专利导航试点工程，国家知识产权局先后发布一系列政策指导文件，先后批复设立17个国家专利导航产业发展试验区、37个国家专利协同运用试点单位、115个国家专利运营试点企业；出台《产业规划类专利导航项目实施导则》和《企业运营类专利导航项目实施导则》，引导地方大力开展专利导航项目，助力区域产业转型升级，帮助企业加强知识产权战略储备和布局；批复设立3个国家专利导航项目研究和推广中心，不断加强专利导航理论、实务研究和人才培养。

二、专利导航产业发展机制的原理与思路

专利制度的核心就在于构建经济竞争力的最大激励机制，解决创新投入的市场失灵问题。为了促进创新驱动发展，需要有效激励创新投入，这一点需要充分考虑到创新投入的市场失灵问题。笔者理解，创新投入的市场失灵表现为以下三个方面。

第一，创新投入的市场外部性问题非常突出。一旦一项发明被创造出来，其他人无须投入成本就可以无偿使用这一发明，这就意味着创新者为创造发明而投入的成本无法收回，无法通过销售环节的市场回馈获取发明为其带来的利益，大大减少了创新带来的回报，从而降低创新动力。发明的成本是一个凹陷的成本，在发明物生产之前只发生一次，拥有可变成本，使用某一知识的边际成本是零。② 有学者指出："如果没有专利制度，由于市场失灵，竞争激烈的市场就不能为创新者提供足够的激励，推动其进行高

---

① 《国家知识产权战略纲要》实施十年评估工作组编：《〈国家知识产权战略纲要〉实施十年评估报告》，知识产权出版社2019年版，第6-10页、第26-27页。
② ［法］多米尼克·格莱克、［德］布鲁诺·范·波特斯伯格：《欧洲专利制度经济学——创新与竞争的知识产权政策》，张南译，知识产权出版社2016年版，第43页。

成本和高风险的创新投资。"① 因为个人回报比社会回报少，某些发明会因为缺乏个人回报而无法产生，而这些发明的社会回报会证实创造这些发明所需的费用是合理的。②

第二，创新投入的不完全信息问题非常突出。重复发明已经存在的知识是社会资源的浪费。③ 我们假想，如果没有专利制度或者缺少专利制度的信息公开功能，那么诸多发明可能将处于秘密状态，与发明有关的信息难以进入公有领域，从而导致"不完全信息"的问题，全社会重复研发的成本大大增高。如果我们没有充分发挥专利制度公开创新从而实现创新发展的决策工具的功能，那么全社会的创新将面临因"不完全信息"的市场失灵而产生的高成本、高风险。只有通过发挥专利制度公开创新从而实现创新发展的决策工具的功能，才能让全社会的创新创造在更高的基础上进行，降低创新的时间成本和经济成本。专利制度通过保护创新和公开创新的平衡，通过创新竞争的控制工具和创新发展的决策工具双重功能，实现创新投入的驱动工具功能，解决创新发展中的市场失灵问题。

第三，创新的公共产品与不完全竞争问题非常突出。经济学家将技术归入公共产品，技术所具有的公共产品属性决定了存在市场失灵问题。技术和知识属于可以同时被多人使用的非竞争性公共产品和人们均能自由使用的非排他性公共产品。一个苹果只能被一个人吃一次，一旦吃完就会消失，但是"某一知识能够在不同的地点被不同的人同时使用，而且还不因为它的被使用而消失"，在使用知识这种东西时不会出现大量拥挤，这使得知识比其他的公共物品（如公路）更加公有化。④ 知识的公共产品属性意味着企业不可能独占其研究开发投入的全部回报，这种市场失灵将会导致企业研发投入低

① Kenneth J. Arrow, *Economic Welfare and the Allocation of Resources for Inventions*, in University - National Bureau Committee for Economic Reasearch, The Rate and Direction of Inventive Activity: Economics and Social Factors, Princeton University Press, 1962, p. 609.
② ［法］多米尼克·格莱克、［德］布鲁诺·范·波特斯伯格：《欧洲专利制度经济学——创新与竞争的知识产权政策》，张南译，知识产权出版社2016年版，第43页。
③ 同注②。
④ 同注②。

于社会最低水平,① 从而降低创新效率。虽然知识产权是私权,但是知识财产的公共产品属性改变了正常竞争机制下促进产品有效生产和有效利用的成本效益链条,从而有可能导致供给不足和利用过度等问题。进一步而言,不劳而获的模仿者能够在没有研发投入的情况下,复制、剽窃、模仿上述发明并以更低的价格出售(不劳而获的模仿者不必承担研究开发的成本,不需要弥补创新的投入,可以用更低的价格出售),导致不劳而获的模仿者与承担了创新投入的创新者之间的不完全竞争。同时,如果知识产权许可市场中存在滥用知识产权排除或者限制竞争的情况,那么也会影响创新市场的健康发展,导致不完全竞争问题。

专利制度的基本功能在于解决上述市场失灵问题,并激发或者恢复对知识成果的投资动力。创新对人类社会的发展而言,具有极其重要的作用,但创新需要较高的投入,同时承担较高的机会成本。如果不能充分保障创新者的创新收益,那么从理性经济人的角度出发,就不会有新的创新者投入创新创造活动中对创新创造进行投资,从而出现社会创新创造投入不足,由此产生创新发展中的市场失灵问题。专利制度就是通过赋予创新者禁止他人未经许可实施其专利的独占权,纠正市场失灵和创新不足。② 如前所述,如果专利制度对促进技术创新价值实现的逻辑链条成立,那么技术创新所具有的公共产品属性决定了此处存在市场失灵问题,包括市场外部性、不完全竞争和不完全信息等问题。换言之,专利制度的核心就是构建经济竞争力的激励机制,解决创新发展中的市场失灵问题。针对这一问题设计的专利制度具有两大功能:保护创新,实现创新竞争的控制工具的功能;公开创新,实现创新发展的决策工具的功能。专利导航工作机制就是为了充分发挥专利制度所具有的"公开创新实现创新发展的决策工具"的功能而形成的,以专利信息资源利用和专利分析为基础,把专利运用嵌入产业技术创新、产品创新、组织创新和商业模式创新,引导和支撑产业实现自主可控、科学发展的探索性

---

① Bloom N. , Schankerman M. Reenen & John V. , *Identifying Technology Spillovers and Product Market Rivalry*, Econometrica, Vol. 81:4, p. 1347 – 1393.

② WIPO 专利法常设委员会秘书处编拟:《国际专利制度报告》,国家知识产权局条法司组织翻译,知识产权出版社 2011 年版,第 1 页。

工作。

正是在这一思路指引下，随着国家专利导航试点工程面向企业、产业、区域全面铺开，专利导航的理念延伸到知识产权分析评议、区域布局等工作，专利导航产业发展机制已经取得明显成效。

三、专利导航产业发展机制未来发展展望

《知识产权强国建设纲要（2021—2035年）》明确要求："积极发挥专利导航在区域发展、政府投资的重大经济科技项目中的作用，大力推动专利导航在传统优势产业、战略性新兴产业、未来产业发展中的应用。"2021年7月，国家知识产权局办公室发布《关于加强专利导航工作的通知》（国知办发运字〔2021〕30号），系统总结了自2013年4月国家知识产权局发布《关于实施专利导航试点工程的通知》（国知发管字〔2013〕27号）首次正式提出专利导航以来取得的成绩，明确专利导航是以专利信息资源利用和专利分析为基础，把专利运用嵌入产业技术创新、产品创新、组织创新和商业模式创新，引导和支撑产业实现自主可控、科学发展的探索性工作。强调开展专利导航工作，能够推动建立专利信息分析与产业运行决策深度融合、专利创造与产业创新能力高度匹配、专利布局对产业竞争地位保障有力、专利价值实现对产业运行效益支撑有效的工作机制，实现产业运行中专利制度的综合运用；有助于促进创新资源的优化配置，增强关键领域自主知识产权创造和储备，助力实现高水平科技自立自强，保障产业链、供应链稳定安全。在此基础上，国家知识产权局办公室发布的《关于加强专利导航工作的通知》进一步凝练了2025年的发展目标，亦即，专利导航项目规划设计、资源保障和成果应用进一步加强，财政投入专利导航项目管理制度措施更加完善，各地区建成一批比较成熟的专利导航服务基地，构建起特色化、规范化、实效化的专利导航服务工作体系，专利导航产业创新发展重要作用得到有效发挥。此外，该通知围绕"提高专利导航组织效率，助力关键核心技术突破""筑牢专利导航工作基础，加强资源要素供给""提升专利导航服务效能，强化项目成果应用"三个方面，部署了建立重点产业专利导航工作对接机制、实施重点产业专利导航项目、开展重点产业专家咨询活动、加强专利导航服务

基地建设、推广《专利导航指南》系列国家标准、强化专利导航人才培养、提供专利导航服务产品、构建专利导航成果共享机制、构建专利导航成果发布机制、构建专利导航成果运用资源对接机制等系列举措。立足《知识产权强国建设纲要（2021—2035年）》和《"十四五"国家知识产权保护和运用规划》的部署，结合国家知识产权局办公室发布的《关于加强专利导航工作的通知》的内容，笔者认为，专利导航产业发展机制的未来发展方向如下。

第一，完善专利导航工作体系。未来，我们需要进一步深化专利导航产业创新发展。在区域规划和政府投资的重大经济科技项目中积极发挥专利导航的作用，建立健全与经济、产业等主管部门的专利导航工作对接落实机制，组织实施重点产业专利导航项目。制定出台加强专利导航工作的政策文件，指导地方建立健全产业专利导航工作机制。推动实施《专利导航指南》系列国家标准，规范专利导航的组织实施及成果运用。组织实施重点产业专利导航项目，支撑关键核心技术攻关，助力产业链稳定安全。加强专利导航服务基地建设，强化专利导航人才培养，创新专利导航服务产品，筑牢专利导航工作根基。充分利用专利导航综合服务平台，组织专利导航项目成果入库备案，推动构建专利导航成果共享机制，按需向有关部委、地方政府推送专利导航创新决策支撑信息，促进专利导航成果有效运用，提升专利导航工作效能。

第二，积极发挥专利导航在区域发展、政府投资的重大经济科技项目中的作用，大力推动专利导航在传统优势产业、战略性新兴产业、未来产业发展中的应用。我们需要充分发挥知识产权制度的功能，实现知识产权的财产价值和知识产权的竞争作用。下面以专利制度为例进行说明。一方面，为了深入实现专利制度所具有的"保护创新实现创新竞争的控制工具"的功能，我们探索形成了经营权利的工作机制。换言之，将知识产权作为一种产权加以经营。只有对知识产权进行经营，才能真正发挥知识产权的价值，获得知识产权收益，实现创新的最大回报。由此，提出了"专利运营"乃至"知识产权运营"的概念。另一方面，为了深入实现专利制度所具有的"公开创新实现创新发展的决策工具"的功能，我们探索形成了专利导航工作机制，提出了"专利导航"的概念。可以说，专利运营和专利导航是在深刻认识专利制度的本质属性的基础上提出的发挥专利制度价值、实现专利制度两大功能的"中国方案"，是我国对运用专利制度促进创新驱动发展的重要探索。未来，我们需要沿着这一制度逻辑，进一步加强知识产权运营工作，充分发挥知识产权制度所具有的激励创新和促进发展两大功能，通过严格知识产权保护激发创新创造活力，通过知识产权信息传播和利用促进经济社会发展；充分发挥知识产权的财产价值，努力探索知识产权运营在"创新链、产业链、资本链"中所起到的链条系合和链条驱动的作用，将知识产权制度作为激励创新的基本制度作用充分体现；充分发挥知识产权作为竞争力核心要素的作用，通过知识产权运营有助于打通从科技强到产业强的通道。

第六节　知识产权运营体系建设工程研究

《知识产权强国建设纲要（2021—2035年）》明确提出："建立规范有序、充满活力的市场化运营机制。提高知识产权代理、法律、信息、咨询等服务水平，支持开展知识产权资产评估、交易、转化、托管、投融资等增值服务。实施知识产权运营体系建设工程，打造综合性知识产权运营服务枢纽平台，建设若干聚焦产业、带动区域的运营平台，培育国际化、市场化、专业化知识产权服务机构，开展知识产权服务业分级分类评价。完善无形资产评估制度，形成激励与监管相协调的管理机制。积极稳妥发展知识产权金融，健全知识产权质押信息平台，鼓励开展各类知识产权混合质押和保险，规范探索知识产权融资模式创新。健全版权交易和服务平台，加强作品资产评估、登记认证、质押融资等服务。开展国家版权创新发展建设试点工作。打造全国版权展会授权交易体系。"其中，"知识产权运营体系建设工程"与一流专利商标审查机构建设工程、高水平知识产权审判机构建设工程、知识产权保护体系建设工程、知识产权公共服务智能化建设工程共同构成知识产权强国建设工程论的内容。

进入新发展阶段，推动高质量发展是保持经济持续健康发展的必然要求，创新是引领发展的第一动力，知识产权作为国家发展战略性资源和国际竞争力核心要素的作用更加凸显。如前所述，"知识产权运营"的核心是运用知识产权制度经营权利实现效益最大化，运用制度工具与经营权利相互促进，运用知识产权制度规则、经营知识产权权利价值，涵盖知识产权布局培育、转移转化、价值评估、投融资、战略运用、专利导航等作为竞争工具等各个方面，通过有效运营，达到促进知识产权价值最大化的目的，并以此促进经济、科技、社会等综合效益最大化。党中央、国务院高度重视知识产权运营服务体系建设。《国务院关于新形势下加快知识产权强国建设的若干意见》（国发〔2015〕71号）明确提出要"构建知识产权运营服务体系，加快建设全国知识产权运营公共服务平台"，并将知识产权投融资、知识产权证券化、知识产权信用担保机制、知识产权众筹众包模式等作为知识产权运营的重要内容。《中华人民共和国国民经济和社会发展第十三个五年规划纲要》明确要求，"建设知识产权运营交易和服务平台，建设知识产权强国"。《"十三五"国家知识产权保护和运用规划》首次从规划层面对"知识产权运营服务体系建设"进行部署。《知识产权强国建设纲要（2021—2035年）》明确要求"实施知识产权运营体系建设工程"。《中华人民共和国国民经济和社会发展第十四个五年规划和2035年远景目标纲要》明确部署"构建知识产权保护运用公共服务平台。"《"十四五"国家知识产权保护和运用规划》同样要求优化知识产权运营服务体系。可以说，我国为了促进知识产权价值最大化，积极探索形成了中国特色知识产权运营服务体系，并取得了明显成效。本章对我国知识产权运营的实践经验进行梳理、总结和凝练。

一、初步探索：知识产权运营服务体系的提出

"知识产权运营"的概念源起于"专利运营"。2013年以来，为进一步突出市场主导作用，国家知识产权局会同相关部门逐步将"专利运营"这一概念全面推广，凝聚共识形成了"知识产权运营"这一政策概念，将"知识产权运用"这一政策术语提升为"知识产权运营"这一战略术语，全面推进中国知识产权运营体系建设的实践。

2013年4月2日，国家知识产权局办公室发布《关于组织申报国家专利运营试点企业的通知》（国知办发管字〔2013〕34号），并且该通知将《国家专利运营试点企业申报指南（试行）》作为附件。《国家专利运营试点企业申报指南（试行）》对申报试点企业提出的明确要求包括，"以提高企业创新驱动发展能力和核心竞争力为目标，将专利运营贯穿于企业技术研发、产品化和市场化的全流程，加快新技术新产品新工艺研发应用；鼓励专门从事专利运营等相关业务的企业发展，加强专利技术集成和专利运营商业模式创新，着力培育专利运营业态"。这就意味着，我国政府倡导的专利运营，既包括"将专利运营贯穿于企业技术研发、产品化和市场化的全流程，加快新技术新产品新工艺研发应用"的产品型企业专利运营，也包括"加强专利技术集成和专利运营商业模式创新，着力培育专利运营业态"的专门从事专利运营企业开展的专利运营。①

自此之后，国家知识产权局在完善机制、建设平台、培育机构、提升能力、强化监管等方面综合施策，积极推进知识产权运营服务体系的完善，通过建设平台培育汇聚平台、机构、资本、产业和人才等要素资源，促进知识产权转移转化，有力支撑高质量发展。在上述工作的基础上，"全国知识产权运营服务体系建设"日益获得各界的广泛认同，在更高公共政策层面上被全面推进。《国务院关于新形势下加快知识产权强国建设的若干意见》《深入实施国家知识产权战略行动计划（2014—2020 年）》等均明确提出构建知识产权运营服务体系，加快建设全国知识产权运营公共服务平台。

2014 年年底发布的《深入实施国家知识产权战略行动计划（2014—2020年）》在"主要行动"的第一项任务举措中明确部署："加强专利协同运用，推动专利联盟建设，建立具有产业特色的全国专利运营与产业化服务平台。"我国从 2014 年开始利用公共财政资金在北京市布局建设全国知识产权运营公共服务平台，在珠海市布局建设国家知识产权运营公共服务平台金融创新（横琴）试点平台，在西安市布局建设国家知识产权运营公共服务平台军民融合创新（西安）试点平台。

2014 年 12 月，财政部办公厅、国家知识产权局办公室联合印发《关于

---

① 刘海波、吕旭宁、张亚峰：《专利运营论》，知识产权出版社 2017 年版，第 1 页。

开展以市场化方式促进知识产权运营服务工作的通知》（财办建〔2014〕92号），部署开展以市场化方式促进知识产权运营服务的试点工作。该通知明确指出，知识产权运营服务试点工作的主要思路是在坚持市场化运作的前提下，发挥中央财政资金引导作用，通过集成政策、整合资源、创新机制，搭建知识产权运营公共服务平台，形成和完善知识产权交易价格发现机制，培育一批知识产权运营机构，搞活、壮大我国知识产权市场，提高我国知识产权转化应用水平。同时，知识产权运营服务试点工作的目标是，到2020年，初步建立起覆盖重点区域、重点产业，定位清晰、领域齐全、能力突出、竞争有序的知识产权运营体系。建成一个专业性、权威性、影响力突出的全国知识产权运营公共服务平台，若干产业优势明显、产业特色突出的特色试点平台；培育一批具有较强国际化经营能力的知识产权运营机构；知识产权资产流通和利用效率大幅提高。2014年以后，每年均通过专项工作通知的形式，对全国知识产权运营服务体系建设进行部署。2014—2016年的第一个三年，主要是打基础、搞试点，在平台、机构、基金等方面开展一系列试点探索和项目布局，先后在北京市、西安市和珠海市，分别建设国家知识产权运营公共服务平台和功能特色试点平台；采取股权投资的方式，支持15家不同类型的知识产权运营机构创新发展；通过中央财政出资引导的方式，分两批设立20支省级和市级重点产业知识产权运营基金，对知识产权服务机构和科技型初创企业提供资本支持。2017—2019年的第二个三年，主要是搞集成，建生态，分3批支持26个重点城市（城区），向节点集中，将链条延伸，打造辐射区域、示范全国的城市运营生态圈。

2015年是我国知识产权运营行业的"元年"，国务院将"知识产权运营"提升到战略高度并加以部署，国家知识产权局通过公共政策全面推进知识产权运营服务体系建设。2015年12月，《国务院关于新形势下加快知识产权强国建设的若干意见》明确提出要"构建知识产权运营服务体系，加快建设全国知识产权运营公共服务平台"，并将知识产权投融资、知识产权证券化、知识产权信用担保机制、知识产权众筹众包模式等作为知识产权运营的重要内容。2015年1月，国家知识产权局发布《2015年全国专利事业发展战略推进计划》，第一次提出"高标准建设知识产权运营体系"和"1 + 2 + 20 + N"的建设思路。①具体而言，该计划在"（五）专利运用支撑体系建设"部分专门部署"构建全国知识产权运营体系，健全专利质押融资机制，创新专利投融资模式，促进专利运用"，并明确要求高标准建设知识产权运营体系。通过财政资金引导，探索建立公益性与市场化互补互促的知识产权运营体系。按照"1 + 2 + 20 + N"的建设思路，建设一家全国性知识产权运营公共服务平台和两家特色试点平台，在部分试点省份以股权投资的方式支持一批知识产权运营机构。各地探索建立地区知识产权运营引导基金，鼓励推动社会资本设立知识产权运营产业基金，支持知识产权运营机构开展专利的托管、收购、组合、转化、交易、产业化和投融资等业务"。

二、体系集成：知识产权运营全面提升和规范

自 2014 年国家知识产权局开始探索以市场化方式推进知识产权运营以来，知识产权运营工作总体上不断发展，运营机制持续创新，体系建设加快推进，运营绩效逐步提升，社会各界参与的积极性越来越高。随着全链条导航和组合式运营的深入推进，重点区域专利市场化运营能力快速提升。知识产权运营服务体系建设重点城市达到 37 个，打造支撑创新发展的知识产权生态圈，对全国专利运营工作发展的带动作用明显增强。自 2017 年起，4 批 37 个重点城市开展了知识产权运营服务体系建设，覆盖了 22 个省份并有效带动周边城市的知识产权运营工作。启动建设以来，4 批 37 个重点城市的创新主体共开展 40.7 万次专利运营活动，获得 1680.9 亿元专利质押融资。2020 年，37 个重点城市专利运营次数达到 18.8 万次，专利质押金额达到 808.9 亿元，分别占全国的 46.4% 和 51.9%；专利运营次数同比增加 39.5%，高于全国平均增速 7.5 个百分点；专利质押融资金额同比增加 54.3%，高于全国平均增速 13.3 个百分点，有力发挥了引领带动作用。②

---

① 《国家知识产权战略纲要》实施十年评估工作组编：《〈国家知识产权战略纲要〉实施十年评估报告》，知识产权出版社 2019 年版，第 39 页。

② 吴珂、吕律、王明辰："搭平台促产业 集优势蓄动能"，载国家知识产权战略网，http: // www.nipso.cn/onews.asp?id=52102，访问日期：2023 年 4 月 10 日。

2017—2019 年是知识产权运营服务体系建设的第二个三年，主要是搞集成，建生态，分 3 批支持重点城市（城区），向节点集中，将链条延伸，打造辐射区域、示范全国的城市运营生态圈系统推进知识产权运营服务体系建设，打造知识产权运营高地。在知识产权运营服务体系中，平台是核心载体，集中供给知识产权运营公共服务，集聚项目和服务资源，集中交易行为，促进价格发现；机构是基础力量，面向不同产业和技术领域，在运营链条的不同环节提供专业化服务，培育运营项目，搞活运营市场；资本是重要媒介，可以促进知识产权融资，带动知识产权转化投资，分散知识产权运营风险；产业是立足根本，厚植知识产权运营的产业基础，激发企业创新内生动力，培育高价值知识产权集群，提升产业竞争力。

2017 年 4 月，财政部办公厅、国家知识产权局办公室联合发布的《关于开展知识产权运营服务体系建设工作的通知》（财办建〔2017〕35 号）明确提出建设知识产权运营服务体系，并明确建设思路在于"搞活壮大我国知识产权市场，以知识产权运营效益反哺创新、激励创新。在已开展的试点工作基础上，以创新资源集聚度高、辐射带动作用强、知识产权支撑创新驱动发展需求迫切的重点城市为载体，开展知识产权运营服务体系建设，加强政策集成和改革创新，促进体系融合和要素互补，强化资源集聚和开放共享，发挥中央和地方两个积极性，用好政府和市场'两只手'，以知识产权全链条运营为牵引，推动完善知识产权创造、保护和运用体系，培育多元化专业化知识产权运营服务机构，实现重点突破和示范引领"。

同时，《关于开展知识产权运营服务体系建设工作的通知》提出的工作任务包括以下三点。第一，提升创造质量，积极培育高价值知识产权组合。建立以运用为导向的知识产权创造机制，以知识产权质量提升为知识产权运营注入"源头活水"。具体而言，包括以下三个方面：一是实施产业规划类和企业运营类专利导航项目，通过专利信息深度挖掘和定向分析，为产业规划决策和企业运营活动提供支撑，引导专利科学规划和精准布局；二是推动重点产业和关键领域实施高价值专利培育计划，建立"产、学、研、金、介、用"深度融合的关键技术知识产权创造体系，构建一批对产业发展和国际竞争力具有支撑保障作用的重点专利池；三是鼓励企业运用专利权、商标权和著作权组合策略，全方位、立体化覆盖产品、技术、工业设计等的知识产权。第二，全面从严保护，构建知识产权大保护工作格局。整合优化执法资源，统筹综合行政执法，改进执法维权方式，提升执法维权效率和社会效果，打造知识产权严格保护的"净土"。具体来说，包括以下四方面：一是开展知识产权执法维权专项行动，加大对制假源头、重复侵权、恶意侵权、群体侵权的查处力度，强化电商、民生等重点领域和展会、进出口等关键环节执法保护；二是鼓励建设具有产业特色的知识产权保护中心，建立快速维权、快速确权、快速审查授权等联动机制，提高保护效果；三是开展知识产权领域社会信用体系建设，建立知识产权失信主体联合惩戒机制；四是鼓励组建产业知识产权联盟，建立产业重大知识产权风险预警和联合应对机制，积极协调解决涉外知识产权争端。第三，完善运营链条，促进知识产权高效运用和服务业态发展。分类施策提高创新主体知识产权管理运营能力，强化知识产权运营服务供给，催生知识产权运营"生态圈"。鼓励企事业单位贯彻知识产权管理国家标准，引导市场主体强化知识产权战略管理、风险管控和资本运作；积极培育知识产权示范企业，支持专业机构为小微企业开展知识产权集中托管，促进企业知识产权运用。在全国总平台框架下建设具有产业特色的分平台，汇聚知识产权交易活动和相关数据，形成产业知识产权交易运营中心。加大知识产权运营机构和高端人才引进培育力度，打造一批产业特色鲜明、专业服务能力突出、掌握具有国际竞争力的核心专利池的运营机构。具备条件的城市可视自身财力情况，探索设立重点产业知识产权运营基金，支持银行、担保、保险等机构建立知识产权质押融资风险补偿机制，扩大知识产权运营的资本供给。

《关于开展知识产权运营服务体系建设工作的通知》进一步明确面向2020 年的目标，即"在重点城市基本构建起要素完备、体系健全、运行顺畅的知识产权运营服务体系，带动重点产业的知识产权发展质量和效益明显提升"。上述目标的具体指标包括：知识产权管理规范贯标企事业单位达到100家以上，专业知识产权托管服务累计覆盖小微企业1000 家以上；形成20 个以上规模较大、布局合理、对产业发展和国际竞争力具有支撑保障作用的高价值专利组合，其中发明专利数量不低于50 件，依《专利合作条约》（PCT）

提出的国际专利申请不低于 10 件；打造 5 家以上专业化、综合性的知识产权运营机构，年主营业务收入不低于 1000 万元或者持有的可运营专利数量达到1000 件；知识产权质押融资金额和知识产权交易量年均增幅 20% 以上；知识产权行政执法办案量年均增幅 20% 以上，结案时间缩短 20% 以上，维权援助服务的企业每年不低于 100 家，知识产权保护社会满意度达到 80 分。国家知识产权局、财政部根据《关于开展知识产权运营服务体系建设工作的通知》的要求，批准了苏州市、宁波市、成都市、长沙市、西安市、厦门市、郑州市等城市作为知识产权运营服务体系建设重点城市，每个城市投入知识产权运营体系建设资金 2 亿元。

2017 年 3 月，国家知识产权局办公室印发《关于报送国家专利导航试点工程和国家知识产权试点示范园区 2016 年工作总结及 2017 年工作计划的通知》（国知办函管字〔2017〕139 号），形成了《国家专利导航试点工程及试点示范园区 2017 年工作要点》。该工作要点中围绕"知识产权运营"部署了如下工作。第一，积极开展知识产权运营工作。实验区和试点示范园区要积极引进或培育专业化知识产权运营机构，大力开展产业高价值专利培育与运营，促进知识产权与金融资本深度融合，以知识产权高效运营助推产业提质增效。服务型试点企业要不断加大专利交易许可等核心运营业务比重，与其他各类试点主体开展专利运营业务对接与合作，不断提升知识产权运营服务能力。生产型试点企业要利用企业运营类专利导航项目成果，形成企业专利运营总体方案，盘活企业专利存量。试点单位中的高校院所要围绕优势学科和技术领域，结合专利导航科技创新决策的成果，加强专利技术研发和孵化，与其他各类试点单位建立专利协同运用对接机制，推动知识产权创业和专利技术成果转化。展示交易中心要不断提升业务能力，积极探索知识产权运营工作模式。第二，着力贯彻实施知识产权管理规范。实验区和试点示范园区要加大《企业知识产权管理规范》国家标准推行力度，制定企业知识产权管理规范贯标的指导性文件，重点支持和推动国家知识产权优势企业、示范企业、高新技术企业、"走出去"企业贯标；试点单位中的协会和联盟要积极推动行业内或联盟内企业贯标。试点单位中的高校院所要开展《高等学校知识产权管理规范》和《科研组织知识产权管理规范》国家标准贯彻实施工作。

2018 年 5 月，财政部办公厅、国家知识产权局办公室联合印发的《关于2018 年继续利用服务业发展专项资金开展知识产权运营服务体系建设工作的通知》（财办建〔2018〕96 号）明确提出，"加快构建知识产权运营服务体系，强化知识产权创造、保护、运用，促进知识产权与创新资源、金融资本、产业发展有效融合，2018 年，财政部、国家知识产权局继续在全国选择若干创新资源集聚度高、辐射带动作用强、知识产权支撑创新驱动发展需求迫切的重点城市（含直辖市所属区、县，下同），支持开展知识产权运营服务体系建设"。中央财政对每个城市支持 2 亿元，2018 年安排 1.5 亿元，剩余资金以后年度考核通过后拨付。城市可采取以奖代补、政府购买服务、股权投资等方式，统筹用于支持知识产权运营服务体系建设工作，具体包括：推进知识产权保护体系建设；聚焦产业培育高价值专利；促进创新主体知识产权保护和运用；培育知识产权运营服务业态。该通知特别要求承担国家级区域性、产业性、功能性知识产权运营中心（平台）建设任务的城市，重点支持运营中心（平台）开展公共服务平台信息化建设和基础数据加工，做好专利导航、知识产权金融等各类服务产品研发推广，切实发挥国家级平台的聚集效应和引领作用。

《〈国家知识产权战略纲要〉实施十年评估报告》得出"知识产权运营公共服务体系基本建立"的结论。2018 年，在《国家知识产权战略纲要》颁布实施 10 周年之际，国家知识产权战略实施工作部际联席会议组织开展了《国家知识产权战略纲要》实施 10 年评估，用以全面掌握国家知识产权战略实施进展和目标完成情况，并提出新时代加快建设知识产权强国的重大建议。《〈国家知识产权战略纲要〉实施十年评估报告》表明，随着国家知识产权战略的实施，我国知识产权运用蓬勃开展，新的运用模式不断出现，运用效益快速提升，一些企业的知识产权运用开始从战术层面向战略层面、从单一实施向综合运用转变。2014 年以来，财政部、国家知识产权局联合推动构建"平台、机构、资本、产业"四位一体的知识产权运营服务体系，先后实施了国家知识产权运营公共服务平台建设、运营机构培育、重点产业知识产权运营基金和质押融资风险补偿基金等项目，分两批支持 16 个重点城市建设知识产权运营公共服务平台。截至 2018 年，已经投资扶持 15 家知识产权运营机构，组建产业知识产权联盟 105 家。截至 2018 年，引导支持 20 个省市设立重点产业知识产权运营基金，计划募集资金总规模超过 81 亿元，实际募集资金达到 42 亿元，已有 14 只基金完成设立组建工作，其中已有 6 只基金投资 10 余个项目。4 个省市设立知识产权质押融资风险补偿基金，有效促进了知识产权与创新资源、产业发展、金融资本的有机融合。知识产权收储、运营、保险、托管、股权投资、拍卖等新业态逐步兴起，2017 年，专利保险金额达到 99.85 亿元，同比增长 170.6%。专利权、商标权、著作权质押融资发展迅速，规模突破千亿元，有效解决了一批轻资产中小企业融资难问题。2013—2017 年专利质押融资总额达到 2057 亿元，年均增长达到 33%；2017 年，专利权质押项目数达到 4177 件，专利权质押融资总额为 720 亿元，比 2009 年（74.6 亿元）增长近 9 倍；2013—2017 年商标权质押融资总额由 2008 年的 51.19 亿元增长到 2017 年的 370 亿元；自 2011 年《著作权质权登记办法》（国家版权局令第 8 号）实施以来至 2017 年年底，著作权质押登记总数为 3224 件，质押融资总额达到 200 亿元，知识产权质押融资已经成为常态化融资模式。①

2019—2020 年，中共中央、国务院对知识产权运营提出了新的更高要求。2019 年 5 月，国家知识产权局办公室和财政部办公厅印发的《关于开展 2019 年知识产权运营服务体系建设工作的通知》（财办建〔2019〕70 号）明确要求"在已开展的试点工作基础上，以创新资源集聚度高、辐射带动作用强、知识产权支撑区域发展需求迫切的重点城市为载体，开展知识产权运营服务体系建设"，通过知识产权运营，探索知识产权引领创新经济、品牌经济和特色产业高质量发展的全新路径。在此期间，还按照地方申请，批复建设了南方中心等 3 个运营中心和上海国际运营试点平台等 3 个运营平台，全国知识产权运营平台体系进一步完善。由此可见，通过一系列的公共政策推进，市场活力被激发，各类知识产权主体主动探索知识产权价值实现的新模

---

① 《国家知识产权战略纲要》实施十年评估工作组编：《〈国家知识产权战略纲要〉实施十年评估报告》，知识产权出版社 2019 年版，第 6 – 10 页、第 30 – 32 页。

式、新路径，"知识产权运营"成为当前知识产权工作的热门词汇，同时成为探索充分发挥市场在资源配置中的决定性作用和更好发挥政府作用的有益探索。2020 年 2 月，国家知识产权局印发的《国家知识产权局办公室关于大力促进知识产权运用 支持打赢疫情防控阻击战的通知》（国知办发运字〔2020〕7 号）要求知识产权运营服务体系建设重点城市、知识产权运营平台（中心）、知识产权运营基金等各类试点项目，及时调整项目计划，足额兑现惠企政策，开放平台工具和数据资源，提供高水平知识产权转化运用服务，支持新冠肺炎疫情防控和复工复产。

2020 年 3 月 30 日，中共中央、国务院印发的《关于构建更加完善的要素市场化配置体制机制的意见》明确要求，"强化知识产权保护和运用，支持重大技术装备、重点新材料等领域的自主知识产权市场化运营"。同时，该意见要求"鼓励商业银行采用知识产权质押、预期收益质押等融资方式，为促进技术转移转化提供更多金融产品服务"。

2020 年 4 月，财政部办公厅、国家知识产权局办公室联合印发的《关于做好 2020 年知识产权运营服务体系建设工作的通知》（财办建〔2020〕40 号）明确要求，加强规划引领和政策引导，推动优质服务资源与产业发展相融合、相支撑，布局建设"一平台、多中心、全链条"的服务载体，着力打造城市知识产权运营服务体系的核心承载区，积极创建国家级示范区。一是搭建知识产权运营服务平台。压实园区管理委员会责任，建设区域性知识产权运营服务平台，新建或依托知识产权服务促进中心等公共机构负责平台具体运行，参与或承担集聚区建设管理、有关政策项目组织实施、项目与服务标准制定及评价、知识产权运用数据集成和管理、小微企业知识产权托管、中小企业专利技术对接等公共服务。二是建设产业知识产权运营中心。充分发挥已有国家级知识产权运营平台（中心）示范带动作用，围绕城市特色主导产业，在集聚区内建设若干产业知识产权运营中心，支持创建国家级运营中心；鼓励中央企业、行业龙头企业及产投资本等参与运营中心建设，整合产业、资本、知识产权等资源，推动重点产业领域知识产权市场化运营。三是打造知识产权市场化服务生态。加强服务业集聚载体建设和政策供给，引导各门类知识产权服务机构入驻，集聚全链条知识产权服务资源，推动知识产权服务创新升级；加强主动监管、协同监管、信用监管和智慧监管，强化服务机构信用意识和责任意识，积极营造公平、竞争、有序的知识产权服务业发展环境；引导知识产权服务机构吸纳就业，对成效显著的予以重点支持；完善知识产权服务人才培训体系、引进和使用政策，加强高素质、复合型、国际化知识产权服务人才队伍建设。

2020 年 5 月 11 日，中共中央、国务院印发的《关于新时代加快完善社会主义市场经济体制的意见》进一步提出，"完善和细化知识产权创造、运用、交易、保护制度规则。积极发展科技成果、专利等资产评估服务，促进技术要素有序流动和价格合理形成"。2020 年 7 月 23 日，国务院办公厅印发的《关于提升大众创业万众创新示范基地带动作用进一步促改革稳就业强动能的实施意见》（国办发〔2020〕26 号）专门部署，"搭建双创示范基地跨区域合作交流平台，推广跨区域孵化'飞地模式'，探索在孵项目跨区域梯次流动衔接的合作机制，在资源共享、产业协同、知识产权保护和运营等方面开展跨区域融通合作"。2020 年 9 月 8 日，国家发展改革委等四部委印发的《国家发展改革委、科技部、工业和信息化部、财政部关于扩大战略性新兴产业投资培育壮大新增长点增长极的指导意见》（发改高技〔2020〕1409号）提出，"依托集群内优势产学研单位联合建设一批产业创新中心、工程研究中心、产业计量测试中心、质检中心、企业技术中心、标准创新基地、技术创新中心、制造业创新中心、产业知识产权运营中心等创新平台和重点地区承接产业转移平台"。2020 年 10 月 20 日，国务院办公厅印发的《新能源汽车产业发展规划（2021—2035 年)》专门强调，"构建新能源汽车知识产权运营服务体系，加强专利运用转化平台建设，建立互利共享、合作共赢的专利运营模式"。2020 年 10 月 14 日，国家发展改革委等六部委印发的《国家发展改革委、科技部、工业和信息化部等关于支持民营企业加快改革发展与转型升级的实施意见》（发改体改〔2020〕1566 号）要求，"完善知识产权运营服务体系。发展专业化技术交易知识产权运营机构，培育技术经理人。规范探索知识产权证券化，推动知识产权融资产品创新"。

三、聚焦转化：启动和实施专利转化专项计划

2021 年以来，中共中央、国务院将"知识产权运营"放在更高战略层面加以部署。为了解决专利技术供给侧仍有大量专利价值亟待释放、专利技术需求侧中小企业获取渠道相对匮乏这两大关键问题，2021 年 3 月，财政部办公厅、国家知识产权局办公室发布《关于实施专利转化专项计划 助力中小企业创新发展的通知》（财办建〔2021〕23 号）明确要求，利用 3 年时间，择优奖补一批促进专利技术转移转化、助力中小企业创新发展成效显著的省、自治区、直辖市。该通知旨在进一步畅通技术要素流转渠道，推动专利技术转化实施，并进一步要求有关省份聚焦若干战略性新兴产业、知识产权密集型产业等特色优势产业、高校院所，依托相关产业集聚的城市或产业园区，优先选择知识产权运营服务体系建设重点城市、中小企业知识产权战略推进工程试点城市、国家知识产权服务业集聚发展区及相关中小企业集聚的园区，充分利用现有资金渠道，统筹发挥知识产权运营体系现有的平台、机构、基金、重点城市等作用，开展拓宽专利技术供给渠道、推进专利技术供需对接、完善配套政策和服务措施等工作。国家知识产权局、财政部对有关省份开展专利转化专项计划给予政策支持。

四、未来发展：实施知识产权运营体系建设工程

未来知识产权运营的关键在于，实施知识产权运营体系建设工程，系统融入以科技创新为核心的国家创新体系。我们应当将政府的手和市场的手互动起来，将科技功勋制度与知识产权制度衔接起来，以知识产权制度为基石铺就创新高速路，将知识产权运营服务平台作为这一创新高速路的路面、载体，将集成的知识产权运营项目作为创新高速路上高速行驶的汽车，将知识产权运营服务机构作为制造创新高速路上高速行驶的汽车的工厂，将专利导航产业发展工作机制产生的专利导航成果作为创新高速路上高速行驶的汽车的导航仪和路标，将资本作为创新高速路的加油站，将知识产权代理咨询等服务作为创新高速路的服务区，同时对创新高速路中的数据进行大数据分析，促进知识产权运营政策精准发力。由上述要素共同构成的知识产权运营体系

将形成对创新的有效激励，促进我国创新驱动发展战略的深入实施。知识产权运营要聚集各类要素，整合各类资源，形成运行顺畅的工作体系和运转高效的运营公共服务平台，逐步形成"平台、机构、资本、产业"四位一体的知识产权运营服务体系。知识产权的运营平台是基础，运营机构是主体，运营基金是引导，运营政策是重要支撑。

第一，全面强化全国知识产权运营公共服务平台建设。扎实推进全国知识产权运营公共服务平台建设，完善平台运行管理机制和交易运营规则，做好基础信息资源开放和基本服务产品开发，打造知识产权运营服务体系的核心枢纽和基础支撑。推动平台与平台、平台与机构等融合发展，以全国平台为核心，以各类区域性、功能性、产业性知识产权运营平台（中心）为分支，以知识产权运营机构为节点，搭建业务流、信息流互联互通，全国"一张网"的平台体系。坚持政府主导建设、市场化方式运作的基本思路，不断加强知识产权运营公共服务平台建设，强化信息服务功能、价值评估功能、决策支持功能、运营服务功能、人才培养功能、诚信评价功能和金融服务功能，为专利运营市场主体提供全方位的交易信息供给、产权制度供给和运营服务供给。① 指导规范知识产权交易，完善知识产权质押登记和转让许可备案管理制度，加强数据采集分析和披露利用，加强知识产权转移转化状况统计调查。加强知识产权运营活动的监管，强化知识产权运营相关信用信息共享和联合惩戒，规范知识产权交易市场。拓宽专利技术供给渠道，推进专利技术供需对接，促进专利技术转化实施。建立健全财政资助科研项目形成知识产权的声明制度，做好相关知识产权数据采集、信息标注和跟踪监测，为其质量评价、绩效分析、科学管理提供支撑。

第二，积极引导知识产权运营机构建设。一方面，《"十四五"国家知识产权保护和运用规划》要求"优化知识产权运营服务体系。推动在重点产业领域和产业集聚区建设知识产权运营中心。培育发展综合性知识产权运营服务平台，创新服务模式，促进知识产权转化"。知识产权运营中心是知识产权运营的重要载体，需要与知识产权运营的内容深度融合。健全知识产权运

---

① 李昶：《中国专利运营体系构建》，知识产权出版社 2018 年版，第 240 - 242 页。

营中心的管理机制，优化全国知识产权运营中心建设布局，加强互联互通和资源共享，避免重复投入、重复建设。明晰区域和产业知识产权运营中心定位，突出区域知识产权运营中心的公共属性、发挥辐射作用，提高产业知识产权运营中心的专业能力，突出产业知识产权运营中心的行业特色。另一方面，《"十四五"国家知识产权保护和运用规划》要求"支持高校和科研院所加强市场化知识产权运营机构建设，提升知识产权转化能力"。深入实施专利转化专项计划，依托高校、科研院所的知识产权和技术转移中心、产业知识产权运营中心等载体，集中发布专利技术供给信息。以中小企业集聚区域为重点，组织高校、科研院所深入中小企业开展专利技术转化实施对接活动。发挥知识产权相关协会作用，创新组展方式，打造若干有影响力的、有特色的展会品牌，促进知识产权资源和服务资源对接。加强知识产权领域内联盟类组织的治理工作。建立完善专利开放许可制度和运行机制，提升专利许可声明、定价、对接等服务能力，鼓励高校、科研院所参与开放专利许可活动，降低许可交易的风险和成本，提高许可效率，提升开放许可制度运行效能。

第三，全面强化国家知识产权运营基金。建议借鉴法、日、韩等国做法，在各地试点设立重点产业知识产权运营基金的基础上，积极争取财政部的支持，依托全国平台的信息优势和专业能力，在国家层面探索设立知识产权运营基金，带动和促进地方试点基金和社会资本基金蓬勃发展，形成模式互鉴、项目共享、资本互补的基金体系，推动重点产业关键技术专利导航与布局，开展产业高价值专利培育与运营，以知识产权高效运营助推产业提质增效。以国家大基金为牵引，调动引导各类地方和社会基金，发挥资源整合和一致对外的优势，打造与国际巨头抗衡的国家力量，强化维护保障国家产业安全的主权控制力，有效保障我国产业的"大船"行稳致远。充分发挥知识产权运营基金引导作用，支持重点产业转型升级。同时，鼓励知识产权金融产品和金融服务创新。加强政银合作，支持银行业金融机构在知识产权金融方面研发新产品、探索新业务。有序发挥知识产权证券化融资功能。优化知识产权保险产品，完善知识产权保险服务，扩大知识产权保险覆盖范围。引导风险投资更多投向拥有高价值知识产权的企业。建立健全政府引导的知识产权质押融资风险分担和补偿方式，充分发挥质押融资风险补偿基金的作用，优化补偿机制和质物处置流程，完善知识产权质押融资政策。

第四，构建以知识产权强国建设为引导的知识产权运营公共政策体系。一方面，加强政策横向协同，推动知识产权政策与科技、贸易、人才等政策融合联动，加强高校和科研院所的知识产权管理，建立财政资助项目形成的知识产权信息披露制度；另一方面，深化地方纵向试点，以创新资源集聚度高、辐射带动作用强、知识产权支撑创新驱动发展需求迫切的重点城市（区域）为载体，开展综合性试点，加强政策集成、资源集聚和开放共享，打造区域性、节点性知识产权运营高地，培育知识产权引领型城市（区域）创新发展的增长极。同时，强化知识产权转移转化激励政策，指导国有企事业单位深化职务发明专利的使用权、处置权、收益权改革，完善处置流程和分配收益机制，加强对发明创造者的利益激励和产权激励。做好赋予科研人员职务科技成果所有权或者长期使用权的试点工作，完善知识产权相关配套管理和服务。制定并推广知识产权评估相关规范指引，健全知识产权评估体系。加强知识产权运营专业化人才队伍建设，加大专利运营等复合型人才培养力度。

第七节 国有企业知识产权管理体系研究

《知识产权强国建设纲要（2021—2035 年）》明确提出，"深入开展知识产权试点示范工作，推动企业、高校、科研机构健全知识产权管理体系，鼓励高校、科研机构建立专业化知识产权转移转化机构"，并进一步要求"完善以企业为主体、市场为导向的高质量创造机制。以质量和价值为标准，改革完善知识产权考核评价机制。引导市场主体发挥专利、商标、著作权等多种类型知识产权组合效应，培育一批知识产权竞争力强的世界一流企业。深化实施中小企业知识产权战略推进工程。优化国家科技计划项目的知识产权管理。围绕生物育种前沿技术和重点领域，加快培育一批具有知识产权的优良植物新品种，提高授权品种质量"。此外，该纲要还提出"推进商标品牌建设，加强驰名商标保护，发展传承好传统品牌和老字号，大力培育具有国际影响力的知名商标品牌"。

针对国有企业的知识产权管理体系建设，《知识产权强国建设纲要（2021—2035年）》进一步加以部署。该纲要明确要求"在对党政领导干部和国有企业领导班子考核中，注重考核知识产权相关工作成效"，同时部署推动企业健全知识产权管理体系、培育一批知识产权竞争力强的世界一流企业。显然，建设"知识产权竞争力强的世界一流企业"应当成为国有企业知识产权管理体系建设的基本目标。《知识产权强国建设纲要（2021—2035年）》还明确提出，"改革国有知识产权归属和权益分配机制，扩大科研机构和高校知识产权处置自主权。建立完善财政资助科研项目形成知识产权的声明制度。建立知识产权交易价格统计发布机制"。《"十四五"国家知识产权保护和运用规划》进一步指出，"推动中央企业建立完善知识产权工作体系，打造一批具备国际竞争优势的知识产权强企"。可见，《知识产权强国建设纲要（2021—2035年）》和《"十四五"国家知识产权保护和运用规划》对国有企业知识产权管理体系建设的新部署，将成为我国国有企业知识产权工作的基本指引。

一、国有企业知识产权管理体系建设的新意义

加强国有企业知识产权管理体系建设是高质量发展的迫切需要。习近平总书记指出，要坚持国有企业在国家发展中的重要地位不动摇，坚持把国有企业搞好、把国有企业做强做优做大不动摇。当前，我国经济已经从高速增长阶段转向高质量发展阶段，迫切需要国有企业实现高质量发展。作为中国特色社会主义的重要物质基础和政治基础，国有企业能否在实现高质量发展上迈出实质性步伐，对于建设现代化经济体系、推动我国经济实现高质量发展、促进我国经济由大向强转变具有重要影响。可以说，推动国有企业高质量发展，已经成为一项具有战略性、全局性、时代性、现实性的紧迫任务。[1]国有企业的高质量发展重在实力而非数量和形式，可以体现为竞争力、创新力、控制力、影响力和抗风险能力。[2]事实上，国有企业高质量发展的上述

---

[1] 黄速建：《推动新时代国有企业高质量发展》，载《人民日报》2018年12月7日，第7版。
[2] 刘瑞：《国有企业实现高质量发展的标志、关键及活力》，载《企业经济》2021年第10期。

五个方面，都与国有企业的知识产权管理体系建设具有紧密的关系。知识产权是企业竞争力的核心要素，体现和保障企业的创新力，对企业的行业控制力和影响力具有重要支撑作用，同时关系产业安全和产业抗风险能力。因此，实现"两利四率"[①] 目标、推动国有企业高质量发展需要加强国有企业知识产权管理体系建设。

加强国有企业知识产权管理体系建设是国有经济结构调整的迫切需要。2020 年政府工作报告提出国企改革三年行动，其重要要求之一就是围绕服务国家战略，聚焦主业主责发展实体经济，更好发挥国有企业在畅通产业循环、市场循环、经济社会循环等方面的引领带动作用，推动国有资本向重要行业和关键领域集中。这就需要积极引导国有企业，特别是中央企业，提升自主创新能力，加大研发投入，在关键核心技术攻关、科研成果转化应用等方面发挥重要作用。归根结底，需要国有企业，特别是中央企业，发挥行业领头羊作用，打造行业创新生态，形成行业协同创新体系。显然，行业创新形态建设需要国有企业以行业内知识产权的所有权、使用权、收益权、处分权为纽带，使得行业内各个主体充分释放创新热情，使得国有企业，特别是中央企业，带动民营企业、中小企业协同创新发展，有力支撑国有经济布局优化和结构调整，更好服务国家战略。

加强国有企业知识产权管理体系建设是保障经济安全的迫切需要。习近平总书记在第十九届中央政治局第二十五次集体学习时强调，知识产权保护工作关系国家治理体系和治理能力现代化，关系高质量发展，关系人民生活幸福，关系国家对外开放大局，关系国家安全，将知识产权工作提升到前所未有的战略高度。其中，知识产权创造运用环节面临的典型安全风险包括：重大关键技术研发的技术路线选择风险、国家重大科技项目研发过程中的阶段性成果与关键数据的泄露风险、重大科技成果保护模式选择错误的风险、外国政府运用行政命令等授权强迫我国企业进行技术转让的风险等。[②] 显然，对于

---

① "两利四率"是一种常用的经济指标，其中"两利"是指利润总额和净利润，"四率"是指资产负债率、营业利润率、劳动生产率和研发投入强度。

② 朱雪忠、代志在：《总体国家安全观下的知识产权安全治理体系研究》，载《知识产权》2021 年第 8 期。

我国国有企业而言，上述风险是危急且极有可能发生的，迫切需要我们加强知识产权管理体系建设，防范相关风险，保障国家科技、经济和产业安全。

二、国有企业知识产权管理体系建设的新要求

经过 40 余年的国有企业改革实践，我国国有企业取得了长足的发展。2021 年前 7 个月，国有企业实现营业总收入 41.4 万亿元，同比增长 26.6%，两年平均增长 9.6%；利润总额 2.8 万亿元，同比增长 92.1%，两年平均增长 14.2%。[①] 截至 2020 年，中央企业累计实现营业收入 30.3 万亿元，利润 1.4 万亿元，近八成中央企业利润同比正增长，国资系统有 82 家监管企业进入 2021 年度《财富》杂志世界 500 强榜单。[②] 2020 年中央企业的研发经费投入同比增长 11.3%，研发投入强度从 2016 年的 2.26% 提升到 2020 年的 2.79%。[③] 这为打造一批具备国际竞争优势的知识产权强企奠定了坚实的基础。同时，在知识产权强国建设引领下，为了推动中央企业建立完善知识产权工作体系，《知识产权强国建设纲要（2021—2035 年)》和《"十四五"国家知识产权保护和运用规划》提出了新的更高要求。

第一，建立立体化、系统化、国际化的知识产权规划布局工作机制。《知识产权强国建设纲要（2021—2035 年)》要求，以质量和价值为标准，发挥专利权、商标权、著作权等多种类型知识产权组合效应，大力培育具有国际影响力的知名商标品牌，培育一批知识产权竞争力强的世界一流企业。《"十四五"国家知识产权保护和运用规划》部署，健全高质量创造支持政策，加强人工智能、量子信息、集成电路、基础软件、生命健康、脑科学、生物育种、空天科技、深地深海探测等领域自主知识产权创造和储备。加强国家科技计划项目的知识产权管理，在立项和组织实施各环节强化重点项目科技成果的知识产权布局和质量管理。优化专利资助奖励等激励政策和考核

---

① 曲哲涵：《财政部发布今年前 7 月国有企业营收数据》，载《人民日报》2021 年 8 月 30 日，第 1 版。
② "143 家中国企业进入世界 500 强，国资监管系统 49 家央企 33 家国企榜上有名"，载国务院国有资产监督管理委员会官网，http://www.sasac.gov.cn/index.html，访问日期：2022 年 10 月 5 日。
③ 国务院国有资产监督管理委员会研究中心：《中央企业高质量发展报告（2021)》，2021 年第四届中国企业论坛报告发布会上发布。

评价机制，突出高质量发展导向。完善无形资产评估制度，形成激励与监管相协调的管理机制。由此可见，需要加强国有企业知识产权规划布局工作机制建设，实现立体化、系统化、国际化，处理好知识产权数量与质量的关系，完善以企业为主体、市场为导向的高质量创造机制，加快培育高质量、高价值、高效益的知识产权组合。[①] 在国有企业研发活动中，充分运用中外专利信息和科技情报信息开展专利导航，全面了解所属技术领域的现有技术状况和竞争对手研发动态，深入分析所属技术领域的技术发展路线图、技术空白点，加强对研发成果申请专利的挖掘和布局。

第二，建立高效率、高质量、高效益的知识产权权益激励工作机制。《知识产权强国建设纲要（2021—2035年）》要求改革国有知识产权归属和权益分配机制，建立完善财政资助科研项目形成知识产权声明力度，建立知识产权交易价格发布机制。《"十四五"国家知识产权保护和运用规划》部署，推进国有知识产权权益分配改革。强化国家战略科技力量，深化科技成果使用权、处置权、收益权改革，开展赋予科研人员职务科技成果所有权或长期使用权试点。充分赋予高校和科研院所知识产权处置自主权，推动建立权利义务对等的知识产权转化收益分配机制。有效落实国有企业知识产权转化奖励和报酬制度。完善国有企事业单位知识产权转移转化决策机制。这就要求我们，将科技成果所有权与使用权、处置权、收益权适当分离，让国有企业在以知识产权为核心的科技成果转移转化中拥有自主决策权，让转移转化产生的收益能够通过奖励报酬制度回报给创新创造者，激发创新创造活力，推动国有企业打造科技攻关重地、原创技术策源地、科技人才高地、科技创新政策特区等"三地一特区"。

第三，建设市场化、产业化、集成化的知识产权综合运营工作机制。《知识产权强国建设纲要（2021—2035年）》要求，实施知识产权运营体系建设工程，打造综合性知识产权运营服务枢纽平台，建设若干聚焦产业、带动区域的运营平台。《"十四五"国家知识产权保护和运用规划》部署，推动

---

① 张鹏：《知识产权强国建设思想形成、理论构成与实践证成研究》，载《知识产权》2021年第10期。

在重点产业领域和产业集聚区建设知识产权运营中心。建立完善专利开放许可制度和运行机制。拓宽专利技术供给渠道，推进专利技术供需对接，促进专利技术转化实施。国务院国有资产监督管理委员会、国家知识产权局印发的《关于推进中央企业知识产权工作高质量发展的指导意见》（国资发科创规〔2020〕15号）明确指出建立服务于科技成果转移转化的知识产权运营服务平台，为企业知识产权提供咨询、评估、经纪、交易、信息、代理等服务。制定技术转移服务制度，建立信用与评价机制。在中央企业"双创"工作中探索知识产权运营新模式，指导支持中央企业开展专利导航、建立产业知识产权运营中心、技术与创新支持中心等。

目前，国家知识产权局批复了5家国家级产业知识产权运营中心（以"中国……产业知识产权运营中心"命名）并提供了相应的政策支持，地方知识产权局发布了相应的配套支持政策。首先，从产业类别看，5家国家级产业知识产权运营中心涵盖了汽车产业、稀土产业、洁净能源产业、物联网产业、智慧家庭产业，基本上属于国家统计局《知识产权（专利）密集型产业统计分类（2019）》（国家统计局令第25号）列举的行业范围。需要说明的是，《知识产权（专利）密集型产业统计分类（2019）》将"新装备制造业"作为知识产权（专利）密集型产业7个大类之一，放射装备制造业则属于其中。其次，从建设单位看，它们还涵盖了国有企业、科研院所等，国有企业具备建设知识产权运营中心的条件。最后，从业务联动看，用产业知识产权运营中心作为载体设立产业知识产权运营基金，具有较大的政策空间。例如，在《国家知识产权局关于同意北京市建设中国汽车产业知识产权投资运营中心的批复》（国知发管函字〔2017〕300号）中指出："加快设立汽车产业知识产权运营基金，投资孵化汽车产业高价值专利项目。要建立'投、贷、担、保、服'联动的知识产权投融资体系，拓宽汽车领域创新创业企融资渠道。"

第四，建设协调协作、共通共享的知识产权协同运用工作机制。《"十四五"国家知识产权保护和运用规划》部署，促进产业知识产权协同运用。推动企业、高校、科研机构知识产权深度合作，引导开展订单式研发和投放式创新。围绕关键核心技术联合攻关加强专利布局和运用。引导建立产业专利导航决策机制，优化战略性新兴产业发展模式，增强产业集群创新引领力。推动在数字经济、智能制造、生命健康、新材料等领域组建产业知识产权联盟，构筑产业专利池。促进技术、专利与标准协同发展，研究制定标准必要专利许可指南，引导创新主体将自主知识产权转化为技术标准。健全知识产权军民双向转化工作机制。当前，开放式创新已经成为创新的主流样态，需要建立以知识产权为中心的创新生态，凝聚各方创新资源、形成创新协作机制，实现知识产权协同运用。

三、国有企业知识产权管理体系建设的新思路

习近平总书记指出，中央企业等国有企业要勇挑重担、敢打头阵，勇当原创技术的"策源地"、现代产业链的"链长"。[①] 其中，建设原创技术的"策源地"、现代产业链的"链长"，需要充分发挥知识产权制度作用，加快建设国有企业知识产权管理体系。在这一方向指引下，为深入贯彻落实《知识产权强国建设纲要（2021—2035年）》和《"十四五"国家知识产权保护和运用规划》对国有企业知识产权管理体系建设提出的新要求，笔者建议，围绕"一个目标、两个支撑、三个关系、四大机制、五大保障"，形成国有企业知识产权管理体系建设的新思路。其具体内容如下所述。

"一个目标"，就是加强知识产权管理体系建设，完善国有企业知识产权管理制度，通过深化改革的方式深入实施创新发展，激励国有企业率先创新、引领创新，打造具备国际竞争优势的知识产权强企，充分发挥好国有企业的"稳定器"和"压舱石"作用。

"两个支撑"，就是国有企业知识产权管理体系建设包含两大支撑体系：一是国有企业知识产权合规体系建设；二是国有企业知识产权运营体系建设。其中，国有企业知识产权合规体系建设的核心是"控风险"，旨在按照国务院国有资产监督管理委员会发布的《关于全面推进法治央企建设的意见》（国资发法规〔2015〕166号）、《中央企业合规管理指引（试行）》（国资发法规〔2018〕106号）等文件精神，有效控制企业知识产权风险的举措，是

---

① 习近平：《习近平谈治国理政》（第四卷），外文出版社2022年版，第177页。

国有企业全面合规体系建设的重要组成部分。国有企业知识产权运营体系建设的核心是"管资产"，旨在通过运用知识产权制度经营权利实现效益最大化，运用制度工具与经营权利相互促进，运用知识产权制度规则、经营知识产权权利价值，涵盖知识产权布局培育、转移转化、价值评估、投融资以及作为竞争工具等各个方面，通过有效运营，达到促进知识产权价值最大化的目的，并以此促进经济、科技、社会等综合效益最大化。需要注意的是，国有企业知识产权运营与其他类型的企业存在一定的差异。首先，国有企业的知识产权运营需要按照《中国共产党党组工作条例》第 17 条的规定，涉及知识产权的重大经营决策、重大项目安排、大额资金使用等事项需要经过国有企业党组讨论和决定。这是涉及知识产权的重大经营决策、重大项目安排、大额资金使用等事项工作流程合规性的重要要求。其次，国有企业将国有出资形成的知识产权进行转让、许可、交易等，需要按照《中华人民共和国企业国有资产法》（以下简称《企业国有资产法》）要求的程序和标准进行，切实防止国有资产流失。再次，针对将国有出资形成的知识产权向境外投资者转让的，需要审核是否符合国家有关法律法规和政策规定，不得危害国家安全和社会公共利益。最后，国有企业的知识产权资产管理需要按照《企业国有资产监督管理暂行条例》的要求，由国有资产监督管理机构进行以管资本为主的经营型国有资产集中统一监管。同时，在涉及混合所有制国有企业、非国有资本参与的国有企业以及国有资本入股的非国有企业，亦需要按照《企业国有资产监督管理暂行条例》的要求进行相应的监督管理。

"三个关系"，就是企业知识产权管理体系建设需要处理好知识产权数量与质量的关系、知识产权需求与供给的联动关系、国内创新发展与"走出去"国际化发展的关系。第一，进一步处理好知识产权数量与质量的关系。"大而不强、多而不优"是运用知识产权推动国有企业高质量发展迫切需要解决的问题，这就需要处理好知识产权数量与质量的关系，加快培育高质量、高价值、高效益的知识产权组合。第二，进一步处理好知识产权需求与供给的联动关系，加大国有企业知识产权投入，同时以需求为导向提升企业知识产权能力。第三，进一步处理好国内创新发展与"走出去"国际化发展的关系。国有企业是我国企业"走出去"的重要主体，需要在国有企业知识产权合规体系建设过程中，加强海外知识产权合规体系建设，用好"专利审查高速路"国际合作网络加强海外知识产权布局，强化海外知识产权风险预警和应急机制，建设知识产权涉外风险防控体系。

"四大机制"，就是上述立体化、系统化、国际化的知识产权规划布局工作机制，高效率、高质量、高效益的知识产权权益激励工作机制，市场化、产业化、集成化的知识产权综合运营工作机制以及协调协作、共通共享的知识产权协同运用工作机制。

"五大保障"，就是加强国有企业知识产权管理体系建设的制度保障、体制保障、人力资源保障、财物保障、文化环境保障。一是加强国有企业知识产权管理体系建设的制度保障，加强国有企业知识产权管理制度建设。科技部、国务院国有资产监督管理委员会印发的《关于进一步推进中央企业创新发展的意见》（国科发资〔2018〕19号）要求，"按照'一企一策'原则制定管理、投入和知识产权分享机制，优化管理流程，提高实施效率，一体化推进基础研究、共性技术研发、应用示范和成果转化"。其中，"知识产权分享机制"涉及知识产权的使用权、收益权、处分权等各项权能的分享以及知识产权利益的分享，需要通过国有企业知识产权管理制度加以细化落实。二是加强国有企业知识产权管理体系建设的体制保障。关于如何设置国有企业知识产权管理机构，没有固定的模式，各个国有企业可以根据自身的行业性质、经营模式、决策机制、组织形式、规模大小以及知识产权管理活动的内容、范围、层次、工作量等条件，合理选择管理模式，优化设置知识产权管理机构。通常而言，对国有企业知识产权管理机构的建设，需要考虑三个因素：①可以有效开展知识产权方面的工作，具有相当的决策权和参谋权；②可以全面开展知识产权方面的工作，便于打通专利权、商标权、商业秘密权益、著作权等各类知识产权的全链条，进行全面的知识产权创造、运用、保护等方面的管理工作；③可以统筹推进知识产权方面的工作，具有与研发部门、产品部门、营销部门等良好的协调联动工作机制。三是加强国有企业知识产权管理体系建设的人力资源保障。国以才兴、业以才广，人才队伍建设是做好国有企业知识产权管理工作的长远保障。国有企业应当把创新人才和知识产权人才放在突出的位置，积极谋划、提前规划知识产权人才队伍建设。按照《国有企业法律顾问管理办法》（国务院国有资产监督管理委员会令第6号）的要求，积极培养知识产权方面的国有企业法律顾问，切实建立企业知识产权人才队伍。四是加强国有企业知识产权管理体系建设的财物保障。由于知识产权是一项投资大、周期长、收益慢的工作，在申请阶段需要缴纳申请费用、审查费用以及第三方服务机构的服务费用等，在授权后阶段需要缴纳登记公告费用、维持费用，并使用促进转化运用的相关费用等。因此，国有企业知识产权预算是确保国有企业知识产权的各项费用顺利支出、工作正常开展的关键。同时，由于知识产权管理工作相对于其他企业管理工作的特殊性，其预算管理需要适应企业知识产权管理工作的特点和现实需要。五是加强国有企业知识产权管理体系建设的文化建设。知识产权文化建设是知识产权管理体系建设的重要内容和关键支撑。国有企业应当从树立知识产权价值观、培育知识产权氛围、提升知识产权意识的角度，系统推进知识产权文化建设工作。

第四章 知识产权管理服务与
人文社会环境建设

　　如前所述，《知识产权强国建设纲要（2021—2035 年）》将国家知识产权治理体系和治理能力现代化作为基本导向，这就需要优化知识产权领域职能定位，明确政府在知识产权领域的具体职能，从经济调节、市场监管、社会治理、公共服务四个角度加强知识产权工作，提高知识产权宏观调控能力，进而加快实现知识产权治理体系和治理能力的现代化。立足政府在知识产权领域的具体职能，本章首先讨论"知识产权管理"这一主题。

　　本章第一节讨论我国知识产权行政管理体制的演进与强省强市建设，回溯我国知识产权行政管理体制的历史演进并总结知识产权强省强市建设的基本思路。第二节讨论知识产权强国建设引领下的世界一流审查机构建设。建设世界一流专利商标审查机构已经成为新时代加快建设知识产权强国背景下审查工作的总体愿景与战略谋划。回顾我国专利商标审查工作几十年的发展，秉持统一性、专业性、政策性的初心，以建设制度完善、保护严格、运行高效、服务便捷、文化自觉、开放共赢的知识产权强国，实现国家知识产权治理体系和治理能力现代化为导向，围绕政府与市场、政府与社会的关系，立足创新创造的助燃剂、经济增长的加速器、法治建设的助推器的基本定位，站位政府经济调节、市场监管、社会治理、公共服务的基本职能，探索知识产权审查协同体系、知识产权业务管理体系、知识产权宏观调控体系、知识产权标准联动体系、知识产权审查服务体系等世界一流审查机构的建设方向。第三节讨论知识产权公共政策体系的理论框架与构成要素，结合我国国家创新体系、产业政策体系、贸易强国政策体系等公共政策体系的构建经验，进一步梳理我国知识产权公共政策体系的理论框架，从主体、要素与环节三个维度构建，外延涵盖本体政策、关联政策和支持政策，建议加强在规划、法律层面部署本体政策；以促进创新成果产权化、知识产权产业化、知识产权产业贸易化为方向，深化关联政策。

知识产权服务与知识产权管理紧密相关，并且从经济调节、市场监管、社会治理、公共服务四个角度的知识产权政府职责来看，"知识产权公共服务"是需要着重加强的内容。《知识产权强国建设纲要（2021—2035 年）》提出"打通知识产权创造、运用、保护、管理和服务全链条"并将"建设便民利民的知识产权公共服务体系"作为战略任务之一加以部署，体现出相对于 2008 年《国家知识产权战略纲要》的重大理论进步，亦即，在知识产权创造、运用、保护、管理的基础上增加了"知识产权服务"，完善了知识产权价值实现的链条。为此，本章第四节重点讨论知识产权公共服务的基本认识、总体思路与战略举措，并进一步结合讨论知识产权服务业发展的促进政策。

知识产权人文社会环境是充分发挥知识产权制度功能的必要条件，我国属于制度带动型、规则导入型国家，营造知识产权人文社会环境具有尤其重要的意义。美国学者亨利·G. 米切尔认为"与自然界存在生态系统一样，在知识领域同样存在着类似的生态系统"。① 知识产权制度需要在一个运行体系下运行，才能真正发挥知识产权制度激励创新、促进发展的制度作用。多数国家的知识产权制度是自发引入的，知识产权制度的产生和发展来自创新对制度的内在需求，属于需求带动型国家。我国是制度带动型、规则导入型国家，随着改革开放，特别是加入世界贸易组织，主动导入知识产权制度规则，并在引入知识产权制度后，深刻理解知识产权制度本质属性，进行中国化的

---

① Henry G. Mitchell, *The Intellectual Commons*: *Toward an Ecology of Intellectual Property*, Maryland Lexington Books, 2005, p. 67 – 173.

制度发展和制度创新。由于我国属于制度带动型、规则导入型的知识产权发展模式，基于改革开放的需要，先有知识产权制度再有知识产权实践，先有知识产权制度再有运用知识产权制度的具体行为。这与制度自发型的知识产权发展模式存在根本区别，即并非先有知识产权实践，再凝练总结形成指导实践的知识产权制度。由此，我国存在着构建知识产权人文社会环境、支撑知识产权制度功能充分发挥的强烈需求。

充分运用知识产权制度的精髓，将其中国化改造形成中国特色知识产权制度体系，并进一步提高中国特色知识产权制度体系的思考力、部署力、实践力，真正发挥知识产权制度促进创新发展的功能，是知识产权人文社会环境建设的基本导向。正是因为充分认识到这一点，2008年《国家知识产权战略纲要》提出"积极营造良好的知识产权文化环境"，同时将"培育知识产权文化"作为五大战略重点之一，明确部署"加强知识产权宣传，提高全社会知识产权意识。广泛开展知识产权普及型教育。在精神文明创建活动和国家普法教育中增加有关知识产权的内容。在全社会弘扬以创新为荣、剽窃为耻，以诚实守信为荣、假冒欺骗为耻的道德观念，形成尊重知识、崇尚创新、诚信守法的知识产权文化"。《知识产权强国建设纲要（2021—2035年）》进一步定位到"建设促进知识产权高质量发展的人文社会环境"，并将其作为六大方面重点任务之一加以部署。可以说，知识产权强国建设开启了我们从"认识知识产权"迈向"驾驭知识产权"的事业发展新时期，需要我们在认识知识产权制度本质的基础上，总结我国知识产权制度运行实践，凝练我国知识产权制度作用机理，对知识产权制度价值观提出新的见解，将知识产权制度娴熟运用于创新发展的总体生态之中，充分发挥知识产权制度激励创新的基本保障作用。

与2008年《国家知识产权战略纲要》相比，《知识产权强国建设纲要（2021—2035年）》有下述质的飞跃。第一，对知识产权文化理念进行了提升和丰富，将知识产权文化理念从"尊重知识、崇尚创新、诚信守法"扩充到"尊重知识、崇尚创新、诚信守法、公平竞争"，即加入了"公平竞争"的内容。第二，明确提出加强知识产权智库建设，大力发展国家知识产权高端智库和特色智库，深化理论和政策研究，加强国际学术交流。第三，将知识产权学科建设的内容纳入其中，对知识产权学科建设提出专门要求，提出支持学位授权自主审核高校自主设立知识产权一级学科（2008 年《国家知识产权战略纲要》提及"设立知识产权二级学科"）。推进论证设置知识产权专业学位，并要求加强相关高校二级知识产权学院建设。第四，对知识产权人才培养进行全面部署，提出完善知识产权人才培养、评价激励、流动配置机制。结合上述内容，本章第五节将围绕上述第一个方面加以讨论，分析知识产权文化建设的相关理论问题；第六节将围绕上述第二个方面加以分析，探讨知识产权智库建设的思路举措；第七节将围绕上述第三个方面加以阐述，解析知识产权学科建设的基本思考；第八节将围绕上述第四个方面加以研究，阐述知识产权人才培养的战略部署。

第一节　知识产权行政管理体制的
演进与强省强市建设研究

《知识产权强国建设纲要（2021—2035 年）》明确提出，"持续优化管理体制机制，加强中央在知识产权保护的宏观管理、区域协调和涉外事宜统筹等方面事权，不断加强机构建设，提高管理效能。围绕国家区域协调发展战略，制定实施区域知识产权战略，深化知识产权强省强市建设，促进区域知识产权协调发展"。《知识产权强国建设纲要（2021—2035 年）》进一步要求，"各地区各部门要高度重视，加强组织领导，明确任务分工，建立健全本纲要实施与国民经济和社会发展规划、重点专项规划及相关政策相协调的工作机制，结合实际统筹部署相关任务措施，逐项抓好落实"。《"十四五"国家知识产权保护和运用规划》部署，"各地要发扬基层首创精神，针对规划实施中的痛点、难点问题，主动作为、创新思路，积极探索积累务实管用、科学精准的具体举措，不断丰富完善有关政策措施。各有关部门要营造有利环境，支持有条件的地区先行先试"。由此，《知识产权强国建设纲要

（2021—2035年）》和《"十四五"国家知识产权保护和运用规划》将"区域知识产权治理"作为了"国家知识产权治理体系和治理能力现代化"建设的重要方面，并且将"知识产权强省强市建设"作为"区域知识产权治理"的主要目标。

一、我国知识产权行政管理体制的历史演进①

纵观我国知识产权行政管理体制的发展，大体经历了初步探索阶段、基本建立阶段、调整改进阶段和协调协作阶段等四个历史阶段，其规律体现为从被动应对到主动求变、从部门行政到战略协调、从学习借鉴到参与引导。

1. 初步探索阶段（1949—1978年）

在这一阶段，我国对建立知识产权制度有所考虑。1950年，我国颁布了知识产权法律法规和政策文件，包括《保障发明权与专利权暂行条例》《发明审查委员会规程》《商标注册暂行条例》《关于改进和发展出版工作的决议》等。然而，随着完成公有制计划经济体制改造，知识产权制度失去适宜生存的土壤，《发明权与专利权暂行条例》无疾而终，商标权异化为企业产品质量的管控工具，著作权的概念得到保留，但与市场经济下的保护理念存在本质差异。

2. 基本建立阶段（1978—1998年）

在这一阶段，完整的知识产权概念尚未形成，知识产权管理体制是典型的部门行政体制。改革开放以来，党中央、国务院将知识产权制度筹建工作分别交付给国家科学技术委员会、工商行政管理总局和文化部。1978年工商行政管理总局商标局成立，1979年恢复统一商标注册制度，1983年3月1日开始实施《商标法》。1978年，国家科学技术委员会开始筹建专利局。1980年1月，中国专利局经国务院批准正式成立后，成为由国家科学技术委员会代管的、副部级规格的国务院直属局，1982年转为国家经济贸易委员会代管

---

① 详细内容参见宋世明、张鹏、葛赋斌：《中国知识产权体制演进与改革方向研究》，载《中国行政管理》2016年第9期。

的局级部门。1984年《专利法》要求在全国设立专利管理机关，自此初步形成了覆盖从中央到地方的专利管理体系。1985年7月，国务院批复同意在文化部设立国家版权局，与国家出版局属于一个机构、两块牌子。1987年，国务院撤销文化部所属国家出版局，设立直属国务院的新闻出版署，与国家版权局属于一个机构、两块牌子。1994年，中国专利局再次改为国务院直属事业单位。

3. 调整改进阶段（1998—2008年）

1998年3月29日，国务院将中国专利局更名为国家知识产权局，并作为国务院直属机构，列入政府行政序列，主管专利工作和统筹协调涉外知识产权事宜。专利局成为国家知识产权局直属事业单位，受国家知识产权局委托，承担中国专利局依法受理审批专利申请、审理、复审、撤销以及其他国家知识产权局委托的行政管理职能。2001年，新闻出版署（国家版权局）升格为正部级的新闻出版总署（国家版权局）。

4. 协调协作阶段（2008—2018年）

2008年6月5日，国务院颁布实施《国家知识产权战略纲要》。同年，建立了国家知识产权战略实施工作部际联席会议制度来作为部门间议事协调机构，由国家知识产权局负责人担任召集人。2016年3月，该制度升格为国务院知识产权战略实施工作部际联席会议，由国务院领导担任召集人。同时，还存在全国打击侵犯知识产权和制售假冒伪劣商品工作领导小组、推进企业使用正版软件工作部际联席会议等协调机制。

二、我国知识产权行政管理体制的基本现状

2018年2月28日，党的十九届三中全会审议通过了《深化党和国家机构改革方案》，着眼于转变政府职能，坚决破除制约使市场在资源配置中起决定性作用、更好发挥政府作用的体制机制弊端，围绕推动高质量发展，建设现代化经济体系，加强和完善政府经济调节、市场监管、社会管理、公共服务、生态环境保护职能，结合新的时代条件和实践要求，着力推进重点领域和关键环节的机构职能优化和调整，构建起职责明确、依法行政的政府治

理体系，提高政府执行力，建设人民满意的服务型政府。在上述历史演进的基础上，在党和国家机构改革的总体背景下，我国知识产权行政管理体制如下所述。

1. 国家层面的知识产权行政管理体制

2018 年 3 月 17 日，十三届全国人大一次会议通过《关于国务院机构改革方案的决定》。其中明确提出："重新组建国家知识产权局。强化知识产权创造、保护、运用，是加快建设创新型国家的重要举措。为解决商标、专利分头管理和重复执法问题，完善知识产权管理体制，将国家知识产权局的职责、国家工商行政管理总局的商标管理职责、国家质量监督检验检疫总局的原产地地理标志管理职责整合，重新组建国家知识产权局，由国家市场监督管理总局管理。主要职责是，负责保护知识产权工作，推动知识产权保护体系建设，负责商标、专利、原产地地理标志的注册登记和行政裁决，指导商标、专利执法工作等。商标、专利执法职责交由市场监管综合执法队伍承担。"自此，知识产权行政管理体制机制改革全面拉开序幕。

2018 年 9 月 10 日，中国机构编制网公布国家市场监督管理总局的"三定"方案，即《国家市场监督管理总局职能配置、内设机构和人员编制规定》。其中明确规定，国家市场监督管理总局负责监督管理市场秩序，依法监督管理市场交易、网络商品交易及有关服务的行为；组织指导查处价格收费违法违规、不正当竞争、违法直销、传销、侵犯商标专利知识产权和制售假冒伪劣行为；指导广告业发展，监督管理广告活动。指导查处无照生产经营和相关无证生产经营行为；指导中国消费者协会开展消费维权工作。同时，国家市场监督管理总局管理国家知识产权局。就国家市场监督管理总局和国家知识产权局的分工而言，明确国家市场监督管理总局负责组织指导商标专利执法工作；国家知识产权局负责对商标专利执法工作的业务指导，制定并指导实施商品商标权、专利权确权和侵权判断标准，制定商标专利执法的检验、鉴定和其他相关标准，建立机制，做好政策标准衔接和信息通报等工作。

2018 年 9 月 11 日，中央机构编制网公布国家知识产权局的"三定"方案，即《国家知识产权局职能配置、内设机构和人员编制规定》。其中明确规定，国家知识产权局是国家市场监督管理总局管理的国家局，为副部级。国家知识产权局贯彻落实党中央关于知识产权工作的方针政策和决策部署，在履行职责过程中坚持和加强党对知识产权工作的集中统一领导。主要职责包括以下七点内容。一是负责拟订和组织实施国家知识产权战略。拟订加强知识产权强国建设的重大方针政策和发展规划。拟订和实施强化知识产权创造、保护和运用的管理政策和制度。二是负责保护知识产权。拟订严格保护商标、专利、原产地地理标志、集成电路布图设计等知识产权制度并组织实施。组织起草相关法律法规草案，拟订部门规章，并监督实施。研究鼓励新领域、新业态、新模式创新的知识产权保护、管理和服务政策。研究提出知识产权保护体系建设方案并组织实施，推动建设知识产权保护体系。负责指导商标、专利执法工作，指导地方知识产权争议处理、维权援助和纠纷调处。三是负责促进知识产权运用。拟订知识产权运用和规范交易的政策，促进知识产权转移转化。规范知识产权无形资产评估工作。负责专利强制许可相关工作。制定知识产权中介服务发展与监管的政策措施。四是负责知识产权的审查注册登记和行政裁决。实施商标注册、专利审查、集成电路布图设计登记。负责商标、专利、集成电路布图设计复审和无效等行政裁决。拟订原产地地理标志统一认定制度并组织实施。五是负责建立知识产权公共服务体系。建设便企利民、互联互通的全国知识产权信息公共服务平台，推动商标权、专利权等知识产权信息的传播利用。六是负责统筹协调涉外知识产权事宜。拟订知识产权涉外工作的政策，按分工开展对外知识产权谈判。开展知识产权工作的国际联络、合作与交流活动。七是完成党中央、国务院交办的其他任务。同时，要求国家知识产权局进一步整合资源、优化流程，有效利用信息化手段，缩短知识产权注册登记时间，提升服务便利化水平，提高审查质量和效率；进一步放宽知识产权服务业准入，扩大专利代理领域开放，放宽对专利代理机构股东或合伙人的条件限制；加快建设知识产权信息公共服务平台，汇集全球知识产权信息，按产业领域加强专利导航，为创业创新提供便捷查询咨询等服务，实现信息免费或低成本开放，提高全社会知识产权保护和风险防范意识；加强对商标抢注、非正常专利申请等行为的信用监管，规范商标注册和专利申请行为，维护权利人合法权益。

至此，根据《国务院关于机构设置的通知（2018）》（国发〔2018〕6号）和《国务院关于部委管理的国家局设置的通知（2018）》（国发〔2018〕7号），国家知识产权局得以重新组建并作为国家市场监督管理总局管理的国家局。国家知识产权局设下列副司局级内设机构：办公室、条法司、战略规划司、知识产权保护司、知识产权运用促进司、公共服务司、国际合作司（港澳台办公室）、人事司、机关党委。其中，新设立的公共服务司负责组织实施全国知识产权信息公共服务体系和信息化建设，承担知识产权信息加工标准制定相关工作，推动信息服务的便利化、集约化、高效化；承担商标权、专利权等知识产权信息的传播利用相关工作，研究分析和发布知识产权申请、授权、注册、登记等信息工作。新组建的知识产权保护司负责承担知识产权保护体系建设相关工作，组织拟订商标、专利侵权判断标准及保护执法的检验、鉴定和其他相关标准，承担商标评审、专利复审和无效等行政裁决工作；承担原产地地理标志、集成电路布图设计、特殊标志和奥林匹克标志、世界博览会标志等官方标志相关保护工作，承担指导地方知识产权争议处理、维权援助和纠纷调处工作。新组建的知识产权运用促进司负责拟订和实施强化知识产权创造运用的管理政策和制度，承担指导和规范知识产权无形资产评估工作；承担专利强制许可、商标专利质押登记和转让许可备案管理等有关工作；拟订规范知识产权交易的政策，拟订和组织实施知识产权中介服务体系发展与监管的政策措施。

总体来讲，就与国家市场监督管理总局的职责分工而言，国家知识产权局负责对商标专利执法工作的业务指导，制定并指导实施商标权、专利权确权和侵权判断标准，制定商标专利执法的检验、鉴定和其他相关标准，建立机制，做好政策标准衔接和信息通报等工作。国家市场监督管理总局负责组织指导商标专利执法工作。就与商务部的职责分工而言，国家知识产权局负责统筹协调涉外知识产权事宜；商务部负责与经贸相关的多双边知识产权对外谈判、双边知识产权合作磋商机制及国内立场的协调等工作。就与国家版权局的职责分工而言，有关著作权管理工作，国家知识产权局与国家版权局按照中共中央、国务院关于著作权管理职能的规定分工执行。

2. 知识产权行政管理体制改革的评述

总体来讲，2018 年国务院机构改革方案实施后，国家层面和地方层面的知识产权管理体制实现了三个"三合一"使相关职责正式归入新组建的国家市场监督管理总局。作为国务院直属机构，国家市场监督管理总局就职责分工问题进行了明确，为国家知识产权治理体系和治理能力现代化提供了新的思路和新的方案。

一是实现了知识产权管理职责"三合一"。在 2018 年国家层面的知识产权管理体制改革前，国家工商行政管理总局负责商标审查与管理，国家知识产权局负责专利审查管理，国家质量监督检验检疫总局、国家工商行政管理总局、农业部、林业局等负责地理标志的管理，在职责分工上较为分散。此次 2018 年国家层面知识产权管理体制改革，将国家知识产权局、国家工商行政管理总局的商标管理职责、国家质量监督检验检疫总局等的地理标志管理职责"三合一"，重新组成国家知识产权局，并由新组建的国家市场监督管理总局管理。

二是实现了反垄断执法职责"三合一"。《反垄断法》所规制的"垄断"中有市场集中、行政垄断、知识产权垄断等情形，市场上不正当竞争也很常见。反不正当竞争通常会作为保护知识产权，尤其是一些模糊地带、交叉地带、前沿领域的新生事物的知识产权的兜底手段。在 2018 年国家层面知识产权管理体制改革前，国家发展和改革委员会负责依法查处价格违法行为和价格垄断行为；商务部负责经营者集中的反垄断审查工作，并承担国务院反垄断委员会的具体工作；国家工商行政管理总局负责垄断协议、滥用市场支配地位、滥用行政权力排除限制竞争方面的反垄断执法工作（价格垄断行为除外）。在法律实践中，国家发展和改革委员会负责查处的价格违法行为和价格垄断行为，与国家工商行政管理总局负责查处的价格垄断行为之外的滥用市场支配地位、垄断协议之间，界限很不明确。2018 年国家层面的知识产权管理体制改革后，将国家工商行政管理总局的职责、国家发展和改革委员会的价格监督检查与反垄断执法职责、商务部的经营者集中反垄断执法以及其承担的国务院反垄断委员会办公室等的职责整合，实现了反垄断执法职责的"三合一"，并且将反垄断执法融入市场监督管理工作体系，实现了知识产权的兜底保护。

三是实现了知识产权行政保护与市场监督管理执法的"三合一"。2018年国家层面知识产权管理体制改革，将国家质量监督检验检疫总局的行政执法职责、国家食品药品监督管理总局的行政执法职责和国家工商行政管理总局的行政执法职责"三合一"，由国家市场监督管理总局负责市场综合监督管理，统一登记市场主体并建立信息公示和共享机制，组织市场监管综合执法工作，承担反垄断统一执法，规范和维护市场秩序，组织实施质量强国战略，负责工业产品质量安全、食品安全、特种设备安全监管，统一管理计量标准、检验检测、认证认可工作等。可见，此次国家层面的机构改革实现了知识产权行政保护与市场监督管理执法的"三合一"，实行统一的市场监管，为建立统一开放、竞争有序的现代市场体系提供了有力支撑。

三、知识产权管理体制机制的完善方向

纵观我国知识产权管理体制的演进过程，可以发现，经济发展基点转换，是我国知识产权管理体制演进的源动力；行政体制转型，是我国知识产权管理体制演进的牵引力；知识产权国际规则的刚性，是我国知识产权管理体制演进的外在推动力。

第一，从被动应对到主动求变。经济发展基点转换，导致中国知识产权发展驱动力的转换。首先，改革开放以后、创新驱动发展战略实施以前，建立完善知识产权制度的第一推动力是对外开放的需求。从知识产权制度的最初建立来看，满足对外开放的需求、适应引进国外技术的需要，是当时的重要考虑。1980年1月，国务院在国家科学技术委员会《关于我国建立专利制度的请示报告》上指出"专利工作是涉外工作"。从知识产权制度的完善来看，历次知识产权制度的完善都与对外开放的背景紧密相关。1992年《专利法》修正和1993年《商标法》修正的重要历史背景在于，1991年美国将我国列入"特别301条款"重点国家名单，以及1992年2月签署《中美知识产

权谅解备忘录》。2000 年《专利法》修正，以及 2001 年《著作权法》修正、《商标法》修正的重要历史背景在于，我国加入世界贸易组织，需要知识产权制度符合世界贸易组织 TRIPS 协定等国际贸易规则的要求。2008 年《专利法》修正、2010 年《著作权法》修正和 2013 年《商标法》修正则既有我国自身发展的内在要求，也在很大程度上是为了满足开放型经济发展的需要。

其次，只有进入创新驱动转型窗口期之后，知识产权才能真正成为创新发展的"刚需"。2012 年党的十八大提出实施创新驱动发展战略，2014 年 12 月中央经济工作会议提出中国经济发展进入新常态，2015 年《中共中央、国务院关于深化体制机制改革加快实施创新驱动发展战略的若干意见》进一步提出，让知识产权制度成为激励创新的基本保障。从基本原理来看，知识产权制度是促进创新资源持续涌现的调节器，是创新成果向现实生产力转化的桥梁。一方面，创新驱动发展，需要采取政府和市场两种手段激励创新。政府通过设立科技重大专项、重大科技项目等方式激励创新，而运用市场手段激励创新则需要通过赋予创新成果产权的方式加以实现。要让市场在创新资源配置中起决定性作用，需要在政府和市场对创新的"双轮驱动"中使市场成为"主动轮"，使知识产权制度成为促进创新资源持续涌现的调节器。另一方面，知识产权制度蕴含着三个运行机制，决定了其是创新成果向现实生产力转化的桥梁。其中，产权机制通过赋予创新创造者产权的方式，使其对创新成果享有使用权、收益权和处分权；市场机制是将知识产权这一现代产权进行合法流转，通过许可转让等方式获得收益，实现创新投入与创新回报的良性循环；激励机制是通过依法保护创新创造者的合法权益激发人们的创新热情。从国际经验来看，达沃斯经济论坛《全球竞争力报告 2018—2019》将世界主要经济体分为生产要素驱动型、生产要素驱动型向效率驱动型的过渡、效率驱动型、效率驱动型向创新驱动型的过渡、创新驱动型等五种类别。而所有创新驱动型国家无一例外都是知识产权综合实力较强的国家，都是知识产权密集型产业占据产业结构主体地位、知识产权贸易成为贸易结构核心的国家。可见，继续改革知识产权体制，持续完善知识产权制度，已成为实现国家创新发展的主动选择。

最后，知识产权增值成为知识产权强国建设与创新驱动发展战略对接的契合点，知识产权贸易是国家知识产权战略与新一轮高水平对外开放的契合点，二者共同构成知识产权强国建设和经济强国建设、贸易强国建设的连接点。从知识产权价值角度来看，知识产权权利的生命周期应该包括三个环节，分别是权利确认、权利分配和权利增值。其中，权利确认包括申请、审批、授权等，权利分配包括交易、维持、保护等，这两个环节是制度手段，是为制度目标服务的；而权利增值，也就是知识产权产业化和贸易化，这一环节是制度目标，是国家知识产权战略与创新驱动发展战略对接的契合点。从知识产权贸易角度来看，我国实行新一轮高水平对外开放，实施"一带一路"倡议，更加需要促进国际国内创新要素有序自由流动、创新资源高效配置、创新市场深度融合。为此，就需要进一步发展知识产权贸易，以促进各类知识产权的国际化流动作为重要制度目标，实现国家知识产权战略与新一轮高水平对外开放的契合。知识产权增值，是主动优化知识产权管理体制的战略着力点。

第二，从部门行政到跨部门协作。知识产权管理体制机制是我国现代行政管理体制机制的重要组成部分，其发展演进体现了我国行政管理体制从部门行政迈向公共行政的基本发展趋势。[1] 公共行政必然要求尊重创新成果的客观规律，不断满足我国创新主体的发展需要。首先，"各自为战"，既沿袭了我国部门行政的一般特征，又是碎片化知识产权管理体制的必然结果。一方面，部门行政是与计划经济体制相适应的行政体制。部门是政府配置资源的杠杆，是联系政府与社会的中介，是落实计划经济的依靠力量。部门行政的一个基本做法是，在横向上把行政权力分配给各个职能部门，在各自部门职责范围内决策与执行高度合一。计划经济体制下，行政决策中枢拥有计划资源配置的绝对权力，因此可以相对容易地实现跨部门协调。但在市场经济体制的大环境下，如何实现跨部门协调是最大难题。另一方面，我国长期以来对知识产权工作缺乏统筹考虑与顶层设计。知识产权管理没有形成一个统

---

[1] 宋世明：《试论从"部门行政"向"公共行政"的转型》，载《学术季刊》2002 年第 4 期。

一体系，知识产权管理职能分散在 28 个部门，且各部门习惯于规则制定与规则执行高度合一，习惯于按照自己的发展思路规划知识产权工作。

其次，创新成果立体保护的客观需要是从部门行政迈向部门协作的客观基础。创新创造成果需要知识产权立体保护。知识产权的保护客体虽然具有创造性成果、经营性标记、经营性资信等多种表现形式，但在本质上都是知识产品，都具有非物质性、创新性、公开性等特征。[1] 不同类别知识产权之间存在内在联系，需要加以统一考虑。从企业需求来看，培育世界名牌，既需要商标，也要有核心专利作为支撑，还要有著作权文化作为底蕴。创新，不仅需要通过专利来保护技术方案，还要通过商业秘密保护技术诀窍，通过著作权保护形式，通过外观设计和商标保护产品形象。从高校及科研院所来看，通过技术创新产生了专利，在产学研相结合的科技成果转化过程中，需要通过商标和外观设计吸引消费者关注。从国家需求来看，我国加快实现从"中国制造"向"中国创造"的转变，必须不断提升以专利为核心的科技竞争力、以商标为依托的品牌竞争力，以著作权产品为载体的文化软实力。

最后，客观评估我国实施知识产权跨部门协调努力的实际效果。2012 年的推进使用正版软件工作部际联席会议制度、2013 年的全国打击侵犯知识产权和制售假冒伪劣商品工作领导小组、2016 年的国务院知识产权战略实施工作部际联席会议制度，都是我国注重知识产权管理跨部门协调的努力。随着国家知识产权局的重新组建，有限度的"大部门制"得以实现。然而，我们不可能把涉及知识产权的 28 个部门乃至更多部门整合成一个大部门，非常有必要建立强有力的国务院知识产权综合协调和决策机制。

第三，从学习借鉴到参与引导。首先，知识产权制度积累的巨大差异是我国建立知识产权制度之初必须学习借鉴国外经验的自身原因。制度建立之初，外部是西方国家经历了二三百年实践并不断完善的成熟制度，内部是近乎白纸的知识产权法律法规、实践经验乃至人才储备。在如此巨大的反差之下，要在相对较短的时间内建立一个能够对外开展经贸合作的知识产权对话

---

[1] 吴汉东：《知识产权总论》，中国人民大学出版社 2013 年版，第 43 - 44 页。

平台，那么学习并追随西方国家知识产权制度便成为唯一的可选项。1979 年邓小平同志指示："专利法我们不懂就要向人家国外学习嘛。"1979 年 6 月，国务院派出由国家科学技术委员会副主任武衡同志率领的考察团，访问了世界知识产权组织，并到欧美 13 个国家考察专利制度，为建立中国专利制度提供了重要的外部参考。[①] 1987 年，国家工商行政管理局派遣相关人员赴世界知识产权组织、瑞士、西德、英国考察商品国际分类后，正式采用商标注册国际分类检索系统。我国《著作权法》的制定也参照了若干国际惯例。《专利法》《商标法》和《著作权法》成为我国最早与国际接轨且接轨较好的法律法规。

其次，知识国际性和知识产权国际规则的刚性分别是我国学习借鉴国际规则的内在和外在原因。一方面，知识具有国际性，决定了知识产权法律既是一国的法律，又是世界经济秩序的一部分。不同经济水平的国家对知识产权保护水平存在差异，同一个国家在不同的发展阶段，对知识产权保护水平也不一样。在知识产权发展史上，发达国家都有一个从"选择保护"到"全部保护"、从"弱保护"到"强保护"的发展历程。我们必须立足本国国情进行知识产权立法，同时必须看到知识产权多边规则已经将知识的国际性制度化，已经成为国际经济贸易往来必须遵循的规则。另一方面，知识产权国际规则的变革经历了巴黎联盟和伯尔尼联盟时期（知识产权国际保护制度的形成）、世界知识产权组织时期（知识产权国际保护制度的发展）、世界贸易组织时期（知识产权国际保护制度的强化），知识产权制度日趋一体化与国际化。由此产生的结果是，世界贸易组织作为知识产权国际立法机构享有的优先地位、TRIPS 协定作为知识产权国际立法文件享有的核心地位以及西方发达国家作为知识产权国际保护参与主体享有的主导地位。[②]

最后，参与引导国际知识产权规则是我国开放型经济发展的客观需要。从国际环境来看，目前已经进入知识产权全球治理新结构初步形成的时期，

---

① 张海志等：《创业维艰：国家知识产权局（中国专利局）创建史话》，知识产权出版社 2016 年版，第 11 页。

② 吴汉东、郭寿康主编：《知识产权制度国际化问题研究》，北京大学出版社 2010 年版，第 231 页。

知识产权国际合作日益深化，知识产权国际竞争日益激烈。知识产权已经成为世界贸易组织、经济合作与发展组织、八国集团（G8）等各种国际组织论坛的讨论热点，也已经成为区域或者双边经济伙伴关系、自由贸易协定，以及发达国家与发展中国家之间的讨论重点。知识产权执法方面、审查方面等的国际合作广泛开展。从国内发展来看，随着对外经济贸易的发展，我国知识产权贸易和以知识产权密集型商品为对象的货物贸易发展迅速，我国企业"走出去"步伐大大加快，参与引导国际知识产权规则已经成为我国开放型经济发展的客观需要。例如，2012 年 6 月，我国承办了世界知识产权组织的保护音像表演外交会议，并成功缔结了《视听表演北京条约》，这是在欧洲之外缔结的第一个世界知识产权组织的国际条约。

总体而言，2018 年国务院机构改革进一步明确了知识产权管理体制机制，为知识产权治理体系和治理能力现代化奠定了坚实基础。[①] 与其他领域的制度相比，知识产权的规则与制度具有更强的国际化和标准化刚性，在各国之间具有更大通约性。我国进行知识产权管理体制改革，应针对性地借鉴一些知识产权强国管理体制的主要经验，集中为一点就是"形可以散，神一定要聚"。具体言之，重新组建国家知识产权局，在一定程度上解决了结构"过于散"的问题。目前迫切需要解决的是，建立高层次综合协调和决策机制，建议设立国务院知识产权战略委员会，以做到"神聚"。[②] 本观点的详细阐述参见本书第六章第一节"知识产权战略部际协调机制研究"部分。

四、知识产权强省强市建设

知识产权强国建设需要发挥中央和地方两个积极性，统筹协调推进，特别是发挥各个地方先行先试的优势，形成供全国推广的经验，因此提出了要"点线面结合、局省市联动、国内外统筹"推进知识产权强国建设的思路，希望构建一个分层分类、协调发展的知识产权强国建设工作格局。

---

① 张鹏、赵炜楠：《〈知识产权基本法〉立法目的与基本原则研究》，载《知识产权》2018 年第 12 期。

② 孙彩红、宋世明：《国外知识产权管理体制的基本特征与经验借鉴》，载《知识产权》2016 年第 4 期。

1. 地方层面的知识产权行政管理体制

随着国家层面知识产权管理体制机制的完善，全国各地也积极开展了相关改革部署，进一步明确知识产权局的职能定位和基本体制。据统计，我国地方层面机构改革结果分为以下四类。

第一类是重新组建知识产权局，整合商标管理职责和地理标志管理职责，并作为省（自治区、直辖市）政府直属机构。目前，上海市、北京市是采取这一类型改革的典型代表。上海市一直积极探索知识产权行政管理体制改革，于2015年在全国率先探索浦东新区专利、商标、著作权"三合一"综合管理和执法体制改革，并在2018年机构改革中，实现了知识产权管理体制的历史性重构，在市、区两级实现了对专利、商标、原产地地理标志的集中统一管理。同时，在浦东新区设立了全国唯一的专利、商标、著作权、原产地地理标志"四合一"的知识产权局。2021年7月，上海市进一步深化知识产权机构改革，将上海市知识产权局调整为正局级市政府直属机构，成为全国首家独立设置的正局级知识产权综合行政管理部门。另外，2018年11月16日，北京市第二批20家新机构挂牌，其中包括重新组建的北京市知识产权局、北京市市场监督管理局、北京市新闻出版局（北京市版权局）、北京市电影局。重新组建的北京市知识产权局，整合了北京市工商行政管理局的商标管理职责、北京市质量技术监督局的原产地地理标志管理职责，并且成为副局级的市政府直属机构。北京市市场监督管理局整合了北京市工商行政管理局、北京市质量技术监督局、北京市食品药品监督管理局的职责，以及整合了北京市发展和改革委员会的价格监督检查与反垄断执法职责和北京市商务委员会的有关反垄断职责。北京市市场监督管理局是北京市政府的组成部门，同时加挂北京市食品药品安全委员会办公室的牌子。北京市新闻出版局（北京市版权局）、北京市电影局是由北京市委宣传部统一管理新闻出版和电影工作，将北京市新闻出版广电局的新闻出版、电影管理职责划入北京市委宣传部，对外加挂北京市新闻出版局（北京市版权局）、北京市电影局的牌子。

第二类是整合知识产权局职责，组建市场监督管理局，市场监督管理局加挂知识产权局的牌子。目前，采取这一类型改革占据主流的地区包括山西省、内蒙古自治区、吉林省、浙江省、安徽省、福建省、江西省、山东省、河南省、湖南省、广东省、贵州省、甘肃省、宁夏回族自治区、四川省、河北省、云南省、新疆维吾尔自治区等18个省（自治区、直辖市）。其中，吉林省、宁夏回族自治区市场监督管理厅是省、自治区政府组成部门，其他省（自治区、直辖市）市场监督管理局是省（自治区、直辖市）政府直属机构。通常，省（自治区、直辖市）知识产权局更名为省（自治区、直辖市）知识产权事业发展中心，作为省（自治区、直辖市）市场监督管理局所属事业单位。例如，山东省整合省工商行政管理局、省质量技术监督局、省食品药品监督管理局（省食品安全委员会办公室）的职责，以及省物价局的价格监督检查与反垄断相关职责，省科学技术厅的知识产权管理相关职责，省商务厅的打击侵犯知识产权和假冒伪劣商品、反垄断相关职责，组建省市场监督管理局，作为省政府的直属机构，同时加挂省知识产权局的牌子。山东省知识产权局更名为山东省知识产权事业发展中心，作为山东省市场监督管理局所属事业单位。

再如，广东省组建省市场监督管理局，整合了省工商行政管理局、省质量技术监督管理局、省食品药品监督管理局、省知识产权局等部门职责，以及省发展和改革委员会的价格监督检查与反垄断执法职责，省商务厅的经营者集中反垄断执法职责。广东省市场监督管理局作为省政府直属机构，保留省知识产权局牌子，省食品安全委员会的具体工作由省市场监督管理局承担，并成立广东省知识产权保护中心。

第三类是组建市场监督管理局，同时将知识产权局作为市场监督管理局的部门管理机构。目前，采取这一类型改革的地区亦占据较大比例，包括天津市、辽宁省、黑龙江省、江苏省、湖北省、海南省、重庆市、陕西省、上海市、青海省等10个省（自治区、直辖市）。例如，辽宁省整合省工商行政管理局、省质量技术监督局、省食品药品监督管理局的食品监管和省食品安全委员会办公室的职责，同时将省物价局、省工业和信息化委员会、省商务厅的部分职责划入新组建的市场监督管理局。辽宁省市场监督管理局负责管理辽宁省知识产权局。

又如，江苏省组建省市场监督管理局，将省工商行政管理局、省质量技术监督局、省食品药品监督管理局（省食品安全委员会办公室）、省物价局的职责，以及省商务厅的打击侵犯知识产权和假冒伪劣商品、反垄断等有关职责整合，并将职责整合后的市场监督管理局作为省政府直属机构。同时，将江苏省知识产权局由江苏省科学技术厅的部门管理机构改为江苏省市场监督管理局的部门管理机构。

第四类是组建市场监督管理局，知识产权局作为市场监督管理局内设处级局。采取这一类型改革的地区的代表是广西壮族自治区和西藏自治区。

2. 地方层面的知识产权战略谋划实施

随着《知识产权强国建设纲要（2021—2035年）》的实施，知识产权强省强市建设成为地方知识产权行政管理体制改革的方向。如表5所示，截至2022年年底，北京市、天津市、河北省等18个省（自治区、直辖市）提出了建设知识产权强省（自治区、直辖市）和知识产权强国示范城市的战略目标和政策措施。从战略目标角度而言，各地凸显地方特色，如上海市立足国际化发展提出"制度完备、体系健全、环境优越、水平领先的国际知识产权中心城市"的建设目标；北京市立足国际知识产权竞争力的提升提出"国际知识产权创新发展先行地、国际知识产权高水平人才聚集地、国际知识产权优质资源集散地、国际知识产权纠纷解决优选地和国际知识产权价值实现新高地"的战略方向。从战略举措角度而言，各地立足地方特色，进一步细化落实《知识产权强国建设纲要（2021—2035年）》的战略部署。从文件形式看，多数采取"战略纲要"的文件形式，也有部分省、自治区、直辖市采用"实施意见""行动方案"的文件形式。

表5 知识产权强省（自治区、直辖市）目标愿景

序号	文件名称	出台主体	发展愿景
1	《北京市知识产权强国示范城市建设纲要（2021—2035年）》	市委、市政府	2035年北京市将高质量建成知识产权强国示范城市，成为国际知识产权创新发展先行地、国际知识产权高水平人才聚集地、国际知识产权优质资源集散地、国际知识产权纠纷解决优选地和国际知识产权价值实现新高地

续表

序号	文件名称	出台主体	发展愿景
2	《天津市知识产权强市建设纲要（2021—2035年)》	市委、市政府	2035年建成知识产权综合实力位居全国前列的知识产权保护高地城市和新时代创造创意创业之都
3	《河北省知识产权强省建设纲要（2021—2035年)》	省委、省政府	知识产权强省
4	《山西省知识产权强省建设纲要》	省委、省政府	知识产权强省
5	《黑龙江省知识产权强省建设纲要（2021—2035年)》	省委、省政府	到2035年，黑龙江省知识产权综合实力进入全国中上游水平
6	《上海市知识产权强市建设纲要（2021—2035年)》	市委、市政府	到2035年，知识产权创造、运用、保护、管理和服务等方面关键性指标处于全球主要城市前列，知识产权促进经济社会发展贡献更加显著，制度完备、体系健全、环境优越、水平领先的国际知识产权中心城市基本建成
7	《江苏省知识产权强省建设纲要（2021—2035年)》	省委、省政府	到2035年，我省知识产权综合竞争力达到世界先进水平，知识产权事业实现高质量发展，江苏特色、国内引领、国际一流的知识产权强省全面建成
8	《关于深入贯彻〈知识产权强国建设纲要（2021—2035年）〉打造知识产权强国建设先行省的实施意见》	省委、省政府	到2035年，全面建成知识产权强国建设先行省
9	《安徽省知识产权强省建设纲要（2021—2035年)》	省委、省政府	到2035年，安徽省知识产权综合竞争力大幅提升，知识产权制度系统完备，形成全方位、多层次参与知识产权区域协同发展、参与国际合作的良好格局，创新型知识产权强省基本建成

序号	文件名称	出台主体	发展愿景
10	《关于加强知识产权强省建设的行动方案（2022—2035 年）》	省委、省政府	到 2035 年，基本建成特色鲜明、全国一流的知识产权强省
11	《山东省知识产权强省建设纲要（2021—2035 年)》	省委、省政府	到 2035 年，知识产权创新要素高度集聚，知识产权环境全面优化，知识产权文化自觉基本形成，建成制度完善、创新活跃、保护严格、运用高效、服务便捷的知识产权强省
12	《河南省知识产权强省建设纲要（2021—2035 年)》	省委、省政府	到 2035 年，知识产权综合实力迈入国家前列，知识产权制度运行良好，创造水平显著提高，运用效能根本性增强，保护体系全面优化，管理和服务更加完善，支撑和引领优势明显的知识产权强省基本建成
13	《中央湖北省委 湖北省人民政府关于加快推进知识产权强省建设的实施意见》	省委、省政府	知识产权强省
14	《海南省推进知识产权强省建设强化知识产权保护和运用的实施意见》	省委、省政府	到 2035 年，我省知识产权综合竞争力跻身全国前列，知识产权强省基本建成
15	《重庆市知识产权强市建设纲要》	市委、市政府	具有全国影响力的知识产权强市
16	《中共云南省委、云南省人民政府关于贯彻〈知识产权强国建设纲要（2021—2035 年)〉的实施意见》	省委、省政府	知识产权强省
17	《甘肃省知识产权强省建设纲要（2021—2035 年)》	省委、省政府	知识产权强省

续表

序号	文件名称	出台主体	发展愿景
18	《宁夏回族自治区知识产权强区建设纲要（2021—2035年）》	自治区党委、政府	到2035年，保护严格、创造活跃、运行高效、服务便捷、文化自觉的知识产权强区基本形成

第二节　知识产权强国建设引领下的世界一流审查机构展望

《知识产权强国建设纲要（2021—2035年）》明确提出，"实施一流专利商标审查机构建设工程，建立专利商标审查官制度，优化专利商标审查协作机制，提高审查质量和效率"，同时要求"完善以强化保护为导向的专利商标审查政策"和"完善知识产权审查注册登记政策调整机制，建立审查动态管理机制"，这为面向2035年专利商标审查机构建设指明了方向。《"十四五"国家知识产权保护和运用规划》部署，"提高知识产权审查质量和审查效率。完善适应创新发展需求的知识产权审查管理体系，优化专利、商标审查协作机制。提升专利商标审查机构能力水平，强化专利、商标、著作权、地理标志、植物新品种全流程审查质量管控，提升知识产权授权确权质量。提高专利、商标审查业务精细化管理水平，优化审查资源配置，加强智能化技术运用，提升审查效能，缩短审查周期。完善专利、商标审查模式，加强审查与产业发展的政策协同和业务联动，满足产业绿色转型和新领域新业态创新发展等社会多样化需求"。并且，《"十四五"国家知识产权保护和运用规划》明确部署了"一流专利商标审查机构建设工程"。应当说，建设世界一流专利商标审查机构已经成为新时代加快建设知识产权强国背景下审查工作的总体愿景与战略谋划。

回顾我国专利商标审查工作几十年的发展，虽然专利商标机构历经变更，但是统一性、专业性、政策性一直是专利审查机构和商标审查机构建设的基本追求。世界一流审查机构建设需要秉持统一性、专业性、政策性的初心，以建设制度完善、保护严格、运行高效、服务便捷、文化自觉、开放共赢的知识产权强国，实现国家知识产权治理体系和治理能力现代化为导向，围绕政府与市场、政府与社会的关系，立足创新创造的助燃剂、经济增长的加速器、法治建设的助推器的基本定位，站位政府经济调节、市场监管、社会治理、公共服务的基本职能，将知识产权审查协同体系、知识产权业务管理体系、知识产权宏观调控体系、知识产权标准联动体系、知识产权审查服务体系作为建设方向，处理好政府与市场、社会的关系，中国特色与世界一流的关系，审查工作与社会服务的关系，审查质量与审查效率的关系，审查资源与审查负荷的关系，国内部署与全球视野的关系，加快建设世界一流专利商标审查机构，引领全球专利商标审查体系的改革趋向。

一、专利商标审查机构建设初心回顾

习近平总书记在第十九届中央政治局第二十五次集体学习时指出："我国知识产权保护工作，新中国成立后不久就开始了。"党的十八大以来，党中央把知识产权保护工作摆在更加突出的位置，部署推动了一系列改革，出台了一系列重大政策、行动、规划。党中央、国务院高度重视专利商标审查工作，新中国成立不久就开始了相关制度探索。进入 21 世纪，《国家知识产权战略纲要》《深入实施国家知识产权战略行动计划（2014—2020 年）》等系列文件对专利商标审查能力建设作出了明确部署。特别是，伴随着我国在公共政策层面首次提出"建设知识产权强国"的战略部署，创造性地形成了"世界一流专利审查机构"的建设目标，这是对国家知识产权战略实施以来，特别是党的十八大以来专利审查工作的新认识、新凝练、新部署，具有深厚的历史底蕴。《知识产权强国建设纲要（2021—2035 年）》进一步扩展到商标领域，提出"一流专利商标审查机构建设工程"。由此可见，"世界一流审查机构"战略目标，是在对我国专利商标审查能力建设情况全面总结的基础上形成的。纵观我国专利商标审查综合能力的提升，大体经历了探索阶段、初创阶段、发展阶段、提升阶段，目前进入重点突破阶段，[①] 具体如下所述。

---

① 参见崔守东：《新中国七十年商标工作回顾与展望》，载《知识产权》2019 年第 10 期；张鹏：《我国专利审查能力建设的回顾与展望》，载《中国发明与专利》2017 年第 1 期。

1. 探索阶段（1949—1977 年）

1949 年 9 月 29 日，《中国人民政治协商会议共同纲领》第 43—45 条规定，奖励科学的发现和发明，普及科学知识，奖励优秀的社会科学著作，奖励优秀的文学艺术作品。该共同纲领对知识产权制度探索奠定了政治基础和基本依据。1950 年，我国颁布了知识产权法律法规和政策文件，尤其是颁布了《保障发明权与专利权暂行条例》《发明审查委员会规程》《商标注册暂行条例》《商标注册暂行条例施行细则》等，对专利商标审查机构建设进行探索。

就专利审查而言，政务院颁布的《保障发明权与专利权暂行条例》共 22 条，将"鼓励国民对生产科学之研究，促进国家经济建设之发展"作为基本宗旨。其中，该条例第 4 条明确规定："发明者申请发明权或者专利权，经中央主管机关审定合格后发给发明证书或专利证书保障之。前项所称中央主管机关为政务院 财政经济委员会 中央技术管理局。"《发明审查委员会规程》进一步规定，依据政务院决定，办理发明技术改进及合理化建议之审查，特组织发明审查委员会。该委员会视工作需要分设土木、机械、电机、化工、矿冶、纺织、国防、农牧、医药等 9 组，委员由政务院财政经济委员会聘请专家及有关部门与学术机构之专门技术干部担任。中央技术管理局正副局长及各业务主管处正、副处长为当然委员。从实践情况看，《保障发明权与专利权暂行条例》实施后，1950—1956 年，共有 407 项发明权和专利权申请。而截至 1957 年，实际上只批准了 4 项专利权和 6 项发明权。[①] 可见，《保障发明权与专利权暂行条例》和《发明审查委员会规程》探索筹建了发明专利审查机构。[②]

就商标审查而言，政务院颁布的《商标注册暂行条例》共 34 条，详细规定了商标的申请、审查、异议等法律程序。其中，该条例第 2 条明确规定："一般公私厂、商、合作社对自己所生产、制造、加工或拣选的商品，需专用商标时，应依本条例的规定，向政务院财政经济委员会中央私营企业局申

---

① 参见杨一凡、陈寒枫：《中华人民共和国法制史》，黑龙江人民出版社 1997 年版，第 536 页。

② 参见宋世明、张鹏、葛赋斌：《中国知识产权行政体制演进与改革方向研究》，载《中国行政管理》2016 年第 9 期。

请注册。"《商标注册暂行条例施行细则》对此进一步细化。由此，新中国成立不久，就将在贸易部设立的商标局划归到中央私营企业局，由中央私营企业局设立商标处，开始办理全国范围内的商标审查工作。从实践情况看，1951 年和 1957 年是两个高峰，1951 年商标注册量为 11 000 件，1952 年和 1953 年共 7000 件，1954—1956 年注册量逐年下降；1957 年开始实行商标全面注册，当年注册量达到 11 000 件，之后逐年下降。[①] 可见，《商标注册暂行条例》和《商标注册暂行条例施行细则》探索筹建了商标审查机构。

就专利审查机构和商标审查机构建设的初心而言，统一性、专业性、政策性是一直以来的追求。专利审查机构是统一处理全国专利申请审查的发明审查委员会，具有高度的统一性；商标制度从探索之初，就坚持全国商标统一注册，亦体现了统一性。专利审查机构设立之初，按照土木、机械、电机、化工、矿冶、纺织、国防、农牧、医药等技术领域建设，并且委员由政务院财政经济委员会聘请专家及有关部门与学术机构之专门技术干部担任，体现了专业性；商标审查工作历经多个部门变动，如贸易部商标局、中央私营企业局商标处、中央工商行政管理局商标注册处、中央工商行政管理局商标专利处、中央工商行政管理局商标处、中央工商行政管理局商标管理处、中国国际贸易促进委员会，虽然历经变迁，但是都坚持了专业性。专利审查机构按照委员会建制并且体现了专业性。专利审查工作的中央主管机关包括政务院、财政经济委员会，体现了发明权和专利权的审查需要服务于国家经济建设发展需要的强烈的政策性；我国商标审查之初就高度重视公共政策的重要作用，中央工商行政管理局于 1953 年发布《关于商标管理的几点意见》，之后也逐步发布相关政策，体现了政策性。

2. 初创阶段（1978—1997 年）

1978 年是我国专利商标审查工作的初创之年，这一年为专利商标审查工作的初创奠定了基础。1978 年 7 月，党中央在报告批示中明确强调"我国应当建立专利制度"。[②] 自此，国家科学技术委员会开始筹建专利局。1980 年 1

---

① 参见崔守东：《新中国七十年商标工作回顾与展望》，载《知识产权》2019 第 10 期。
② 张海志等：《创业维艰：国家知识产权局（中国专利局）创建史话》，知识产权出版社 2016 年版，第 6 页。

月，国务院批准设立中国专利局。1978 年 9 月，国务院发布《关于成立工商行政管理总局的通知》，并在国家工商行政管理总局设立商标局，负责商标注册与管理相关工作。

就专利审查而言，随着 1984 年《专利法》的颁布，统一性、专业性、政策性得到进一步强化。专利审查工作由中国专利局统一负责，其一共设立了 12 个部门单位，按照技术领域开展专利审查工作，体现了统一性。中国专利局成立之初就设立了法律政策处等，并于 1982 年成立学术委员会，于 1983 年增设计划组织办公室。应当说，中国专利局成立之初就注重兼顾审查业务和业务管理，注重学术研究和业务研讨，体现了强烈的专业性。此外，中国专利局高度重视政策性，在 1996 年前后，就与时俱进地提出树立专利工作"大管理"思想，明确"专利工作中，凡是应当由市场调节的活动，都应当放开放活，以激发专利工作的活力"。① 此外，虽然中国专利局从成立之后历经变迁，从国家科学技术委员会代管的副部级机构，转变为国家经济贸易委员会代管的局级部门，但其在各阶段都力图发挥专利审查工作对经济建设、科技创新的支撑作用，都体现出统一性、专业性、政策性。

就商标审查而言，其同样继续将统一性、专业性、政策性作为这一阶段的建设目标。如前所述，1978 年 9 月，国务院发布《关于成立工商行政管理总局的通知》，沿用 1963 年《商标管理条例》和《商标管理条例施行细则》恢复统一注册制度，在工商行政管理总局内设立商标局，统一负责商标注册与管理相关工作。1982 年通过的《商标法》将统一注册、分级管理作为重要原则，进一步强化了商标审查工作的统一性。1993 年，我国国内商标注册申请量为 10.8 万件，首次突破 10 万件，之后逐年递增。商标局通过总结审查审理实践经验，发布《商标审查及审理标准》，上线商标注册与管理自动化系统等方式，使商标审查的专业性不断提高。同时，国家工商行政管理总局于 1994 年在商标局内成立商标评审委员会，并于 1998 年将商标局与商标注册中心合并，将商标评审委员会从商标局中独立出来改为隶属于

---

① 参见高卢麟：《高举邓小平理论伟大旗帜 为把更加完善的现代化的专利制度推向二十一世纪而努力奋斗——中国专利局局长高卢麟在全国专利工作会议上的工作报告》，载中国专利局办公室政策研究处编：《优秀专利调查研究报告集（1997 年）》，专利文献出版社 1997 年版，第 1–11 页。

国家工商行政管理总局，通过一系列的机构改革进一步凸显了商标审查工作的政策性。

3. 发展阶段（1998—2008 年）

1998 年 3 月 29 日，国务院将中国专利局更名为国家知识产权局，并作为国务院直属机构列入政府行政序列，其不仅主管专利工作，而且统筹协调涉外知识产权事宜。自此，开始了对专利商标审查等知识产权工作协调衔接的积极探索，我国专利商标审查工作进入发展阶段。在发展阶段，我国专利商标审查工作也遇到了"成长的烦恼"，随着专利商标申请量的快速增长，专利商标审查机构面临着消除积压的压力。

就专利审查而言，专利申请量的快速增长是这个时期的标识词，在该背景下，专利审查机构朝着统一性、专业性、政策性的方向迅速发展。随着国务院将中国专利局更名为国家知识产权局，国家知识产权局将专利局作为直属事业单位，并委托专利局承担专利申请审查、专利复审撤销审查等行政管理职能，仍然保持了专利审查机构的统一性。面临"成长的烦恼"，专利审查机构仍然保持了专业性。与初创阶段（1978—1997 年）相比，这一阶段专利申请量快速增长，1999 年，国内三种专利受理量首次超过 10 万件，达到 10.96 万件；2003 年，国内发明专利受理量首次超过国外发明专利受理量，达到 5.7 万件；2006 年，国内发明专利受理量突破 10 万件，达到 12.2 万件。在此期间，国家知识产权局提出知识产权强局建设的战略部署，力争"把加强知识产权的授权能力建设及相关制度创新作为重点，建设一个具有足够能力的国家知识产权局，下大力气争取在国际知识产权核心能力的竞争中取得相对优势"[①]，更加强化了专利审查工作的政策性。

就商标审查而言，"消除积压"成为这个阶段的重要标识。在这一阶段，随着加入世界贸易组织，我国商标注册申请量连年大幅增长。2007 年年底，商标注册申请积压已经达到了 180 余万件，商标注册审查周期超过 3 年。商标审查机构建设仍然朝着秉持统一性、专业性、政策性的方向发展，

---

① 张志成：《对知识产权事业科学发展的一点思考》，载《知识产权》2009 年第 4 期。

特别是国家工商行政管理总局于 2008 年将加快商标审查作为八项重点工作之首，提出了"三年解决积压、五年达到国际水平"的战略目标，体现了非常强的政策性。

4. 提升阶段（2008—2021 年）

2008 年，国务院颁布《国家知识产权战略纲要》。这不仅是我国知识产权事业发展的新起点，更是为我国建设创新型国家以及实施科技强国战略、企业"走出去"等战略发挥着重要的支撑作用。[1]《国家知识产权战略纲要》对包括专利商标审查在内的知识产权行政审批明确部署，"完善知识产权审查及登记制度，加强能力建设，优化程序，提高效率，降低行政成本，提高知识产权公共服务水平"，并且进一步要求，按照授予专利权的条件，完善专利审查程序，提高审查质量，防止非正常专利申请；提高商标审查效率，缩短审查周期，保证审查质量；尊重市场规律，切实解决驰名商标、著名商标、知名商品、名牌产品、优秀品牌的认定等问题。2014 年，《深入实施国家知识产权战略行动计划（2014—2020 年)》部署"加强知识产权审查"的专项任务。

特别是，2015 年国务院发布《关于新形势下加快知识产权强国建设的若干意见》，对知识产权强国建设作出全面部署，系统安排知识产权强国建设各项战略任务，全面开启了我国知识产权强国建设的新时代。该意见明确提出，"完善知识产权审查和注册机制，加快建设世界一流专利审查机构"，这也是我国首次提出"建设世界一流专利审查机构"的战略目标。2016 年国务院《"十三五"国家知识产权保护和运用规划》，进一步强调"加快建设世界一流专利审查机构"，并围绕专利审查质量管理机制、专利审查协作机制、专利审查业务国际合作机制进行了全面部署。2019 年中共中央办公厅、国务院办公厅《关于强化知识产权保护的意见》，明确要求"加强专利、商标、植物新品种等审查能力建设，进一步压缩审查周期"，并将其作为优化协作

① 申长雨：《一项利国利民的国家战略——纪念〈国家知识产权战略纲要〉颁布实施十周年》，载国务院知识产权战略实施工作部际联席会议办公室组织编：《一项兴国利民的国家战略——〈国家知识产权战略纲要〉颁布实施十周年纪念文集》，知识产权出版社 2018 年版，第 1—2 页。

衔接机制的重要内容。

在上述目标指引下，我国专利商标审查能力明显提升，圆满完成《"十三五"国家知识产权保护和运用规划》的既定目标任务。2020 年，我国发明专利授权 53.0 万件，每万人口发明专利拥有量达到 15.8 件，受理 PCT 国际专利申请 7.2 万件，其中国内申请人提交 6.7 万件，我国实用新型专利授权 237.7 万件，外观设计专利授权 73.2 万件。[①] 2020 年，我国于广州、上海、重庆、济南、郑州五市建立商标审查协作中心，商标审查员从"十二五"末期的 912 人增至 2200 余人，国内商标注册审查 878.4 万件，是"十二五"末期的 3.8 倍，分别约为美国、欧盟、日本和韩国的 22 倍、53 倍、51 倍和 54 倍。[②] 2020 年，我国商标注册周期缩短至 7—8 个月，[③] 商标注册平均审查周期缩短至 4 个月，对比同样审查制度下的美国、日本和韩国的 9.5 个月、10.2 个月和 8.9 个月，已经处于绝对领先水平，历史性地实现了从数年审查到数月注册的转变。[④]

二、世界一流审查机构建设方向初步思考

专利商标审查机构建设历经探索阶段、初创阶段、发展阶段、提升阶段，统一性、专业性、政策性的发展方向一直是专利商标审查机构建设的初心。目前，随着数字经济时代的到来，新领域、新业态不断涌现，知识产权授权标准同一化、确权周期长、保护程序烦琐等问题日益突出，无法适应不同领域技术特征各异、速度不一的发展形势。[⑤]《知识产权强国建设纲要（2021—2035 年）》作为党中央面向知识产权事业未来 15 年发展作出的重大顶层设计，明确部署"实施一流专利商标审查机构建设工程"，并将其作为新时代加快建设知识产权强国背景下专利商标审查工作的总体愿

[①] 王婧："国家知识产权局：2020 年我国发明专利授权 53.0 万件"，载央广网，http://www.cnr. cn/sxpd/sx/20210123/t20210123_525397765. shtml，访问日期：2022 年 4 月 27 日。

[②] 崔守东：《"十四五"时期商标工作的展望与思考》，载《知识产权》2022 年第 3 期。

[③] "2020 年我国商标审查工作成效显著"，载国家知识产权局，https://www.cnipa.gov.cn/art/2021/1/20/art_53_156283.html，访问日期：2022 年 4 月 27 日。

[④] 同注③。

[⑤] 董涛：《知识产权强国的历史面向与时代蕴涵》，载《知识产权》2021 年第 10 期。

景与战略谋划，将专利商标审查机构建设提升到新的高度。我们需要兼顾世界一流审查机构建设的传承性与时代性，[①] 以创新链式过程模型为基础，促使世界一流审查机构在创新创造、经济增长和法治建设的协调体制中发挥中枢的作用。

在《知识产权强国建设纲要（2021—2035年）》的指引下，以建设制度完善、保护严格、运行高效、服务便捷、文化自觉、开放共赢的知识产权强国，实现国家知识产权治理体系和治理能力现代化为导向，围绕政府与市场、政府与社会的关系，立足创新创造的助燃剂、经济增长的加速器、法治建设的助推器的基本定位，站位政府经济调节、市场监管、社会治理、公共服务的基本职能，将知识产权审查协同体系、知识产权业务管理体系、知识产权宏观调控体系、知识产权标准联动体系、知识产权审查服务体系作为建设方向。总体而言，上述内容可以概括为"一个目标、两大基础、三大立足点、四大基本职能、五大总体建设方向"。其中，对"五大总体建设方向"的分析，如下所述。

第一，沿着专利商标审查统一性的初心，建设知识产权审查协同体系。我国专利商标审查工作一直具有统一性，强调审查标准的科学性，这对于提高审查质量具有根本性的意义。一方面，随着专利审查协作中心和商标审查协作中心的加快建设，审查标准的统一性方面将面临一些挑战。对此，建议通过工作机制安排和工作流程优化，提高审查协作过程中的标准一致性。另一方面，随着2018年国家知识产权局重新组建，我们具有了更加成熟的条件，不仅全面提升了专利审查标准的统一性和商标审查标准的统一性，还进一步提高了专利审查标准与商标审查标准的统一性，使得专利审查和商标审查相互配合，共同促进创新成果的研究开发与市场开拓全面衔接，打通各类型知识产权保护的链条。

第二，沿着专利商标审查专业性的初心，建设知识产权业务管理体系。我国专利商标审查工作一直具有专业性，强调审查标准的执行一致性，这对

---

① 肖鹏：《供给侧结构性改革命题下"建设世界一流专利审查机构"的时代内涵》，载《中国知识产权报》2016年12月7日，第8版。

于创新主体的行为预期而言，非常重要。习近平总书记在中央财经领导小组第十六次会议时指出，要提高知识产权审查质量和审查效率，加快新兴领域和业态知识产权制度建设。这就需要我们从如下三个方面完善知识产权业务管理体系：①不断完善处理好审查质量和审查效率的关系，通过知识产权业务管理体系建设调配好审查资源，建立各领域专利审查资源配置的动态预测工作机制，加强不同专利审查协作中心之间的审查资源流转，促进各专利审查协作中心形成与当地产业结构类似的优势审查资源；②建立专利商标审查质量综合治理机制，形成专利审查员、创新主体和专利代理机构共同构成的专利审查质量综合治理工作机制，加强专利审查质量的综合治理；③打造专利商标审查周期控制机制，建立依请求超快速审查、加快审查、一般审查、延迟审查等共同构成的多轨制审查方式，实现专利审查周期的定制化管理。① 优化商标注册工作流程，持续压缩平均审查周期，探索缩短异议期以及异议程序后置，持续压缩一般情形商标注册周期。②

第三，沿着专利商标审查政策性的初心，建设知识产权宏观调控体系。加快建设专利商标宏观调控体系，同样是政府经济调节职能的具体落实。党的十八届三中全会决定明确要求，"紧紧围绕使市场在资源配置中起决定性作用深化经济体制改革……政府的职责和作用主要是保持宏观经济稳定，加强和优化公共服务，保障公平竞争，加强市场监管，维护市场秩序，推动可持续发展，促进共同富裕，弥补市场失灵"。由此可见，经济调节、市场监管、社会治理、公共服务是政府的基本职能，弥补市场失灵是政府的基本定位。在专利商标审查方面同样如此，如前所述，我国专利商标审查一直具有强烈的政策性，我们需要发挥政策性的优势，建设知识产权宏观调控体系，改变专利商标审查资源根据专利商标申请量的变化被动配置的现状，改变专利商标申请数量粗放式被动型增长的情况；通过审查标准、审查制度、审查方式等多种手段，实现对专利商标申请数量和结构的宏观调控；运用专利商

---

① 张鹏：《建设世界一流专利审查机构的模式路径与战略任务初探》，载《中国发明与专利》2017 年第 3 期。

② 崔守东：《"十四五"时期商标工作的展望与思考》，载《知识产权》2022 年第 3 期。

标审查规划、标准与政策等宏观调控手段和以结构性调控措施为主的微调手段，解决经济非均衡状态下纠正市场失灵以及创新外部性补偿等问题，进一步促进知识产权领域的经济调节作用发挥。[①] 同时，根据我国产业发展规划和分行业专利布局分析情况，规划我国不同技术领域专利申请数量的分布关系，运用专利审查政策手段引导我国不同技术领域专利申请数量分布处于合理增长区间之内。同时，坚持党的领导理念，坚持真实使用理念、诚实信用理念、权利保护理念、适度防御与限制权利滥用理念，不断加强商标审查工作的顶层设计。[②]

第四，立足公共服务职能强化审查工作，建设知识产权审查服务体系。有观点认为，世界一流专利审查机构的基本内涵包括提供世界一流的专利审查服务、拥有世界一流的专利审查员队伍、具有世界一流的话语体系，[③] 并将世界一流的专利审查服务作为世界一流审查机构建设的重要组成部分。特别是，按照不同行业、不同领域特点产出不同专利商标审查服务，实现专利商标审查服务与行业领域特点的高度耦合。通过开发专利数据库，还可以为我国贸易政策、产业政策、科技创新政策等提供实证支持。

第五，立足社会治理职能强化审查工作，建设知识产权标准联动体系。建设知识产权审查标准联动体系的理论基础在于协同治理，亦即，最大限度地统筹政府系统的公共资源来应对公共问题，政府在制度上作出相应的设计和安排，以更好地发挥公民和社会组织、市场主体在社会公共事务管理以及公共服务供给中的作用，通过协商、协调、协作、协同等方式，为社会有效提供公共产品和公共服务。[④] 对于知识产权审查标准而言，特别需要多元主体的良性互动，进而提高标准的科学性，使得审查标准适应我国创新主体的发展需求，符合我国产业发展阶段的内在需要。此外，知识产权审查标准亦

---

① 张鹏：《知识产权强国建设思想形成、理论构成与实践证成研究》，载《知识产权》2021年第10期。

② 崔守东：《"十四五"时期商标工作的展望与思考》，载《知识产权》2022年第3期。

③ 吴晓寅：《世界一流专利审查机构的基本内涵与建设思路》，载《专利代理》2016年第3期。

④ 徐嫣、宋世明：《协同治理理论在中国的具体适用研究》，载《天津社会科学》2016年第2期。

属于社会公共产品，具有效用的不可分割性、消费的非竞争性和收益的非排他性，特别需要通过标准联动体系建设凝聚各方共识。

三、世界一流审查机构建设需处理的关系

世界一流审查机构是一个系统，拥有强大的审查综合能力，内在拥有充足的审查资源、科学的管理模式和突出的审查绩效，外在拥有优越的法治环境、市场环境和文化环境。[①] 因此，一流专利商标审查机构建设工程的实施过程中，需要处理好政府与市场、社会的关系，中国特色与世界一流的关系，审查工作与社会服务的关系，审查质量与审查效率的关系，审查资源与审查负荷的关系，国内部署与全球视野的关系等六个方面的关系。

第一，正确处理好政府与市场、社会的关系。《中共中央关于全面深化改革若干重大问题的决定》对经济体制改革提出明确要求，并指出经济体制改革的核心问题是处理好政府和市场的关系，使市场在资源配置中起决定性作用和更好发挥政府作用。习近平总书记多次强调，经济体制改革仍然是全面深化改革的重点，经济体制改革的核心问题仍然是处理好政府和市场的关系。这一观点全面深化了对政府与市场的关系的认识，对于政府职能转变、发挥经济活力具有重要指导意义。可以说，"市场在资源配置中起决定性作用"和"更好发挥政府作用"是辩证统一的关系，确定好市场发挥作用的边界，也就确定了政府发挥作用的边界；明确政府更好发挥作用的边界，使政府既不"缺位"，也不"越位"，[②] 有所进，有所退，才能使市场在资源配置中起决定性作用。专利商标工作也要充分尊重市场作用和更好发挥政府作用，聚焦上述经济调节、市场监管、社会治理、公共服务等方面，实现政府知识产权管理职能的"瘦身"与"强体"。

第二，正确处理中国特色与世界一流的关系。在世界一流专利商标审查机构建设过程中，要坚持"中国特色、世界一流"的基本理念，正确处理中

---

① 张鹏：《世界一流专利审查机构的核心内涵与外在表现探析》，载《中国发明与专利》2017年第2期。

② 张开：《深化市场经济改革要求更好发挥政府作用》，载《中国社会科学报》2014年1月29日，第B04版。

国特色与世界一流的关系。一方面，"中国特色"是立足点和出发点，要形成中国特色专利商标审查理论，指导中国特色专利商标审查制度，探索中国特色专利商标审查综合能力提升的道路，在中国特色专利商标审查实践中加以统一。另一方面，"世界一流"是切入点和检验点，要探索我国专利商标审查综合能力与国际的比较情况，找准自身发展定位，明确主要差距所在。

第三，正确处理审查工作与社会服务的关系。在世界一流专利商标审查机构建设过程中，要坚持"审查为本、服务为重"的基本理念，正确处理专利商标审查工作与社会服务的关系。一方面，审查质量、审查效率的不断提升，是专利审查工作的根本。另一方面，不断加强基于专利商标审查资源的公共服务，切实提高专利商标审查公共服务效果，是未来世界一流专利商标审查机构建设的重点。

第四，正确处理审查质量与审查效率的关系。在审查资源有限的情况下，审查质量和审查效率可能会呈现紧张关系。然而，在审查业务管理体系的顺畅运行下，实现专利商标申请的分类管理，将审查资源聚焦到关键要处，提高审查质量，同时向审查流程、专业分工、人工智能辅助审查要审查效率，[①]将审查质量提升和审查效率提高辩证统一起来。

第五，正确处理审查资源与审查负荷的关系。《知识产权强国建设纲要（2021—2035 年）》指出，"建立专利商标审查官制度，优化专利商标审查协作机制，提高审查质量和效率"。专利商标审查官制度与专利商标审查协作机制，都是为了处理好审查资源和审查负荷之间的关系。应对日益增长的审查负荷，需要进一步优化审查资源，设立专利商标审查官并为其配备审查助理，优化专利商标协作机制，拓展审查资源。

第六，正确处理国内部署与全球视野的关系。在世界一流专利商标审查机构建设过程中，要坚持"国内统筹、全球谋划"的基本理念，正确处理国内部署与全球视野的关系。一方面，统筹国内力量，加强专利商标审查资源配置，促进专利商标审查工作与经济科技和社会发展高度融合。另一方面，

---

① 张鹏：《促进专利审查质效提升 夯实知识产权强国基石》，载《中国知识产权报》2016 年 11 月 16 日，第 1 版。

全球谋划专利审查工作定位，积极推进专利商标审查一体化建设，以"一带一路"协同审查支撑开放战略。

第三节　知识产权公共政策体系的理论框架与构成要素研究

《知识产权强国建设纲要（2021—2035 年）》明确提出"构建公正合理、评估科学的政策体系"，要求"建立知识产权公共政策评估机制"，同时具体指出"坚持严格保护的政策导向，完善知识产权权益分配机制，健全以增加知识价值为导向的分配制度，促进知识产权价值实现"以及"建立健全知识产权政策合法性和公平竞争审查制度"，这为面向 2035 年知识产权公共政策体系建设指明了方向。回顾过去，我国知识产权公共政策有力促进了我国知识产权事业发展。放眼世界，日本、韩国、新加坡、欧盟和美国等发达国家和地区均以促进知识产权资源发挥比较竞争优势为方向，构建了较为完善的知识产权公共政策体系。立足当下，我国知识产权公共政策存在协调性、实操性和系统性不高的问题，尚未形成体系。结合我国国家创新体系、产业政策体系、贸易强国政策体系等公共政策体系的构建经验，需要进一步凝练我国知识产权公共政策体系的理论框架。我国知识产权公共政策体系的内涵应当从主体、要素与环节三个维度入手构建，外延包括本体政策、关联政策和支持政策。我国知识产权政策体系性不强的主要原因是本体政策层次不高和关联政策内容不深。对此，笔者建议加强在规划、法律层面部署本体政策，以促进创新成果产权化、知识产权产业化、知识产权产业贸易化为方向，深化关联政策。

一、我国知识产权公共政策体系的情况

从价值目标和制度功能的多维度角度出发，可以对知识产权的本质进行不同层面的描述：在私人层面，它是知识财产私有的权利形态；在国家层面，

它是政府公共政策的制度选择；在国际层面，它是世界贸易体制的基本规则。[①] 因此，对知识产权的研究，既要从法学层面进行制度分析，也要从政策科学层面研究政策安排。所谓政策，是指国家机关、政党及其他政治团体在特定时期内为实现或服务于一定社会政治、经济、文化目标所采取的政治行为或规定的行为准则，是一系列谋略、法令、措施、办法、方法、条例等的总称。[②] 知识产权制度在公共政策体系中也是一项知识产权政策，是在国家层面上制定、实施和推进的，即政府以国家的名义，通过制度配置和政策安排对知识资源的创造、归属、利用以及管理等进行指导和规制，旨在维护知识产权的争议秩序，实现知识产权传播的效益目标。[③]《国家知识产权战略纲要》在"战略重点"中明确要求"强化知识产权在经济、文化和社会政策中的导向作用"，体现了对"以知识产权为导向的公共政策体系"的全面部署。《知识产权强国建设纲要（2021—2035 年）》进一步提出"构建公正合理、评估科学的政策体系"，对以知识产权为导向的公共政策体系提出了新的更高要求。接下来，本部分首先分析我国知识产权公共政策体系的现状，然后对知识产权公共政策体系进行国际比较并吸收借鉴我国其他公共政策体系的经验，在此基础上最终提出我国知识产权公共政策体系的理论框架和构成要素。

我国已经初步形成中国特色的知识产权公共政策。随着我国知识产权事业的发展，尤其是伴随着国家知识产权战略的实施，我国已经初步形成中国特色的知识产权公共政策，其已经成为全国知识产权工作六大支撑体系之一和我国公共政策体系的重要组成部分。我国知识产权公共政策体系建设经历了初创时期、发展时期、提升时期和战略时期。20 世纪 80 年代后期是初创时期，主要是在相关法律法规引导下，建立知识产权管理框架。1986 年《国家经委、国家科委、财政部、中国专利局关于加强企业专利工作的规定》（国专发综字〔1986〕第 257 号），采取行政措施和财税措施，建立企业知识

[①] 吴汉东：《知识产权本质的多维度解读》，载《中国法学》2006 年第 5 期。

[②] 陈振明：《公共政策分析》，中国人民大学出版社 2002 年版，第 43 页。

[③] 吴汉东：《中国应建立以知识产权为导向的公共政策体系》，载《中国发展观察》2007 年第 5 期。

产权管理框架。1988 年《国务院关于深化科技体制改革若干问题的决定》（国发〔1988〕29 号），1990 年《国家科委、中国专利局关于加强专利管理工作的通知》（国专发管字〔1990〕第 23 号），这两份政策文件明确了专利管理机关的执法职能和管理职能，建立了政府知识产权管理框架。20 世纪 90 年代是发展时期；主要是在知识产权管理框架下，推动加强知识产权创造、运用、保护和管理。《科学技术进步法》、《中华人民共和国促进科技成果转化法》（以下简称《促进科技成果转化法》）等法律法规相继出台，《国家中长期科学技术发展纲领》《中共中央　国务院关于加快技术创新，发展高科技，实现产业化的决定》《关于加强当前知识产权保护工作实施意见要点》等作出政策安排。2000 年以来是提升时期，随着 2001 年国家知识产权局颁布《全国专利工作"十五"计划》和《全国专利队伍建设和人力资源开发"十五"计划》，逐步形成和完善知识产权本体政策。2008 年，国务院颁布《国家知识产权战略纲要》，标志着我国开始从战略层面部署知识产权政策，我国知识产权公共政策建设进入战略时期。这一时期，知识产权工作融入国家层面的政策部署，《中共中央　国务院关于深化科技体制改革加快国家创新体系建设的意见》（中发〔2012〕6 号）、《"十二五"国家战略性新兴产业发展规划》等均纳入知识产权相关内容。国家知识产权战略实施部际联席会议办公室每年颁布国家知识产权战略实施年度推进计划。

我国知识产权公共政策存在协调性、实操性和系统性不高等问题，尚未形成公共政策体系。首先，政策整合性不高。知识产权政策与产业政策、科技政策、贸易政策的相互衔接停留在原则规定方面，实质内容的衔接不够紧密。例如，《国家知识产权战略纲要》提出提高知识产权密集型商品的出口比例，但是至今尚未提出知识产权密集型商品的认定标准和促进出口的具体政策。再如，产业规划层面提出了促进战略性新兴产业、文化创意产业、现代农业发展的相关政策，但是与知识产权政策有关的内容通常只有加强知识产权保护，没有具体政策衔接切入点。其次，政策协调性不高。例如，知识产权政策中无针对性措施支持掌握国家优先发展科技领域的核心技术专利。《国家中长期科学和技术发展规划纲要（2006—2020 年）》《国家"十二五"科学和技术发展规划》《国家能源科技"十二五"规划》等一系列规划中，均提出了优先发展的科技领域，并要求掌握自主知识产权，但是在知识产权政策中缺乏安排。最后，部分政策实操性不强。例如，强化知识产权布局的意识明显但尚无切实可行的操作办法。早在 2006 年国家有关部门就发布了《我国应掌握自主知识产权的关键技术和产品目录》，希望引导全社会知识产权创造和布局的方向。由于我国科技政策众多，该目录也没有与其他政策（如科技计划、国家投资）挂钩，难以引起全社会的关注，引导效果无法估量。2012 年，国家知识产权局等部门发布的《关于加强战略性新兴产业知识产权工作的若干意见》，提出建立重大经济科技活动知识产权审议制度，推动重大科技项目围绕产业发展制定并实施知识产权战略，但至今仍无切实可行的操作办法。2003 年，科技部发布的《关于加强国家科技计划知识产权管理工作的规定》（国科发政字〔2003〕94 号），要求"在国家科技计划项目的申请、立项、执行、验收以及监督管理中全面落实专利战略"。2010 年，科技部等部门发布的《国家科技重大专项知识产权管理暂行规定》要求"牵头组织单位制定符合本重大专项科技创新和产业化特点的知识产权战略"，但由于信息不公开，无法评价其具体的实践效果，也无法在此基础上明确未来建设方向。

我国知识产权公共政策存在上述问题的根本原因，主要在于以下两点。第一，我国具有较为丰富的知识产权本体政策，但层次不高。自 1986 年以来，我国每年颁布的知识产权本体政策数量基本上保持上升势头。特别是 2006 年以后，随着《国家中长期科学和技术发展规划纲要（2006—2020 年）》和《国家知识产权战略纲要》的颁布实施，我国知识产权本体政策密集出台。据初步统计，我国已经出台了 400 多项知识产权本体政策。但是，在上述知识产权本体政策中，以"通知"和"办法"形式发布的政策文件最多，占比高达 41.90%（以"通知"形式发布的政策文件达到 93 件，以"办法"形式发布的政策文件达到 75 件）；以"规划"或"法律"形式发布的政策文件非常少，仅占 9.73%。第二，我国知识产权关联政策和知识产权支持政策数量较少并且内容不深入，在科技管理政策、产业政策和贸易政策中多数仅提到加强知识产权运用和保护，没有实质性的政策切入点。

二、知识产权公共政策体系的理论框架

鉴于知识产权公共政策存在的上述问题，我国应当在具有一定数量知识产权政策积累的前提下，尽快构建知识产权公共政策体系及其理论框架，并形成协调性、实操性和系统性较高的知识产权公共政策体系。

知识产权公共政策体系的理论框架应当从主体、要素与环节三个维度构建，并从知识产权基本属性出发进行研究。首先，由于知识产权属于财产权，所以只有在财产流转过程中，才能实现其经济价值。为推进知识产权公共政策体系有效促进知识产权的流转顺畅，需要深入分析知识产权流转环节，并将其作为构建知识产权公共政策体系的核心维度。其次，知识产权的价值实现有赖于基础要素支撑，因此需要深入分析知识产权支撑要素，并将其作为构建知识产权公共政策体系的第二维度。最后，知识产权涉及多个主体，需要深入分析知识产权参与主体，并将其作为构建知识产权公共政策体系的第三维度。在这一思路下，最终形成知识产权公共政策体系理论框架（见图5）。

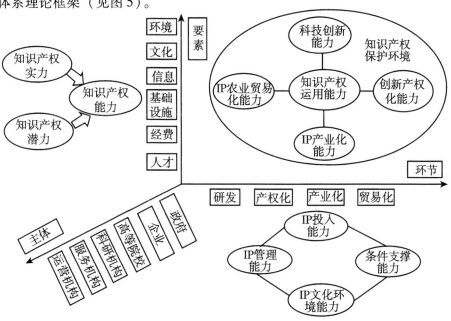

图 5　知识产权公共政策体系理论框架

国家知识产权能力是一个复杂的系统概念，很难在一个维度下简单地涵盖，需要综合考虑以上三个维度，并同时体现科技和经济活动的特征。图5从知识产权活动环节、知识产权活动要素和知识产权活动主体三个方面，提出对知识产权公共政策体系的基本认识。从知识产权活动的环节角度看，知识产权活动应当贯穿于科技创新（研发）、创新成果产权化、知识产权产业化、知识产权产业贸易化等环节。知识产权公共政策体系应当有利于促进创新成果产权化、知识产权产业化、知识产权产业贸易化。从知识产权活动的要素角度看，包括人才、经费、基础设施、信息、文化、环境，其中环境包括知识产权保护环境。从知识产权活动的主体角度看，包括政府、企业、高校院校、科研机构、服务机构和运营机构。

从知识产权活动的环节与要素匹配关系看，知识产权运用能力的提升体现在运用人才、经费、基础设施、信息、文化、环境等要素，促进科技创新（研发）能力、创新成果产权化能力、知识产权产业化能力、知识产权产业贸易化能力提升方面。以知识产权运用为核心，通过人才、经费、环境等要素的配置，推动实现创新产权化、知识产权产业化、知识产权产业贸易化，作为知识产权运用链条基础的是知识产权保护环境的持续改善。从知识产权活动的主体与要素匹配关系看，主要是通过环境、文化、信息、基础设施、经费、人才等要素的配置，提升包括知识产权实力和知识产权潜力在内的主体知识产权能力，知识产权实力通过知识产权产出和绩效表征，知识产权潜力通过知识产权投入表征。政府、企业、高等院校、科研院所、服务机构和运营机构等在提升知识产权能力的过程中，应有不同的功能定位和分工。不同利益主体于知识产权公共政策之间存在着互动关系：不同利益主体的动态博弈直接影响着政策系统的形成，公共政策的有效运行又进一步促成了利益主体的裂变与组合。[①] 从知识产权活动的主体与环节匹配关系看，主要体现在主体的知识产权投入能力、知识产权管理能力、知识产权文化环境建设能力和条件支撑能力在创新产权化、知识产权产业化、知识产权产业贸易化环节中的应用。

---

① 刘华、孟奇勋：《公共政策视阈下的知识产权利益集团运作机制研究》，载《法商研究》2009年第4期。

三、知识产权公共政策体系的构成要素

从构成要素的角度而言，知识产权公共政策体系应当包括知识产权的本体政策、关联政策和支持政策。

知识产权本体政策主要是知识产权类型本身的政策，涉及专利、商标、著作权、商业秘密、植物新品种、地理标志、集成电路布图设计等。其包括《专利法》《商标法》《著作权法》等知识产权法律法规，《刑法》《民事诉讼法》《刑事诉讼法》《行政诉讼法》等相关法律法规，《国家知识产权战略纲要》以及年度推进计划、国民经济和社会发展五年规划中的相关部分、知识产权工作五年规划以及促进知识产权创造、运用、保护和管理的相关政策文件。

知识产权关联政策主要是创新成果知识产权化的促进政策、知识产权产业化的促进政策和知识产权产业贸易化的促进政策，包括《科学技术进步法》《促进科技成果转化法》等相关法律法规，以及科技发展规划、科技管理政策、产业发展规划、产业指导目录、贸易发展规划、贸易指导目录、知识产权企业促进政策、与知识产权相关的反垄断政策等。

知识产权支持政策主要是金融政策、财政政策、税收政策、人才体系建设政策等，包括促进知识产权与金融结合的政策、知识产权资产管理政策、知识产权行业和企业相关税收政策、知识产权人才规划等。

四、知识产权公共政策体系的建设方向

我国知识产权公共政策体系建设的总体方向。以制度建设和政策设计为手段，充分释放市场配置资源的决定性力量，健全知识产权运用的市场导向机制，发挥知识产权公共政策体系对科技成果产权化、知识产权产业化、知识产权产业贸易化的导向作用。提高知识产权本体政策的层级，加强从规划、法律制度层面部署知识产权本体政策。以促进科技成果产权化、知识产权产业化和知识产权产业贸易化为方向，以促进科技成果转化为知识产权、知识产权促进形成产业竞争力、知识产权产业在贸易中充分流转和价值实现为目标，围绕促进知识产权布局、知识产权密集型产业、知识产权密集型商品，

深化知识产权关联政策。

知识产权公共政策体系建设的总体思路。从战略高度坚持宏观顶层设计，加强统筹协调，强化知识产权资源的效益发挥，具体要实现六大转变：①从以完善知识产权本体政策为重点向知识产权关联政策与其他公共政策相互协调转变；②从以关注知识产权投入与产出为重点向关注知识产权活动经济绩效转变；③从以保护制度构建为重点向以保护实效建设为重点转变；④从以加大增量为重点向以加大增量与调整存量并重转变；⑤从以知识产权管理为重点向知识产权活动治理转变；⑥从以构建内部知识产权工作机制为重点向以全球视野谋划知识产权格局转变。

知识产权公共政策体系建设应当遵从的基本原则包括以下五点内容。

一是坚持发挥市场配置知识产权资源的决定性作用。知识产权公共政策体系的重要内容在于，消除各种制度障碍和制约因素，以促进知识产权资源高效流转，实现知识产权活动经济绩效的全面提升。这需要通过持续改革，进一步明晰政府与市场的边界和关系，其关键是要充分释放市场配置资源的决定性力量。为此，需要继续深化社会主义市场经济体制改革，规范有序竞争，从根本上激发全社会知识产权活动的动力和活力；健全知识产权运用的市场导向机制，发挥市场对科技成果产权化、知识产权产业化、知识产权产业贸易化的导向作用，使市场成为引导知识产权资源流动的关键力量。

二是坚持把知识产权公共政策体系建设作为提高国家知识产权治理能力的重要途径。知识产权公共政策体系建设是一项系统工程，是多主体参与的治理过程，需要有科学合理的国家知识产权治理体系作为基础。这就要求深化政府职能由知识产权管理向知识产权治理转变，提升政府治理能力，创新政府治理手段。政府应更多关注市场失灵环节，充分发挥其引导、动员和激励的优势，理顺政府与市场、政府与社会的关系，既不越位，也不缺位。政府主要通过制定法律法规和提供政策供给参与创新，为提升创新主体的知识产权能力提供制度保障。

三是坚持加强市场主体知识产权能力建设。虽然知识产权公共政策体系是国家公共政策体系安排，但是其在促进知识产权活动经济绩效提升方面有赖于市场主体知识产权能力的全面提升。一方面，要强化企业知识产权运用主体地位，必须以企业和市场为核心，健全知识产权运用的市场导向机制，大幅提升企业的创新产权化能力、知识产权产业化能力和知识产权产业贸易化能力，充分调动企业的积极性主动性。另一方面，要注重高等院校和科研院所、知识产权服务机构等其他主体的能力建设，形成围绕企业提供支撑和服务的知识产权网络。

四是坚持知识产权公共政策体系下中央与地方统筹协同。我国知识产权公共政策体系势必是一个较为复杂的系统，从空间尺度来看，其包含着一个个不同的区域子系统。国家层面和地方层面所需要解决的问题不同，因此要理顺中央统筹与地方发挥自主性的关系，促进中央与地方合理分工，形成有机协调联动的格局。国家层面要强调宏观统筹，加强整体布局，完善中央与地方的协调沟通机制，突出政策的规范性和指导性，机制和政策设计要能够充分激发地方创造性和主动性，为区域发展留有充分的空间。区域层面要在与国家宏观发展战略、布局设计有机衔接的基础之上，强调区域特色差异化发展，在主导知识产权密集型产业选择、知识产权密集型产业集群发展等方面，积极发挥地方主观能动性。

五是坚持以全球视野部署知识产权公共政策体系。随着全球化进程的加速，时间和空间的距离都大为缩短，创新活动的国家边界日益模糊，国与国之间的竞争越来越体现在各国通过知识产权政策体系对全球知识产权资源的整合和利用，而与此同时，各国的国情、资源禀赋、发展阶段都存在差异。这就要求建设知识产权公共政策体系，既要充分考虑国家专有因素，又要将一国知识产权公共政策体系置于全球创新图景中，既要深度挖掘和激活国内需求，又要以积极的姿态和有效的策略参与国际分工和竞争，既要重视内部结构的调整和优化，又要强调主动布局全球知识产权体系。

建设知识产权强国，关键是完善知识产权公共政策体系，形成体系化的、以知识产权为导向的公共政策安排。完善知识产权公共政策体系的总体思路是，以制度建设和政策设计为手段，充分释放市场配置资源的决定性力量，明晰知识产权公共政策体系理论框架和构成要素，确定知识产权公共政策体系的建设方向，发挥知识产权公共政策体系对科技成果产权化、知识产权产业化、知识产权产业贸易化的导向作用。

第四节　知识产权公共服务与服务业发展研究

《知识产权强国建设纲要（2021—2035年）》将"建设便民利民的知识产权公共服务体系"作为重要战略内容加以部署，并明确提出"加强覆盖全面、服务规范、智能高效的公共服务供给。实施知识产权公共服务智能化建设工程，完善国家知识产权大数据中心和公共服务平台，拓展各类知识产权基础信息开放深度、广度，实现与经济、科技、金融、法律等信息的共享融合。深入推进'互联网＋'政务服务，充分利用新技术建设智能化专利商标审查和管理系统，优化审查流程，实现知识产权政务服务'一网通办'和'一站式'服务。完善主干服务网络，扩大技术与创新支持中心等服务网点，构建政府引导、多元参与、互联共享的知识产权公共服务体系。加强专业便捷的知识产权公共咨询服务，健全中小企业和初创企业知识产权公共服务机制。完善国际展会知识产权服务机制"。同时，该文件要求"加强公共服务标准化、规范化、网络化建设。明晰知识产权公共服务事项和范围，制定公共服务事项清单和服务标准。统筹推进分级分类的知识产权公共服务机构建设，大力发展高水平的专门化服务机构。有效利用信息技术、综合运用线上线下手段，提高知识产权公共服务效率。畅通沟通渠道，提高知识产权公共服务社会满意度"。并在此基础上，进一步提出"建立数据标准、资源整合、利用高效的信息服务模式。加强知识产权数据标准制定和数据资源供给，建立市场化、社会化的信息加工和服务机制。规范知识产权数据交易市场，推动知识产权信息开放共享，处理好数据开放与数据隐私保护的关系，提高传播利用效率，充分实现知识产权数据资源的市场价值。推动知识产权信息公共服务和市场化服务协调发展。加强国际知识产权数据交换，提升运用全球知识产权信息的能力和水平"。由此可见，《知识产权强国建设纲要（2021—2035年）》对知识产权公共服务提出了明确要求。

关于"知识产权公共服务"含义和思路的基本认识。正如本书第一章第六节"国家知识产权治理体系建设研究"部分所述，知识产权公共服务强调知识产权政府管理部门的服务职能，使用公共权力或公共资源，创新服务载体和服务形式，丰富服务产品和服务内容，满足人们生活、生存与发展的直接需求，促进经济社会的健康发展。它贯穿知识产权的创造、运用、保护和管理及创造财富的全过程。也有学者从公共政策角度，研究知识产权公共服务。[①] 知识产权领域的公共服务，主要是加大知识产权基础设施建设，加强覆盖全面、服务规范、智能高效的公共服务供给，强化基于知识产权信息分析的公共服务和服务业培育，实现信息资源的互联互通、共享共用，构建政府引导、多元参与、互联共享的知识产权公共服务体系。知识产权公共服务的核心是"统一化"，亦即，加强对知识产权公共服务工作的科学谋划和顶层设计，实现知识产权公共服务"统一规划、统一平台、统一标准、统一窗口"，有目标、有步骤、分层次地编织好知识产权公共服务网，使知识产权公共服务工作适应新形势、新要求。[②]

关于"知识产权公共服务"与知识产权服务业发展的关系的基本认识。2012 年 11 月，国家知识产权局等九部委联合发布《关于加快培育和发展知识产权服务业的指导意见》（国知发规字〔2012〕110 号）。该指导意见将"知识产权服务业"定义为："提供专利、商标、版权、商业秘密、植物新品种、特定领域知识产权等各类知识产权'获权—用权—维权'相关服务及衍生服务，促进智力成果权利化、商用化、产业化的新型服务业。"这是对于知识产权服务业的内涵的描述。从知识产权服务业的外延的角度而言，知识产权服务业是现代服务业的重要内容，是高技术服务业发展的重点领域，其通常分为五类：知识产权信息服务、知识产权运用转化服务、知识产权代理与法律服务、知识产权咨询服务、知识产权培训服务。知识产权公共服务和知识产权服务业是一个相互促进、相辅相成的共同体，是知识产权服务总体水平提高的两个方面。一方面，知识产权服务业以知识产权公共服务为基础和前提，只有知识产权公共服务供给充分，知识产权服务业才能在知识产权公共服务的基础上进一步加工，提供更具有针对性的服务，知识产权服务业

---

① 吴离离：《浅析我国知识产权公共服务体系的构建》，载《知识产权》2011 年第 6 期。
② 何志敏：《努力开拓知识产权公共服务新局面》，载《知识产权》2021 年第 6 期。

才能得到全面发展。另一方面，知识产权服务业的发展为知识产权公共服务提供需求引导。伴随知识产权服务业的深入发展，知识产权服务业会对知识产权公共服务提出新的需求，为知识产权公共服务的全面提升提供引领。在处理知识产权公共服务供给和知识产权服务业发展的关系时，需要在发展知识产权服务业、促进提供市场化的知识产权服务的同时，进一步重视知识产权公共服务的基础价值；需要在发挥知识产权公共服务优势的基础上，更加突出市场化服务机制的创新。

第五节　知识产权文化建设研究

《知识产权强国建设纲要（2021—2035 年）》将知识产权文化建设作为"建设促进知识产权高质量发展的人文社会环境"的重要战略任务加以部署。该纲要明确提出，"塑造尊重知识、崇尚创新、诚信守法、公平竞争的知识产权文化理念。加强教育引导、实践养成和制度保障，培养公民自觉尊重和保护知识产权的行为习惯，自觉抵制侵权假冒行为。倡导创新文化，弘扬诚信理念和契约精神，大力宣传锐意创新和诚信经营的典型企业，引导企业自觉履行尊重和保护知识产权的社会责任。厚植公平竞争的文化氛围，培养新时代知识产权文化自觉和文化自信，推动知识产权文化与法治文化、创新文化和公民道德修养融合共生、相互促进"。并进一步提出"构建内容新颖、形式多样、融合发展的知识产权文化传播矩阵。打造传统媒体和新兴媒体融合发展的知识产权文化传播平台，拓展社交媒体、短视频、客户端等新媒体渠道。创新内容、形式和手段，加强涉外知识产权宣传，形成覆盖国内外的全媒体传播格局，打造知识产权宣传品牌"。此外，该纲要还进一步要求，"开展干部知识产权学习教育。进一步推进中小学知识产权教育，持续提升青少年的知识产权意识"。

《"十四五"国家知识产权保护和运用规划》就"加强知识产权文化建设"进一步部署，明确要求"构建知识产权大宣传格局。围绕知识产权强国建设，统筹传统媒体与新兴媒体，用好融媒体，健全知识产权新闻发布制度。

建立健全政府活动宣传、媒体传播报道、学界文章影响、国际文化交流相互促进的知识产权传播大矩阵。持续做好全国知识产权宣传周、中国知识产权年会等品牌宣传活动。讲好中国知识产权故事，展示文明大国、负责任大国形象"。该项工作由国家知识产权局牵头，中央宣传部、中央网信办、广电总局等按职责分工负责。该规划同时要求，"厚植知识产权文化理念。增强全社会尊重和保护知识产权的意识，推动知识产权文化与法治文化、传统文化、创新文化、诚信文化深度融合。大力宣传锐意创新和诚信经营的典型企业，引导企业自觉履行尊重和保护知识产权的社会责任。开展贴近时代、贴近百姓、贴近生活的知识产权文化惠民活动。加强知识产权文化基础设施建设。探索建立'互联网＋'知识产权保护云博物馆。加大对中西部地区知识产权文化建设投入。开展知识产权文化建设理论和学术研究，以文化为媒，提升文化软实力"。该项工作由国家知识产权局牵头，中央宣传部、司法部、文化和旅游部等按职责分工负责。此外，《"十四五"国家知识产权保护和运用规划》部署了"知识产权普及教育工程"，要求推进知识产权普及教育进校园、推动知识产权进干部培训课堂。

1. 知识产权文化的含义

在分析"知识产权文化"的含义之前，需要首先了解"文化"的含义。通常认为，在人类学的意义上，文化是一个共享并相互协调的意义系统，通过人们习得的知识而传达，并通过阐释经验和产生行为而付诸实践。文化作为一个共享并相互协调的意义系统，存在于我们生活的各个方面，每个这样的系统都是通过知识而传达的。知识是学习和发现的过程（通常被称为"濡化"），并且是从经验中获得理解，为了让上述共享并相互协调的意义系统运转起来，人们必须将这一习得的知识付诸实践。① 知识产权文化，同样具有"文化"的三大构成要件：共享并相互协调的意义系统、通过知识而传达、通过阐释经验和产生行为而付诸实践。通常认为，"知识产权文化"，是指观念层次上的知识产权学说、意识和习惯等和制度层次上的知识产权法律制度、

---

① ［美］卢克·拉斯特：《人类学的邀请：认识自我和他者》（第4版），王媛译，北京大学出版社2021年版。

管理制度、组织机构和基础设施等。① 知识产权文化，可以从广义和狭义的角度加以理解，知识产权文化涉及知识产权意识的培养、知识产权知识的普及、知识产权制度的建设等多个方面，是人们关于知识产权的思想、观念、态度、意识、认识等的总和。② 知识产权文化是一个共享并相互协调的意义系统，该意义系统包含观念层次上的知识产权学说、意识和习惯等和制度层次上的知识产权法律制度、管理制度、组织机构和基础设施等，人们关于知识产权的思想、观念、态度、意识、认识等通过知识而传达，通过阐释经验和产生行为而付诸实践。

2. 知识产权文化概念的提出与认识

世界知识产权组织在 21 世纪初就意识到"知识产权文化"在有效应对新世纪更加复杂的知识产权问题以及缩小各地区在知识产权制度利用和受益方面的差异的关键作用。在这样的背景下，2013 年 9 月，世界知识产权组织正式通过的《经修订的 2004—2005 年计划和预算方案》首次提出"知识产权文化"的概念，该方案载明"建立一种明达的知识产权文化"。也就是说，促进每个国家发展适合其需要的知识产权文化，包括各有侧重的国家知识产权战略、最为适宜的构架知识产权制度，并在全国范围内（既在政策制定层面，也在基层层面）提高知识产权促进经济、社会和文化发展强有力手段的共识。③

3. 我国对知识产权文化的基本理解

知识产权制度作为"枪口下的法律"，④ 在我国已有百余年的移植成长史，这是一个从"逼我所用"到"为我所用"的法律变迁史，也是一个从"被动调整"到"主动创制"的政策发展史，更是一个从"外力强加"到"精神内化"的文化再造的过程。⑤ 回顾历史，我国清朝末年以前存在知识产

---

① 吴汉东：《当代中国知识产权文化的构建》，载《华中师范大学学报（人文社会科学版）》2009 年第 2 期。

② 冯晓青：《新时代中国特色知识产权法理思考》，载《知识产权》2020 年第 4 期。

③ 刘华：《利益共同体意识下知识产权文化治理结构的统合与优化》，载《华中师范大学学报（人文社会科学版）》2021 年第 6 期。

④ 参见李雨峰：《枪口下的法律——中国版权史研究》，知识产权出版社 2006 年版，第 1-17 页。

⑤ 吴汉东：《中国知识产权法制建设的评价与反思》，载《中国法学》2009 年第 1 期。

权文化的萌芽。虽然诚如安守廉教授所言，"从古至今，人们知识产权意识淡薄的事实，可以推知中国自古就未曾有过知识产权保护；中国古代有过的，仅仅是'帝国控制观念传播的努力'"①，然而，宋代"功夫针"上的"白兔标识"，体现了诚信经营、守法经营的品质；以"四大发明"为代表的我国古代创新创造，体现了崇尚创新、追求创新的思想；我国古代引经据典、旁征博引的创作，体现了尊重知识、尊重文化的传承。可以说，中国古代存在知识产权文化的萌芽，或者更准确地说，存在创新文化的萌芽。晚清时期，相继颁布《振兴工艺给奖章程》《商标注册试办章程》《大清著作权律》等，虽然这些是西方逼迫法律移植的产物，且当时"皇权至上"的封建思想极力压制着"私权文化"，这一历程仍然启迪了我国的知识产权文化。进入中华民国时期，出现了《中华民国著作权法》《中华民国商标法》《奖励工艺品暂行章程》《奖励工业技术暂行条例》等法律规则，这些正是知识产权文化逐步发生的体现。新中国成立之初，出台了《关于纠正任意翻印图书现象的决定》《商标注册暂行条例》《保障发明权与专利权暂行条例》等，延续了我国知识产权文化的火种。② 改革开放以来，我国知识产权制度由应运而生走向逐步完善，知识产权价值得到普遍认可，知识产权观念逐步深入人心，真正意义上的、完整意义上的知识产权文化实现了从无到有的转变。特别是，2008 年国务院出台《国家知识产权战略纲要》，首次提出了"尊重知识、崇尚创新、诚信守法"的知识产权文化理念，并且将"全社会特别是市场主体的知识产权意识普遍提高，知识产权文化氛围初步形成"作为该文件实施后五年期间的知识产权战略实施目标之一，并且专门部署了培育知识产权文化、推进知识产权文化建设的任务举措。由此，我国知识产权文化的基本内涵被确定为"尊重知识、崇尚创新、诚信守法"。

习近平新时代中国特色知识产权文化建设，立足社会主义核心价值观，以尊重知识、崇尚创新、诚信守法、公平竞争作为核心内容。《知识产权强

---

① 安守廉、梁治平：《知识产权还是思想控制——对中国古代法的文化透视》，载《中国发明与专利》2010 年第 7 期。

② 赵志彬：《中国知识产权文化的发展与展望》，载《知识产权》2019 年第 8 期。

国建设纲要（2021—2035 年）》将知识产权文化理念从"尊重知识、崇尚创新、诚信守法"扩充到"尊重知识、崇尚创新、诚信守法、公平竞争"，加入了"公平竞争"的内容。国家知识产权局新闻发言人衡付广对此的解释是，产权制度是社会主义市场经济的基石，公平竞争是市场经济的基本特征之一。党的十九届四中全会明确指出，要健全以公平为原则的产权保护制度。知识产权制度是产权保护制度的重要内容，只有公平合理保护知识产权，使各类市场主体公平竞争、竞相发展，才能更好激发市场主体的活力，从而推动全社会的创新发展。[①] 新时代，大力倡导"公平竞争"，就是要通过严格保护知识产权，落实惩罚性赔偿制度等措施，有效发挥知识产权制度激励创新的基本保障作用，稳定市场预期，扩大对外开放。同时，做到公正合理保护，对滥用知识产权获取不正当利益的行为进行有效规制，维护公平竞争的市场环境，实现激励创新与公共利益兼得，为国家经济高质量发展提供坚实的知识产权文化支撑。[②] 应当说，知识产权制度"一端是以创新为基础的产权配置，另一端是对市场公平竞争秩序的维护，并遏制阻碍创新的垄断行为和不正当竞争行为"[③]，崇尚创新和公平竞争是知识产权核心理念的两个维度，公平竞争不仅是竞争法的基本要求，还是知识产权的核心理念。[④]

第六节　知识产权智库建设研究

2013 年 4 月，习近平总书记对中国特色新型智库建设作出重要批示，指出智库是国家软实力的重要组成部分，要高度重视、积极探索中国特色

---

① 张维：《知识产权文化理念何以新增"公平竞争"　国家知识产权局：既要严格保护又要防止滥用》，载法治网，http：//www. legaldaily. com. cn/index/content/2022 – 03/31/content_8697139. htm，访问日期：2023 年 4 月 10 日。

② 国家知识产权局：《国家知识产权局举办 2022 年 3 月例行新闻发布会》，http：//www. cnipa. gov. cn/col/col2854/index. html，访问日期：2022 年 4 月 5 日。

③ 易继明：《知识产权强国建设的基本思路和主要任务》，载《知识产权》2021 年第 10 期。

④ 宁立志、姚舜禹：《论公平竞争与知识产权文化建设》，载《中国市场监管研究》2022 年第 1 期。

新型智库的组织形式和管理形式。① 这是新中国成立以来党和国家最高领导人首次对中国智库建设提出的明确要求，即将中国智库建设作为国家治理体系和治理能力现代化的重要任务作出战略部署。2016 年 5 月，习近平总书记在两院院士大会上进一步强调，"要加强科技决策咨询系统，建设高水平科技智库"。② 我国的政策制定以公共利益为出发点、以共识为基础、以行政为主导，理性化程度高，相应地决定了智库系统具有鲜明的公共性、结构的中心化、功能的集思广益性、政策知识运用的科学性。③ 建设中国特色新型智库，对服务党和政府科学民主决策、解决新时代中国特色社会主义发展过程中的新问题具有重要意义。知识产权领域发展快、新问题多，并且"关系国家治理体系和治理能力现代化，关系高质量发展，关系人民生活幸福，关系国家对外开放大局，关系国家安全"，迫切需要加强知识产权智库建设。特别是，发出知识产权领域的中国好声音，讲好知识产权领域的中国好故事，传播知识产权领域的中国好智慧，增强知识产权领域的国际影响力，也迫切需要加强知识产权智库建设。在这样的背景下，《知识产权强国建设纲要（2021—2035 年)》明确提出"大力发展国家知识产权高端智库和特色智库，深化理论和政策研究，加强国际学术交流"。《"十四五"国家知识产权保护和运用规划》作出进一步部署，要求"加强知识产权理论研究，完善知识产权研究管理机制，强化智库建设，鼓励地方开展政策研究"。本节重点分析根据《知识产权强国建设纲要（2021—2035 年)》和《"十四五"国家知识产权保护和运用规划》的要求建设知识产权智库的基本思路与重点举措。

一、我国知识产权智库建设现状

知识产权智库是中国特色新型智库的一种类型。通常认为，"智库"的

---

① 刘潇潇：《如何建设中国特色的专业智库："大而全"不如"小而精"》，载《理论学习》2015 年第 7 期。

② 习近平："为建设世界科技强国而奋斗——在全国科技创新大会、两院院士大会、中国科协第九次全国代表大会上的讲话"，载中国理论网，https://www.ccpph.com.cn/sxllrdyd/qggbxxpxjc/qggbxxpxjh/201901/t20190110_256792.htm，访问日期：2023 年 5 月 24 日。

③ 姜尔林：《中国特色新型智库到底"特"在何处？——比较知识体制的视角》，载《中国行政管理》2022 年第 5 期。

内涵包含独立性、非营利性、公共政策性三个方面，如安德鲁·里奇、唐纳德·E. 埃布尔森分别提出，智库是由关心广泛公共政策问题的个人所组成的、独立的、没有利益倾向的非营利性组织。① 进而在"智库"具有的独立性、非营利性、公共政策性等内涵属性的基础上，"中国特色新型智库"进一步强调政治性、时代性和实践性。例如，有学者提出，中国特色新型智库是以习近平新时代中国特色社会主义思想为指导，引领和推动新时代的发展，以新时代的实践命题和公共政策为研究对象，并具有创新组织形式和管理方式，服务于党和国家科学决策的非营利性政策咨询机构。② 因此，中国特色新型智库是诞生于中国政治、经济、文化土壤中的不以营利为目的的研究机构，是国家治理体系现代化建设的重要组成部分和智力之源。③

我国已经形成了由政府知识产权智库、高校院所知识产权智库、社会知识产权智库组成且彼此协调发展的中国特色新型知识产权智库体系。第一，我国形成了定位清晰的政府知识产权智库。其主要包括以下三方面。一是国家知识产权专家咨询委员会。2010 年，国家知识产权局设立国家知识产权专家咨询委员会，主要针对我国知识产权事业发展中的战略性、全局性和关键性问题开展调查研究，提供专家咨询意见和建议，并针对国家知识产权事业中长期发展规划、知识产权法律法规、重大知识产权政策措施等开展调研，提供咨询意见和建议，对知识产权工作中开展的重大研究项目成果进行评审。2020 年 9 月，第四届国家知识产权专家咨询委员会成立。国家知识产权专家咨询委员会通过高级研讨班等形式提供政策支持。二是国家知识产权局发展研究中心和中国知识产权研究会等国家知识产权局专门从事研究的相关单位。三是地方知识产权研究单位，如江苏省知识产权发展研究中心、广东省知识产权研究与发展中心等。第二，我国建立了布局合理的高校院所知识产权智库。在北京大学、中国人民大学、中国政法大学、复旦大学、同济大学、中

---

① Andrew Rich, *Think Tanks, Public Policy and the Politics of Expertise*, Cambridge University Press, 2004, p. 11; Donald E. Abelson, *American Think-Tanks and Their Role in US Foreign Policy*, St. Martin's Press, 1996, p. 21.

② 孙蔚、杨亚琴：《论习近平智库观与新时代中国特色新型智库建设的理论范式》，载《南京社会科学》2018 年第 9 期。

③ 王莉丽：《智力资本——中国智库核心竞争力》，中国人民大学出版社 2015 年版，第 6 页。

南财经政法大学、江苏大学、南京理工大学等国内高校中，设有"知识产权研究中心""知识产权研究院""知识产权研究基地"等类似知识产权智库的机构。其中，北京大学国际知识产权研究中心、同济大学上海国际知识产权学院、中南财经政法大学知识产权研究中心等不仅拥有专职的，从事知识产权教学、研究或者相关工作的院校老师，还聘请了部分从事知识产权工作的实务专家。① 第三，设立了社会知识产权智库，如深圳市国新南方知识产权研究院、北京京成知识产权研究院、北京强国知识产权研究院、北京强企知识产权研究院等。我国知识产权智库的分布组成具体如表 6 所示。

表 6 我国知识产权智库分布情况

序号	类型	代表性智库
1	政府知识产权智库	国家知识产权专家咨询委员会、国家知识产权局发展研究中心和中国知识产权研究会等国家知识产权局专门从事研究的相关单位、地方知识产权研究单位
2	高校院所知识产权智库	北京大学国际知识产权研究中心、中南财经政法大学知识产权研究中心、中国人民大学知识产权学院、中国政法大学知识产权法研究所、复旦大学知识产权研究中心、同济大学上海国际知识产权学院
3	社会知识产权智库	深圳市国新南方知识产权研究院、北京京成知识产权研究院、北京强国知识产权研究院、北京强企知识产权研究院

　　我国知识产权智库建设存在与其他智库建设类似的普遍性问题。2007年，由詹姆斯·G. 麦甘教授（James G. McGann）牵头的"全球智库与公民"项目首次发布《全球智库报告》。到 2021 年，《全球智库报告》已经连续发布 15 年。2021 年发布的《全球智库报告》显示，美国以 2203 家智库的数量遥遥领先，是全球拥有智库机构最多的国家。中国智库以 1413 家位居第二，印度智库有 612 家，位居第三。虽然我国智库数量位居全球第二，但是全球

① 肖兴威：《中国特色新型知识产权智库体系建设思路研究》，载《知识产权》2022 年第 5 期。

顶级智库综合榜单前 10 名分别为美国卡内基国际和平基金会、比利时布鲁盖尔研究所、巴西热图利奥·瓦加斯基金会、美国国际战略研究中心、法国国际关系研究所、英国皇家国际事务研究所、美国兰德公司、日本国际问题研究所、美国彼得森国际经济研究所、美国伍德罗·威尔逊国际学者中心，并没有任何一家中国智库入选。全球顶级智库综合榜单上榜的中国智库包括：中国现代国际关系研究院（第 18 位）、中国社会科学院（第 38 位）、清华－卡内基全球政策中心（第 50 位）、国务院发展研究中心（第 56 位）、中国国际问题研究院（第 58 位）、全球化智库（第 64 位）、北京大学国际战略研究院（第 81 位）、上海国际问题研究院（第 96 位）。① 由此可见，我国存在缺乏具有较大影响力和国际知名度的高质量智库等问题。

同时，我国知识产权智库建设还存在体系性、创新性、实效性不足等问题。第一，体系化不足。缺乏中国新型知识产权智库体系建设的总体思路、发展规划与战略布局，缺乏具有统领性的高端知识产权智库。第二，创新性不足。我国知识产权智库组织形式和管理方式迫切需要创新，研究方法和研究思路迫切需要拓展，传统的组织形式和研究方法无法适应知识产权强国建设的实践需要。第三，实效性不足。我国知识产权智库对知识产权强国建设中提出的诸多战略性问题回应不足，在应对知识产权领域突发事件和决策过程中，由于缺少新思路、新思想，常常陷入"集体失语"或者"反应迟缓"等尴尬境地。② 同时，我国的知识产权智库还面临人才供给不足、资金投入不足等系列问题。

二、我国知识产权智库建设思路

自 2013 年 4 月习近平总书记对中国特色新型智库建设作出重要批示以来，我国一直在加快推进中国特色新型智库建设。2013 年 5 月，时任国务院副总理刘延东同志在全国高校哲学社会科学工作座谈会上，对高等院校哲学

---

① 全球化智库："《全球智库报告 2020》发布，中国多家智库入选全球顶级智库分类排名"，载中国网，http://www.china.com.cn/opinion/think/2021 – 02/01/content_77175930.htm，访问日期：2023 年 5 月 24 日。
② 肖兴威：《中国特色新型知识产权智库体系建设思路研究》，载《知识产权》2022 年第 5 期。

社会科学在中国特色新型智库建设过程中的重要作用加以明确，并且阐述了新形势下高等院校哲学社会科学的时代使命。刘延东同志指出："建设中国特色新型智库是服务党和政府科学民主决策、破解发展难题的迫切需要，对于坚持和发展中国特色社会主义、提升国家软实力、全面建成小康社会具有重要意义。高校作为我国哲学社会科学事业的生力军和各学科人才聚集的高地，是建设中国特色新型智库的重要力量，要以服务决策为导向，以提升能力为核心，以改革创新为动力，以哲学社会科学繁荣发展为依托，努力打造一批在国内外具有重要影响的高端智库。"① 2013 年 11 月，党的十八届三中全会审议通过的《中共中央关于全面深化改革若干重大问题的决定》明确要求，"加强中国特色新型智库建设，建立健全决策咨询制度"。特别是，2015年 1 月，中共中央办公厅、国务院办公厅发布《关于加强中国特色新型智库建设的意见》，明确提出中国特色新型智库建设的指导思想、基本原则、总体目标与关键举措。2017 年 10 月，党的十九大报告进一步强调，"深化马克思主义理论研究和建设，加快构建中国特色哲学社会科学，加强中国特色新型智库建设"。2021 年 3 月，《中华人民共和国国民经济和社会发展第十四个五年规划和 2035 年远景目标纲要》明确提出，"构建中国特色哲学社会科学学科体系、学术体系和话语体系，深入实施哲学社会科学创新工程，加强中国特色新型智库建设"。

在上述精神指引下，我们应当加快建设中国特色新型知识产权智库。中国特色新型知识产权智库应当能以中国特色社会主义制度为根本，以国家新时代特征为导向，以国际知识产权规则为基础，以国家知识产权法律制度为抓手，以建设知识产权强国为目标，以支撑经济社会高质量发展为目的，以知识产权创造、运用、保护、管理和服务全链条的系统性、体制性、关键性、前瞻性问题为重点，着眼全球知识产权治理体系新格局，进而组织开展战略性、系统性、关键性、前瞻性研究，提供决策咨询意见，评估决策执行效果，引导社会舆论，增进公众认知，推进公共外交，提升国际地位。②

---

① "刘延东：发挥高校独特优势 为建设中国特色新型智库贡献力量"，载人民网，http://politics. people. com. cn/n/2013/0530/c70731 – 21680455. html，访问日期：2023 年 5 月 24 日。

② 肖兴威：《中国特色新型知识产权智库体系建设思路研究》，载《知识产权》2022 年第 5 期。

三、我国知识产权智库建设举措

针对我国知识产权智库建设中还存在的缺乏具有较大影响力和国际知名度的高质量智库，体系性、创新性、实效性不足等问题，在"加快建设中国特色新型知识产权智库"总体思路指引下，笔者建议采取如下知识产权智库建设的具体举措。

第一，成立中国知识产权战略研究院，形成中国特色新型知识产权智库体系。目前，我国缺乏具有较大影响力和国际知名度的高质量知识产权智库，迫切需要集聚合力，加快建设国家级知识产权高端权威智库，特别为国家知识产权战略实施、知识产权强国建设提供强有力的智力支撑。可以以现有"国家知识产权局知识产权发展研究中心"和"中国知识产权研究会秘书处"为基础提出组建方案，报经中央机构编制委员会办公室审批，成立中国知识产权战略研究院。[①] 同时，中国知识产权战略研究院应当承担中国特色新型知识产权智库体系的总体设计与指导建设的职能，根据知识产权强国建设的需要，坚持党管智库，研究中国特色新型知识产权智库体系的发展规划，形成中国特色新型知识产权智库体系的总体建设方案，协同各方合力共同推进中国特色新型知识产权智库体系的建设。

第二，建立重大决策战略研究咨询机制，形成成果共享与运用工作机制。将知识产权强国建设、国家知识产权战略实施的重大问题作为中国特色知识产权智库的重要研究内容，建立重大决策战略研究咨询机制，将相关研究成果应用到知识产权重大决策过程中。将中国特色知识产权智库的研究论证报告与合法性论证报告、合规性论证报告、调研报告等作为知识产权强国建设、国家知识产权战略实施的重大问题决策的必要材料，将中国特色知识产权智库的研究论证作为上述重大问题决策的前置程序。建立知识产权智库研究成果的共享机制，建设知识产权智库研究成果共享平台，多渠道积极扩大知识产权智库研究成果的运用。

第三，完善知识产权智库外部管理机制和内部运行机制，打造高质量智库

---

① 肖兴威：《中国特色新型知识产权智库体系建设思路研究》，载《知识产权》2022 年第 5 期。

品牌。建议在政府层面基于知识产权智库的建设发展需求，对知识产权智库加以指导、规范、管理和支持，为知识产权智库发展创造良好的外部条件。从外部管理机制的角度而言，建议促进知识产权智库之间的合作与竞争，优化知识产权智库资源配置，完善知识产权智库的组织机制，形成知识产权智库的评价机制，促进知识产权智库从单打独斗向集约化发展和体系性增强的方向发展。从内部运行机制的角度而言，人才是知识产权智库的核心、研究质量是知识产权智库的生命线、研究成果运用是知识产权智库的价值，建议充分发挥知识产权领军人才的引领作用，以提升研究质量为导向，强化知识产权智库的内部运行机制建设。同时，加强知识产权智库的国际交流，讲好国家知识产权战略实施、知识产权强国建设的中国故事，不断提升知识产权智库的国际影响力。

第七节　知识产权学科建设研究

《知识产权强国建设纲要（2021—2035年）》在"营造更加开放、更加积极、更有活力的知识产权人才发展环境"部分明确提出"支持学位授权自主审核高校自主设立知识产权一级学科。推进论证设置知识产权专业学位"，并进一步要求"加强相关高校二级知识产权学院建设"。《"十四五"国家知识产权保护和运用规划》进一步指出，"推进知识产权学科建设，支持学位授权自主审核单位依程序设置知识产权一级学科点，支持有关单位依程序设置知识产权二级学科点，研究设置知识产权硕士专业学位。推动知识产权相关专业升级和数字化改造，开发一批知识产权精品课程。鼓励支持有条件的理工科高校开设知识产权相关专业和课程。设立一批国家知识产权人才培养基地。做好知识产权职称制度改革实施工作，完善知识产权人才评价体系"。目前，教育部支持学位授予自主审核单位按照《国务院学位委员会关于高等学校开展学位授权自主审核工作的意见》（学位〔2018〕17号）的有关规定，自主设置知识产权相关一级学科或者交叉学科点，支持相关学位授予单位根据有关规定，在一级学科学位授予知识产权法权限内自主设置知识产权相关二级学科和交叉学科，支持高校根据经济社会发展需要和社会办学能力，依法自主开设知识产权专业，培养知识产权人才。[①] 这对中国特色知识产权学科体系建设提出了新的更高要求。国务院学位委员会、教育部发布的《研究生教育学科专业目录（2022）》将"知识产权"作为"法学学科门类"的一级学科（学科代码为0354）。

《知识产权强国建设纲要（2021—2035年）》明确提出，"营造更加开放、更加积极、更有活力的知识产权人才发展环境"。这是我们党从国家战略高度对知识产权人才工作作出的权威部署。[②] 《知识产权强国建设纲要（2021—2035年）》进一步要求"完善知识产权人才培养、评价激励、流动配置机制"，并提出"实施知识产权专项人才培养计划。依托相关高校布局一批国家知识产权人才培养基地……加强知识产权管理部门公职律师队伍建设，做好涉外知识产权律师培养和培训工作，加强知识产权国际化人才培养。开发一批知识产权精品课程"。《"十四五"国家知识产权保护和运用规划》围绕"优化知识产权人才发展环境"和"提升知识产权人才能力水平"两个方面部署任务措施，包括完善知识产权人才分类培训体系、健全人才保障机制。加强知识产权理论研究，完善知识产权研究管理机制，强化智库建设，鼓励地方开展政策研究。加强知识产权行政管理、行政执法、行政裁决人员培养，分层次分区域持续开展轮训。加强企事业单位知识产权人才培养，建设理论与实务联训基地。建立知识产权服务业人才培训体系，提高服务业人才专业能力，大力培养知识产权国际化人才。

一、中国特色知识产权学科体系建设的发展历程

中国特色知识产权学科体系的建设，大致分为以下六个阶段，具体如下所述。

1. 知识产权学科探索阶段

从国际视角来看，知识产权学科的兴起以工业革命为背景，对构建知识

[①] 国务院知识产权战略实施工作部际联席会议办公室组织编写：《〈知识产权强国建设纲要（2021—2035年）〉辅导读本》，知识产权出版社2022年版，第49-50页。

[②] 同注①，国务院知识产权战略实施工作部际联席会议办公室组织书，第298页。

产权制度、促进经济社会发展起到了重要作用。以第一次工业革命为开端，科学技术广泛地应用于社会生产，科技成果具有独立交易价值，从而成为可以自由交换的商品，将知识产品作为财产加以保护的知识产权制度应运而生，知识产权制度率先在英国确立，知识成果的财产化保护了发明创造者的利益，激发了创新热情，促使发明大量涌现并引发浪潮般的扩散与发展，成为西方国家近 300 多年来的"制度文明典范"。① 英国作为现代知识产权制度的主要起源地，于 1967 年产生了最早以"知识产权法（Intellectual Property Law）"命名的课程，这一课程系威廉姆·柯尼什教授、罗宾·雅各布教授、理查德·劳埃德教授为伦敦大学法律硕士研究生（LLM）开设的。

2. 我国知识产权学科肇始阶段

我国知识产权学科建设的历程，最早肇始于中华民国时期东吴大学开设的专利与著作权法、商标法等课程。② 但是，上述课程是短暂开设的零星课程，也没有概括出"知识产权法"的整体体系。1983 年 3 月，国务院学位委员会第四次会议决定发布《高等学校和科研机构授予博士和硕士学位的学科、专业目录（试行草案）》，将学科专业分为哲学、经济学、法学、教育学、文学、历史学、理学、工学、农学和医学等 10 个学科门类、63 个一级学科。1983 年 12 月，国务院学位委员会第五次会议增设军事学学位，增加了"军事学"1 个一级学科以及 9 个二级学科。20 世纪 80 年代，中国人民大学郭寿康教授首先在民法专业中招收"知识产权法"方向的研究生，刘春田教授率先在中国人民大学开设以"知识产权法"命名的课程。③

3. 隶属于"法学学科门类"的一级学科阶段

1986 年 12 月，国家教育委员会召开全国高校专业目录制定工作会议。1987 年 12 月，《普通高等学校社会科学本科专业目录》（〔87〕教高一字 022 号）全国高校将"法学"作为第九大类，下设法学、经济法、国际经济法、国际法、侦查学、劳动改造法、犯罪学、环境法和知识产权法（专业编号为

---

① 吴汉东：《知识产权本质的多维度解读》，载《中国法学》2006 年第 5 期。
② 参见何勤华、高童非、袁也：《东吴大学法学院的英美法学教育》，载《苏州大学学报（法学版）》2015 年第 3 期；孙晓楼等：《法律教育》，中国政法大学出版社 1997 年版，第 99－124 页。
③ 刘春田：《新中国知识产权法学学科的开拓者》，载《法学家》2010 年第 4 期。

0908）等一级学科，其中"知识产权法"和"环境法"被备注为"试办"。由此，"知识产权法"成为"法学"门类下的一级学科。1987年，中国人民大学从获得理工农医专业学士学位的人员中招生，攻读知识产权法专业第二学士学位。1990年10月，国务院学位委员会第九次会议正式批准《授予博士、硕士学位和培养研究生的学科、专业目录》，该目录在"法学学科门类"的"法学"一级学科下设"科技法学"二级学科（专业编号为0301S1）。

4. 隶属于"法学学科门类"的"法学"一级学科的二级学科阶段

1997年，教育部高等学院法学学科教学指导委员会把知识产权法课程上升为全国高等院校法学专业14门核心课程之一，进一步强化了知识产权的法学学科属性。1997年6月，国务院学位委员会、国家教育委员会联合发布《授予博士、硕士学位和培养研究生的学科、专业目录（1997年颁布）》。该目录是在1990年发布的《授予博士、硕士学位和培养研究生的学科、专业目录》的基础上经过多次征求意见、反复论证修订的，其没有将"知识产权"或者与知识产权有关的学科作为法学的二级学科。通常认为，此阶段将"知识产权"作为"法学"门类"民商法学"一级学科的二级学科。随后，该目录经过1998年10月、2005年12月以及2008年4月三次补充修订，都没有改变"知识产权"作为三级学科的安排。

该阶段的一个重大发展是，"知识产权"成为独立本科专业，逐步形成知识产权学士、硕士、博士的完整知识产权教育体系。这一过程中，有以下两大标志。第一个标志是"知识产权"成为独立本科专业。2004年3月，教育部发布的《关于公布2003年度经教育部备案或批准设置的高等学校本专科专业名单的通知》（教高函〔2004〕3号）明确批准，华东政法学院（2007年后更名为华东政法大学）获批增设"知识产权"本科专业，专业名称为"知识产权"，专业代码为030103S，其中的"S"表示在少数高等院校试点的专业目录外的专业。这是我国第一个知识产权学士学位的本科专业。第二个标志是知识产权学士、硕士、博士的完整知识产权教育体系的建立。2004年11月，教育部、国家知识产权局发布的《关于进一步加强高等学校知识产权工作的若干意见》（教技〔2004〕4号）明确提出，"增设知识产权专业研究生学位授予点。鼓励有相应条件的高等学校整合教学资源，设立知识产权法学或知识产权管理学相关硕士点、博士点，提升知识产权的学科地位。加强知识产权师资和科研人才的培养"。该文件不仅标志着完整知识产权教育体系的建立，还标志着知识产权学科范式的多样化，从单纯的法学学科范式扩展到管理学学科范式。

5. 隶属于"法学学科门类"的"法学专业门类"一级学科的二级学科阶段

2008 年 6 月，《国家知识产权战略纲要》明确要求，"设立知识产权二级学科，支持有条件的高等学校设立知识产权硕士、博士学位授予点"。2011 年 2 月，国务院学位委员会第二十八次会议审议批准《学位授予和人才培养学科目录（2011 年）》。该目录将一级学科由 89 个增加至 110 个，并未将"知识产权"列入一级学科或者二级学科。接着，2012 年 9 月，教育部发布《普通高等学校本科专业目录（2012 年）》，在"法学学科门类"（专业代码为 03）中的"法学专业门类"（专业代码为 0301）下设"知识产权"二级学科，作为特设专业，专业代码为 030102T，统一替换原来的"知识产权"（专业代码为 030103S）以及"知识产权法"（专业代码为 030102W）两个专业。在这一阶段，国务院学位委员会、教育部分别于 2009 年、2010 年发布了《学位授予和人才培养学科目录设置与管理办法》《授予博士、硕士学位和培养研究生的二级学科自主设置实施细则》。根据上述规定，国家只规定学科门类和一级学科目录，将按照一级学科进行学位授权点审核和管理，二级学科由学位授予单位结合本单位学科建设目标和人才培养条件，按本单位一级学科学位授权权限进行自主设置与调整，最后由教育部定期向社会公布。

6. 隶属于"法学学科门类"的一级学科发展阶段

随着国家知识产权战略的深入实施，大家对于知识产权学科建设的复合性、战略性、系统性有了更强的认识和更高的需求。2022 年，国务院学位委员会第三十七次会议审议通过了《研究生教育学科专业目录（2022 年）》，该目录有 14 个学科门类、117 个一级学科。其中，设置了"知识产权"博士和硕士专业学位类别（专业编码为 0354）。2015 年 12 月，国务院发布的《关于新形势下加快知识产权强国建设的若干意见》（国发〔2015〕71 号）明确提出，"加强知识产权相关学科建设，完善产学研联合培养模式，在管理学和经济学中增设知识产权专业，加强知识产权专业学位教育"，并首次提及"知识产权专业学位教育"的部署。《知识产权强国建设纲要（2021—2035年)》和《"十四五"国家知识产权保护和运用规划》明确提出，"支持学位授权自主审核高校自主设立知识产权一级学科。推进论证设置知识产权专业学位"。在此基础上，教育部支持学位授予自主审核单位按照《国务院学位委员会关于高等学校开展学位授权自主审核工作的意见》（学位〔2018〕17号）的有关规定，自主设置知识产权相关一级学科或者交叉学科点。截至2021年，全国已有100所高校开设了知识产权第一学士学位专业，在校本科生达到1万余人。[①]

至此，我国知识产权人才培养形成了一个以法学学科门类为主体，以管理学学科门类为辅助，以15种二级学科模式为支撑，涵盖第一学士学位、第二学士学位、硕士和博士学位的完整的生态体系。[②]

二、中国特色知识产权学科体系建设面临的问题

中国特色知识产权学科体系建设面临的最大问题是，由于知识产权学科最大的学科特征是其跨学科性，[③] 进而导致对知识产权学科体系的内在逻辑和规律存在不同认识。有学者认为，把不同学科的课程拼在一起，不可能形成"专业"，把不同学科融合成多元的课程群，称作专一的学业，或者名曰"交叉学科"，不仅逻辑不同，付诸实践也不能成立。法学是一级学科，以法学为名的本科教育，即构成法学专业。法学专业由若干二级法学学科的课程构成，包括核心课、必修课、选修课，其中的核心课程包括法理学、宪法、民法、商法、知识产权法、经济法、刑法、民事诉讼法、刑事诉讼法、行政法与行政诉讼法、国际法、国际私法、国际经济法、环境资源法等，知识产权法首先属于一级学科的法学，其次属于法学二级学科民法学的范围以内。[④]

---

① 余俊：《面向知识产权强国建设的知识产权学科治理现代化》，载《知识产权》2021年第12期。

② 同注①。

③ 季节：《知识产权思维40讲》，知识产权出版社2022年版，第12页。

④ 刘春田主编：《知识产权法》（第六版），中国人民大学出版社2022年版，第27-28页。

特别是，对"知识产权"与"知识产权法"的学科属性差异尚未形成一致认识，我国公共政策层面允许在经济学、管理学、法学三个"学科门类"下自主设置知识产权学科。然而，经济学学科门类下的知识产权学科尚未出现，管理学、法学学科门类下的知识产权学科特点尚未显现，各个高校院所在法学学科门类下的知识产权学科方面，从学科名称到研究方向都有很大差异。由此，知识产权学科体系对国家经济科技社会发展的迫切需求支撑不足。

三、知识产权强国建设背景下的中国特色知识产权学科体系建设

党的十八大以来，党和国家在"正经历百年未有之大变局"的历史背景下，高度重视哲学社会科学的发展。习近平总书记提出了"加快构建中国特色哲学社会科学学科体系、学术体系、话语体系"的重大论断和战略部署，鲜明地指出"人类社会每一次重大跃进，人类文明每一次重大发展，都离不开哲学社会科学的知识变革和思想先导"；明确要求"要按照立足中国、借鉴国外，挖掘历史、把握当代，关怀人类、面向未来的思路，着力构建中国特色哲学社会科学，在指导思想、学科体系、学术体系、话语体系等方面充分体现中国特色、中国风格、中国气派"。[1] 从"繁荣发展哲学社会科学"到"加快构建中国特色哲学社会科学"是党中央关于哲学社会科学的使命职责、战略要求的重大发展，要求以自主的学科体系、学术体系、话语体系解释中国发展规律，为民族复兴提供学理支撑。[2] "中国特色知识产权学科体系建设"理应成为中国特色哲学社会科学的重要组成部分。

在知识产权强国建设背景下，迫切需要加快推进中国特色知识产权学科体系建设。教育部发布的《学位授予和人才培养学科目录设置与管理办法》（学位〔2009〕10 号）规定，一级学科是具有共同理论基础或研究领域相对一致的学科集合。一级学科原则上按学科属性进行设置，须符合以下基本条件：①具有确定的研究对象，形成了相对独立、自成体系的理论、知识基础和研究方法；②一般应有若干可归属的二级学科；③已得到学术界的普遍认

---

① 习近平：《在哲学社会科学工作座谈会上的讲话》，人民出版社 2016 年版，第 2—3 页。

② 谢伏瞻：《加快构建中国特色哲学社会科学学科体系、学术体系、话语体系》，载《中国社会科学》2019 年第 5 期。

同，在构成本学科的领域或方向内，有一定数量的学位授予单位已开展了较长时间的科学研究和人才培养工作；④社会对该学科人才有较稳定和一定规模的需求。因此，知识产权学科体系构成一门独立的学科，需要有确定的研究对象，形成了相对独立、自成体系的理论、知识基础和研究方法，同时一般需要若干可归属的二级学科，并且获得了学术界的普遍认同。其中，学科作为有条理的、客观合理的科学知识体系，其产生的过程实质上可以被看作是科学知识的动态演化和发展变化，具体表现在学科意识的形成、学科方法的建立、学科理论的构建、学科模式的选择以及学科体系的系统化建设方面。① 对于中国特色知识产权学科体系建设而言，也需要在学科意识的形成、学科方法的建立、学科理论的构建、学科模式的选择以及学科体系的系统化建设等方面有所着力。

在学科意识的形成、学科方法的建立、学科理论的构建、学科模式的选择以及学科体系的系统化建设等方面，应加快推进中国特色知识产权学科体系建设。在"学科意识的形成"和"学科模式的选择"的方面，需要立足中国特色的知识产权强国建设实践，识别中国问题、提出中国方案。我国知识产权制度深受美国、德国、日本等国家和地区的影响，有学者称之为"百衲衣"制度，整个中国法学也基本上是移植法学、引进法学的产物。② 因此，中国特色知识产权学科体系建设需要形成面向知识产权强国建设的学科意识。在"学科方法的建立"和"学科体系的系统化建设"方面，要立足于学科交叉与交叉学科的区别之处，构建中国特色知识产权学科的研究方法。交叉学科不是多门学科知识的简单拼凑与堆积，而是基于社会重大问题，多个学科依照内在逻辑而联结形成的新学科。③ 对于知识产权学科而言，重要的是建立法学、管理学、经济学、政策科学等多门学科的内在逻辑，构建形成完整的体系。

在中国特色知识产权学科体系建设的基础上，还应加快推进知识产权人

---

① 孟东方等：《构建学科的理论与实践》，科学出版社 2019 年版，第 6-7 页。
② 陈瑞华：《论法学研究方法》，法律出版社 2017 年版，第 119 页。
③ 李立国、李登：《设置交叉学科：打破科学割据，作彻底联合的努力》，载《光明日报》2021 年 2 月 27 日，第 11 版。

才培养。为落实《知识产权强国建设纲要（2021—2035年)》和《"十四五"国家知识产权保护和运用规划》，培养造就大批德才兼备的知识产权高素质人才，国家知识产权局于2021年年底发布了《知识产权人才"十四五"规划》（国知发人字〔2021〕38号）。据介绍，《知识产权人才"十四五"规划》的工作任务和重点内容，归纳起来主要有以下三个方面。第一，它是坚持党对知识产权人才工作的全面领导，是强化人才工作的政治引领。在知识产权人才队伍中，持续深入学习贯彻习近平新时代中国特色社会主义思想，特别是习近平总书记关于知识产权工作的重要指示论述，加强对《知识产权强国建设纲要（2021—2035年)》和《"十四五"国家知识产权保护和运用规划》内容的培训。第二，它是持续扩大知识产权人才队伍规模，优化人才队伍的层次和结构。《知识产权人才"十四五"规划》适应新时代知识产权人才工作需求，提出构建"4 + 1"的知识产权人才体系，重点推进知识产权保护、运用、公共服务、国际化四支重点人才队伍和审查注册一支基础人才队伍的建设，使知识产权"人才链"覆盖知识产权工作全链条。第三，它是以"三职联动"为目标，畅通知识产权人才培养、评价和成长的职业化通道。其中，"三职联动"指的是，加快推进设置知识产权专业学位，强化面向职业的知识产权教育；积极推动知识产权职称制度改革，完善面向职业的评价体系；推动在重点区域建设高水平知识产权人才高地，探索设立国家知识产权人才培养基地，优化知识产权智库、专家库、人才库结构等，促进面向职业的知识产权人才发展，满足知识产权强国建设对高层次人才的需要。下一步，国家知识产权局将每年制定年度工作计划，细化目标任务，明确责任分工，形成工作合力，以6个工程项目作为培养各级各类知识产权人才的总抓手，"点线面"结合推进"十四五"时期人才工作，确保规划的各项目标任务顺利完成，实现2025年全国知识产权人才超100万人的目标，为建设中国特色、世界水平的知识产权强国提供坚强有力的人才支撑。①

---

① "国家知识产权局举办2022年3月例行新闻发布会"，载国家知识产权局官网，http: //www. cnipa. gov. cn/col/col2854/index. html，访问日期：2022年4月5日。

第五章　全球知识产权治理
体系合作网络研究

　　《知识产权强国建设纲要（2021—2035 年)》第八部分"深度参与全球知识产权治理"是该纲要的亮点之一。正如本书第一章第三节所述，虽然《国家知识产权战略纲要》涉及部分"扩大知识产权对外交流合作"的内容，但是其在本质属性上仍然是国内发展战略，并未从国际视野作出国内外统筹的知识产权战略安排。《知识产权强国建设纲要（2021—2035 年)》在这一方面发生了根本的改变，它既有国内发展战略，也有国际合作战略，二者共同构成知识产权强国建设的基本内容。可以说，《知识产权强国建设纲要（2021—2035 年)》实现从国内发展战略向国内发展战略、国际合作战略并重转变，是适应后 TRIPS 时代国际知识产权形势变化、立足我国经济科技社会发展需要作出的重要战略选择。

　　知识产权国际规则的变革经历了巴黎联盟和伯尔尼联盟时期、世界知识产权组织时期、世界贸易组织时期，目前已经进入知识产权全球治理新结构初步形成的时期，亦即，世界知识产权组织、世界贸易组织、超 TRIPS 复边、多边和双边机制共存的时期，也被称为后 TRIPS 时代。在这一时代背景下，知识产权国际规则的变革正在进入活跃期和多元化推进阶段，知识产权国际合作日益深化，知识产权国际竞争日益激烈，知识产权全球治理体系呈现新结构。知识产权国际规则变革的趋势是，多边层面知识产权国际规则进展缓慢，双边、复边层面知识产权国际规则成为焦点；提高知识产权保护力度势不可当，发挥知识产权制度促进发展作用尚需加强。立足上述特点，《知识产权强国建设纲要（2021—2035 年)》第八部分"深度参与全球知识产权治理"中部署了两个方面的内容，包括积极参与知识产权全球治理体系改革和建设，以及构建多边、双边协调联动的国际合作网络，既有整体层面的国际知识产权战略部署，也有多边、双边知识产权合作；既有应对国际知识产权风险的战略安排，也有促进国际知识产权合作的总体内容。本部分首先分析国际知识产权战略的总体思路（第一节），然后就知识产权支撑"一带一路"建设进行讨论（第二节），接着分析知识产权审查诉讼仲裁的国际合作（第三节）。在此之后，立足国际知识产权战略总体思路，分析我国知识产权涉外风险防控体系建设（第四节）。

第一节　国际知识产权战略总体思路研究

《知识产权强国建设纲要（2021—2035年）》明确提出，"积极参与知识产权全球治理体系改革和建设。扩大知识产权领域对外开放，完善国际对话交流机制，推动完善知识产权及相关国际贸易、国际投资等国际规则和标准。积极推进与经贸相关的多双边知识产权对外谈判"。该纲要进一步要求，"构建多边和双边协调联动的国际合作网络。积极维护和发展知识产权多边合作体系，加强在联合国、世界贸易组织等国际框架和多边机制中的合作。积极发挥非政府组织在知识产权国际交流合作中的作用"。

《"十四五"国家知识产权保护和运用规划》提出，"十四五"时期，做好知识产权工作，要统筹国内国际两个大局，增强机遇意识和风险意识，在危机中育先机、于变局中开新局，充分发挥知识产权制度在推动构建新发展格局中的重要作用，为全面建设社会主义现代化国家提供有力支撑。同时，该规划将"知识产权国际合作取得新突破"作为2025年的主要目标之一，要求达到"我国在全球知识产权治理体系中的作用更加凸显，知识产权国际协调更加有力，'一带一路'知识产权合作实现新进展，海外知识产权获权维权能力进一步提高，有力推进高水平对外开放"。进一步而言，《"十四五"国家知识产权保护和运用规划》还明确提出，"主动参与知识产权全球治理。积极参与完善知识产权国际规则体系。加强与世界知识产权组织的合作磋商，推动完善知识产权及相关国际贸易、国际投资等国际规则和标准。积极参与遗传资源、传统知识、民间文艺、非物质文化遗产、广播组织等方面的知识产权国际规则制定。积极研究和参与数字领域等新领域新业态知识产权国际规则和标准的制定"。并进一步要求"积极推进与经贸相关的多双边知识产权谈判。妥善应对国际知识产权争端，加强与主要贸易伙伴的知识产权合作磋商。在相关谈判中合理设置知识产权议题。深入参与世界贸易组织有关知识产权谈判。积极推进同其他国家和地区自贸协定知识产权议题谈判。研究推动与更多国家和地区开展地理标志协定谈判"。

可见，随着知识经济的迅猛发展，知识产权对经济社会发展的重要作用日益凸显，知识产权已经成为国际竞争的一个焦点，知识产权国际规则也在发生巨大的变革，知识产权全球治理机制[①]不断变化。这一变革虽然给包括我国在内的广大发展中国家带来了巨大的挑战，但也提供了难得的历史机遇。如何更好地把握机遇、迎接挑战，积极应对知识产权国际规则的变革，全力维护我国国家利益和经济安全，已成为我们必须研究解决的重大课题，并成为《知识产权强国建设纲要（2021—2035年)》和《"十四五"国家知识产权保护和运用规划》明确部署的任务。

一、知识产权国际规则总体演进发展

知识产权国际保护规则兴起于19世纪80年代，随后发展成为以多边国际公约为基本形式、以政府间国际组织为协调机构的相对统一的国际法律制度。一般而言，知识产权的国际保护制度是指以多边国际公约为基本形式，以政府间国际组织为协调机构，通过对各国国内知识产权法律进行协调并使之形成相对统一的国际法律制度。知识产权国际保护制度的形成，标志着知识产权立法步入一个新的历史阶段，即各国独自产生的知识产权制度，在知识产权国际保护的框架下，逐渐走上一体化、国际化的道路。从制度上而言，

① 李轩、[阿根廷]卡洛斯·M.柯莱亚编：《知识产权实施：国际视角》，李轩、张征等译，知识产权出版社2012年版，第3-8页。

知识产权国际保护并不是随着知识产权制度的产生而产生的，它是国际经济贸易关系不断发展的产物，也是知识产权制度自身变革的结果。知识产权国际保护制度一般可以分为四个时期：①巴黎联盟和伯尔尼联盟时期；②世界知识产权组织时期；③世界贸易组织时期以及世界知识产权组织；④世界贸易组织和超 TRIPS 复边机制并行时期（后 TRIPS 时期）。

巴黎联盟与伯尔尼公约联盟时期，是知识产权国际保护制度的产生与形成阶段。这一阶段的主要特点是：①保护知识产权联合国际局（后改为世界知识产权组织）着力于各国政府之间全球性或区域性的多边协商，促使保护知识产权的国际协调始终朝着整体化和全面化的方向发展；[1] ②国际社会所缔结的一系列工业产权公约，概以《保护工业产权巴黎公约》为主导；③联合国教科文组织在促进知识产权国际保护方面发挥积极作用。

世界知识产权组织的建立，意味着知识产权国际保护制度进入新的发展阶段。它的建立，使得基于巴黎联盟和伯尔尼联盟所成立的保护知识产权联合国际局脱离瑞士联邦政府而独立，并成为联合国的专门机构。此外，世界知识产权组织成立后，在推动知识产权立法一体化的同时，也注意向发展中国家提供援助，为发展中国家争取知识产权利益提供国际舞台。

世界贸易组织的建立与 TRIPS 协定的形成，标志着知识产权国际保护制度进入一个高水平保护、一体化保护的新的历史时期。世界贸易组织在新的知识产权国际保护体制中发挥了主导作用。世界知识产权组织在保护知识产权的国际协调中注重与世界贸易组织展开合作。知识产权国际保护制度的一体化与国际化的结果就是世界贸易组织作为知识产权国际立法机构享有优先地位、TRIPS 协定作为知识产权国际立法文件享有核心地位以及西方发达国家作为知识产权国际保护参与主体享有主导地位。[2] 同时，世界贸易组织与世界知识产权组织达成《世界贸易组织与世界知识产权组织合作协定》，在知识产权领域"相互支持"，将部分世界知识产权组织管理的国际条约纳入世界贸易组织管理的 TRIPS 协定，特别是世界贸易组织在涉及国际知识产权

---

[1] 张乃根：《国际贸易的知识产权法》，复旦大学出版社 2007 年版，第 54 页。

[2] 吴汉东、郭寿康主编：《知识产权制度国际化问题研究》，北京大学出版社 2010 年版，第 231 页。

规则时，向世界知识产权组织正式咨询。①

目前，知识产权全球治理机制已经进入世界知识产权组织、世界贸易组织和超 TRIPS 复边机制②并行时期，TRIPS 协定维持的平衡出现松动，以美国为首的西方国家追求所谓更高标准的知识产权保护，我们称之为后 TRIPS 时期。③ 这意味着知识产权国际保护制度的新变革。2001 年 11 月，世界贸易组织第四届部长级会议通过的《部长宣言》（又称《多哈部长宣言》）第 17 ~ 19 段列举的三个问题与知识产权保护有关：①TRIPS 协定与公共健康的关系；②地理标志的保护；③TRIPS 协定与《生物多样性公约》、传统知识及民间文学保护的关系。联合国贸易和发展会议在其发布的《2007 年最不发达国家报告》中强调指出，现存的世界知识产权体系需要改革。该报告题为"为了发展的知识、技术学习和创新"。联合国贸易和发展会议在其中明确指出，现有的世界知识产权体系对知识产权的所有者，较之于对知识产权的使用者以及潜在使用者，更为有利。前者大多为工业国，而后者则以诸多不发达国家为典型。报告指出："经过二十年的稳步推进，世界知识产权保护取得了很大的进展。随之，另一个问题接踵而至，人们在追问这一进程已经走了多远？包括最不发达国家在内的发展中国家逐渐意识到，在世界知识产权政策制定过程中，发展的元素并没有得到足够的重视。"之后，世界贸易组织围绕知识产权的谈判进展缓慢，TRIPS 协定维持的平衡出现松动。以美国为首的西方发达国家追求所谓的更高标准的知识产权保护，国际知识产权规则从世界知识产权组织和世界贸易组织两大框架体系转向自由贸易协定，以满足美国等发达国家回应国内利益集团的游说、巩固政治外交关系、保护国家安全的需求。④

---

① ［美］苏茜·弗兰克尔、［美］丹尼尔·J. 热尔韦：《国际知识产权法》，肖尤丹、程文婷译，知识产权出版社 2022 年版，第 10 - 11 页。

② 复边协定又称诸边协定，为多边协定（Multilateral Agreement）的对称，是指世界贸易组织两个以上的部分成员可自愿选择加入的协定，而多边协定则要求全体成员都必须参加并受其约束。

③ 易继明、初萌：《后 TRIPS 时代知识产权国际保护的新发展及我国的应对》，载《知识产权》2020 年第 2 期。

④ 参见王衡、肖震宇：《比较视域下的中美欧自贸协定知识产权规则——兼论"一带一路"背景下中国规则的发展》，载《法学》2019 年第 2 期。

二、知识产权国际规则变革特点方向

在这一背景下，知识产权国际规则的变革经历了巴黎联盟和伯尔尼联盟时期（知识产权国际保护制度的形成）、世界知识产权组织时期（知识产权国际保护制度的发展）、世界贸易组织时期（知识产权国际保护制度的强化），目前已经进入知识产权全球治理新结构初步形成的时期，即世界知识产权组织、世界贸易组织、超 TRIPS（又被称为 TRIPS +，TRIPS-Plus①）复边、多边和双边机制共存，知识产权法学界将这个变革时期称为"后 TRIPS 时代"。虽然 TRIPS 协定允许发展中国家保留某种程度的灵活性，但是"更加严厉的知识产权条款则以地区和双边协定的方式存在"。同时，所谓的 TRIPS 附加条款（TRIPS-Plus 条款）限制了这种产生于多边条约条件下的灵活性。

目前知识产权国际规则的变革呈现如下特点。首先，知识产权国际合作日益深化。知识产权不仅已经成为世界贸易组织、经济合作与发展组织、八国集团等各种国际论坛的讨论热点，还成为区域或者双边经济伙伴关系、自由贸易协定以及发达国家与发展中国家之间的讨论重点。知识产权执法、审查方面等国际合作广泛开展。其次，知识产权国际竞争日益激烈。后 TRIPS 时代的国际知识产权制度变革，是一个各种国际力量在知识产权领域进行角力的过程。一方面，由于 TRIPS 协定的许多实体规则明显袒护发达国家及其知识产权所有者的利益，其不但忽视了发展中国家实施高标准的知识产权保护在人力、财力和技术上遇到的困难，还忽略了原生基因资源丰富但技术开发实力不足的国家在农业和食品植物基因资源方面的主权；不仅忽略了对土著居民经过长期积累和提炼所形成的传统知识的保护，也忽略了知识产权对人权、公共健康等重要社会利益的消极影响。TRIPS 协定以及世界知识产权组织确立的一系列知识产权保护规则和标准越来越遭到发展中国家的批评。②

---

① 所谓 TRIPS-Plus，是指与 TRIPS 相比，保护程度更高或保护范围更广的知识产权规定，或将 TRIPS 允许成员国自由制定知识产权国内法这一灵活性予以抵消的知识产权规定。

② 杨长海：《论国际知识产权法律制度的改革和发展——基于国际关系之南北关系的视角》，载《西北工业大学学报（社会科学版）》2009 年第 1 期。

发达国家则意图进一步提高知识产权实施的标准，强化知识产权保护。

发达国家的总体战略方向是，推动建立超 TRIPS 全球知识产权实施新标准。发达国家的总体战略手段是，运用超 TRIPS 知识产权实施标准的垂直论坛转移，① 采取同步推进、交互配合的战略，将超 TRIPS 标准的议程呈现在多边、双边和复边的多个论坛，包括国际反假冒医药产品任务组、世界海关组织《全球贸易安全与便利标准框架》（SAFE）工作组等以往被认为与知识产权标准制定无关的多边机构框架论坛。可以说，发达国家战略方向和战略手段的设计与 20 世纪 70—90 年代开始的、以 TRIPS 协定的确立而结束的过程非常相似，跨国公司在历史性论坛转移中发挥重要角色，国家与产业界密切配合，力图借助知识产权制度发挥发达国家的比较竞争优势，唯一区别就在于增加了"多点攻取"的手段选择。

近年来，美国及欧盟等发达国家和地区利用 TRIPS 协定的弹性条款，以市场准入及跨国投资为条件，促进发展中国家与之签订自由贸易区协定并以此重新确定知识产权的保护标准。这些知识产权的保护标准超过了 TRIPS 协定所规定的保护标准，形成了 TRIPS‒Plus 协定。随着自由贸易协定的盛行，越来越多的发展中国家与发达国家签订了含有 TRIPS‒Plus 协定内容的自由贸易协定，TRIPS‒Plus 协定因而得到强势扩张。TRIPS‒Plus 协定的扩张已经对知识产权的国际保护秩序产生了重大影响。TRIPS‒Plus 协定并不是一个具体协定的名称，也不是 TRIPS 协定的附加议定书，而是对 TRIPS 协定缔结生效以来签署的包括 TRIPS‒Plus 标准的各种条约的统称，涵盖双边、区域或多边框架下的自由贸易协定、投资协定以及知识产权协定。② TRIPS‒Plus 协定，是后 TRIPS 时代发达国家向发展中国家输送其知识产权保护标准的主要法律形态，主导着知识产权国际保护体制的重心从世界贸易组织向双边体制和世界知识产权组织论坛转移的新动向。③ 概括来讲，TRIPS‒Plus 协定主

---

① See Susan K. Sell, *TRIPS was Never Enough: Vertical Forum Shifting, FTAS, ACTA, and TTP*, Journal of Intellectual Property Law, Vol. 18：2, p. 447（2011）.

② 古祖雪、揭捷：《"TRIPS‒plus"协定：特征、影响与我国的对策》，载《求索》2008 年第 8 期。

③ 张建邦：《"TRIPS‒递增"协定：类型化与特征分析（上）——基于后 TRIPS 时代知识产权国际保护制度发展趋势的一种考察》，载《世界贸易组织动态与研究》2008 年第 5 期。

要具有以下特点：①TRIPS – Plus 协定主要是在 TRIPS 协定生效之后美欧发达国家与发展中国家之间签署的协定；②TRIPS – Plus 协定一般不是单独的知识产权协定，而是包含 TRIPS – Plus 标准的自由贸易协定或投资协定，其中关于知识产权保护的规定只是此类协定的组成部分之一；③TRIPS – Plus 协定所确立的知识产权保护标准是 TRIPS – Plus 标准，即高于 TRIPS 协定的标准；TRIPS – Plus 协定通过最惠国待遇原则的适用，使 TRIPS – Plus 标准成为后 TRIPS 时代新的更高的知识产权保护标准。

发展中国家正被迫因接受世界贸易组织争端解决机制而改变其知识产权实施机制，面临发达国家以及国内外权利人提出的越来越多的知识产权实施制度改革的要求。目前，发展中国家刚刚具备在世界贸易组织和世界知识产权组织架构内构筑防线、阻止发达国家提出知识产权保护全球新标准企图的能力。例如，在世界知识产权组织框架下，发展中国家通过将其关切的议题作为推进讨论条件的方式，成功搁浅统一国际专利法等谈判进程。但是，发展中国家没有实力在多边、双边以及复边机制下完全阻止发达国家提出超TRIPS 知识产权实施标准的要求。尤其是，很多双边、复边协议的知识产权条款范围和重点事项由少数前期参与早期讨论的国家来谈判决定。可以说，垂直论坛转移使得发展中国家处于防御状态，通常只有很少的时间消化信息、评估影响和与同伴合作，很难通过及时有效的策略回应不同机构的动态，而忙于适应发达国家的各种新举措。

可以说，知识产权保护水平较高的 TRIPS 协定已经使发展中国家面临着巨大的压力，这种压力激起了发展中国家在 TRIPS 协定生效之后推动知识产权全球化的后 TRIPS 时代发展。发展中国家和最不发达国家总结和吸取了关贸总协定乌拉圭回合知识产权问题谈判的教训，加强团结合作，并利用其他政府间和非政府间组织对公共健康危机的高度关切，积极地开展外交努力，形成强大的国际舆论，迫使发达国家改变其在知识产权保护问题上的强硬政策，充分表现了"南南联合自强"的力量与作用。知识产权国际立法开始从传统的世界知识产权组织和 TRIPS 协定等传统体制向生物多样性、植物基因资源、公共健康和人权等体制渗透。TRIPS 协定生效之后，知识产权国际立法更为复杂难解，TRIPS 协定的执行也面临着更加苦难的局面。[1] 就知识产权国际保护制度的最新进展而言，随着发展中国家的觉醒与回应，知识产权国际保护制度中的"南北对立"日益加剧。尽管知识经济拉大了发达国家与发展中国家的距离，但是某些发展中大国，如中国、印度、巴西等的经济发展速度已经超过发达国家，在国际政治经济中的作用也不断增强。由于发展中国家之间存在着许多共同的利益，它们往往联合起来与发达国家进行斗争，从而成为当前世界上正在不断发展壮大的一支不可忽视的重要力量，它们已经有能力在国际事务中维护自己的利益。自 20 世纪 70 年代以来，世界知识产权组织曾秉承调节发达国家和发展中国家利益公正的理念，但是现在该组织也几乎异化成为实现私人集团和发达国家知识产权标准化的工具。这样的压力也使得发展中国家积极主张自身的权益，知识产权国际立法开始走向生物多样性、非物质文化与遗传资源保护、公共健康、人权等方面，知识产权国际化进程由此进入后 TRIPS 时代。此外，TRIPS 协定生效后，形成了世界知识产权组织与世界贸易组织共存的知识产权制度国际协调机制。在此共存的机制中，TRIPS 协定因与贸易机制挂钩并具备强硬的争端解决方式而在知识产权制度的国际协调中占据主导地位。

三、知识产权国际规则变革方式内容

知识产权国际规则变革的特点包括内容执行性、主体配合性、手段多样性和趋势明确性。按照美国学者熊彼特·M. 杰哈特教授的归纳，知识产权国际保护的研究进路可以用"实体/程序"两分法来划分，知识产权的实体问题和知识产权制度形成的程序问题是相辅相成的，两者不可分离。我们至今为止的关注焦点主要集中于知识产权国际保护制度的实体部分。但是，实体和程序的研究不可分离。因为尽管知识生产的最大化和知识资源的分配的实体问题始终应该是我们研究的重点，我们也必须通过程序分析来更好地支撑实体研究，以求理解那些塑造知识产权国际化与一体化的力量及其

---

[1] 吴汉东、郭寿康主编：《知识产权制度国际化问题研究》，北京大学出版社 2010 年版，第 45 页。

相互关系。① 我国现有的研究没有给予知识产权国际保护制度背后的社会环境、制度形成的参与者及其运作手段、参与者与社会环境之间的相互关系等问题应有的重视，其直接后果就是对知识产权国际保护制度只知其然而不知其所以然，只能认识昨天和今天的知识产权国际保护制度，但无法清晰地勾勒出明天的发展方向，也不能有针对性地提出应对策略。知识产权国际保护制度立法动力学分析的要义在于了解知识产权国际保护制度形成的具体过程，了解影响知识产权国际保护制度形成的主体、力量、作用机制和具体作用过程。从分析方法和内容来说，这实质上是一种立法动力学分析。在社会科学领域，动力学分析的要素往往是社会主体、社会主体的力量、社会主体相互作用的社会规律、社会活动的过程等。社会科学领域中的许多事物的发展变化也经历着一种和自然科学领域中的事物类似的发展变化过程，即社会主体在其力量的推动下根据社会主体相互作用的规律进行社会活动，社会活动也因此而发展演变。

知识产权国际立法动力学分析的内容主要包括以下几个方面。①知识产权国际立法的政治、经济、科技等宏观环境。法律与立法取决于其背后的政治、经济和科技等宏观社会条件。②知识产权国际立法的参与主体及其运作手段。尽管政治、经济和科技等宏观环境是知识产权国际立法的决定性因素，但知识产权国际立法的参与主体及其运作手段非常重要。③知识产权国际立法的机制。该机制是指知识产权国际立法的宏观力量和微观主体赖以推动知识产权国际立法进行的一套结构化的规则，包括正式的制度安排、组织机构的设置和非正式的方法，这些制度安排、组织机构和非正式方法既包括国内的，也包括国际的。④知识产权国际立法的具体过程。知识产权国际立法动力学分析不仅需要分别离散地分析宏观背景、立法主体和立法机制三个方面，还需要综合地分析这三个方面相互作用的复杂过程；不仅要分析宏观环境是如何影响立法主体的，还要分析立法主体是如何影响宏观环境的；不仅要分析立法主体是如何通过相应机制进行立法活动的，还必须分析立法主体和宏观环境是如何影响机制的变动。② 知识产权国际规则的变革有着其自身深刻

---

① See Peter M. Gerhart, *The Triangulation of International Intellectual Property Law: Cooperation, Power and Normative Welfare*, Vol. 36: 1, p. 1 (2004).

② 吴汉东、郭寿康主编：《知识产权制度国际化问题研究》，北京大学出版社 2010 年版，第 7 - 9 页。

的政治和经济背景。世界多极化趋势发展，使得不同国家之间的矛盾和斗争趋于复杂；经济全球化步伐加快，导致涉及知识产权的国际经济竞争日趋激烈。其结果是，知识产权的国际协调不断进行，知识产权方面的摩擦有增无减。发达国家主要强调保护，而发展中国家则积极倡导各国的知识产权制度应当与其经济发展水平相适应。

1. 知识产权国际规则变革的环境因素

根据知识产权国际立法动力学的分析，在参与主体方面，发达国家与产业界密切配合，发展中国家尚未形成合力。① 这与 20 世纪 70—90 年代开始的、以 TRIPS 协定的确立而结束的过程非常相似，唯一区别在于增加了"多点攻取"的手段选择。在运作手段方面，发达国家频繁采用垂直论坛转移作为主要战略手段。发达国家实施议程在很大程度上采用了转移国际机构的战略，一旦发展中国家适应某个国际机构并且具备抵制不合理动议的能力，发达国家就会转换到另外一个新的机构。在世界知识产权组织、世界贸易组织相关谈判遇阻的情况下，发达国家在复边、多边和双边机制下同步推进、交互配合，在多种框架论坛下提出内容相近的知识产权议题。在后 TRIPS 时代，实施要求被转换为更为严格的双边、多边、复边或者区域贸易协定，如《反假冒贸易协议》《跨太平洋伙伴关系协定》《跨大西洋贸易与投资伙伴协定》《全面与进步的跨太平洋伙伴关系协定》等，实施机制被转换到许多替代的或者新的国际机构，如国际海关组织、国际刑警组织、万国邮政联盟等。

知识产权国际规则变革的环境因素包括以下三点。一是经济环境的改变。随着工业经济向知识经济的转变，经济的全球化真正开始出现。② 经济全球化的特征包括金融全球化、生产国际化、技术更新化和政治解构化。③ 经济全球化以及金融危机等都是影响国际规则变革的重要的经济环境要素。二是国家战略的转变。发达国家的竞争策略发生改变，知识经济的兴起和社会控

---

① Susan K. Sell, *Private Power, Public Law: The Globalization of Intellectual Property Rights*, Cambridge University Press, 2003, p. 5.

② 易继明：《技术理性、社会发展与自由》，北京大学出版社 2005 年版，第 7 页。

③ Ronen Palan, Jason P. Abbott & Phill W. Deans, *State Strategies in the Global Political Economy*, Pinter, 1999, p. 20.

制力的转移不断使私人集团走上了国际规则制定的前台，并深刻地改变了发达国家的国家战略方针。三是南北对立的加剧。自 1994 年世界贸易组织取代关贸总协定以来，知识产权国际保护制度进入了后 TRIPS 时代。

由于各方面的原因，现在的知识产权国际保护制度或多或少地偏离了人们期望的轨道，并体现在以下三个方面。首先，在维护利益方面，知识产权国际保护制度对发展中国家的利益考量不充分。其次，在制度理念上，TRIPS 协定是一个与贸易有关的协定，它重视知识产品的商品和经济属性，忽视其知识和文化属性，对作者精神权利的维护、传统知识的保护、文化多样性的弘扬不够。最后，在价值关怀上，知识产权国际保护制度对人们的生存权、发展权关注不够。TRIPS 协定没有回应人权保护的需要，在信息获取、公共健康等基本人权方面关怀不够。对于大多数发展中国家来说，TRIPS 协定规定的知识产权保护标准从整体上看，已经远远高于其国内知识产权的保护标准。但是，由于经济、政治、科技、文化发展不平衡，发展中国家与发达国家注定在知识产权保护上存在冲突与矛盾。发达国家的科学技术发达，科技创新能力强，对知识产权的强保护的追求是无止境的。于是，前者积极寻求国际知识产权制度的变革，后者则转向缔结超 TRIPS 协定。在发达国家的经济发展中，与知识产权有关的产业在各类产业中居于产业的龙头，知识产权是经济发展最大的刺激因素，知识产权的保护和国家的利益直接相关。因此，为维护这些技术优势和在全球经济中的主导地位，发达国家对知识产权的保护十分重视，对它们来说，对发展中国家提出提高知识产权保护标准的要求的必要性是毋庸置疑的。TRIPS 协定达成之后，发达国家显然不满意 TRIPS 协定中各种给予发展中国家优惠的条款，利用各种机会要求发展中国家以及最不发达国家提高知识产权的保护标准。对于发展中国家和最不发达国家而言，它们一方面难以割舍自由地进行技术模仿和技术复制所带来的便利，另一方面又急于发展国内的经济。鉴于获取发达国家的直接投资、改善国内的经济状况似乎是更为迫切的问题，也是发展经济更为快捷的途径，发展中国家以及最不发达国家为了经济的发展，宁愿放弃 TRIPS 协定中对其有利的弹性条款，而与发达国家达成了具有 TRIPS - Plus 条款的协议。除此之外，在大量自由贸易协定产生的背景下，许多发展中国家为了避免因周边国家签订自由贸易协定而被边缘化的危险，也纷纷加入含有 TRIPS – Plus 条款的自由贸易协定谈判中，这也导致了 TRIPS – Plus 进一步蔓延。所以 TRIPS – Plus 的扩张既存在发达国家威迫的因素，也隐藏着发展中国家追求自由贸易协定经济诱惑的动机。

2. 知识产权国际规则变革的参与主体与变革手段

知识产权国际规则变革的微观主体是私人集团，仅仅在国内立法中实现知识产权与国际贸易的挂钩还远远无法满足知识产权私人集团的要求，在全球范围内实现知识产权立法的一体化才是其最终目标。知识产权国际规则变革的宏观主体是国家，国家主要通过致力于推动国际法秩序中的"垂直论坛转移"以实现对知识产权国际化进程的影响。所谓垂直论坛转移，是指在权力约束既定的情况下，参与者采用的、使国际体制更精确地反映其利益而演化的策略，亦即，通过将条约协商、立法动议或者标准制定等活动，从一个国际舞台转向另一个国际舞台，从而改变现状。《反假冒贸易协议》《跨太平洋伙伴关系协议》《跨大西洋贸易与投资伙伴协议》等知识产权国际保护制度体现了"私人政府"① 制定规则的形式。

在《反假冒贸易协议》《跨太平洋伙伴关系协议》《跨大西洋贸易与投资伙伴协议》等的制定起因和制定过程中，产业联盟与政府部分之间实现了互动。下面以美国为例加以阐释。美国作为主要国家之一，其贸易代表办公室选取部分企业作为谈判咨询委员会成员，并在签署保密协议的前提下，将谈判文本分别与相关企业进行分享。美国在这些协议的谈判中，受到了美国知识产权利益团体的强烈支持，如国际知识产权联盟、商业软件联盟、美国电影协会、美国录音制品协会、美国药品研发和制造协会等。② 其中，国际知识产权联盟、商业软件联盟、美国电影协会、美国录音制品协会、美国药品研发和制造协会等作为产业联盟对本来存在竞争关系的企业进行利益上的统筹协调，然后通过游说活动对政府和国会的决策产生影响。从《反假冒贸易协议》《跨太平洋伙伴关系协议》《跨大西洋贸易与投资伙伴协议》等的谈判

---

① Gunther Teubner, *Global Law without a State*, Dartmouth Publishing Company, 1996, Foreword, XIII.
② 陈福利：《〈反假冒贸易协定〉述评》，载《知识产权》2010 年第 5 期。

受到了美国知识产权利益团体的强烈支持这一点可以看出，这些协议的诸多内容在很大程度上实现了美国私人集团的整体利益。产业联盟逐步促使政府设置与其自身利益相关的机构，如美国贸易代表在很大程度上就是迎合产业联盟的产物，[①] 其与政府建立畅通的沟通渠道，同时在国际上联合其他知识产权强国，使发展中国家无法利用数量优势进行投票，进而阻止发展中国家推行自己的策略，掩盖知识产权强国的动机，使得国际协议正当化。[②]

知识产权国际规则变革的机制与具体过程分析，主要包括以下两点。一是影响知识产权国际立法的国际组织与制度安排。尽管国际关系理论中具有多种理论，但是现实主义理论在其中具有极其重要的作用。根据现实主义的理解，体制的规则是按照霸权的国内利益裁剪的，当那些利益发生变化时，规则必定跟着改变。但是，权利尽管重要却也不是唯一的决定因素，政府间组织和国际制度常常限制着霸权行动的范围，并为其他国家影响原则、标准和规则发展留有余地。不同体制在国家的资格和影响力、立法方法、监控和争端解决机制、制度文化以及外部影响的渗透性等方面各不相同。二是影响知识产权国际立法的国内机构设置与制度安排。国际组织和国际制度提供了国家影响知识产权国际立法的内在机制，但是影响知识产权国际立法的直接推动力量不仅有国家，还有国内的私人集团，而决定国内私人集团对知识产权国际立法影响的，则是机构设置与国内制度。应当说，国内机构设置和制度安排对知识产权国际立法有着巨大的影响。

3. 知识产权国际规则变革的主要内容

在主要内容方面，知识产权执法成为知识产权国际规则变革的新战场。美国、日本、欧盟等主导的《反假冒贸易协议》《跨太平洋伙伴关系协议》以及双边、复边机制下的自由贸易区协定中的相关知识产权条款，均将知识产权执法作为知识产权国际规则的最为主要的内容。知识产权制度从国内法到个别保护到国际法统一保护，是经济全球化、国家间博弈、政府间协调等

---

① Michael R. Gadbaw, *Intellectual Property and International Trade: Merger or Marriage of Convenience?*, 22 Vanderbilt Journal of Transnational Law 223 (1989).

② Laurence R. Helfer, *Regime Shifting: The TRIPS Agreement and New Dynamics of International Intellectual Property Lawmaking*, 29 Yale Journal of International Law 1 (2004).

因素共同作用的结果。知识产权国际保护制度的形成，能够产生有力的协调机制以减少摩擦和冲突，产生有效的规范机制以减低立法和执法成本，产生有益的统合机制以统一各国保护标准和消除地区立法差异。但是，知识产权国际保护制度的形成是发达国家幕后推动的结果，较多地顾及了发达国家的利益，而忽视了发展中国家的利益。

通过运用立法动力学对国际立法的分析，发现知识产权国际规则变革的内容主要有以下几点。第一，扩大知识产权保护的客体。超 TRIPS 扩大知识产权客体方面有两个途径。一方面，限制缔约方对 TRIPS 中可知识产权客体的选择权，如对动植物生产方法的专利保护。另一方面，超 TRIPS 也在 TRIPS 协定之外增加知识产权的保护客体，如在自由贸易协定中增加对于互联网域名的保护。第二，改变知识产权的保护期限。一方面，超越 TRIPS 协定的规定延长了某一知识产权的保护期限。另一方面，缩短发展中国家使用 TRIPS 标准的过渡期。第三，强化知识产权的保护措施。超 TRIPS 在强化知识产权的保护措施时，主要通过加大行政处罚以及实施刑事处罚的手段以遏制盗版侵权等行为。第四，限制使用强制许可及平行进口。TRIPS 协定中的强制许可以及平行进口的规定是涉及发展中国家的弹性条款，是发展中国家经过艰难的谈判争取到的一项重要权利。但在超 TRIPS 中，强制许可和平行进口的条件成为发达国家重新解释、赋予不同含义的对象，并由发达国家将符合其利益的解释和理解强加于自由贸易协定中，使发展中国家及最不发达国家在强制许可和平行进口方面受制于发达国家。第五，要求缔约方承担加入国际条约的义务。其范围涉及世界知识产权组织管辖的所有条约，如美国要求所有与其订立自由贸易协定的缔约方加入《专利合作条约》《保护植物新品种国际公约》和某些地区条约，如《欧洲专利公约》，时间横跨 TRIPS 协定缔结之前的既存条约与之后的新订条约等，以此提高知识产权的保护标准。

四、知识产权国际规则变革基本趋势

在新的时代背景下，知识产权国际规则变革的趋势是，多边层面知识产权国际规则进展缓慢，双边、复边层面知识产权国际规则成为焦点；提高知识产权保护力度的趋势势不可当，知识产权制度促进发展的作用尚需加强。

1. 知识产权国际规则变革的方式趋势

在知识产权国际规则变革的具体方式方面，突出的趋势表现为，多边层面知识产权国际规则进展缓慢，双边、复边层面知识产权国际规则成为焦点。尽管世界知识产权组织在寻求知识产权实体法律制度一体化方面做了大量努力，但是多边知识产权规范制定领域进展甚微。例如，世界知识产权组织发展议程、实体专利法条约等尚未取得法律方面的实质进展。[①] 作为多边层面普遍缺乏的一个例外，《〈生物多样性公约〉关于获取遗传资源和公正公平分享其利用所产生惠益的名古屋议定书》于 2010 年 11 月缔结，这也是发展中国家在知识产权国际规则层面取得的重要成果。与之相对比的是，区域贸易协定的知识产权规则日益强化，在 2000 年前，全球 73 个区域贸易协定中，只有大约 35% 的协定包含了知识产权条款；在 2000 年后，约 180 个区域贸易协定中，大约 85% 的协定包含了知识产权条款。[②]

多边层面知识产权规范制定工作的缓慢进展导致一些政府对现有多边知识产权制度表示严重担忧，并在双边、复边层面开展知识产权国际规则的一体化推进工作，尤其是在双边自由贸易背景下开展知识产权规则谈判。可以预见，在未来一段时间，多边层面知识产权国际规则进展仍然非常困难，双边、复边层面知识产权国际规则将成为焦点，双边、复边自由贸易谈判中的知识产权内容将成为我国应对知识产权国际规则变革的重点。

2. 知识产权国际规则的内容变革趋势

提高知识产权保护力度成为难以阻挡的立法趋势，知识产权制度促进发展的作用尚需加强。在新的时代背景下，知识产权国际规则变革的趋势包括知识产权保护不断强化、知识产权保护客体扩大、知识产权国际化趋势明显加强、国际规则变革呈多元化等。《反假冒贸易协议》《跨太平洋伙伴关系协议》等在禁令的适用与例外、损害赔偿数额计算、边境措施、刑事犯罪构成

---

① ［美］弗雷德里克·M. 阿伯特、［瑞士］托马斯·科蒂尔、［澳］弗朗西斯·高锐：《世界经济一体化进程中的国际知识产权法》，王清译，商务印书馆 2014 年版，第 5 - 7 页。

② Valde S. R. & Mccann M., *Intellectual Property Provisions in Regional Trade Agreements: Revision and Update*, WTO Economic Research and Statistics Division, 2014.

要件等方面，均提出了高于包括我国在内的主要新兴市场国家现行法律规定和法律实践的执法标准。并且《反假冒贸易协议》《跨太平洋伙伴关系协议》等文件，并没有涉及在知识产权执法中保障社会公众利益等利益平衡考虑因素，过分偏重于权利人利益的保护，知识产权促进发展的作用尚需进一步强化。

首先，知识产权国际化趋势明显加强。发达国家为了发挥其在知识产权上的优势，强化在经济全球化格局中的优势地位，进而占据在国际分工中的主导权，便致力于加速推进知识产权国际化。美国、日本、欧盟等发达国家和地区继续主导世界专利协调和制度安排的进程和方向，它们借助于世界知识产权组织平台，通过《专利合作条约》改革、《专利法条约》生效和推进实体专利法条约制定等措施，不断推动专利国际化进程，并旨在建立统一实体授权标准的一体化世界专利体系。我国具有一定的科技创新能力，专利申请量位居世界前列，但我国的经济和科技发展水平较美国、日本、欧盟等仍有差距。一体化世界专利体系一旦成为现实，将打破传统专利制度的地域性原则，对我国的现行法律、国家主权等构成现实的挑战。另外，在专利一体化的统一标准之下，我国申请人获取专利权的难度无疑将会增大，将极大地限制我国获得自主知识产权数量，进而影响我国的国家利益和经济安全。

其次，知识产权保护呈现不断强化趋势。由发达国家极力推动达成的TRIPS 协定，以知识产权最低保护标准的方式，规范各国知识产权立法，统一各国知识产权保护的规则，把国际知识产权保护水平提高到前所未有的高度，它要求世界贸易组织各成员国都必须将其原则和标准体现在各自的知识产权法律和法规之中。发达国家从维护其根本利益的立场出发，把知识产权保护作为调整国际政治经济秩序的重要手段，凭借其在知识产权方面的优势，不断强化知识产权保护，大幅度地提升保护水平，并不遗余力地按照该目标推动知识产权国际规则的制定。发达国家为更大限度地保护其知识产权，采用外交和贸易的手段以及世界贸易组织的争端解决机制，敦促发展中国家修改国内相关法律，使之符合该协议的原则、精神和具体规定，竭力推动和督促发展中国家按照协议的规定修改和调整其知识产权制度，力图通过双边、多边协议进一步提高知识产权保护水平。我国加入世界贸易组织后所承担的严格保护知识产权的国际义务，给我国带来了严峻挑战。发达国家通过将知识产权与技术标准相结合等手段，利用其拥有的技术和知识产权优势，压缩了我国在信息技术等新兴产业中的创新和发展空间，给我国相关产业的发展和经济安全形成了很大压力。

最后，知识产权保护客体呈现不断扩大趋势。随着发展中国家知识产权保护意识的不断提高，拥有丰富的遗传资源、传统知识资源等的发展中国家，迫切希望以本国的资源优势作为牵制甚至对抗发达国家的筹码。将遗传资源、生物多样性、传统知识、民间文艺保护等纳入知识产权的保护客体，已经成为知识产权国际规则制定中的一个趋势。我国有着丰富的生物资源、传统文化资源以及基因资源，但相应的国内立法还很不完善，社会各界对其保护重要性的认识不够。知识产权国际规则的这一变革趋势，为我国加强在相应领域的知识产权保护提供了机遇。如果在国内不能及时制定出台相关的法律，有效保护我国的优势资源，在国际规则的制定中不能充分反映我国的立场，将使我国的经济安全面临威胁，国家利益蒙受损失。

综上所述，在全球知识产权经济贸易规则、治理体制加速转型期，应当实现国内战略与国际战略的统筹规划和有机结合，应当基于人类命运共同体的宏大理论，向世界提出开放包容、平衡普惠的知识产权治理"中国理念"，应当以增强制度性话语权为核心，构建知识产权治理"中国策略"，从国际、区域和双边多元维度实施知识产权治理"中国方案"，把握时代契机，构建"中国之治"与"世界之治"紧密相连的人类命运共同体和全球治理共同体。[①]

第二节 知识产权支撑"一带一路"建设

2013 年，习近平总书记出访中亚和东南亚国家期间，先后提出共建"丝绸之路经济带"和"21 世纪海上丝绸之路"的重大倡议。截至 2022 年 4 月，

---

① 马一德：《全球治理大局下的知识产权强国建设》，载《知识产权》2021 年第 10 期。

我国已与149个国家、32个国际组织签署共建"一带一路"合作文件，"一带一路"倡议从理念转化为实践，创造机遇，惠及世界。第71届联合国大会决议欢迎"一带一路"等经济合作倡议，敦促各方通过"一带一路"倡议。可以说，"一带一路"开启了一个共赢主义的时代，[①] 拓展了对外开放领域，推动了制度型开放，构建了广泛的朋友圈，探索了促进共同发展的新路子，实现了同共建国家互利共赢。丝绸之路自古以来就是知识传播和技术传递之路，区域知识产权合作是"一带一路"倡议的重要组成部分。

《知识产权强国建设纲要（2021—2035年）》明确提出，"深化与共建'一带一路'国家和地区知识产权务实合作，打造高层次合作平台，推进信息、数据资源项目合作，向共建'一带一路'国家和地区提供专利检索、审查、培训等多样化服务"。《"十四五"国家知识产权保护和运用规划》进一步要求，"巩固和完善'一带一路'知识产权合作，充分利用'一带一路'知识产权合作平台，扩大合作项目规模和储备"。特别是，《"十四五"国家知识产权保护和运用规划》明确设立"'一带一路'知识产权合作工程"，具体部署"加强'一带一路'知识产权合作机制建设"和"强化知识产权能力提升项目实施"。该规划在"加强'一带一路'知识产权合作机制建设"方面，具体要求"打造共建'一带一路'国家和地区高层次合作平台。将知识产权合作同'数字丝绸之路'、'创新丝绸之路'等建设协调推进。推进知识产权信息、数据资源等领域合作"；在"强化知识产权能力提升项目实施"方面，具体要求"向共建'一带一路'国家和地区提供专利检索、审查、培训等多样化服务，开展面向共建'一带一路'国家和地区的知识产权培训"。

一、"一带一路"知识产权合作历程

2016年7月21日至22日，"一带一路"知识产权高级别会议在北京举行。会议期间，举办了"一带一路"知识产权圆桌会，近50个"一带一路"

---

① 葛剑雄、胡鞍钢、林毅夫等：《改变世界经济地理的"一带一路"》，上海交通大学出版社2015年版，第2页。

沿线国家知识产权机构的代表参加会议,世界知识产权组织和海湾阿拉伯国家合作委员会的代表作为观察员列席会议。在"一带一路"知识产权圆桌会上,与会的各国知识产权机构共同展望了加强知识产权领域合作的愿景,形成《加强"一带一路"国家知识产权领域合作的共同倡议》。上述共同倡议的主要内容如下。[①]

考虑到:

丝绸之路促进了其沿线国家的经济和文化交流,形成了和平合作、开放包容、互学互鉴、互利共赢的传统,促进了古丝绸之路沿线各国的繁荣和发展。

21 世纪是以和平、发展、合作、共赢为主题的时代。顺应世界多极化、经济全球化、文化多样化、社会信息化的潮流,维护全球自由贸易体系和开放型世界经济显得尤为重要。

认识到:

知识产权作为保护人类智慧结晶的无形财产权,已经成为国家发展的重要资源,在激励创新、促进经济发展和文化繁荣方面发挥着重要作用。

沿线国家在知识产权领域保持紧密合作符合各国共同利益,有利于建立良好的知识产权生态体系,促进各国知识产权制度完善,营造有利于创新和可持续发展的环境。

沿线国家知识产权合作应充分考虑并尊重各国在经济发展水平、文化、创新能力以及国内法律制度方面的差异。

沿线国家知识产权机构将积极探索在知识产权领域加强对话与合作的前景,并提出以下合作倡议:

1. 加强知识产权法律法规、政策、战略方面的交流与合作。

——鼓励各国用互利共赢的理念推动知识产权发展,相互交流经验,立足各国实际情况,完善各自有关制度。

---

① "'一带一路'知识产权高级别会议在中国北京举行",载容·知识产权网,http: // rongipa. com/index. php? show － － cid － 16 － id － 65. html,访问日期:2023 年 5 月 24 日。

——支持各国就各自知识产权战略的制定实施开展交流，分享经验。

——鼓励各国就促进科研机构和创新密集型产业间的知识转移进行交流。

——支持各国加强传统和新兴领域知识产权事务（如遗传资源、传统知识和民间文艺以及互联网环境下的知识产权）上的交流和合作，共同推动相关知识产权制度的建立和发展。

2. 支持各国知识产权机构不断加强能力建设，为知识产权用户提供便捷高效、惠而不费的服务，帮助其更好地利用知识产权制度。

——鼓励各国改善知识产权机构基础设施，支持各国开展知识产权注册或审批能力建设方面的合作与经验交流。

——鼓励各国推动知识产权服务业的发展，为创新主体提供更好的服务和支持。

3. 鼓励各国加强知识产权保护方面的务实合作。

——各国均注重知识产权保护，以激励创新，促进科技、经济和文化发展。

——完善各国间在知识产权保护和执法方面进行经验交流、信息交换及协作相关的机制。

4. 支持各国在促进公众知识产权意识提升方面开展交流合作。

——鼓励各国开展知识产权宣传，形成尊重知识产权的风尚。支持各国知识产权机构就世界知识产权日相关活动开展交流和合作。

——支持各国通过知识产权教育加强培养青少年知识产权意识，并就相关政策和措施开展交流。

——鼓励各国将知识产权纳入教育体系，互派留学生、进修生等。

——鼓励各国引导市场主体加强知识产权运用，尤其是不断提高中小微企业知识产权运用能力。

5. 支持各国加强知识产权人才培养方面的合作。

——支持各国知识产权机构开展知识产权审批和管理人员培训方面的交流合作。

——支持各国加强知识产权服务业从业人员能力建设。

——支持各国开展利用远程教育进行人才培养方面的交流合作。

6. 鼓励各国加强知识产权信息的共享和利用。

——支持各国知识产权机构在各自国内相关法律允许的范围内，根据自身能力和需要开展知识产权信息共享和数据交换。

——鼓励各国不断推进面向公众的知识产权数据信息资源的开放共享，加强对知识产权用户的信息服务。

考虑到世界知识产权组织的重要性及其在全球知识产权发展中发挥的关键作用，参会的沿线国家知识产权机构希望世界知识产权组织为共同倡议的实施提供技术援助和支持。

2017 年 5 月 14 日，在"一带一路"国际合作高峰论坛期间，国家知识产权局局长申长雨和世界知识产权组织总干事弗朗西斯·高锐共同签署了《中华人民共和国政府和世界知识产权组织加强"一带一路"知识产权合作协议》。这是中国政府与国际组织签署的首个有关"一带一路"知识产权合作的文件，标志着双方将围绕"一带一路"建设开展全面深入合作，促进"一带一路"沿线国家和地区知识产权发展。[①]

2018 年 8 月 28 日，第二次"一带一路"知识产权高级别会议在北京召开。习近平总书记所致贺信指出："知识产权制度对促进共建'一带一路'具有重要作用。中国坚定不移实行严格的知识产权保护，依法保护所有企业知识产权，营造良好营商环境和创新环境。希望与会各方加强对话，扩大合作，实现互利共赢，推动更加有效地保护和使用知识产权，共同建设创新之路，更好造福各国人民。"与会国家宣布要进一步深化知识产权合作。[②]

2019 年 4 月 25 日至 27 日，第二届"一带一路"国际合作高峰论坛在北京举办。其间，中国国家知识产权局与俄罗斯联邦知识产权局、巴基斯坦知识产权组织、老挝科技部、新加坡知识产权局、波兰专利局、匈牙利知识产

---

① 王康："中国政府与国际组织首个有关'一带一路'知识产权合作文件签署"，载人民网，http://ip.people.com.cn/n1/2017/0518/c136655-29285122.html，访问日期：2023 年 5 月 24 日。

② "习近平向 2018 年'一带一路'知识产权高级别会议致贺信"，载国家知识产权局官网，https://www.cnipa.gov.cn/art/2018/8/29/art_698_47967.html，访问日期：2023 年 5 月 24 日。

权局、马来西亚知识产权局、泰国商务部知识产权厅等 49 个共建"一带一路"国家的知识产权机构共同发布《关于进一步推进"一带一路"国家知识产权务实合作的联合声明》。①

二、"一带一路"知识产权合作工程

"一带一路"知识产权合作需要以"构建人类命运共同体"为导向。习近平总书记在 2018 年 6 月出席中央外事工作会议时指出："当前，我国处于近代以来最好的发展时期，世界处于百年未有之大变局，两者同步交织，相互激荡。做好当前和今后一个时期对外工作具备很多国际有利条件。"② 之后，习近平总书记在"中非合作论坛"北京峰会、亚太经合组织工商领导人峰会、第二届"一带一路"国际合作高峰论坛欢迎宴会等多个场合阐述"百年未有之大变局"的深刻内涵。在这样的历史背景下，各国命运与共，习近平总书记提出了"构建人类命运共同体"的伟大理念。

"一带一路"知识产权合作需要以知识产权制度的包容性与多元性为导向。正如本章第一节所述，知识产权国际规则的变革经历了巴黎联盟和伯尔尼联盟时期、世界知识产权组织时期、世界贸易组织时期，目前已经进入知识产权全球治理新结构初步形成的时期，即世界知识产权组织、世界贸易组织、超 TRIPS 复边、多边和双边机制共存的后 TRIPS 时代。超 TRIPS 限制了这种产生于多边条约条件下的灵活性。在后 TRIPS 时代，虽然 TRIPS 协定允许发展中国家保留某种程度的灵活性，但是发达国家试图通过以地区和双边协定的方式存在的"更加严厉的知识产权条款"提升知识产权国际规则的统一性与刚性。我们开展"一带一路"知识产权合作的出发点则与之截然不同，更多的是强调知识产权制度的包容性与多元性。"一带一路"知识产权合作的核心思路是，"一带一路"沿线的区域性知识产权国际条约和双边条约具有高度的差异性和复杂性，应当在包容性和多元性的基础上采取柔

① "第二届'一带一路'国际合作高峰论坛成果丰硕"，载中国质量新闻网，https://www.cqn.com.cn/zgzlb/content/2019-04/29/content_7058928.htm，访问日期：2023 年 5 月 24 日。
② "努力开创中国特色大国外交新局面"，载旗帜网，http://www.qizhiwang.org.cn/BIG5/n1/2020/0818/c433566-31827072.html，访问日期：2023 年 5 月 24 日。

性合作模式,① 通过知识产权合作为各国经济社会的发展提供有力支撑,② 并推动建立"一带一路"和平合作、开放包容、互学互鉴、互利共赢的知识产权保护新秩序。③"一带一路"知识产权合作的特点是,不强调制度核心,不以条约为基础,通过积极主动的方式代替被动应付。④

"一带一路"知识产权合作需要以知识产权基础设施建设为关键。首先,构建"一带一路"共融共认的知识产权国际协调法律制度。对此,应循序渐进,构建有层次的"一带一路"倡议下的知识产权国际协调法律制度;由小及大,架构从区域内到跨区域的知识产权国际协调法律路径;中国作为倡议提出国,应积极牵线搭桥,贡献其智慧和方案,引领"一带一路"知识产权"南南合作"与"南北合作",最终形成完整的、可操作的知识产权多边协调机制,以此助力"一带一路"倡议参与国的发展,实现共同繁荣。⑤ 其次,构建"一带一路"互联互通的知识产权合作网络。"一带一路"沿线国家加强知识产权审查、知识产权服务、知识产权执法、知识产权人才培养方面的合作,形成有效的知识产权合作网络。最后,构建"一带一路"共享共用的知识产权信息通路。加强"一带一路"沿线国家的合作,强化知识产权公共信息的供给,促进"一带一路"知识产权信息共享共用。

第三节　知识产权审查结果共享与借鉴

《知识产权强国建设纲要(2021—2035 年)》明确提出,"加强与各国知识产权审查机构合作,推动审查信息共享。打造国际知识产权诉讼优选地。

---

① 刘亚军、高云峰:《"一带一路"倡议下知识产权区域合作差异性探析》,载《大连理工大学学报(社会科学版)》2018 年第 6 期。

② 刘剑:《加强知识产权国际合作,助推"一带一路"建设》,载《专利代理》2018 年第 4 期。

③ 李晓明:《推动"一带一路"合作 加强知识产权保护》,载《法制日报》2016 年 10 月 19 日,第 12 版。

④ Wang Heng, *China's Approach to the Belt and Road Initiative*, Journal of International Economic Law, Vol. 22:1, p. 29 (2019).

⑤ 马忠法、王悦玥:《"一带一路"倡议下的知识产权国际协调法律制度》,载《上海财经大学学报》2022 年第 2 期。

提升知识产权仲裁国际化水平"。该纲要进一步要求，"拓展海外专利布局渠道。推动专利与国际标准制定有效结合。塑造中国商标品牌良好形象，推动地理标志互认互保，加强中国商标品牌和地理标志产品全球推介"。此外，该纲要明确提出，"鼓励高水平外国机构来华开展知识产权服务"。《"十四五"国家知识产权保护和运用规划》明确要求，"加强知识产权保护国际合作。便利知识产权海外获权。强化知识产权审查业务合作，拓展'专利审查高速路'国际合作网络，重点推动相关国家共享专利、植物新品种等审查结果。引导创新主体合理利用世界知识产权组织全球服务体系等渠道，提高海外知识产权布局效率"。

正如本书第四章第二节"知识产权强国建设引领下的世界一流审查机构展望"中的描述，在世界一流专利商标审查机构的建设过程中，需要坚持"国内统筹、全球谋划"的基本理念，正确处理国内部署与全球视野的关系。一方面，统筹国内力量，加强专利商标审查资源配置，促进专利商标审查工作与经济科技和社会发展高度融合。另一方面，全球谋划专利审查工作定位，积极推进专利商标审查一体化建设，以"一带一路"协同审查支撑开放战略。这其中，全球谋划专利审查工作定位、积极推进专利商标审查一体化建设，就迫切需要加强知识产权审查国际合作。

积极发展专利审查高速公路，加强与各国专利审查机构合作，推动专利审查信息共享，促进专利审查国际合作。由于现实的专利审查工作量超出单个国家所能承受的范围，国家之间会谋求形成资源的集合来应对专利审查工作的压力，即形成协同专利审查模式，目前亟须在审查合作的基础上推进创新。[①] 在这一背景下，由于世界知识产权组织推动专利一体化的"三驾马车"：《专利合作条约》的改革、《专利法条约》的生效和"实体专利法条约"的谈判，在全球大范围协调活动发展迟滞，从法规协调转为实务合作，诸多双边、小多边范围内的审查协作蓬勃开展起来，美国、日本率先在2006年7月3日启动"美日专利审查高速路（PPH）项目"。[②] 所谓的 PPH

---

① 余力焓：《专利审查国际合作的创新内涵与协同机制研究》，载《情报杂志》2018 年第 6 期。
② 范晓、王倩：《专利审查高速路机制对专利国际合作的崭新推动》，载国家知识产权局条法司编：《专利法研究（2017）》，知识产权出版社 2019 年版，第 135－149 页。

机制，是专利审查高速路（Patent Prosecution Highway）机制的简称，也就是专利申请人在首次申请局（OFF）或者首次审查局（OEE）提交的发明专利申请中所包含的至少一项或者多项权利要求被认定为可授权/具有可专利性时，在一定条件下，可以向后续申请局（OSF）或者后续审查局（OLE）对相应的专利申请提出加快审查请求的一种机制，其并非专利审查主权的让渡，而是建立在 PPH 协议局之间可以相互参考和利用（并非承认）各自的检索和审查结果的基础上进行的。① 最初的 PPH 机制建立在常规 PPH（NORMAL PPH）的基础上，之后逐步衍生出 PCT - PPH（2010 年 1 月）和 PPH MOTTAINAI（2011 年 7 月），同时从双边模式发展出来多边合作模式，出现了"五局审查高速路试点（IP5 PPH）"（2014 年 1 月 6 日）和"全球专利审查高速路（Global PPH）"（2014 年 1 月 6 日）。目前，在全球范围内形成了 NORMAL PPH、PPH MOTTAINAI 和 PCT - PPH 三种模式，并构建了 IP5 PPH 和 Global PPH 等多边协议合作网络。② 未来，我国专利审查国际合作的方向在于，推动 PPH 全球合作网络的优化，特别是积极促进不需要逐一签署双边合作协议的 Global PPH 多边合作协议网络，充分发挥专利审查国际合作对"一带一路"合作的促进作用，支持解决各国之间专利创新交流合作的阻碍，为全球技术经济发展提供支撑。同时，推动审查信息共享，促进审查结果的相互借鉴，引导创新主体合理利用世界知识产权组织全球服务体系等渠道，提高海外知识产权布局效率。

第四节　知识产权涉外风险防控体系建设

《知识产权强国建设纲要（2021—2035 年）》明确提出"建设知识产权涉外风险防控体系"，并进一步要求"加强知识产权对外工作力量"。

---

① 范晓、王倩：《专利审查高速路机制对专利国际合作的崭新推动》，载国家知识产权局条法司编：《专利法研究（2017）》，知识产权出版社 2019 年版，第 135 - 149 页。
② 佘力焓：《专利审查高速路的创新发展模式、结构特征及优化策略研究》，载《科学管理研究》2022 年第 3 期。

《"十四五"国家知识产权保护和运用规划》明确要求，"加强知识产权海外维权援助。建立国际知识产权风险预警和应急机制，建设知识产权涉外风险防控体系。建立国际趋势跟踪研究基地，加强对商业秘密保护、互联网企业走出去等重点前沿问题的研究。提升海外知识产权信息服务能力，建立健全国外展会知识产权服务站工作机制。鼓励保险机构开展知识产权海外侵权保险业务。积极发挥贸易投资促进机构作用，不断加强知识产权海外服务保障工作"。

一、总体国家安全观下的涉外风险防控

习近平总书记在第十九届中央政治局第二十五次集体学习中提出："知识产权保护工作关系国家治理体系和治理能力现代化，关系高质量发展，关系人民生活幸福，关系国家对外开放大局，关系国家安全。"这将知识产权与国家安全的关系提升到新的高度。同时，习近平总书记进一步强调"要维护知识产权领域国家安全""知识产权对外转让要坚持总体国家安全观"，这是基于当前国际国内形势作出的重要判断，要求我们在总体国家安全观下形成知识产权安全治理体系。

由于在知识经济时代，知识产权制度的实施效果关系到一国经济发展、科技进步的繁荣，① 知识产权安全在总体国家安全体系中具有重要地位，与国家文化安全、国防安全、卫生安全、粮食安全乃至于政治安全存在内在联系。党的二十大报告指出"国家安全是民族复兴的根基，社会稳定是国家强盛的前提。必须坚定不移贯彻总体国家安全观，把维护国家安全贯穿党和国家工作各方面全过程，确保国家安全和社会稳定"，将"国家安全体系和能力现代化"提升到新的战略高度。总体国家安全观涵盖政治、军事、国土、经济、金融、文化、社会、科技、网络、粮食、生态、资源、核、海外利益、太空、深海、极地、生物、人工智能、数据等诸多领域，② 知识产权安全是总体国家安全观的重要组成部分。知识产权安全是指我国知识产权的创造、

---

① 吴汉东：《知识产权的多元属性及研究范式》，载《中国社会科学》2011 年第 5 期。
② 金歆：《全面贯彻落实总体国家安全观》，载《人民日报》2022 年 9 月 20 日第 009 版。

运用和保护各个环节（存在和发展），相对处于没有危险和不受内外威胁的状态，以及保护持续安全状态的能力。[1] 由于知识产权制度是激励创新的重要机制，通过赋予创新创造者专有权促进科技创新成果得到运用和保护，获得的经济利益进一步保证新一轮的研发投入，从而源源不断地产生新的科技创新成果，因此，知识产权安全是确保这一循环有序开展、良性互动的关键。

用于涉外风险防控的知识产权风险预警制度具有重要意义。我国尚未建立统一协调的知识产权风险预警制度，[2] 尚未构建完善的知识产权涉外风险防控体系。虽然知识产权是私权，企业在海外遭遇知识产权纠纷是商业竞争的常见场景，但是如果一个国家某个产业的诸多企业，特别是涵盖产业上下游的关键企业，均遭遇海外知识产权纠纷，那么就需要关注这一海外知识产权纠纷情况对我国知识产权安全造成的风险，需要对此开展涉外知识产权风险防控。

二、知识产权涉外风险防控体系建设

一方面，加强知识产权涉外风险防控体系建设，需要加强知识产权安全法律制度建设。知识产权安全法律制度是知识产权安全治理的主要手段，运用法治手段治理知识产权安全问题是知识产权安全的基本特征。[3] 目前，我国涉外风险防控的有关法律制度相对缺乏、没有体系且刚性不足，散见于《专利法》的保密审查制度、《知识产权对外转让有关工作办法（试行）》规定的知识产权对外转让审查制度等。建议研究形成知识产权安全法律制度的顶层设计，研究出台知识产权安全治理、知识产权涉外风险防控的主要规范性法律文件，赋予有关机关制定具体知识产权安全审查的行政法规、地方性法规、部门规章的权力，形成体系完整、内在统一、逻辑严密、层次较高的知识产权安全法律制度。

另一方面，加强知识产权涉外风险防控体系建设，需要整合知识产权涉

---

[1] 朱雪忠、代志在：《总体国家安全观下的知识产权安全治理体系研究》，载《知识产权》2021 年第 8 期。

[2] 钱子瑜：《论知识产权海外维权援助体系的构建》，载《知识产权》2021 年第 6 期。

[3] 同注①。

外风险防控的管理职能。以知识产权对外转让的审查为例，《知识产权对外转让有关工作办法（试行）》规定，地方贸易主管部门收到技术出口经营者提交的中国限制出口技术申请书后，涉及专利权、集成电路布图设计专有权等知识产权对外转让的，应将相关材料转至地方知识产权管理部门。地方知识产权管理部门收到相关材料后，应对拟转让的知识产权进行审查并出具书面意见书，反馈至地方贸易主管部门，同时报国务院知识产权主管部门备案。涉及计算机软件著作权对外转让的，由地方贸易主管部门和科技主管部门按照《中华人民共和国技术进出口管理条例》（以下简称《技术进出口管理条例》）、《计算机软件保护条例》等有关规定进行审查。涉及植物新品种权对外转让的，由农业主管部门和林业主管部门根据《植物新品种保护条例》等有关规定，按照职责进行审查，重点审查内容为拟转让的植物新品种权对我国农业安全（特别是粮食安全和种业安全）的影响。由此可见，知识产权涉外风险防控体系建设中，涉及贸易主管部门、知识产权管理部门、科技主管部门、农业主管部门、林业主管部门等多个部门，需要整合相关职能，以便提高综合决策效能。

三、国际知识产权风险预警和应急机制建设

建立关键产业知识产权安全风险预警与应急机制是私权主体参与知识产权安全治理的重要路径。[1] 目前，我国尚未建立统一协调的知识产权风险预警制度，[2] 迫切需要对此加以解决并积极推动以产业联盟方式形成关键产业知识产权的安全风险预警与应急机制。

《国务院关于新形势下加快知识产权强国建设的若干意见》明确提出："完善海外知识产权风险预警体系。建立健全知识产权管理与服务等标准体系。支持行业协会、专业机构跟踪发布重点产业知识产权信息和竞争动态。制定完善与知识产权相关的贸易调查应对与风险防控国别指南。完善海外知识产权信息服务平台，发布相关国家和地区知识产权制度环境等信息。建立

---

① 朱雪忠、代志在：《总体国家安全观下的知识产权安全治理体系研究》，载《知识产权》2021 年第 8 期。

② 钱子瑜：《论知识产权海外维权援助体系的构建》，载《知识产权》2021 年第 6 期。

完善企业海外知识产权问题及案件信息提交机制，加强对重大知识产权案件的跟踪研究，及时发布风险提示。"该文件还进一步提出："提升海外知识产权风险防控能力。研究完善技术进出口管理相关制度，优化简化技术进出口审批流程。完善财政资助科技计划项目形成的知识产权对外转让和独占许可管理制度。制定并推行知识产权尽职调查规范。支持法律服务机构为企业提供全方位、高品质知识产权法律服务。探索以公证方式保管知识产权证据、证明材料。推动企业建立知识产权分析评议机制，重点针对人才引进、国际参展、产品和技术进出口等活动开展知识产权风险评估，提高企业应对知识产权国际纠纷能力。"

在这一背景下，国家知识产权海外纠纷应对指导中心在国家知识产权局知识产权保护司指导下成立。该指导中心旨在聚焦海外知识产权纠纷应对中存在的难点和痛点，构建国家层面海外知识产权纠纷信息收集和发布渠道，建立中国企业海外知识产权纠纷指导与协调机制，提高企业"走出去"过程中的知识产权纠纷防控意识和纠纷应对能力。国家知识产权局、中国国际贸易促进委员会联合发布的《关于进一步加强海外知识产权纠纷应对机制建设的指导意见》（国知发保字〔2021〕33号）围绕"力争到2025年，横向互联、纵向互通、央地协同、合作共享的海外知识产权纠纷应对机制基本建立，便捷高效的国际知识产权风险预警和应急机制初步形成，知识产权涉外风险防控体系更加健全，海外知识产权纠纷应对指导服务网络更为完善，我国企业海外知识产权保护意识显著增强，海外知识产权纠纷应对能力明显提升，海外知识产权纠纷应对指导工作社会满意度达到并保持较高水平，知识产权保护对国际贸易的促进作用更加突出"这一目标，健全工作体系、丰富海外知识产权纠纷应对工作网络，加强指导服务、提升海外知识产权纠纷应对水平，强化信息服务、优化海外知识产权动态发布机制，加强专业建设、提升市场主体应对海外纠纷能力，加强组织保障、夯实海外纠纷应对机制建设基础等多个方面部署政策措施。

第六章　知识产权强国建设
实施框架体系研究

　　随着《知识产权强国建设纲要（2021—2035 年)》的颁布，知识产权强国建设进入实施阶段，需要围绕"知识产权强国建设实施框架体系建设"这一实施方向开展研究，深入分析全国统筹与地方实践、摸着石头过河与加强顶层设计两大战略实施方法论，重点研究知识产权强国建设组织领导体系、知识产权强国公共政策体系、知识产权强国建设实施评估与动态调整体系等"三大实施体系"，协调好政府与市场的关系、国内与国际的关系、知识产权数量与质量的关系、知识产权需求与供给的联动关系等"四大实施关系"，通过知识产权强国建设的实施证成平衡协同的系统发展观。

　　第一，知识产权强国建设实施框架体系是建设知识产权强国、证成平衡协同的知识产权系统发展观的总体方向。通常而言，知识产权强国建设实施框架体系包括谁来实施、如何实施、如何保障实施三个方面。其中，就"谁来实施"的问题而言，知识产权强国建设是全民参与的国家战略，由全体民众共同参与、共同推进。同时，在这一实施推进过程中，需要加强知识产权强国建设组织领导体系建设，充分发挥国务院知识产权战略实施工作部际联席会议作用，建立统一领导、部门协同、上下联动的工作体系。[1] 就"如何实施"的问题而言，知识产权强国建设是发挥总体战略、规划计划、法律制

---

　　① 参见吴汉东：《知识产权综合管理改革与治理体系现代化》，载《学习时报》2017 年 2 月 27 日第 001 版；吴汉东：《论知识产权一体化的国家治理体系——关于立法模式、管理体制与司法体系的研究》，载《知识产权》2017 年第 6 期；宋世明、张鹏、葛赋斌：《中国知识产权体制演进与改革方向研究》，载《中国行政管理》2016 年第 9 期。

度等的协同作用，构建以其为导向的知识产权公共政策体系。① 为了保障知
识产权强国建设的深入开展，确保预定目标的实现和预定任务措施的落实，
需要建立知识产权强国建设实施评估体系。同时，《知识产权强国建设纲要
（2021—2035 年）》明确要求"国家知识产权局会同有关部门建立本纲要实
施动态调整机制"，进一步要求建立知识产权强国建设实施的动态调整体系。

第二，知识产权强国建设实施需要把握全国统筹与地方实践、摸着石头
过河与加强顶层设计两大战略实施方法论。一方面，知识产权强国建设实施
需要把握全国统筹与地方实践的结合。知识产权强国建设是党中央、国务院
发布的国家战略，需要坚持战略引领、统筹规划、协同推进。同时，知识产
权强国建设需要与京津冀协同发展、粤港澳大湾区建设、长三角一体化发展
等区域协调发展战略和主体功能区建设协同，在相关区域推动战略协同推进
机制。进一步而言，知识产权强国建设需要"点线面结合"，积极推动各地
结合地方实践，制定实施知识产权强省、知识产权强市、知识产权强企建设
的战略布局与政策部署。另一方面，知识产权强国建设实施需要把握摸着石
头过河与加强顶层设计的结合。知识产权强国建设是一项"前无古人"的事
业，是我们从"认识知识产权"转向"驾驭知识产权"的阶段。在"认识知识
产权"阶段，我们可以从发达国家的知识产权实践中获得更多方向性的启
发；在"驾驭知识产权"阶段，我们有责任提出更多为各国借鉴的知识产权
制度"公共产品"。这就要求我们一方面先行先试、总结经验、凝练模式，
另一方面深入研究知识产权强国建设任务举措和工程项目的推进经验，与时
俱进、动态调整。

第三，知识产权强国建设实施需要协调好政府与市场的关系、国内与
国际的关系、知识产权数量与质量的关系、知识产权需求与供给的联动关
系等"四大实施关系"。首先，充分发挥知识产权制度激励创新的基本保
障作用，使知识产权制度成为市场配置创新资源的根本制度，协调好政府
与市场的关系，加快实现知识产权治理体系和治理能力现代化。深化知识

① 参见孔祥俊：《论知识产权的公共政策性》，载《上海交通大学学报（哲学社会科学版）》
2021 年第 3 期；张鹏：《知识产权公共政策体系的理论框架、构成要素和建设方向研究》，载《知识
产权》2014 年第 12 期。

产权领域改革，构建更加完善的要素市场化配置体制机制，建设激励创新发展的知识产权市场运行机制。同时，充分发挥政府在知识产权领域的经济调节、市场监管、公共服务等方面的作用，发挥政府引导作用，促进形成知识产权强国建设的良好法治环境、市场环境，为高质量发展提供有力支撑。其次，知识产权强国建设既是国内发展战略也是国际合作战略，需要协调国内与国际的关系。立足我国国情分析知识产权强国建设的具体思路和任务举措，全面做好中国特色社会主义道路在知识产权领域的落实。同时，坚持人类命运共同体理念，积极参与知识产权全球治理体系改革和建设，构建多边和双边协调联动的国际合作网络，推动构建开放包容、平衡普惠的知识产权国际规则，让创新创造更多惠及各国人民。再次，进一步处理好知识产权数量与质量的关系，是我们在已经成为知识产权大国基础上加快建设知识产权强国的关键。"大而不强、多而不优"是我们运用知识产权推动高质量发展迫切需要解决的问题，这就需要处理好知识产权数量与质量的关系，完善以企业为主体、市场为导向的高质量创造机制，加快培育高质量、高价值、高效益的知识产权组合。最后，处理好知识产权需求与供给的联动关系。深化供给侧结构性改革是知识产权强国建设的主线，知识产权强国建设需要加强需求与供给之间的联动，加强知识产权公共服务供给和数据资源供给。

综上所述，上述"一个实施方向、两大实施方法、三大实施体系、四大实施关系"构成了知识产权强国建设实践证成的基本内容，需要进一步深入研究，为知识产权强国建设实施提供理论支撑，将知识产权强国建设基本道路、知识产权强国建设基础理论与支撑知识产权强国建设的中国特色知识产权制度辩证统一到知识产权强国建设实施的伟大历史实践中。围绕"知识产权强国建设实施框架体系建设"这一实施方向，本部分第一节讨论知识产权战略部际协调机制，第二节分析知识产权战略考核评估与动态调整，第三节研究知识产权财税金融支撑政策，第四节阐述知识产权功勋制度的基本思路。

第一节　知识产权战略部际协调机制研究

《知识产权强国建设纲要（2021—2035 年)》明确提出，"全面加强党对知识产权强国建设工作的领导，充分发挥国务院知识产权战略实施工作部际联席会议作用，建立统一领导、部门协同、上下联动的工作体系，制定实施落实本纲要的年度推进计划。各地区各部门要高度重视，加强组织领导，明确任务分工，建立健全本纲要实施与国民经济和社会发展规划、重点专项规划及相关政策相协调的工作机制，结合实际统筹部署相关任务措施，逐项抓好落实"。《"十四五"国家知识产权保护和运用规划》进一步部署，"坚持党对知识产权工作的全面领导，充分发挥国务院知识产权战略实施工作部际联席会议作用，完善工作机制，形成工作合力，确保党中央、国务院关于知识产权工作的各项决策部署落到实处"。

一、知识产权战略部际协调机制的发展演进

我国知识产权战略部际协调机制肇始于知识产权管理协调机制，形成于 2008 年《国家知识产权战略纲要》发布后建立的国家知识产权战略实施工作部际联席会议制度，发展于 2016 年成立的国务院知识产权战略实施工作部际联席会议制度，在 2018 年的机构改革中相关职能得以进一步强化。

1. 1991—2008 年：肇始阶段

1991—1993 年，逐步认识到知识产权分散管理带来的问题。应当说，应对知识产权分散管理带来的问题，是探讨建立知识产权管理协调机制的起因。"正是意识到了分散式管理的弊病所在，中央先后设立了不同名称和形式的综合性知识产权议事协调机构：国务院知识产权办公会议制度、国家保护知识产权工作组、国家知识产权战略领导小组、国务院国家知识产权战略实施工作部际联席会议制度。"① 早在 1991 年，时任中华全国专利代理人协会

---

① 马一德：《构建一体化知识产权管理体制的建议》，载微信公众号"知产力"，2017 年 3 月 8 日发布。

（中华全国专利代理师协会的前身）会长柳谷书同志致函国务院有关领导同志，建议健全知识产权管理的相关职能，国务院对此进行了专门讨论。1993年八届全国人大一次会议召开之前讨论国务院机构改革方案时，中国专利局提出组建我国的知识产权综合管理机构的建议，时任国务委员宋健同志、时任副总理朱镕基同志、时任总理李鹏同志均作出批示。1993年年底，中国专利局向国务院上报《关于将商标局和专利局合并的建议》。

1994—1998年，针对知识产权分散管理带来的问题探索建立协调机制。1994年7月11日，国务院办公厅发布《关于建立国务院知识产权办公会议制度及有关部门职责分工问题的通知》（国办发〔1994〕82号），正式建立国务院知识产权办公会议制度这一知识产权工作协调机制。该通知针对知识产权分散管理带来的问题，明确提出"知识产权管理是一项涉及立法、司法、行政执法和行政管理等多方面的综合性工作。各部门应当在办公会议的统筹协调下，明确职责，协同配合，切实保障各知识产权法律、法规的贯彻实施"，并在此背景下进一步部署，"为了健全和完善我国的知识产权管理制度，加强知识产权工作的宏观管理和统筹协调，国务院同意建立国务院知识产权办公会议制度"。国务院知识产权办公会议由时任国务委员宋健同志通知主持，研究、领导、协调全国知识产权有关工作，负责研究确定知识产权管理的重大政策和对策，协调跨部门、跨地区的综合性知识产权管理工作，推动知识产权制度成为我国实施科学技术发展战略和建立新型科技、经济、文化体制的组成部分。国务院知识产权办公会议下设办公室（不刻章），设在国家科学技术委员会（由一个司负责，对外用办公室的名义，编制及经费由国家科学技术委员会内部调剂解决，不作为一个管理层次）。同时，该通知还进一步对中国专利局、国家工商行政管理局、国家版权局、国务院法制局、海关总署、电子部、化工部、农业部、广播电影电视部、文化部、卫生部、国家医药管理局的知识产权管理职责加以明确。可以说，国务院知识产权办公会议制度是知识产权战略部际协调机制的前身。1998年，国务院机构改革方案要求，将中国专利局更名为国家知识产权局，主管专利工作和统筹协调涉外知识产权事宜。同时，国家科学技术委员会承担的国务院知识产权办公会议办公室的职能划入国家知识产权局。

1999—2004年，国家保护知识产权工作领导机制建立。1999年，时任国务院总理朱镕基同志在接见时任世界知识产权组织总干事伊德里斯时提出，我国政府机构改革中将中国专利局改为国家知识产权局，体现了中国政府对知识产权的重视，同时，如何协调、统筹仍需要多做工作，还应继续完善。2004 年 8 月，国务院决定成立国家保护知识产权工作组。其主要职责是，统一领导全国保护知识产权工作，推动知识产权保护工作体系和法律法规建设；推动建立跨部门的知识产权执法协作机制，搞好行政执法和刑事司法衔接；加强知识产权宣传，增强全社会保护知识产权意识。[①] 其工作组办公室设在全国整顿和规范市场经济秩序领导小组办公室，负责日常工作和督办侵犯知识产权重大案件。办公室主任由商务部副部长兼任。

2005—2008 年，国家知识产权战略制定工作协调机制建立。2005 年 1 月，国务院办公厅发布《关于成立国家知识产权战略制定工作领导小组的通知》（国办发〔2005〕1 号），正式成立由时任国务院副总理吴仪同志担任组长的国家知识产权战略制定工作领导小组，负责制定国家知识产权战略工作。该领导小组办公室设在国家知识产权局。在此之后，2007 年 2 月 13 日，针对国家版权局提出的《关于建立"推进企业使用正版软件工作部际联席会议"的请示》（国权〔2007〕5 号），国务院形成《关于同意建立推进企业使用正版软件工作部际联席会议的批复》（国函〔2007〕15 号），同意建立由国家版权局牵头的推进企业使用正版软件工作部际联席会议制度，负责指导推进企业使用正版软件工作，协调解决工作中出现的问题，组织相关督促检查和宣传表彰等。2008 年 7 月，在大部制改革的背景下，随着《国家知识产权战略纲要》的颁布实施，国家知识产权战略制定工作领导小组、国家保护知识产权工作组均被撤销，其关于推进实施国家知识产权战略、组织协调全国知识产权保护工作的相关职能由国家知识产权局承担。

2. 2008—2015 年：初创阶段

2008 年，建立国家知识产权战略实施工作部际联席会议制度。2008 年 10 月 9 日，国务院批复同意建立国家知识产权战略实施工作部际联席会议制

---

① 《国务院办公厅关于国家保护知识产权工作组主要职责和调整组成人员的通知》，国办发〔2006〕26 号，2006 年 4 月 7 日发布。

度。国家知识产权战略实施工作部际联席会议的主要职责是：在国务院领导下，统筹协调国家知识产权战略实施工作；研究制定国家知识产权战略实施计划；指导、督促、检查有关政策措施的落实；协调解决国家知识产权战略实施过程中的重大问题；研究国家知识产权战略实施的重大政策措施，向国务院提出建议；研究协调与国家知识产权战略实施工作有关的其他重要事项。国家知识产权战略实施工作部际联席会议成员单位由中央宣传部、知识产权局等 28 个部门和单位组成，知识产权局是牵头单位。国家知识产权战略实施工作部际联席会议召集人由知识产权局局长担任，联席会议成员由国务院分管副秘书长、各成员单位负责同志担任。联席会议原则上每半年召开一次全体会议。国家知识产权战略实施工作部际联席会议办公室设在知识产权局，具体工作由当时的国家知识产权局保护协调司承担。

2010 年，全国打击侵犯知识产权和制售假冒伪劣商品专项行动领导小组成立。2010 年 10 月，国务院办公厅发布的《打击侵犯知识产权和制售假冒伪劣商品专项行动方案》（已失效）明确部署，通过开展打击侵犯知识产权和制售假冒伪劣商品专项行动，严肃查处一批国内外重点关注的侵犯知识产权大案要案，曝光一批违法违规企业，形成打击侵犯知识产权行为的高压态势；增强企业诚信守法意识，提高消费者识假辨假能力，形成自觉抵制假冒伪劣商品、重视知识产权保护的社会氛围，营造知识产权保护的良好环境；加强执法协作，提升执法效能，加大执法力度，充分发挥知识产权行政保护和司法保护的作用，全面提高各地区、各部门保护知识产权和规范市场秩序的水平。为加强对专项行动的组织领导，保证各项任务落到实处，国务院决定成立全国打击侵犯知识产权和制售假冒伪劣商品专项行动领导小组，负责统一领导专项行动，督促检查工作进展，督办重大案件。全国专项行动领导小组办公室设在商务部，承担日常工作。

3. 2015—2018 年：发展阶段

2015—2016 年，从国家知识产权战略实施工作部际联席会议到国务院知识产权战略实施工作部际联席会议。2015 年 12 月发布的《国务院关于新形势下加快知识产权强国建设的若干意见》明确要求"完善国家知识产权战略实施工作部际联席会议制度，由国务院领导同志担任召集人"，并将上述任务作为"研究完善知识产权管理体制"的首要措施。2016 年 3 月，针对国家知识产权局提出的《关于建立国务院知识产权战略实施工作部际联席会议制度的请示》（国知发协字〔2016〕12 号），国务院作出《关于同意建立国务院知识产权战略实施工作部际联席会议制度的批复》（国函〔2016〕52 号），批复同意建立国务院知识产权战略实施工作部际联席会议制度。同时，《国务院关于同意建立国家知识产权战略实施工作部际联席会议制度的批复》（国函〔2008〕88 号）停止执行。新制度与国家知识产权战略实施工作部际联席会议制度相比，有以下三点主要区别。

一是联席会议召集人提升。从之前的国家知识产权战略实施工作部际联席会议制度由国家知识产权局局长担任召集人，升格为由国务院分管知识产权工作的领导同志担任联席会议召集人，协助分管知识产权工作的国务院副秘书长和国家知识产权局主要负责同志担任副召集人，各成员单位有关负责同志为联席会议成员。二是联席会议成员单位进一步扩充。国务院知识产权战略实施工作部际联席会议由 31 个部门和单位组成。三是联席会议职能进一步拓展。相关职能从知识产权战略实施拓展到知识产权强国建设。国务院知识产权战略实施工作部际联席会议的主要职责是：在国务院领导下，统筹协调国家知识产权战略实施和知识产权强国建设工作，加强对国家知识产权战略实施和知识产权强国建设工作的宏观指导；研究深入实施国家知识产权战略和加强知识产权强国建设的重大方针政策，制订国家知识产权战略实施计划；指导、督促、检查有关政策措施的落实；协调解决国家知识产权战略实施和知识产权强国建设中的重大问题；完成国务院交办的其他事项。

4. 2018 年至今：提升阶段

2018 年 3 月 17 日，十三届全国人大一次会议听取了国务委员王勇受国务院委托所作的关于国务院机构改革方案的说明，审议了国务院机构改革方案，作出关于国务院机构改革方案的决定。其中明确提出："强化知识产权创造、保护、运用，是加快建设创新型国家的重要举措。为解决商标、专利分头管理和重复执法问题，完善知识产权管理体制，方案提出，将国家知识产权局的职责、国家工商行政管理总局的商标管理职责、国家质量监督检验检疫总局的原产地地理标志管理职责整合，重新组建国家知识产权局，由国家市场监督管理总局管理。"2018 年 9 月 11 日，中央机构编制网公布国家知识产权局的"三定"方案，即《国家知识产权局职能配置、内设机构和人员编制规定》。其中，明确规定国家知识产权局是国家市场监督管理总局管理的国家局，为副部级。国家知识产权局贯彻落实党中央关于知识产权工作的方针政策和决策部署，在履行职责过程中坚持和加强党对知识产权工作的集中统一领导。至此，根据《国务院关于机构设置的通知（2018）》（国发〔2018〕6 号）和《国务院关于部委管理的国家局设置的通知（2018）》（国发〔2018〕7 号），国家知识产权局得以重新组建并作为国家市场监督管理总局管理的国家局。

随着 2018 年机构改革的完成，国务院知识产权战略部际联席会议成员单位更新为：中央宣传部、最高人民法院、最高人民检察院、外交部、国家发展和改革委员会、教育部、科学技术部、工业和信息化部、公安部、司法部、财政部、人力资源和社会保障部、生态环境部、农业农村部、商务部、文化和旅游部、国家卫生健康委员会、人民银行、国务院国有资产监督管理委员会、海关总署、国家市场监督管理总局、国家广播电影电视总局、国家统计局、中国科学院、国家国防科技工业局、国家林业和草原局、国家知识产权局、中央军委装备发展部、中国国际贸易促进委员会。同时，《国家知识产权局职能配置、内设机构和人员编制规定》明确将"负责拟订和组织实施国家知识产权战略。拟订加强知识产权强国建设的重大方针政策和发展规划。拟订和实施强化知识产权创造、保护和运用的管理政策和制度"作为知识产权局的首要职责，并进一步规定，知识产权局内设"战略规划司"，负责拟订国家知识产权战略和建设知识产权强国的政策措施等工作。

同时，随着 2018 年机构改革的完成，全国打击侵犯知识产权和制售假冒伪劣商品工作领导小组也有所调整。2018 年 10 月，国务院办公厅发布《关于调整全国打击侵犯知识产权和制售假冒伪劣商品工作领导小组组成人员的通知》（国办发〔2018〕103 号），明确规定全国打击侵犯知识产权和制售假冒伪劣商品工作领导小组办公室设在国家市场监督管理总局，承担领导小组日常工作。2023 年 3 月 7 日，十四届全国人大一次会议举行第二次全体会议，审议国务院机构改革方案。在完善知识产权管理体制方面，将国家知识产权局由国家市场监督管理总局管理的国家局调整为国务院直属机构，提升了国家知识产权局在国家行政机构中的位置，使其回归到了上一轮机构改革前作为国务院直属局的地位，有利于知识产权事业发展；同时，理顺了国家知识产权局的职责，积极推动全面提升知识产权创造、运用、保护、管理和服务水平。

二、知识产权战略部际协调机制的理论分析

部际联席会议制度的定位是多部门工作协调机制。根据《国务院办公厅关于部际联席会议审批程序等有关问题的通知》（国办函〔2003〕49号）的规定，部际联席会议是为了协商办理涉及多个部门职责的事项而建立的一种工作机制，各成员单位按照共同商定的工作制度，及时沟通情况，协调不同意见，以推动各项工作任务的落实。建立部际联席会议，应当从严控制，可以由主办部门与其他部门协调解决的事项，一般不建立部际联席会议。正是由于其作为多部门工作协调机制的定位，该通知要求，部际联席会议不刻制印章，也不正式行文。如确需正式行文，可以牵头部门名义、使用牵头部门印章，也可以由有关成员单位联合行文。

根据是否由国务院领导同志牵头负责这一标准，可以将"部际联席会议"划分为"国务院部际联席会议"和普通"部际联席会议"。由于"国务院部际联席会议"由国务院领导同志牵头负责，因此具备一定的决策职能。《国务院办公厅关于部际联席会议审批程序等有关问题的通知》规定，建立部际联席会议，均须正式履行报批手续，具体由牵头部门请示，明确部际联席会议的名称、召集人、牵头单位、成员单位、工作任务与规则等事项，经有关部门同意后，报国务院审批。部际联席会议工作任务结束后，应由牵头部门提出撤销申请，说明部际联席会议的建立时间、撤销原因等，经各成员单位同意后，报国务院审批。新建立的部际联席会议，由国务院领导同志牵头负责的，名称可冠"国务院"字样，其他的统一称"部际联席会议"。这由此，国家知识产权战略实施工作部际联席会议改为国务院知识产权战略实施工作部际联席会议，具有非常重要的意义。

然而，即便2015—2016年从国家知识产权战略实施工作部际联席会议提

升到国务院知识产权战略实施工作部际联席会议，由于"部际联席会议"系"协商办理涉及多个部门职责的事项而建立的一种工作机制"，仅具有协调职能，而并不具有决策职能，因此建议国务院设立知识产权战略委员会，负责组织、协调、指导知识产权战略实施和知识产权强国建设工作。国务院知识产权战略委员会履行下列职责：研究拟订重大知识产权战略政策；组织调查、评估知识产权战略实施状况，发布评估报告；对各地知识产权战略实施情况进行指导、督促、检查等。正如本书第二章第一节关于知识产权基本法的介绍，日本、韩国等均建立知识产权战略本部、国家知识产权战略委员会协同推进国家知识产权战略实施，美国成立了直接向总统负责的知识产权协调员办公室开展战略协调。目前，我国已经成立了由国务院领导同志担任召集人的国务院知识产权战略实施工作部际联席会议。

结合世界主要知识产权强国经验，立足我国知识产权战略实施和知识产权强国建设顶层设计、科学决策和有效协调的客观需要，在总结我国已有协调机制经验教训的基础上，建议整合现有的协调机制，于国务院设立知识产权战略委员会，负责组织、协调、指导知识产权战略实施和知识产权强国建设工作，履行下列职责：①开展国家知识产权强国战略顶层设计，研究拟订重大知识产权战略政策，统筹推进国家知识产权战略实施和知识产权强国建设工作；②组织调查、评估知识产权战略实施状况，发布评估报告，对各地知识产权战略实施情况进行指导、督促、检查，推动有关政策措施的落实，协调解决国家知识产权战略实施和知识产权强国建设中的重大问题；③决策重大涉外知识产权事宜；④国务院规定的其他职责。国务院知识产权战略委员会的组成和工作规则可以由国务院另行规定。以国务院综合协调和决策机制为杠杆，综合运用政府、市场和社会三种治理机制的功能优势，发挥三种治理权威的协同优势，建立知识产权国际战略推进机制，协同推进涉外知识产权事务。充分利用各种多边、双边和区域协调平台参与规则制定，构建和完善知识产权海外维权援助体系，服务我国企业"走出去"。

第二节 知识产权战略评估考核动态调整

《知识产权强国建设纲要（2021—2035 年）》明确提出，"国家知识产权局会同有关部门建立本纲要实施动态调整机制，开展年度监测和定期评估总结，对工作任务落实情况开展督促检查，纳入相关工作评价，重要情况及时按程序向党中央、国务院请示报告。在对党政领导干部和国有企业领导班子考核中，注重考核知识产权相关工作成效。地方各级政府要加大督查考核工作力度，将知识产权强国建设工作纳入督查考核范围"。《"十四五"国家知识产权保护和运用规划》亦要求，"国家知识产权局会同有关部门加强对规划实施情况的跟踪监测，通过第三方评估等形式开展规划实施的中期评估、总结评估，总结推广典型经验做法，发现规划实施中存在的问题并研究解决对策。强化监督检查，确保任务落实，重要情况及时报告国务院"。由此，我们需要加快建设知识产权战略考核评估与动态调整机制。

一、知识产权战略评估

知识产权战略评估的重要意义在于总结过去、展望未来。《〈国家知识产权战略纲要〉实施十年评估报告》中明确指出："本次评估的目的，一是审视过去。全面掌握知识产权战略实施进展和目标完成情况，客观评价战略实施以来我国知识产权创造、运用、保护、管理和服务等方面发生的变化，总结经验做法，及时发现存在的突出问题并剖析原因，以更好地促进《国家知识产权战略纲要》任务目标的完成。二是谋划未来。全面分析我国知识产权事业发展面临的国际国内形势变化，准确把握党的十九大对知识产权事业发展的新要求，提出新时代加快建设知识产权强国的重大对策建议。"[①] 可以说，知识产权强国建设过程中，非常需要对知识产权战略实施、知识产权强

---

① 《国家知识产权战略纲要》实施十年评估工作组编：《〈国家知识产权战略纲要〉实施十年评估报告》，知识产权出版社 2019 年版，序言第 3 页。

国建设开展情况进行定期评估，全面掌握知识产权战略实施、知识产权强国建设的整体情况，形成对我国知识产权战略实施、知识产权强国建设的客观评价，为进一步开展知识产权强国建设情况的督查考核、动态调整提供基础素材，从而实现"以评估促发展、以评估补短板、以评估促改革、以评估推经验"的目的。

知识产权战略评估方法体现为地方评估与专题评估相结合、部门自查与第三方评估相结合、公众调查与专家评估相结合。一是地方评估与专题评估相结合。国务院知识产权战略部际联席会议办公室应当要求各省、自治区、直辖市组织开展本地区的战略实施评估工作，围绕地方知识产权战略实施的总体情况与任务完成情况、先进经验与典型案例、不足之处与未来努力方向等开展全方位的评估。同时，建议围绕"建设面向社会主义现代化的知识产权制度""建设支撑国际一流营商环境的知识产权保护体系""建设激励创新发展的知识产权市场运行机制""建设便民利民的知识产权公共服务体系""建设促进知识产权高质量发展的人文社会环境"和"深度参与全球知识产权治理"等方面开展若干专题进行评估，总结好的经验做法，及时发现在各个专题方向上存在的问题并剖析原因。二是部门自查与第三方评估相结合。一方面，国务院知识产权战略部际联席会议办公室应当组织各个成员单位对《知识产权强国建设纲要（2021—2035年）》《"十四五"国家知识产权保护和运用规划》等政策文件的任务落实情况、任务推进的工作经验、新形势下面临的新问题等进行总结评估。另一方面，组织第三方评估机构对《知识产权强国建设纲要（2021—2035年）》《"十四五"国家知识产权保护和运用规划》等政策文件的任务实施效果进行评估，分析相关工作是否实现了良好的效果，是否符合战略整体预期。三是公众调查与专家评估相结合。通过多种媒体渠道对知识产权战略实施情况、知识产权强国建设状况进行调查，包括问卷调查、人员访谈、座谈会研讨等，听取各个类型的企业、高校院所、社会公众对知识产权战略实施情况、知识产权强国建设状况的评价、意见与建议。同时，组织知识产权领域专家开展专家评估，运用案例研究、数据分析等多种评估方法，对知识产权战略实施情况、知识产权强国建设状况进行评价。

二、知识产权战略考核

《知识产权强国建设纲要（2021—2035 年）》明确要求，"在对党政领导干部和国有企业领导班子考核中，注重考核知识产权相关工作成效"。2019年 4 月，中共中央办公厅发布《党政领导干部考核工作条例》，为做好新时代干部考核工作提供了基本遵循。该条例要求，从政治思想建设、领导能力、工作实绩、党风廉政建设、作风建设等五个方面对领导班子进行考核，从德、能、勤、绩、廉等五个方面对领导干部进行考核。同时，《党政领导干部考核工作条例》第 23 条规定："专项考核是对领导班子和领导干部在完成重要专项工作、承担急难险重任务、应对和处置重大突发事件中的工作态度、担当精神、作用发挥、实际成效等情况所进行的针对性考核。根据平时掌握情况，对表现突出或者问题反映较多的领导班子和领导干部，可以进行专项考核。"国有企业领导班子考核的主要依据是中共中央组织部发布的《中央企业领导班子和领导人员综合考核评价办法（试行）》，该办法从多个维度对国有企业领导班子进行考核。

借鉴国外干部政绩考核的经验，有两个方面值得高度重视：一是注重形成科学的考核评价指标体系；二是注重考核结果的利用。在注重形成科学的考核评价指标体系方面，下文以日本为例加以说明。日本对干部的政绩考核，分为"能力评价"和"业绩评价"两部分。"能力评价"是以干部在实际工作中所展示出的各种能力为基本依据，进而对其岗位工作表现作出评价。"能力评价"的主要内容及关注点包括职业道德水平（围绕责任感与公正性展开考核）、工作构想能力（围绕把握工作局面与明了工作指针展开考核）、工作判断能力（围绕最恰当的选择与最佳时机的选择展开考核）、工作说明和调整能力（围绕信任关系的建立、妥协、调整、恰如其分地说明展开考核）、业务运作能力（围绕预先性、危机对策、高效的业务运作展开考核）、组织领导与人才培养能力方面（围绕业务分配、推进管理、能力开发展开考核）。"业绩评价"是以干部的岗位工作业绩为中心，对工作目标完成程度以及工作目标之外的相关工作完成情况进行评价。"业绩评价"的主要内容及关注点包括主要工作完成程度及其他工作完成程度两个方面。这样的考核内容设置，使得干部不敢对自己的工作有丝毫懈怠。① 在注重考核结果的利用方面，下文以美国为例说明。美国向来提倡择优晋升、奖惩分明，把政绩考核结果与干部的晋职、降职、降调、解雇、去留、加薪、奖金、奖励等严格挂钩和整合运用，以达到激励先进、警示落后的效果。《美国文官制度改革法》明确规定，"工作成绩良好者继续任职，工作成绩不好者必须改进，工作达不到标准者予以解职"。美国联邦政府高级公务员，如在考核中获得杰出奖，将会一次性得到相当于其年薪 35% 的奖金，如在考核中获得一等奖，将会一次性得到相当于其年薪 20% 的奖金。②

我们理解，将知识产权相关工作成效纳入对党政领导干部和国有企业领导班子考核中，亦需要充分考虑注重形成科学的考核评价指标体系、注重考核结果的利用。一方面，建立党政领导干部知识产权工作成效考核评价指标体系和国有企业领导班子知识产权工作成效考核评价指标体系，形成具有客观表征同时兼具代表性、灵活性、动态性的关键性指标，对党政领导干部和国有企业领导班子知识产权相关工作成效进行评价。另一方面，建议与相关部门联合形成政策文件，对知识产权工作成效考核评价指标的有效应用作出规定，将知识产权相关工作成效纳入人员考核选拔、领导班子工作评价的各个方面。

三、知识产权战略动态调整

国家知识产权战略实施、知识产权强国建设的动态调整机制非常重要。《知识产权强国建设纲要（2021—2035 年）》明确提出，"国家知识产权局会同有关部门建立本纲要实施动态调整机制"。随着国家知识产权战略的深入实施，知识产权强国建设将指向若干关键性、根本性、战略性的重大举措。随着这些举措的深入推进，我们将有必要沿着战略方向对战略工作实施动态

---

① 石学峰：《党政领导干部政绩考核：主要问题·国外经验·修补路径》，载《治理现代化研究》2020 年第 1 期。

② 参见张春梅、周芳主编：《国家公务员制度概论》，山东大学出版社 2014 年版，第 28 页；石学峰：《党政领导干部政绩考核：主要问题·国外经验·修补路径》，载《治理现代化研究》2020 年第 1 期。

调整。同时，世界动荡和变革两种趋势持续演进，发展和安全两大赤字不断凸显，国际形势风云变幻。在这样的背景下，特别是我国知识产权战略已经从国内战略演化成为国内发展战略与国际合作战略的结合的情况下，亦需要根据形势变化进行战略动态调整。

国家知识产权战略实施、知识产权强国建设的动态调整机制以战略实施评估为起点，以中国式现代化为导向，以创新主体需求为关键，以高质量发展为落脚点。如前所述，知识产权战略评估的目的除了审视过去之外，还包括谋划未来，我们需要根据知识产权战略评估的情况发现问题、识别重点、锁定关键，进而对国家知识产权战略实施、知识产权强国建设下一步关键举措进行动态调整。党的二十大报告指出："中国式现代化，是中国共产党领导的社会主义现代化，既有各国现代化的共同特征，更有基于自己国情的中国特色。中国式现代化是人口规模巨大的现代化，是全体人民共同富裕的现代化，是物质文明和精神文明相协调的现代化，是人与自然和谐共生的现代化，是走和平发展道路的现代化。"在中国式现代化的历史洪流中，国家知识产权战略实施、知识产权强国建设的基本导向是中国式现代化的客观要求。此外，企业是创新的主体，在国家知识产权战略实施、知识产权强国建设中需要加强创新主体需求的获取，以创新主体需求为关键锁定国家知识产权战略实施、知识产权强国建设动态调整的关键内容。而且，知识产权战略实施、知识产权强国建设需要以高质量发展为落脚点。党的二十大报告指出，发展是党执政兴国的第一要务。高质量发展是全面建设社会主义现代化国家的首要任务。通过知识产权战略实施、知识产权强国建设促进高质量发展是重要的落脚点，需要作为知识产权战略动态调整的重要考量因素。

第三节 知识产权财税金融支撑政策研究

《知识产权强国建设纲要（2021—2035年）》明确提出，"完善中央和地方财政投入保障制度，加大对本纲要实施工作的支持。综合运用财税、投融资等相关政策，形成多元化、多渠道的资金投入体系，突出重点，优化结构，保障任务落实"。《"十四五"国家知识产权保护和运用规划》进一步要求，"完善多渠道投入机制，推进规划重大工程项目落地，促进规划有效实施。加强对知识产权工作的政策和资源支持。鼓励社会资本积极参与，创新投入模式和机制，充分发挥市场在资源配置中的决定性作用"。建立多层次的财税金融扶持政策，促进知识产权运营，是知识产权强国建设的重要组成部分。

一、知识产权财政支撑政策研究

《知识产权强国建设纲要（2021—2035年）》和《"十四五"国家知识产权保护和运用规划》部署的一系列战略任务、工作举措、重大工程、关键项目的实施，需要有财政投入的有效支撑。因此，《知识产权强国建设纲要（2021—2035年）》和《"十四五"国家知识产权保护和运用规划》对完善中央和地方财政投入保障制度、完善多渠道投入机制、加强对知识产权工作的资源支持提出了新的更高要求。

发挥现代财政制度的重要作用，是知识产权强国建设的核心保障之一。党的十八届三中全会提出"财政是国家治理的基础和重要支柱"，并进一步部署"建立现代财政制度，发挥中央和地方两个积极性"。党的十九大以来，我国的积极财政政策要求"更加积极有效""要距离增效""加力提效""更加积极有为""提质增效、更可持续"，在量和质上提出了新的要求，更加注重结构的调整和优化。[①] 由此可见，新时代的财政政策注重财政收支结构的优化以促进解决结构性问题，其不仅是国家宏观调控的重要手段，还是现代国家治理的基础工具和重要支柱。对于国家知识产权治理体系和治理能力现代化而言，现代财政制度是核心保障之一。

加强中央和地方财政投入对知识产权强国建设的保障力度。由前文可知，《知识产权强国建设纲要（2021—2035年）》对知识产权财政支持政策提出了明确要求。我国目前的知识产权运营服务专项资金亦提供了基础经验。2014年12月，财政部办公厅、国家知识产权局办公室联合发布《关于开展

---

① 刘晓泉：《中国共产党财政政策的探索历程及基本经验》，载《江西财经大学学报》2022年第3期。

以市场化方式促进知识产权运营服务工作的通知》（财办建〔2014〕92号），部署开展以市场化方式促进知识产权运营服务试点工作。2015年6月，财政部经济建设司、国家知识产权局专利管理司发布《关于做好2015年以市场化方式促进知识产权运营服务工作的通知》。该通知要求，支持辽宁省、山东省、广东省、四川省4个省设立知识产权质押融资风险补偿基金，每个省5000万元。同时，支持北京市、上海市、江苏省、浙江省、山东省、河南省、湖南省、广东省、四川省、陕西省等10个省（自治区、直辖市）设立重点产业知识产权运营基金，每个省（自治区、直辖市）2000万元。试点地区发挥财政资金引导作用，与社会资本共同组建重点产业知识产权运营基金，面向国家战略产业和区域优势产业，积极探索产业知识产权运营的商业模式，依托知识产权联盟等市场主体，培育和运营高价值专利，加强国际市场专利布局，推动专利与标准融合，支持一批能够有效支撑产业升级发展的专利运营项目。2017年4月，财政部办公厅、国家知识产权局办公室联合发布《关于开展知识产权运营服务体系建设工作的通知》（财办建〔2017〕35号）明确提出建设知识产权运营服务体系，批准了苏州市、宁波市、成都市、长沙市、西安市、厦门市、郑州市等城市作为知识产权运营服务体系建设重点城市，每个城市投入知识产权运营体系建设资金2亿元。2018年5月，财政部办公厅、国家知识产权局办公室联合发布《关于2018年继续利用服务业发展专项资金开展知识产权运营服务体系建设工作的通知》（财办建〔2018〕96号），中央财政对每个城市支持2亿元，2018年安排1.5亿元，剩余资金以后年度考核通过后拨付。建议总结知识产权运营服务专项资金的使用经验，积极研究设立知识产权强国建设、知识产权强省强市建设专项资金，按照《中央对地方专项转移支付管理办法》的规定，要求地方各级政府结合本级财政资金安排，加大整合力度，统筹资金使用，创新使用方式，充分发挥财政资金引导作用，凝聚各方合力推进知识产权战略实施。

积极探索通过财政投入、财政担保、财政补贴和政府采购政策支持知识产权综合实力的提升。主要知识产权强国在上述知识产权财政支撑政策方面积累了丰富的实践经验。首先，通过财政投入政策支持知识产权创造与运用。例如，1998年日本为技术转让办公室提供最高额为30万美元的基金，用作推动从高校院所向企业转让知识产权以及申请专利的费用。再如，澳大利亚为推动生物技术商业化专门实施生物技术创新基金计划，将数额不超过资助总额的 5% 同时又不超过 3 万澳元的款项用于知识产权保护。其次，通过财政担保政策支持知识产权运用。例如，韩国科技信用担保基金"KOTEC"提供信用担保，为创新创业公司从创建到技术产业化的各个阶段提供担保资金支持。再者，通过财政补贴降低创新主体的成本。例如，《日本技术转让法》对技术许可办公室的专利申请费、年费等予以减免。最后，通过政府采购政策促进知识产权运用，鼓励政府采购中优先购买自主知识产权的产业化成果。在此基础上，建议我国研究形成知识产权财政支撑政策包，从财政投入、财政担保、财政补贴和政府采购多个方面促进知识产权综合能力提升。特别是，设立自主创新产品的认定标准、评价体系和建立严格规范的认证制度，将通过认证的自主创新产品及时纳入政府采购目录中并向社会公布。在支撑政策中，尤其应重视制定实施中小企业知识产权财政支持政策。从世界角度而言，中小企业占全世界企业总数的 90% 左右，其从事的商品服务生产占商品和服务生产总额的 70% 以上，因此积极支持中小企业利用知识产权制度提升新技术的研究开发与运用能力，是世界各国知识产权财政政策的重要组成方面，特别是对中小企业的知识产权费用减免政策。

二、知识产权税收支撑政策研究

相比于财政政策，税收政策的激励效应更强，对市场的扭曲作用也相对较小，基本上成为世界主要知识产权强国提升知识产权综合实力的重要政策手段。例如，美国对高新技术的研究开发支出采取所得税费用扣除，不作为计提折旧的资本支出，对高新技术的研究开发所需仪器设备加速折旧，并且采取税收信贷的方式实现税收减免的效果。1986 年《美国国内税收法典》第 1231（b）条规定，持有固定资产达一年以上后出售，才可享有 20% 的资本收益税税率，否则就适用 35% 的所得税税率；而知识产权则无限制，即任意时间出售知识产权都可享受 15% 的优惠税率。美国甚至将上述税收优惠政策定向化到特定产业。2022 年 8 月 9 日，美国总统签署《美国 2022 年芯片与科学法》，标志着针对芯片产业的高额补贴法正式生效。《美国 2022 年芯片与科学法》的芯片法部分对先进制程半导体制造生产线的投资提供 25% 的投资税收减免，以激励半导体制造以及半导体制造过程中所需要的专业设备的制造，并且该项税收减免可以由股东享受。同时，《美国 2022 年芯片与科学法》的芯片法部分明确要求上述税收减免不得适用于受到关注的外国公司。2022 年 8 月 16 日，美国总统签署《美国减少通货膨胀法》，积极推进税收改革，其中通过一系列扩大原有的和设立新的税收抵免、发放补贴和其他措施，涵盖可再生能源的创新、开发、制造、生产、分配和使用等多个环节，研究和开发方面的税收减免可以直接降低其研发成本。

对于我国而言，应当通过知识产权税收支撑政策，积极促进企业创新特别是中小企业创新。第一，在企业层面，在固定资产折旧年限由固定资产使用年限决定的背景下，对创新主体购置先进生产设备实行加速折旧的税收激励。对初创型创新企业和成长型创新企业提供企业所得税支持，适用 15% 的企业所得税税率。对技术转让、技术开发、技术许可提供税收支持，对与技术转让、技术开发、技术许可相关的技术咨询和技术服务所得税减免。第二，在个人层面，对关键技术发明人、重要创新创造者取得的职务发明奖励金、知识产权出资的分红、技术转让收入、技术服务收入的个人所得税进行减免。第三，运用"营改增"试点政策促进知识产权服务业的发展。2012 年 1 月，"营改增"在上海市交通运输业和包括知识产权服务业在内的部分现代服务业进行试点。2012 年 9 月，从上海市扩展至北京市、天津市、江苏省等 10 个省（自治区、直辖市）。2013 年 8 月，"营改增"试点范围扩大至全国各地，并将广播影视作品的制作、播映、发行等纳入试点。2014 年 1 月，将铁路运输和邮政业纳入"营改增"试点范围，同时根据前期试点和有关部门反映的情况，对知识产权服务业等税收政策进行了调整和完善。[①] 对此，笔者建议将知识产权服务业纳入"营改增"范围，运用"营改增"试点政策促进知识产权服务业的发展。

---

① 王波、刘菊芳、龚亚麟：《"营改增"政策对知识产权服务业的影响》，载《知识产权》2014 年第 4 期。

三、知识产权金融支撑政策研究

金融政策的核心是实现价值流通，而价值流通恰恰是知识产权创造运用环节的关键，知识产权金融支撑政策将有助于解决创新的"珠穆拉玛峰"与创新的"死亡之谷"两大世界性难题。我们可以形象地使用攀登创新的"珠穆拉玛峰"实现技术的飞跃、跨越创新的"死亡之谷"实现创新的价值突破来概括全球科技创新面临的两大难题。应当说，攀登创新的"珠穆拉玛峰"、跨越创新的"死亡之谷"，是创新驱动发展的核心问题。其中，攀登创新的"珠穆拉玛峰"，就是不断取得科技创高新的新成就，获得科技创新的原创性成果；跨越创新的"死亡之谷"，搭建技术创新与产业化的桥梁，将创新链融入产业链。一方面，在知识产权创造环节，攀登创新的"珠穆拉玛峰"需要大量资金支持并且存在研发失败的风险，迫切需要通过研发投入启动和开展知识产权创造，因此通过金融启动基金、金融担保弥补市场短期效应，实现知识产权预备期的价值汇聚非常关键。另一方面，在知识产权运用环节，跨越创新的"死亡之谷"需要大量资金支持，从而搭建技术创新与产业化的桥梁。1998 年，时任美国众议院科学委员会副委员长弗农·艾勒斯指出，在联邦政府重点资助的基础研究与产业界重点推进的产品开发之间存在一条沟壑，这条沟壑可以被称为"死亡之谷"，政府有必要在"死亡之谷"上搭建一座桥梁，以使得众多研究成果能够跨越过"死亡之谷"，实现科技成果的产业化、商品化。[1] 总体而言，从实验室技术到商业化应用，一般要经过小试、中试等步骤才能够实现量产，需要解决一系列复杂的工程技术问题，具有较高的失败风险，学者形象地用"死亡之谷"描述这个现象。科技成果跨越"死亡之谷"是一个全球性的难题，在我国表现尤为突出。[2]

基于此，一方面，应积极研究形成支持攀登创新的"珠穆拉玛峰"的知

---

[1] Ehlers V. , *Unlocking Our Future*: *Toward A New National Science Policy*, http://webharvest. gov/peth04/20041117182339/www. house. gov/science/science_policy_report. htm, last visited: 2021 - 12 - 01.

[2] 学习贯彻习近平新时代中国特色社会主义经济思想 做好"十四五"规划编制和发展改革工作系列丛书编写组编：《深入实施创新驱动发展战略》，中国计划出版社、中国市场出版社 2020 年版，第 60 页。

识产权金融支撑政策。金融启动基金、金融担保弥补市场短期效应，实现知识产权预备期的价值汇聚。积极研究形成知识产权金融支撑政策，通过直接融资设立启动基金和间接引导投资成立启动基金的方法，支持知识产权创造阶段需要资金支持的企业和科研机构。与此同时，通过第三方信用或财产保障来实现保障债权人实现债权的行为，起到强化信用的作用，使资金融通活动更加顺利。另一方面，积极研究形成支持跨越创新的"死亡之谷"的知识产权金融支撑政策。笔者认为，我国创新落入"死亡之谷"的重要原因是缺乏金融政策支持。而且，金融政策支持的前提是知识产权各个环节的融资渠道畅通。建议在全国知识产权运营公共服务平台中增加信息供给，强化知识产权价值评估体系建设，并积极推动政策性银行的率先引导，推动纯粹的知识产权质押融资的发展，改变目前知识产权质押融资仍以混合融资为主的现状。

第四节　知识产权功勋制度基本思路初探

《知识产权强国建设纲要（2021—2035年)》明确提出，"按照国家有关规定，对在知识产权强国建设工作中作出突出贡献的集体和个人给予表彰"。由此，对知识产权功勋制度提出了新的要求。所谓"功勋制度"，也就是"功勋荣誉表彰制度"，是指"以国家名义对品行与业绩优良且为国家发展、社会进步、民族振兴做出杰出贡献的自然人、法人给予褒奖的制度安排"[1]。进一步来讲，知识产权功勋制度就是以国家名义，按照国家有关规定，对知识产权强国建设中做出突出贡献的集体和个人给予褒奖的制度安排。

知识产权功勋制度具有政治功能、社会功能和文化功能，设立知识产权功勋制度具有必要性。第一，知识产权功勋制度具有政治功能。我国的功勋制度由来已久，对完善中国特色社会主义制度体系、充分发挥制度优越性具有重要政治功能。中国共产党自创建之初就高度重视功勋制度的政治功能，

---

[1] 吴江：《国家荣誉制度建设研究》，党建读物出版社2017年版，第8页。

1931 年土地革命战争时期，中华苏维埃第一次全国代表大会设立了红旗勋章。新中国成立后，从 1950 年首次英模表彰到战斗英雄、全国劳动模范、全国先进生产者、全国先进集体等荣誉称号表彰，我国功勋制度的政治功能不断强化。党的十七大报告提出"设立国家荣誉制度，表彰有杰出贡献的文化工作者"。党的十八大报告提出"建立国家荣誉制度"。我国知识产权功勋制度有助于强化强烈的中国特色知识产权强国建设道路的国家认同感、中国特色知识产权制度的群体自豪感，强化中国知识产权事业的凝聚力和向心力。

第二，知识产权功勋制度具有社会功能。改革开放以来，特别是 2008 年《国家知识产权战略纲要》颁布实施以来，我国知识产权文化建设取得了突出的成就。通过知识产权功勋制度体现对社会主流价值观的弘扬与追求，宣传倡导并塑造社会典型的"正能量"，树立道德标杆、建立行为标准，将有助于弘扬尊重知识、崇尚创新、诚信守法、公平竞争的知识产权文化理念，对知识产权强国建设起到重要的支撑作用。这也是中国特色社会主义价值体系建设的重要工作。

第三，知识产权功勋制度具有文化功能。荣誉制度是"满足个人发展过程中一种高层次自我实现的精神需要"[1]，将有助于动员和激发广大人民群众的积极性，使广大人民群众主动参与到知识产权强国建设中。正如本书第一章所述，知识产权强国建设开启了我们从"认识知识产权"迈向"驾驭知识产权"的事业发展新时期，在"驾驭知识产权"的新阶段，迫切需要我们激励广大人民群众积极推动知识产权强国建设。

在"1+1+3"国家功勋制度体系下，在"五章一簿"为主要内容的统一、规范、权威的功勋荣誉表彰制度范畴内，探索建立国家级知识产权表彰奖励、部门和地方知识产权表彰奖励相结合的知识产权功勋制度。在党的十七大、十八大报告关于"国家荣誉表彰制度"的战略部署中，党中央确定了"1+1+3"国家功勋制度体系，亦即，由《中共中央关于建立健全党和国家

---

① 吴江：《国家荣誉制度建设研究》，党建读物出版社 2017 年版，第 31－39 页。

功勋荣誉表彰制度的意见》《中华人民共和国国家勋章和国家荣誉称号法》《中国共产党党内功勋荣誉表彰条例》《国家功勋荣誉表彰条例》《军队功勋荣誉表彰条例》组成的国家功勋制度体系。随着"1＋1＋3"国家功勋制度体系的确定，我国形成了以"五章一簿"为主要内容的统一、规范、权威的功勋荣誉表彰制度。其中，"五章"是指"共和国勋章""国家荣誉称号""七一勋章""八一勋章"及"友谊勋章"；"一簿"是指功勋簿，用于记载国家勋章获得者的名录及其事迹和贡献。① "五章一簿"作为党和国家功勋荣誉表彰制度的主要内容，明确表达了党、国家和军队最高级别的荣誉名称，确定了授予主体、授予对象、授予方式及程序，为其他级别奖励设置和程序规定提供了有益示范。② 目前，国家级表彰奖励包括全国劳动模范和先进工作者表彰、全国道德模范评选、国家科学技术奖等。建议采用全国知识产权先进工作单位和先进工作者评选等方式，建立国家级知识产权表彰奖励，对在知识产权强国建设工作中做出突出贡献的集体和个人给予表彰。需要指出的是，我国现行国家科学技术奖含有"国家技术发明奖"这一奖项，其与上述国家级知识产权表彰奖励存在本质不同。"国家技术发明奖"主要用于奖励对技术发明做出突出贡献的发明人；而"全国知识产权先进工作单位和先进工作者"主要用于奖励对知识产权的创造、运用、保护、管理全链条做出突出贡献的单位或者个人。同时，建议探索建立部门和地方知识产权表彰奖励制度，并且与国家级知识产权表彰奖励相结合形成内在统一的知识产权功勋制度。

---

① 潘旭涛、常红星："'五章一簿'我国功勋表彰体系确立"，载新华网，http://www.xinhuanet. com//politics/2017-08/15/c_1121483969.htm，访问日期：2023年5月25日。

② 杜明鸣、袁娟：《我国国家功勋荣誉表彰制度体系及其完善思考》，载《中国人事科学》2020年第8期。

附　录

知识产权强国建设纲要（2021—2035 年）

　　为统筹推进知识产权强国建设，全面提升知识产权创造、运用、保护、管理和服务水平，充分发挥知识产权制度在社会主义现代化建设中的重要作用，制定本纲要。

一、战略背景

　　党的十八大以来，在以习近平同志为核心的党中央坚强领导下，我国知识产权事业发展取得显著成效，知识产权法规制度体系逐步完善，核心专利、知名品牌、精品版权、优良植物新品种、优质地理标志、高水平集成电路布图设计等高价值知识产权拥有量大幅增加，商业秘密保护不断加强，遗传资源、传统知识和民间文艺的利用水平稳步提升，知识产权保护效果、运用效益和国际影响力显著提升，全社会知识产权意识大幅提高，涌现出一批知识产权竞争力较强的市场主体，走出了一条中国特色知识产权发展之路，有力保障创新型国家建设和全面建成小康社会目标的实现。

　　进入新发展阶段，推动高质量发展是保持经济持续健康发展的必然要求，创新是引领发展的第一动力，知识产权作为国家发展战略性资源和国际竞争力核心要素的作用更加凸显。实施知识产权强国战略，回应新技术、新经济、新形势对知识产权制度变革提出的挑战，加快推进知识产权改革发展，协调好政府与市场、国内与国际，以及知识产权数量与质量、需求与供给的联动关系，全面提升我国知识产权综合实力，大力激发全社会创新活力，建设中国特色、世界水平的知识产权强国，对于提升国家核心竞争力，扩大高水平对外开放，实现更高质量、更有效率、更加公平、更可持续、更为安全的发展，满足人民日益增长的美好生活需要，具有重要意义。

二、总体要求

（一）指导思想。坚持以习近平新时代中国特色社会主义思想为指导，全面贯彻党的十九大和十九届二中、三中、四中、五中全会精神，紧紧围绕统筹推进"五位一体"总体布局和协调推进"四个全面"战略布局，坚持稳中求进工作总基调，以推动高质量发展为主题，以深化供给侧结构性改革为主线，以改革创新为根本动力，以满足人民日益增长的美好生活需要为根本目的，立足新发展阶段，贯彻新发展理念，构建新发展格局，牢牢把握加强知识产权保护是完善产权保护制度最重要的内容和提高国家经济竞争力最大的激励，打通知识产权创造、运用、保护、管理和服务全链条，更大力度加强知识产权保护国际合作，建设制度完善、保护严格、运行高效、服务便捷、文化自觉、开放共赢的知识产权强国，为建设创新型国家和社会主义现代化强国提供坚实保障。

（二）工作原则

——法治保障，严格保护。落实全面依法治国基本方略，严格依法保护知识产权，切实维护社会公平正义和权利人合法权益。

——改革驱动，质量引领。深化知识产权领域改革，构建更加完善的要素市场化配置体制机制，更好发挥知识产权制度激励创新的基本保障作用，为高质量发展提供源源不断的动力。

——聚焦重点，统筹协调。坚持战略引领、统筹规划，突出重点领域和重大需求，推动知识产权与经济、科技、文化、社会等各方面深度融合发展。

——科学治理，合作共赢。坚持人类命运共同体理念，以国际视野谋划和推动知识产权改革发展，推动构建开放包容、平衡普惠的知识产权国际规则，让创新创造更多惠及各国人民。

（三）发展目标

到 2025 年，知识产权强国建设取得明显成效，知识产权保护更加严格，社会满意度达到并保持较高水平，知识产权市场价值进一步凸显，品牌竞争力大幅提升，专利密集型产业增加值占 GDP 比重达到 13%，版权产业增加值占 GDP 比重达到 7.5%，知识产权使用费年进出口总额达到 3500 亿元，每万人口高价值发明专利拥有量达到 12 件（上述指标均为预期性指标）。

到 2035 年，我国知识产权综合竞争力跻身世界前列，知识产权制度系统完备，知识产权促进创新创业蓬勃发展，全社会知识产权文化自觉基本形成，全方位、多层次参与知识产权全球治理的国际合作格局基本形成，中国特色、世界水平的知识产权强国基本建成。

三、建设面向社会主义现代化的知识产权制度

（四）构建门类齐全、结构严密、内外协调的法律体系。开展知识产权基础性法律研究，做好专门法律法规之间的衔接，增强法律法规的适用性和统一性。根据实际及时修改专利法、商标法、著作权法和植物新品种保护条例，探索制定地理标志、外观设计等专门法律法规，健全专门保护与商标保护相互协调的统一地理标志保护制度，完善集成电路布图设计法规。制定修改强化商业秘密保护方面的法律法规，完善规制知识产权滥用行为的法律制度以及与知识产权相关的反垄断、反不正当竞争等领域立法。修改科学技术进步法。结合有关诉讼法的修改及贯彻落实，研究建立健全符合知识产权审判规律的特别程序法律制度。加快大数据、人工智能、基因技术等新领域新业态知识产权立法。适应科技进步和经济社会发展形势需要，依法及时推动知识产权法律法规立改废释，适时扩大保护客体范围，提高保护标准，全面建立并实施侵权惩罚性赔偿制度，加大损害赔偿力度。

（五）构建职责统一、科学规范、服务优良的管理体制。持续优化管理体制机制，加强中央在知识产权保护的宏观管理、区域协调和涉外事宜统筹等方面事权，不断加强机构建设，提高管理效能。围绕国家区域协调发展战略，制定实施区域知识产权战略，深化知识产权强省强市建设，促进区域知识产权协调发展。实施一流专利商标审查机构建设工程，建立专利商标审查官制度，优化专利商标审查协作机制，提高审查质量和效率。构建政府监管、社会监督、行业自律、机构自治的知识产权服务业监管体系。

（六）构建公正合理、评估科学的政策体系。坚持严格保护的政策导向，完善知识产权权益分配机制，健全以增加知识价值为导向的分配制度，促进知识产权价值实现。完善以强化保护为导向的专利商标审查政策。健全著作权登记制度、网络保护和交易规则。完善知识产权审查注册登记政策调整机制，建立审查动态管理机制。建立健全知识产权政策合法性和公平竞争审查制度。建立知识产权公共政策评估机制。

（七）构建响应及时、保护合理的新兴领域和特定领域知识产权规则体系。建立健全新技术、新产业、新业态、新模式知识产权保护规则。探索完善互联网领域知识产权保护制度。研究构建数据知识产权保护规则。完善开源知识产权和法律体系。研究完善算法、商业方法、人工智能产出物知识产权保护规则。加强遗传资源、传统知识、民间文艺等获取和惠益分享制度建设，加强非物质文化遗产的搜集整理和转化利用。推动中医药传统知识保护与现代知识产权制度有效衔接，进一步完善中医药知识产权综合保护体系，建立中医药专利特别审查和保护机制，促进中医药传承创新发展。

四、建设支撑国际一流营商环境的知识产权保护体系

（八）健全公正高效、管辖科学、权界清晰、系统完备的司法保护体制。实施高水平知识产权审判机构建设工程，加强审判基础、体制机制和智慧法院建设。健全知识产权审判组织，优化审判机构布局，完善上诉审理机制，深入推进知识产权民事、刑事、行政案件"三合一"审判机制改革，构建案件审理专门化、管辖集中化和程序集约化的审判体系。加强知识产权法官的专业化培养和职业化选拔，加强技术调查官队伍建设，确保案件审判质效。积极推进跨区域知识产权远程诉讼平台建设。统一知识产权司法裁判标准和法律适用，完善裁判规则。加大刑事打击力度，完善知识产权犯罪侦查工作制度。修改完善知识产权相关司法解释，配套制定侵犯知识产权犯罪案件立案追诉标准。加强知识产权案件检察监督机制建设，加强量刑建议指导和抗诉指导。

（九）健全便捷高效、严格公正、公开透明的行政保护体系。依法科学配置和行使有关行政部门的调查权、处罚权和强制权。建立统一协调的执法

标准、证据规则和案例指导制度。大力提升行政执法人员专业化、职业化水平，探索建立行政保护技术调查官制度。建设知识产权行政执法监管平台，提升执法监管现代化、智能化水平。建立完善知识产权侵权纠纷检验鉴定工作体系。发挥专利侵权纠纷行政裁决制度作用，加大行政裁决执行力度。探索依当事人申请的知识产权纠纷行政调解协议司法确认制度。完善跨区域、跨部门执法保护协作机制。建立对外贸易知识产权保护调查机制和自由贸易试验区知识产权保护专门机制。强化知识产权海关保护，推进国际知识产权执法合作。

（十）健全统一领导、衔接顺畅、快速高效的协同保护格局。坚持党中央集中统一领导，实现政府履职尽责、执法部门严格监管、司法机关公正司法、市场主体规范管理、行业组织自律自治、社会公众诚信守法的知识产权协同保护。实施知识产权保护体系建设工程。明晰行政机关与司法机关的职责权限和管辖范围，健全知识产权行政保护与司法保护衔接机制，形成保护合力。建立完善知识产权仲裁、调解、公证、鉴定和维权援助体系，加强相关制度建设。健全知识产权信用监管体系，加强知识产权信用监管机制和平台建设，依法依规对知识产权领域严重失信行为实施惩戒。完善著作权集体管理制度，加强对著作权集体管理组织的支持和监管。实施地理标志保护工程。建设知识产权保护中心网络和海外知识产权纠纷应对指导中心网络。建立健全海外知识产权预警和维权援助信息平台。

五、建设激励创新发展的知识产权市场运行机制

（十一）完善以企业为主体、市场为导向的高质量创造机制。以质量和价值为标准，改革完善知识产权考核评价机制。引导市场主体发挥专利、商标、版权等多种类型知识产权组合效应，培育一批知识产权竞争力强的世界一流企业。深化实施中小企业知识产权战略推进工程。优化国家科技计划项目的知识产权管理。围绕生物育种前沿技术和重点领域，加快培育一批具有知识产权的优良植物新品种，提高授权品种质量。

（十二）健全运行高效顺畅、价值充分实现的运用机制。加强专利密集型产业培育，建立专利密集型产业调查机制。积极发挥专利导航在区域发展、

政府投资的重大经济科技项目中的作用，大力推动专利导航在传统优势产业、战略性新兴产业、未来产业发展中的应用。改革国有知识产权归属和权益分配机制，扩大科研机构和高校知识产权处置自主权。建立完善财政资助科研项目形成知识产权的声明制度。建立知识产权交易价格统计发布机制。推进商标品牌建设，加强驰名商标保护，发展传承好传统品牌和老字号，大力培育具有国际影响力的知名商标品牌。发挥集体商标、证明商标制度作用，打造特色鲜明、竞争力强、市场信誉好的产业集群品牌和区域品牌。推动地理标志与特色产业发展、生态文明建设、历史文化传承以及乡村振兴有机融合，提升地理标志品牌影响力和产品附加值。实施地理标志农产品保护工程。深入开展知识产权试点示范工作，推动企业、高校、科研机构健全知识产权管理体系，鼓励高校、科研机构建立专业化知识产权转移转化机构。

（十三）建立规范有序、充满活力的市场化运营机制。提高知识产权代理、法律、信息、咨询等服务水平，支持开展知识产权资产评估、交易、转化、托管、投融资等增值服务。实施知识产权运营体系建设工程，打造综合性知识产权运营服务枢纽平台，建设若干聚焦产业、带动区域的运营平台，培育国际化、市场化、专业化知识产权服务机构，开展知识产权服务业分级分类评价。完善无形资产评估制度，形成激励与监管相协调的管理机制。积极稳妥发展知识产权金融，健全知识产权质押信息平台，鼓励开展各类知识产权混合质押和保险，规范探索知识产权融资模式创新。健全版权交易和服务平台，加强作品资产评估、登记认证、质押融资等服务。开展国家版权创新发展建设试点工作。打造全国版权展会授权交易体系。

六、建设便民利民的知识产权公共服务体系

（十四）加强覆盖全面、服务规范、智能高效的公共服务供给。实施知识产权公共服务智能化建设工程，完善国家知识产权大数据中心和公共服务平台，拓展各类知识产权基础信息开放深度、广度，实现与经济、科技、金融、法律等信息的共享融合。深入推进"互联网＋"政务服务，充分利用新技术建设智能化专利商标审查和管理系统，优化审查流程，实现知识产权政务服务"一网通办"和"一站式"服务。完善主干服务网络，扩大技术与创

新支持中心等服务网点，构建政府引导、多元参与、互联共享的知识产权公共服务体系。加强专业便捷的知识产权公共咨询服务，健全中小企业和初创企业知识产权公共服务机制。完善国际展会知识产权服务机制。

（十五）加强公共服务标准化、规范化、网络化建设。明晰知识产权公共服务事项和范围，制定公共服务事项清单和服务标准。统筹推进分级分类的知识产权公共服务机构建设，大力发展高水平的专门化服务机构。有效利用信息技术、综合运用线上线下手段，提高知识产权公共服务效率。畅通沟通渠道，提高知识产权公共服务社会满意度。

（十六）建立数据标准、资源整合、利用高效的信息服务模式。加强知识产权数据标准制定和数据资源供给，建立市场化、社会化的信息加工和服务机制。规范知识产权数据交易市场，推动知识产权信息开放共享，处理好数据开放与数据隐私保护的关系，提高传播利用效率，充分实现知识产权数据资源的市场价值。推动知识产权信息公共服务和市场化服务协调发展。加强国际知识产权数据交换，提升运用全球知识产权信息的能力和水平。

七、建设促进知识产权高质量发展的人文社会环境

（十七）塑造尊重知识、崇尚创新、诚信守法、公平竞争的知识产权文化理念。加强教育引导、实践养成和制度保障，培养公民自觉尊重和保护知识产权的行为习惯，自觉抵制侵权假冒行为。倡导创新文化，弘扬诚信理念和契约精神，大力宣传锐意创新和诚信经营的典型企业，引导企业自觉履行尊重和保护知识产权的社会责任。厚植公平竞争的文化氛围，培养新时代知识产权文化自觉和文化自信，推动知识产权文化与法治文化、创新文化和公民道德修养融合共生、相互促进。

（十八）构建内容新颖、形式多样、融合发展的知识产权文化传播矩阵。打造传统媒体和新兴媒体融合发展的知识产权文化传播平台，拓展社交媒体、短视频、客户端等新媒体渠道。创新内容、形式和手段，加强涉外知识产权宣传，形成覆盖国内外的全媒体传播格局，打造知识产权宣传品牌。大力发展国家知识产权高端智库和特色智库，深化理论和政策研究，加强国际学术交流。

（十九）营造更加开放、更加积极、更有活力的知识产权人才发展环境。完善知识产权人才培养、评价激励、流动配置机制。支持学位授权自主审核高校自主设立知识产权一级学科。推进论证设置知识产权专业学位。实施知识产权专项人才培养计划。依托相关高校布局一批国家知识产权人才培养基地，加强相关高校二级知识产权学院建设。加强知识产权管理部门公职律师队伍建设，做好涉外知识产权律师培养和培训工作，加强知识产权国际化人才培养。开发一批知识产权精品课程。开展干部知识产权学习教育。进一步推进中小学知识产权教育，持续提升青少年的知识产权意识。

八、深度参与全球知识产权治理

（二十）积极参与知识产权全球治理体系改革和建设。扩大知识产权领域对外开放，完善国际对话交流机制，推动完善知识产权及相关国际贸易、国际投资等国际规则和标准。积极推进与经贸相关的多双边知识产权对外谈判。建设知识产权涉外风险防控体系。加强与各国知识产权审查机构合作，推动审查信息共享。打造国际知识产权诉讼优选地。提升知识产权仲裁国际化水平。鼓励高水平外国机构来华开展知识产权服务。

（二十一）构建多边和双边协调联动的国际合作网络。积极维护和发展知识产权多边合作体系，加强在联合国、世界贸易组织等国际框架和多边机制中的合作。深化与共建"一带一路"国家和地区知识产权务实合作，打造高层次合作平台，推进信息、数据资源项目合作，向共建"一带一路"国家和地区提供专利检索、审查、培训等多样化服务。加强知识产权对外工作力量。积极发挥非政府组织在知识产权国际交流合作中的作用。拓展海外专利布局渠道。推动专利与国际标准制定有效结合。塑造中国商标品牌良好形象，推动地理标志互认互保，加强中国商标品牌和地理标志产品全球推介。

九、组织保障

（二十二）加强组织领导。全面加强党对知识产权强国建设工作的领导，充分发挥国务院知识产权战略实施工作部际联席会议作用，建立统一领导、部门协同、上下联动的工作体系，制定实施落实本纲要的年度推进计划。各地区各部门要高度重视，加强组织领导，明确任务分工，建立健全本纲要实施与国民经济和社会发展规划、重点专项规划及相关政策相协调的工作机制，结合实际统筹部署相关任务措施，逐项抓好落实。

（二十三）加强条件保障。完善中央和地方财政投入保障制度，加大对本纲要实施工作的支持。综合运用财税、投融资等相关政策，形成多元化、多渠道的资金投入体系，突出重点，优化结构，保障任务落实。按照国家有关规定，对在知识产权强国建设工作中作出突出贡献的集体和个人给予表彰。

（二十四）加强考核评估。国家知识产权局会同有关部门建立本纲要实施动态调整机制，开展年度监测和定期评估总结，对工作任务落实情况开展督促检查，纳入相关工作评价，重要情况及时按程序向党中央、国务院请示报告。在对党政领导干部和国有企业领导班子考核中，注重考核知识产权相关工作成效。地方各级政府要加大督查考核工作力度，将知识产权强国建设工作纳入督查考核范围。

参考文献

一、中文图书

[1]《国家知识产权战略纲要》实施十年评估工作组．《国家知识产权战略纲要》实施十年评估报告［M］．北京：知识产权出版社，2019．

[2] 杨一凡，陈寒枫．中华人民共和国法制史［M］．哈尔滨：黑龙江人民出版社，1997．

[3] 张志成，张鹏．中国专利行政案例精读［M］．北京：商务印书馆，2017．

[4] 毛泽东．毛泽东选集［M］．7 版．北京：人民出版社，1999．

[5] 陈劲．新时代的中国创新［M］．北京：中国大百科全书出版社，2021．

[6] 学习贯彻习近平新时代中国特色社会主义经济思想 做好"十四五"规划编制和发展改革工作系列丛书编写组．深入实施创新驱动发展战略［M］．北京：中国计划出版社，2020．

[7] 戈峻，刘维．创新与规制的边界：科技创新的政策法律调控之道［M］．北京：法律出版社，2018．

[8] 林毅夫．新结构经济学：反思经济发展与政策的理论框架［M］．北京：北京大学出版社，2012．

[9] 陈文敬，李钢，李健．振兴之路：中国对外开放 30 年［M］．北京：中国经济出版社，2008．

[10] 林毅夫，蔡昉，李周．中国的奇迹：发展战略与经济改革［M］．

增订版．上海：格致出版社，2012.

[11] 钟山．中国外贸强国发展战略研究：国际金融危机之后的新视角 [M]．北京：中国商务出版社，2012.

[12] 陈元志，谭文柱．创新驱动发展战略的理论与实践 [M]．北京：人民出版社，2014.

[13] 宋河发．面向创新驱动发展与知识产权强国建设的知识产权政策研究 [M]．北京：知识产权出版社，2018.

[14] 李光斗．品牌竞争力 [M]．北京：中国人民大学出版社，2004.

[15] 常修泽，等．创新立国战略 [M]．北京：学习出版社，2013.

[16] 习近平．习近平谈治国理政：第 4 卷 [M]．北京：外文出版社，2022.

[17] 吴敬琏，俞可平，[美] 罗伯特·福格尔，等．中国未来 30 年 [M]．北京：中央编译出版社，2011.

[18] 经济合作与发展组织．OECD 中国创新政策研究报告 [R]．薛澜，柳卸林，穆荣平，等译．北京：科学出版社，2011.

[19] 郑成思．知识产权论 [M]．北京：法律出版社，1998.

[20] 徐海燕．中国近现代专利制度研究：1859—1949 [M]．北京：知识产权出版社，2010.

[21] 厉以宁．中国经济双重转型之路 [M]．北京：中国人民大学出版社，2013.

[22] 蔡晓月．熊彼特式创新的经济学分析：创新原域、连接与变迁 [M]．上海：复旦大学出版社，2009.

[23] 李昌麟．经济法学 [M]．北京：法律出版社，2008.

[24] 张鹏．专利授权确权制度原理与实务 [M]．北京：知识产权出版社，2012.

[25] 张鹏．最高人民法院知识产权法庭发展观察与案例评述 [M]．北京：知识产权出版社，2020.

[26] 黄文艺，强梅梅，彭小龙，等．迈向现代化新征程的法治中国建设 [M]．北京：中国人民大学出版社，2022.

［27］杨其静，刘小鲁．新征程中的创新驱动发展战略［M］．北京：中国人民大学出版社，2022.

［28］郝立新，等．中国现代化进程中的价值选择［M］．北京：中国人民大学出版社，2022.

［29］毛泽东．毛泽东选集：第3卷［M］．北京：人民出版社，1991.

［30］毛泽东．毛泽东选集：第4卷［M］．北京：人民出版社，2006.

［31］邓小平．邓小平文选：第3卷［M］．北京：人民出版社，1993.

［32］杜万华．中华人民共和国民法典实施精要［M］．北京：法律出版社，2021.

［33］王迁．知识产权法教程［M］．7版．北京：中国人民大学出版社，2021.

［34］肖志远．知识产权权利属性研究：一个政策维度的分析［M］．北京：北京大学出版社，2009.

［35］苏永钦．寻找新民法［M］．北京：北京大学出版社，2012.

［36］何华．知识产权法典化基本问题研究［M］．吉林：吉林出版集团有限责任公司，2010.

［37］刘平．立法原理、程序与技术［M］．上海：学林出版社，2017.

［38］吴汉东．知识产权精要：制度创新与知识创新［M］．北京：法律出版社，2017.

［39］侯淑雯．新编立法学［M］．北京：中国社会科学出版社，2010.

［40］邓世豹．立法学：原理与技术［M］．广州：中山大学出版社，2016.

［41］张鹏．知识产权基本法基本问题研究：知识产权法典化的序章［M］．北京：知识产权出版社，2019.

［42］张鹏．专利侵权损害赔偿制度研究：基本原理与法律适用［M］．北京：知识产权出版社，2017.

［43］王爱声．立法过程：制度选择的进路［M］．北京：中国人民大学出版社，2009.

［44］李锡鹤．民法原理论稿［M］．2版．北京：法律出版社，2012.

［45］姜明安．行政法与行政诉讼法［M］．6 版．北京：北京大学出版社，2015.

［46］王泽鉴．民法学说与判例研究［M］．重排合订本．北京：北京大学出版社，2015.

［47］施启扬．民法总则［M］．8 版．北京：中国法制出版社，2010.

［48］张志成，张鹏．中国专利行政案例精读［M］．北京：商务印书馆，2017.

［49］秦宏济．专利制度概论［M］．上海：上海商务印书馆，1946.

［50］高卢麟．中国专利教程：专利基础［M］．北京：专利文献出版社，1994.

［51］中国第二历史档案馆．中华民国史档案资料汇编：5 辑［M］．南京：江苏古籍出版社，1991.

［52］赵元果．中国专利法的孕育与诞生［M］．北京：知识产权出版社，2003.

［53］胡充寒．外观设计专利侵权判定理论与实务［M］．北京：法律出版社，2010.

［54］郑成思．世界贸易组织与贸易有关的知识产权［M］．北京：中国人民大学出版社，1996.

［55］李明德．美国知识产权法［M］．2 版．北京：法律出版社，2014.

［56］张鹏，徐晓雁．外观设计专利制度原理与实务［M］．北京：知识产权出版社，2015.

［57］芮松艳．外观设计法律制度体系化研究［M］．北京：知识产权出版社，2017.

［58］沈宗灵．法学基础理论［M］．北京：北京大学出版社，1991.

［59］李琛．论知识产权法的体系化［M］．北京：北京大学出版社，2005.

［60］林秀芹．促进技术创新的法律机制研究［M］．北京：高等教育出版社，2010.

［61］张耕，等．商业秘密法［M］．厦门：厦门大学出版社，2006.

［62］王瑞贺．中华人民共和国反不正当竞争法释义［M］．北京：法律出版社，2018.

［63］吴汉东．知识产权法［M］．北京：高等教育出版社，2021.

［64］张玉瑞．商业秘密法学［M］．北京：中国法制出版社，1999.

［65］崔汪卫．商业秘密立法反思与制度建构［M］．北京：社会文献出版社，2021.

［66］全国人民代表大会常务委员会民法室．《中华人民共和国反不正当竞争法》释义［M］．北京：法律出版社，1994.

［67］孔祥俊．反不正当竞争法新原理：总论［M］．北京：法律出版社，2019.

［68］刘春田．知识产权法［M］．6 版．北京：中国人民大学出版社，2022.

［69］冯寿波．论地理标志的国际保护：以 TRIPS 协议为视角［M］．北京：北京大学出版社，2008.

［70］董炳和．地理标志知识产权制度研究：构建以利益分享为基础的权利体系［M］．北京：中国政法大学出版社，2005.

［71］赵小平．地理标志的法律保护研究［M］．北京：法律出版社，2007.

［72］十二国商标法［M］．《十二国商标法》翻译组，译．北京：清华大学出版社，2013.

［73］郑成思．WTO 知识产权协议逐条讲解［M］．北京：中国方正出版社，2001.

［74］黄晖．商标法［M］．北京：法律出版社，2004.

［75］王笑冰．论地理标志的法律保护［M］．北京：中国人民大学出版社，2006.

［76］王笑冰．经济发展方式转变视角下的地理标志保护［M］．北京：中国社会科学出版社，2019.

［77］张耕．民间文学艺术的知识产权保护研究［M］．北京：法律出版社，2007.

［78］杨鸿．民间文艺的特别知识产权保护：国际立法例及其启示［M］．北京：法律出版社，2011.

［79］刘家兴．新中国民事程序理论与适用［M］．北京：中国检察出版社，1997.

［80］郑成思．郑成思文选［M］．北京：法律出版社，2003.

［81］黄国昌．民事诉讼理论之新开展［M］．北京：北京大学出版社，2008.

［82］汤维建．民事诉讼法学［M］．北京：北京大学出版社，2008.

［83］黄风．罗马法词典［M］．北京：法律出版社，2002.

［84］易延友．证据法的体系与精神：以英美法为特别参照［M］．北京：北京大学出版社，2010.

［85］何家弘．证据法学研究［M］．北京：中国人民大学出版社，2007.

［86］江伟．民事证据法学［M］．北京：中国人民大学出版社，2011.

［87］张伟君．规制知识产权滥用法律制度研究［M］．北京：知识产权出版社，2008.

［88］孔祥俊．商标法原理与判例［M］．北京：法律出版社，2021.

［89］黄薇．中华人民共和国民法典合同编解读［M］．北京：中国法制出版社，2020.

［90］王利明．中国民法典学者建议稿及立法理由：侵权行为篇［M］．北京：中国人民大学出版社，2005.

［91］陈光中．诉讼法理论与实践（2002年民事、行政诉讼法学卷）：下册［M］．北京：中国政法大学出版社，2003.

［92］杨立新．侵权行为法［M］．上海：复旦大学出版社，2005.

［93］江伟．民事诉讼法［M］．4版．北京：中国人民大学出版社，2008.

［94］刘家兴，潘剑锋．民事诉讼法学教程［M］．4版．北京：北京大学出版社，2013.

［95］杨立新．类型化侵权行为法研究［M］．北京：人民法院出版社，2006.

［96］江必新.《中华人民共和国民事诉讼法》修改条文解读与应用
［M］. 北京：法律出版社，2012.

［97］王先林. 知识产权与反垄断法：知识产权滥用的反垄断问题研究
［M］. 3 版. 北京：法律出版社，2020.

［98］中国社会科学院知识产权研究中心. 中国知识产权保护体系改革
研究［M］. 北京：知识产权出版社，2008.

［99］赵元果. 中国专利法的孕育与诞生［M］. 北京：知识产权出版
社，2003.

［100］汤宗舜. 专利法解说［M］. 修订版. 北京：知识产权出版
社，2002.

［101］黄玉烨，李青文. 中国知识产权法院建设研究［M］. 北京：知
识产权出版社，2022.

［102］徐昕. 英国民事诉讼与民事司法改革［M］. 北京：中国政法大
学出版社，2002.

［103］何勤华. 英国法律发达史［M］. 北京：法律出版社，1999.

［104］张卫平. 民事诉讼：关键词展开［M］. 北京：中国人民大学出
版社，2005.

［105］邓建志. WTO 框架下中国知识产权行政保护［M］. 北京：知识
产权出版社，2008.

［106］姜明安. 行政法与行政诉讼法［M］. 北京：北京大学出版
社，1999.

［107］王名扬. 法国行政法［M］. 北京：中国政法大学出版社，1989.

［108］国家知识产权局. 中国知识产权年鉴：2005［M］. 北京：知识产
权出版社，2005.

［109］国家知识产权局. 中国知识产权年鉴：2000［M］. 北京：知识产
权出版社，2001.

［110］国家知识产权局条法司.《专利法》第三次修改导读［M］. 北
京：知识产权出版社，2009.

［111］王名扬. 美国行政法［M］. 北京：中国法制出版社，2005.

[112] 张正钊，胡锦光. 行政法与行政诉讼法 ［M］. 4 版. 北京：中国人民大学出版社，2009.

[113] 刘加良. 司法确认程序的生成与运行 ［M］. 北京：北京大学出版社，2019.

[114] 刘海波，吕旭宁，张亚峰. 专利运营论 ［M］. 北京：知识产权出版社，2017.

[115] 李昶. 中国专利运营体系构建 ［M］. 北京：知识产权出版社，2018.

[116] 吴汉东. 知识产权总论 ［M］. 北京：中国人民大学出版社，2013.

[117] 张海志，等. 创业维艰：国家知识产权局（中国专利局）创建史话 ［M］. 北京：知识产权出版社，2016.

[118] 吴汉东，郭寿康. 知识产权制度国际化问题研究 ［M］. 北京：北京大学出版社，2010.

[119] 杨一凡，陈寒枫. 中华人民共和国法制史 ［M］. 哈尔滨：黑龙江人民出版社，1997.

[120] 陈振明. 公共政策分析 ［M］. 北京：中国人民大学出版社，2002.

[121] 王莉丽. 智力资本：中国智库核心竞争力 ［M］. 北京：中国人民大学出版社，2015.

[122] 习近平. 在哲学社会科学工作座谈会上的讲话 ［M］. 北京：人民出版社，2016.

[123] 孟东方，等. 构建学科的理论与实践 ［M］. 北京：科学出版社，2019.

[124] 陈瑞华. 论法学研究方法 ［M］. 北京：法律出版社，2017.

[125] 孙晓楼，等. 法律教育 ［M］. 北京：中国政法大学出版社，1997.

[126] 张乃根. 国际贸易的知识产权法 ［M］. 上海：复旦大学出版社，2007.

［127］易继明．技术理性、社会发展与自由［M］．北京：北京大学出版社，2005.

［128］葛剑雄，胡鞍钢，林毅夫．改变世界经济地理的"一带一路"［M］．上海：上海交通大学出版社，2015.

［129］张春梅，周芳．国家公务员制度概论［M］．济南：山东大学出版社，2014.

［130］吴江．国家荣誉制度建设研究［M］．北京：党建读物出版社，2017.

二、中文译著

［1］［美］约瑟夫·阿洛伊斯·熊彼特．经济发展理论：对利润、资本、信贷、利息和经济周期的探究［M］．叶华，译．北京：中国社会科学出版社，2009.

［2］［英］罗伯特·C. 艾伦．全球经济史［M］．陆赟，译．南京：译林出版社，2015.

［3］［美］斯坦利·L. 恩格尔曼，罗伯特·E. 高尔曼．剑桥美国经济史（第3卷）：20世纪［M］．高德步，王珏，总译校．北京：中国人民大学出版社，2008.

［4］［美］迈克尔·波特．国家竞争优势：上［M］．2版．李明轩，邱如美，译．北京：中信出版社，2012.

［5］［德］卡尔·马克思．资本论［M］．郭大力，王亚男，译．上海：上海三联书店，2009.

［6］［美］约瑟夫·熊彼特．资本主义、社会主义与民主［M］．吴良建，译．北京：商务印书馆，1999.

［7］［美］戴维·S. 兰德斯．国富国穷［M］．门洪华，安德才，董素华，等译．北京：新华出版社，2010.

［8］［美］J. M. 布劳特．殖民者的世界模式：地理传播主义和欧洲中心主义观［M］．谭荣根，译．北京：社会科学文献出版社，2002.

［9］［美］约瑟夫·熊彼特．经济发展理论：对于利润、资本、信贷、

利息和经济周期的考察［M］. 何畏，易家详，等译. 北京：商务印书馆，2020.

［10］［美］道格拉斯·诺思. 理解经济变迁的过程［M］. 钟正生，邢华，等译. 北京：中国人民大学出版社，2008.

［11］［美］兰宁·G. 布莱尔，斯科特·J. 莱布森，马修·D. 阿斯贝尔. 21 世纪企业知识产权运营［M］. 韩旭，方勇，曲丹，等译. 北京：知识产权出版社，2020.

［12］［美］道格拉斯·诺思，罗伯斯·托马斯. 西方世界的兴起［M］. 厉以平，蔡磊，译. 北京：华夏出版社，1999.

［13］［英］阿尔弗雷德·马歇尔. 经济学原理［M］. 宇琦，译. 长沙：湖南文艺出版社，2012.

［14］［英］亚当·斯密. 国富论［M］. 宇琦，译. 长沙：湖南文艺出版社，2012.

［15］［美］保罗·萨缪尔森，威廉·诺德豪斯. 经济学［M］. 18 版. 萧琛，主译. 北京：人民邮电出版社，2008.

［16］［德］弗兰克·泰特兹. 技术市场交易：拍卖、中介与创新［M］. 钱京，冯晓玲，译. 北京：知识产权出版社，2016.

［17］［美］罗纳德·H. 科斯. 企业、市场与法律［M］. 盛洪，陈郁，译. 上海：上海人民出版社，2003.

［18］［美］罗纳德·德沃金. 认真对待权利［M］. 信春鹰，吴玉章，译. 北京：中国大百科全书出版社，1998.

［19］［美］R. 科斯，等. 财产权利与制度变迁：产权学派与新制度学派译文集［M］. 胡庄君，等译. 上海：上海三联书店，1991.

［20］［美］哈罗德·J. 伯尔曼. 法律与革命：西方法律传统的形成［M］. 贺卫方，高鸿钧，张志铭，等译. 北京：中国大百科全书出版社，1993.

［21］［美］E. 博登海默. 法理学：法哲学与法律方法［M］. 邓正来，译. 北京：中国政法大学出版社，1999.

［22］［美］史蒂文·J. 伯顿. 法律和法律推理导论［M］. 张志铭，解

兴权，译．北京：中国政法大学出版社，2000.

[23]［美］安德雷·马默．法律与解释［M］．张卓明，徐宗立，译．北京：法律出版社，2006.

[24] WIPO 专利法常设委员会秘书处．国际专利制度报告［R］．国家知识产权局条法司，译．北京：知识产权出版社，2011.

[25]［英］J.S. 密尔．代议制政府［M］．汪瑄，译．北京：商务印书馆，1982.

[26]［英］彼得·斯坦，约翰·香德．西方社会的法律价值［M］．王献平，译．北京：中国人民公安大学出版社，1990.

[27]［德］哈特穆特·毛雷尔．行政法学总论［M］．高家伟，译．北京：法律出版社，2000.

[28]［日］纹谷畅男．日本外观设计法 25 讲［M］．魏启学，译．北京：专利文献出版社，1986.

[29]［澳］布拉德·谢尔曼，［英］莱昂内尔·本特利．现代知识产权法的演进［M］．金海军，译．北京：北京大学出版社，2006.

[30]［英］约翰·洛克．政府论：下篇［M］．刘丹，赵文道，译．长沙：湖南文艺出版社，2011.

[31]［法］多米尼克·格莱克，［德］布鲁诺·范·波特斯伯格．欧洲专利制度经济学：创新与竞争的知识产权政策［M］．张南，译．北京：知识产权出版社，2016.

[32]［美］弗里德曼．选择的共和国：法律、权威与文化［M］．高鸿钧，等译．北京：清华大学出版社，2005.

[33]［德］莱奥·罗森贝克．证明责任论：以德国民法典和民事诉讼法典为基础撰写［M］．4 版．庄敬华，译．北京：中国法制出版社，2002.

[34] 法国新民事诉讼法典：附判例解释［M］．罗结珍，译．北京：法律出版社，2008.

[35]［日］高桥宏志．民事诉讼法制度与理论的深层分析［M］．林剑锋，译．北京：法律出版社，2003.

[36] 日本专利法［M］．杜颖，译．北京：经济科学出版社，2009.

[37] 德国民事诉讼法 [M]. 丁启明，译. 厦门：厦门大学出版社，2016.

[38] 日本民事诉讼法典 [M]. 曹云吉，译. 厦门：厦门大学出版社，2017.

[39] [美] 卢克·拉斯特. 人类学的邀请：认识自我和他者 [M]. 4 版. 王媛，译. 北京：北京大学出版社，2021.

[40] [美] 斯塔夫里·阿诺斯. 全球通史：从史前史到 21 世纪 [M]. 7 版. 吴象婴，等译. 北京：北京大学出版社，2006.

[41] 李轩，[阿根廷] 卡洛斯·M. 柯莱亚. 知识产权实施：国际视角 [M]. 李轩，张征，等译. 北京：知识产权出版社，2012.

[42] [美] 苏茜·弗兰克尔，[美] 丹尼尔·J. 热尔韦. 国际知识产权法 [M]. 肖友丹，程文婷，译. 北京：知识产权出版社，2022.

[43] [美] 弗雷德里克·M. 阿伯特，[瑞士] 托马斯·科蒂尔，[澳] 弗朗西斯·高锐. 世界经济一体化进程中的国际知识产权法：上 [M]. 王清，译. 北京：商务印书馆，2014.

[44] [美] 约瑟夫·熊彼特. 经济分析史：第 1 卷 [M]. 朱泱，孙鸿敞，李宏，等译. 北京：商务印书馆，1996.

[45] [英] 弗朗西斯·培根. 新工具 [M]. 许宝骙，译. 北京：商务印书馆，1984.

[46] [英] 李约瑟. 中国科学技术史：第 1 卷 [M]. 袁翰青，等译. 北京：科学出版社，2021.

[47] [英] 马特·里德利. 创新的起源：一部科学技术进步史 [M]. 王大鹏，张智慧，译. 北京：机械工业出版社，2022.

[48] [澳] 彼得·德霍斯. 知识产权法哲学 [M]. 周林，译. 北京：商务印书馆，2017.

三、中文文章

[1] 习近平. 开放共创繁荣创新引领未来：在博鳌亚洲论坛 2018 年年会

开幕式上的主旨演讲 [J]. 党政干部参考, 2018 (8): 3 - 6.

[2] 申长雨. 新时代知识产权强国建设的宏伟蓝图 [N]. 人民日报, 2021 - 09 - 23 (10).

[3] 王亚华等. 知识产权强国建设的现实国情研究 [J]. 知识产权, 2015 (12): 17 - 23.

[4] 张鹏. 知识产权强国建设思想形成、理论构成与实践证成研究 [J]. 知识产权, 2010 (10): 121 - 135.

[5] 习近平. 全面加强知识产权保护工作 激发创新活力推动构建新发展格局 [J]. 求是, 2021 (3): 4 - 8.

[6] 沈关生. 谈谈我国商标法的形成与发展 [J]. 法学研究, 1980 (3): 37 - 40.

[7] 韩秀成. 沧桑巨变: 知识产权与改革开放四十年 [J]. 知识产权, 2018 (9): 18 - 28.

[8] 冯晓青. 中国 70 年知识产权制度回顾及理论思考 [J]. 社会科学战线, 2019 (6): 25 - 37.

[9] 韩秀成. 四十载从无到有筑牢事业根基 新时代从大到强走进复兴梦想 [J]. 知识产权, 2020 (1): 3 - 9.

[10] 马忠法. 邓小平"科学技术是第一生产力"思想的实现途径及时代价值 [J]. 邓小平研究, 2020 (5): 1 - 12.

[11] 曲三强. 被动立法的百年轮迴: 谈中国知识产权保护的发展历程 [J]. 中外法学, 1999 (2): 119 - 122.

[12] 李雨峰. 枪口下的法律: 近代中国版权法的产生 [J]. 北大法律评论, 2004 (1): 144 - 166.

[13] 陈雄辉, 萧艳敏, 崔慧洁, 等. 我国实施创新驱动和人才强国"双战略"的历史演变 [J]. 科技创新发展战略研究, 2020 (4): 46 - 52.

[14] 易继明.《国家知识产权战略纲要》颁布实施十周年 [J]. 西北大学学报 (哲学社会科学版), 2018 (5): 37.

[15] 吴汉东. 知识产权理论的体系化与中国化问题研究 [J]. 法制与社会发展, 2014 (6): 107 - 117.

[16] 刘红臻. 中国特色社会主义法学理论体系的形成过程及其基本标志 [J]. 法制与社会发展, 2013 (2)：13 - 28.

[17] 冯晓青. 新时代中国特色知识产权法理思考 [J]. 知识产权, 2020 (4)：3 - 15.

[18] 吴汉东. 知识产权本质的多维度解读 [J]. 中国法学, 2006 (5)：97 - 106.

[19] 吴汉东. 新时代中国知识产权制度建设的思想纲领和行动指南：试论习近平关于知识产权的重要论述 [J]. 法律科学, 2019 (4)：31 - 39.

[20] 吴汉东. 试论知识产权制度建设的法治观和发展观 [J]. 知识产权, 2019 (6)：3 - 15.

[21] 董涛. "国家知识产权战略"与中国经济发展 [J]. 科学学研究, 2009 (5)：641 - 652.

[22] 易继明. 建设知识产权强国是新时代的呼唤 [N]. 光明日报, 2021 - 09 - 24 (3).

[23] 吴汉东. 经济新常态下知识产权的创新、驱动与发展 [J]. 法学, 2016 (7)：31 - 35.

[24] 吴汉东. 国家治理能力现代化与法治化问题研究 [J]. 法学评论, 2015 (5)：1 - 9.

[25] 马一德. 中国知识产权治理四十年 [J]. 法学评论, 2019 (6)：10 - 19.

[26] 詹映. 试论新形势下我国知识产权战略规划的新思路 [J]. 中国软科学, 2020 (8)：1 - 9.

[27] 吴汉东. 中国知识产权法律变迁的基本面向 [J]. 中国社会科学, 2018 (8)：108 - 125, 206 - 207.

[28] 马一德. 完善中国特色知识产权学科体系、学术体系、话语体系 [J]. 知识产权, 2020 (12)：20 - 26.

[29] 张鹏. 知识产权强国建设基本问题初探 [J]. 科技与法律, 2016 (1)：4 - 16.

[30] 申长雨. 面向新时代的知识产权强国建设 [J]. 时事报告 (党委

中心组学习），2019（6）：85 - 113.

［31］谢小勇，刘淑华，韩秀成．知识产权强国建设基本问题初探［J］.
中国科学院院刊，2016（9）：998 - 1005.

［32］申长雨．努力建设知识产权强国　支撑经济发展新常态［J］．中
国发明与专利，2015（1）：1.

［33］申长雨．知识产权是推进供给侧结构性改革的重要支撑［N］．中
国知识产权报，2016 - 09 - 21（2）.

［34］张志成．知识产权强国建设初探［J］．科技与法律，2015（4）：
640 - 673.

［35］韩秀成，李奕霏．加快建设知识产权强国保障经济高质量发展
［J］．中国经济评论，2020（4）：48 - 51.

［36］张鹏．外观设计单独立法论［J］．知识产权，2018（6）：45 - 54.

［37］沈关生．谈谈我国商标法的形成与发展［J］．法学研究，1980
（3）：37 - 40.

［38］张宇燕．"十四五"期间我国的外部环境及其影响［N］．中国社
会科学报，2020 - 11 - 11（A02）.

［39］陈昌盛，许伟，兰宗敏，等．"十四五"时期我国发展内外部环境
研究［J］．管理世界，2020（10）：1 - 14，40，15.

［40］陈劲，阳镇，尹西明．双循环新发展格局下的中国科技创新战略
［J］．当代经济科学，2021（1）：1 - 9.

［41］林毅夫．李约瑟之谜、韦伯疑问和中国的奇迹：自宋以来的长期
经济发展［J］．北京大学学报（哲学社会科学版），2007（4）：5 - 22.

［42］王志刚．扎实推进创新驱动发展战略［J］．求是，2012（23）：
14 - 15.

［43］高洋洋，刘建涛．马克思生产力的发展根据及影响因素分析［J］.
辽宁工业大学学报（社会科学版），2022（1）：4 - 6.

［44］易继明．中美关系背景下的国家知识产权战略［J］．知识产权，
2020（9）：3 - 20.

［45］易继明．知识产权强国建设的基本思路和主要任务［J］．知识产

权，2021（10）：13-40.

[46] 冯晓青．国家知识产权战略视野下我国企业知识产权战略实施研究 [J]．湖南大学学报（社会科学版），2010（1）：116-123.

[47] 张鹏．知识产权基本法立法思路与总体内容研究 [M] //国家知识产权局条法司．专利法研究：2017. 北京：知识产权出版社，2019：6-18.

[48] 冯志刚，张志强，刘昊．国际技术贸易格局演化规律研究：基于知识产权使用费数据分析视角 [J]．情报学报，2022（1）：38-49.

[49] 孙彩红，宋世明．国外知识产权管理体制的基本特征与经验借鉴 [J]．知识产权，2016（4）：114-120.

[50] 彭小宝，陈文清．我国高价值发明专利界定标准研究 [J]．科技与法律，2021（6）：58-64.

[51] 蒋建科．我国发明专利年度申请受理量首破100万件 [N]．人民日报，2016-01-15（1）.

[52] 谷业凯．我国发明专利有效量达421.2万件 [N]．人民日报，2023-02-13（1）.

[53] 张楠.2010年我国专利申请量突破百万件 [N]．科学时报，2011-04-22（要闻）.

[54] 张文显．法治与国家治理现代化 [J]．中国检察官，2014（23）：79.

[55] 吴汉东．中国知识产权法律体系论纲：以《知识产权强国建设纲要（2021—2035年）》为研究文本 [J]．知识产权，2022（6）：3-20.

[56] 中国科学院．迎接知识经济时代，建设国家创新体系 [J]．中国科技信息，1998（Z3）：24-26.

[57] 林炳辉．知识产权制度在国家创新体系中的地位与作用 [J]．知识产权，2001（3）：5-10.

[58] 张开．深化市场经济改革要求更好发挥政府作用 [N]．中国社会科学报，2014-01-29（B04）.

[59] 吴汉东．利弊之间：知识产权制度的政策科学分析 [J]．法商研究，2006（5）：6-15.

［60］葛亮，张鹏.《反假冒贸易协议》的立法动力学分析与应对［J］.知识产权，2014（1）：71－77.

［61］刘银良.知识产权的制度理性与制度建设［M］//刘银良.北大知识产权评论：2020—2021 年卷.北京：知识产权出版社，2022：1－11.

［62］邓建鹏.宋代的版权问题：兼评郑成思与安守廉之争［J］.环球法律评论，2005（1）：71－80.

［63］徐海燕.中国近代专利制度萌芽的过程［J］.科学学研究，2010（9）：1294－1301.

［64］刘飞.论我国知识产权立法模式：知识产权法典化之选择［M］//国家知识产权局条法司.专利法研究：2010.北京：知识产权出版社，2011.

［65］郑英隆.知识产权市场理论新探［J］.社会科学，1995（3）：16－19.

［66］曹丽辉.全国政协委员迟福林：市场监管应以法治监管为主［N］.检察日报，2014－03－05（10）.

［67］吴离离.浅析我国知识产权公共服务体系的构建［J］.知识产权，2011（6）：63－66.

［68］张鹏.知识产权公共政策体系的理论框架、构成要素和建设方向研究［J］.知识产权，2014（12）：69－73.

［69］张鹏.建设世界一流专利审查机构的模式路径与战略任务初探［J］.中国发明与专利，2017（3）：8－11.

［70］张鹏.中国式现代化建设新征程中的知识产权强国建设道路探析［J］.知识产权，2022（11）：32－53.

［71］马一德.全球治理大局下的知识产权强国建设［J］.知识产权，2021（10）：41－54.

［72］肖兴威.中国特色新型知识产权智库体系建设思路研究［J］.知识产权，2022（5）：3－15.

［73］丛立先，谢轶.知识产权强国建设中的版权国际合作机制推进与完善［J］.中国出版，2022（3）：21－26.

［74］李明德.中国外观设计保护制度的改革［J］.知识产权，2022

（3）：16 - 32.

[75] 管育鹰. 我国地理标志保护中的疑难问题探讨 [J]. 知识产权，2022（4）：3 - 17.

[76] 郭禾. 我国地理标志保护制度发展的应然进路 [J]. 知识产权，2022（8）：3 - 14.

[77] 余俊. 面向知识产权强国建设的知识产权学科治理现代化 [J]. 知识产权，2021（12）：3 - 27.

[78] 易继明. 新时代中国特色知识产权发展之路 [J]. 政法论丛，2022（1）：3 - 18.

[79] 张文显. 深刻把握中国式现代化的科学概念和丰富内涵 [N]. 经济日报，2022 - 10 - 23（7）.

[80] 乔惠波. 探索符合中国国情的社会主义经济建设规律：再读毛泽东《读苏联〈政治经济学教科书〉的谈话》[J]. 毛泽东研究，2022（2）：101 - 111.

[81] 黄莎. 论我国知识产权法生态化的正当性 [J]. 法学评论，2013（6）：94 - 99.

[82] 郑友德，王活涛，郭玉新. 论应对气候变化的绿色知识产权策略 [J]. 华中科技大学学报（社会科学版），2016（6）：61 - 67.

[83] 侯志强. 环境权知识产权法保护的理论证成与规范构造 [J]. 法学，2022（8）：177 - 192.

[84] 吴汉东. 试论"民法典时代"的中国知识产权基本法 [J]. 知识产权，2021（4）：3 - 16.

[85] 吴汉东. 民法法典化运动中的知识产权法 [J]. 中国法学，2016（4）：24 - 39.

[86] 吴汉东、刘鑫. 改革开放四十年的中国知识产权法 [J]. 山东大学学报（哲学社会科学版），2018（3）：16 - 28.

[87] 易继明. 中国民法典制定背景下知识产权立法的选择 [J]. 陕西师范大学学报（哲学社会科学版），2017（2）：5 - 19.

[88] 吴汉东. 知识产权立法体例与民法典编纂 [J]. 中国法学，2003

（1）：48 - 58.

［89］吴汉东．知识产权应在未来民法典中独立成编［J］．知识产权，2016（12）：3 - 7.

［90］易继明．历史视域中的私法统一与民法典的未来［J］．中国社会科学，2014（5）：31 - 147，207.

［91］李琛．论中国民法典设立知识产权编的必要性［J］．苏州大学学报（法学版），2015（4）：75 - 82.

［92］李扬．重塑整体性知识产权法：以民法为核心［J］．科技与法律，2006（3）：28 - 38.

［93］孔祥俊．《民法典》与知识产权法的适用关系［J］．知识产权，2021（1）：3 - 19.

［94］何华．《民法总则》第123条的功能考察：兼论知识产权法典化的未来发展［J］．社会科学，2017（10）：98 - 105.

［95］王利明．论中国民法典的制订［J］．辽宁公安司法管理干部学院学报，1999（1）：5 - 14.

［96］孙宪忠．论民法典贯彻体系性科学逻辑的几个要点［J］．东方法学，2020（4）：18 - 28.

［97］刘强，孙青山．《民法典》知识产权条款立法研究：兼论“民商知合一”立法体例的构建［J］．中南大学学报（社会科学版），2020（6）：62 - 74.

［98］方新军．内在体系外显与民法典体系融贯性的实现对《民法总则》基本原则规定的评论［J］．中外法学，2017（3）：567 - 589.

［99］谢鸿飞．民法典与特别民法关系的建构［J］．中国社会科学，2013（2）：98 - 116，206.

［100］魏磊杰，王明锁．民法法典化、法典解构化及法典重构化：二百年民法典发展历程述评［M］//易继明．私法：第5辑第2卷．北京：北京大学出版社，2005：16.

［101］费安玲．论我国民法典编纂活动中的四个关系［J］．法制与社会发展，2015（5）：97 - 109.

[102] 罗豪才，苗志江．社会管理创新中的软法之治 [J]．法学杂志，2011 (12)：1-4，144.

[103] 廉睿，高鹏怀．整合与共治：软法与硬法在国家治理体系中的互动模式研究 [J]．宁夏社会科学，2016 (6)：81-85.

[104] 张燕城．由"内容法律化"到"政策法制化"：以互联网行业产业政策法治化优先进路选择为视角 [M] //杨慧．中财法律评论：第9卷．北京：中国法制出版社，2017：302-323.

[105] 宋河发，沙开清，刘峰．创新驱动发展与知识产权强国建设的知识产权政策体系研究 [J]．知识产权，2016 (2)：93-98.

[106] 齐爱民．知识产权基本法之构建 [J]．河北法学，2009 (5)：57-60.

[107] 白智妍．《知识产权基本法》：立法经验与可借鉴之处 [M] //刘银良．北大知识产权评论：2020—2021年卷．北京：知识产权出版社，2022：350-366.

[108] 王淇．韩国知识产权政策体系初探 [J]．科技促进与发展，2017 (10)：826-831.

[109] 孙笑侠．欲求"平衡"尚需"控权"：从行政权力的悖论谈起 [J]．法制现代化研究，1996：339-353.

[110] 张鹏，赵炜楠．《知识产权基本法》立法目的与基本原则研究 [J]．知识产权，2018 (12)：45-52.

[111] 张鹏．基于行为科学的知识产权公共政策有效性提升方向研究 [J]．中国发明与专利，2019 (1)：15-19.

[112] 李扬．重塑整体性知识产权法：以民法为核心 [J]．科技与法律，2006 (3)：28-38.

[113] 姜佩杉．最高法知产宣传周新闻发布会召开 [N]．人民法院报，2019-04-23 (3).

[114] 王泽鉴．诚实信用与权利滥用：我国台湾地区"最高法院"九一年台上字第七五四号判决评析 [J]．北方法学，2013 (6)：5-17.

[115] 彭诚信．论禁止权利滥用原则的法律适用 [J]．中国法学，2018

（3）：249 – 268.

［116］徐嫣，宋世明．协同治理理论在中国的具体适用研究［J］．天津社会科学，2016（2）：74 – 78.

［117］张鹏．知识产权公共政策法律化的立法技术探析：兼论知识产权基本法编纂方向与基本方法［M］//国家知识产权局条法司．专利法研究：2019．北京：知识产权出版社，2020：15 – 19.

［118］姚秀兰．制度构建与社会变迁：近代中国专利立法论［J］．法学论坛，2006（4）：118 – 123.

［119］郭禾．外观设计与专利法的分野［J］．知识产权，2015（4）：9 – 13.

［120］彭学龙，赵小东．外观设计保护与立法模式比较及对我国的启示［J］．知识产权，2007（6）：74 – 79.

［121］张翰雄．专利、实用新型、外观设计三法分立问题研究［M］//易继明．私法：第17辑第1卷．武汉：华中科技大学出版社，2020：58 – 204.

［122］李建华，何松威，麻锐．论民法典"提取公因式"的立法技术［J］．河南社会科学，2015（9）：49 – 58，123.

［123］徐晓雁，张鹏．外观设计专利权的扩张与限缩：以外观设计专利权与其他知识产权的边界为视角［J］．科技与法律，2014（4）：598 – 613.

［124］李明德．外观设计的法律保护［J］．郑州大学学报（哲学社会科学版），2000（5）：48 – 52.

［125］王天平．工业品外观设计的法律保护模式［J］．科技与法律，2002（3）：28 – 35.

［126］曹新明，杨绪东．我国加入《海牙协定》对外观设计保护的影响［J］．知识产权，2022（3）：33 – 49.

［127］吴观乐．试论外观设计专利保护的立足点［J］．知识产权，2004（1）：14 – 19.

［128］吴汉东．知识产权法的制度创新本质与知识创新目标［J］．法学研究，2014（3）：95 – 108.

［129］刘孔中，李文博．论商业秘密保护及其过度保护的问题［J］．知

识产权，2022 (5)：74 - 90.

[130] 唐昭红．商业秘密研究 [M] //梁慧星．民商法论丛：第6卷．北京：法律出版社，1997：728.

[131] 杨正宇．美国商业秘密单独立法模式探究与启示 [J]．民商法论丛，2020 (1)：203 - 224.

[132] 黄武双．商业秘密的理论基础及其属性演变 [J]．知识产权，2021 (5)：3 - 14.

[133] 王学政．中国反不正当竞争法的理论与立法经验 [J]．中国工商管理研究，1998 (11)：4 - 12.

[134] 崔国斌．知识产权法官造法批判 [J]．中国法学，2006 (1)：144 - 164.

[135] 李永明．论原产地名称的法律保护 [J]．中国法学，1994 (3)：8.

[136] 王笑冰．法国对地理标志的法律保护 [J]．电子知识产权，2006 (4)：16 - 23.

[137] 吴彬，刘珊．法国地理标志法律保护制度及对中国的启示 [J]．华中农业大学学报（社会科学版），2013 (6)：121 - 126.

[138] 王蔚．法国对原产地名称/地理标志的特殊保护：原则与案例 [J]．中华商标，2020 (2)：112 - 115.

[139] 王莲峰，黄泽雁．地理标志保护模式之争与我国的立法选择 [J]．华东政法大学学报，2006 (6)：44 - 53.

[140] 孙靖洲．《德国商标法》的最新修订及其对我国的启示 [J]．知识产权，2019 (6)：81 - 96.

[141] 孙远钊．论地理标志的国际保护、争议与影响：兼论中欧、中美及相关地区协议 [J]．知识产权，2022 (8)：15 - 59.

[142] 王莲峰．我国地理标志立法模式的选择 [J]．法律适用，2003 (7)：70 - 72.

[143] 杨佳倩．地理标志保护制度概述与我国地理标志保护模式的探讨 [M] //国家知识产权条法司．专利法研究：2018. 北京：知识产权出版社，

2020：67 - 76.

［144］郭禾．我国地理标志保护制度发展的应然进路［J］．知识产权，2022（8）：3 - 14.

［145］王莲峰．制定我国地理标志保护法的构想［J］．法学，2005（5）：69 - 74.

［146］王莲峰．我国地理标志立法模式的选择［J］．法律适用，2003（7）：70 - 72.

［147］张佳佳．地理标志与证明商标权利冲突问题研究［J］．青年与社会，2013（7）：66 - 67.

［148］李琦．我国地理标志法律制度的现状与完善研究［J］．中国发明与专利，2021（10）：54 - 59.

［149］郑戈．人工智能与法律的未来［J］．探索与争鸣，2017（10）：78 - 84.

［150］王迁，陈树森，陈绍玲，等．人工智能知识产权保护问题研究［M］//崔亚东．世界人工智能法治蓝皮书：2020.上海：上海人民出版社，2020：193 - 204.

［151］袁曾．人工智能有限法律人格审视［J］．东方法学，2017（5）：50 - 57.

［152］张洋．论人工智能发明可专利性的法律标准［J］．法商研究，2020（6）：181 - 192.

［153］刘鑫，覃楚翔．人工智能时代的专利法：问题、挑战与应对［J］．电子知识产权，2021（1）：73 - 82.

［154］吴汉东．人工智能时代的制度安排与法律规制［J］．法律科学，2017（5）：128 - 136.

［155］孔祥俊．人工智能知识产权保护的若干问题［C］．《上海法学研究》集刊：上海市法学会互联网司法研究小组论文集，2019（13）：36 - 39.

［156］张鹏．《专利审查指南》新修改解析：信息通信产业专利授权确权规则新进展［J］．专利代理，2020（2）：11 - 17.

［157］狄晓斐．人工智能算法可专利性探析：从知识生产角度区分抽象

概念与具体应用 [J]. 知识产权，2020 (6)：81 - 96.

[158] 崔国斌. 专利法上的抽象思想与具体技术：计算机程序算法的客体属性分析 [J]. 清华大学学报（哲学社会科学版），2005 (3)：37 - 51.

[159] 刘鑫，覃楚翔. 人工智能时代的专利法：问题、挑战与应对 [J]. 电子知识产权，2021 (1)：73 - 82.

[160] 黄玉烨. 我国民间文学艺术的特别权利保护模式 [J]. 法学，2009 (8)：119 - 126.

[161] 胡丹阳. 论传统知识法律保护的正当性 [J]. 东南大学学报（哲学社会科学版），2020，22（增刊）：22 - 26.

[162] 陈庆. 传统知识持有人权利限制规则构建研究：以中医药法为契机 [J]. 河北法学，2022 (2)：148 - 161.

[163] 民进中央. 建议制定《知识产权诉讼特别程序法》[J]. 民主，2021 (2)：24 - 25.

[164] 陈桂明，赵蕾. 中国特别程序论纲 [J]. 法学家，2010 (6)：71 - 82，176.

[165] 刘亚丽. 专门立法：知识产权诉讼司法改革的路径选择：以台湾地区《智慧财产案件审理法》为借鉴 [J]. 河南教育学院学报（哲学社会科学版），2010 (3)：80 - 84.

[166] 段文波. 事实证明抑或法官裁量：民事损害赔偿数额认定的德日经验 [J]. 法学家，2012 (6)：165 - 173，178.

[167] 朱理. 我国知识产权法院诉讼制度革新：评价与展望 [J]. 法律适用，2015 (10)：24 - 29.

[168] 詹映，张弘. 我国知识产权侵权司法判例实证研究：以维权成本和侵权代价为中心 [J]. 科研管理，2015 (7)：145 - 153.

[169] 汤维建. 论民事举证责任的法律性质 [J]. 法学研究，1992 (3)：53 - 59.

[170] 张晓霞. 美国专利侵权惩罚性赔偿标准的新发展 [J]. 知识产权，2016 (9)：104 - 109.

[171] 吴汉东. 知识产权侵权诉讼中的过错责任推定与赔偿数额认定：

以举证责任规则为视角［J］. 法商研究, 2014（5）: 124 – 130.

［172］王利明. 论过错推定［J］. 政法论坛（中国政法大学学报）, 1991（5）: 9.

［173］王先林. 知识产权强国建设需要规制知识产权滥用行为［N］. 中国市场监管报, 2021 – 10 – 09（3）.

［174］戴芳芳. 知识产权滥用规制的理论基础及制度完善［J］. 知识产权, 2022（3）: 101 – 126.

［175］姚欢庆. 知识产权上民法理论之运用［J］. 浙江社会科学, 1999（3）: 4.

［176］王晓晔. 知识产权滥用行为的反垄断法规制［J］. 法学, 2004（3）: 100 – 106.

［177］陶冠东. 规制知识产权滥用行为的多维认识［J］. 竞争政策研究, 2019（3）: 40 – 50

［178］魏立舟. 标准必要专利情形下禁令救济的反垄断法规制: 从"橘皮书标准"到"华为诉中兴"［J］. 环球法律评论, 2015（6）: 83 – 101.

［179］申洁. 恶意诉讼的司法阻却: 法律的缺位与完善［J］. 法律适用, 2010（10）: 54 – 58.

［180］周永坤. 诉权法理研究论纲［J］. 中国法学, 2004（5）: 14.

［181］邵明. 滥用民事诉权及其规制［J］. 政法论坛, 2011（6）: 175 – 180.

［182］聂鑫. 专利恶意诉讼的认定及其法律规制［J］. 知识产权, 2015（5）: 49 – 55.

［183］奉晓政. 知识产权恶意诉讼的识别与规制［J］. 广西民族大学学报（哲学社会科学版）, 2016（3）: 130 – 134.

［184］［日］中村真帆. 日本知识产权基本法［J］. 网络法律评论, 2004（1）: 314 – 320.

［185］肖建华. 论恶意诉讼及其法律规制［J］. 中国人民大学学报, 2012（4）: 13 – 21.

［186］于海生. 诉讼欺诈的侵权责任［J］. 中国法学, 2008（5）:

77 – 87.

[187] 牛玉兵，董家友．民事恶意诉讼的司法规制：以我国新《民事诉讼法》为中心的考察 [J]．法学杂志，2015 (2)：114 – 119.

[188] 卞辉．知识产权恶意诉讼的程序法应对 [J]．电子知识产权，2009 (10)：61 – 65.

[189] 张永宏．关于禁止技术转让中的限制性商业惯例 [J]．法学杂志，1998 (3)：2 – 3，6.

[190] 于锐．论恶意诉讼的程序法规制 [J]．黑龙江社会科学，2010 (1)：154 – 157.

[191] 王晓，任文松．民事诉权滥用的法律规制 [J]．现代法学，2015 (5)：183 – 193.

[192] 朱雪忠，彭祥飞．论专利侵权诉讼滥用的规制：价值与模式 [J]．西北大学学报（哲学社会科学版），2019 (4)：49 – 57

[193] 吴宁燕，王燕红．论专利行政执法的必要性和发展方向：我国立法与修法立足国情的考虑 [M] //国家知识产权局条法司．专利法研究：2003. 北京：知识产权出版社，2003：157 – 172.

[194] 申长雨．申长雨：构建知识产权大保护格局提高知识产权保护效果 [J]．河南科技，2016 (4)：5.

[195] 陶鑫良．建立知识产权法院的若干思考 [N]．上海法制报，2014 - 07 – 16 (B06).

[196] 李明德．知识产权法院与创新驱动发展 [N]．人民法院报，2014 - 09 – 04 (3).

[197] 宋晓明．知识产权法院的中国探索 [J]．中国专利与商标，2015 (2)：3 – 9.

[198] 李剑，廖继博．国家层面知识产权案件上诉审理机制：历史、现状与展望 [J]．法律适用，2019 (1)：71 – 75.

[199] 易继明．构建知识产权大司法体制 [J]．中外法学，2018 (5)：1260 – 1283.

[200] 易继明．司法体制改革中的知识产权法庭 [J]．法律适用，2019

（3）：28 – 38.

［201］罗东川．建立国家层面知识产权案件上诉审理机制　开辟新时代知识产权司法保护工作新境界：最高人民法院知识产权法庭的职责使命与实践创新［J］．知识产权，2019（7）：3 – 13.

［202］宋晓明，王闯，李剑，等．《关于知识产权法庭若干问题的规定》的理解与适用［J］．人民司法，2019（7）：27 – 29.

［203］罗东川．最高人民法院知识产权法庭的制度创新、职责任务与发展目标［J］．中国专利与商标，2019（4）：3 – 12.

［204］易继明．我国知识产权司法保护的现状和方向［J］．西北大学学报（哲学社会学版），2018（5）：50 – 63.

［205］胡淑珠．试论知识产权法院（法庭）的建立：对我国知识产权审判体制改革的理性思考［J］．知识产权，2010（4）：37 – 42.

［206］邰中林．境外知识产权专门法院制度对我国的启示与借鉴［J］．法律适用，2010（11）：84 – 88.

［207］蔡元臻．美国联邦巡回上诉法院特色机制及对我国的借鉴［J］．科技与法律，2015（1）：90 – 106.

［208］阎达．美国联邦巡回上诉法院对我国设置知识产权法院的启示［J］．东南大学学报（哲学社会科学版），2016，16（增刊）：119 – 121，134.

［209］罗东川，夏君丽．最高人民法院和欧盟知识产权合作项目：专利侵权考察团赴德国英国考察情况报告［M］//曹建明．知识产权审判指导：2006年第2辑．北京：人民法院出版社，2007：236 – 256.

［210］郭寿康，李剑．我国知识产权审判组织专门化问题研究：以德国联邦专利法院为视角［J］．法学家，2008（3）：59 – 65.

［211］张怀印．欧盟统一专利法院：最新进展、困境及前景［J］．上海政法学院学报，2018（2）：136 – 144

［212］易涛．日本知识产权高等法院［J］．科技与法律，2015（1）：108 – 129.

［213］李明德．关于我国知识产权法院体系建设的几个问题［J］．知识产权，2018（3）：14 – 26.

［214］［韩］金珉徹．韩国专利法院［J］．科技与法律，2015（6）：1154－1169.

［215］毋爱斌，苟应鹏．知识产权案件越级上诉程序构造论：《关于知识产权法庭若干问题的规定》第2条的法教义学分析［J］．知识产权，2019（5）：25－36.

［216］陈杭平．历史、程序、组织：美国联邦上诉法院制度之分析［J］．环球法律评论，2009（5）：103－112.

［217］陈杭平．比较法视野中的中国民事审级制度改革［J］．华东政法大学学报，2012（4）：118－127.

［218］齐树洁．构建我国三审终审制的基本思路［J］．法学家，2004（3）：30－36.

［219］张宝山．为加快建设知识产权强国提供有力司法服务［J］．中国人大，2022（5）：50－51.

［220］卢宇，王睿婧．知识产权审判"三审合一"改革中的问题及其完善：以江西为例［J］．江西社会科学，2015（2）：181－186.

［221］许春明．浅谈知识产权法院体系框架的构建［J］．中国发明与专利，2015（1）：11－14.

［222］黎淑兰．论知识产权专业化审判新格局的构建与实现：以上海知识产权法院专业化建设为视角［J］．法律适用，2015（10）：13－17.

［223］陈兴良．刑民交叉案件的刑法适用［J］．法律科学，2019（2）：161－169.

［224］管荣齐，李明德．中国知识产权司法保护体系改革研究［J］．学术论坛，2017（1）：111－117.

［225］陈存敬，仪军．知识产权审判中的技术事实查明机制研究［J］．知识产权，2018（1）：41－49.

［226］赵锐，魏思韵．知识产权诉讼中技术调查官的理论反思与制度完善［J］．南京理工大学学报（社会科学版），2021（6）：44－51.

［227］许波，仪军．我国技术调查官制度的构建与完善［J］．知识产权，2016（3）：76－80.

［228］邹享球. 技术调查官制度的理论设计及现实困惑［J］. 知识产权, 2021（4）: 45 – 57.

［229］黄玉烨, 李青文. 知识产权审判中技术调查官的困境与出路: 兼评《最高人民法院关于技术调查官参与知识产权案件诉讼活动的若干规定》［J］. 电子知识产权, 2019（8）: 67 – 76.

［230］仪军, 李青, 温国永, 等. 我国知识产权审判中技术审查意见公开机制的研究［J］. 电子知识产权, 2019（6）: 78 – 87.

［231］张爱国. 评技术调查意见的不公开: 以民事诉讼法的基本原理为视角［J］. 知识产权, 2019（6）: 16 – 24.

［232］李菊丹. 中日技术调查官制度比较研究［J］. 知识产权, 2017（8）: 96 – 105.

［233］仪军, 李青. 我国知识产权领域技术调查官选任问题探析［J］. 专利代理, 2017（1）: 7 – 13.

［234］赵梅生. 关于专利侵权救济的国际比较分析［J］. 电子知识产权, 2014（11）: 15 – 18.

［235］邓建志. 中国知识产权行政特色保护制度的发展趋势研究［J］. 中国软科学, 2008（6）: 63 – 73.

［236］韩思阳. 行政调查中行政相对人的举证责任［J］. 法学杂志, 2018（5）: 95 – 103.

［237］陈雅忱, 何炼红, 陈仲伯. 专利纠纷行政调解协议司法确认问题探讨［J］. 知识产权, 2013（9）: 38 – 43.

［238］王亚新. 诉调对接和对调解协议的司法审查［J］. 法律适用, 2010（6）: 34 – 37.

［239］浙江省高级人民法院联合课题组. 关于人民调解协议司法确认的调研［J］. 人民司法, 2010（23）: 63 – 68

［240］王亚新. 诉调对接和对调解协议的司法审查［J］. 法律适用, 2010（6）: 34 – 37.

［241］马丁. 论司法确认程序的结构性优化［J］. 苏州大学学报（法学版）, 2021（4）: 122 – 136.

［242］朱素明．人民调解协议司法确认制度的发展及其完善［J］．学术探索，2012（8）：15-19．

［243］李秀梅．我国人民调解协议司法确认制度的考察［J］．北京行政学院学报，2012（5）：98-102．

［244］徐晨倩，朱雪忠．基于诉讼专利情报的美国337调查风险预警研究［J］．情报杂志，2021（9）：37-44．

［245］朱雪忠，徐晨倩．大国竞争下的美国涉华337调查与中国应对之策［J］．科学学研究，2021（5）：805-813．

［246］徐枫，包文勋．论知识产权海关保护的多元纠纷处置机制［M］//陈晖．海关法评论：第10卷．北京：法律出版社，2021：351-362．

［247］蔺捷．欧盟知识产权海关保护制度的新发展及其启示［J］．暨南学报（哲学社会科学版），2018（8）：63-74．

［248］叶倩．知识产权海关保护引入调解制度、明晰和解制度之思［M］//陈晖．海关法评论：第10卷．北京：法律出版社，2021：319-336．

［249］张乃根．略论贸易便利化下的知识产权海关保护［M］//陈晖．海关法评论：第10卷．北京：法律出版社，2021：281-294．

［250］杨鸿．自贸试验区知识产权海关执法的特殊问题与制度完善［J］．环球法律评论，2019（2）：161-175．

［251］徐枫．自贸区知识产权海关保护制度解析：兼论知识产权海关保护制度的完善［J］．电子知识产权，2018（3）：27-34．

［252］黄速建．推动新时代国有企业高质量发展［N］．人民日报，2018-12-07（7）．

［253］刘瑞．国有企业实现高质量发展的标志、关键及活力［J］．企业经济，2021（10）：5-13．

［254］朱雪忠，代志在．总体国家安全观下的知识产权安全治理体系研究［J］．知识产权，2021（8）：32-42．

［255］曲哲涵．财政部发布今年前7月国有企业营收数据［N］．人民日报，2021-08-30（1）．

［256］宋世明，张鹏，葛赋斌．中国知识产权体制演进与改革方向研究

[J]. 中国行政管理, 2016 (9): 34 - 40.

[257] 宋世明. 试论从"部门行政"向"公共行政"的转型 [J]. 学术季刊, 2002 (4): 68 - 76.

[258] 崔守东. 新中国七十年商标工作回顾与展望 [J]. 知识产权, 2019 (10): 3 - 15.

[259] 张鹏. 我国专利审查能力建设的回顾与展望 [J]. 中国发明与专利, 2017 (1): 23 - 26.

[260] 高卢麟. 高举邓小平理论伟大旗帜 为把更加完善的现代化的专利制度推向二十一世纪而努力奋斗: 中国专利局局长高卢麟在全国专利工作会议上的工作报告 [R] //中国专利局办公室政策研究处. 优秀专利调查研究报告集: 1997 年. 北京: 专利文献出版社, 1997: 3 - 9.

[261] 张志成. 对知识产权事业科学发展的一点思考 [J]. 知识产权, 2009 (4): 28 - 31.

[262] 申长雨. 一项利国利民的国家战略: 纪念《国家知识产权战略纲要》颁布实施十周年 [M] //国务院知识产权战略实施工作部际联席会议办公室. 一项兴国利民的国家战略:《国家知识产权战略纲要》颁布实施十周年纪念文集. 北京: 知识产权出版社, 2018: 1 - 2.

[263] 崔守东. "十四五"时期商标工作的展望与思考 [J]. 知识产权, 2022 (3): 3 - 15.

[264] 肖鹏. 供给侧结构性改革命题下"建设世界一流专利审查机构"的时代内涵 [N]. 中国知识产权报, 2016 - 12 - 07 (8).

[265] 张鹏. 建设世界一流专利审查机构的模式路径与战略任务初探 [J]. 中国发明与专利, 2017 (3): 8 - 11.

[266] 吴晓寅. 世界一流专利审查机构的基本内涵与建设思路 [J]. 专利代理, 2016 (3): 35 - 37.

[267] 刘潇潇. 如何建设中国特色的专业智库: "大而全"不如"小而精" [J]. 理论学习, 2015 (7): 30 - 31.

[268] 张开. 深化市场经济改革要求更好发挥政府作用 [N]. 中国社会科学报, 2014 - 01 - 29 (B04).

[269] 张鹏．促进专利审查质效提升 夯实知识产权强国基石 [N]．中国知识产权报，2016 – 11 – 16 （1）.

[270] 吴汉东．中国应建立以知识产权为导向的公共政策体系 [J]．中国发展观察，2007 （5）：4 – 6.

[271] 刘华，孟奇勋．公共政策视阈下的知识产权利益集团运作机制研究 [J]．法商研究，2009 （4）：121 – 129.

[272] 何志敏．努力开拓知识产权公共服务新局面 [J]．知识产权，2021 （6）：3 – 5.

[273] 吴汉东．当代中国知识产权文化的构建 [J]．华中师范大学学报（人文社会科学版），2009 （2）：104 – 108.

[274] 冯晓青．新时代中国特色知识产权法理思考 [J]．知识产权，2020 （4）：3 – 15.

[275] 吴晓寅．世界一流专利审查机构的基本内涵与建设思路 [J]．专利代理，2016 （3）：35 – 37.

[276] 刘华．利益共同体意识下知识产权文化治理结构的统合与优化 [J]．华中师范大学学报（人文社会科学版），2021 （6）：28 – 35.

[277] 安守廉，梁治平．知识产权还是思想控制：对中国古代法的文化透视 [J]．中国发明与专利，2010 （7）：57 – 58.

[278] 赵志彬．中国知识产权文化的发展与展望 [J]．知识产权，2019 （8）：28 – 37.

[279] 宁立志，姚舜禹．论公平竞争与知识产权文化建设 [J]．中国市场监管研究，2022 （1）：22，23 – 25.

[280] 姜尔林．中国特色新型智库到底"特"在何处？：比较知识体制的视角 [J]．中国行政管理，2022 （5）：97 – 103.

[281] 孙蔚，杨亚琴．论习近平智库观与新时代中国特色新型智库建设的理论范式 [J]．南京社会科学，2018 （9）：1 – 7，17.

[282] 肖兴威．中国特色新型知识产权智库体系建设思路研究 [J]．知识产权，2022 （5）：3 – 15.

[283] 何勤华，高童非，袁也．东吴大学法学院的英美法学教育 [J].

苏州大学学报（法学版），2015（3）：9－30.

［284］刘春田. 新中国知识产权法学学科的开拓者［J］. 法学家，2010（4）：77－83.

［285］余俊. 面向知识产权强国建设的知识产权学科治理现代化［J］. 知识产权，2021（12）：3－27

［286］谢伏瞻. 加快构建中国特色哲学社会科学学科体系、学术体系、话语体系［J］. 中国社会科学，2019（5）：4－22.

［287］李立国，李登. 设置交叉学科：打破科学割据，作彻底联合的努力［N］. 光明日报，2021－02－27（11）.

［288］易继明，初萌. 后 TRIPS 时代知识产权国际保护的新发展及我国的应对［J］. 知识产权，2020（2）：3－16.

［289］王衡，肖震宇. 比较视域下的中美欧自贸协定知识产权规则：兼论"一带一路"背景下中国规则的发展［J］. 法学，2019（2）：107－128.

［290］杨长海. 论国际知识产权法律制度的改革和发展：基于国际关系之南北关系的视角［J］. 西北工业大学学报（社会科学版），2009（1）：24－30.

［291］古祖雪、揭捷. "TRIPS－plus"协定：特征、影响与我国的对策［J］. 求索，2008（8）：137－139.

［292］张建邦. "TRIPS－递增"协定：类型化与特征分析（上）——基于后 TRIPS 时代知识产权国际保护制度发展趋势的一种考察［J］. 世界贸易组织动态与研究，2008（5）：24－28.

［293］陈福利. 《反假冒贸易协定》述评［J］. 知识产权，2010（5）：85－91.

［294］刘亚军，高云峰. "一带一路"倡议下知识产权区域合作差异性探析［J］. 大连理工大学学报（社会科学版），2018（6）：38－44.

［295］刘剑. 加强知识产权国际合作，助推"一带一路"建设［J］. 专利代理，2018（4）：12－15.

［296］李晓明. 推动"一带一路"合作　加强知识产权保护［N］. 法制日报，2016－10－19（12）.

［297］马忠法，王悦玥. "一带一路"倡议下的知识产权国际协调法律

制度 [J]. 上海财经大学学报，2022（2）：122 – 136.

[298] 佘力焓. 专利审查国际合作的创新内涵与协同机制研究 [J]. 情报杂志，2018（6）：67 – 72.

[299] 范晓，王倩. 专利审查高速路机制对专利国际合作的崭新推动 [M] //国家知识产权局条法司. 专利法研究：2017. 北京：知识产权出版社，2019：135 – 149.

[300] 吴汉东. 知识产权的多元属性及研究范式 [J]. 中国社会科学，2011（5）：124 – 136.

[301] 金歆. 全面贯彻落实总体国家安全观 [N]. 人民日报，2022 – 09 – 20（9）.

[302] 钱子瑜. 论知识产权海外维权援助体系的构建 [J]. 知识产权，2021（6）：35 – 49.

[303] 吴汉东. 知识产权综合管理改革与治理体系现代化 [N]. 学习时报，2017 – 02 – 27（1）.

[304] 吴汉东. 论知识产权一体化的国家治理体系：关于立法模式、管理体制与司法体系的研究 [J]. 知识产权，2017（6）：3 – 12.

[305] 孔祥俊. 论知识产权的公共政策性 [J]. 上海交通大学学报（哲学社会科学版），2021（3）：19 – 29.

[306] 石学峰. 党政领导干部政绩考核：主要问题·国外经验·修补路径 [J]. 治理现代化研究，2020（1）：17 – 26.

[307] 刘晓泉. 中国共产党财政政策的探索历程及基本经验 [J]. 江西财经大学学报，2022（3）：3 – 12.

[308] 王波，刘菊芳，龚亚麟. "营改增" 政策对知识产权服务业的影响 [J]. 知识产权，2014（4）：66 – 69.

[309] 杜明鸣，袁娟. 我国国家功勋荣誉表彰制度体系及其完善思考 [J]. 中国人事科学，2020（8）：4 – 12.

四、外文图书

[1]ROBERT P M,PETER S M,MARK A L. Intellectual Property in the New

Technological Age[M]. 4th ed. New York:Aspen Publishers,2006.

[2]HENRY G M. The Intellectual Commons:Toward an Ecology of Intellectual Property[M]. Maryland:Lexington Books,2005.

[3]LUNDVALL B A. Product Innovation and User – Producer Interaction[M]. Aalborg:Aalborg University Press,1985.

[4]FREEMAN C. Technology Policy and Economic Performance:Lessons from Japan[M]. London:Printer Publishers,1987.

[5]WILLIAM P A. To Steal a Book Is an Elegant Offense:Intellectual Property Law in Chinese Civilization[M]. California:Stanford University Press,1995.

[6]PETER D. A Philosophy of Intellectual Property[M]. Aldershot:Dartmouth Publishing Company,1996.

[7]RONAN D. On the Origin of the Right to Copy [M]. Oxford:Hart Publishing,2004.

[8] BARD S, LIONEL B. The Making of Modern Intellectual Property Law [M]. Cambridge:Cambridge University Press,1999.

[9]UMA S. Design Law:European Union and United States of America[M]. 2nd ed. London:Sweet & Maxwell,2010.

[10]JOHN L. Two Treaties of Government [M]. Cambridge: Cambridge University Press,1970.

[11]ROBERT N. Anarchy,State,and Utopia[M]. Oxford:Blackwell Publishers, 1974.

[12] MELVINF J. Trade Secrets Law [M]. New York: Clark Boardman Callaghan,1991.

[13] Bernard O'Connor. The Law of Geographical Indications [M]. London: Cameron May,2006.

[14]ALLISON C. The Legal Protection of Trade Secrets[M]. London:Sweet & Maxwell,1992.

[15] ANDREW R. Think Tanks, Public Policy and the Politics of Expertise [M]. Cambridge:Cambridge University Press,2004.

[16]DONALD E A. American Think – Tanks and Their Role in US Foreign Policy[M]. New York:St. Martin's Press,1996.

[17]GUNTHER T. Global Law without a State [M]. Aldershot:Dartmouth Publishing Company,1996.

[18]SANJAYA L, SHUJIRO U. Competitiveness, FDI and Technological Activities in East Asia[M]. Cheltenham:Edward Elgar,2003.

[19]LINSU K, RICHARD R N. Technology, Learning and Innovation: Experiences of Newly Industrializing Economics [M]. New York:Cambridge University Press,2000.

[20]RONEN P, JASON P A, PHILL W D. State Strategies in the Global Political Economy[M]. New York:Pinter,1999.

[21]SUSAN K S. Private Power,Public Law:The Globalization of Intellectual Property Rights[M]. Cambridge:Cambridge University Press,2003.

五、外文文章

[1]MARK A L. Property,Intellectual Property,and Free Riding[J]. Texas Law Review,2005,83:1031.

[2]WILLIAM L,RICHARD P. An Economic Analysis of Copyright Law[J]. The Journal of Legal Studies,1989,18(2):325.

[3]LIN J Y. Rural Reforms and Agricultural Growth in China[J]. American Economic Review,1992,82(1):34 – 51.

[4]ARTHUR A S. Trade Secrets and the Roman Law:The Actio Serzi Corrupti [J]. Columbia Law Review,1930,20(6):837 – 845.

[5]ADLER A. Curing Cablevision:Prescribing a Functional Solution to a Technical Astigmatism[J]. Buffalo Intellectual Property Law Journal,2014,10:153.

[6]SHIN J Y. Intellectual Property Basic Law:Its Evaluation and Challenges [J]. Science,Technology and Law,2011(2):94.

[7]PARK Y D. A Study of Model Legislation[R]. Korean Legislation Research Institute,2006:16.

[8]JEROME H R. Design Protection and the Legislative Agenda[J]. Law and Contemporary Problems,1992,55:287.

[9]JEROME H R. Legal Hybrids Between the Patent and Copyright Paradigms [J]. Columbia Law Review,1994,94:2432.

[10]BARBARA A R. Case for Design Protection and the O'Mahoney Bill[J]. Bulletin of the Copyright Society of the U. S. A. ,1959,7:25.

[11]JUSTIN H. The Philosophy of Intellectual Property[J]. Georgetown Law Journal,1988,77:287.

[12] REGAN E K. Intellectual Property and the Protection of Industrial Design:Are Sui Generis Protection Measures the Answer to Vocal Opponents and a Reluctant Congress? [J]. Journal of Intellectual Property Law,2005,13:255.

[13]JASON J D,MARK D J. Functionality in Design Protection Systems[J]. Journal of Intellectual Property Law,2012,19(2):261.

[14]ROBERT G B. A New Look at Trade Secret Law:Doctrine in Search of Justification[J]. California Law Review,1998,2:243.

[15]MARK A L. The Surprising Virtues of Treating Trade Secrets as IP Rights [J]. Stanford Law Review,2008,61(2):311 -353.

[16] FELIX A, ALEXANDRA G. Geographical Indications beyond Wines and Spirits:A Roadmap for a Better Protection for Geographical Indications in the WTO/Trips Agreement[J]. Journal of World Intellectual Property,2002,5:865.

[17] LORI E S. Appellations of Origin:The Continuing Controversey [J]. Northwestern Journal of International Law & Business,1983,5:132.

[18]LEIGH A L. Champagne or Champagne? An Examination of U. S. Failure to Comply with the Geographical Provisions of the Trips Agreement[J]. Georgia Journal of International and Comparative Law,1999,27(2):309.

[19] Lee Bendekgey. International Protection of Appellations of Origin and other Geographic Indications[J]. Trademark Reporter,1992,82:765.

[20] JAMES B. Proof of Fact in French Civil Procedure[J]. The American Journal of Comparative Law,1996,34(3):462.

［21］ARROW K J. Economic Welfare and the Allocation of Resources for Inventions［J］. Readings in Industrial Economics,1972,2:219.

［22］NICHOLAS B,MARK S,JOHN V R. Identifying Technology Spillovers and Product Market Rivalry［J］. Econometrica,2013,81（4）:1347 - 1393.

［23］EDWARD A H. Questioning Certiorari:Some Reflections Seventy - Five Years after the Judges' Bill［J］. Columbia Law Review,2000,100:1650.

［24］GREGORY R M. Dual Copyright and Design Patent Protection:Works of Art and Ornamental Designs［J］. St. John's Law Review,1975,49（3）:543.

［25］LAURENCE R H. Regime shifting:The TRIPS Agreement and New Dynamics of International Intellectual Property Lawmaking［J］. Yale Journal of International Law,2004,29:1.

［26］MICHAEL R G. Intellectual Property and International Trade:Merger or Marriage of Convenience? ［J］. Vanderbilt Journal of Transnational Law,1989, 22:223.

［27］ERNST K P. Patent Procedure in the Federal Republic of Germany［J］. International Tax & Business Lawyer,1986,4:86.

［28］PETER M G. Introduction:The Triangulation of International Intellectual Property Law:Cooperation,Power and Normative Welfare［J］. Case Western Reserve Journal of International Law,2004,36（1）:1.

［29］SUSAN K S. TRIPS was Never Enough:Vertical Forum Shifting,FTAS, ACTA,and 7PP［J］. Journal of Intellectual Property Law,2011,18（2）:447.

［30］WANG H. China's Approach to the Belt and Road Initiative［J］. Journal of International Economic Law,2019,22（1）:29 - 55.

六、电子文献

［1］杜鑫. 知识产权强国建设支撑"双创"开花结果［EB/OL］.（2019 - 06 - 19）［2022 - 03 - 22］. https://www. chinanews. com. cn/cj/2019/06 - 19/8868958. shtml.

［2］佚名. 向知识产权强国进发:《知识产权强国建设纲要（2021—

2035 年)》看点解析［EB/OL］.（2021 - 09 - 22）［2022 - 03 - 02］. http：//www. gov. cn/zhengce/2021 - 09/22/content_5638759. htm.

［3］魏玉坤. 2020 年我国研发经费投入突破 2.4 万亿元［EB/OL］.（2019 - 09 - 22）［2022 - 03 - 22］. http：//www. news. cn/fortune/2021 - 09/22/c_1127889838. htm.

［4］何光喜，樊立宏. 最大限度地激发科技第一生产力：《深化科技体制改革实施方案》解读［EB/OL］.（2015 - 11 - 20）［2022 - 03 - 28］. https：//www. gov. cn/zhengce/2015 - 11/20/content_5014538. htm.

［5］赵建国. 知识产权是发展的重要资源和竞争力的核心要素：解读 11 月 5 日国务院常务会议精神①［EB/OL］.（2014 - 11 - 21）［2022 - 04 - 10］. https：//www. cnipa. gov. cn/art/2014/11/21/art_53_116025. html.

［6］佚名. 李克强主持召开国务院常务会议（2014 年 5 月 21 日）［EB/OL］.（2014 - 05 - 21）［2022 - 04 - 11］. https：//www. gov. cn/guowuyuan/2014 - 05/21/content_2684101. htm.

［7］张韬略. 1995—2013 年美国专利诉讼情况实证分析［EB/OL］.（2015 - 05 - 25）［2022 - 04 - 30］. https：//www. cnipa. gov. cn/art/2015/5/25/art_1415_133124. html.

［8］佚名. 2011 年中国专利申请量跃居全球第一［EB/OL］.［2022 - 05 - 22］. http：//www. scio. gov. cn/zhzc/2/32764/Document/1421637/1421637. htm.

［9］习近平. 习近平在省部级主要领导干部学习贯彻党的十八届四中全会精神全面推进依法治国专题研讨班开班式上发表重要讲话［EB/OL］.（2015 - 02 - 03）［2022 - 05 - 23］. http：//www. cpc. people. com. cn/shipin/big5/n/2015/0203/c243247 - 26507135. html.

［10］刘平. 蓬勃发展的中国著作权集体管理事业［EB/OL］.（2021 - 07 - 23）［2023 - 03 - 25］. www. ccct. net. cn/html/bqzx/2021/0723/2950. html.

［11］马一德. 马一德：构建一体化知识产权管理体制的建议［EB/OL］.［2023 - 07 - 01］. http：//www. iprcn. com/IL_Lwxc_Show. aspx?News_PI = 2736.

［12］谷业凯．知识产权，为高质量发展添动力（权威发布）［EB/OL］．（2022 － 04 － 25）［2022 － 05 － 22］．https：//www. cnipa. gov. cn/art/2022/4/25/art_2885_175092. html.

［13］国家知识产权局知识产权发展研究中心．2022 年中国知识产权发展状况评价报告［R/OL］．（2022 － 12 － 28）［2022 － 12 － 30］．https：//www. cnipa. gov. cn/art/2022/12/28/art_88_181042. html.

［14］佚名．关于第十三届全国人民代表大会第二次会议代表提出议案处理意见的报告［EB/OL］．（2019 － 03 － 14）［2022 － 05 － 09］．http：//www. gov. cn/xinwen/2019 － 03/14/content_5373782. htm.

［15］佚名．国家知识产权局举办 2022 年 3 月例行新闻发布会［EB/OL］．［2022 － 04 － 05］．http：//www. cnipa. gov. cn/col/col2854/index. html.

［16］李尔康．意大利地理标志法律制度研究［D/OL］．上海：上海外国语大学，2021：11［2022 － 06 － 10］．https：//kns. cnki. net/kcms2/article/abstract?v = 3uoqIhG8C475KOm_zrgu4lQARvep2SAkHr3ADhkADnVu66WViDP_3IvBSybykcYcY1kcpl_hoxbmqfK9VFNyODNrlt3N_Irp&uniplatform = NZKPT.

［17］佚名．《中华人民共和国科学技术进步法》要点解读［EB/OL］．（2010 － 05 － 12）［2022 － 01 － 12］．http：//www. npc. gov. cn/zgrdw/npc/zfjc/kjjbfzfjc/2010 － 05/12/content_1572635. htm.

［18］陈竺．全国人民代表大会常务委员会执法检查组关于检查《中华人民共和国专利法》实施情况的报告：2014 年 6 月 23 日在第十二届全国人民代表大会常务委员会第九次会议上［R/OL］．（2014 － 06 － 23）［2022 － 01 － 06］．http：//www. npc. gov. cn/npc/c12491/201406/1fa592eaddef4bd190bfaf2df40d8f74. shtml.

［19］王晨．全国人民代表大会常务委员会执法检查组关于检查《中华人民共和国著作权法》实施情况的报告：2017 年 8 月 28 日在第十二届全国人民代表大会常务委员会第二十九次会议上［R/OL］．（2017 － 08 － 28）［2022 － 01 － 06］．http：//www. npc. gov. cn/zgrdw/npc/zfjc/zfjcelys/2017 － 08/28/content_2027447. htm.

［20］管育鹰．专利侵权损害赔偿额判定中专利贡献度问题探讨［EB/

OL］．［2017 - 06 - 24］．http：//www. iolaw. org. cn/showarticle. asp?id = 2779.

［21］佚名．北京高院整理发布当前知识产权审判中需要注意的若干法律问题（专利）［EB/OL］．（2016 - 05 - 11）［2022 - 01 - 06］．http：//www. cnipr. com/sfsj/zjkf/201605/t20160511_196810.

［22］周强．对《关于在北京、上海、广州设立知识产权法院的决定（草案)》的说明：2014 年 8 月 25 日在第十二届全国人民代表大会常务委员会第十次会议上［EB/OL］．（2014 - 11 - 18）［2020 - 01 - 01］．http：//www. npc. gov. cn/wxzl/gongbao/2014 - 11/18/content_1892122. htm.

［23］国家知识产权局. 2020 年知识产权保护社会满意度调查报告［R/OL］．［2022 - 03 - 22］．http：//www. cnipa. gov. cn/module/download/downfile. jsp?classid = 0&showname = % E3% 80% 8A2020% E5% B9% B4% E7% 9F% A5% E8% AF% 86% E4% BA% A7% E6% 9D% 83% E4% BF% 9D% E6% 8A% A4% E7% A4% BE% E4% BC% 9A% E6% BB% A1% E6% 84% 8F% E5% BA% A6% E8% B0% 83% E6% 9F% A5% E6% 8A% A5% E5% 91% 8A% E3% 80% 8B. pdf&filename = cb501ba116c64b1082f1a60fd570aa31. pdf.

［24］佚名. 143 家中国企业进入世界 500 强，国资监管系统 49 家央企 33 家国企榜上有名［EB/OL］．［2020 - 10 - 05］．http：//www. sasac. gov. cn/index. html.

［25］贾润梅．我国知识产权行政裁决工作成效显现法治化水平提升［EB/OL］．（2022 - 03 - 31）［2023 - 04 - 10］．http：//www. ce. cn/cysc/zljd/zlwlx/gd/202203/31/t20220331_37451521. shtml.

［26］潘旭涛，常红星．"五章一簿" 我国功勋表彰体系确立［EB/OL］．（2017 - 08 - 15）［2022 - 04 - 10］．http：//www. xinhuanet. com//politics/2017 - 08/15/c_1121483969. htm.

［27］日本特许厅．工业所有权审议会损害赔偿等小委员会报告书—知的财产权の强い保護—［EB/OL］．［2020 - 01 - 06］．http：//www. jpo. go. jp/shiryou/toushin/toushintou/pdf/kouson2. pdf.

［28］日本特许厅意匠课．意匠制度 120 年の步み［EB/OL］．［2022 - 03 - 02］．http：//www. jpo. go. jp/seido/isho/index. html.

［29］世界知识产权组织中国办事处．WIPO 中国：地理标志是质量的标志（2021 年中国国际服务贸易交易会系列报道二）［EB/OL］．［2022 – 05 – 13］．https：//www. wipo. int/about – wipo/zh/offices/china/news/2021/news_0029. html.

［30］王宇，孙迪．首届中国知识产权保护高层论坛在京举办［EB/OL］．（2016 – 04 – 13）［2023 – 04 – 10］．https：//www. cnipa. gov. cn/art/2016/4/13/art_53_116857. html.

［31］吴珂，吕律，王明辰．搭平台促产业 集优势蓄动能［EB/OL］．［2023 – 04 – 10］．http：//www. nipso. cn/onews. asp?id = 52102.

［32］佚名．中国专利制度的发展与展望新闻发布会［EB/OL］．（2008 – 07 – 29）［2017 – 12 – 31］．http：//www. china. com. cn/zhibo/2008 – 07/29/content_16080942. htm?show = t.

［33］张鹏，刘洋，张志成，等．抢抓机遇，加快知识产权强国建设：《知识产权强国建设——战略环境、目标路径与任务举措》报告摘编［R/OL］．［2022 – 03 – 02］．http：//www. nipso. cn/onews. asp?id = 30440.

［34］张维．知识产权文化理念何以新增"公平竞争" 国家知识产权局：既要严格保护又要防止滥用［EB/OL］．（2022 – 03 – 31）［2023 – 04 – 10］．http：//www. legaldasly. com. cn/index/content/2022 – 03/31/content_8697139. htm.

［35］佚名．指导案例 8 号：上海市知识产权局处理外观设计专利侵权纠纷达成调解协议并经司法确认案理解与适用［EB/OL］．（2022 – 07 – 04）［2023 – 04 – 10］．https：//www. cnipa. gov. cn/art/2022/7/4/art_66_176359. html.

［36］周强．最高人民法院关于知识产权法院工作情况的报告［R/OL］．［2023 – 04 – 10］．https：//www. chinacourt. org/article/detail/2017/09/id/2988073. shtml.

［37］王丁桃．最高人民法院知识产权法庭的制度创新与裁判规则发展［EB/OL］．［2023 – 04 – 10］．http：//ipr. mofcom. gov. cn/article/gnxw/sfjg/rmfy/zgrmfy/202002/1947292. html.

［38］中国法院知识产权司法保护状况（2019）［EB/OL］．［2022 – 04 –

27］．https：//www.court.gov.cn/zixu.n/xiangqing/226501.html.

［39］王婧．国家知识产权局：2020 年我国发明专利授权 53.0 万件［EB/OL］．（2021 - 01 - 23）［2022 - 04 - 27］．http：//www.cnr.cn/sxpd/sx/20210123/t20210123_525397765.shtml.

［40］佚名．2020 年我国商标审查工作成效显著［EB/OL］．（2021 - 01 - 20）［2022 - 04 - 27］．https：//www.cnipa.gov.cn/art/2021/1/20/art_53_156283.html.

［41］习近平．为建设世界科技强国而奋斗：在全国科技创新大会、两院院士大会、中国科协第九次全国代表大会上的讲话著［EB/OL］．（2019 - 01 - 10）［2023 - 05 - 24］．https：//www.ccpph.com.cn/sxllrdyd/qggbxxpxjc/qggbxxpxjh/201901/t20190110_256792.htm.

［42］全球化智库．《全球智库报告 2020》发布，中国多家智库入选全球顶级智库分类排名著［EB/OL］．（2021 - 02 - 01）［2022 - 05 - 24］．http：//www.china.com.cn/opinion/think/2021 - 02/01/content_77175930.htm.

［43］佚名．刘延东：发挥高校独特优势 为建设中国特色新型智库贡献力量著［EB/OL］．（2013 - 05 - 30）［2022 - 05 - 24］．http：//politics.people.com.cn/n/2013/0530/c70731 - 21680455.html.

［44］佚名．"一带一路"知识产权高级别会议在中国北京举行［EB/OL］．［2023 - 05 - 24］．http：//rongipa.com/index.php?show - - cid - 16 - id - 65.html.

［45］王康．中国政府与国际组织首个有关"一带一路"知识产权合作文件签署［EB/OL］．（2017 - 05 - 18）［2022 - 05 - 24］．http：//ip.people.com.cn/n1/2017/0518/c136655 - 29285122.html.

［46］习近平向 2018 年"一带一路"知识产权高级别会议致贺信［EB/OL］．（2018 - 08 - 29）［2022 - 05 - 24］．https：//www.cnipa.gov.cn/art/2018/8/29/art_698_47967.html.

［47］佚名．第二届"一带一路"国际合作高峰论坛成果丰硕［EB/OL］．（2019 - 04 - 29）［2022 - 05 - 24］．https：//www.cqn.com.cn/zgzlb/content/2019 - 04/29/content_7058928.htm.

［48］佚名. 努力开创中国特色大国外交新局面［EB/OL］.（2020 –
08 – 18）［2022 – 05 – 24］. http：//www. qizhiwang. org. cn/BIG5/n1/2020/
0818/c433566 – 31827072. html.

［49］EHLERS V. Unlocking Our Future：Toward A New National Science
Policy［EB/OL］.［2020 – 03 – 23］. http：//webharvest. gov/peth04/200411
17182339/www. house. gov/science/science_policy_report. htm.

［50］National Economic Council，Council of Economic Advisers，Office of
Science and Technology Policy. A Strategy for American Innovation：Securing Our
Economic Growth and Prosperity［EB/OL］.［2022 – 03 – 22］. https：//
www. whitehouse. gov/innovation/strategy.

［51］National Economic Council，Office of Science and Technology Policy. A
Strategy for American Innovation［EB/OL］.［2022 – 03 – 22］. https：//
www. whitehouse. gov/innovation/strategy.

［52］U. S. Patent and Trademark Office Releases 2018 – 2022 Strategic Plan
［EB/OL］.［2022 – 12 – 05］. https：//www. uspto. gov/about – us/news –
updates/us – patent – and – trademark – office – releases – 2018 – 2022 – strategic –
plan.

［53］USPTO. Intellectual Property and the U. S. Economy：Third Edition
［EB/OL］.［2022 – 04 – 22］. https：//www. uspto. gov/sites/default/files/
documents/uspto – ip – us – economy – third – edition. pdf.

［54］EUIPO，EPO. IPR – Intensive Industries and Economic Performance in
the EuropeanUnion［EB/OL］.［2022 – 10 – 26］. https：//euipo. europa. eu/
tunnel – web/secure/webdav/guest/document _ library/observatory/documents/
IPContributionStudy/IPR – intensive_industries_and_economicin_EU/WEB_IPR_
intensive_Report_2019. pdf#：~：text = In% 20response% 20to% 20the% 20clear%
20need% 20to% 20providemade% 20to% 20the% 20EU% 20economy% 20by% 20IPR –
intensive% 20industries.

［55］Two Hundred Years of English and American Patent，Trademark and
Copyright Law：Papers Delivered at the Bicentennial Symposium of the Section of

Patent, Trademark, and Copyright Law, Annual Meeting, Atlanta, Georgia, August 9, 1976 [EB/OL]. [2023 - 07 - 01]. https: //xueshu. baidu. com/ usercenter/paper/show? paperid = 194a39bcf62e782d2f1c1cf2cc7a7cf5&site = xueshu_se.

[56] World Intellectual Property Office. World Intellectual Property Indicators 2017 [EB/OL]. [2022 - 01 - 31]. http: //www. wipo. int/publications/en/ details. jsp?id =4234.

[57] EUIPO. Protecting Innovation through Trade Secrets and Patents: Determinants for European Union Firms [EB/OL]. [2022 - 02 - 07]. http: // ipreurope. eu/protecting - innovation - trade - secrets - patents/.

[58] GEORG H C B. Paris Convention For the Protection of Industrial Property [EB/OL]. [2022 - 05 - 27]. https: //www. wipo. int/edocs/pubdocs/en/ intproperty/611/wipo_pub_611. pdf.

[59] Law of the Republic of Indonesia Number 30 Year 2000 Regarding Trade Secret [EB/OL]. [2022 - 05 - 11]. https: //wipolex. wipo. int/en/text/ 22691.

[60] Trademark Trial and Appeal Board Manual of Procedure (TBMP) [EB/ OL]. [2020 - 01 - 01]. https: //www. uspto. gov/sites/default/files/documents/ tbmp - 0900 - June2018. pdf.

[61] United States Intellectual Property Enforcement Coordinator Annual intellectual property report to Congress [R/OL]. [2022 - 10 - 13]. https: // www. whitehouse. gov/omb/office - u - s - intellectual - property - enforcement - coordinator - ipec/.

后　记

知识产权研究的"博"与"专"

　　渐至子时，这喧嚣的京城开始归于沉寂。在这个晚秋初冬相交的清晨，在 2022 年 10 月的最后一天，本书终于完稿，经反复修改，即将付梓。一如惯例，以"后记"的方式记录一下此刻的感受和撰写本书的体会。之前出版过《最高人民法院知识产权法庭：发展观察与案例评述》《专利侵权损害赔偿制度研究——基本原理与法律适用》《专利授权确权制度原理与实务》等一些拙作，但都是仅仅关注国家知识产权战略实施、知识产权强国建设，以及中国特色知识产权法律制度的某些具体制度、具体规则，结合实务情况进行分析，可以说在知识产权研究的"专"上进行了一些努力探索。即使在《知识产权基本法基本问题研究：知识产权法典化的序章》一书中，进行了一些知识产权基础命题的思考，但其仍然属于对"知识产权基本法"这一立法项目的专门讨论。本书则致力于全面讨论"知识产权强国建设"这一宏大课题，从核心体系到关键命题进行全面讨论，可以说是在知识产权研究的"博"上进行了一些探索和尝试。2014—2017 年，笔者有幸在国家知识产权局保护协调司战略协调处、办公室政策研究处工作，参与了一些知识产权战略研究、知识产权公共政策研究，并在坚持知识产权法律制度的分析之外，逐步开始学习一些战略研究方法和公共政策研究方法，希望在本书中有所应用。

　　现在转入律师行业，成为参与中国特色知识产权法律制度实践的一分子，但我始终没有忘却用战略研究方法和公共政策研究方法的理论体系探讨。最为幸运的是，我有幸作为参与者、观察者与思考者，在中国特色社会主义新时代这一中国发展的新的历史方位下，见证和参与"知识产权强国建设"这一宏大工程。特别是，2021 年 9 月，中共中央、国务院发布《知识产权强国建设纲要（2021—2035 年)》，这是中共中央面向知识产权事业未来 15 年发展作出的重大顶层设计、新时代建设知识产权强国的宏伟蓝图，在我国知识产权事业发展史上具有重大里程碑意义。知识产权强国建设的思想源起于科教兴国战略，发展于国家知识产权战略，成型于收获知识产权大国地位、"把我国建设成为知识产权创造、运用、保护和管理水平较高的国家"目标基本实现之时。加快建设知识产权强国，是在习近平法治思想指导下形成的知识产权事业发展的总纲领、总蓝图和总设计，知识产权强国建设开启了我们从"认识知识产权"迈向"驾驭知识产权"的事业发展新时期。

在这样的历史背景下，虽然笔者能力有限，但是仍深深感受有责任、有义务对知识产权强国建设理论体系进行一些初步的探讨，以期可以作为学界同人、业界同行批评的靶子。虽然笔者缺乏通过这一学术专著讨论清楚知识产权强国建设中遇到的全部关键问题的雄心壮志，但是至少有提出一些基本思路，启迪和引发知识产权界广大同人共同深化对知识产权强国建设的战略研究，为知识产权强国建设提供强有力的理论支撑的现实责任。在这样的想法指引下，笔者自 2021 年 9 月中共中央、国务院发布《知识产权强国建设纲要（2021—2035 年)》以来，着手撰写本书稿，就知识产权强国建设理论体系的关键命题进行一些讨论。在撰稿过程中，发现这一系统工程的工作量巨大，需要从战略角度把握广博的知识产权内容，构建宏大的理论体系。虽然挑战巨大以致屡屡有放弃之意，但好在身边有诸多师长、领导、好友和家人的牵扶，才能坚持形成当前比较粗浅的这个版本。虽在近一年时间内竭尽所能，但错误和疏漏之处难免，仅以拙作供读者批评指正，以期对读者研究分析知识产权强国建设理论体系有所启发。

感谢恩师吴汉东教授长期以来的指导和帮助。在本书撰稿过程中，恩师黄武双教授也给予了重要指导，在此表示衷心感谢。吴教授、黄教授的鼓励、指导和关心，是鞭策我开展相关思考的最大动力。感谢北京大学国际知识产权研究中心易继明教授，中国社会科学院知识产权研究中心李明德教授、管育鹰教授、张鹏研究员，中南财经政法大学知识产权研究中心曹新明教授、彭学龙教授、胡开忠教授、黄玉烨教授、詹映教授等诸多师长、专家长期的指导和关心，感谢国家知识产权局领导和相关司局、处室领导指导。感谢中国人民大学法学院杜旭同学、北京大学法学院吴凡同学、清华大学法学院王佳音同学在书稿整理上的协助。本书能够如期出版，离不开齐梓伊主任、秦金萍编辑的大力支持，她们认真负责的工作态度令人折服，她们耐心细致的工作作风令人尊敬，在此深表感谢！尤其是，在与各位编辑老师的讨论中，我不得不对书稿中的一些地方反复斟酌，希望通过我们共同的努力向读者提交一份更为满意的答卷。感谢父母的操劳，感谢妻子一直以来的理解和支持，感谢儿女带来的欢乐和幸福。儿子的健康成长、女儿的嫣然一笑，使我忘记累与苦。家人的期许是我努力做事为学的精神支柱。

以此为记。

张　鹏